Dieter Staas

VBA
Programmierung mit Office 2000

Anwendungen und
Add-Ins entwickeln

Dieter Staas

VBA
Programmierung mit Office 2000

Anwendungen und Add-Ins entwickeln

Carl Hanser Verlag München Wien

Der Autor:
Dr. Dieter Staas, Ostercappeln

Die Informationen in diesem Buch werden ohne Rücksicht auf einen eventuellen Patentschutz veröffentlicht. Alle in diesem Buch enthaltenen Programme und Verfahren wurden nach bestem Wissen erstellt und mit Sorgfalt getestet. Dennoch sind Fehler nicht ganz auszuschließen. Aus diesem Grund ist das im vorliegenden Buch enthaltene Programm-Material mit keiner Verpflichtung oder Garantie irgendeiner Art verbunden. Autor und Verlag übernehmen infolgedessen keine Verantwortung und werden keine daraus folgende oder sonstige Haftung übernehmen, die auf irgendeine Art aus der Benutzung dieses Programm-Materials oder Teilen davon entsteht.

Die Wiedergabe von Gebrauchsnamen, Handelsnamen, Warenbezeichnungen usw. in diesem Werk berechtigt auch ohne besondere Kennzeichnung nicht zu der Annahme, daß solche Namen im Sinne der Warenzeichen- und Markenschutz-Gesetzgebung als frei zu betrachten wären und daher von jedermann benutzt werden dürften.

Die Deutsche Bibliothek - CIP-Einheitsaufnahme

VBA-Programmierung mit Office 2000 [Medienkombination] :
Anwendungen und Add-Ins entwickeln / Dieter Staas. - München ;
Wien : Hanser
  ISBN 3-446-19380-4

Buch.1999

CD-ROM.1999

Dieses Werk ist urheberrechtlich geschützt.
Alle Rechte, auch die der Übersetzung, des Nachdrucks und der Vervielfältigung des Buches oder Teilen daraus, vorbehalten. Kein Teil des Werkes darf ohne schriftliche Genehmigung des Verlages in irgendeiner Form (Fotokopie, Mikrofilm oder einem anderen Verfahren), auch nicht für Zwecke der Unterrichtsgestaltung, reproduziert oder unter Verwendung elektronischer Systeme verarbeitet, vervielfältigt oder verbreitet werden.

© 1999 Carl Hanser Verlag München Wien
Internet: http://www.hanser.de
Gesamtlektorat: Sieglinde Schärl, München
Umschlaggestaltung: MCP Agentur für Marketing, Communications Production, Susanne Kraus GbR, Holzkirchen, unter Verwendung eines Bildes der Bavaria Bildagentur GmbH, Gauting bei München
Belichtung, Druck und Bindung: Kösel, Kempten
Printed in Germany

Vorwort

Mit jeder neuen Version hat Microsoft die Programmierbarkeit von MS-Office verbessert. Die unterschiedlichen Makro-Sprachen der einzelnen Anwendungen sind inzwischen einer fast schon einheitlichen Entwicklungsumgebung gewichen. Die VBA-Programmierung ermöglicht nun tatsächlich den Fortschritt an Produktivität, den Microsoft schon immer versprochen hat. Ganz trivial ist der Umgang mit VBA und den verschiedenen Objektmodellen aber nicht. Hier will das vorliegende Buch dem professionellen Anwender helfen, den Einstieg in die Programmierung zu finden und eigene Anwendungen zu entwickeln.

Dieter Staas

Ostercappeln, im Juni 1999

Inhaltsverzeichnis

1	**Einführung**	**21**
1.1	Zu diesem Buch	21
	Was wir von Ihnen erwarten	21
1.2	MS-Office als Entwicklungsumgebung	21
	Was ist VBA?	22
	Einsatzbereiche für Office-Anwendungen	22
	Was ist neu für den Entwickler?	22
	Die Entwicklerversion von MS-Office	23
1.3	Hinweise zur Installation	23
2	**Makros verwenden**	**25**
2.1	Hinweise zum Kapitel	25
	Wann Makros verwenden?	25
	Makros und Virenschutz	26
2.2	Makros aufzeichnen	26
	Einschränkungen	26
	Den Kontext eines Makros definieren	26
2.3	Word-Beispiel	27
	Die Aufzeichnung starten	27
	Operationen während der Aufzeichnung	28
	Das Makro aufrufen	29
2.4	Excel-Beispiel	30
	Excel-Makro aufzeichnen	31
	Die Aufzeichnung starten	32
	Absolute und relative Verweise	32
	Ein Excel-Makro ausführen	34
2.5	Makros zuordnen	34
	Eine Tastenkombination definieren	34
	Tastenkombinationen für Word-Makros	35
	Makros in Symbolleisten integrieren	36
	Excel-Makro als Symbolschalter	36

		Word-Makro als Symbolschalter	37
		Hinweise zu PowerPoint-Makros	38
2.6		Grenzen der Makroverwendung	38

3 Die Entwicklungsumgebung 41

3.1	Hinweise zum Kapitel	41
	Unterschiede zwischen Office-Anwendungen	41
3.2	Die Entwicklungsumgebung aufrufen	42
3.3	Der Projekt-Explorer	43
	Das Kontextmenü des Projekt-Explorers	45
3.4	Der Objektkatalog	45
	Die Bibliothek auswählen	47
	Im Objektkatalog suchen	48
	Eigene Projekte im Objektkatalog verwalten	49
3.5	Das Direktfenster	49
	Ausgabe im Direktfenster	50
	Ausgaben eines Makros im Direktfenster	50
3.6	Der VBA-Editor	51
	Prozedur einfügen	54
	Editor-Optionen einstellen	55
	Lesezeichen einfügen	56
	Suchen und ersetzen	56
	Welches Modul wird gerade angezeigt?	57
	Wichtige Funktionen und Optionen	58
	Die Symbolleiste Visual Basic	59

4 VBA-Grundkurs 61

4.1	Hinweise zum Kapitel	61
	Auf Fehlermeldungen reagieren	61
4.2	Objekte, Ereignisse und Methoden	63
	Objekte und Objekthierarchie	63
	Eigenschaften und Methoden	65
	Ereignisse	68
4.3	Erste Schritte in der VBA-Programmierung	68
	Module erzeugen	69
	Eine Sub erstellen	69

	Hinweise zur Syntax	69
	Kommentare einfügen..	70
	Anweisungen über mehrere Zeilen	71
	Programmzeilen testen...	72
4.4	Operanden, Operatoren und Ausdrücke..	72
	Arithmetische Operatoren	73
	Vergleichsoperatoren	74
	Verkettungsoperator...	75
	Logische Operatoren	76
4.5	Konstanten, Variablen und Arrays...	77
	Konstanten	77
	Integrierte Konstanten..	78
	Variablen..	79
	Mit DefType-Anweisungen deklarieren	81
	Datenfelder (Arrays)..	83
	Mehrdimensionale Datenfelder	85
	Dynamische Datenfelder..	85
	Benutzerdefinierte Datentypen	86
	Gültigkeitsebenen...	87
	Lebensdauer von Variablen..	88
	Objektvariablen..	89
4.6	Kontrollstrukturen...	93
	Schlcifen und Verzweigungen	93
	If...Then...Else...	94
	Einzeilige If-Anweisungen	95
	Funktionen in Bedingungen	96
	Iif als Alternative	97
	Select Case	98
	Choose als Alternative	100
	Schleifen...	101
	Do...Loop	102
	For...Next	103
	For Each...Next	105
	Sprunganweisungen	107
4.7	Die With-Anweisung	110
	Verschachtelte WITH-Anweisungen	112
4.8	Datentypen und Typkonvertierung	113
	Datentypen	113
	Der Datentyp Variant	113
	Den Datentyp ermitteln..	113
	Die Typen Null und Empty..	116

	Datentypen konvertieren	116
	Numerische Werte in den Typ String konvertieren	117
	Zeichenausdrücke in numerische Werte konvertieren	118
	Den Datumstyp konvertieren	118
	Weitere Datumsfunktionen	122
	Mit Datumswerten rechnen	123
	Zeitfunktionen	124
4.9	Stringmanipulationen	125
	Stringvergleich	125
	InStr – Teilstringvergleich	126
	Teilstringermittlung	127
	Stringverknüpfung (Verkettung)	127
	Zeichenfolgeausdrücke trimmen	128
	Umwandlung in Groß- und Kleinbuchstaben	129
	ASCII-Werte und ASCII-Zeichen ermitteln	130
4.10	Unterprogrammtechniken	134
	Prozeduren und Funktionen	134
	Die Argumentübergabe	135
	Proceduraufruf und Argumentübergabe	136
	Argumentübergabe als Wert oder Referenz	136
	Optionale Argumente	138
	Argumentlisten mit ParamArray	139
	Globale Variablen versus Parameter	139
	Benutzerdefinierte Funktionen (BDFs)	140
	Aufbau einer benutzerdefinierten Funktion	141
	Funktionen und Datentypen	142
	Benutzerdefinierte Funktionen verwenden	143
4.11	Was Sie noch wissen sollten	145
	Mit Auflistungen arbeiten	145
	Benannte Argumente	147

5 VBA-Code für alle Anwendungen 149

5.1	Hinweise zum Kapitel	149
5.2	Das Anwendungsfenster steuern	149
	Größe und Position des Fensters	149
	Weitere Application-Eigenschaften	150
	Das Window-Objekt	151
5.3	Das FileSearch-Objekt	154

5.4	InputBox und MsgBox		156
	MsgBox		156
	InputBox		160
5.5	Assistent und Sprechblasen verwenden		161
	Sprechblasen erzeugen		162
	Labels-Auswahl auswerten		163
	Grafische Symbole einfügen		164
5.6	Was Sie noch wissen sollten		165
	Die SendKeys-Anweisung		165
	Anwendungen mit Shell aufrufen		168
	Ausgabewerte mit Format formatieren		169

6 Word-Programmierung 171

6.1	Hinweise zum Kapitel		171
6.2	Die Word-Objektstruktur		171
6.3	Word-Dokumente		172
	Neue Word-Dokumente erzeugen		172
	Dokumente öffnen und schließen		173
	Dokumente manipulieren		174
6.4	Zugriff auf Dokumentinhalte		176
	Range-Objekt versus Selection-Objekt		176
	Range-Objekte manipulieren		178
	Das Font-Objekt – Schriftattribute ändern		179
	Borders – Umrandungen für Textobjekte		181
	Texteingabe		183
	Das Selection-Objekt		184
	Textbereiche selektieren (markieren)		186
6.5	Navigieren in Word-Dokumenten		188
	Dokument-Komponenten		189
	Goto – zwischen Objekten wechseln		190
	Suchen und Ersetzen		192
	Hyperlinks		197
	Bookmarks (Textmarken)		199
	Fußnoten		201
6.6	Absätze – das Paragraph-Objekt		203
	Neue Absätze erzeugen		204
	Einzelne Absätze manipulieren		205
	Formatvorlagen erzeugen		209

6.7	Word-Tabellen	210
	Zellen manipulieren	213
	Zeilen und Spalten	215
6.8	Grafiken und Zeichnungen	217
	Grafiken importieren	217
	Zeichnungen per VBA-Code erstellen	220
	Zeichnungsobjekte bearbeiten	221
6.9	Was Sie noch wissen sollten	223
	Dokument-Eigenschaften	223
	Dokumentstatistik	225
	Das View-Objekt – Anzeigeoptionen steuern	227
	Dialogs – Word-Dialoge verwenden	228
	Word-Optionen einstellen	231
	Globale Vorlagen und AddIns	232
	Felder (Feldfunktionen)	233

7 Excel-Programmierung 237

7.1	Hinweise zum Kapitel	237
7.2	Arbeitsmappen und Tabellenblätter	237
	Arbeitsmappen erzeugen	237
	Arbeitsmappen öffnen	238
	Tabellenblätter	242
7.3	Zellen adressieren	244
	Methoden und Eigenschaften	244
	Das Range-Objekt	246
	Die Cells-Eigenschaft	248
	Mit dem aktiven Objekt arbeiten	250
	Zellen relativ adressieren	251
	Zellen selektieren	253
	Suchen und Ersetzen	254
7.4	Zellen manipulieren	258
	Wertzuweisung	258
	Zellenbereiche einfügen	262
	Zeilen und Spalten ein- und ausblenden	262
	Zellen verbinden	262
	Zellenbereiche sortieren	263
7.5	Zellen formatieren	265
	Schrift und Schriftattribute	266
	Hintergrund	268

	Umrandungen	270
	Farben zuweisen	273
7.6	Format-Codes	276
	Format-Codes für Zahlenformate	277
	Farben in Format-Codes	280
	Teilformate in einem Format	280
	Prozentformate definieren	281
	Bruchzahlformate definieren	281
	Exponentialzahlen	282
	Format-Codes für Texteinträge	283
	Datumsformate	283
7.7	Excel-Tabellenfunktionen	284
	Tabellenfunktionen im VBA-Code	285
	Formeln in Zellen einfügen	285
	Formeln mit relativen Bezügen	286
7.8	Excel-Diagramme	287
	Diagramme im eigenen Diagrammblatt	288
	Diagramme ändern	288
	Diagramme bearbeiten	292
	Eingebettete Diagramme	294
7.9	Was Sie noch wissen sollten	296
	Die Methode InputBox	296
	Objekte im Web veröffentlichen	298
	Kommentare verwenden	301

8 PowerPoint-Programmierung **305**

8.1	Hinweise zum Kapitel	305
8.2	Die PowerPoint-Objektstruktur	305
8.3	PowerPoint-Dokumente	306
	Neue Presentationen erzeugen	306
	Eine bestehende Präsentation öffnen	306
	Slides hinzufügen	308
8.4	Folien verwenden	309
	Folien bearbeiten	310
	Folienhintergrund zuweisen	311
8.5	Text- und Grafikobjekte	314
	Textobjekte hinzufügen und bearbeiten	315
	Das Title-Objekt	317

	Grafikobjekte hinzufügen und bearbeiten	318
	Mit Selection arbeiten	319
	Masterfolie verwenden	320
8.6	Präsentation einstellen und starten	321
	Voreinstellungen der Folien	322
	Ablaufeinstellungen und Start	323
	Folienanzeige zur Laufzeit steuern	323
8.7	VBA-Code zur Laufzeit	324
	Makros an Objekte binden	324
	Steuerelemente verwenden	324
	Folien und Objekte zu Laufzeit einfügen	326
	UserForm-Dialoge zu Laufzeit	326
	Web-Komponenten verwenden	326

9 Access-Programmierung ... **329**

9.1	Hinweise zum Kapitel	329
9.2	Datenmodell definieren	330
	Das relationale Modell	330
	Struktur von Tabellen	330
	Identifikationsschlüssel	331
	Entwurf der Datenbasis	332
	Eine Relation normalisieren	333
	Tabellen verknüpfen	336
	Referentielle Integrität	337
9.3	Hinweise zum Tabellenentwurf	337
	Feldtypen bestimmen	337
	Indexfelder bestimmen	339
	Eingabekontrolle auf Feldebene	342
	Nachschlagewerte und Nachschlagetabellen	344
	Beziehungen zwischen Tabellen herstellen	345
9.4	Access-Formulare entwerfen	347
	Formulare und Web-Seiten	347
	Formulare als Basis der Programmierung	347
	Formulareigenschaften	349
	Eigenschaften von Textfeldern	350
	Listenfelder als Suchtabellen	351
	Vordefinierte Funktionen für Schaltflächen	352
	Hinweise zur Arbeitserleichterung	352
	Formulare und Unterformulare	353

9.5	Programm-Code für das Formular	355
	Ereignisprozeduren des Formulars	355
	Ereignisprozeduren der Steuerelemente	358
	Programm-Code auf Formularebene	358
	Steuerelemente im Formular referenzieren	361
	Registersteuerelement	364
	Datensatzgruppe im Formular referenzieren	364
	Datensatzgruppe eines Unterformulars	366
	Geklonte Datensatzgruppe	366
	Listenfelder für die Datenanzeige	366
9.6	Formularsteuerung mit DoCmd	368
	Datensatzsteuerung mit GotoRecord	369
	RunCommand – Access-Anweisungen ausführen	370
	Suchen mit FindRecord	371
9.7	Seiten – Web-Seiten als Formulare	372
	Datenzugriffsseiten per VBA-Code aufrufen	373
	Datenzugriffsseiten per VBA ansprechen	374
9.8	CurrentDB – die aktuelle Datenbank	374
	Ein Recordset-Objekt manipulieren	375
	Abfragen erstellen	376
	SQL-Strings für viele Aufgaben	377
9.9	SQL-Grundkurs	377
	SQL-Anweisungen in Access einsetzen	378
	Datenmanipulation mit SQL	379
	INSERT – Datensätze hinzufügen	380
	UPDATE – Aktualisierungsabfragen	382
	Auswahlabfragen mit Select	382
	Mengenoperationen	387
	Aggregatfunktionen	388
	Ausdrücke in SQL-Klauseln	391
	SQL-Anweisungen parametrisieren	392
	SQL in VBA-Code einbinden	394
	Variablen in SQL-Anweisungen	396
9.10	Was Sie noch wissen sollten	397
	Access-Makros	397
	Anwendungen sichern	399
	Start-Optionen einstellen	399

10 DAO-Programmierung 403

10.1 Hinweise zum Kapitel 403
Einen Verweis einrichten 403

10.2 Datenzugriffsobjekte 403
Probleme mit Objektvariablen 404

10.3 Eine neue Datenbank erzeugen 405
Tabellen erzeugen 406
Datenfelder definieren und anhängen 407

10.4 Indizes verwenden 409
Index-Objekte erstellen 409
Index-Objekte löschen 410

10.5 Recordset – Datensätze bearbeiten 412
Recordset-Objekte mit SQL-Anweisungen 415
Recordset-Methoden 416
Recordset-Eigenschaften 418
Datensätze sortieren 421
Datensätze filtern 424
BookMarks – Lesezeichen verwenden 425
Suchen und Finden 426

10.6 Daten in Dokumente übernehmen 428
Daten in Word-Dokumente übernehmen 428
Daten in Excel-Tabellen übernehmen 431
Daten in Präsentationen übernehmen 434

11 Formulare und UserForm-Dialoge 437

11.1 Zu diesem Kapitel 437

11.2 Ein Dokument als Formular 437
Ein Dokument vorbereiten 437

11.3 Steuerelemente im Dokument plazieren 439
Die Symbolleiste Steuerelement-Toolbox 439
Hinweise zum Formularentwurf 441
Eigenschaften der Steuerelemente ändern 442
Stileigenschaften bestimmen 443
Schriften zuweisen 444
Farben zuweisen 444

11.4	Einzelne Steuerelemente einstellen..	445
	Ein- und mehrzeilige Textfelder	446
	Listen- und Kombinationsfelder	447
	Drehen-Schaltflächen und Bildlaufleisten	450
	Optionsfelder gruppieren	451
	Symbole für Schaltflächen	451
	Das Steuerelement Bild...	452
	Steuerelemente schützen...	453
11.5	UserForm-Dialoge	453
	UserForm-Dialoge erzeugen	453
	Steuerelemente plazieren	454
	Das MultiPage-Steuerelement...	455
	Register- und Multiseiten-Element	458
	Rahmen und Optionsfelder	459
	UserForm-Dialoge testen	460
	Eigenschaften anderer Steuerelemente	460
	Eigenschaften des UserForm-Dialogs	463
	Scrollbereich des UserForm-Dialogs	463
	Nicht-modale UserForm-Dialoge	464
	UserForm-Dialoge aufrufen	465
11.6	Steuerelemente programmieren	466
	VBA-Module und Ereignismodule	466
	Ereignisse und Ereignisprozeduren	467
	VBA-Code an ein Ereignis binden	468
	Ereignisse der Steuerelemente	469
	Ereignisse der UserForm-Dialoge	472
	Ereignisse der Word-Dokumente	473
	Ereignisse der Excel-Arbeitsmappen	474
	Ereignisse der Tabellenblätter...	475
	Testumgebung für UserForm-Dialoge	478
	Eigenschaften manipulieren	478
11.7	Programmierung einzelner Steuerelemente	481
	Besonderheiten bei Schaltern	481
	Besonderheiten bei Textfeldern	482
	Listen- und Kombinationsfelder	486
	Mehrspaltige Listen- und Kombinationsfelder	489
	Mehrfachselektion bei Listenfeldern	491
	Optionsfelder und Kontrollkästchen	493
	Optionsgruppen bilden	494
	Bildlaufleisten und Drehfelder..	494
	Multiseiten- und Register-Elemente	495

		UserForm-Dialoge erweitern	495
		Die Controls-Auflistung	497
11.8		Zusätzliche Steuerelemente	498
		ToolBar – Symbolleisten	500
		StatusBar – Statuszeile	502
		ProgressBar – Fortschrittsanzeige	505
		ListView – erweiterte Listen	506
		TreeView – hierarchische Listen	509
11.9		Web-Komponenten als Steuerelemente	514
		Komponenten einrichten	514
		Eigenschaften einstellen	514
		Programmierung	515

12 Menüs und Symbolleisten 517

12.1	Hinweise zum Kapitel	517
12.2	Symbolleisten anpassen	517
	Symbolleisten anpassen	517
	Symbolleisten erstellen	520
	Eigene Symbole entwerfen	521
	Makro-Schalter verwenden	522
	Symbolleisten an Word-Dokumente binden	523
	Symbolleisten an Excel-Arbeitsmappen binden	523
12.3	Menüs anpassen	524
	Menüoptionen verschieben und entfernen	524
	Menüoptionen hinzufügen	525
	Neue Menüs erzeugen	525
	Makros als Menüoptionen	526
	Menüs und Symbolleisten in Access	527
12.4	Symbolleisten programmieren	527
	Das CommandBar-Objekt	527
	Symbolleisten ein- und ausblenden	530
	Bestehende Symbolleisten ändern	531
	Neue Symbolleisten programmieren	535
	Eigene Steuerelemente definieren	537
	Schalter identifizieren	542
	Makros an Steuerelemente binden	547
	Symbolleisten schützen	549

12.5	Menüs programmieren		550
	Menüobjekte ausblenden		550
	Menüs ändern		553
	Eine Menüleiste erstellen		554
	Neue Menüs erstellen		554
12.6	Kontextmenüs programmieren		559

13 Office-Projekte 563

13.1	Hinweise zum Kapitel		563
13.2	Word – Literaturdatenbank		563
	Literaturdatenbank als AddIn		564
	Der UserForm-Dialog		564
	Objekte deklarieren		567
	Initialisierungen		568
	Eine neue Datenbank erzeugen		569
	Eine Datenbank öffnen		571
	Einen neuen Datensatz anfügen		574
	Navigieren in der Datenbank		577
	Datensatz als Fußnote einfügen		579
	Literaturverzeichnis erstellen		580
	Verwendung der Ereignisprozeduren		580
13.3	Word – Objekt-Navigator		581
	Falsche Schalter		582
	Public-Variablen		582
	Steuerelemente initialisieren		582
	Objekte in Liste laden		583
	Objekte aktivieren		583
	Die Anzeige im Dialog steuern		585
13.4	Excel – Eingabedialoge für Tabellen		586
	Daten in Tabelle schreiben		587
	Versteckte Datentabellen		590
13.5	Access – Kunden und Rechnungen		593
	Das Projekt		593
	Hinweise zum Formularentwurf		593
	Rechnungsformular aufrufen		596
	Rechnungspositionen eingeben		599
	Rechnung übernehmen		600
	Rechnung drucken		601

13.6	PowerPoint – Foliensteuerung	602
	Initialisieren	603
	Folien ein- und ausblenden	603
	Folien anzeigen	604
	Eine neue Folie einfügen	605
	Folie löschen	606

14 Was Sie noch wissen sollten 607

14.1	Hinweise zum Kapitel	607
14.2	Dateien und Verzeichnisse	607
	Dateien erzeugen, öffnen und schließen	607
	Daten schreiben und auslesen	609
	Dateien und Verzeichnisse	611
14.3	Fehlerbehandlung	612
	Fehler vermeiden	612
	Funktionen zur Fehlersuche	614
	Haltepunkte setzen	615
	„Traditionelle" Fehlersuche	618
	Das Lokal-Fenster	620
	Das Überwachungsfenster	622
	Das Dialogfenster Aufrufliste	623
	Fehler im Programm-Code behandeln	624
	Fehlerbehandlung mit On Error	624
	Error und Err	626
	Künstliche Fehler erzeugen	628
14.4	Datenaustausch und Automatisierung	629
	DDE (Dynamic Data Exchange)	629
	Automatisierung	632

Anhang 635

A	Die beiliegende CD	635
	Die Beispieldateien	635
B	Stichwortverzeichnis	637

1 Einführung

1.1 Zu diesem Buch

MS-Office ist ein universelles Werkzeug. Es läßt sich sowohl für einfache Büroarbeiten als auch zur Steuerung von Betriebsabläufen oder zur Lösung wissenschaftlicher Aufgaben einsetzen. In Verbindung mit einer Programmiersprache wird MS-Office zu einem vollwertigen Entwicklungssystem. Mit der VBA-Programmierung erschließt sich der Anwender neue Möglichkeiten bei der Automatisierung und Steuerung von Arbeitsabläufen. Der Einstieg in die Programmierung ist jedoch nicht ganz einfach. Jedes Office-Modul ist mit einem eigenen Objektmodell ausgestattet, das vom Programmierer erst verstanden werden will.

Was wir von Ihnen erwarten

Das vorliegende Buch will dabei helfen, den Schritt von der interaktiven Nutzung hin zur Entwicklung eigener Anwendungen zu vollziehen. Es ist im Sinne eines Lehrbuches aufgebaut: Ausgehend von Basiskenntnissen werden Schritt für Schritt komplexere Themen vermittelt. Wir empfehlen daher auch Lesern mit Vorkenntnissen, die Reihenfolge der Kapitel einzuhalten.

Sie müssen kein erfahrener Programmierer sein, wenn Sie mit Hilfe dieses Buches in die VBA-Programmierung einsteigen wollen. Wir gehen aber davon aus, daß Sie mit den üblichen Office-Modulen vertraut sind. Wenn Sie bereits über Erfahrung mit einer Programmiersprache verfügen, können sie zumindest die ersten vier Kapitel etwas flotter angehen. Ganz darauf verzichten sollten Sie aber nicht. Auch der erfahrene Programmierer benötigt Kenntnisse, etwa zur Behandlung von Variablen, wie wir sie in den Grundlagenkapiteln vermitteln.

1.2 MS-Office als Entwicklungsumgebung

Obwohl die interaktiven Office-Funktionen im Laufe der Zeit immer flexibler und umfangreicher geworden sind, hat doch gerade die Programmierbarkeit von der Weiterentwicklung profitiert. Aus einer recht simplen Makro-Sprache ist inzwischen eine objektorientierte Programmiersprache geworden, die durchaus in Konkurrenz zu anderen Entwicklungssystemen treten kann. Viele Projekte lassen sich effektiver mit VBA programmieren als mit den üblichen Entwicklungssystemen wie beispielsweise C++, PASCAL oder einem Datenbanksystem wie FOXPRO.

Was ist VBA?

VBA steht für „Visual Basic for Applications". Sehr viel Basic sollten Sie aber nicht erwarten. Natürlich verwendet VBA für grundlegende Sprachelemente wie Schleifen, Verzweigungen, Funktionen und Variablen die übliche Basic-Syntax. VBA ist aber eine ereignis- und objektorientierte Programmiersprache. In der Regel arbeiten Sie daher mit Objekten und deren Eigenschaften und Methoden. Der Sprachumfang teilt sich folglich in allgemeine Basic-Sprachelemente, die für alle Module gelten, und in jeweils spezifische Elemente, sogenannte Objektmodelle, die jeweils nur eine bestimmte Office-Anwendung betreffen. Das Objektmodell von WinWord unterscheidet sich erheblich vom Excel- oder Access-Objektmodell. Hinzu kommt ein Werkzeug für den visuellen Entwurf von Formularen bzw. Dialogen, das mit Ausnahme von Access für alle Office-Module gleich oder zumindest sehr ähnlich aufgebaut ist. Im vorliegenden Buch werden wir zuerst die Sprachelemente behandeln, die für alle Module gelten. Wir beginnen also mit der klassischen Basic-Programmierung (Kapitel 4).

Einsatzbereiche für Office-Anwendungen

Aufgrund der unterschiedlichen Einsatzzwecke der Office-Module eignen sich Office-Anwendungen für eine Vielzahl von Aufgabenstellungen. Die folgende Liste zeigt nur einige der denkbaren Einsatzmöglichkeiten:

- Erweiterung der Befehlsumfangs der einzelnen Office-Anwendungen.
- Informationssysteme, etwa sogenannte Management-Informationssysteme.
- Standardanwendungen wie Fakturierung, Finanzbuchhaltung und Investitionsrechnung.
- Wissenschaftliche Auswertungen, insbesondere im Bereich der Statistik.
- Frontend-Anwendungen für Datenbanken, insbesondere im Zusammenhang mit der Auswertung großer Datenbestände.

Der Schwerpunkt der VBA-Programmierung dürfte eindeutig bei Excel- und Access-Anwendungen liegen. Diese Module bieten ein hohes Maß an Flexibilität. Auch für WinWord lassen sich sinnvolle Erweiterungen programmieren. Weniger hilfreich ist die Möglichkeit der PowerPoint-Programmierung. Im Buch haben wir diese Gewichtung berücksichtigt. Hinzu kommt die Datenbankanbindung für alle Module via DAO (Data Access Object), für die wir ein eigenes Kapitel vorgesehen haben.

Was ist neu für den Entwickler?

Eigentlich hat sich beim Sprachumfang nicht sehr viel getan. Da Office 2000 aber massiv auf den Einsatz im Web ausgerichtet wurde, sind einige Objekte hinzugekommen, die das Arbeiten im Internet bzw. Intranet erleichtern. So können nun bestimmte Objekte per Programmsteuerung im Web publiziert werden. Access verfügt zudem über sogenannte Datenzugriffsseiten, mit denen sich Formulare für die Verwendung im Browser erzeugen lassen. Allerdings handelt es sich dabei um sehr spezifische Lösungen, die in der Regel eine Microsoft-Umgebung voraussetzen. Das gilt auch für drei neue Komponenten, mit denen sich Excel-Tabellen, Pivot-Tabellen und Charts im Browser anzeigen und teilweise bearbeiten lassen. Die Komponenten stehen auch für Formulare und Dialoge zur Verfügung.

Die Entwicklerversion von MS-Office

Da für viele Anwender die Möglichkeit der Programmierung immer wichtiger wird, ist von Microsoft auch eine spezielle Entwicklerversion erhältlich. Diese Version bietet zusätzliche Werkzeuge, die besonders den VBA-Programmierer unterstützen. Dazu gehört beispielsweise ein Hilfekompiler, mit dem sich Hilfedateien für eigene Anwendungen erstellen lassen. Auch zusätzliche Steuerelemente (ActiveX-Controls) und eine erweiterte Dokumentation gehören dazu. Für die Entwickler von Datenbank-Anwendungen dürfte das Runtime-Modul besonders wichtig sein. Mit diesem Modul lassen sich selbständig ablaufende Access-Anwendungen erstellen. Die Entwicklerversion ist jedoch nicht immer erforderlich, da schon die Standardversionen eine umfasssende Programmierung ermöglichen. Die Beispiele dieses Buches kommen überwiegend ohne die Entwicklerversion aus.

1.3 Hinweise zur Installation

Die VBA-Entwicklungsumgebung wird automatisch installiert, wenn Sie die Standard-Installation wählen. Das gilt jedoch nicht für die zahlreichen Hilfe-Dateien und für bestimmte Assistenten. Office 2000 ist aber in der Lage, die benötigten Dateien automatisch von der CD nachzuladen. Die Fehlermeldung, die Ihnen anzeigt, daß eine bestimmte Datei fehlt, ist gleich mit einer entsprechenden Anfrage gekoppelt. Es ist also nicht erforderlich, das Setup-Programm erneut zu starten. Sie können daher ruhig die schnellere Standard-Installation wählen und die VBA-Hilfe und andere Dateien bei Bedarf nachladen.

2 Makros verwenden

2.1 Hinweise zum Kapitel

Word, Excel und PowerPoint verfügen über einen Makro-Recorder, mit dem sich Tastenanschläge sowie die Auswahl von Menüoptionen und Symbolschaltern aufzeichnen und unter einem Namen speichern lassen. Auf diese Weise können Sie ständig wiederkehrende Befehlsfolgen zusammenfassen und mit einem Tastendruck oder einem Mausklick ausführen.

Besonderheit von Access-Makros

Auch in Access finden Sie den Begriff „Makro". Diese Makros werden aber nicht von einem Recorder aufgezeichnet, sondern vom Anwender oder Programmierer durch Listenauswahl zusammengestellt. Wir werden im Access-Kapitel kurz auf diese Besonderheit eingehen. In diesem Kapitel kommen Access-Makros nicht vor.

Makros als Vorstufe der Programmierung

Makros sind eine Vorstufe der VBA-Programmierung. Der Makro-Recorder setzt diese daher auch in VBA-Code um. Der Einstieg in die Programmierung sollte folglich mit der Aufzeichnung von Makros beginnen, zumal diese sich nachträglich noch beliebig erweitern bzw. überarbeiten lassen. Der VBA-Code eines aufgezeichneten Makros kann zudem sehr informativ und lehrreich sein.

Unterschiede bei der Makro-Aufzeichnung

Das Verfahren der Aufzeichnung ist in den Modulen Word, Excel und PowerPoint relativ einheitlich geregelt. Unterschiede gibt es jedoch bei der Zuordnung der Makros zu Tastenkombinationen, Symbolschaltern und Menüoptionen. Wir werden bei den entsprechenden Textabschnitten darauf eingehen. Die Beispiele diese Kapitels beschränken sich auf Word und Excel.

Wann Makros verwenden?

Makros sind bezüglich ihrer Einsatzmöglichkeiten begrenzt. Zwar können Sie theoretisch sehr lange Befehlsfolgen zu einem Makro zusammenfassen, die fehlende Ablaufkontrolle läßt diese Option jedoch wenig sinnvoll erscheinen. Relativ kurze, überschaubare Befehlsfolgen dürften für Makros wesentlich besser geeignet sein. Das zentrale Kriterium bildet die Häufigkeit, mit der eine bestimmte Folge von Befehlen benötigt wird. Eine Befehlsfolge, die Sie nur sehr selten benötigen, sollten Sie nicht unbedingt als Makro realisieren. Häufig werden Sie an Stelle von Makros Word- oder Excel-Funktionen wie beispielsweise Formatvorlagen einsetzen können. Für spezifische Texteingaben eignen sich auch Textersetzungen mit Hilfe der Funktion AUTOKORREKTUR.

Makros und Virenschutz

Wichtig: Inzwischen hat das leidige Virenproblem auch Makro-Sprachen wie VBA erreicht. Die Office-Anwendungen bieten daher eine Schutzfunktion an, deren Intensität Sie selbst bestimmen können. Wenn sich ein Makro nicht ausführen läßt, ist möglicherweise die höchste Sicherheitsstufe eingeschaltet. Auf dieser Stufe sind nur noch sogenannte signierte Makros ausführbar. Im Dialog SICHERHEIT, den Sie mit der Menüoption EXTRAS/MAKRO/SICHERHEIT... aufrufen, können Sie die Einstellung ändern.

2.2 Makros aufzeichnen

Die Befehlsfolgen, die Sie zu einem Makro zusammenfassen wollen, sollten Sie schon vor der Aufzeichnung testen. Eine automatisch ablaufende Folge von Befehlen kann sehr viel Schaden anrichten. Es ist daher sinnvoll, die geplante Befehlsfolge vor dem Start der Aufzeichnung Schritt für Schritt durchzugehen. Auch lassen sich dabei häufig Vereinfachungen herausfinden, die eine Verkürzung der Befehlsfolge erlauben.

Einschränkungen

Nicht jeder Mausklick oder Tastendruck führt zu einer analogen Makroanweisung. Wenn Sie beispielsweise die Symbolleisten umgruppieren, wird diese Aktion nicht aufgezeichnet. Aufzeichnungsfähig sind grundsätzlich nur die Befehle, die Sie über Symbolschalter und Menüoptionen erreichen. Auch die Tastenbetätigung erzeugt in der Regel eine valide Makroanweisung. Allerdings können Sie hier nicht sicher sein, daß die Tastatureingabe beim späteren Abspielen auch dort erscheint, wo Sie diese beim Aufzeichnen eingegeben haben. Entscheidend ist in der Regel die Cursor-Position.

Den Kontext eines Makros definieren

Ein Makro ist in der Regel kontextabhängig. Soll beispielsweise eine Löschoperation ausgeführt werden, muß die Zelle, deren Inhalt gelöscht werden soll, bereits aktiviert sein. Eine bestimmte Folge von Tasten- und Menübefehlen, die ohne einen definierten Ausgangszustand abläuft, kann zu fehlerhaften Ergebnissen oder gar zur Vernichtung von Daten führen.

Die Kontextanforderungen minimieren

Grundsätzlich sollten Sie versuchen, die Kontextanforderungen zu minimieren. Ein Makro, vor dessen Ausführung der Anwender erst mehrere Operationen in einer bestimmten Reihenfolge durchführen muß, ist wenig hilfreich. Was zwingend zu einer Befehlsfolge gehört und sich im Makro erledigen läßt, gehört auch in das Makro.

Kritische Befehle vermeiden

Ein Makro läßt sich in der Regel nicht stoppen. Kritische Befehle, und das gilt besonders für alle Löschoperationen, sollten daher nur in Ausnahmefällen in Makros aufgenommen werden. Es sollte zudem selbstverständlich sein, ein neues Makro nicht mit wichtigen Daten oder Dokumenten zu erzeugen und zu testen.

2.3 Word-Beispiel

Als Word-Beispiel wollen wir ein Makro erzeugen, das eine Absenderangabe, also eine Adresse, und die Datumszeile an der Cursor-Position ausgibt.

Den Kontext für das Beispiel herstellen

Da die Absenderangabe immer in der obersten Zeile eines Dokuments beginnen soll, wäre es sinnvoll, auch den Cursor dort zu plazieren. Allerdings läßt sich die Cursor-Positionierung auch in das Makro einbinden (STRG+POS1). Da wir Text eingeben wollen, darf beim Start des Makros auch kein anderer Text markiert sein. Dieser würde sonst überschrieben werden. Die Tastenkombination STRG+POS1 hebt eine Markierung aber auf, so daß auch diese Aufgabe vom Makro erledigt werden kann. Eine besondere Vorbereitung ist daher in diesem Fall nicht erforderlich. Natürlich muß ein Dokument geöffnet sein.

Die Aufzeichnung starten

Um die Makroaufzeichnung zu starten, wählen Sie die Menüoption EXTRAS/MAKROS/AUF-ZEICHNEN... Sie erhalten dann den Dialog aus Abbildung 2.1 angezeigt. Hier ist zunächst der Name einzugeben. Den vom Aufzeichnen-Dialog vorgeschlagenen Namen sollten Sie nicht akzeptieren. Die vorgegebenen Bezeichnungen (MAKRO1, MAKRO2 etc.) sind wenig aussagefähig. Wer Makros erstellt, die auch für andere Benutzer gedacht sind, wird ohnehin versuchen, möglichst eindeutige und erklärende Bezeichnungen zu verwenden.

Namenskonventionen

Der Makro-Name sollte dessen Funktion erkennen lassen. Immerhin dürfen Sie bis zu 255 Zeichen verwenden. Dabei sind jedoch nur wenige Sonderzeichen erlaubt, beispielsweise der Unterstrich. Der normale Bindestrich und das Leerzeichen werden von Word zurückgewiesen. Der Name muß zudem mit einem Buchstaben oder dem Unterstrich beginnen. Anschließend können beliebige Ziffern oder Buchstaben folgen. Dazu gehören auch die deutschen Umlaute. Da Leerzeichen unzulässig sind, müssen Sie einzelne Wörter durch Unterstriche trennen. Unser Makro soll den folgenden Namen erhalten:

```
Absender_eingeben
```

Der Dialog bietet Ihnen zudem die Möglichkeit, eine Beschreibung einzugeben. Hier können Sie die Funktion des Makros genauer umschreiben.

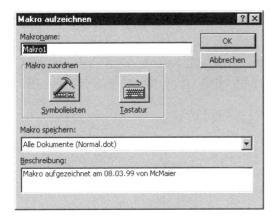

Abb. 2.1: Ein Word-Makro aufzeichnen

Wichtiger ist die Option MAKRO SPEICHERN. Hier bestimmen Sie, ob ein Makro nur im gerade angezeigten Dokument oder in allen Dokumenten verfügbar ist. Soll das Makro in allen Word-Dokumenten zur Verfügung stehen, muß es in der Standard-Dokumentvorlage NORMAL.DOT gespeichert werden.

Makro zuordnen

Sie können noch vor der Aufzeichnung eine Tastenkombination oder einen Symbolschalter bestimmen, mit denen das Makro später aufgerufen werden soll. Dazu öffnen Sie mit den im Dialog angezeigten Schaltern den Anpassen-Dialog. Wir werden später auf die Anbindung von Makros an Symbolschalter, Menüoptionen und Tastenkombinationen eingehen. Vorläufig sollten Sie darauf verzichten.

Operationen während der Aufzeichnung

Um die Aufzeichnung zu starten, schließen Sie den Dialog mit OK. Alle Tastenanschläge und jede Auswahl einer Menüoption oder eines Symbolschalters werden dann vom Makro-Recorder aufgezeichnet. Auf der Arbeitsfläche finden Sie nun die Symbolleiste AUFZEICHNUNG BEENDEN, die lediglich zwei Schalter enthält.

Abb. 2.2: Die Symbolleiste AUFZEICHNEN BEENDEN

Der erste Schalter dient der Beendigung der Aufzeichnung. Mit dem zweiten Schalter können Sie die Aufzeichnung unterbrechen. Solange der zweite Schalter gedrückt ist, werden die Eingaben und Befehle nicht aufgezeichnet.

Die einzelnen Makrooperationen ausführen

Die einzelnen Operationen müssen sehr sorgfältig ausgeführt werden. Dabei können Sie sich ruhig etwas Zeit lassen. Für unser Makro sind die folgenden Schritte erforderlich:

1. Betätigen Sie die Tastenkombination STRG+POS1, auch wenn sich der Cursor bereits am Dokumentanfang befindet.

2. Geben Sie den Absender ein und beenden Sie jede Zeile mit der Eingabetaste (ENTER).

3. Geben Sie die Datumszeile ein. Das Datumsfeld wählen Sie über die Menüoption EINFÜGEN/DATUM UND UHRZEIT...

4. Fügen Sie eventuell noch ein oder zwei Leerzeilen (ENTER) ein, um den Abstand zu einer Anrede- oder Betreff-Zeile zu erhalten.

5. Beenden Sie die Aufzeichnung. Sie können dazu den Schalter AUFZEICHNUNG BEENDEN oder die Menüoption EXTRAS/MAKRO/AUFZEICHNUNG BEENDEN wählen.

Nach Beendigung der Aufzeichnung sollten Sie ungefähr den Stand von Abbildung 2.3 erreicht haben. Das gleiche Ergebnis muß sich nun durch Aufruf des Makros realisieren lassen.

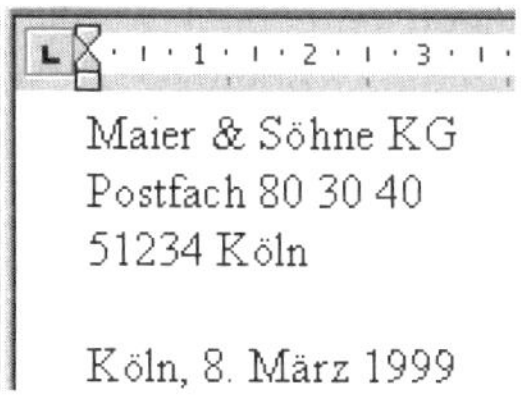

Abb. 2.3: Das Ergebnis der Makro-Aufzeichnung

Natürlich sollten Sie das Makro nun in verschiedenen Situationen testen. Eine Testumgebung kann beispielsweise darin bestehen, daß ein Textabschnitt markiert ist oder sich der Cursor in einer Tabelle befindet.

Das Makro aufrufen

Da wir noch keine Tastenkombination und keinen Symbolschalter definiert haben, müssen Sie das Makro vorläufig über den Makro-Dialog aufrufen. Den Makro-Dialog erhalten Sie mit der Menüoption EXTRAS/MAKRO/MAKROS... Im Dialog werden alle verfügbaren Makros mit ihrem Namen aufgelistet.

Das gewünschte Makro müssen Sie markieren und dann den Schalter AUSFÜHREN betätigen. Sollte das Makro nicht angezeigt werden, stimmt möglicherweise die Anzeige im Kombinationsfeld MAKROS IN: nicht. Ein Makro, das der Dokumentvorlage NORMAL.DOT zugeordnet ist, wird nur angezeigt, wenn hier diese Vorlage oder die Option (in) ALLEN AKTIVEN DOKUMENTVORLAGEN UND DOKUMENTEN eingestellt ist.

2.4 Excel-Beispiel

Als Excel-Beispiel wollen wir ein Makro zum automatischen Einfügen einer Zeile mit allen dafür erforderlichen Formeln aufzeichnen. In zeilenorientierten Tabellen, die verschiedene Formeln enthalten, können Sie solche Zeilen in der Regel durch Kopieren einer bereits bestehenden Zeile erzeugen. Sie kopieren dann jedoch auch die Inhalte, die nicht übernommen werden sollen. Wir wollen die Zeile daher vollständig neu erstellen. Abbildung 2.4 zeigt die Ausgangssituation.

	A	B	C	D	E	F	G	H
1	**Einnahmen 2000**							
2	Vorgang Anlaß	Beleg Nr.	Datum	MwSt. Satz	Einnahme brutto	Einnahme netto	UmsatzSt. 16%	UmsatzSt. 7%
3								
4								
5						=E5/(1+D5)	=WENN(D5=16%; F5 * D5;"")	
6								

Abb. 2.4: Tabelle, für die ein Makro erstellt werden soll

Die Tabelle dient der Verbuchung von Einnahmen. Für jede neue Einnahme muß eine neue Zeile erzeugt werden. Da Nettobetrag und Mehrwertsteuer nicht manuell berechnet werden sollen, enthalten die betreffenden Spalten Formeln. Das Makro soll nun eine komplette Zeile einfügen und dabei gleichzeitig die Formeln eintragen. Damit verkürzen wir eine etwas umständliche Prozedur auf einen Tastendruck. In Abbildung 2.4 haben wir zwei der drei benötigten Formeln sichtbar gemacht. Die Aufgaben, die das Makro ausführen soll, umfassen die folgenden Punkte:

- Eine neue (leere) Zeile einfügen.

- Die Formel '=E5/(1+D5)' in die Spalte F der neuen Zeile eintragen.

- Die Formel '=WENN(D5=16%; F5 * D5;"")' in die Spalte G der neuen Zeile eintragen.

- Die Formel '=WENN(D5=7%; F5 * D5;"")' in die Spalte H der neuen Zeile eintragen.

Ihnen wird sicher aufgefallen sein, daß wir uns hier immer auf die fünfte Zeile beziehen. Die neue Zeile soll aber an einer beliebigen Position eingefügt werden können. Die Zellenbezüge muß Excel dann automatisch anpassen. Solche Probleme sind bei der Aufzeichnung eines Makros zu berücksichtigen.

Den Kontext für unser Makro definieren

Der Zell-Cursor muß immer in der Zeile stehen, über der die neue Zeile eingefügt werden soll. Die Zeile, in welcher der Zell-Cursor beim Einfügen stand, wird dabei nach unten verdrängt. Wir müssen aber auch bestimmte Spalten adressieren, um die Formeln eingeben zu können.

2.4 Excel-Beispiel

Hier haben wir jedoch eine Auswahlmöglichkeit. Statt den Zell-Cursor auf eine bestimmte Zelle zu setzen, etwa die erste, die eine Formel enthält, soll es genügen, wenn der Anwender den Zell-Cursor in der ersten Spalte, der A-Spalte, plaziert. Unser Kontext besteht also darin, daß der Zell-Cursor vor dem Aufruf des Makros in der ersten Zelle der Zeile stehen muß, über der die neue Zeile eingefügt werden soll. Steht der Cursor in der fünften Zeile erhalten wir also eine neue fünfte Zeile.

Die Ausgangsbedingung (der Kontext) muß nicht nur vor der späteren Ausführung des Makros, sondern auch schon vor der Aufzeichnung, also vor Aufruf des Makro-Recorders, hergestellt werden.

Excel-Makro aufzeichnen

Um ein Excel-Makro zu erzeugen, rufen Sie wieder mit der Menüoption EXTRAS/MAKRO/AUFZEICHNEN... den Dialog MAKRO AUFZEICHNEN auf. Alternativ können Sie auch den Schalter MAKRO AUFZEICHEN aktivieren, den Sie in der Symbolleiste VISUAL BASIC finden. Die Symbolleiste blenden Sie über die Menüoption ANSICHT/SYMBOLLEISTEN/VISUAL BASIC ein oder aus.

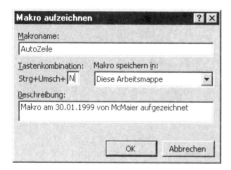

Abb. 2.5: Ein Makro definieren

Im Aufzeichnen-Dialog ist zunächst ein Namen für das Makro einzugeben. Wir haben den Namen

```
AutoZeile
```

gewählt. Sie können aber durchaus längere Namen vergeben, die den Zweck des Makros genauer beschreiben. Achten Sie aber auf die schon beim Word-Makro angesprochenen Namenskonventionen.

Das Makro einer Arbeitsmappe zuordnen

Mit den Optionen des Kombinationsfeldes MAKRO SPEICHERN IN: bestimmen Sie, ob das Makro einer Arbeitsmappe zugeordnet werden oder in allen Arbeitsmappen verfügbar sein soll. Spezifische Makros, die Sie für eine ganz spezielle Tabelle erzeugen, sollten Sie auch der jeweiligen Arbeitsmappe zuordnen. Das wird üblicherweise die gerade angezeigte sein. Sie wählen dann die Option DIESE ARBEITSMAPPE.

Sie können aber auch universelle Makros erzeugen, deren Funktion sich in nahezu allen Arbeitsmappen nutzen läßt. In diesem Fall wählen Sie die Option PERSÖNLICHE MAKRO-ARBEITSMAPPE. Diese Mappe wird von Excel bei Bedarf automatisch geöffnet, so daß die darin enthaltenen Makros ständig zur Verfügung stehen. Unser Beispiel enthält spezifische Funktionen, die sich in anderen Tabellen kaum verwenden lassen. Wir haben daher die Option DIESE ARBEITSMAPPE gewählt.

Die Tastenkombination bestimmen

Im Gegensatz zu Word können Sie unter Excel schon im Aufzeichnen-Dialog eine Tastenkombination für den Makro-Aufruf bestimmen. Diese Option sollten Sie auch nutzen. Zwar werden Makros in der Regel an Menüoptionen und Symbolschalter gebunden. Für häufig benötigte Befehle können aber auch Tastenkombinationen sinnvoll sein. Wenn Sie bei der Eingabe die Umschalttaste gedrückt halten, wird diese ebenfalls Bestandteil der Kombination. Für unser Beispiel haben wir die Folge STRG+UMSCH+N gewählt. Es sind grundsätzlich nur Kombinationen mit der Strg-Taste möglich.

Die Aufzeichnung starten

Nach dem Start der Aufzeichnung mit OK verschwindet der Aufzeichnen-Dialog. Sie finden dafür auf der Arbeitsfläche die Symbolleiste AUFZEICHNUNG BEENDEN, die wieder zwei Schalter enthält.

Abb. 2.6: Die Symbolleiste AUFZEICHNEN

Der erste Schalter dient der Beendigung der Aufzeichnung. Wichtiger ist momentan der zweite Schalter, der bestimmt, wie Positionierungen des Zell-Cursors interpretiert werden. Die Bewegung des Zell-Cursors von der Zelle C3 zur Zelle D3 läßt sich auf zwei Arten interpretieren:

1. Gehe zur Zelle D3.

2. Gehe zur nächsten Zelle rechts von der aktiven Zelle.

Im ersten Fall sprechen wir von einem absoluten, im zweiten von einem relativen Verweis.

Absolute und relative Verweise

In der Voreinstellung arbeitet der Makro-Recorder mit absoluten Verweisen. Wenn Sie während der Aufzeichnung beispielsweise einen Zellenwert eingeben und die Zelle anschließend mit der Eingabetaste verlassen, merkt sich der Macro-Recorder die Zelle, in welcher der Zell-Cursor dann landet. Diese Zelle wird später bei der Verwendung des Makros immer wieder angesprungen.

Wollen Sie erreichen, daß der Zell-Cursor beim Wechsel zur nächsten Zelle auch wirklich zur nächsten Zelle geht und nicht zu der Zelle, die zufällig beim Aufzeichnen die nächste war, müssen Sie vor dem Wechsel den Schalter RELATIVER VERWEIS aktivieren.

Unser Makro ist auf relative Verweise angewiesen, weil es in verschiedenen Zeilen funktionieren muß. Beachten Sie, daß auch gemischte Verweise (Bezüge) möglich sind. Vor jeder neuen Positionierung des Zell-Cursors können Sie durch Aktivierung bzw. Deaktivierung des Schalters bestimmen, ob es sich nun um einen absoluten oder einen relativen Verweis handeln soll. Unser Beispiel kommt durchgängig mit relativen Verweisen aus. Sie müssen den Schalter also aktivieren.

Die einzelnen Schritte ausführen

Für unser Excel-Makro sind die folgenden Schritte erforderlich:

1. Im ersten Schritt muß eine neue Zeile eingefügt werden. Dazu wählen Sie die Menüoption EINFÜGEN/ZEILEN. Nach Ausführung dieser Operation steht der Zell-Cursor in der ersten Zelle der neuen Zeile.

2. Im zweiten Schritt muß der Zell-Cursor mit den Cursor-Tasten nach rechts bewegt werden, bis er auf der Spalte F steht. Hier kann dann die Formeleingabe erfolgen. Dabei muß sich die Verwendung des Zeilenindexes nach der aktuellen (neuen) Zeile richten. Wenn die neue Zeile beispielsweise die siebte Zeile ist, müssen Sie auch die Zahl 7 als Zeilenindex verwenden. Das gilt natürlich nur, wenn die Formel mit Werten aus der gleichen Zeile arbeitet. Die erste Formel hat dann folgende Form:

   =E7/(1+D7)

   Der Abschluß der Formel sollte sicherheitshalber mit der Tab-Taste erfolgen. Der Zell-Cursor springt dann automatisch zur nächsten Zelle, die nach unserem Schema die zweite Formel erhalten muß. Auch hier sind wieder die Indizes der aktuellen (neuen) Zeile erforderlich. Auf keinen Fall darf der Abschluß mit der Eingabetaste (RETURN) erfolgen, weil der Cursor sonst in der nächsten Zeile landet.

3. Die folgenden Schritte erfolgen nach dem gleichen Muster. Jede Formel schließen Sie mit der Tab-Taste ab, womit Sie automatisch die nächste Zelle aktivieren. Nach der letzten Formel können Sie alternativ auch die Eingabetaste betätigen.

Damit wäre die Definition des Makros abgeschlossen. Die Makro-Aufzeichnung kann nun beendet werden.

 Mit Hilfe des nebenstehenden Schalters können Sie die Aufzeichnung jederzeit beenden. Dem gleichen Zweck dient die Menüoption EXTRAS/MAKRO/AUFZEICHNUNG BEENDEN.

Eine dritte Möglichkeit bietet der gleiche Schalter in der Symbolleiste VISUAL BASIC. Dieser erscheint nach dem Start der Aufzeichnung an der Stelle, an der sich zuvor der Schalter MAKRO AUFZEICHNEN befand. Die Symbolleiste muß natürlich eingeblendet sein.

Ein Excel-Makro ausführen

Nach der Definition sollten Sie das Makro gleich testen. Dazu setzen Sie den Zell-Cursor in die erste Spalte der Zeile, über der Sie eine neue Zeile einfügen wollen. Mit der Menüoption EXTRAS/MAKRO/MAKROS... öffnen Sie anschließend den Makro-Dialog.

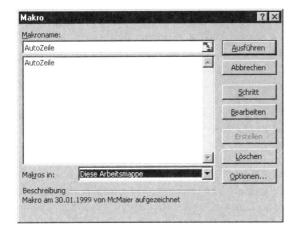

Abb. 2.7: Ein Excel-Makro aufrufen

Da wir bisher nur ein Makro erstellt haben, wird auch nur dieses angezeigt. Existieren bereits andere Makros, müssen Sie das gewünschte markieren und dann den Schalter AUSFÜHREN betätigen. Wenn Sie anschließend die vom Makro erzeugten Formeln überprüfen, sollten Sie feststellen, daß die Zeilenindizes automatisch angepaßt wurden. Das Makro verwendet immer die Zeilennummer der eingefügten neuen Zeile.

2.5 Makros zuordnen

Ein Makro kann, wie gezeigt, durch den Aufruf des Makro-Namens im Makro-Dialog ausgeführt werden. Schneller und komfortabler sind jedoch Menüoptionen, Symbolschalter und Tastenkombinationen.

Eine Tastenkombination definieren

Für das Excel-Makro haben wir bereits im Aufzeichnungs-Dialog eine Tastenkombination bestimmt. Eine Änderung ist aber auch nachträglich noch möglich. Dazu öffnen Sie wieder den Makro-Dialog (Menüoption EXTRAS/MAKRO/MAKROS...), markieren dort das zu ändernde Makro und klicken dann auf den Schalter OPTIONEN...

2.5 Makros zuordnen

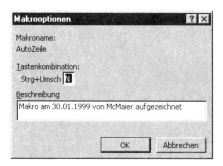

Abb. 2.8: Eine Tastenkombination definieren (Excel)

Für die Tastenkombination wird ein schmales Eingabefeld angezeigt. Sie können hier einen Buchstaben eingeben, der zusammen mit der Strg-Taste als Tastenkombination dient. Wenn Sie einen Großbuchstaben eingeben, also die Umschalttaste gedrückt halten, wird die Umschalttaste (SHIFT) ebenfalls Teil der Tastenkombination.

Eine freie Tastenkombination verwenden

Sie müssen zunächst eine noch freie Tastenkombination finden, der Sie das Makro zuweisen können. Sehr viele brauchbare Kombinationen sind bereits mit Excel-Befehlen vorbelegt.

Beschreibung ändern

Im gleichen Dialog können Sie auch die Beschreibung des Makros ändern. Diese Möglichkeit werden Sie jedoch nur nutzen, wenn Sie viele eigene Makros erstellen. Sie sind dann kaum noch in der Lage, die Funktionen der einzelnen Makros zu behalten. Die Beschreibung im Makro-Dialog kann dann helfen, das gerade benötigte Makro zu finden.

Hinweis: Beachten Sie, daß wir das Makro nur für die gerade angezeigte Arbeitsmappe aufgezeichnet haben. Es wird dann mit dieser Arbeitsmappe gespeichert. Wenn Sie die Mappe schließen und eine andere öffnen bzw. eine neue erzeugen, steht das Makro dort nicht zur Verfügung.

Tastenkombinationen für Word-Makros

Die nachträgliche Zuweisung einer Tastenkombination an ein Word-Makro erfolgt über den Dialog ANPASSEN (Menüoption EXTRAS/ANPASSEN...). Hier öffnen Sie mit dem Schalter TASTATUR... den Dialog TASTATUR ANPASSEN.

In der Liste KATEGORIE müssen Sie den Eintrag MAKROS markieren. Anschließend werden in der Liste MAKROS alle verfügbaren Makros angezeigt. Sobald Sie das gewünschte Makro markiert und den Cursor im Feld NEUE TASTENKOMBINATION DRÜCKEN positioniert haben, wählen Sie die Tastenkombination, indem Sie diese einfach betätigen. Soll das Makro beispielsweise mit der Kombination ALT+A erscheinen, drücken Sie gleichzeitig beide Tasten. Die Kombination wird dann umgehend im Eingabefeld unter den Listen angezeigt. Der Dialog zeigt Ihnen auch die aktuelle Belegung dieser Tastenkombination. Insbesondere viele Kombinationen mit der Strg-Taste sind in Word schon vorbelegt. Um andere Kombinationen auszuprobieren, müssen Sie die Eingabezeile zwischendurch löschen.

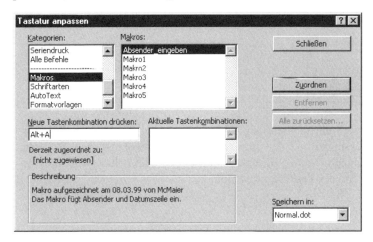

Abb. 2.9: Tastenkombination für ein Word-Makro definieren

Haben Sie eine noch nicht belegte Tastenkombination gefunden oder wollen Sie eine belegte Kombination für das Makro umwidmen, betätigen Sie nur noch den Schalter ZUORDNEN. Die neue Kombination erscheint dann in der Liste AKTUELLE TASTENKOMBINATIONEN.

Makros in Symbolleisten integrieren

Die wohl eleganteste Lösung für die Integration von Makros in die Bedienungsoberfläche bildet die Zuweisung an einen Schalter der Symbolleisten. Der neue Schalter kann dabei der fast immer verfügbaren Symbolleiste STANDARD oder einer anderen Leiste, die Sie jederzeit einblenden können, zugeordnet werden. Natürlich können Sie auch eine eigene Symbolleiste erstellen. In Kapitel 12 (Menüs und Symbolleisten) zeigen wir, wie dabei vorzugehen ist.

Befehlsauswahl im Dialog ANPASSEN

Die Zuordnung erfolgt über den Dialog ANPASSEN, den Sie unter anderem mit der Menüoption EXTRAS/ANPASSEN... aufrufen. Im Dialog wählen Sie die Seite BEFEHLE und markieren dann in der Liste KATEGORIEN die Option MAKROS. Bis hierhin ist das Vorgehen in den Modulen Word, Excel und PowerPoint identisch. Die Einbindung eines Makros als Symbolschalter weist jedoch geringe Unterschiede auf.

Excel-Makro als Symbolschalter

Die Liste BEFEHLE bietet Ihnen in Excel nur einen Schalter zu Auswahl an (SCHALTFLÄCHE ANPASSEN). Wir werden im letzten Kapitel zeigen, wie Sie ein anderes Symbol einbinden kön-

2.5 Makros zuordnen

nen. Für unser Beispiel soll das einzige Symbol vorerst genügen, auch wenn es sehr wenig mit der Funktion zu tun hat, die wir damit verbinden wollen. Das Symbol fassen Sie mit der Maus und schieben es in die gewünschte Symbolleiste. Ein schwarzer Strich zeigt dabei die Einfügeposition an. Den Dialog ANPASSEN dürfen Sie vorerst noch nicht schließen.

Ein Makro zuweisen und Symbol einstellen

Anschließend klicken Sie mit der rechten Maustaste auf den gerade plazierten Schalter in der Symbolleiste, um damit ein Kontextmenü zu öffnen. Über die Anzeigeart (STANDARD, NUR TEXT etc.) bestimmen Sie, wie der Schalter in der Symbolleiste erscheint. Für die Anzeige als Symbol muß die Option STANDARD eingestellt sein. Wollen Sie einen Textschalter verwenden, sollten Sie auch den Namen ändern. Für die Makro-Anbindung wählen Sie die Option MAKRO ZUWEISEN... (Abbildung 2.10).

Damit öffnen Sie den schon früher vorgestellten Auswahl-Dialog für die bereits definierten Makros. Vermutlich werden Sie dort nur das Makro AUTOZEILE finden. Das Makro markieren Sie und schließen den Dialog gleich wieder mit OK. Die Zuweisung wäre damit beendet. Beachten Sie, daß Sie erst jetzt den Dialog ANPASSEN schließen dürfen. Nur wenn der Dialog geöffnet ist, können Sie die einzelnen Schalter in den Symbolleisten bearbeiten.

Abb. 2.10: Ein Makro über das Kontextmenü zuweisen

Makros in das Hauptmenü integrieren

Eine weitere interessante Möglichkeit, Makros in die Benutzeroberfläche zu integrieren, besteht darin, eigene Menüoptionen zu definieren. Auch dazu müssen Sie wieder den Anpassen-Dialog öffnen. Wir werden in Kapitel 12 dieses Buches auf die Manipulation von Menüeinträgen eingehen.

Word-Makro als Symbolschalter

Gleich nach dem Markieren der Kategorie MAKROS werden in der Liste BEFEHLE des Anpassen-Dialogs alle verfügbaren Makros zur Auswahl angeboten. Im Gegensatz zu Excel erhalten Sie also nicht nur einen stellvertretenden Symbolschalter angezeigt, sondern tatsächlich die vorhandenen Makros. Achten Sie aber auf das Kombinationsfeld SPEICHERN IN. Hier können Sie zwischen den einzelnen Dokumenten und der eingestellten Vorlage, in der Regel NORMAL.DOT, wählen. Die Befehlsliste zeigt nur die Makros des gerade eingestellten Dokuments und (gleichzeitig) die der Vorlage an.

Ein Makro als Schalter in eine Symbolleiste schieben

Einen Makro-Befehl fassen Sie einfach mit der Maus und schieben ihn in die gewünschte Symbolleiste. Er steht dann gleich als Schalter zur Verfügung. Allerdings wird der neue Schalter ziemlich viel Raum beanspruchen. Die Makros erscheinen als Textschalter in der Notation DOKUMENT.MODUL.MAKRONAME. Um den Text zu verkürzen oder durch ein Symbol zu ersetzen, müssen Sie mit der rechten Maustaste auf den neuen Schalter klicken. Sie öffnen damit wieder das Kontextmenü.

Wie schon bei der Definition eines Schalters für ein Excel-Makro gezeigt, ändern Sie hier den Namen und die Anzeigeart. Soll nur ein Symbol dargestellt werden, müssen Sie die Option STANDARD wählen. Ein Symbol wählen Sie über die Option SCHALTFLÄCHENSYMBOL ÄNDERN. Mit der Option SCHALTFLÄCHENSYMBOL BEARBEITEN... öffnen Sie einen kleinen Editor, in welchem Sie das Symbol völlig umgestalten können. Im Unterschied zu Excel können Sie die Makro-Zuweisung nicht ändern. Eine entsprechende Option fehlt im Kontextmenü.

Hinweis: Weitere Informationen, insbesondere zur Einbindung von Makros in das Hauptmenü und zur Programmierung von Symbolleisten finden Sie in Kapitel 12.

Hinweise zu PowerPoint-Makros

In PowerPoint erfolgt die Anbindung eines Makros an eine Tastenkombination, einen Symbolschalter oder eine Menüoption grundsätzlich über den Anpassen-Dialog. Auf der Seite BEFEHLE werden in der Kategorie MAKROS, wie schon in Word, alle verfügbaren Makros angezeigt. Wie in Word schieben Sie ein Makro einfach in die gewünschte Symbolleiste und nehmen dann die weiter oben beschriebenen Anpassungen (Name und Symbolauswahl) vor.

2.6 Grenzen der Makroverwendung

Per Maus und Tastatur definierte Makos sind mit einigen Unzulänglichkeiten behaftet. So können Sie in aufgezeichneten Makros beispielsweise keine Schleifen oder Verzweigungen verwenden.

Sicherheitsprobleme

Auch Sicherheitsabfragen, mit denen die Makro-Ausführung an eine Bedingung gebunden wird, lassen sich per Mausklick nicht definieren. Ein aufgezeichnetes Makro muß sich darauf verlassen, daß der Anwender die notwendigen Vorkehrungen trifft, beispielsweise den Cursor korrekt positioniert oder einen bestimmten Abschnitt markiert. Makros können, wenn Sie nicht im richtigen Kontext aufgerufen werden, sogar Schaden anrichten.

Geringer Automatisierungsgrad

Makros ermöglichen nur einen sehr geringen Automatisierungsgrad, da grundsätzlich nur seriell ablaufende Prozesse als Befehlsfolge aufgezeichnet werden können. Wichtige Funktionen, die sich in Dialogen verbergen, sind oft gar nicht zugänglich. Wenn Sie einen höheren Grad an Automatisierung erreichen wollen, werden Sie programmieren müssen.

Aufgezeichnete Makros bearbeiten

Einen relativ einfachen Zugang zur VBA-Programmierung bietet die Bearbeitung von aufgezeichneten Makros. Sie können dabei sehen, wie Word, Excel und PowerPoint Ihre Aktionen in VBA-Code umsetzen. Dazu müssen Sie den Makro-Dialog aufrufen (Menüoption EXTRAS/ MAKRO/MAKROS...), dort ein früher erstelltes Makro markieren und dann auf den Schalter BEARBEITEN klicken. Die Entwicklungsumgebung, die daraufhin geöffnet wird, zeigt alle Makros an, die dem gleichen VBA-Modul zugeordnet sind. Bevor wir uns aber der Programmierung zuwenden können, müssen wir uns erst noch mit der VBA-Entwicklungsumgebung beschäftigen.

3 Die Entwicklungsumgebung

3.1 Hinweise zum Kapitel

Office 2000 bietet eine vollständige Entwicklungsumgebung, mit der sich auch umfangreiche Projekte verwirklichen lassen. Der Programmierer findet hier Funktionen wie Haltepunkte setzen, Hervorhebung von Syntaxelementen und auch einen Dialog-Editor (in anderen Entwicklungsumgebungen häufig Formular-Editor genannt). Sehr effektiv ist der Code-Editor, der die Arbeit des Programmierers mit umfangreichen Auswahllisten für Objekte, Eigenschaften und Methoden unterstützt. Eine schnelle Übersicht ermöglicht der Objekt-Katalog, der alle verfügbaren Sprachelemente auflistet.

Unterschiede zwischen Office-Anwendungen

Mit der neuen Version ist auch Access an den bisher schon von Word, Excel und PowerPoint gewohnten Standard angeglichen worden, allerdings immer noch nicht vollständig. Insbesondere fehlt in Access der Editor für die Erzeugung von Dialogen (USERFORMS). Dieser Mangel ist jedoch zu verschmerzen, weil die üblichen Access-Formulare immer schon recht flexibel waren und diesen Bereich problemlos mit abdecken können.

Kleinere Unterschiede offenbaren sich auch bei der Programmierbarkeit der einzelnen Objekte. In Word und Excel verfügen auch die Dokumente bzw. Arbeitsmappen über eigene Code-Module. Hier lassen sich Dokumentereignisse verarbeiten. PowerPoint-Dokumente (Präsentationen) kennen solche Module zunächst nicht. Erst wenn Sie Steuerelemente (Schaltflächen, Kombinationsfelder etc.) hinzufügen, werden auch entsprechende Module erzeugt. Hier können Sie aber nur die Ereignisse der Steuerelemente mit VBA-Code versehen.

Access als eigenständiges Entwicklungssystem

Access ist ohnehin ein eigenes Entwicklungssystem, das sich trotz aller Angleichung erheblich von den drei anderen Office-Anwendungen unterscheidet. In diesem Kapitel werden wir die Entwicklungsumgebung so vorstellen, wie sie in Word, Excel und PowerPoint erscheint. Der größte Teil der hier präsentierten Funktionen ist aber auch in Access verfügbar. Wo das nicht zutrifft, werden wir darauf hinweisen.

Für die Beispiele dieses Kapitels, insbesondere die Abbildungen, haben wir uns auf Word und Excel beschränkt.

3.2 Die Entwicklungsumgebung aufrufen

Der Aufruf der VBA-Entwicklungsumgebung kann in Word, Excel oder PowerPoint auf vier Wegen erfolgen:

1. Wenn Sie ein neues VBA-Makro programmieren wollen, wählen Sie die Menüoption EXTRAS/MAKRO/VISUAL BASIC EDITOR...

2. Wenn Sie den Makro-Dialog (Menüoption EXTRAS/MAKRO/MAKROS...) geöffnet haben und ein bereits erstelltes Makro bearbeiten wollen, markieren Sie es in der Auswahlliste und betätigen dann den Schalter BEARBEITEN.

3. Die dritte Möglichkeit bietet der Schalter VISUAL BASIC EDITOR, den Sie in der Visual Basic-Symbolleiste finden. Die Symbolleiste blenden Sie über das Kontextmenü der Symbolleisten ein.

4. Schneller ist aber zweifellos die Tastenkombination ALT+F11. Wenn Sie regelmäßig programmieren, werden Sie sich diese Kombination merken müssen, zumal Sie damit auch wieder zum aktuellen Word-Dokument bzw. zur Excel-Tabelle oder PowerPoint-Präsentation zurückgelangen.

Die Entwicklungsumgebung ist ein eigenständiges Programm, das nicht innerhalb von Word, Excel und Co. erscheint, sondern ein eigenes Anwendungsfenster belegt. Wenn Sie noch kein Makro erstellt haben, werden Sie nur die leere Entwicklungsumgebung ohne den Editor zu sehen bekommen. Lediglich der Projekt-Explorer wird bereits angezeigt.

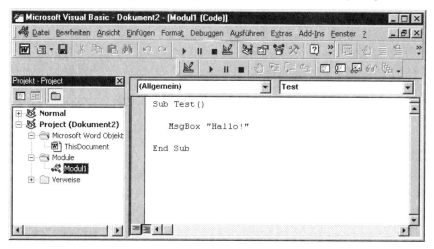

Abb. 3.1: Die VBA-Entwicklungsumgebung mit dem Code-Editor (Word)

Die Entwicklungsumgebung beinhaltet Symbolleisten, die unter anderem Schalter für die Ausführung von Makros und die Fehlerkontrolle bieten. Für Abbildung 3.1 haben wir bereits ein

Modul erzeugt, so daß dort auch die Arbeitsfläche des eigentlichen Editors angezeigt wird. Wir werden später darauf zurückkommen.

Zwischen Entwicklungsumgebung und Anwendung wechseln

Mit einem Mausklick auf den Schalter ANSICHT MICROSOFT WORD (bzw. ANSICHT MICROSOFT EXCEL) können Sie wieder zu Word bzw. Excel zurückkehren. Die VBA-Entwicklungsumgebung wird dabei nicht geschlossen. Auch mit der Tastenkombination ALT+F11 landen Sie wieder in der jeweiligen Anwendung.

Wenn die Entwicklungsumgebung nicht geschlossen ist, wird sie zudem in der Windows-Taskleiste angezeigt. Zwischen Anwendung und der Entwicklungsumgebung können Sie daher auch über die Taskleiste hin- und herschalten.

Die Entwicklungsumgebung schließen

Sie schließen die Entwicklungsumgebung mit der Menüoption DATEI/SCHLIEßEN UND ZURÜCK ZU MICROSOFT-WORD (bzw. -EXCEL) oder mit der Tastenkombination ALT+Q. Natürlich können Sie auch das übliche Schließenkästchen des VBA-Fensters verwenden. Die Entwicklungsumgebung wird automatisch geschlossen, wenn Sie die jeweilige Anwendung beenden.

3.3 Der Projekt-Explorer

Der Projekt-Explorer ist ein Werkzeug zur Verwaltung von VBA-Projekten. Hier bestimmen Sie unter anderem, welchen Objekten (Dokument, Arbeitsmappe etc.) der Programm-Code, den Sie schreiben, zugeordnet werden soll. Diese Zuordnung ist wichtig, weil Sie damit den Kontext eines Programms bestimmen.

Sollte der Projekt-Explorer nicht geöffnet sein, können Sie dies über den gleichnamigen Schalter in der Symbolleiste, die Tastenkombination STRG+R oder über die Menüoption ANSICHT/PROJEKT-EXPLORER nachholen.

Vermutlich erscheint der Projekt-Explorer, wie früher schon gezeigt, am linken Rand der Entwicklungsumgebung. Dort sollten Sie ihn normalerweise auch belassen. Sie können den Projekt-Explorer aber auch „abreißen" und an einer anderen Bildschirmseite verankern oder frei auf der Arbeitsfläche positionieren. In Abbildung 3.2 haben wir das getan und auch gleich das Kontextmenü des Explorers geöffnet.

Was Sie im Projekt-Explorer sehen, sind die geöffneten Dokumente oder Arbeitsmappen. Darunter finden Sie eventuell auch solche, die Sie nicht selbst geöffnet haben und die Sie in Word oder Excel auch gar nicht anwählen können. Es handelt sich dann um sogenannte Add-Ins (Excel) bzw. Vorlagen (Word), die automatisch geladen werden oder deren Einbindung Sie über den Add-In-Manager steuern.

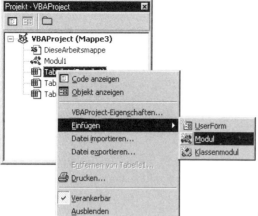

Abb. 3.2: Der Projekt-Explorer (Excel)

Die Anzeige des Objektexplorers unterscheidet sich je nach Anwendung. Ein Word-Projekt besteht zunächst nur aus dem Dokument. In Excel zählen auch die einzelnen Tabellenblätter zum Projekt.

Ein VBA-Projekt

Damit hätten wir auch schon eine erste Definition von dem, was unter einem VBA-Projekt zu verstehen ist: VBA-Projekte sind zunächst einmal Dokumente oder Arbeitsmappen, die auch VBA-Code enthalten. Später werden wir sehen, daß es auch noch auf andere Objekte ankommt. Die Schalter, die Sie unterhalb der Titelleiste des Projekt-Explorers finden, haben folgende Bedeutung:

CODE ANZEIGEN: Verschiedenen Objekten kann Programm-Code zugeordnet werden. Mit diesem Schalter öffnen Sie den Editor für den zugehörigen Programm-Code des gerade im Explorer markierten Objekts. Die folgenden Objekte können Programm-Code enthalten:

- Dokumente/Arbeitsmappen
- die einzelnen Excel-Tabellenblätter (Tabelle1, Tabelle2 etc.)
- VBA-Dialoge (USERFORMS, nicht in Access verfügbar)
- Module

Der Editor mit dem Programm-Code des Objekts kann, außer bei UserForm-Dialogen, auch mit einem Mausdoppelklick auf die Objektbezeichnung im Explorer aufgerufen werden.

OBJEKT ANZEIGEN: Ein Mausklick auf diesen Schalter bewirkt, daß das gerade markierte Objekt selbst angezeigt wird. Das kann beispielsweise ein UserForm-Dialog sein oder ein Word-Dokument. Markieren Sie zuvor ein Tabellenblatt, wird dieses angezeigt.

ORDNER WECHSELN: Mit diesem Schalter wählen Sie eine andere Darstellung Ihres VBA-Projekts. Ist der Schalter aktiv, werden Dokumente, Tabellenblätter, Module und UserForm-Dialoge in einer Ordnerstruktur dargestellt. Die Umschaltung auf die Ordnersicht kann sinnvoll sein, wenn ein Projekt sehr viele Objekte (Tabellenblätter, Module etc.) enthält. Durch das Ausblenden der einzelnen Objektarten gewinnen Sie dann eine bessere Übersicht.

Die Optionen für die Anzeige des Codes oder der Objekte finden Sie auch im Menü ANSICHT und im Kontextmenü des Projekt-Explorers.

Anzeigenbreite einstellen

Ist der Objekt-Explorer am linken oder rechten Fensterrand verankert, teilt er sich den Bildschirm mit den anderen Fenstern. Sie können die Breite der Anzeige dann über den Trennsteg zwischen den Fenstern regulieren.

Das Kontextmenü des Projekt-Explorers

Wenn Sie einen eigenen Dialog (USERFORM) entwerfen oder ein neues Code-Modul erzeugen wollen, werden Sie in der Regel das Kontextmenü des Projekt-Explorers bemühen. Die betreffenden Optionen finden Sie im Untermenü EINFÜGEN. Um einen Dialog zu entwerfen, wählen Sie im Kontextmenü die Option EINFÜGEN/USERFORM.

Ein neues Modul erhalten Sie mit der Option EINFÜGEN/MODUL. Über das Kontextmenü lassen sich Objekte und Module auch entfernen bzw. importieren oder exportieren. Die Optionen des Kontextmenüs finden Sie auch im Hauptmenü. Sie sind hier jedoch über die Menüs DATEI, ANSICHT und EINFÜGEN verteilt.

3.4 Der Objektkatalog

Ein sehr nützliches Werkzeug ist der Objektkatalog. Hier werden alle verfügbaren Objekte aufgelistet. Wenn Sie ein Objekt markieren, erhalten Sie die zugehörigen Eigenschaften und Methoden angezeigt.

Sie öffnen den Objektkatalog in allen vier Anwendungen mit einem Mausklick auf den gleichnamigen Schalter, mit der Taste F2 oder mit der Menüoption ANSICHT/OBJEKTKATALOG.

Der Objektkatalog zeigt in der linken Liste die verfügbaren Klassen (Objekte) und rechts die Eigenschaften und Methoden an. Die Anzeige gilt immer für die gerade eingestellte Bibliothek. Für Abbildung 3.3 haben wir die Einstellung <ALLE BIBLIOTHEKEN> gewählt. Sie können zudem gezielt nach bestimmten Sprachelementen suchen. Zu jeder Eigenschaft oder Methode finden Sie im unteren Teil des Dialogs eine knappe Erläuterung.

Abb. 3.3: Der Objektkatalog

Den Objektkatalog werden Sie benötigen, wenn Sie richtig in die Programmierung einsteigen wollen. Die Zahl der verfügbaren Objekte, Eigenschaften und Methoden ist so groß, daß Sie ohne die Hilfe dieses Katalogs nicht auskommen werden. Die Online-Hilfe allein bietet Ihnen keine derart sinnvoll strukturierte Darstellung der Objekte.

Ob es sich bei den angezeigten Elementen um Objekte, Eigenschaften, Methoden oder anderes handelt, erkennen Sie an den folgenden Symbolen:

OBJEKT/KLASSE

MODUL

AUFZÄHLUNG

EIGENSCHAFT

EREIGNIS

KONSTANTE

METHODE/FUNKTION

Klassen und Elemente von Klassen

Die Auswahlfenster des Objektkatalogs tragen die Bezeichnungen KLASSEN und ELEMENTE. Eine Klasse umfaßt alle potentiellen Objekte mit den gleichen Eigenschaften und Methoden.

Wir werden daher weiterhin von Objekten sprechen. Als Elemente werden Methoden, Eigenschaften, Ereignisse und Konstanten bezeichnet.

Die Bibliothek auswählen

Über das erste Kombinationsfeld des Objektkatalogs schränken Sie die Anzeige der Objekte ein. Damit reduziert sich bereits das Angebot an Einträgen, so daß Sie das Gesuchte leichter finden. Zu den Bibliotheken, die bereits bei der Standardinstallation verfügbar sind, gehören die folgenden:

Word (nur in Word)	Die Word-Bibliothek enthält alle Word-Objekte wie Documents, Paragraphs, Words.
Excel (nur in Excel)	Die Excel-Bibliothek enthält alle Excel-Objekte wie WorkBooks, Worksheets, Range.
MSForms	Die Bibliothek MSFORMS enthält Objekte wie Schalter, Textfelder, Kontrollkästchen und Dropdown-Listen, mit denen Sie beispielsweise UserForm-Dialoge bestücken. Diese Bibliothek wird nur angezeigt, wenn Sie Steuerelemente im Dokument plaziert oder einen UserForm-Dialog erzeugt haben.
Office	Die Office-Bibliothek enthält Objekte, die in fast allen Office-Anwendungen verfügbar sind, beispielsweise die Assistenten Karl Klammer & Co.
VBA	Die VBA-Bibliothek enthält alle VBA-Funktionen sowie Eigenschaften und Konstanten.
Projekt VBA-Projekt	Diese „Bibliothek" steht für das VBA-Projekt, das gerade im Projekt-Explorer markiert ist. Dazu gehören unter Word das Dokument sowie die von Ihnen dafür erstellten Module und Dialoge. In Excel sind das die Arbeitsmappe, die einzelnen Tabellenblätter und ebenfalls die Module und Dialoge.

In der Regel ist die Option <ALLE BIBLIOTHEKEN> voreingestellt. Diese Einstellung sollten Sie auch nur ändern, wenn Sie genau wissen, in welcher Bibliothek Sie suchen müssen.

Weitere Bibliotheken einbinden

Weitere Bibliotheken lassen sich über den Dialog VERWEISE einbinden, den Sie mit der Menüoption EXTRAS/VERWEISE... aufrufen. Die Klassen und Elemente der hier aktivierten Bibliotheken werden dann ebenfalls zur Auswahl im Objektkatalog angeboten.

Bibliotheksliste des Objektkatalogs und Projekt-Explorer

Die Bibliotheken sind jeweils einem bestimmten Projekt (einem Dokument, einer Arbeitsmappe) zugeordnet. Die Anzeige der Bibliotheken ist daher vom gerade markierten Projekt im Explorer abhängig. Wenn Sie für das gerade markierte Projekt beispielsweise die DAO-Bibliothek für den Datenbankzugriff eingebunden haben, wird diese Bibliothek auch in der Bibliotheksauswahl angezeigt.

Im Objektkatalog suchen

Der Objektkatalog enthält eine Suchfunktion, mit der Sie nach einzelnen Objekten, Auflistungen, Eigenschaften und Methoden suchen können. Den Suchbegriff, der auch unvollständig sein kann, geben Sie in das Editierfeld der Liste unterhalb der Bibliotheksliste ein.

Abb. 3.4: Ein Element suchen

Die Einträge von früheren Suchoperationen werden hier gespeichert, bis Sie die Entwicklungsumgebung schließen.

 Die Suche starten Sie mit einem Mausklick auf den nebenstehenden Schalter. Das Ergebnis der Suche wird in einer separaten Liste innerhalb des Objektkatalogs angezeigt.

 Mit diesem Schalter blenden Sie die Liste mit den Ergebnissen der Suche wieder aus. Die Liste kann jederzeit erneut angezeigt werden.

Nur ganzes Wort suchen

Im Kontextmenü des Objektkatalogs finden Sie die Option NUR GANZES WORT SUCHEN. Wenn diese Option aktiv ist, werden nur Elemente angezeigt, die vollständig mit dem Suchbegriff übereinstimmen. Das gilt jedoch nicht für Groß- und Kleinschreibung, da diese funktional ohne Bedeutung ist.

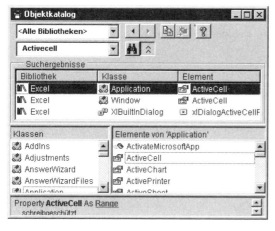

Abb. 3.5: Der Objektkatalog mit Ergebnisliste

Bibliothekswahl und Suchfunktion

Über die Vorauswahl der Bibliothek können Sie den Suchbereich eingrenzen. Die Ergebnisliste zeigt dann nur noch Elemente der gerade gewählten Bibliothek an. Die Eingrenzung per Bibliothekswahl kann auch noch nachträglich erfolgen.

Elemente gruppieren

Im Kontextmenü des Objektkatalogs finden Sie die Option ELEMENTE GRUPPIEREN. Ist die Option nicht aktiv, werden alle Objekte, Auflistungen, Eigenschaften, Methoden und Ereignisse ohne Unterschied in alphabetischer Ordnung angezeigt. Wenn Sie die Option aktivieren, zeigt der Katalog zunächst alle Elemente einer Gruppe an, beispielsweise alle Eigenschaften, dann folgt die nächste Gruppe, beispielsweise alle Methoden, usw.

Eigene Projekte im Objektkatalog verwalten

Als Bibliotheken gelten auch die eigenen VBA-Projekte. Der Objektkatalog läßt sich daher auch für die Verwaltung dieser Projekte nutzen. In der Klassenliste erscheinen dabei alle Objekte (Dokumente, Arbeitsmappen, Tabellen, Module usw.) und in der Elementliste alle integrierten Elemente sowie die selbstgeschriebenen Prozeduren (Makros) und Funktionen.

Wenn Sie im Objektkatalog ein solches Element markieren, können Sie im Kontextmenü über die Option DEFINITION ANZEIGEN die betreffende Definition bzw. Deklaration im Editor aufrufen. Ein Mausdoppelklick erfüllt den gleichen Zweck.

3.5 Das Direktfenster

Die Entwicklungsumgebung bietet eine sehr sinnvolle Funktion, um sich mit der Verwendung von Objekten, Eigenschaften und Methoden vertraut zu machen: das sogenannte Direktfenster. Hier können Sie VBA-Anweisungen eingeben und direkt ausführen lassen. Das Direktfenster unterstützt die Eingabe durch vielfältige Hilfen, die Ihnen passende Methoden oder Eigenschaften zur Auswahl anbieten. Sie öffnen das Direktfenster mit der Menüoption ANSICHT/ DIREKTFENSTER oder der Tastenkombination STRG+G. Die Entwicklungsumgebung präsentiert Ihnen dann das Fenster aus Abbildung 3.6.

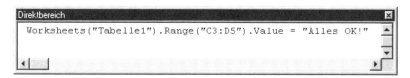

Abb. 3.6: Anweisungen im Direktfenster testen (hier Excel)

Das Direktfenster ist aber nur eine Testhilfe, es ersetzt nicht den noch vorzustellenden Editor. Sie können im Direktfenster nur einzeilige Anweisungen testen und gegebenenfalls über die

Zwischenablage in den Editor kopieren. In der Regel wird Ihnen das Direktfenster bei bestimmten Eingaben eine Unterstützung durch Auswahllisten anbieten. Wir werden diese Listen später noch kennenlernen.

Jede Befehlszeile wird einzeln ausgeführt. Wollen Sie einen bereits ausgeführten Befehl wiederholen, müssen Sie den Text-Cursor in die betreffende Zeile setzen und erneut die Eingabetaste betätigen.

Ausgabe im Direktfenster

Das Direktfenster kann auch Ergebnisse anzeigen, wenn die Ausdrücke mit den folgenden VBA-Anweisungen erzeugt werden:

```
?
Print
```

Damit lassen sich komplexe Ausdrücke testen, bevor Sie diese in den eigentlichen Programmtext übernehmen. Wollen Sie beispielsweise die Funktion des (Word-)Ausdrucks

```
ActiveDocument.Paragraphs.Count
```

überprüfen, müssen Sie lediglich die folgende Zeile in das Direktfenster schreiben und die Eingabetaste betätigen.

```
? ActiveDocument.Paragraphs.Count
```

Sofern der Ausdruck zulässig ist, erhalten Sie umgehend das Ergebnis angezeigt. Ein komplexer Ausdruck läßt sich auf diese Art schneller überprüfen und gegebenenfalls ändern, weil nur der Ausdruck selbst abgearbeitet wird und nicht eine ganze Prozedur.

Ausgaben eines Makros im Direktfenster

Das Direktfenster kann zudem der Fehlersuche dienen. Zu diesem Zweck verwenden Sie das Debug-Objekt. Das Debug-Objekt repräsentiert das Direktfenster selbst. Wenn Sie das Debug-Objekt mit der Print-Anweisung im Programmtext (im VBA-Editor) verwenden, wird die damit erzeugt Ausgabe im Direktfenster protokolliert. Sie können dann später das Direktfenster öffnen und die Programmausgabe überprüfen. In der Regel werden Sie den Inhalt einer Zelle bzw. den aktuellen Wert einer Variablen oder einer Eigenschaft ausgeben, um das Verhalten eines Programms zur Laufzeit zu überprüfen. Die folgende Zeile gibt den Wert der gerade markierten (Excel-)Zelle aus.

```
Debug.Print ActiveCell.Value
```

Beachten Sie, daß die Zeile im Programmtext, also im VBA-Editor, verwendet wird, nicht im Direktfenster. Im Direktfenster erscheint später nur der Ausgabewert, in diesem Fall der Inhalt der gerade aktiven Zelle.

3.6 Der VBA-Editor

Den größten Teil der Entwicklungsumgebung nimmt der eigentliche Editor ein. Hier können Sie Ihren Programm-Code fast wie in einem Textprogramm eingeben. Der Editor achtet dabei auf die Art der Eingabe und stellt die verschiedenen Syntaxelemente in unterschiedlichen Farben dar. Den Editor (genauer: VISUAL BASIC-EDITOR), können Sie nicht direkt aufrufen. Er erscheint automatisch, wenn Sie ein Modul öffnen oder erzeugen. Dazu können Sie in der Entwicklungsumgebung beispielsweise die Menüoption EINFÜGEN/MODUL oder die gleichnamige Option im Kontextmenü des Projekt-Explorers verwenden.

Zwischen Makros (Prozeduren) wechseln

Der Editor zeigt immer alle Makros eines Moduls an. Über das Kombinationsfeld PROZEDUR, das Sie am oberen rechten Rand finden, können Sie zwischen den einzelnen Makros wechseln. Sie sollten sich durch die Bezeichnung PROZEDUR nicht irritieren lassen. Makros werden auch als Prozeduren bezeichnet. In der Liste PROZEDUREN finden Sie den Eintrag DEKLARATIONEN, der Sie immer an den Anfang des Moduls bringt. Hier werden üblicherweise Variablen und Konstanten deklariert, die für alle Makros (Prozeduren) eines Moduls gelten.

In Abbildung 3.7 können Sie einen Hilfetext erkennen, den der Editor einblendet, wenn Sie eine Methode oder Funktion eingeben. In einem Info-Fenster erhalten Sie damit Informationen zur Syntax der gerade verwendeten Methode oder Funktion angezeigt.

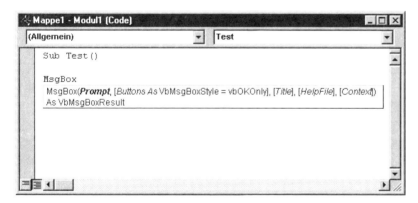

Abb. 3.7: Der VBA-Editor (Excel)

Die Auswahlliste OBJEKT (oben links) werden Sie in der Regel nur benötigen, wenn Sie Ereignisprozeduren bearbeiten. Hier wählen Sie dann das Objekt, dessen Ereignisse Sie mit Programm-Code versehen wollen. Wir werden bei der Behandlung von Ereignissen (unter anderem in Kapitel 11) darauf zurückkommen. Für „normale" VBA-Module müssen Sie hier keine Einstellungen vornehmen. Die Auswahlliste enthält in diesem Fall ohnehin nur den Eintrag ALLGEMEIN.

Auswahllisten für Objekte, Eigenschaften und Methoden

Bei der Definition einer Objektreferenz erscheint, sobald Sie den korrekt geschriebenen Objektausdruck mit einem Punkt abschließen, eine Auswahlliste, die alle für das Objekt verfügbaren Eigenschaften und Methoden auflistet.

 Sie können diese dann per Mausdoppelklick oder durch Markieren und Betätigen der Tab-Taste, nicht der Eingabetaste, in den Programmtext übernehmen.

Wenn Sie ein Element per Eingabetaste (RETURN) übernehmen, fügen Sie gleichzeitig einen Zeilenumbruch ein. Damit schließen Sie die Befehlszeile ab. Da der Ausdruck zu diesem Zeitpunkt oft noch unvollständig ist, erhalten Sie umgehend eine Fehlermeldung angezeigt.

Auswahllisten aufrufen

Wie vorstehend beschrieben, werden kontextabhängige Auswahllisten für Methoden, Eigenschaften und Konstanten automatisch aufgerufen. Über das Kontextmenü des Editors können Sie die Listen aber auch manuell öffnen. Wollen Sie beispielsweise eine andere als die gerade ausgewählte oder eingegebene Methode verwenden, setzen Sie den Cursor auf die betreffende Methode und öffnen dann im Kontextmenü mit der Option EIGENSCHAFTEN UND METHODEN ANZEIGEN eine Auswahlliste. Mit einem Mausdoppelklick auf die neue Methode (oder Eigenschaft) wird diese anstelle der bisherigen in den Programmtext übernommen. Schneller erhalten Sie die Auswahlliste mit der Tastenkombination STRG+J.

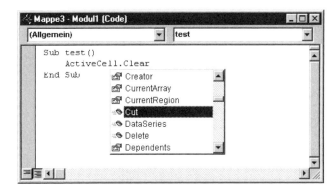

Abb. 3.8: Eine Methode oder Eigenschaft ersetzen (Excel)

In Abbildung 3.8 wird die Methode CLEAR durch die Methode CUT ersetzt. Für die Auswahl können Sie anstelle des Doppelklicks auch wieder die Tab-Taste verwenden.

Zwischen Modul- und Prozedursicht wechseln

Üblicherweise werden alle Prozeduren eines Moduls im Editor angezeigt. Sie können die Anzeige jedoch auf eine bestimmte Prozedur einschränken. Den dafür notwendigen Schalter finden Sie unten links im Editorfenster.

3.6 Der VBA-Editor

 Mit diesem Schalter wechseln Sie zur Prozeduransicht. Angezeigt wird dann nur noch die Prozedur, in der gerade der Cursor steht.

 Mit diesem Schalter erreichen Sie, daß wieder alle Prozeduren des betreffenden Moduls angezeigt werden.

In beiden Ansichten können Sie über das Kombinationsfeld am oberen rechten Fensterrand zwischen den einzelnen Prozeduren wechseln.

Farbliche Hervorhebung von Syntaxelementen

Die einzelnen Elemente des Programm-Codes werden in unterschiedlichen Farben dargestellt. Die folgende Übersicht beschreibt die in der Voreinstellung verwendete Zuordnung:

Schwarz In dieser Farbe erscheinen alle Ausdrücke, die aus selbstdefinierten Bezeichnern, aus Objekten, Methoden und Eigenschaften bestehen.

Blau   In der Farbe Blau werden alle VBA-Schlüsselwörter wie SUB/END SUB, DIM, CONST etc. angezeigt.

Grün   Alle Kommentare eines Programmtextes werden grün hervorgehoben.

Rot   Kompiler-Fehler zeigt der Editor rot an. Die Ursache sind in der Regel unvollständige oder fehlerhafte Ausdrücke. Sobald Sie in der Zeile eine Änderung vornehmen, etwa ein Zeichen löschen oder hinzufügen, wird der Ausdruck wieder schwarz angezeigt.

Für bestimmte Funktionen, etwa die Kennzeichnung von Haltepunkten oder Programmzeilen, die Laufzeitfehler auslösen, verwendet der Editor weitere Farben. Die Farben und andere Schriftattribute lassen sich an individuelle Bedürfnisse anpassen.

Einzug

Programmtext sollte durch Einzüge strukturiert werden. Schleifenkonstruktionen und Verzweigungen lassen sich so besser überblicken und leichter bearbeiten. Sie verwenden zu diesem Zweck die Tab-Taste. Die nächste Zeile, die Sie danach durch Betätigen der Eingabetaste erzeugen, wird dann automatisch ebenfalls mit dem zuvor verwendeten Einzug versehen. Soll die nächste Zeile wieder in der ersten Spalte beginnen, müssen Sie anschließend noch die Rücktaste betätigen. Beim Drücken der Tab-Taste werden keine Tabulatoren eingefügt, sondern Leerzeichen.

Automatische Syntaxprüfung

In der Voreinstellung überprüft der Editor die Syntax automatisch. Die Prüfung erfolgt nicht erst dann, wenn Sie eine Zeile mit der Eingabetaste abschließen, sondern schon beim Abschluß von sinnvollen Teilausdrücken. Je nach Syntaxfehler reagiert der Editor durch Anzeige einer Fehlermeldung oder, soweit möglich, durch Berichtigung des Fehlers. Wenn Sie beispielsweise das (falsche) Schlüsselwort ENDIF eingeben, erzeugt der Editor daraus kommentarlos den korrekten Ausdruck END IF. In den meisten Fällen wird der Editor aber eine Fehlermeldung anzeigen.

Programmtext importieren

Programmtext, der im ASCII-Format vorliegt, kann mit der Menüoption EINFÜGEN/DATEI... in den VBA-Editor übernommen werden. Sie können Ihren Programmtext also mit jedem beliebigen ASCII-Editor erzeugen. Allerdings gehen Ihnen dabei Vorteile wie die Auswahllisten und die automatische Syntaxprüfung verloren. Die Import-Option sollten Sie daher nur nutzen, wenn Sie älteren Basic-Code in ein VBA-Projekt übernehmen wollen.

Definition anzeigen

Häufig wird Ihnen die Definition eines Objekts, einer Methode oder Eigenschaft entfallen sein. Wenn Sie aber zumindest den Namen kennen, können Sie den Cursor auf den Namen setzen und anschließend die Menüoption ANSICHT/DEFINITION oder die gleichnamige Option im Kontextmenü des Editors aufrufen. Sie erhalten dann den Objektkatalog mit der entsprechenden Definition des jeweiligen Elements angezeigt.

Prozedur einfügen

In allen Office-Anwendungen können Sie für das Erzeugen einer neuen Prozedur die Hilfe des Dialogs PROZEDUR HINZUFÜGEN in Anspruch nehmen. Den Dialog öffnen Sie mit der Menüoption EINFÜGEN/PROZEDUR...

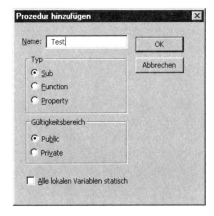

Abb. 3.9: Prozedur hinzufügen

Die Ankündigung, eine ganze Prozedur hinzuzufügen, kann der Dialog allerdings nicht erfüllen. Sie erhalten lediglich das Prozedurgerüst. Die Hilfestellung ist dennoch sehr nützlich, weil Sie auch einige Einstellungen erlaubt. So können Sie zunächst bestimmen, ob Sie eine SUB oder FUNCTION erzeugen wollen. Auf die Unterschiede werden wir noch eingehen. Das gilt auch für die Option GÜLTIGKEITSBEREICH und die Verwendung statischer Variablen.

Editor-Optionen einstellen

Der VBA-Editor läßt sich in vielfältiger Weise konfigurieren. Die Einstellungen nehmen Sie im Dialog OPTIONEN vor, den Sie mit der Menüoption EXTRAS/OPTIONEN... aufrufen. Für den Editor sind die Seiten EDITOR und EDITORFORMAT reserviert.

Auf der Seite EDITOR aktivieren Sie unter anderem die automatische Syntaxprüfung und die Anzeige von Datentips. Mit Datentips sind Infos gemeint, die in unterbrochenen Programmen bei Berührung mit der Maus den Inhalt von Variablen anzeigen. Auch die Anzahl der Leertastenschritte beim Betätigen der Tab-Taste kann hier vorgegeben werden. Damit variieren Sie die Einzugstiefe. Für die Anzeige der Auswahllisten ist die Option ELEMENTE AUTOMATISCH AUFLISTEN zuständig.

Prozedurtrennlinien

Die einzelnen Makros werden in der Voreinstellung durch eine automatisch eingeblendete Linie getrennt. Diese Linie können Sie mit der Option PROZEDURTRENNLINIE ein- bzw. ausblenden.

Text- und Syntaxelemente einstellen

Auf der Seite EDITIERFORMAT bestimmen Sie die Farbe und andere Schriftattribute für die verschiedenen Text- und Syntaxelemente. In der Auswahlliste markieren Sie zu diesem Zweck das einzustellende Text- oder Syntaxelement und bestimmen anschließend die zugehörigen Einstellungen für Vorder- und Hintergrundfarben.

Schriftarten und Schriftgrößen

Schriftart und Schriftgröße lassen sich nicht separat für einzelne Text- und Syntaxelemente definieren. Jede Änderung gilt immer für alle Elemente. In der Regel sollten Sie die voreingestellte Schrift (COURIER) belassen. Dabei handelt es sich um eine sogenannte nicht-proportionale Schrift, die sich aufgrund gleicher Zeichenabstände am besten für den Programmtext eignet.

Kennzeichen einstellen

Die Farbeinstellungen des Kombinationsfeldes KENNZEICHEN betreffen nur bestimmte Elemente, etwa Haltepunkte und Lesezeichen. Solche Kennzeichen (Symbole) werden vor dem eigentlichen Programmtext in einer Kennzeichenleiste am linken Rand des Editors angezeigt.

Kennzeichenleiste ein- oder ausblenden

Die Kennzeichenleiste werden Sie für einfache Makros nicht unbedingt benötigen. Wenn Sie zudem mit einem kleinen Bildschirm auskommen müssen, kann es sinnvoller sein, den Platz für die Anzeige von Programm-Code zu nutzen. In diesem Fall sollten Sie die Kennzeichenleiste im Dialog OPTIONEN auf der Seite EDITIERFORMAT ausblenden.

Lesezeichen einfügen

Um bestimmte Textstellen, die Sie noch bearbeiten wollen, auch wiederzufinden, können Sie Lesezeichen setzen. Dazu plazieren Sie den Cursor auf der Textstelle, die Sie markieren wollen und wählen dann die Menüoption BEARBEITEN/LESEZEICHEN/LESEZEICHEN SETZEN/ ZURÜCKSETZEN. Mit der gleichen Option heben Sie die Markierung wieder auf. Lesezeichen werden auf der Kennzeichenleiste am linken Rand des Editors angezeigt. Die Leiste muß natürlich eingeblendet sein.

Mit der Menüoption BEARBEITEN/LESEZEICHEN/ALLE LESEZEICHEN LÖSCHEN erreichen Sie, daß alle Lesezeichen des Projekts, also auch die Lesezeichen anderer Module, entfernt werden.

Suchen und ersetzen

In längeren Programmtexten werden Sie bestimmte Textstellen nur sehr schwer durch serielles Lesen wiederfinden. Auch die Möglichkeit, Lesezeichen zu verwenden, kann hier nicht immer helfen. Die Entwicklungsumgebung verfügt daher über eine leistungsfähige Suchen- und Ersetzen-Funktion.

Den Suchen-Dialog öffnen Sie mit der Menüoption BEARBEITEN/SUCHEN..., der Tastenkombination STRG+F oder mit dem nebenstehenden Schalter.

Der Dialog erlaubt die Suche in allen Prozeduren des aktuellen Projekts. Sie können die Suche aber auch auf das gerade angezeigte Modul oder die Prozedur beschränken, in der momentan der Cursor steht. Wenn Sie vor dem Aufruf des Dialogs einen Textabschnitt markieren, läßt sich die Suche auch auf diesen Abschnitt eingrenzen.

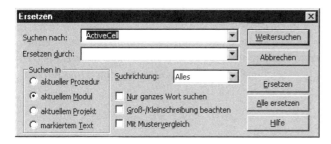

Abb. 3.10: Eine Textsuche definieren (erweiterter Dialog mit Ersetzen-Funktion)

Der Suchbegriff muß nicht vollständig sein. Sie können jedoch die Option NUR GANZES WORT SUCHEN markieren, um nur Fundstellen anzeigen zu lassen, die bis auf Groß- und Kleinschreibung vollständig mit dem Suchbegriff übereinstimmen.

Suchbegriff markieren

Der Suchen-Dialog verwendet als voreingestellten Suchbegriff das Wort, auf dem vor Aufruf des Suchen-Dialogs der Text-Cursor stand.

Weitersuchen

Ist der Suchen-Dialog wieder geschlossen, erhalten Sie die nächste Fundstelle angezeigt, wenn Sie die Taste F3 betätigen oder die Menüoption BEARBEITEN/WEITERSUCHEN wählen.

Suchen und Ersetzen

Der Suchen-Dialog enthält einen Schalter mit der Bezeichnung ERSETZEN... Damit erweitern Sie den Dialog um ein Feld für die Eingabe eines Ersatzausdrucks. Der gefundene Ausdruck kann dann durch den hier definierten Ausdruck ersetzt werden. Dazu werden zusätzliche Schalter mit den Bezeichnungen ERSETZEN und ALLE ERSETZEN eingeblendet. Der erste Schalter bewirkt, daß nur der gerade gefundene Ausdruck ersetzt wird. Betätigen Sie hingegen den Schalter ALLE ERSETZEN, durchläuft die Suchen-Funktion den Programmtext und ersetzt ohne Nachfrage alle gefundenen Ausdrücke. Den Suchen- und Ersetzen-Dialog können Sie mit der Menüoption BEARBEITEN/ERSETZEN... auch direkt aufrufen.

Hinweis: Die Funktionen des Editors, die im Zusammenhang mit der Fehlerbehandlung stehen, beispielsweise das Setzen von Haltepunkten, stellen wir in Kapitel 14 (Unterkapitel „Fehlerbehandlung") vor.

Welches Modul wird gerade angezeigt?

Da sich der Programm-Code auf verschiedene Module verteilt – zu jedem Word-Dokument und zu jedem Excel-Tabellenblatt gehört beispielsweise ein eigenes Code-Modul – werden Sie nicht immer sofort wissen, in welchem Modul Sie sich gerade befinden. Sie können dann in die Titelzeile der Entwicklungsumgebung schauen, dort wird das gerade bearbeitete Modul genauer beschrieben. Sie finden dort neben der Dokumentbezeichnung beispielsweise die folgenden Angaben:

[Modul1 (Code)]	normales VBA-Modul (Word, Excel, Access, PowerPoint)
[UserForm1 (Code)]	Ereignismodul eines UserForm-Dialogs
[ThisDocument (Code)]	Ereignismodul eines Word-Dokuments
[Slide1 (Code)]	Ereignismodul einer Folie (PowerPoint)
[Tabelle1 (Code)]	Ereignismodul eines Tabellenblatts (Excel)
[DieseArbeitsmappe (Code)]	Ereignismodul der Arbeitsmappe (Excel)

Auch der Projekt-Explorer zeigt dasjenige Objekt (VBA-Modul, Dokument, Tabellenblatt, Arbeitsmappe) an, dessen Programm-Code Sie gerade im Editor bearbeiten. Dazu muß der Cursor aber im Editor stehen. Das betreffende Objekt erscheint dann grau markiert.

Wichtige Funktionen und Optionen

Wir werden in den folgenden Kapiteln viele kleine Beispiele verwenden. Dabei können Ihnen einige Schalter und Menüoptionen helfen, das aufwendige Hin- und Herschalten beim Testen dieser Beispiele zu vermeiden. Auch kann es gelegentlich zu Situationen kommen, die Office bzw. die VBA-Entwicklungsumgebung zunächst blockieren. In diesem Fall benötigen Sie Funktionen, mit denen Sie das System wieder in einen arbeitsfähigen Zustand versetzen. Die wichtigsten Menübefehle und Schalter haben wir nachfolgend zusammengefaßt.

Ein Makro im Editor starten

Sie können eine Prozedur (Makro, Sub) direkt aus dem Editor heraus starten.

 Dazu setzen Sie den Cursor in die Prozedur, die Sie ausführen wollen und betätigen dann den Schalter SUB/USERFORM AUSFÜHREN. Die gleiche Option finden Sie auch im Menü AUSFÜHREN.

Noch schneller geht es mit der Funktionstaste F5. Wenn im Makro keine Word-, Excel- oder PowerPoint-Objekte aufgerufen werden, erfolgt die Ausführung in der Entwicklungsumgebung. Andernfalls wird automatisch zur jeweiligen Anwendung umgeschaltet. Nach Ausführung eines Makros erscheint automatisch wieder die Entwicklungsumgebung.

VBA-Projekt zurücksetzen

 Diesen Schalter werden Sie sehr häufig benötigen. Sie versetzen damit das System nach einer Unterbrechung der Programmausführung wieder in den Ausgangszustand. Die gleiche Wirkung erzielen Sie mit der Menüoption AUSFÜHREN/ ZURÜCKSETZEN.

Diese Option ist wichtig, weil die Makrofunktion bei der Unterbrechung eines Makros, etwa in Folge eines Fehlers, blockiert wird. Erst durch die Wahl dieses Befehls erhalten Sie wieder die volle Kontrolle über die betreffende Anwendung, so daß Sie ein Makro erneut starten können. Eine Unterbrechung (der sogenannte Haltemodus) wird im Editor durch eine gelb unterlegte Programmzeile angezeigt. Dabei handelt es sich um die Zeile, welche die Unterbrechung verursacht hat.

VBA-Projekt kompilieren

Vor Aufruf eines geänderten Makros sollte dieses eigentlich automatisch neu kompiliert werden. Das scheint aber nicht immer zu funktionieren. Wenn Sie sichergehen wollen, daß nach einer Änderung der neue Programmtext ausgeführt wird, sollten Sie zuvor die Menüoption DEBUGGEN/KOMPILIEREN VON VBA-PROJEKT aufrufen.

Die Symbolleiste VISUAL BASIC

Zu den wichtigen Bedienungselementen zählt auch die Symbolleiste VISUAL BASIC, die Sie in Word, Excel und PowerPoint (in der Anwendung, nicht in der VBA-Entwicklungsumgebung) über die Menüoption ANSICHT/SYMBOLLEISTEN/VISUAL BASIC einblenden.

Abb. 3.11: Die Symbolleiste VISUAL BASIC

Sie starten damit ein Makro oder zeichnen neue Makros auf. Mit dem Schalter VISUAL BASIC EDITOR wechseln Sie zur Entwicklungsumgebung und mit dem Schalter STEUERELEMENT-TOOLBOX blenden Sie eine Symbolleiste für die Formulargestaltung ein. Die Schalter der Symbolleiste VISUAL BASIC ersetzen also die Funktionen des Menüs EXTRAS/MAKRO.

4 VBA-Grundkurs

4.1 Hinweise zum Kapitel

In Makros verwenden Sie alle Befehle, die Ihnen Word und Co. über Tasten, Tastenkombinationen, Menüs und Symbolschalter zur Verfügung stellen. Diese Befehle werden automatisch in VBA-Code umgesetzt. Dabei müssen Sie aber auf Schleifen, Verzweigungen und Variablen verzichten. Erst bei der regulären Programmierung können Sie auch diese Funktionen nutzen. Eine gründliche Einführung in die Strukturen der Programmiersprache Basic bildet daher das zentrale Thema dieses Kapitels. Da VBA aber auch eine ereignis- und objektorientierte Sprache ist, steht am Anfang eine kurze Einführung in die Welt der Objekte, Ereignisse und Methoden.

Hinweis: Die Entwicklungsumgebungen verfügen zumindest über unterschiedliche Bibliotheken. Die Word-Objekte finden sich folglich nicht in der Excel-Entwicklungsumgebung und umgekehrt. Damit Sie nicht ständig eine andere Office-Anwendung starten müssen, haben wir uns in diesem Kapitel auf Beispiele für Word und Excel beschränkt. Viele Beispiele sind aber auch von der jeweiligen Umgebung unabhängig. Das ist immer dann der Fall, wenn wir keine Objektreferenzen verwenden.

Auf Fehlermeldungen reagieren

Wir werden in diesem und in den folgenden Kapiteln viele kleine Beispiele vorstellen. Dabei treten ganz unvermeidlich Fehler auf. Zu den häufigsten Ereignissen, die Sie dann zu sehen bekommen, gehören zweifellos die VBA-Fehlermeldungen. Zwar haben wir uns bemüht, die im Text verwendeten Beispiele so zu gestalten, daß Sie bei korrekter Übernahme kaum Fehlermeldungen erhalten dürften. Dennoch werden Sie Dialoge wie den aus Abbildung 4.1 nicht ganz vermeiden können. Wir wollen Ihnen daher kurz zeigen, wie Sie nach einem Fehler wieder zu einem arbeitsfähigen System kommen.

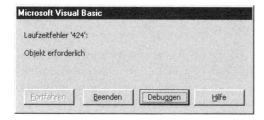

Abb. 4.1: Eine typische Fehlermeldung

Die im Fehler-Dialog angebotene Hilfe können Sie durchaus einmal in Anspruch nehmen. Sie ist jedoch selten spezifisch genug, um wirklich hilfreich zu sein. Auch die Meldung selbst verweist nicht immer auf den wirklichen Fehler.

Der Haltemodus

Zunächst sollten Sie im Fehler-Dialog den Schalter DEBUGGEN (Testen) betätigen. Der Dialog verschwindet dann und die Zeile, welche die Fehlermeldung ausgelöst hat, wird im Editor markiert angezeigt.

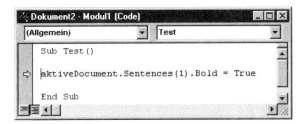

Abb. 4.2: Eine fehlerhafte Zeile mit Fehlermarkierung (Word)

Sie befinden sich dann im Haltemodus. Die Programmausführung ist nicht beendet, sondern nur unterbrochen. Wenn Sie in diesem Modus versuchen, ein Makro aufzurufen oder die Programmausführung fortzusetzen, erhalten Sie wiederum eine Fehlermeldung angezeigt. Betätigen Sie im Fehler-Dialog statt dessen den Beenden-Schalter, können Sie das Makro sofort wieder starten. Allerdings unterbleibt dann die Markierung der Zeile, die den Fehler ausgelöst hat.

Fehler beheben

Die Fehlerbehebung wird, wenn Sie unseren Beispielen folgen, meistens darin bestehen, daß Sie einen Schreibfehler berichtigen. Ob Sie einen Ausdruck richtig geschrieben haben, können Sie häufig daran erkennen, daß der Editor die Groß-/Kleinschreibung ändert, sobald Sie mit dem Cursor in eine andere Zeile wechseln. Aus dem (Word-)Ausdruck

```
activedocument.sentences(1).bold = true
```

wird automatisch der folgende Ausdruck:

```
ActiveDocument.Sentences(1).Bold = True
```

Der Editor erkennt die einzelnen Elemente als VBA-Sprachelemente und paßt die Groß/Kleinschreibung entsprechend an. Das gilt allerdings nur, wenn Sie sich in der richtigen Entwicklungsumgebung befinden. Die vorstehende Zeile funktioniert nur in der Word-Umgebung. Excel kennt die hier verwendeten Objekte nicht und läßt die Schreibweise daher unverändert.

Den Haltemodus beenden

 Mit dem Schalter ZURÜCKSETZEN heben Sie den Haltemodus wieder auf. Die Option ZURÜCKSETZEN ist auch über das Menü AUSFÜHREN zu erreichen. Die Markierung der fehlerhaften Zeile wird damit ebenfalls aufgehoben, und das Makro läßt sich anschließend erneut starten.

Falsche Fehlermeldungen

Nicht selten werden Sie an der als fehlerhaft markierten Zeile nichts auszusetzen finden. VBA erkennt viele Fehler erst dann, wenn sich das Programm nicht mehr fortsetzen läßt, weil die Fortsetzung eine unmögliche Operation erfordern würde. Das kann oft viele Zeilen nach der eigentlichen Fehlerquelle sein. Sie sollten sich also bei mehrzeiligen Prozeduren nicht nur auf die markierte Zeile konzentrieren.

Hinweis: Auf die Behandlung von Fehlern und die dazu in der Entwicklungsumgebung verfügbaren Werkzeuge gehen wir ausführlich in Kapitel 14 ein.

4.2 Objekte, Ereignisse und Methoden

Ganz ohne Theorie geht es nicht. In diesem Kapitel wollen wir daher einige Grundlagen der Objektorientierten Programmierung vorstellen. Auf nahezu jeder Seite dieses Buches werden Sie Begriffe wie OBJEKTE, EIGENSCHAFTEN, METHODEN und EREIGNISSE finden. Diese vier Wörter bilden die Grundbegriffe der Objektorientierten Programmierung. Ohne ein hinreichendes Verständnis des damit umschriebenen Sachverhalts kann der Zugang zur Office-Programmierung nicht gelingen.

Objekte und Objekthierarchie

Programmieren mit VBA bedeutet, Objekte zu manipulieren. Als Objekte werden bestimmte Funktionsteile einer Anwendung, also beispielsweise Word selbst, das Dokument, ein Absatz oder auch Tabellen und Grafiken bezeichnet. Solche Objekte verfügen über Eigenschaften und Methoden. Zu den Eigenschaften können unter anderem Größe, Position, Farbe und der Name des Objekts zählen. Mit den Methoden bestimmen Sie das Verhalten eines Objekts. Die Methode CLOSE, die beispielsweise den Objekten DOCUMENT (Word) und WORKBOOK (Excel) zugeordnet ist, bewirkt, daß ein Dokument oder eine Arbeitsmappe geschlossen wird.

Klassen und Instanzen

Häufig finden Sie in der Literatur oder auch in der Online-Hilfe den Begriff KLASSE. Eine Klasse ist eine Objektdefinition, noch nicht das eigentliche Objekt. Wenn Sie nun ein konkretes Objekt dieser Klassen verwenden bzw. erzeugen, beispielsweise ein neues Dokument, dann handelt es sich um eine Instanz dieser Klasse. Die Begriffe INSTANZ und OBJEKT können Sie daher als synonym betrachten.

Auflistungen

Auflistungen sind ebenfalls Objekte. Im Gegensatz zu einem bestimmten Objekt enthalten sie gleichartige Objekte. Die Auflistung DOCUMENTS enthält beispielsweise alle in Word geöffneten Document-Objekte (Dokumente). Auflistungen verfügen über eigene Eigenschaften und Methoden. Diese beziehen sich dann auf die Gesamtheit der darin enthaltenen Objekte. So ermittelt die Eigenschaft COUNT, die der Auflistung DOCUMENTS und nicht dem einzelnen Document-Objekt zugeordnet ist, die Anzahl der geöffneten Word-Dokumente.

Wichtige Office-Objekte

Office besteht aus unzähligen Objekten. Alle diese Objekte bzw. deren Eigenschaften und Methoden sind für den Programmierer zugänglich. Zu den wichtigsten Objekten zählen unter anderem folgende:

Application	Mit APPLICATION ist die jeweilige Anwendung (Word, Excel, PowerPoint und Access) gemeint.
Document	Das Document-Objekt steht für ein Word-Dokument.
Presentation	Mit dem Presentation-Objekt wird ein PowerPoint-Dokument, also eine Präsentation, bezeichnet.
Range	RANGE bezeichnet einen Textbereich in einem Word-Dokument oder auch einen Zellenbereich in einer Excel-Tabelle.
Window	Das Window-Objekt steht unter anderem für Word- oder Excel-Fenster.
Workbook	Das Objekt WORKBOOK bezeichnet eine Excel-Arbeitsmappe.

Die Objekthierarchie

Die Objekte existieren nicht unabhängig voneinander, sondern sind in eine Hierarchie eingebunden. Objekte einer höheren Hierarchiestufe beinhalten dann Objekte einer untergeordneten Stufe. Ganz oben in der Objekt-Hierarchie rangiert das Objekt APPLICATION. Abbildung 4.3 zeigt einen sehr kleinen Ausschnitt aus dem Word-Objektmodell.

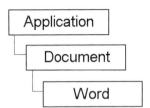

Abb. 4.3: Ausschnitt der Word-Objekthierarchie

Natürlich ist das tatsächliche Objektmodell wesentlich umfassender. Die Objekthierarchie ist nicht nur ein Ordnungsschema. Für den Programmierer wird die Hierarchie wichtig, wenn es

4.2 Objekte, Ereignisse und Methoden

darum geht, Objekte zu referenzieren, also im Programm-Code zu verwenden. Die Umsetzung der Objekthierarchie aus Abbildung 4.3 könnte beispielsweise folgende Form haben:

```
Application.Documents(1).Words(3).Select
```

Die Zeile ist schon verwendungsfähig. Mit der Anweisung markieren Sie das dritte Wort im ersten geöffneten Dokument. Für das folgende, ebenfalls funktionsfähige Beispiel haben wir einen anderen Objektpfad benutzt und das Dokument über seinen Namen referenziert:

```
Documents("Dokument1").Paragraphs(2).Range.Bold = True
```

Der zweite Absatz im Dokument mit der Bezeichnung DOKUMENT1 wir hier mit dem Attribut Fett ausgestattet. Die Beispiele können Sie im Direktfenster ausprobieren. Das Dokument muß zu diesem Zweck mindestens zwei Absätze enthalten.

Hinweis: VBA kann häufig anhand des Kontextes feststellen, welches Objekt gemeint ist. Wenn beispielsweise ein bestimmtes Dokument oder eine Arbeitsmappe gerade aktiv ist, muß nicht unbedingt die ganze Hierarchie benannt werden.

Das Application-Objekt benötigen Sie ohnehin nur, wenn Sie dessen Eigenschaften ändern oder dessen Methoden verwenden wollen. Da es nur ein Application-Objekt gibt, ist seine Benennung für die Manipulation untergeordneter Objekte in der Regel nicht erforderlich.

Eigenschaften und Methoden

Eigenschaften und Methoden bilden für den Programmierer den sichtbaren Teil eines Objekts. An dieser Schnittstelle zum VBA-Code kann der Programmierer ansetzen. Das Objekt selbst ist weitgehend abgeschlossen. Sein innerer Aufbau läßt sich mit VBA-Code nicht ändern.

Eigenschaften

Ein großer Teil der Programmierarbeit besteht darin, Objekteigenschaften zu ändern. Besonders häufig werden Sie dabei die folgenden Eigenschaften manipulieren:

Caption   bezeichnet die Beschriftung, mit der viele Objekte, beispielsweise Schaltflächen (COMMANDBUTTON), ausgestattet sind. Auch das Application-Objekt selbst verfügt über die Caption-Eigenschaft (der Text in der Titelzeile der Anwendung).

Name   ist die wohl wichtigste Eigenschaft eines Objekts. Unter dieser Bezeichnung wird das Objekt in der Regel angesprochen (referenziert). Den Namen vergeben Sie in der Regel durch Zuweisung an die Eigenschaft. Da die Name-Eigenschaft aber so wichtig ist, wird jedes neu erzeugte Objekt zunächst automatisch mit einem Namen ausgestattet. In der Regel ist der Name eines Objekts schreibgeschützt. Sie können ihn daher nur im Entwurfsmodus bzw. bei der Erzeugung des Objekts zuweisen. Die Änderung zur Laufzeit eines Programms ist nicht möglich.

Selection ist dem Application- oder dem Window-Objekt zugeordnet und bezeichnet das markierte Objekt, beispielsweise eine Textstelle, eine Grafik oder ein Steuerelement.

Value steht für den Wert bzw. Inhalt eines Objekts. Das kann der Inhalt einer Tabellenzelle sein oder auch der Eintrag in einem Textfeld.

Natürlich haben verschiedene Objekte auch verschiedene Eigenschaften. So findet sich die Eigenschaft VALUE nur bei Objekten, die in irgendeiner Weise einen Wert entgegennehmen können.

Der Wert von Eigenschaften

Eigenschaften haben immer einen aktuellen Wert. Die Eigenschaft COLOR (Farbe) kann beispielsweise numerische Werte für Farben wie Rot, Grün, Blau usw. annehmen. Da viele Farbstufen existieren, ist die Zahl der möglichen Werte in diesem Fall sehr groß. Andere Eigenschaften können nur die Werte WAHR (TRUE) oder FALSCH (FALSE) annehmen. Für die Eigenschaft VALUE sind hingegen alle denkbaren Zeichenfolgen und damit beliebig viele Wertausprägungen möglich. Wenn wir nun eine Objekteigenschaft manipulieren, dann ändern wird deren Wert. Die folgende Anweisung ändert den Inhalt des Zellenbereichs C3:E8:

```
Worksheets("Tabelle3").Range("C3:E8").Value = 123        'Excel
```

Damit erhalten im Tabellenblatt TABELLE3 alle Zellen im Bereich C3:E8 den Wert (VALUE) 123 zugewiesen. Da wir auf die Benennung der Arbeitsmappe (ein WorkBook-Objekt) verzichtet haben, ist automatisch die aktuelle Arbeitsmappe gemeint. Die folgende Zeile ersetzt das fünfte Wort im Word-Dokument DOKUMENT1:

```
Documents("Dokument1").Words(5).Text = "Neuer Text"        'Word
```

Die Eigenschaft TEXT, die wir hier verwendet haben, steht häufig in Konkurrenz zur Eigenschaft VALUE. Wir werden auf den Unterschied noch eingehen. Die vorstehenden Zeilen können Sie mit Hilfe des Direktfensters testen.

Nur-Lese-Eigenschaften

Eigenschaften wie VALUE oder COLOR lassen sich abfragen (lesen) und bezüglich ihres Wertes zur Laufzeit eines Programms auch beliebig ändern. Viele Eigenschaften können jedoch nur abgefragt, also ausgelesen, jedoch nicht verändert werden. Es handelt sich dann um Nur-Lese-Eigenschaften. Bei den Nur-Lese-Eigenschaften sind noch zwei Typen zu unterscheiden. Einige lassen sich zumindest im Entwurfsmodus oder beim Erzeugen des Objekts ändern. Dazu gehört die Eigenschaft NAME. Andere lassen sich weder zur Laufzeit noch im Entwurfsmodus ändern. Sie erhalten ihren Wert zu Laufzeit eines Programms automatisch. Dazu gehört die Eigenschaft COUNT, die beispielsweise die Zahl der in einer Auflistung enthaltenen Objekte (etwa die Zahl der geöffneten Dokumente) ermittelt.

4.2 Objekte, Ereignisse und Methoden

Methoden

Objekte verfügen nicht nur über Eigenschaften, sondern auch über Methoden. Mit den Methoden läßt sich das Verhalten der Objekte steuern. Einige der am häufigsten benötigten Methoden zeigt die folgende Übersicht:

Activate   aktiviert ein Objekt, beispielsweise ein Dokument, ein Tabellenblatt, eine Zelle oder ein Diagramm. Die Methode hat den gleichen Effekt wie das Anklicken des betreffenden Objekts mit der Maus oder die Auswahl eines Dokuments über das Fenster-Menü.

Close   schließt ein Dokument oder eine Arbeitsmappe.

Open   öffnet ein Dokument oder eine Arbeitsmappe.

Neben Methoden finden sich in VBA auch noch Anweisungen und Funktionen. Letztere unterscheiden sich dadurch von Methoden, daß sie nicht an ein Objekt gebunden sind.

Zugriffseigenschaften

Für Einsteiger besonders verwirrend ist die Verwendung von Zugriffseigenschaften. Solche Eigenschaften geben ein Objekt zurück. Häufig stehen sie für ein bestimmtes Objekt in einer Auflistung. Da einige besonders wichtige Zugriffseigenschaften auch noch die gleiche Bezeichnung tragen wie die betreffende Auflistung, sind Mißverständnisse fast unvermeidlich. Die folgende Zeile verwendet gleich drei Eigenschaften:

```
Workbooks("Mappe1").Worksheets("Tabelle3").Range("C3:E8")
```

Sowohl mit WORKBOOKS als auch WORKSHEETS und RANGE sind hier keine Auflistungen, sondern Eigenschaften gemeint. Dennoch wird hier nicht eine Eigenschaft auf die andere angewandt. Die Eigenschaft WORKBOOKS(N) gibt ein WorkBook-Objekt zurück, die Arbeitsmappe mit der Bezeichnung MAPPE1. Auf dieses Objekt wird dann die Worksheets-Eigenschaft angewandt, die ihrerseits ein Objekt zurückgibt, nämlich das Worksheet-Objekt (Tabellenblatt) TABELLE3. Auch RANGE ist hier nur eine Zugriffseigenschaft, die ein Range-Objekt zurückgibt, in diesem Fall den Zellenbereich C3:E8.

Objekte in Auflistungen referenzieren

Immer, wenn Sie Bezeichnungen wie DOCUMENTS() oder WORKSHEETS() mit Argumentklammern sehen, handelt es sich um eine Zugriffseigenschaft, die ein einzelnes Document- oder Worksheet-Objekt zurückgibt. Die gleiche Bezeichnung ohne Argumentklammern steht für eine Zugriffseigenschaft, mit der Sie eine Auflistung erhalten. Beispiele:

```
Documents.Count              'Auflistung = alle Dokumente
Documents(1).Name            'ein bestimmtes Dokument
Documents("Dokument1").Name  'ein bestimmtes Dokument
```

```
Worksheets.Count              'Auflistung = alle Tabellenblätter
Worksheets(1).Name            'ein bestimmtes Tabellenblatt
Worksheets("Tabelle1").Name   'ein bestimmtes Tabellenblatt
```

In der ersten Zeile erhalten wir mit der Zugriffseigenschaft DOCUMENTS eine Auflistung (oder ein Auflistungsobjekt), auf das hier die Eigenschaft COUNT, welche die Anzahl der Dokumente ermittelt, angewendet wird. Die zweite Zeile bezieht sich auf ein bestimmtes Objekt in dieser Auflistung, hier das erste Dokument. Mit der Eigenschaft NAME geben wir den Namen des betreffenden Dokuments aus. Die einzelnen Objekte einer Auflistung lassen sich zudem über ihren Namen ansprechen. Sie haben daher zwei Möglichkeiten, Objekte zu referenzieren:

1. über Objektnamen

2. über Indizes (die Position eines Objekts in der Auflistung)

Bei der Verwendung von Indizes bezeichnet der Wert 1 das erste Objekt der Auflistung, der Wert 2 das zweite usw. Wie das folgende Beispiel zeigt, wird der Index ohne Anführungszeichen verwendet:

```
Workbooks(1).Worksheets(3).Range("C3:E8")
```

Die Verwendung von Indizes verkürzt zwar die Programmzeile, erschwert aber das Verständnis des Codes und ist zudem fehlerträchtig. So lassen sich Tabellenblätter beispielsweise verschieben, wodurch sich dann auch ihr Indexwert ändert. Wenn Sie Dokumente oder Arbeitsmappen schließen, rücken die nachfolgenden mit ihrer Indexposition auf.

Ereignisse

Der Aufruf einer Menüoption, die Betätigung eines Schalters oder auch einer Taste sind Aktionen, die Ereignisse auslösen. Windows-Programme reagieren auf solche Ereignisse, indem sie wiederum Aktionen auslösen, beispielsweise ein Word-Dokument öffnen, schließen oder drucken. Auch solche Aktionen lösen dann wieder Ereignisse aus, auf die mit der Ausführung von Programm-Code reagiert werden kann. VBA-Prozeduren lassen sich unter anderem an Ereignisse binden, die im Zusammenhang mit der Dokumentverwaltung (Öffnen, Schließen, Drucken, Speichern etc.) oder der Betätigung von Steuerelementen auftreten. Ein Programmtext, der dem Öffnen-Ereignis eines Dokuments zugeordnet ist, wird bei jedem Öffnen des betreffenden Dokuments aufgerufen.

4.3 Erste Schritte in der VBA-Programmierung

Mit diesem Unterkapitel beginnt der eigentliche Programmierteil. Da wir viele kleine Beispiele vorstellen, ist es ratsam, Word oder Excel oder auch beide zu öffnen und zur Entwicklungsumgebung umzuschalten (ALT+F11). Um Konflikte mit aufgezeichneten Makros zu vermeiden, sollten Sie für den folgenden Text ein neues Modul verwenden.

Module erzeugen

Um ein neues Modul zu erzeugen, klicken Sie mit der rechten Maustaste auf eines der im Projekt-Explorer angezeigten Objekte des betreffenden VBA-Projekts. Das Modul wird dem ganzen Projekt zugeordnet. Es ist daher nicht erforderlich, beispielsweise auf den Projekttitel zu klicken. Sie öffnen damit ein Kontextmenü, in welchem Sie die Option EINFÜGEN/MODUL wählen müssen. Das Projekt wird dann um ein Modul-Objekt erweitert und dieses auch gleich im Editor angezeigt. Sie können hier beliebig viele Makros eingeben. Sollten Sie das Modul einmal geschlossen haben, öffnen Sie es wieder mit einem Mausdoppelklick auf den Modulnamen. Ein Modul erzeugen Sie auch mit der Menüoption EINFÜGEN/MODUL.

Eine Sub erstellen

Eine SUB (ein Makro) programmieren Sie, indem Sie zunächst das Gerüst eingeben, das aus den Anweisungen SUB und END SUB besteht. Auf die Anweisung SUB muß der Name des Makros folgen, zusammen mit den Argumentklammern. Zwischen den beiden Anweisungen können beliebige VBA-Anweisungen stehen. Um das Gerüst zu erzeugen, genügt es bereits, die Anweisung SUB und den Namen einzugeben. Der Editor ergänzt die fehlenden Teile, sobald Sie die Eingabetaste betätigen, um zur nächsten Zeile zu wechseln.

Subs benennen

Für die Bezeichnung von SUBs gelten die gleichen Regeln, die wir schon bei der Benennung von Makros kennengelernt haben. Wir können also nur wenige Sonderzeichen wie beispielsweise den Unterstrich verwenden. Das Leerzeichen und der Bindestrich sind unzulässig. Das erste Zeichen muß ein Buchstabe sein. Maximal sind 255 Zeichen möglich.

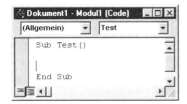

Abb. 4.4: Das Gerüst einer neuen Sub (Word)

Abbildung 4.4 zeigt das Grundgerüst. Wir haben als Namen die Bezeichnung TEST gewählt. Alle weiteren Programmzeilen des gleichen Makros müssen nun zwischen den Zeilen SUB TEST() und END SUB stehen. Beachten Sie die Argumentklammern. Auch wenn Sie keine Argumente übergeben, müssen die Klammern gesetzt werden. Der Editor erledigt diese Aufgabe allerdings automatisch, sobald Sie nach der Eingabe des Namens die Eingabetaste (RETURN) betätigen.

Hinweise zur Syntax

Programmiersprachen unterliegen bestimmten Syntaxregeln. Die Kenntnis dieser Regeln ist eine unerläßliche Voraussetzung für eine halbwegs fehlerfreie Programmierung. Auf einige Aspekte der VBA-Syntax wollen wir daher kurz eingehen.

Groß- und Kleinschreibung

VBA unterscheidet weder bei eigenen Schlüsselwörtern noch bei den von Ihnen verwendeten Bezeichnern (Namen) für SUBs, FUNCTIONs oder Variablen zwischen Groß- und Kleinschreibung. Die Verwendung von großen und kleinen Buchstaben sollten Sie daher nur von der Lesbarkeit des Programmtextes abhängig machen.

Argumente in Funktionen und Methoden

Relativ liberal ist der Umgang mit den Argumenten von Methoden und Funktionen. Beachten Sie aber, daß die Argumentwerte durch Kommata getrennt werden. Die Argumentklammern sind nur erforderlich, wenn ein Rückgabewert auszuwerten ist, wenn also beispielsweise der Term, der die Funktion oder Methode enthält, auf der rechten Seite vom Gleichheitszeichen erscheint:

```
MsgBox "Meldung", vbYesNo
Temp = MsgBox("Meldung", vbYesNo)        'Klammern erforderlich
```

Der Editor reagiert sogar empfindlich auf „überflüssige" Klammern. Sie erhalten dann schon beim Verlassen der Zeile eine Fehlermeldung angezeigt (Fehler beim Kompilieren).

Hinweis: Die Funktion MSGBOX, die eine Meldung oder einen beliebigen Wert ausgibt und die Sie auch für die üblichen Ja/Nein-Dialoge nutzen können, werden wir sehr häufig einsetzen. Eine genauere Beschreibung der umfangreichen Möglichkeiten dieser Funktion finden Sie in Kapitel 5.

Kommentare einfügen

Praktisch jede Programmiersprache bietet die Möglichkeit, Kommentare in den Programmtext einzugeben. In VBA wird dafür das Hochkomma (') verwendet. Eine Zeile, die mit diesem Zeichen beginnt, wird, auch wenn sie gültige Anweisungen enthält, nicht als Programmzeile interpretiert, sondern als Kommentar. Der VBA-Editor stellt Kommentarzeilen in einer grünen Schrift dar. Wenn Sie ein Makro aufzeichnen, fügt der Makro-Recorder das Datum, die Zeit und den Namen des Autors als Kommentar in den Programmtext ein.

```
(Allgemein)                              Makro5

Sub Absender_eingeben()
'
' Absender_eingeben Makro
' Makro aufgezeichnet am 08.03.99 von McMaier
'
    Selection.HomeKey Unit:=wdStory
    Selection.TypeText Text:="Maier & Söhne KG"
```

Abb. 4.5: Kommentare in den Programmtext einfügen (Word-Makro)

Sie sollten Ihre Programme grundsätzlich kommentieren. Zwar werden Sie den Programm-Code während der Programmierung recht gut überblicken können, aber schon nach wenigen Tagen haben Sie den Sinn vieler der oft kryptischen Befehlsfolgen wieder vergessen. Änderungen und Erweiterungen eines Programms werden dann zu einem zeitaufwendigen Prozeß.

Rem statt Hochkomma

Erfahrene Basic-Programmierer werden an dieser Stelle das Befehlswort REM vermissen, mit dem ebenfalls Kommentare eingeleitet werden können. Das Hochkomma ist aber wesentlich eleganter und läßt sich zudem auch nach einer VBA-Anweisung in der gleichen Zeile einsetzen. Sie sollten daher besser auf das schon etwas betagte REM verzichten.

Mehrere Zeilen „auskommentieren"

Beim Testen von Prozeduren werden Sie häufig bestimmte Zeilen oder ganze Blöcke temporär in Kommentare verwandeln wollen, um andere Programmzeilen zu testen. Der Programmierer spricht dann vom „Auskommentieren". Um ganze Anweisungsblöcke nicht Zeile für Zeile mit einem Hochkomma in Kommentare verwandeln zu müssen, können Sie die folgenden Symbolschalter nutzen:

Dieser Schalter verwandelt alle Zeilen des markierten Bereichs in Kommentare.

Dieser Schalter hebt die Kommentierungen des markierten Bereichs wieder auf.

Anweisungen über mehrere Zeilen

Einzelne Anweisungen können sehr lang werden. Da Programm-Editoren aus gutem Grund keine Randeinstellungen und keinen automatischen Zeilenumbruch kennen, verschwinden dann große Teile des Programm-Codes hinter dem rechten Fensterrand des Editors. Zwar können Sie horizontal scrollen; ein besonders komfortables Arbeiten ist so aber nicht möglich. Häufig werden Sie daher innerhalb einer Anweisung einen Zeilenumbruch durchführen wollen. Das ist grundsätzlich auch möglich. Sie können jedoch nicht einfach die Eingabetaste betätigen, sondern müssen erst ein spezielles Zeichen, den Unterstrich, eingeben. Ein Beispiel:

```
MsgBox "Wenn Sie den OK-Schalter betätigen, " & _
"wird die Programmausführung beendet."
```

Die vorstehenden Zeilen bilden eigentlich eine ausführbare Anweisung, die folglich auch in eine Zeile gehört. Nur der Unterstrich (_) erlaubt die Aufteilung auf zwei Zeilen. Der Umbruch kann jedoch nicht an jeder beliebigen Stelle erfolgen. Für das obige Beispiel mußten wir den Meldetext auf zwei Zeichenketten verteilen und diese mit dem Verkettungsoperator (&) verknüpfen. Ein Umbruch ist also nur vor oder hinter den einzelnen Elementen eines Ausdrucks (Operanden, Operatoren etc.) möglich, nicht innerhalb eines Elements. Bei Funktionen mit vielen Argumenten kann der Umbruch beispielsweise nach einem Trennzeichen (einem Komma) erfolgen. Auch muß zwischen Operand bzw. Operator und Unterstrich ein Leerzeichen stehen. In der Regel ist also der Dreischritt: LEERTASTE, UNTERSTRICH, EINGABETASTE erforderlich.

Programmzeilen testen

Da wir uns im folgenden Text häufig mit der Eingabe von Text oder Daten in einem Dokument bzw. Tabellenblatt beschäftigen, ist es gelegentlich sinnvoll, das jeweilige Makro, das die betreffende Zeile enthält, aus Word oder Excel heraus zu starten. Dazu verwenden Sie den Makro-Dialog (Menüoption EXTRAS/MAKRO/MAKROS...). Der Dialog bietet alle SUBS zur Ausführung als Makro an.

Ein Makro in der Entwicklungsumgebung starten

Ein Makro können Sie in der Entwicklungsumgebung über den Schalter SUB/USERFORM AUSFÜHREN oder durch Betätigen der Taste F5 starten. Der Cursor muß sich dabei innerhalb der betreffenden SUB befinden.

4.4 Operanden, Operatoren und Ausdrücke

Ausdrücke werden aus Operatoren, Operanden und Funktionen gebildet. Ein vollständiger, zulässiger Ausdruck steht für einen bestimmten Wert und einen bestimmten Datentyp. Je nach Typ des von einem Ausdruck repräsentierten Wertes spricht man von einem logischen, einem numerischen, einem alphanumerischen oder einem Datumsausdruck. Bereits ein einfacher Wert, etwa eine Ziffer oder ein Datum, kann ein Ausdruck sein. Der Ausdruck

```
3+5
```

besteht aus den Operanden 3 und 5 und dem Operator +. Natürlich sind auch Variablen und Konstanten in Ausdrücken zulässig. Statt der Werte können auch VBA-Funktionen, Methoden und selbstdefinierte Funktionen als Operanden eingesetzt werden.

Beispiele im Direktfenster ausprobieren

Die Beispielausdrücke dieses Kapitels können Sie größtenteils im Direktfenster ausprobieren (Menüoption ANSICHT/DIREKTFENSTER). Dazu müssen Sie dem jeweiligen Ausdruck einen Print-Befehl (?) voranstellen. Beispiele:

```
? 3 + 5
? "Der Mehrwertsteuersatz beträgt " & 16 & "%."
```

Die Ausführung starten Sie durch Betätigen der Eingabetaste. In diesem Fall ist der Editor nicht erforderlich.

4.4 Operanden, Operatoren und Ausdrücke

Beispiele im Editor ausprobieren

Wollen Sie hingegen den Editor verwenden, müssen Sie den Ausdruck in ein Makro (SUB/END SUB) setzen. Als Ausgabemedium verwenden Sie entweder das Direktfenster oder den MsgBox-Dialog. Soll die Ausgabe im Direktfenster erscheinen, ist im Editor die folgende Anweisung erforderlich:

```
Debug.Print 3 + 5
```

Das Direktfenster muß dann ebenfalls geöffnet sein. Die Ausführung starten Sie mit einem Mausklick auf den Schalter SUB/USERFORM AUSFÜHREN oder durch Betätigen der Taste F5. Der Cursor muß dabei innerhalb der SUB stehen. Mit der MsgBox-Funktion erhalten Sie die folgende Zeile:

```
MsgBox 3 + 5
```

In beiden Fällen muß der Ausdruck innerhalb einer SUB erscheinen. Ein Beispiel:

```
Sub Test()
   MsgBox 3 + 5
End Sub
```

Wenn Sie MSGBOX verwenden, ist das Direktfenster nicht erforderlich und kann folglich geschlossen werden.

Operatoren

Operatoren verknüpfen und manipulieren Werte, Variablen, Konstanten und Ausdrücke. Die Zuordnung orientiert sich an den vier Grunddatentypen Zahl, Zeichenkette, logischer Typ und Datum.

Arithmetische Operatoren

Die arithmetischen Operatoren lassen sich nicht nur auf rein numerische Datentypen anwenden, sondern teilweise auch auf verwandte Typen wie DATUM und ZEIT. Die wichtigsten arithmetischen Operatoren sind:

* *   Multiplikation
* +   Addition
* -   Subtraktion
* /   Division
* ^   Potenzieren

\   Division mit ganzzahligem Ergebnis

Mod   Rest einer Division ermitteln

Für arithmetische Ausdrücke gilt der bekannte Grundsatz, daß Multiplikation und Division vor Addition und Subtraktion gehen (Punktrechnung geht vor Strichrechnung). Sie müssen also eventuell mit runden Klammern die Priorität für bestimmte Teile arithmetischer Ausdrücke festlegen. Die Ausdrücke

```
2 + 3 * 4
(2 + 3) * 4
```

sind nicht gleichwertig. Sie erzeugen unterschiedliche Ergebnisse (14 bzw. 20). Das folgende Makro kommt ohne Klammerung aus, weil es nur die Punktrechnung verwendet. Es berechnet aus einem Nettobetrag jeweils die Mehrwertsteuer und den Bruttobetrag:

```
Sub MwSt_berechnen
    Nettobetrag = 300
    MsgBox Nettobetrag/100*16
    MsgBox Nettobetrag/100*116
End Sub
```

Im Direktfenster müssen Sie das Sub-Gerüst weglassen und an Stelle der MsgBox-Funktion vor die zweite und dritte Zeile (nicht vor die erste) den Printbefehl (?) setzen. Mehrzeilige Befehlsfolgen sind aber eigenlich nicht mehr für das Direktfenster geeignet, weil dort jede Zeile einzeln auszuführen ist. Für Beispiele wie das vorstehende sollten Sie daher nur noch den VBA Editor verwenden.

Vergleichsoperatoren

Vergleichsoperatoren lassen sich auf nahezu alle Datentypen anwenden. Nicht nur numerische oder Datumswerte können Sie damit vergleichen, sondern auch Zeichenketten. Ein Vergleich erzeugt immer einen Wahrheitswert. Die wichtigsten Vergleichsoperatoren sind:

<   Kleiner als

<=   Kleiner oder gleich

>   Größer als

>=   Größer oder gleich

=   Gleich

<>   Ungleich

4.4 Operanden, Operatoren und Ausdrücke

is   Objektvergleich

like   Mustervergleich

Bei alphanumerischen Zeichen (Zeichenketten) wird prinzipiell der ASCII-Wert für den Vergleich benutzt. Das führt zu unterschiedlichen Ergebnissen bei Groß- und Kleinschreibung, so daß der Vergleich

```
MsgBox "A" = "a"
```

den Wahrheitswert FALSE (FALSCH) ergibt.

Vergleich von Zeichenmustern

Mit Hilfe des Operators LIKE lassen sich auch Zeichenmuster vergleichen. Dieser Operator ist besonders interessant, weil er auch sogenannte Platzhalter akzeptiert. Das Zeichen "*" kann z.B. beliebig viele andere Zeichen vertreten. Die Syntax hat folgende Form:

```
Zeichenfolge Like Muster
```

Mit dem Operanden ZEICHENFOLGE ist eine beliebige Folge von Zeichen gemeint. Der Operand MUSTER steht ebenfalls für eine Folge von Zeichen. LIKE vergleicht, ob das Muster des zweiten Operanden im ersten Operanden enthalten ist. Die Zeile

```
MsgBox "Von den Freunden, die kindlichen" Like "*kind*"
```

liefert den Wahrheitswert TRUE, weil die Zeichenkette "*KIND*" in der ersten Zeichenkette enthalten ist. Der Vergleich beginnt jeweils beim ersten Zeichen. Die Zeichenkette "KIND*" würde daher den Wahrheitswert FALSE erzeugen, da "KIND" zwar in der ersten Zeichenkette enthalten ist, nicht aber am Anfang steht. Ein Platzhalter kann also führende und folgende Zeichen vertreten.

Verkettungsoperator

Besonders wichtig für die Manipulation von Zeichenketten ist der Verkettungsoperator. Damit können einzelne Zeichen und Zeichenketten zu einer neuen Zeichenkette verknüpft (verkettet) werden:

&   Zeichenverkettung

Verkettungen lassen sich beispielsweise für Meldungen verwenden, wenn in einem Meldetext ein situationsabhängiger Wert erscheinen soll. Das folgende Makro verknüpft drei als Variablen definierte Zeichenfolgen zu einer neuen Zeichenfolge:

```
Sub Zeichenketten_verketten()
    String1 = "Für den Kunden "
    Kunde = "Brecht"
```

```
    String2 = " wurde bereits ein Datensatz angelegt."
    MsgBox String1 & Kunde & String2
End Sub
```

Logische Operatoren

Auch logische Ausdrücke lassen sich noch zu neuen Ausdrücken verknüpfen. Die wichtigsten logischen Operatoren sind folgende:

And   Verknüpfung

Eqv   Äquivalenz

Imp   Implikation

Not   Negation

Or   Disjunktion (inklusives ODER)

xOr   Exklusion (exklusives ODER)

Der Not-Operator kehrt den Wert eines logischen Ausdrucks um. Ein Beispiel:

```
MsgBox Not True
```

Das Beispiel verwendet die von VBA definierte Konstante TRUE. Die Umkehrung ergibt den Wert FALSE (FALSCH).

Der Or-Operator erzeugt bereits den Wahrheitswert TRUE, wenn nur einer der damit verknüpften logischen Teilausdrücke wahr ist. Der And-Operator erwartet, daß beide Teilausdrücke für sich schon den Wert TRUE ergeben, ansonsten wird immer der Wahrheitswert FALSE erzeugt.

Sinnvoll ist der Einsatz von logischen Operatoren, wenn mehrere Bedingungen erfüllt sein müssen, um eine Aktion auszulösen. Soll beispielsweise geprüft werden, ob eine Rechnung noch offen ist und ob das Zahlungsziel bereits überschritten wurde, müssen zwei logische Ausdrücke mit dem Operator AND verknüpft werden:

```
Sub Logische_Vergleiche()
    Zahlungsverzug = True
    Bezahlt = False
    If Zahlungsverzug And Not Bezahlt Then
        MsgBox "Zahlungserinnerung verschicken!"
    End If
End Sub
```

Die im vorstehenden Makro verwendete If-Konstruktion werden wir später noch erklären.

Operanden

Operanden sind alle Konstanten, Variablen, Funktionen und Ausdrücke, die einen numerischen, alphanumerischen, logischen oder Datumswert repräsentieren bzw. zurückgeben. Auch Werte selbst, also Ziffern, Zeichenketten und Wahrheitswerte können als Operanden fungieren. Operanden, die Sie mit einem Operator verknüpfen wollen, müssen in der Regel vom selben Datentyp sein.

Anweisungen, Funktionen und Methoden

Anweisungen, Funktionen und Methoden bestimmen, was mit einem Ausdruck oder einem Objekt geschehen soll. Sie manipulieren also Objekte und Ausdrücke. Anweisungen (Befehle), lösen normalerweise eine Aktion aus. Sie bewirken beispielsweise, daß ein Zeichen ausgegeben oder ein Formular geöffnet wird. Anweisungen können im Unterschied zu Funktionen und Methoden nicht selbst in Ausdrücken erscheinen. Methoden gleichen Anweisungen und Funktionen. In objektorientierten Programmiersprachen ersetzen sie Anweisungen und Funktionen teilweise. Sie sind direkt an die Objekte gebunden, die sie manipulieren.

4.5 Konstanten, Variablen und Arrays

Programme arbeiten mit Daten. Diese Daten müssen entweder als feste Werte, Konstanten genannt, vorliegen, oder sie müssen an einem bestimmten Ort gespeichert sein, so daß ein Programm darauf zugreifen kann. Sie müssen also eine feste Adresse haben. Welche Daten unter dieser Adresse zu finden sind, ist dann weniger wichtig. Die Daten können sich zur Laufzeit eines Programms ändern. Wir sprechen dann von Variablen.

Konstanten

Für Konstanten lassen sich wie für Variablen Namen vereinbaren. Der wesentliche Unterschied besteht darin, daß der Wert einer Konstanten zur Laufzeit des Programms nicht geändert werden kann. Der Wert läßt sich deshalb nicht ändern, weil der Programm-Code vor der Programmausführung kompiliert wird. Dabei ersetzt VBA alle Namen von Konstanten durch den jeweiligen Wert. Sie könnten daher von vornherein auf die Deklaration, also die Benennung von Konstanten, verzichten und statt dessen gleich die jeweiligen Werte einsetzen. Sinnvoll ist die Deklaration von Konstanten, wenn deren Namen aussagekräftig sind. Der Programm-Code wird dadurch wesentlich besser lesbar und läßt sich dann auch leichter pflegen.

Konstanten deklarieren

Eine Konstantendeklaration wird mit dem Wort CONST eingeleitet. Danach folgen der von Ihnen zu bestimmende Name und die Wertzuweisung. Die Syntax hat folgende Form:

```
Const Konstantenname = Ausdruck
```

Beim Argument AUSDRUCK kann es sich unter anderem um einen numerischen Wert, eine Zeichenkette oder einen komplexen Ausdruck handeln, der einen numerischen Wert oder eine Zeichenkette erzeugt. Zeichenketten müssen in Anführungszeichen eingeschlossen werden. Beispiele:

```
Const Wert = 123
Const Meldung = "Bitte den Betrag eingeben!"
```

Konstanten verwenden

Konstanten können nach der Deklaration in jedem Ausdruck verwendet werden. Sie müssen allerdings auf den Typ achten. Eine Zeichenkette läßt sich natürlich nicht mit einem numerischen Wert addieren. Die oben definierte Konstante MELDUNG könnte beispielsweise wie folgt verwendet werden:

```
MsgBox Meldung
```

Der mit der MsgBox-Funktion aufgerufene Dialog gibt dann den für die Konstante MELDUNG definierten Text aus.

Sie können Konstanten innerhalb einer SUB oder im Kopf eines Moduls, also vor der ersten SUB, deklarieren. Im ersten Fall gilt die Konstante auch nur in der betreffenden SUB. Eine Konstante, die Sie vor der ersten SUB deklarieren, läßt sich hingegen in allen SUBs des Moduls verwenden.

Integrierte Konstanten

VBA und die Office-Anwendungen verfügen über eine umfangreiche Sammlung von integrierten Konstanten. An den ersten zwei oder drei Zeichen der Bezeichnungen können Sie in der Regel erkennen, ob eine Konstante zu VBA, zu Word, Excel, PowerPoint, Office oder zur Bibliothek MSFORMS gehört. Die Zeichen bestimmen die Zuordnung wie folgt:

vb	VBA
wd	Word
xl	Excel
mso	Office
fm	MSForms

Bei Ihren eigenen Konstanten sollten Sie darauf achten, daß diese nicht mit den vorstehenden Zeichenkombinationen beginnen. Dadurch vermeiden Sie Verwechslungen und reduzieren so die Fehleranfälligkeit eines Programms. Es kann auch hilfreich sein, selbstdefinierte Konstanten mit einer eigenen Zeichenkombination beginnen zu lassen.

4.5 Konstanten, Variablen und Arrays

Variablen

Um flexibel mit Daten arbeiten zu können, sind Speicherbereiche erforderlich, die diese Daten zwischenspeichern. Die Speicherstellen werden intern über eine Speicheradresse angesprochen (referenziert). Entwicklungssysteme wie VBA verwenden jedoch Namen für solche Speicherstellen. Der Programmierer muß sich dann keine Zahlenkombinationen (Adressen) merken, sondern kann mit aussagefähigen Bezeichnungen operieren.

Variablenarten

Variablen werden für viele Zwecke verwendet. VBA differenziert daher zwischen folgenden Arten:

- „einfache" Variablen
- Arrays (auch Datenfelder genannt)
- Objektvariablen

„Einfache" Variablen vertreten beliebige Werte und Datentypen. Arrays bestehen eigentlich aus mehreren Variablen, die alle unter dem gleichen Namen angesprochen werden. Für die Unterscheidung sorgen Indizes, also fortlaufende Nummern. Ein Array kann mehrdimensional sein. Solche Arrays verfügen dann über zwei oder mehr Indizes. Auf den Array-Typ und auf Objektvariablen werden wir später noch eingehen.

Variablen deklarieren

Die Deklaration einer Variablen besteht in der Zuweisung eines Namens und gegebenenfalls der Typvereinbarung. Ein Variablenname kann bis zu 255 Zeichen lang sein. Erlaubt sind jedoch nur Ziffern und Buchstaben, einschließlich der deutschen Umlaute, sowie der Unterstrich. Der Name muß zudem mit einem Buchstaben beginnen. VBA unterscheidet bei Variablen nicht zwischen Groß- und Kleinschreibung. Die folgenden Beispiele sind zulässige Variablendeklarationen:

```
Wert = 1200.55
Firma = "Müller AG"
aktueller_Wert = 123
```

Bei den vorstehenden Deklarationen sprechen wir von impliziter Deklaration. Wir deklarieren die Variablen, indem wir sie per Wertzuweisung einfach verwenden. VBA ist keine sehr strenge Sprache und erlaubt daher einen solch lockeren Umgang mit Variablen.

Explizite Deklaration

Variablen können Sie auch explizit deklarieren. Sie müssen zu diesem Zweck das Befehlswort DIM vor den Variablennamen setzen. Bei der expliziten Deklaration haben Sie zudem die Möglichkeit, auch den Datentyp zu bestimmen. Beispiele:

```
Dim Wert As Double
Dim Firma As String
Dim aktueller_Wert As Integer
```

Eine unbeabsichtigte Typänderung ist dann später im Programm nicht mehr so leicht möglich. VBA meldet einen solchen Fehler spätestens bei der Programmausführung.

Datentypen

Datentypen bestimmen, welche Arten von Daten einer Variablen zugewiesen werden können. Die folgende Liste zeigt die wichtigsten der in VBA verfügbaren Typen. Auf andere Typen, beispielsweise den Typ OBJEKT, werden wir später noch eingehen:

Datentyp	Schlüsselwort
Zeichenkette	String
logischer Typ	Boolean
ganze Zahl, kurz	Integer
ganze Zahl, lang	Long
Fließkommazahl, einfache Genauigkeit	Single
Fließkommazahl, doppelte Genauigkeit	Double
Datumsformat	Date
Alle Typen	Variant

Wenn keine besonderen Gründe dagegen sprechen, sollten Sie Ihre Variablen immer explizit deklarieren. Sie haben dann zwar etwas mehr Arbeit beim Schreiben, die Fehleranfälligkeit der Programme kann sich dadurch aber erheblich verringern.

Der Datentyp VARIANT

Variablen können alle in VBA verwendeten Datentypen enthalten. Verzichten Sie auf die Angabe eines Datentyps, vergibt VBA automatisch den Typ VARIANT. Dieser Typ kann Daten unterschiedlichen Typs speichern. Numerische Daten, Zeichenfolgen, Datum und Uhrzeit gehören unter anderem dazu. Eine strenge Typkontrolle ist daher bei diesem Typ nicht möglich.

Variablen vom Typ VARIANT können ihren Datentyp in einem Programm beliebig wechseln. Das kann zu Fehlermeldungen führen, wenn beispielsweise Zeichenketten und numerische Werte addiert werden. VBA akzeptiert die Zuweisungen in beliebiger Reihenfolge, ohne zu

4.5 Konstanten, Variablen und Arrays

protestieren. Bei der Auswertung von Ausdrücken, die Variablen enthalten, ist VBA jedoch nicht weniger genau als andere Sprachen.

Typdeklarierte Variablen und ihre Verwendung

Typdeklarierte Variablen sollen helfen, Fehler zu vermeiden. VBA reagiert daher zur Laufzeit auf eine nicht korrekte Wertzuweisung. Allerdings löst nicht jede falsche Wertzuweisung eine Fehlermeldung aus. Das folgende Beispiel zeigt drei Fälle:

```
Dim x1 As Integer
Dim x2 As String
Dim x3 As Boolean
x1 = 123.45         'Verkürzung auf ganzzahligen Anteil
x2 = 123.45         'korrekte Ausgabe
x3 = "Hallo"        'Fehlermeldung und Programmabbruch
```

VBA prüft, ob die Zuweisung irgendwie verwendungsfähig ist. In der letzten Zeile haben wir versucht, einer logischen Variablen (Typ BOOLEAN) einen String zuzuweisen. Mit einer solchen Zuweisung kann VBA gar nichts anfangen. Die Programmausführung wird daher mit einer Fehlermeldung abgebrochen. Die Zuweisung eines numerischen Ausdrucks an eine String-Variable ist hingegen unkritisch. Eine Zeichenkette kann auch Zahlen schlucken. Problematisch ist hingegen die Zuweisung einer Dezimalzahl (Typ SINGLE oder DOUBLE) an eine Integer-Variable. Dieser Typ kann nur ganzzahlige Werte aufnehmen. Da unsere Dezimalzahl auch einen ganzzahligen Anteil enthält, wird dieser übernommen. Sie erhalten also keine Fehlermeldung angezeigt. Die Zuweisung war aber trotzdem nicht erfolgreich, weil die Dezimalstellen abgeschnitten wurden. Ein solcher Fehler ist zudem sehr schwer aufzuspüren.

Die Typdeklaration, obwohl grundsätzlich vorteilhaft und unbedingt zu empfehlen, kann eben auch selbst zur Quelle von Fehlfunktionen werden. Wenn Sie sich Ihrer Fähigkeiten noch nicht so sicher sind, kann es daher durchaus sinnvoll sein, zunächst überwiegend den Variant-Typ zu verwenden.

Die Deklaration erzwingen

Um erst gar nicht in die Verlegenheit zu kommen, nicht explizit deklarierte Variablen zu verwenden, können Sie in die erste Programmzeile eines Moduls die Anweisung

```
Option Explicit
```

eingeben. Sobald Sie die Anwendung starten, protestiert VBA dann bei jeder „wilden", also nicht explizit deklarierten Variablen mit einer Fehlermeldung.

Mit DefType-Anweisungen deklarieren

Mit DefType-Anweisungen bestimmen Sie, daß auch nicht individuell deklarierte Variablen von einem bestimmten Typ sein sollen. Die Anweisung erfordert ein Schlüsselwort und die

Angabe eines Buchstabens oder eines Buchstabenbereichs. Alle nicht explizit deklarierten Variablen, die mit diesen Buchstaben beginnen, erhalten dann automatisch den entsprechenden Typ zugewiesen. Dafür stehen unter anderem folgende Schlüsselwörter zur Verfügung:

DefBool	Boolean
DefInt	Integer
DefLng	Long
DefStr	String

In der einfachsten Form besteht die Anweisung aus dem Schlüsselwort und einem Buchstaben. Für die Angabe eines Buchstabenbereichs verwenden Sie den Bindestrich. Das folgende Beispiel zeigt die Anwendung:

```
DefInt A-D
DefBool V
Dim Var1 As Long
```

Nach den vorstehenden Anweisungen lösen die folgenden Operationen nun eine Fehlermeldung aus:

```
Var2 = "Hallo"
Betrag = "OK"
```

In der ersten Zeile versuchen wir, der bisher nicht explizit deklarierten Variablen VAR2 eine Zeichenfolge zuzuweisen. Da wir aber für alle Variablen, die mit V beginnen, den Typ BOOLEAN festgelegt haben, verweigert VBA die Zuweisung. Nur wenn wir die Variable zuvor explizit mit dem Typ STRING deklarieren, akzeptiert VBA die Zuweisung. Für VAR1 haben wir eine solche explizite Deklaration vorgenommen. Hier gilt die DefType-Bindung daher nicht. Die zweite Zeile löst eine Fehlermeldung aus, weil die Variable BETRAG nach unserer ersten DefType-Anweisung (A-D) nun vom Typ INTEGER sein muß.

Variablen initialisieren

Die Zuweisung eines Anfangswertes nennt man Initialisieren. Explizit deklarierte Variablen müssen vor der ersten Verwendung nicht unbedingt initialisiert werden. Diese Aufgabe übernimmt VBA selbst. String-Variablen werden dabei mit einem Leerstring ("") und numerische Variablen mit dem Wert 0 initialisiert. Variablen vom Typ BOOLEAN erhalten den Wert FALSE zugewiesen. Den Varianttyp initialisiert VBA mit dem „Wert" EMPTY.

Variablen verwenden

Nach ihrer Deklaration können Sie Variablen wie Werte oder Funktionen in beliebigen Ausdrücken verwenden. Abbildung 4.6 zeigt ein vollständiges Beispiel von der Deklaration über

4.5 Konstanten, Variablen und Arrays

die Wertzuweisung bis zur Verwendung. Das Makro, das Sie in allen vier Office-Anwendungen ausführen können, gibt die Werte als String über die MsgBox-Funktion aus.

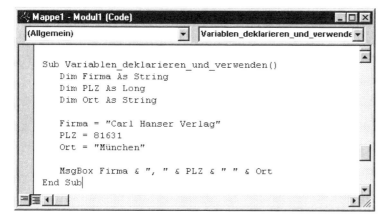

Abb. 4.6: Variablen deklarieren und verwenden (Excel)

Beachten Sie die Verkettung, die, wie das Beispiel zeigt, auch mit numerischen Werten funktioniert. Selbst wenn Sie zwei numerische Werte mit dem Zeichen & verketten, werden die Ziffern nur aneinandergereiht, nicht addiert.

Länge von String-Variablen begrenzen

Für String-Variablen können Sie die Zahl der darin zu speichernden Zeichen begrenzen. Die folgenden Zeilen deklarieren zwei Variablen mit maximal 5 bzw. 30 Zeichen:

```
Dim PLZ As String * 5
Dim Ort As String * 30
```

Bei der Zuweisung von längeren Zeichenfolgen werden die über die Begrenzung hinausgehenden Zeichen abgeschnitten.

Datenfelder (Arrays)

Datenfelder sind Variablen gleichen Namens, die über diesen Namen und eine fortlaufende Nummer, also über einen Index, angesprochen werden. Die Möglichkeit, über einen Index auf eine Variable zugreifen zu können, vereinfacht Programmstrukturen. Die einzelnen Elemente eines Datenfeldes können wie simple Variablen verwendet werden, deren Namen sich lediglich durch verschiedene Ziffern unterscheiden. Datenfelder erzeugen Sie in VBA mit der schon bekannten Dim-Anweisung. Ein Beispiel:

```
Dim Var(10)
```

Bei dem Wert in der Klammer, dem Index, muß es sich um eine Ganzzahl handeln. Das Beispiel erzeugt ein Array mit dem Namen VAR, das aus 11 Elementen besteht. Es sind deshalb 11 Elemente, weil VBA bei 0 zu zählen beginnt und der Wert in der Klammer die Nummer des höchsten Elements angibt. Wollen Sie den Startwert auf 1 setzen, können Sie dies mit der Anweisung OPTION BASE erreichen. Einfacher ist vermutlich die Verwendung von Indexbereichen. Datenfelder mit genau 10 Elementen erhalten Sie beispielsweise mit den folgenden Deklarationen:

```
Dim Var1(1 To 10)
Dim Var2(21 To 30)
```

Auch die Vereinbarung eines Datentypes ist wieder möglich. Die Beispiele hätten dann die folgende Form:

```
Dim Var1(1 To 10) As String
Dim Var2(21 To 30) As Double
```

Jedes einzelne Array-Element kann über den Namen des Arrays und einen Indexwert angesprochen werden. Beispiele:

```
Var1(1) = "München"
Var1(3) = "Berlin"
Var2(27) = 1234.56
Var2(30) = 4500.8
```

Ein Array kann auch aus Elementen mit unterschiedlichen Datentypen bestehen. Voraussetzung ist aber, daß Sie auf eine explizite Typvereinbarung verzichten oder den Typ VARIANT wählen. Datenfelder eignen sich beispielsweise für die Zwischenspeicherung von Datensätzen aus Datenbanken, weil Zuweisung und Auswertung in einer Schleife über den Index erfolgen können.

Datenfelder mit der Funktion ARRAY implizit erzeugen

Ein Datenfeld läßt sich mit Hilfe der Funktion ARRAY auch implizit, also durch unmittelbare Wertzuweisung, erzeugen. Die Funktion benötigt lediglich die Variableninhalte als Argumente. Ein Beispiel:

```
Var = Array(True, "Hallo", 123, Date)
MsgBox Var(0)                    'Ergebnis: Wahr
MsgBox Var(1)                    'Ergebnis: Hallo
MsgBox Var(2)                    'Ergebnis: 123
MsgBox Var(3)                    'Ergebnis: Tagesdatum
```

Die Funktion weist hier der nicht explizit deklarierten Variablen VAR mehrere unterschiedliche Werte zu. Dadurch wird VAR automatisch zu einem Datenfeld, dessen einzelne Werte sich mit Hilfe von Indizes abfragen lassen.

Mehrdimensionale Datenfelder

Bisher haben wir nur eindimensionale Datenfelder betrachtet. VBA kann aber auch mehrdimensionale Arrays verwalten. Die Syntax der schon bekannten Deklaration ist dafür nur minimal zu ändern:

```
Dim Var3(10, 10) As String
Dim Var4(1 To 10, 1 To 10) As Variant
```

Die erste Anweisung erzeugt ein Datenfeld mit 121 (11 * 11) Elementen. Die zweite Anweisung kommt auf 100 Elemente, weil wir hier auch wieder die Startwerte der Indizes bestimmt haben. Ein zweidimensionales Array ist einer Tabelle oder Matrix vergleichbar, deren Elemente über einen Spalten- und einen Zeilenindex angesprochen werden. Dieser Umstand läßt sich natürlich gut zum Datenaustausch mit Excel-Tabellen nutzen. Das folgende Makro schreibt ein zweidimensionales Datenfeld in den Zellenbereich A1:J10 des Tabellenblatts TABELLE1:

```
Sub Datenfelder_in_Zellenbereich_schreiben()
    Dim Var4(1 To 10, 1 To 10) As Variant
    Var4(1, 4) = 300
    Var4(1, 5) = 700
    Var4(1, 9) = 1200
    Var4(3, 1) = 5000
    Var4(3, 2) = 2000
    Var4(3, 3) = 2000
    Worksheets("Tabelle1").Range("A1:J10").Value = Var4
End Sub
```

Der erste Index entspricht dabei dem Zeilenindex der Tabelle. Der zweite Index bezieht sich folglich auf die Tabellenspalten. Da wir im vorstehenden Makro nur sechs Werte definiert haben, überschreibt das Makro die anderen Zellen des Bereichs A1:J10 mit Leerzeichen. Die alten Einträge in diesem Bereich werden dadurch praktisch gelöscht. Um in den Zellen Nullwerte zu erhalten, hätten wir beispielsweise den Datentyp INTEGER (AS INTEGER) verwenden können.

Dynamische Datenfelder

Eine spezielle Variante der Datenfelder sind dynamische Arrays. Die Anzahl der möglichen Elemente eines dynamischen Arrays bestimmt das Programm zur Laufzeit. Um ein dynamisches Array zu erzeugen oder ein bestehendes zu vergrößern, also neue Elemente hinzuzufügen, ist die Anweisung REDIM erforderlich. Das Datenfeld wird damit neu dimensioniert. Ein dynamisches Array wird zunächst ohne Angabe von Indizes deklariert. Im zweiten Schritt erfolgt die Dimensionierung:

```
Sub Dynamische_Datenfelder()
   Dim Var() As Variant
   Dim Elemente As Long
   Elemente = InputBox("Zahl der Elemente eingeben!")
   ReDim Preserve Var(1 To Elemente)
   Var(Elemente) = 123
   MsgBox Var(Elemente)
End Sub
```

Die Klausel PRESERVE sorgt dafür, daß die Daten eines Datenfeldes bei der Änderung der Dimension erhalten bleiben.

 Gelegentlich werden Sie beim Testen Fehlermeldungen erhalten. Das Programm können Sie dann mit dem nebenstehenden Schalter (ZURÜCKSETZEN) wieder in einen definierten Ausgangszustand versetzen.

OPTION BASE

Mit OPTION BASE können Sie den Startwert für die Indizierung von Arrays auf den Wert 1 setzen. OPTION BASE wirkt auf Modulebene und muß vor der ersten Prozedur (SUB) im sogenannten Deklarationsteil des Moduls erscheinen.

```
Option Base 1
```

Die Anweisung kann in einem Modul nur einmal verwendet werden. Grundsätzlich sollten Sie OPTION BASE nur noch in Ausnahmefällen verwenden. Einfacher erfolgt die Bestimmung des Startwertes durch die Angabe eines Bereichs für die Indexwerte.

Benutzerdefinierte Datentypen

Mit der Anweisung TYPE definieren Sie benutzerdefinierte Datentypen. Diese Datentypen sind etwa dem Typ RECORD in der Sprache PASCAL vergleichbar. Die (vereinfachte) Syntax lautet:

```
Type Benutzertyp
    Elementname As Datentyp
   [Elementname As Datentyp]
     . . .
End Type
```

Die Deklaration eines eigenen Datentyps kann nur im Deklarationsteil eines Moduls, also vor allen Prozeduren, erfolgen. Deklaration und Verwendung sind folglich getrennt. Ein Beispiel:

4.5 Konstanten, Variablen und Arrays

```
Type Satz
   Firma As String
   Namen As String
   Ort As String
   Umsatz As Currency
End Type
```

Wir haben in diesem Beispiel den neuen Datentyp SATZ definiert. Bei der Verwendung in einem Makro müssen wir nun eine Variable mit diesem Typ deklarieren:

```
Sub Eigener_Datentyp()
   Dim Kunde As Satz
   Kunde.Firma = "Müller &Co."
   Kunde.Namen = "Maier"
   Kunde.Ort = "Düsseldorf"
   Kunde.Umsatz = 10000
   MsgBox Kunde.Firma & ", " & Kunde.Ort
End Sub
```

Um einzelne Elemente der Variablen zu referenzieren, benutzen Sie die Punktschreibweise:

```
Variablenname.Elementname
```

Auch eine Deklaration als Datenfeld (Array) ist zulässig:

```
Dim Kunde As Satz(100)
```

Selbstdefinierte Datentypen können benutzt werden, um strukturierte Daten, wie beispielsweise einen Datensatz, für die weitere Verwendung zwischenzuspeichern.

Gültigkeitsebenen

Variablen und Konstanten, die Sie an einer beliebigen Stelle des Projekts definieren, sind keineswegs im ganzen Projekt zugänglich. VBA unterscheidet drei Gültigkeitsebenen:

- die Prozedurebene
- die private Modulebene
- die öffentliche Modulebene

Variablen und Konstanten, die Sie innerhalb einer SUB oder FUNCTION deklarieren, gelten auch nur in dieser SUB bzw. FUNCTION, also auf Prozedurebene. Aus anderen Prozeduren kann nicht darauf zugegriffen werden. Das hat den Vorteil, daß Sie den gleichen Variablennamen in mehreren SUBs verwenden können. Variablen und Konstanten, die Sie im Deklarationsteil eines Moduls, also außerhalb einer Prozedur, deklarieren, gelten für alle Prozeduren des betreffenden Moduls.

Wenn Sie bei der Deklaration im Deklarationsteil an Stelle des Schlüsselwortes DIM die Bezeichnung PUBLIC verwenden, kann auch aus anderen Modulen auf die so deklarierten Variablen zugegriffen werden. Diese Variablen sind dann öffentlich. Bei Konstanten müssen Sie die Bezeichnung PUBLIC vor das Schlüsselwort CONST setzen.

Das Beispiel aus Abbildung 4.7, das unter allen Office-Anwendungen lauffähig ist, demonstriert den Unterschied zwischen einer Variablen auf Modul- und einer auf Prozedurebene.

```
Public Var1 As Long

Sub Prozedur1()
    Var1 = 123
    Var2 = 345
    Prozedur2
End Sub

Sub Prozedur2()
    MsgBox Var1
    MsgBox Var2
End Sub
```

Abb. 4.7: Variablen auf Modul- und Prozedurebene

Nur die Variable, die im Deklarationsteil des Moduls deklariert wurde (VAR1), ist in beiden Prozeduren zugänglich. Die zweite Variable (VAR2), die wir implizit in der ersten Prozedur deklariert haben, wird in der zweiten Prozedur nicht erkannt. MSGBOX gibt in diesem Fall einen Leerwert aus. Beachten Sie auch die Public-Deklaration in Abbildung 4.7. Das Schlüsselwort PUBLIC wäre hier nicht unbedingt erforderlich gewesen, weil wir nur aus Prozeduren des gleichen Moduls darauf zugreifen.

Der Deklarationsteil eines Moduls

Als Deklarationsteil bezeichnen wir den Anfang eines Moduls, also den Teil, der vor der ersten Prozedur des Moduls liegt. Mit der Option DEKLARATIONEN im Kombinationsfeld PROZEDUREN gelangen Sie direkt zum Deklarationsteil.

Lebensdauer von Variablen

Variablen verfügen nicht nur über unterschiedliche Geltungsbereiche. Auch bezüglich ihrer Lebensdauer sind Unterschiede möglich. Variablen, die innerhalb einer Prozedur deklariert wurden, existieren nur während der Ausführungszeit dieser Prozedur. Die folgende Prozedur wird bei jedem Aufruf nur ein leeres MsgBox-Fenster anzeigen, weil die Variable VAR bei jedem Aufruf neu erzeugt und dabei mit einem Leerzeichen initialisiert wird:

4.5 Konstanten, Variablen und Arrays

```
Sub Test
    Dim Var As String
    MsgBox Var
    Var = 123
End Sub
```

Leiten wir die Deklarionszeile jedoch statt mit DIM mit dem Schlüsselwort STATIC ein, erzeugen der zweite und jeder weitere Aufruf die Ausgabe 123. VBA merkt sich in diesem Fall den Inhalt der Variablen. Unser Beispiel ist dann wie folgt zu ändern:

```
Sub Test
    Static Var As String
    MsgBox Var
    Var = 123
End Sub
```

Das Schlüsselwort STATIC kann nur innerhalb einer Prozedur (SUB) oder Function verwendet werden.

Objektvariablen

Wir haben schon gesehen, daß sich Objekte nicht nur über den Objektnamen ansprechen lassen. Auch über Zugriffseigenschaften können wir Objektreferenzen bilden. Mit der hier vorzustellenden Option haben wir sogar die folgenden drei Möglichkeiten, um Objekte zu referenzieren:

1. Objektnamen
2. Zugriffseigenschaften
3. Objektvariablen

Objektvariablen sind Variablen, die auf ein bestimmtes Objekt, etwa einen Absatz, eine Tabelle oder einen Zellenbereich, verweisen. Objektvariablen werden ebenfalls mit DIM und mit einem Typ vereinbart. Die Typangabe bezieht sich jedoch auf bestimmte Objekttypen und nicht auf Datentypen. Die vereinfachte Syntax hat folgende Form:

```
Dim Objektvariable As Objekttyp
```

Objektvariablen vereinfachen und beschleunigen den Zugriff auf Objekte. Sie ersparen den Aufbau langer Objektreferenzen, da lediglich die Variable erforderlich ist, um auf ein Objekt zu verweisen. Ein kleiner Unterschied zu „normalen" Speichervariablen ergibt sich durch die Zuweisung der Objektreferenz. Diese muß mit dem vorangestellten Schlüsselwort SET erfolgen. Die Syntax der Zuweisung hat folgende Form:

```
Set Objektvariable = Objektausdruck
```

Die Vorteile einer Objektvariablen machen sich erst bemerkbar, wenn mehrfach auf das gleiche Objekt zugegriffen werden muß. Das folgende Excel-Beispiel kann aufgrund seiner Kürze nur einen ungefähren Eindruck davon vermitteln:

```
Sub Objektvariablen_verwenden()
    Dim Umsatz1997 As Range
    Dim Umsatz1998 As Range
    Dim Umsatz1999 As Range

    Set Umsatz1997 = Worksheets("Tabelle1").Range("C3")
    Set Umsatz1998 = Worksheets("Tabelle2").Range("C3")
    Set Umsatz1999 = Worksheets("Tabelle3").Range("C3")

    Umsatz1997 = 100000
    Umsatz1998 = Umsatz1997 + Umsatz1997 * 0.12
    Umsatz1999 = Umsatz1998 + Umsatz1998 * 0.2

    MsgBox "1997: " & Umsatz1997
    MsgBox "1998: " & Umsatz1998
    MsgBox "1999: " & Umsatz1999
End Sub
```

Das Beispiel definiert drei Objektvariablen für drei Zellen in unterschiedlichen Tabellenblättern. Einen besseren Eindruck bekommen Sie vermutlich, wenn wir eine der Zeilen, in denen drei Objektvariablen vorkommen, als normale Referenz mit Zugriffseigenschaften schreiben. Aus der Zeile

```
Umsatz1998 = Umsatz1997 + Umsatz1997 * 0.12
```

wird dann die Zeile

```
Worksheets("Tabelle2").Range("C3") = _
Worksheets("Tabelle1").Range("C3") + _
Worksheets("Tabelle1").Range("C3") * 0.12
```

Abgesehen von der Länge werden Sie die Zeile auch kaum noch lesen können. Objektvariablen ermöglichen also nicht nur eine kürzere Schreibweise, sondern ergeben meistens auch ein besser lesbares Programm. Das gilt zumindest, wenn Sie sich um verständliche Bezeichnungen bemühen.

Hinweis: Wer die früheren Kapitel nicht überschlagen hat, wird möglicherweise die Eigenschaft VALUE vermissen. Wir haben Wertzuweisungen an Range-Objekten vorgenommen, ohne die dafür zuständige Eigenschaft zu verwenden. Eigentlich hätten wir schreiben müssen:

```
Umsatz1997.Value = 100000
```

VALUE ist jedoch unter Excel die Standardeigenschaft eines Range-Objekts. Wird keine Eigenschaft (oder Methode) benannt, obwohl der Ausdruck so unvollständig ist, unterstellt VBA automatisch, daß hier die Eigenschaft VALUE gemeint ist. Unter Word ist TEXT die Standardeigenschaft eines Range-Objekts. Die Eigenschaft kann also je nach Objekt wechseln. Im Objektkatalog wird die Standardeigenschaft mit einem blauen Punkt gekennzeichnet.

Objektvariablen zur Leistungssteigerung

Objektvariablen beeinflussen nicht nur die Lesbarkeit eines Programms positiv, sondern auch das Zeitverhalten. In der Regel sind Referenzen mit Hilfe einer Objektvariablen schneller als direkte Objektreferenzen. Das hängt damit zusammen, daß bei Objektreferenzen erst eine ganze Objekthierarchie durchlaufen werden muß; die Referenz wird erst zur Laufzeit aufgelöst. Sie sollten daher Objekte, die Sie im Programm-Code häufiger verwenden, immer über Objektvariablen ansprechen.

Der Objekttyp OBJECT

Als Objekttyp können Sie für alle Objektvariablen den generellen Typ OBJECT verwenden. Wir hätten also auch die folgende Zeile schreiben können:

```
Dim Umsatz1997 As Object
```

Das ist aber nur sinnvoll, wenn die Objektreferenz erst zur Laufzeit eines Programms bestimmt wird. In der Regel werden Sie schon vorher wissen, welches Objekt mit einer Objektvariablen verbunden werden soll. Sie sollten das Objekt dann auch benennen. Für Objektvariablen, die mit dem Typ OBJECT deklariert wurden, gilt analog, was wir weiter oben schon über das Leistungsverhalten von direkten Objektreferenzen gesagt haben: Sie sind in der Regel langsam. Zu den Objekttypen, die Sie häufig benötigen werden, zählen unter anderem folgende:

- Document   (Word)
- Paragraph   (Word)
- Range   (Word, Excel)
- Worksheet   (Excel)
- WorkBook   (Excel)

Diese und andere Objekttypen können bei der Deklaration einer Objektvariablen direkt angegeben werden. Der Editor unterstützt die Typangabe durch eine Auswahlliste, die nach der Eingabe der As-Anweisung automatisch erscheint und neben den üblichen Datentypen auch die verfügbaren Objekttypen zur Auswahl anbietet.

Objektvariablen mit Bibliothek deklarieren

Die Bibliotheken in MS-Office enthalten unzählige Objekte. Zudem lassen sich weitere Bibliotheken einbinden (Menüoption EXTRAS/VERWEISE...) Unter diesen Umständen kann es nicht ausbleiben, daß darunter auch gleichnamige Objekte sind. Bei der Deklaration von Objektvariablen sind dann Laufzeitfehler nicht auszuschließen. Kritisch ist beispielsweise die Einbindung der DAO-Bibliothek. Das darin enthaltene Field-Objekt kollidiert mit einem gleichnamigen Word-Objekt. Die folgende Deklaration kann daher unter Word zu Problemen führen:

```
Dim Firma As Field
```

Die Probleme lassen sich vermeiden, wenn Sie auch die betreffende Bibliothek (ebenfalls ein Objekt) in der Deklaration angeben. Die beiden Field-Objekte sind dann wie folgt zu unterscheiden:

```
Dim Firma1 As Word.Field
Dim Firma2 As DAO.Field           'DAO-Bibliothek erforderlich
```

Die Bibliotheksbezeichnungen werden in der Bibliotheksliste des Objektkatalogs angezeigt. In der Regel sollte diese Maßnahme allerdings nicht erforderlich sein. Ob ein Objekt (eine Klasse) doppelt vorhanden ist, zeigt Ihnen bereits der Objektkatalog an, wenn Sie die Einstellung <ALLE BIBLIOTHEKEN> wählen. In der alphabetischen Ordnung erscheinen dann doppelt vorhandene Objekte unmittelbar untereinander.

Objektvariablen auf valide Objekte prüfen

Vor der Verwendung einer Objektvariablen kann es sinnvoll sein, zu prüfen, ob diese auf ein valides Objekt verweist. Mit dem Schlüsselwort NOTHING läßt sich feststellen, ob dies zutrifft. Das folgende Beispiel zeigt die Verwendung:

```
Dim Var As Object
Sub Objektvariable_testen()
   If Var Is Nothing Then
      MsgBox "Kein Objekt!"
   End If
End Sub
```

Wir haben hier lediglich eine Objektvariable deklariert, aber die Zuweisung mit SET unterlassen. Beachten Sie auch den Is-Operator. Die Prüfung auf den „Wert" NOTHING erfolgt nicht mit dem Gleichheitszeichen.

Von Objektvariablen belegte Ressourcen freigeben

Objektvariablen belegen wertvolle Ressourcen (insbesondere Speicherplatz). Nicht mehr benötigte Objektvariablen sollten daher auf NOTHING gesetzt werden, damit das System die Ressourcen freigeben kann. Dazu weisen Sie der Objektvariablen nach dem folgenden Schema den „Wert" NOTHING zu:

```
Set Objektvariable = Nothing
```

4.6 Kontrollstrukturen

Kontrollstrukturen steuern den Programmablauf. Sie ermöglichen unter anderem die Ausführung alternativer Anweisungen und die kontrollierte Wiederholung von Befehlsfolgen. Da sie praktisch das Grundgerüst einer Programmiersprache bilden, sind sie in ähnlicher Form auch in Sprachen wie C oder PASCAL enthalten.

Wer also bereits über Grundkenntnisse der Programmierung verfügt, wird im folgenden Textabschnitt nicht viel Neues finden. Da sich die Kontrollstrukturen der einzelnen Programmiersprachen in Details aber unterscheiden können, würden wir Ihnen dennoch empfehlen, den folgenden Abschnitt nicht zu übergehen.

Schleifen und Verzweigungen

In modernen Programmiersprachen haben Programmroutinen, die an Ereignisse gebunden sind, einen großen Teil der Ablaufsteuerung übernommen. Kontrollstrukturen sind aber auch heute noch unentbehrlich. Wir unterscheiden zunächst die folgenden Grundtypen:

- Schleife

- Verzweigung

Die Schleife wird durch DO...LOOP und WHILE...WEND repräsentiert. Mit FOR...NEXT verfügt VBA aber auch über eine zählergesteuerte Schleife. Dazu kommt die For...Each-Schleife, die sich besonders für die Bearbeitung von Auflistungen und Arrays eignet. Für die Verzweigung existiert in praktisch allen Programmiersprachen die If...Then...Else-Anweisung. Mehrfachverzweigungen lassen sich mit einer Select Case-Struktur realisieren.

Zu den Kontrollstrukturen können auch Sprunganweisungen gezählt werden. VBA verfügt hier unter anderem über die Anweisungen GOSUB...RETURN und GOTO.

If...Then...Else

Wir wollen zunächst die einfache If...Then...Else-Anweisung vorstellen. Damit lassen sich die meisten Probleme bezüglich der Verzweigung lösen. Die Syntax der Grundstruktur lautet:

```
If Bedingung Then
    [Anweisungen]
[Else]
    [Anweisungen]
End If
```

Nach dem Schlüsselwort IF folgt eine Bedingung. In Abhängigkeit vom Wahrheitswert dieser Bedingung werden die Anweisungen des Then- oder Else-Zweiges ausgeführt. Ist die Bedingung wahr, kommt der If-Zweig zur Ausführung, andernfalls die auf ELSE folgenden Anweisungen. Ein Beispiel:

```
Sub IfTest ()
    Dim Summe As Integer
    Summe = InputBox ("Bitte Zahl eingeben!")
    If Summe > 0 Then
        MsgBox("Summe ist positiv!")
    Else
        MsgBox("Summe ist nicht positiv!")
    End If
End Sub
```

Die Struktur kann aber auch mehrere ElseIf-Anweisungen enthalten, so daß auch komplexe Verzweigungen mit mehreren Bedingungen möglich sind. Beachten Sie auch die eckigen Klammern. Diese besagen, daß die geklammerten Sprachelemente optional sind, also nicht verwendet werden müssen. Die eckigen Klammern erscheinen nicht im Programm-Code.

```
If Bedingung1 Then
    [Anweisungen]
[ElseIf Bedingung2 Then]
    [Anweisungen]
[Else]
    [Anweisungen]
End If
```

In der erweiterten If-Struktur bekommt der erste ElseIf-Zweig eine Chance, wenn die If-Bedingung (BEDINGUNG1) den Wahrheitswert FALSE ergibt. Wenn die erste ElseIf-Bedingung (BEDINGUNG2) dann den Wahrheitswert TRUE liefert, werden die darauf folgenden Anweisun-

4.6 Kontrollstrukturen

gen ausgeführt. Ergibt auch die erste ElseIf-Bedingung den Wert FALSE, erhält die nächste ElseIf-Bedingung, soweit vorhanden, eine Chance. Trifft keine Bedingung zu, wird der Else-Zweig ausgeführt. Wie das folgende Beispiel zeigt, können Ausdrücke auch mit den logischen Operatoren AND und OR verknüpft werden:

```
Sub IfTest2()
    Dim Summe As Integer
    Dim bezahlt
    Summe = 5000
    bezahlt = False
    If Summe > 5000 And bezahlt Then
        MsgBox ("Sehr guter Kunde, Prämie zusenden!")
    ElseIf Summe > 3000 And bezahlt Then
        MsgBox ("Ordentlicher Kunde")
    Else
        MsgBox ("Mieser Kunde, nur gegen Barzahlung!")
    End If
End Sub
```

Im vorstehenden Makro haben wir mit Hilfe von ELSEIF zwei Bedingungen definiert. Solche Mehrfachverzweigungen lassen sich jedoch besser mit der später noch vorzustellenden Select...Case-Struktur realisieren. Beachten Sie auch, daß die Variable BEZAHLT nicht auf TRUE oder FALSE geprüft wird (BEZAHLT = TRUE). Da wir der Variablen zuvor einen logischen Wert zugewiesen haben, ist das nicht erforderlich. Die Variable bildet dann selbst schon einen logischen Ausdruck. Die folgenden (unvollständigen) Zeilen sind daher funktional identisch:

```
If bezahlt Then
If bezahlt = True Then
```

Wollen Sie einen logischen Ausdruck auf FALSE (logisch falsch) prüfen, können Sie alternativ die folgenden Zeilen verwenden:

```
If bezahlt = False Then
If Not bezahlt Then
```

Einzeilige If-Anweisungen

Für einfache Aufgaben können Sie die If-Struktur auch in einer einzigen Zeile unterbringen. Die End If-Anweisung entfällt dann. Sie wird praktisch durch den Zeilenumbruch ersetzt. Die einzeilige Variante hat folgende Syntax:

```
If Bedingung Then Anweisung
```

Je nach Wahrheitswert der If-Bedingung wird die Then-Anweisung ausgeführt oder nicht. Einen Else-Zweig gibt es nicht. Das Problem einzeiliger If-Strukturen ist die Zeilenlänge. Solange Sie nicht dauernd horizontal scrollen müssen, kann deren Verwendung aber durchaus empfohlen werden. Ein Beispiel:

```
Sub Eingabe_pruefen
    Eingabe:
    Var1 = InputBox("Nur numerischen Wert eingeben!")
    If Not IsNumeric(Var1) Then GoTo Eingabe
End Sub
```

Das vorstehende Makro nimmt eine Typprüfung vor, bei der nur numerische Werte akzeptiert werden. Bei einer fehlerhaften Eingabe wird der InputBox-Dialog erneut aufgerufen. Auf die im Beispiel verwendete Funktion IsNUMERIC und auf die GoTo-Anweisung gehen wir später noch ein.

Funktionen in Bedingungen

Auch Funktionen lassen sich in logischen Ausdrücken verwenden. So können Sie beispielsweise Datumsfunktionen oder auch die MsgBox-Funktion, die wir bisher immer im Anweisungsblock verwendet haben, in eine Bedingung einsetzen:

```
Sub TestDatum()
    If DateSerial(1999, 11, 11) = Date Then
        MsgBox ("Datum ist korrekt.")
    Else
        MsgBox ("Datum ist nicht korrekt.")
    End If
End Sub
```

Die If-Bedingung prüft, ob ein vorgegebenes Datum mit dem Tagesdatum, das wir mit der Funktion DATE erhalten, übereinstimmt. Auf die Verwendung von Datumsfunktionen werden wir später zurückkommen.

Ja/Nein-Abfragen

Die MsgBox-Funktion eignet sich hervorragend zur Steuerung weiterer Aktionen in Ja/Nein-Abfragen. Dazu muß der Rückgabewert überprüft werden.

```
Sub JaNeinTest()
    If MsgBox("Programm beenden?", vbYesNo) = vbYes Then
        MsgBox ("Programm wird beendet!")
```

4.6 Kontrollstrukturen

```
    Else
        MsgBox ("Programm wird nicht beendet!")
    End If
End Sub
```

Die einzelnen Argumente der sehr flexiblen MsgBox-Funktion werden wir in Kapitel 5 vorstellen.

Iif als Alternative

Häufig werden Sie eine If-Konstruktion für die bedingte Wertzuweisung an eine Variable verwenden wollen. Wie das folgende Beispiel zeigt, erhalten Sie mit IF dann eine recht umfangreiche Konstruktion:

```
Summe = 0
If Summe > 0 Then
    Status = "bereits Kunde"
Else
    Status = "kein Kunde"
End If
MsgBox Status
```

Für solche Fälle kann oft ein anderes Sprachelement benutzt werden, das eine kürzere Schreibweise ermöglicht: die Funktion IIF. Die Funktion liefert in Abhängigkeit des Wahrheitswertes eines logischen Ausdrucks einen von zwei Werten zurück. Erfahrene Excel-Anwender kennen die Funktion unter der Bezeichnung WENN. Die Syntax lautet:

```
Iif(Bedingung, Ausdruck1, Ausdruck2)
```

AUSDRUCK1 wird zurückgegeben, wenn die Bedingung zutrifft, also logisch wahr ist. Andernfalls liefert die Funktion den Wert von AUSDRUCK2. Das obige If-Beispiel kann so auf die folgenden drei Zeilen verkürzt werden.

```
Summe = 10000
Status = IIf(Summe > 0, "bereits Kunde", "kein Kunde")
MsgBox Status
```

Ausdrücke können Konstanten, Variablen, Funktionen oder Zusammensetzungen dieser Elemente sein, soweit sie einen Wert zurückliefern. Da die Funktion auch selbst wieder Bestandteil eines Ausdrucks sein kann, lassen sich damit sehr komplexe Auswertungen mit mehr als zwei Bedingungen definieren. IIF kann jedoch keine Anweisungen ausführen. Als Alternative für If-Konstruktionen ist die Funktion daher nur bedingt geeignet.

Select Case

SELECT CASE ist in prozeduralen Programmiersprachen die typische Kontrollstruktur für eine Menüauswahl. Die Syntax hat folgende Form:

```
Select Case Testausdruck
   [Case Ausdrucksliste1
        [Anweisungsblock1]]
   [Case Ausdrucksliste2
        [Anweisungsblock2]]
   ...
   [Case Else
        [Anweisungsblock..n]]
End Select
```

Zunächst wird der Testausdruck ausgewertet. Dabei handelt es sich um einen Ausdruck, der beispielsweise einen numerischen Wert oder eine Zeichenkette liefert. In der Ausdrucksliste können dann Ausdrücke des gleichen Datentyps aufgelistet werden. Ist der Wert eines Ausdrucks in der Liste mit dem Wert des Testausdrucks identisch, wird der folgende Anweisungsblock ausgeführt. Die Definition der Bedingung ist hier also auf den Testausdruck und die Ausdrucksliste verteilt.

Es wird immer nur ein Case-Zweig ausgeführt und nur, wenn die Bedingung zutrifft. Erst durch Einbindung der optionalen Klausel CASE ELSE bestimmen Sie eine generelle Verzweigung für den Fall, daß keine Übereinstimmung des Testausdrucks mit einem Ausdruck der Ausdruckslisten besteht. So lassen sich völlig unterschiedliche Bedingungen in einer Select Case-Struktur unterbringen. Es ist aber zu beachten, daß immer die erste Verzweigung gewählt wird, deren Liste einen passenden Ausdruck enthält. Im einfachsten Fall besteht der Testausdruck aus dem Inhalt einer Variablen, während sich die Ausdruckslisten aus Werten (Konstanten) zusammensetzen. Die Elemente der Ausdruckslisten sind durch Kommata zu trennen:

```
Sub SelectCaseTest()
   Select Case "Berlin"
      Case "Hamburg", "Köln", "Düsseldorf"
           MsgBox ("In der ersten Case-Anweisung")
      Case "München", "Berlin", "Bremen"
           MsgBox ("In der zweiten Case-Anweisung")
      Case Else
           MsgBox ("Nicht gefunden!")
   End Select
End Sub
```

4.6 Kontrollstrukturen

Ausdruckslisten

Statt simpler Werte sind natürlich auch komplexere Ausdrücke in der Testanweisung und in den Ausdruckslisten möglich. Die Ausdrücke, die über die Verzweigung entscheiden, können Konstanten, Variablen und Funktionen enthalten.

Vergleiche und Bereichsangaben in Ausdruckslisten

Eine Ausdrucksliste kann auch Wertebereiche enthalten, die Sie mit dem To-Operator bilden. Außerdem lassen sich, wie die folgenden Case-Zeilen zeigen, auch Vergleiche mit dem Is-Operator definieren:

```
Case 3 To 8, 15 To 20
Case 30 To 40, Is < 80
Case "München", Is < "Berlin"
Case "Berlin" To "München"
```

Die erste Zeile enthält zwei Listenelemente, die jeweils die Bereiche von 3 bis 8 und von 15 bis 20 umfassen. Alle in diesen Bereichen liegenden Werte des Testausdrucks bewirken, daß die auf diesen Case-Zweig folgenden Anweisungen bis zur nächsten Case-Verzweigung ausgeführt werden. Mit dem Is-Operator definieren Sie Kleiner/Größer-Vergleiche. In einer Ausdrucksliste können sowohl Vergleiche als auch Wertebereiche erscheinen.

Wenden Sie den To-Operator auf Zeichenfolgen an, werden alle Zeichenausdrücke berücksichtigt, die in der Sortierreihenfolge innerhalb der vorgegebenen Werte liegen. Der Is-Operator berücksichtigt ebenfalls die Sortierreihenfolge. In der dritten Zeile des obigen Beispiels führen alle Werte des Testausdrucks zu einer Übereinstimmung, die in der Sortierreihenfolge vor dem String „Berlin" einzuordnen sind.

Hinweis: Die vorstehend besprochenen Ausdruckslisten können natürlich nicht gemeinsam in einer Select...Case-Struktur erscheinen, weil wir in den ersten beiden Zeilen numerische Werte und in den letzten beiden Zeilen Zeichenketten verwendet haben.

Das folgende Excel-Makro verwendet die Werte zweier Excel-Zellen (Range-Objekte), um daraus einen anderen Wert (GEWINN) zu ermitteln, der dann als Testausdruck dient. In den Ausdruckslisten benutzen wir Vergleiche und Wertebereiche, um den Testausdruck (GEWINN) auszuwerten:

```
Sub SelectCaseTest2()
  Dim Umsatz As Range
  Dim Kosten As Range
  Dim Gewinn As Double
  Set Umsatz = Worksheets("Tabelle1").Range("C3")
```

```
    Set Kosten = Worksheets("Tabelle1").Range("C4")
    Gewinn = Umsatz.Value - Kosten.Value
  Select Case Gewinn
    Case Is < 1:
      MsgBox "Es wurde kein Gewinn erzielt!"
    Case 1 To 5000
      MsgBox "Es wurden ein geringer Gewinn erzielt!"
    Case 5001 To 10000
      MsgBox "Es wurden ein durchschnittlicher Gewinn erzielt!"
    Case Is > 10000
      MsgBox "Es wurden ein guter Gewinn erzielt!"
  End Select
End Sub
```

Das Beispiel erfordert, daß eine Arbeitsmappe mit einem passenden Tabellenblatt (TABELLE1) geöffnet ist und daß Sie zuvor numerische Werte in die Zellen C3 (UMSATZ) und C4 (KOSTEN) eintragen.

Choose als Alternative

Für einfache Auswahlaufgaben können Sie alternativ auch CHOOSE einsetzen. Die Funktion hat folgende Syntax:

```
Choose(Index, Auswahl1, Auswahl2, ..., Auswahln)
```

Das Argument INDEX bestimmt, welches der folgenden Argumente zurückgegeben wird. Hat INDEX den Wert 1, wird das Argument AUSWAHL1 zurückgegeben, hat es den Wert 2, retourniert CHOOSE das Argument AUSWAHL2 usw. Das folgende Beispiel bildet schon die Basis für ein Programm zur automatischen Generierung von Texten, also eine Art Prosa-Maschine:

```
Sub Auswahl_mit_Choose()
   Text = "Programmieren "
   Index = 3 * Rnd() + 1
   P1 = "ist blöd."
   P2 = "macht Spaß."
   P3 = "ist langweilig."
   MsgBox Text & Choose(Index, P1, P2, P3)
End Sub
```

Den Indexwert ermitteln wir hier als Zufallszahl mit der Funktion RND. Da die Funktion nur Werte zwischen 0 und 1 erzeugt, müssen wir erst noch mit einer kleinen Formel dafür sorgen, daß daraus Werte zwischen 1 und 3 werden. Das Argument INDEX erfordert nicht unbedingt ganzzahlige Werte, weil es bei Dezimalwerten automatisch nur den ganzzahligen Anteil verwendet.

Schleifen

Schleifen dienen der wiederholten Ausführung von gleichartigen Anweisungen. Wichtig ist zunächst die While-Schleife, mit der wohl die meisten Schleifenkonstruktionen aufgebaut werden. Bei der While-Schleife wird jeweils am Anfang der Schleife geprüft, ob eine Bedingung zutrifft (wahr ist). Der Schleifenkörper mit den Anweisungen wird nur durchlaufen, wenn die Prüfung den logischen Wert TRUE ergibt. Die Syntax lautet:

```
While Bedingung
    Anweisungen
Wend
```

Ergibt die Prüfung der Bedingung den logischen Wert FALSE, wird das Programm nach der Wend-Anweisung fortgesetzt. Die Anweisungen im Schleifenkörper werden dann nicht ausgeführt. While-Schleifen können leicht zu Endlosschleifen werden. Das Programm läßt sich dann nur noch mit der Tastenkombination STRG+ALT+ENTF abbrechen. Sie sollten daher unbedingt darauf achten, daß innerhalb der Schleife die Möglichkeit besteht, die Bedingung am Eingang der Schleife auf den logischen Wert FALSE zu setzen. Das bedeutet: Sie müssen innerhalb der Schleife ein Abbruchkriterium definieren, das dafür sorgt, daß die Bedingung irgendwann den logischen Wert FALSE annimmt. Ein Beispiel:

```
Sub WhileTest()
    x = 1
    While x < 100
        x = x + 1
        Worksheets("Tabelle1").Range("C3").Value = x
    Wend
End Sub
```

Die Schleife im vorstehenden Excel-Makro wird solange durchlaufen, bis die Variable x den Wert 100 erreicht. Daß dieser Fall auch eintritt, dafür sorgt die Zeile 'x = x + 1'. Bei jedem Schleifendurchlauf wird so der Wert der Variablen x um 1 erhöht. Wenn Sie das Makro aus Excel heraus starten und dabei das Tabellenblatt TABELLE1 aktiv ist, können Sie das Hochzählen verfolgen. Der Wert der Variablen wird dort in Zelle C3 ausgegeben. Um das Makro in Word verwenden zu können, müssen Sie die WorkSheet-Zeile durch folgende Zeile ersetzen:

```
Selection.Characters(1).InsertBefore x
```

Sie erhalten dann aber eine sehr lange Zahlenkette, weil jeder Schleifendurchlauf den nächsten Wert hinzufügt.

Do...Loop

Sicherer als WHILE...WEND ist in der Regel eine Schleife mit DO...LOOP. Eine solche Schleife kann beispielsweise mit der Anweisung EXIT DO verlassen werden. DO...LOOP hat folgende Syntax:

```
Do [While|Until Bedingung]
    Anweisungen
[Exit Do]
    Anweisungen
Loop [While|Until Bedingung]
```

Da DO...LOOP die Bedingung sowohl zu Beginn der Schleife (DO) als auch zum Schluß (LOOP) prüfen kann, ist diese Konstruktion auch wesentlich flexibler. Allerdings müssen Sie sich für den Kopf oder den Fuß der Schleife entscheiden. Bedingungen für beide sind nicht zulässig.

Wird die Bedingung im Kopf abgefragt, kann der Eintritt in die Schleife schon vor dem ersten Durchlauf verhindert werden. Erfolgt die Prüfung der Bedingung aber erst im Fuß (LOOP), wird die Schleife, unabhängig vom Wert der Bedingung, zumindest einmal durchlaufen.

Die Klausel WHILE sorgt dafür, daß die Schleife solange wiederholt durchlaufen wird, wie die Bedingung zutrifft (TRUE). Die Klausel UNTIL verfährt umgekehrt: Die Schleife wird solange durchlaufen, wie die Bedingung nicht zutrifft, also den logischen Wert FALSE ergibt. Wird die Bedingung wahr, bricht VBA die Schleife ab und setzt die Befehlsausführung nach dem Schleifenende fort.

Schleifenabbruch erzwingen

Mit Hilfe der optionalen Anweisung EXIT DO kann trotz eines logisch wahren (WHILE) oder logisch falschen (UNTIL) Ausdrucks der Abbruch einer Schleife erzwungen werden. Das folgende Excel-Makro verwendet gleich zwei Abbruchbedingungen. Die Schleife wird automatisch beendet, wenn x den Wert 1000 erreicht oder überschreitet. Außerdem kann der Anwender die Schleife nach einer bestimmten Anzahl von Durchläufen mit EXIT DO verlassen:

```
Sub DoUntilTest()
    x = 1
    Do
        x = x + 1
        ActiveSheet.Range("C3").Value = x
```

```
        If x = 200 Or x = 500 Or x = 800 Then
            If MsgBox("Abbrechen?", vbYesNo) = vbYes Then
                Exit Do
            End If
        End If
    Loop Until x >= 1000
End Sub
```

Die Funktion des Makros können Sie am besten beurteilen, wenn Sie es aus einer Arbeitsmappe heraus starten. Da wir hier die Zugriffseigenschaft ACTIVESHEET verwendet haben, ist es unerheblich, welches Tabellenblatt gerade aktiv ist.

For...Next

FOR...NEXT ist eine Zählerschleife, die selbständig eine Variable hoch- oder runterzählt und abbricht, wenn ein bestimmter Wert erreicht ist. Solche Schleifen definieren die Bedingung im Schleifenkopf. Der Zähler muß also nicht innerhalb des Schleifenkörpers mit separaten Anweisungen realisiert werden. Die Syntax lautet:

```
For Zähler = Startwert To Endwert [Step Schrittweite]
        [Anweisungsblock]
        [Exit For]
        [Anweisungsblock]
Next [Zähler]
```

Zähler ist in diesem Fall eine Variable vom numerischen Typ. STARTWERT, ENDWERT und SCHRITTWEITE sind numerische Ausdrücke, können also Werte, Konstanten, Variablen etc. enthalten. Der Startwert weist der Variablen ZÄHLER den Anfangswert zu. Der Ausdruck ENDWERT bestimmt den Wert, bei dessen Erreichen die Schleife beendet wird. Ohne die Klausel STEP mit dem zugehörigen Ausdruck SCHRITTWEITE wird der Wert der Variablen ZÄHLER bei jedem Durchlauf um 1 erhöht. Mit dem Ausdruck SCHRITTWEITE können Sie diesen Wert selbst einstellen. Dabei sind auch negative Werte möglich. In diesem Fall wird heruntergezählt. Der Startwert muß dann größer als der Endwert sein.

Das folgende Excel-Makro variiert die schon zuvor gezeigte Do...Until-Schleife.

```
Sub ForNextTest()
    For x = 1 To 1000 Step 1
        ActiveSheet.Range("C3").Value = x
        If x = 200 Or x = 500 Or x = 800 Then
            If MsgBox("Abbrechen?", vbYesNo) = vbYes Then
```

```
            Exit For
         End If
      End If
   Next
End Sub
```

Die Schleife wird durchlaufen, bis die Variable x den im Schleifenkopf definierten Wert 1000 erreicht. Die If-Konstruktion sorgt wieder dafür, daß der Anwender die Schleife vorzeitig abbrechen kann.

Für Zählerschleifen würden wir Ihnen immer die Verwendung der For...Next-Schleife empfehlen. Ihr Vorteil gegenüber einer Do While/Do...Until-Konstruktion besteht darin, daß das Abbruchkriterium vollständig im Schleifenkopf erscheint und nicht irgendwo im Schleifenkörper versteckt ist. Außerdem ist FOR...NEXT in der Regel schneller.

FOR...NEXT für Auflistungen und Datenfelder

Auflistungen sind Objekte, die andere, gleichartige Objekte enthalten. Die einzelnen Objekte einer Auflistung lassen sich über fortlaufende Indizes ansprechen. Sie eignen sich damit hervorragend für die Bearbeitung in For-Schleifen. Das gilt auch für Datenfelder (ARRAYS), deren Elemente ebenfalls über einen Index angesprochen werden.

Das folgende Beispiel verwendet die Worksheets-Auflistung, die alle Tabellenblätter einer Excel-Arbeitsmappe enthält. Im Schleifenkopf muß zunächst die Zahl der Tabellenblätter ermittelt werden. Dafür ist die Worksheets-Eigenschaft COUNT zuständig. Wenn Sie genau wissen, daß die Arbeitsmappe beispielsweise vier Tabellenblätter enthält, können Sie auch direkt den Wert 4 eingeben. COUNT ist aber sicherer, weil damit garantiert ist, daß die Schleife nur so oft durchlaufen wird, wie auch Objekte in der Auflistung vorhanden sind.

```
Sub Test()
   For n = 1 To Worksheets.Count
      Worksheets(n).Name = n & ". Quartal "
      If n = 4 Then
         Exit For
      End If
   Next
End Sub
```

Das Beispiel führt eine Umbenennung der Tabellenblätter durch. Der neue Name wird aus dem Wert der Laufzeitvariablen N und der Zeichenkette „. Quartal" gebildet. Das dritte Tabellenblatt, das beim dritten Durchlauf umbenannt wird, erhält so den Namen „3. Quartal". Da wir nur vier Quartale haben, wird die Schleife nach dem vierten Durchlauf mit EXIT FOR abge-

4.6 Kontrollstrukturen

brochen. Sind weitere Tabellenblätter vorhanden, behalten diese ihre ursprünglichen Bezeichnungen.

Das folgende Beispiel, das in allen vier Office-Anwendungen lauffähig ist, verwendet ein Datenfeld (Array). Die einzelnen Werte des Feldes werden dabei um einen anteiligen Betrag erhöht. Um die Rechenanweisung nur auf Elemente anzuwenden, die numerische Werte enthalten, findet in der Schleife eine Typprüfung statt. Nur numerische Werte werden verändert.

```
Sub ForNextTest2()
   Dim Wert(10) As Variant
   Wert(1) = 200
   Wert(2) = "Text"
   Wert(3) = 400
   Wert(7) = 700
   Wert(9) = "Text"
   For n = 0 To 10
      If IsNumeric(Wert(n)) Then
         Wert(n) = Wert(n) * 1.15
      End If
   Next
   For n = 0 To 10
      MsgBox Wert(n), , "Wert " & n
   Next
End Sub
```

In der zweiten Schleife erfolgt die Ausgabe der Werte des Datenfeldes. Sie können so kontrollieren, welche Werte geändert wurden. Das Makro läßt sich etwas kürzer fassen, wenn die Anweisung aus der zweiten Schleife in die erste Schleife eingebaut wird. Die zweite Schleife haben wir hier nur verwendet, um beide Funktionen, die Wertänderung und das Auslesen der Werte, deutlich zu trennen.

For Each...Next

Eine besonders interessante Variante der For-Schleife stellt FOR EACH dar. Dieses Konstrukt ist speziell für Datenfelder (Arrays) und Auflistungsobjekte, also Objekte, die andere, gleichartige Objekte enthalten, gedacht. FOR EACH durchläuft alle Objekte des Datenfeldes oder der Auflistung, ohne daß der Programmierer sich um die Zahl der Objekte kümmern muß. Die Schleife wird automatisch nach dem letzten Element beendet. Die Syntax lautet:

```
For Each Element in Gruppe
    [Anweisungen]
[Exit For]
    [Anweisungen]
Next [Element]
```

Das Argument ELEMENT steht für eine Variable, die nur bedingt der Zählvariablen der üblichen For-Schleife entspricht. Die Variable kann vom Typ OBJECT sein oder einem der Varianttypen entsprechen. Den Typ erhält die Variable von der Auflistung oder vom Datenfeld. Mit dem Argument GRUPPE wird die Auflistung oder ein Datenfeld bezeichnet. Das folgende Excel-Beispiel verwendet die Worksheets-Auflistung.

```
Sub Test()
   n = 1
   For Each Blatt In Worksheets
      Blatt.Name = n & ". Quartal"
      n = n + 1
      If n = 5 Then
         Exit For
      End If
   Next
End Sub
```

Die Count-Eigenschaft, die wir weiter oben für ein ähnliches Beispiel mit der normalen For-Schleife benötigt haben, entfällt. Eine aussagefähige Objektvariable (hier: BLATT) erleichtert zudem die Lesbarkeit des Programms. Da das Jahr nur aus vier Quartalen besteht, wird die Schleife nach dem vierten Durchlauf mit EXIT FOR abgebrochen. Der Wert 5 ergibt sich daraus, daß zuvor noch die Zählvariable N, die wir für die Benennung der Quartale verwenden, hochgezählt wird. Sind weitere Tabellenblätter vorhanden, behalten diese ihre Bezeichnungen. Beachten Sie, daß wir die Zählvariable N nur für Operationen benötigen, die wir innerhalb der Schleife ausführen. Für die Schleife selbst ist die Zählvariable völlig überflüssig.

Das folgende Beispiel, das in allen Office-Anwendungen lauffähig ist, verwendet ein Datenfeld. Die Laufvariable haben wir mit WERT bezeichnet. Das Makro durchläuft das Datenfeld (FELD) und ändert das jeweilige Element, soweit es einen numerischen Wert enthält, durch Hinzufügen der Mehrwertsteuer.

```
Sub ForEachTest()
   Dim Feld(5) As Variant
   Feld(0) = 200
   Feld(1) = "Text"
```

```
   Feld(2) = 400
   Feld(3) = 600
   Feld(4) = "Text"
   Feld(4) = "Text"
   For Each Wert In Feld
      If IsNumeric(Wert) Then
         Wert = Wert * 1.16
      End If
      MsgBox Wert, , "Feldinhalt"
   Next
End Sub
```

FOR EACH erspart Ihnen die Mühe, sich um Indizes kümmern zu müssen. Ob das Datenfeld mit dem Index 0 beginnt oder der Index mit der Anweisung OPTION BASE auf den Wert 1 gesetzt wurde, muß Sie dann nicht mehr interessieren.

Sprunganweisungen

Sprunganweisungen sind bei professionellen Programmierern nicht sehr beliebt. Zwar erleichtern Sie Anfängern die Programmierung. Sie führen jedoch nach allgemeiner Auffassung zu einem schwer zu pflegenden und fehleranfälligen Code. Das gilt jedoch nur, wenn Sie Sprunganweisungen intensiv verwenden. Da die Objektorientierte Programmierung nur noch selten sehr lange Code-Sequenzen erfordert, ist der Einsatzbereich für Sprunganweisungen ohnehin begrenzt. Von einer gelegentlichen Verwendung dieser Sprachelemente sollten Sie sich daher nicht abhalten lassen.

GoSub...Return

Mit GOSUB springen Sie zu einer Marke, die Sie an einer beliebigen Stelle des Programmtextes einfügen können. Die Marke muß allerdings am Anfang einer Programmzeile stehen. Die Programmausführung wird dann nach der Marke solange fortgesetzt, bis VBA auf die Anweisung RETURN trifft. Die Anweisung RETURN bewirkt, daß die Programmausführung wieder zu GOSUB zurückkehrt und mit der auf GOSUB folgenden Anweisung fortgesetzt wird. Die Syntax lautet:

```
GoSub Marke
```

Eine Marke besteht aus einem beliebigen Namen und einem Doppelpunkt. Nach der Marke sollte irgendwo im Programmtext am Anfang einer Zeile ein RETURN erscheinen. Statt einer Marke können Sie auch die Zeilennummer der Anweisung verwenden, die als nächste ausgeführt werden soll. Sicherer ist jedoch die Verwendung einer Marke. Ein Beispiel für alle Office-Anwendungen:

```
Sub GosubTest()
    Dim Nettobetrag As Double
    Dim MwStSatz As Integer

    Do While True
        GoSub Eingabe
        MsgBox "Ergebnis " & Nettobetrag * (1 + MwStSatz / 100)
        If MsgBox("Noch eine Berechnung?", vbYesNo) = vbNo Then
            Exit Do
        End If
    Loop
    Exit Sub

Eingabe:
    Nettobetrag = InputBox("Bitte Nettobetrag eingeben!")
    MwStSatz = InputBox("Bitte MwStSatz eingeben!")
Return
End Sub
```

Als Marke haben wir hier die Bezeichnung EINGABE: verwendet. Der Block zwischen der Marke EINGABE: und dem RETURN wird bei jedem erneuten Durchlaufen der Do-Schleife mit GOSUB EINGABE aufgerufen. Die Schleife kann mit EXIT DO abgebrochen werden, wenn der Anwender keine Berechnungen mehr durchführen will.

Beachten Sie auch die Anweisung EXIT SUB. Damit wird das Makro, die SUB, verlassen, wenn die Schleife abgebrochen wurde. Ohne diese Anweisung würde das Makro nochmals den Eingabe/Return-Block abarbeiten. Da der Block in diesem Fall aber nicht durch ein GOSUB aufgerufen wurde, findet RETURN kein Rücksprungziel mehr. Sie erhalten dann eine Fehlermeldung angezeigt.

Hinweis: Möglicherweise wundern Sie sich darüber, daß wir für die Zeile EINGABE: keinen Einzug vorgesehen haben. Die Erklärung: Ein Marke muß immer in der ersten Spalte beginnen. Der Editor läßt Ihnen allerdings auch keine Wahl. Sobald er eine Marke erkennt, verweigert er jeden Versuch, die betreffende Zeile mit einem Einzug zu versehen.

GoTo-Anweisung

Mit GOTO springt die Programmausführung innerhalb einer SUB oder FUNCTION zu jeder beliebigen Marke. Sie müssen also wieder eine Marke, gefolgt von einem Doppelpunkt, defi-

4.6 Kontrollstrukturen

nieren. Eine Rücksprunganweisung existiert nicht. Sie können mit GOTO jedoch beliebig vor- und zurückspringen. Die Syntax hat folgende Form:

```
Goto Zeile
```

Mit ZEILE ist eine Zeilennummer oder eine Marke gemeint. Das folgende Makro ist eine Variation des zuvor gezeigten GoSub-Beispiels:

```
Sub GoToTest()
    Dim Nettobetrag As Double
    Dim MwStSatz As Integer
    Do While True
        GoTo Eingabe
Neu:
        MsgBox "Ergebnis " & Nettobetrag * (1 + MwStSatz / 100)
        If MsgBox("Noch eine Berechnung?", vbYesNo) = vbNo Then
            Exit Do
        End If
    Loop
Exit Sub

Eingabe:
    Nettobetrag = InputBox("Bitte Nettobetrag eingeben!")
    MwStSatz = InputBox("Bitte MwStSatz eingeben!")
GoTo Neu
End Sub
```

Wir haben also lediglich eine zweite Marke (NEU:) hinzugefügt und den Return-Befehl durch eine Sprunganweisung ersetzt.

On...Gosub/On...GoTo

Mit diesen Konstruktionen können Sie eine Liste von Sprungzielen definieren, die in Abhängigkeit vom Wert einer Variablen angesprungen werden. Die Syntax lautet:

```
On Ausdruck GoSub Zielliste
On Ausdruck GoTo Zielliste
```

Mit dem Argument AUSDRUCK ist ein Ausdruck gemeint, der einen Wert zwischen 0 und 255 zurückgibt. Der Wert bestimmt, welches Element aus der Zielliste angesprungen wird. Die Zielliste kann aus Zeilennummern und Marken bestehen, wobei die Elemente durch Kommata zu trennen sind. Der Ausdruckswert 0 bedeutet, daß die Programmausführung unmittelbar nach der Sprunganweisung fortgesetzt wird. Es findet also kein Sprung statt. Ein Wert von 5 bedeutet, daß zu der Marke oder Zeilennummer gesprungen wird, die im fünften Element der Zielliste angegeben wurde. Wenn der Ausdruck einen Dezimalwert liefert, wird dieser aufgerundet. Die Anweisung ON...GOSUB kann wieder mit einem RETURN kombiniert werden. Ein Beispiel (mit ON...GOTO):

```
Sub On_GoToTest()
   Dim Wahl As Integer
   Wahl = InputBox("Bitte den MwStSatz eingeben!", , 0)
   On Wahl GoTo X,X,X,X,X,X, Satz7, X,X,X,X,X,X,X,X, Satz16
X:
   MsgBox "Unzulässiger MwStSatz!"
Exit Sub

Satz7:
   MsgBox "Der MwStSatz beträgt 7%!"
Exit Sub

Satz16:
   MsgBox "Der MwStSatz beträgt 16%!"
End Sub
```

Die erste Marke (X:) wird immer angesprungen, wenn ein unzulässiger Wert kleiner als 16 eingegeben wurde. Bei Werten, die größer als 16 sind, wird ebenfalls mit dieser Zeile fortgefahren, weil kein passendes Sprungziel definiert ist. Bei Werten über 255 erhalten Sie eine Fehlermeldung angezeigt.

Hinweis: Komplexe Auswertungen wie die im vorstehenden Makro gezeigten können Sie in der Regel besser mit einer Select...Case-Struktur realisieren. Die Sprungbefehle ON...GOSUB und ON...GOTO sollten Sie daher nur noch in begründeten Ausnahmefällen verwenden.

4.7 Die With-Anweisung

Die With-Anweisung, die der Objektmanipulation dient, hat eine gewisse Ähnlichkeit mit einer Schleife, auch wenn die darin enthaltenen Anweisungen nur einmal durchlaufen werden. Sie ermöglicht eine Verkürzung des Programm-Codes bei der mehrfachen Manipulation eines Objekts. Das Objekt muß bei wiederholten Zuweisungen nur einmal benannt werden. Die Syntax lautet:

4.7 Die With-Anweisung

```
With Objekt
    [Anweisungen]
End With
```

Die Syntax läßt leider nicht erkennen, wie die Anweisung korrekt umzusetzen ist. Die folgenden Zeilen, die eine Excel-Umgebung erwarten, zeigen daher zunächst eine Variante ohne With-Anweisung:

```
ActiveCell.Borders.LineStyle = xlDouble
ActiveCell.Borders.ColorIndex = 3
```

Die beiden Programmzeilen würden die aktive Zelle mit einer doppelten Umrandung (XLDOUBLE) in roter Farbe (COLORINDEX = 3) ausstatten. Für die Umsetzung in eine With-Anweisung gibt es nun zwei Möglichkeiten:

```
With ActiveCell
    .Borders.LineStyle = xlDouble
    .Borders.ColorIndex = 3
End With
```

In diesem Beispiel wird das von der Zugriffseigenschaft ACTIVECELL zurückgegebene Range-Objekt (die gerade aktive Zelle) manipuliert. Da beide Anweisungen sich auf die Umrandung der aktiven Zelle (ein Border-Objekt) beziehen, könnten wir auch folgende Zeilen verwenden:

```
With ActiveCell.Borders
    .LineStyle = xlDouble
    .ColorIndex = 3
End With
```

In beiden Fällen sollten Sie auf den Punkt vor den Anweisungen innerhalb der With-Struktur achten. Die With-Anweisung kann ihre Vorteile erst dann richtig ausspielen, wenn das gleiche Objekt mehrfach manipuliert wird. Im obigen Beispiel nehmen wir lediglich zwei Änderungen vor. Hier dürfte der Zeitgewinn gering bleiben. Auch die Lesbarkeit hat sich kaum verbessert. Es sollten also schon mehr als zwei Objektänderungen erforderlich sein, bevor Sie die With-Anweisung bemühen. Für das folgende Word-Beispiel, das einen Absatz (ein Paragraph-Objekt) bearbeitet, haben wir immerhin drei Anweisungen vorgesehen:

```
With ActiveDocument.Paragraphs(2)
    .Alignment = wdAlignParagraphCenter
    .Borders.OutsideLineStyle = wdLineStyleDouble
    .Borders.OutsideColor = wdColorBlueGray
End With
```

Das Beispiel zentriert im gerade aktiven Dokument den Text des zweiten Absatzes und erzeugt dann für diesen Absatz eine doppelte Umrandung. Im Word-Kapitel (Kapitel 6) werden wir das Paragraph-Objekt ausführlich vorstellen.

Verschachtelte WITH-Anweisungen

Mit WITH lassen sich sehr komplexe Strukturen aufbauen, welche die hierarchische Objektstruktur widerspiegeln. Das folgende Excel-Beispiel zeigt zunächst eine noch undifferenzierte With-Struktur:

```
With ActiveCell
    .Borders.LineStyle = xlDouble
    .Borders.ColorIndex = 3
    .Font.ColorIndex = 3
    .Font.Bold = True
End With
```

Innerhalb der vorstehenden Struktur können wir noch weitere Objekte unterscheiden. So liefert BORDERS beispielsweise ein Border- und FONT ein Font-Objekt. Die Struktur läßt sich daher wie folgt umbauen:

```
With ActiveCell
    With .Borders
        .LineStyle = xlDouble
        .ColorIndex = 3
    End With
    With .Font
        .ColorIndex = 3
        .Bold = True
    End With
End With
```

Die Punktschreibweise muß also auch für die Objekte in den inneren With-Anweisungen beibehalten werden (WITH .BORDERS).

Andere Sprachelemente in With-Strukturen

Innerhalb einer With-Struktur können auch Anweisungen stehen, die sich nicht auf das Objekt in der With-Zeile beziehen. Besonders geeignet sind hier Schleifen, mit denen sich beispielsweise eine Auflistung durchlaufen läßt. Auch können With-Strukturen natürlich mit Objektvariablen verwendet werden.

4.8 Datentypen und Typkonvertierung

Datentypen bestimmen, welche Operationen sich mit Daten ausführen lassen. Die fehlerhafte oder unterlassene Konvertierung von Daten bzw. Datentypen zählt bei Laufzeitfehlern zu den häufigsten Fehlerursachen. Zu den Standardaufgaben eines Programmierers gehören daher die Ermittlung und die Konvertierung von Datentypen.

Datentypen

In VBA unterscheiden wir grundsätzlich die folgenden Datentypen:

Byte	Single	Date
Boolean	Decimal	Object
Integer	Double	String
Long	Currency	

Dabei handelt es sich überwiegend um konstruierte Typen, die sich auf wenige Basistypen reduzieren lassen. Die Typen INTEGER, LONG, SINGLE, DOUBLE und CURRENCY lassen sich unter dem numerischen Datentyp zusammenfassen. Lediglich der Typ STRING ist davon deutlich zu unterscheiden. Die meisten Funktionen, die wir später noch kennenlernen werden, unterscheiden überwiegend nur zwischen numerischen Daten und Zeichenfolgen (STRING). Eine Sonderstellung kommt dem Typ VARIANT zu, der verschiedene Datentypen vertreten kann.

Auch der logische Typ (BOOLEAN), der nur zwei Zustände (Werte) annimmt, kann in VBA als numerischer Typ interpretiert werden. Die beiden möglichen Werte TRUE und FALSE werden hier durch die numerischen Werte -1 (TRUE) und 0 (FALSE) repräsentiert. Genaugenommen interpretiert VBA sogar jeden Wert ungleich 0 als TRUE.

Der Datentyp VARIANT

Der vielseitigste Datentyp ist sicher der Typ VARIANT. Er kann praktisch alle anderen Datentypen vertreten. Der Typ VARIANT ist außerdem in der Lage, in einem gewissen Umfang ohne den Einsatz von Funktionen Daten zu konvertieren. Er kann zudem Werte wie EMPTY, ERROR, NOTHING und NULL annehmen. Eine nicht explizit mit Typangabe deklarierte Variable erhält automatisch den Typ VARIANT zugewiesen.

Den Datentyp ermitteln

Bei der Verwendung von Variablen ist es oft wichtig zu wissen, von welchem Typ eine Variable oder ein Ausdruck ist. Mit der Funktion VARTYPE kann der Typ ermittelt werden. VARTYPE gibt in Abhängigkeit vom Datentyp die folgenden (numerischen) Werte zurück. Die aufgelisteten VBA-Konstanten können in Vergleichen, beispielsweise in If-Strukturen, anstelle der Rückgabewerte verwendet werden.

Rückgabewert	Datentyp	Konstante
0	Empty	vbEmpty
1	Null	vbNull
2	Integer	vbInteger
3	Long	vbLong
4	Single	vbSingle
5	Double	vbDouble
6	Currency	vbCurrency
7	Date	vbDate
8	String	vbString
9	Object	vbObject
10	Error	vbError
11	Boolean	vbBoolean

VARTYPE ermittelt nicht nur den Typ von Variablen, sondern auch den von kompletten Ausdrücken. Solche Ausdrücke dürfen auch Excel-Zellenbezüge enthalten. Mit Word-Tabellen funktioniert das aber nicht. Hier meldet VARTYPE immer den Typ 8 (STRING), auch wenn eine Zelle einen numerischen Wert enthält. Das folgende Beispiel funktioniert in Word und Excel:

```
Sub VarTypeTest()
    Dim Var1 As String
    Dim Var2 As Long
    Dim Var3 As Object
    Dim Var4 As Range
    Dim Var5 As Variant

    MsgBox VarType(Var1), , "Type Var1 (String)"
    MsgBox VarType(Var2), , "Type Var2 (Long)"
    MsgBox VarType(Var3), , "Type Var3 (Object)"
    MsgBox VarType(Var4), , "Type Var4 (Object, Range)"
```

4.8 Datentypen und Typkonvertierung

```
    MsgBox VarType(Var5), , "Type Var5 (Variant/Empty)"
    Var5 = 123
    MsgBox VarType(Var5), , "Type Var5 (Variant/Integer)"
End Sub
```

Auch ohne explizite Initialisierung werden die korrekten Typen zurückgegeben. Lediglich beim Typ VARIANT richtet sich der ausgegebene Typ nach dem jeweils zugewiesenen Wert. Vor der Wertzuweisung hat eine Variant-Variable den Typ EMPTY. In unserem Beispiel erhält die Variant-Variable (VAR5) den Wert 123 zugewiesen. Die Prüfung ergibt dann den Typ 2 (INTEGER).

Typprüfung mit Zelleninhalten

Die Funktion VARTYPE kann auch auf Excel-Zelleninhalte angewendet werden. Bei numerischen Werten erfolgt jedoch keine Differenzierung zwischen INTEGER, LONG, DOUBLE usw. Alle numerischen Werte sind zunächst Double-Werte. Lediglich der Typ CURRENCY wird noch unterschieden. Die anderen Typen (STRING, DATE, BOOLEAN) differenziert VBA ebenfalls. Leere Zellen werden als EMPTY gemeldet. Ein Beispiel:

```
Sub VarTypeTest2()
    Dim Zelle As Range
    Set Zelle = ActiveSheet.Range("A1")
    MsgBox VarType(Zelle), , "Type des Eintrags in Zelle A1"
End Sub
```

Das Beispiel sollten Sie aus Excel heraus starten. Sie können dann zwischen einzelnen Aufrufen den Eintrag in der hier verwendeten Zelle A1 ändern.

TYPENAME – den Typnamen ausgeben

Der Datentyp läßt sich auch mit seinem Namen identifizieren. Dazu verwenden Sie die Funktion TYPENAME. Sie erhalten dann die in der weiter oben dargestellten Tabelle aufgelisteten Datentypen angezeigt. Da sich die Klartextdarstellung natürlich besser lesen läßt, ist die Funktion TYPENAME oft sogar der Funktion VARTYPE vorzuziehen. Ein Beispiel:

```
Var1 = Date
MsgBox TypeName(Var1)
```

In einer If-Struktur können Sie dann eine leicht verständliche Konstruktion wie die folgende verwenden:

```
If TypeName(Var1) = "Date" Then ...
```

Die Typnamen sind beim Vergleich als Strings, also in Anführungszeichen, zu übergeben.

Die Typen NULL und EMPTY

Der Typ VARIANT kann auch zwei spezielle Datentypen enthalten, die sich nicht auf numerische Daten oder Zeichenfolgen zurückführen lassen. Der Typ EMPTY steht dabei für eine Variable, die noch nicht initialisiert wurde. Der Typ NULL tritt auf, wenn eine Variable keine gültigen Daten enthält. Dies kann beispielsweise bedeuten, daß die Daten nicht im Sinne einer der üblichen Typen interpretiert werden können. Auf die Datentypen NULL und EMPTY prüfen Sie mit den Funktionen IsNULL und IsEMPTY. Für die Prüfung auf den Typ EMPTY sind dann die folgenden Zeilen zulässig:

```
MsgBox TypeName(Var1) = "Empty"

MsgBox IsEmpty(Var1)
```

Die Prüfung kann natürlich auch mit der oben vorgestellten Funktion VARTYPE erfolgen. Sie müssen dann auf den Funktionswert 0 prüfen.

Datentypen konvertieren

Das Ziel der Konvertierung ist in der Regel eine Art „Normalisierung" der Daten, um Ausgabeoperationen zu vereinfachen. Als Standardtyp erweist sich dabei die Zeichenkette (Typ STRING), in die praktisch alle anderen Datentypen überführt werden können. Wie die folgende Übersicht zeigt, enthält VBA zu diesem Zweck eine umfangreiche Sammlung von Konvertierungsfunktionen:

CBool	Umwandlung eines Ausdrucks in einen Wahrheitswert
CCur	Umwandlung eines Ausdrucks in den Typ CURRENCY
CDate	Umwandlung eines Ausdrucks in den Typ DATE
CDbl	Umwandlung eines Ausdrucks in den Typ DOUBLE
CInt	Umwandlung eines Ausdrucks in den Typ INTEGER
CLng	Umwandlung eines Ausdrucks in den Typ LONG
CSng	Umwandlung eines Ausdrucks in den Typ SINGLE
CStr	Umwandlung eines Ausdrucks in den Typ STRING
CVar	Umwandlung eines Ausdrucks in den Typ VARIANT
Str	Umwandlung eines Ausdrucks in einen STRING
Val	Umwandlung einer Zeichenfolge in einen numerischen Wert

Numerische Werte in den Typ STRING konvertieren

Numerische Werte müssen sehr häufig in Zeichenfolgen konvertiert werden. Das kann explizit mit der Funktion STR erfolgen. STR verwandelt jeden numerischen Wert, auch einen Dezimalbruch, in eine Zeichenfolge. Die Funktion gibt einen Wert vom Typ VARIANT zurück. Ist der Ausdruck positiv, beginnt die zurückgegebene Zeichenfolge mit einem Leerzeichen. Bei negativen Ausdrücken wird das Minuszeichen ausgegeben.

Die Funktion CSTR

Die Funktion STR benötigt einen numerischen Ausdruck. Die Funktion CSTR kann hingegen jeden gültigen Ausdruck verarbeiten. Sie erzeugt aber immer den Typ STRING. Im Gegensatz zur Str-Funktion produziert sie bei positiven Ausdrücken kein führendes Leerzeichen. Das folgende Beispiel demonstriert den Unterschied:

```
Sub Str_CStr_Test()
   Dim Var1 As Double
   Var1 = 123.34
   MsgBox "Wert =" & Str(Var1)
   MsgBox "Wert =" & CStr(Var1)
End Sub
```

CSTR erzeugt eine Fehlermeldung, wenn Ausdrücke vom Typ 1 (NULL) verwendet werden. Es kann daher sinnvoll sein, den Typ eines Ausdrucks vor der Konvertierung festzustellen. Ein Beispiel:

```
Sub CStr_Test()
   Dim Var1 As Variant
   Var1 = Null
   If VarType(Var1) = vbNull Then
      MsgBox "Wert nicht konvertierbar!"
   Else
      MsgBox "Wert =" & CStr(Var1)
   End If
End Sub
```

Beachten Sie, daß für einfache Verkettungen eine explizite Umwandlung in den Typ STRING (oder VARIANT) nicht erforderlich ist. Mit dem Verkettungsoperator '&' lassen sich numerische Werte und Strings ohne vorherige Umwandlung verknüpfen. Auch viele Objekteigenschaften (NAME, CAPTION etc.), die eigentlich eine Zeichenkette erwarten, akzeptieren numerische Werte ohne vorherige Konvertierung.

Zeichenausdrücke in numerische Werte konvertieren

STR und CSTR kennen ein Gegenstück, die Funktion VAL, die Zeichenausdrücke, sofern sie Ziffern enthalten, in numerische Werte konvertiert. Im Argument der Funktion dürfen auch Buchstaben vorkommen. Die Funktion filtert dann die Ziffern heraus. Die Ziffern müssen allerdings am Anfang stehen. Ziffern in einem Text oder am Ende des Textes werden nicht gefunden. Ein Beispiel:

```
Sub Val_Test()
    Dim Var1 As String
    Dim Var2 As String
    Dim Var3 As String
    Var1 = "250 Schafe"
    Var2 = "380 Pferde"
    Var3 = "220 Kühe"
    MsgBox Val(Var1) + Val(Var2) + Val(Var3) & " Tiere"
End Sub
```

Findet die Val-Funktion keine Ziffern, wird der Wert 0 zurückgegeben. VAL können Sie beispielsweise einsetzen, um numerische Werte aus Tabellen in Word-Dokumenten zu verrechnen. Die folgenden Zeilen führen zu keinem sinnvollen Ergebnis, auch wenn die betreffenden Zellen tatsächlich numerische Werte enthalten:

```
x1 = ActiveDocument.Tables(1).Cell(1, 1).Range.Text
x2 = ActiveDocument.Tables(1).Cell(2, 2).Range.Text
MsgBox x1 + x2
```

Die letzte Zeile erzeugt lediglich eine Zeichenverkettung. Erst wenn Sie die MsgBox-Zeile wie folgt erweitern, werden zumindest ganzzahlige Werte korrekt addiert:

```
MsgBox Val(x1) + Val(x2)
```

Für Dezimalwerte müssen Sie allerdings die CleanString-Funktion und die Funktion CSNG kombinieren:

```
MsgBox CSng(CleanString(x1)) + CSng(CleanString(x2))
```

Den Datumstyp konvertieren

Für das Datum ist zunächst die Funktionen CDATE zuständig. CDATE verwandelt einen Zeichenfolgeausdruck oder einen numerischen Ausdruck in einen Datumswert. Die Syntax lautet:

```
CDate(Zeichenfolgeausdruck | Numerischer Ausdruck)
```

4.8 Datentypen und Typkonvertierung

Das folgende Makro erzeugt Datumswerte (Typ 7), die Sie auch in Berechnungen verwenden können:

```
Sub CDate_Test()
    Dim Var1 As String
    Dim Var2 As String
    Dim Var3 As String
    Dim Var4 As Long

    Var1 = "10.04.99"
    Var2 = "10/4/99"
    Var3 = "10. April 1999"
    Var4 = 36260

    MsgBox CDate(Var1), , Var1
    MsgBox CDate(Var2), , Var2
    MsgBox CDate(Var3), , Var3
    MsgBox CDate(Var4), , Var4
End Sub
```

Um etwa eine Tagesdifferenz zum aktuellen Systemdatum zu errechnen, subtrahieren Sie einfach das Systemdatum:

```
Sub CDate_Test2()
    Dim Var1 As String
    Var1 = "10.04.99"
    MsgBox CDate(Var1) - Date
End Sub
```

Die Ermittlung des auf Ihrem Rechner eingestellten Datums (des Systemdatums) erfolgt mit Hilfe der Funktion DATE.

Für die Konvertierung in einen String stehen Ihnen die Funktionen FORMAT und CSTR zur Verfügung. Hier beschränken wir uns auf CSTR. Die Umwandlung ist aber in der Regel nicht erforderlich. Die folgenden Zeilen sind deshalb vom Ergebnis her gleichwertig:

```
MsgBox "Heute ist der " & CStr(Date)
MsgBox "Heute ist der " & Date
```

Wichtig bleibt die Konvertierung einer Zeichenfolge in einen Datumswert (Typ 7). Die Umwandlung eines Strings in ein Datum ist immer dann erforderlich, wenn ein Datumsvergleich oder eine Berechnung mit Datumswerten erfolgen soll. Die Zuweisung des Typs DATUM an eine Variable vom Type VARIANT kann nur durch Zuweisung eines bestehenden Datums, etwa des Tagesdatums mit der Funktion DATE, oder durch Konvertierung eines zulässigen Strings bzw. eines numerischen Ausdrucks erfolgen. Ein Beispiel:

```
Sub Datum_zuweisen()
  Dim Var1 As Variant
  Dim Var2 As Variant
  Dim Var3 As Variant
  Dim Var4 As Variant
  Var1 = Date
  Var2 = CDate("10.4.99")
  Var3 = CDate(36260)
  Var4 = Worksheets("Tabelle1").Range("C3").Value
  MsgBox "Typ: " & VarType(Var1) & Chr(13) & "Wert: " & Var1,,1
  MsgBox "Typ: " & VarType(Var2) & Chr(13) & "Wert: " & Var2,,2
  MsgBox "Typ: " & VarType(Var3) & Chr(13) & "Wert: " & Var3,,3
  MsgBox "Typ: " & VarType(Var4) & Chr(13) & "Wert: " & Var4,,4
End Sub
```

Alle Zuweisungen des vorstehenden Beispiels sind zulässige Wertzuweisungen. Für die Variable VAR4 gilt dies aber nur, wenn die betreffende Excel-Zelle (hier: C3) einen gültigen Datumswert enthält. Wenn Sie die Zeilen für die Variable VAR4 herausnehmen, ist das Beispiel auch unter Word funktionsfähig.

Abb. 4.8: Die Ausgabe des Makros DATUM_ZUWEISEN

Die Argumente der MsgBox-Zeilen sind eventuell etwas verwirrend. Abbildung 4.8 zeigt, wie MSGBOX die Argumente umsetzt. Den Zeilenumbruch zwischen der Typ- und der Wertangabe haben wir mit dem Ausdruck CHR(13) bewirkt.

Datumsvariablen mit Date deklarieren

Variablen, die gleich mit dem Typ DATE deklariert wurden, benötigen keine explizite Umwandlung mit CDATE. Sie sind automatisch vom Type DATE. Die folgenden Zeilen produzieren daher zulässige Datumsausdrücke:

4.8 Datentypen und Typkonvertierung

```
Dim Var1 As Date
Dim Var2 As Date
Dim Var3 As Date
Dim Var4 As Date
Var1 = Date
Var2 = "10.4.99"
Var3 = "10. April 1999"
Var4 = 36260
```

Zeichenketten werden von einer mit DATE deklarierten Variablen akzeptiert, wenn sie sich als Datumswerte interpretieren lassen. Auch numerische Werte erfordern in diesem Fall keine Konvertierung. Das gilt selbst für Dezimalzahlen.

Datumswerte prüfen

Die Umwandlung einer Zeichenfolge in ein Datum oder die unmittelbare Verwendung einer Zeichenfolge als Datum setzt voraus, daß der Ausdruck als Datum interpretiert werden kann. Um die Verwendung sicherzustellen, können Sie eine Zeichenfolge mit der Funktion ISDATE testen:

```
Sub Datum_zuweisen3()
   Dim Var1 As Variant
   Dim Var2 As Variant
   Var1 = "10. December 1999"
   Var2 = "10. Dezember 1999"
   If IsDate(Var1) Then
      MsgBox Var1 & " ist ein zulässiger Datumsausdruck!"
   Else
      MsgBox Var1 & " ist kein zulässiger Datumsausdruck!"
   End If
   If IsDate(Var2) Then
      MsgBox Var2 & " ist ein zulässiger Datumsausdruck!"
   Else
      MsgBox Var2 & " ist kein zulässiger Datumsausdruck!"
   End If
End Sub
```

Die Prüfung mit ISDATE besagt jedoch nur, daß die Zeichenfolge als Datum interpretiert werden kann. Sie müssen oft noch prüfen, ob es sich um ein zulässiges Datum handelt.

Weitere Datumsfunktionen

Da das Datum für Office-Anwendungen ein wichtiger Datentyp ist, stellt VBA eine Reihe weiterer Funktionen für die Manipulation und Konvertierung zur Verfügung. Die Interessantesten wollen wir nachfolgend kurz vorstellen:

DAY/WEEKDAY

Die Funktion DAY ermittelt für einen als Datum interpretierbaren Ausdruck den Tag des Monats als numerischen Wert:

```
MsgBox Day(Date)
MsgBox Day("10.4.97")
MsgBox Day("10. April 97")
MsgBox Day(35530)
```

DAY akzeptiert die Typen DATE und STRING sowie numerische Werte.

WEEKDAY ermittelt für einen als Datum interpretierbaren Ausdruck den Wochentag als numerischen Wert. VBA betrachtet dabei den Sonntag als ersten Tag der Woche. Sie können jedoch per Argument einen anderen Tag wählen. Die Syntax lautet:

```
WeekDay(Datumsausdruck [erster Wochentag])
```

Mit dem Argument ERSTER WOCHENTAG bestimmen Sie den Tag, den Sie zum ersten Tag der Woche erklären wollen. Der Wert 1 steht für Sonntag, der Wert 2 für Montag usw. Voreingestellt ist der Wert 1 (Sonntag). Ein Beispiel:

```
'Sonntag als erster Wochentag
MsgBox WeekDay(Date)
MsgBox WeekDay("10.4.99")
'Montag als erster Wochentag
MsgBox WeekDay("10. April 99", vbMonday)
MsgBox WeekDay(36260, vbMonday)
```

Statt der numerischen Werte können Sie die integrierten Konstanten verwenden, die der Editor Ihnen über eine Auswahlliste anbietet.

MONTH/YEAR

MONTH ermittelt für einen als Datum interpretierbaren Ausdruck den Monat als numerischen Wert, wobei unter anderem wieder Zeichenfolgen und Datumsausdrücke als Argument zulässig sind.

4.8 Datentypen und Typkonvertierung

```
MsgBox Month(Date)
MsgBox Month("10.4.99")
MsgBox Month("10.4.")
MsgBox Month("10. April 99")
MsgBox Month(36260)
```

Die Funktion YEAR ermittelt das Jahr eines Datums als numerischen Wert. Wie die folgenden Beispiele zeigen, kann es dabei zu unterschiedlichen Ergebnissen kommen:

```
MsgBox Year(Date)
MsgBox Year("10.4.")         'Ergebnis: 1900 (auch im Jahr 2000)
MsgBox Year("10. April")     'Ergebnis: 1999 (in 1999)
MsgBox Year(36260)
```

Wir haben in der zweiten und dritten Zeile eine verkürzte Schreibweise ohne Jahresangabe gewählt. Dennoch liefert YEAR einen Wert. Trotz gleichen Rumpfdatums unterscheiden sich die Werte jedoch. Sie sollten daher immer auch die Jahreszahl mit angeben. Da der Jahrtausendwechsel weitere Datierungsprobleme erwarten läßt, sind unbedingt vierstellige Jahreszahlen zu empfehlen.

Mit Datumswerten rechnen

Datumsarithmetik werden Sie bei geschäftlichen Anwendungen sehr häufig benötigen. Für diesen Zweck eignen sich besonders die folgenden zwei Funktionen:

DateAdd	addiert auf einen Datumswert ein bestimmtes Zeitintervall und gibt das Ergebnis aus.
DateDiff	bildet die Differenz zwischen zwei Datumswerten und gibt diese aus.

Die Funktion DATEADD erfordert drei Argumente:

Interval	bezeichnet den Typ des Intervalls. Möglich sind Jahr (yyyy), Quartal (q), Monat (m), Tag des Jahres (y), Woche (ww) und andere.
Number	bezeichnet die Anzahl der Intervalle. Wenn Sie hier die Zahl 3 eingeben und das Argument INTERVAL den Wert „m" erhalten hat, werden auf das Datum drei Monate addiert. Sie können auch negative Zahlen verwenden, der Wert wird dann subtrahiert.
Date	steht für das Ausgangsdatum, auf den das Intervall addiert oder von dem es subtrahiert wird.

In der folgenden Anweisung werden auf das aktuelle Datum (das Systemdatum Ihres Rechners) drei Jahre addiert:

```
MsgBox DateAdd("yyyy", 3, Date)
```

Die Funktion DATEDIFF verwendet ebenfalls das Interval-Argument. Sie benötigt jedoch zwei Datumswerte. Die Syntax lautet:

```
DateDiff(Interval,Date1,Date1 [,FirstDayOfWeek][,FirstWeekOfYear]
```

Das Argument INTERVAL ist identisch mit dem gleichnamigen Argument der DataAdd-Funktion, nur bestimmt es hier den Typ des Rückgabewertes. Wenn Sie das Argument auf den Wert „m" setzen, erhalten Sie als Ergebnis Monate zurück. DATE1 und DATE2 stehen für die Datumswerte, deren Differenz die Funktion ermitteln soll. Die optionalen Argumente FIRSTDAYOFWEEK und FIRSTWEEKOFYEAR bestimmen, welcher Tag als erster Tag der Woche und welche Woche als erste Woche des Jahres anzusetzen sind. Das folgende Beispiel berechnet die Differenz zwischen dem aktuellen Datum und einem vorbestimmten Datumswert und gibt diese in Quartalen aus:

```
MsgBox DateDiff("q", Date, "12.12.99")
```

Beachten Sie, daß volle Jahre, volle Quartale oder volle Monate ausgegeben werden, keine Dezimalwerte.

Zeitfunktionen

Neben dem Datum ist gelegentlich auch noch die Zeit erforderlich. VBA enthält dafür Funktionen, die den Datumsfunktionen vergleichbar sind. Sie können Stunden, Minuten und Sekunden aus einem Zeitausdruck entnehmen. Analog zur Funktion DATE kann die Funktion TIME die Systemzeit ermitteln:

```
MsgBox "Es ist " & Time & " Uhr!"
```

Die Konvertierung in einen STRING ist nicht erforderlich. Um lediglich die Stunde anzuzeigen, verwenden Sie die Funktion HOUR. Als Argumenttyp kann neben dem Typ DATUM/ZEIT auch der Typ STRING dienen. Das Argument muß sich jedoch als Zeitausdruck interpretieren lassen:

```
MsgBox Hour(Time)
MsgBox Hour("10:34")
MsgBox Hour("10:34:55")
MsgBox Hour(Now)
```

Im letzten Beispiel verwenden wir die Funktion NOW, die nicht nur die Systemzeit, sondern auch das Systemdatum zurückgibt. NOW kann daher auch die Funktionen DATE und TIME ersetzen.

Die Funktionen MINUTE und SECOND geben Minuten und Sekunden eines Zeitausdrucks oder einer entsprechenden Zeichenfolge wieder:

```
MsgBox Minute(Time)
MsgBox Minute("10:34")
MsgBox Second("10:34:55")
MsgBox Second(Now)
```

Auch Zeichenfolgen, die für Zeitausdrücke verwendet werden sollen, werden sinnvollerweise zuvor geprüft. VBA stellt dafür keine spezielle Funktion bereit. Sie können jedoch auch für Zeitausdrücke die schon bekannte Funktion ISDATE benutzen.

4.9 Stringmanipulationen

Unter Stringmanipulationen wollen wir alle Operationen verstehen, die Zeichenfolgen auswerten oder verändern. Da dieses Thema einen sehr großen Bereich der Programmierung abdeckt, haben wir ihm ein eigenes Unterkapitel gewidmet.

Stringvergleich

Ein Stringvergleich zielt immer auf Übereinstimmung zweier Zeichenfolgen, also auf Identität. Die Identität kann sich auf den ganzen String oder nur auf einen Teil davon beziehen. Auf volle Identität prüfen Sie durch den einfachen Vergleich, also mit Hilfe des Gleichheitszeichens:

```
MsgBox "Word" = "WORD"
```

Die beiden Zeichenfolgen sind bis auf Groß- und Kleinschreibung identisch. Daß MSGBOX keine Übereinstimmung meldet, liegt an einer Voreinstellung für Vergleiche. Im Deklarationsteil eines jeden Moduls können Sie bestimmen, wie VBA Zeichenfolgenvergleiche behandeln soll. Die folgenden Optionen lassen sich hier eingeben:

- Option Compare Text
- Option Compare Binary

Die Einstellung OPTION COMPARE TEXT bedeutet, daß bei Vergleichen Groß- und Kleinschreibung ignoriert werden (A=a). Bei der Einstellung OPTION COMPARE BINARY wird hingegen zwischen Groß- und Kleinschreibung unterschieden (A<a). Voreingestellt ist üblicherweise OPTION COMPARE BINARY.

Das folgende Makro verwendet die Einstellung OPTION COMPARE TEXT. Die Anweisung muß im Modul noch vor der ersten Prozedur erscheinen.

```
Option Compare Text
Sub Zeichenketten_vergleichen()
   Var1 = "Berlin"
   Var2 = "BERLIN"
   If Var1 = Var2 Then
      MsgBox "Die Ausdrücke sind identisch."
   Else
      MsgBox "Die Ausdrücke sind nicht identisch."
   End If
End Sub
```

Das Ergebnis des Vergleichs im vorstehenden Makro wird durch die Zeile vor dem Makro bestimmt. In diesem Fall ergibt die Prüfung, daß beide Werte identisch sind. Ohne die erste Zeile würde die Prüfung zum Ergebnis „nicht identisch" führen.

Hinweis: Um If-Strukturen vor zufälligen Ergebnissen zu schützen, sollten Sie String-Vergleiche in der Regel „normalisieren". Das erreichen Sie am einfachsten durch Umwandlung des Prüfausdrucks in Groß- oder Kleinbuchstaben. Die dafür erforderlichen Funktionen sind UCASE und LCASE. Ein Programm wird dadurch insgesamt fehlertoleranter. Natürlich gilt das nur, wenn die Unterscheidung von Groß- und Kleinschreibung nicht erforderlich ist. Auf die Funktionen UCASE und LCASE werden wir später noch eingehen.

InStr – Teilstringvergleich

Um zu prüfen, ob eine Zeichenfolge in einer anderen Zeichenfolge enthalten ist, können Sie INSTR einsetzen. Die Funktion hat folgende Syntax:

```
InStr(Start, String1, String2, Compare)
```

Geprüft wird, ob STRING2 in STRING1 enthalten ist. Mit START bestimmen Sie den Beginn des Vergleichs in STRING1. Das Argument COMPARE steht für den Vergleichstyp. Hier können Sie beispielsweise die Konstante vBTEXTCOMPARE einsetzen, um Groß- und Kleinschreibung zu ignorieren. Als Rückgabewert erhalten Sie die Position von STRING2 in STRING1. Ein Beispiel:

```
Text = "Von den Leben, die Hellen"
Muster = "Leben"
If InStr(1, Text, Muster, vbTextCompare) > 0 Then
   MsgBox "gefunden"
End If
```

Sie müssen also auf einen Wert größer als 0 prüfen. Wenn Sie unbestimmte Ausdrücke vergleichen wollen, kann es sinnvoll sein, zunächst noch auf der Datentyp NULL zu prüfen. Die Funktion gibt diesen Wert zurück, wenn STRING1 oder STRING2 oder beide keine validen Daten enthalten. Die Prüfung erfolgt mit der Funktion IsNULL:

```
temp = InStr(1, Text, Muster, vbTextCompare)
If (Not IsNull(temp)) And temp > 0 Then
...
```

Als Compare-Argument können Sie auch noch die Konstanten vBBINARYCOMPARE und vBDATABASECOMPARE einsetzen. Letztere ist aber nur in der Access-Umgebung sinnvoll.

Teilstringermittlung

Gelegentlich finden sich benötigte Informationen innerhalb einer Zeichenkette. Um diese weiterverarbeiten zu können, müssen die Informationen erst aus dem Gesamtausdruck herausgelöst werden. Für diese Aufgabe sind die Funktionen LEFT, RIGHT und MID zuständig. Die Syntax der Funktionen lautet:

```
Left(Zeichenfolgeausdruck, Länge)
Right(Zeichenfolgeausdruck, Länge)
Mid(Zeichenfolgeausdruck, Start, [Länge] )
```

ZEICHENFOLGEAUSDRUCK ist ein beliebiger Ausdruck vom Typ STRING. LÄNGE bezeichnet die Anzahl der zurückzugebenden Zeichen. LEFT beginnt mit dem ersten Zeichen von links, RIGHT mit dem ersten Zeichen von rechts und MID mit dem durch das Argument START bestimmten Zeichen. Beispiele:

```
MsgBox Left("Von den Elementen das Feuer", 3)
MsgBox Mid("Von den Elementen das Feuer", 4, 14)
MsgBox Right("Von den Elementen das Feuer", 10)
```

Besonders MID ist, wie wir noch sehen werden, sehr flexibel und kann oft LEFT und RIGHT ersetzen.

Stringverknüpfung (Verkettung)

Die einfachste Form der Stringmanipulation, die Verknüpfung, ist schon durch einfache Addition von Teilstrings mit Hilfe des Verkettungsoperators '&' zu erreichen. Es können Variablen, Konstanten und beide auch beliebig gemischt verknüpft werden. Ein Beispiel:

```
Sub Zeichenketten_verknuepfen()
    Dim Datum As Date
    Dim Ort As String
```

```
    Datum = Date
    Ort = "Münster"
    MsgBox Ort & ", den " & Datum
End Sub
```

Das Makro ist sicher trivial und das Ergebnis der MsgBox-Funktion leicht vorhersagbar. Einige Kleinigkeiten wollen dennoch beachtet werden: Gemeint sind Blanks (Leerstellen) im Ausdruck ", den ", ohne die ein schwer lesbarer Text herauskommen würde.

„Verkettung" von numerischen Werten

Wenn Sie den Verkettungsoperator auf numerische Werte anwenden, werden diese ebenfalls verkettet, nicht addiert:

```
Var1 = 123
Var2 = 456
MsgBox Var1 & Var2
```

Das vorstehende Beispiel liefert den String „123456".

Zeichenfolgeausdrücke trimmen

Strings enthalten oft unerwünschte führende oder nachfolgende Leerzeichen, die bei der Ausgabe die Positionierung erschweren. Für das Entfernen von Leerzeichen, das Trimmen, enthält VBA die folgenden Funktionen:

```
LTrim(Zeichenfolgeausdruck)
RTrim(Zeichenfolgeausdruck)
Trim(Zeichenfolgeausdruck)
```

TRIM entfernt sowohl führende als auch folgende Leerzeichen und enthebt damit den Programmierer der Notwendigkeit, bei jedem String zu überlegen, ob nun mit LTRIM alle führenden oder mit RTRIM alle nachfolgenden Leerzeichen entfernt werden sollen. Bei der Eingabe in Zellen und Textfelder lassen sich diese Funktionen nutzen, um Texteingaben von nicht benötigten Leerzeichen zu säubern. Ein Excel-Beispiel:

```
Sub Trimmen01()
    Dim Var1 As Object
    Dim Var2 As Object
    Dim Var3 As Object
    Set Var1 = Worksheets("Tabelle1").Range("C3")
    Set Var2 = Worksheets("Tabelle2").Range("C3")
```

4.9 Stringmanipulationen

```
    Set Var3 = Worksheets("Tabelle3").Range("C3")
    MsgBox Trim(Var1) & " " & Trim(Var2) & " " & Trim(Var3)
End Sub
```

Das Beispiel entnimmt Zelleneinträge aus drei verschiedenen Zellen, beispielsweise aus dem Datensatz einer Datentabelle, und fügt diese zu einem Ausdruck zusammen. Wenn der Anwender saubere Arbeit geleistet und keine unnötigen Leerzeichen eingegeben hat, ist die ganze Trimmaktion in der MsgBox-Zeile wirkungslos. Andernfalls verhindert die Trimmung unformatierten Datensalat.

Funktional notendige Trimmung bei Vergleichen

Das folgende Beispiel zeigt eine Ersetzungsfunktion für Word-Dokumente. Alle Wörter des aktiven Dokuments werden mit dem Suchbegriff verglichen und bei Übereinstimmung durch einen neuen Begriff ersetzt.

```
Sub Trimmen02()
    Suchbegriff = "Schiller"
    For Each Wort In ActiveDocument.Words
        If Trim(Wort.Text) = Suchbegriff Then
            Wort.Text = "Goethe"
        End If
    Next
End Sub
```

Hier ist die Trimmung erforderlich, weil die Wörter, die uns die Words-Auflistung liefert, auch das in der Regel noch folgende Leerzeichen enthalten. Die Vergleich

```
"Schiller" = "Schiller "
```

funktioniert aber nicht. Ohne Trimmung kommt es nur dann zur Übereinstimmung, wenn das gesuchte Wort zufällig mit einem Punkt oder Komma endet, also beispielsweise am Satzende steht.

Umwandlung in Groß- und Kleinbuchstaben

Unentbehrlich sind auch die Umwandlungsfunktionen UCASE und LCASE. Die Syntax lautet:

```
UCase(Zeichenfolgeausdruck)
LCase(Zeichenfolgeausdruck)
```

Die Funktionen verwandeln die Buchstaben beliebiger Ausdrücke, die eine Zeichenkette erzeugen, in Großbuchstaben (UCASE) oder in Kleinbuchstaben (LCASE). Die Umwandlung ist oft nicht nur aus optischen Gründen sinnvoll. Sie kann auch dazu dienen, unbestimmte Ausdrücke zum Zwecke des Vergleichs zu „normalisieren". Der folgende Vergleich liefert in der Voreinstellung den logischen Wert FALSE (FALSCH), weil schon ein einziger falsch geschriebener Buchstabe genügt, um den Vergleich scheitern zu lassen:

```
MsgBox "Müller & Co." = "Müller & CO."
```

Mit der Funktion UCASE (oder auch LCASE) wird diese Differenz ausgebügelt. Die folgende Zeile liefert daher den Wahrheitswert TRUE:

```
MsgBox UCase("Müller & Co.") = UCase("Müller & CO.")
```

Damit lassen sich Fehlfunktionen aufgrund von Schreibfehlern in den Bedingungen von If-Anweisungen und anderen Kontrollstrukturen vermeiden.

ASCII-Werte und ASCII-Zeichen ermitteln

Nachfolgend wollen wir Schritt für Schritt ein kleines Beispiel erarbeiten, das nicht nur die hier vorzustellenden Funktionen verwendet, sondern auch einen großen Teil der Funktionen, die im vorstehenden Text besprochen wurden.

Jedem Zeichen ist ein bestimmter numerischer Wert zugeordnet, den Sie mit der Funktion ASC ermitteln können. Die komplementäre Funktion CHR erzeugt aus einem Integer-Wert wieder das entsprechende ASCII-Zeichen. Aus dem Zeichen A wird durch die Zeile

```
MsgBox Asc("A")
```

der Wert 65. Einsetzen läßt sich diese Funktion z.B. in einer Funktion, die Texte, beispielsweise ein Paßwort, verschlüsselt. In Zusammenarbeit mit der Funktion CHR, die genau den umgekehrten Weg geht, läßt sich ein beliebiges Zeichen nachvollziehbar in ein anderes Zeichen transformieren. Der Befehl

```
MsgBox Chr(65)
```

produziert wieder das Zeichen A. Addieren wir vor der Rückwandlung einen bestimmten Wert (hier = 3), so erhalten wir schon die Basis für einen Verschlüsselungsalgorithmus:

```
MsgBox Chr(Asc("A") + 3)    'Ergebnis = 'D'
```

Die Rückwandlung erfolgt durch Subtraktion des Versatzwertes:

```
MsgBox Chr(Asc("D") - 3)    'Ergebnis = 'A'
```

Eine Zeichenfolge muß nur Zeichen für Zeichen abgearbeitet und wie vorstehend gezeigt umgewandelt werden. Die umgewandelten Zeichen werden dann wieder zu einer neuen Zeichenfolge zusammengesetzt. Für das Ausschneiden eines Teilstrings haben wir bereits die

4.9 Stringmanipulationen

Funktion MID kennengelernt. Die folgende Anweisung erledigt alle bisher vorgestellten Aufgaben gleichzeitig:

```
MsgBox Chr(Asc(Mid("Office 2000", 1, 1)) + 3)
```

MID schneidet das gewünschte Zeichen aus (hier den Buchstaben O), ASC verwandelt das ausgeschnittene Zeichen in den korrespondierenden ASCII-Wert. Anschließend wird der Wert 3 addiert und das Ergebnis mit CHR wieder in ein Zeichen verwandelt. Als Ergebnis erhalten wir den Buchstaben R. Natürlich soll ein kompletter String umgewandelt werden. Da sich für die numerischen Parameter der Mid-Funktion auch Variablen verwenden lassen, können wir die Zeile in eine For...Next-Schleife packen. Die jeweils umgewandelten Zeichen müssen dann einer Variablen zugewiesen werden. Das folgende Makro erledigt diese Arbeit vollständig:

```
Sub String_umwandeln()
   Text = "Office 2000"
   Laenge = Len(Text)
   Ergebnis = ""
   For i = 1 To Laenge
       Ergebnis = Ergebnis + Chr(Asc(Mid(Text, i, 1)) + 3)
   Next
   MsgBox Text & Chr(13) & Ergebnis
End Sub
```

In einer Funktion würden wir natürlich keine Konstante verwenden, sondern den umzuwandelnden Text als Argument übergeben. Die Funktion LEN muß daher zunächst die Anzahl der Zeichen des umzuwandelnden Strings ermitteln. Dieser Wert (LAENGE) bestimmt den Höchstwert der Zählschleife. Die Variable ERGEBNIS dient der Aufnahme des umgewandelten Zeichenstrings. In der Zählschleife dürfte Ihnen die wichtigste Änderung kaum auf den ersten Blick auffallen: die Ersetzung des ersten numerischen Parameters der Mid-Funktion durch die Zählervariable i. Bei jedem Durchlauf der Schleife wird jetzt das nächste Zeichen des in der Variablen TEXT gespeicherten Strings ausgeschnitten und umgewandelt. Die umgewandelten Zeichen wandern nach und nach in die Variable ERGEBNIS.

Eine Funktion schreiben

Das folgende Beispiel setzt diesen Gedanken in eine Funktion um, die beliebige Zeichenketten in einen verschlüsselten String verwandelt. Natürlich wird jeder Experte in der Lage sein, den simplen Code zu entschlüsseln. Für den durchschnittlichen Anwender sollte die verschlüsselte Zeichenkette aber ein Rätsel bleiben.

Leider verwendet VBA für den Umlaut ü den ASCII-Wert 252, so daß wir nicht mit einem größeren positiven Versatz als 3 arbeiten können. Da größere Werte als 255 von der Funktion CHR nicht berücksichtigt werden, erhalten wir andernfalls eine Fehlermeldung angezeigt.

Hinweis: Auf Systemen, die Unicode unterstützen, beispielsweise Windows 95/98, lassen sich an Stelle von ASC und CHR die Funktionen ASCW und CHRW einsetzen. Damit können Sie für unser Beispiel auch größere Versatzwerte als 3 wählen, ohne mit fehlerhaften Ergebnissen rechnen zu müssen.

Beachten Sie, daß wir nachfolgend keine Sub (kein Makro), sondern eine Funktion definieren. Das Gerüst einer Funktion wird mit den Anweisungen FUNCTION/END FUNCTION gebildet, nicht mit SUB/END SUB. Eine Funktion erscheint nicht im Makro-Dialog (Menüoption EXTRAS/MAKRO/MAKROS...). Auf die Besonderheiten einer selbstdefinierten Funktion werden wir später noch genauer eingehen.

```
Function Krypt(Text As Variant) As Variant
    If VarType(Text) = 8 Then
        Dim Laenge As Integer, i As Integer
        Dim Ergebnis As String
        Laenge = Len(Text)
        Ergebnis = ""
        For i = 1 To Laenge
            Ergebnis = Ergebnis + Chr(Asc(Mid(Text, i, 1)) + 3)
        Next
        Krypt = Ergebnis
    Else
        Fehlermeldung = "Nur Zeichenfolge zulässig!"
        Titel = "Fehler"
        MsgBox Fehlermeldung, 16, Titel
        Krypt = Text
    End If
End Function
```

Die Funktion KRYPT, die wir hier erzeugt haben, können wir wie eine VBA-Funktion aufrufen. Dabei muß das im Kopf der Funktion genannte Argument, die umzuwandelnde Zeichenkette, übergeben werden. Da es schließlich auf den Rückgabewert, die umgewandelte Zeichenkette, ankommt, müssen wir den Rückgabewert auch verwenden. Das kann beispielsweise durch Zuweisung an eine Variable oder durch direkte Ausgabe mit der MsgBox-Funktion geschehen. Die folgenden Zeilen zeigen ein mögliches Aufrufbeispiel:

```
Sub Aufruf()
    MsgBox Krypt("Word")
End Sub
```

4.9 Stringmanipulationen

Natürlich benötigen wir auch eine Funktion, die alles wieder rückgängig macht. Obwohl diese Funktion kaum Unterschiede zur Krypt-Funktion aufweist, haben wir sie nachfolgend wiedergegeben. Die geänderten Zeilen haben wir fett hervorgehoben. Die Funktion hat den Namen DEKRYPT erhalten.

```
Function DeKrypt(Text As Variant) As Variant
   If VarType(Text) = 8 Then
      Dim Laenge As Integer, i As Integer
      Dim Ergebnis As String
      Laenge = Len(Text)
      Ergebnis = ""
      For i = 1 To Laenge
         Ergebnis = Ergebnis + Chr(Asc(Mid(Text, i, 1)) - 3)
      Next
      DeKrypt = Ergebnis
   Else
      Fehlermeldung = "Nur Zeichenfolge zulässig!"
      Titel = "Fehler"
      MsgBox Fehlermeldung, 16, Titel
      DeKrypt = Text
   End If
End Function
```

Die entscheidende Änderung betrifft die Zeile in der For-Schleife. Hier wird der Wert 3 nicht addiert, sondern wieder subtrahiert. Abbildung 4.9 zeigt die Verwendung der Funktionen im Direktfenster (Menüoption ANSICHT/DIREKTFENSTER).

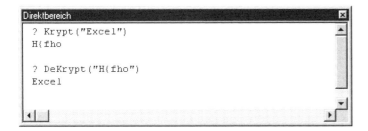

Abb. 4.9: Selbstdefinierte Funktionen aufrufen

Was Sie zum Thema „Funktionen" – insbesondere zur Argumentübergabe und zum Rückgabewert – sonst noch wissen müssen, finden Sie im folgenden Unterkapitel.

4.10 Unterprogrammtechniken

Makros (Subs, Prozeduren) und Funktionen sind Unterprogramme, die eine bestimmte Aufgabe ausführen, beispielsweise ein Formular aufrufen. Sie erlauben eine Strukturierung von Programmen, die dem modularen Konzept anderer Programmiersprachen entspricht, etwa dem Funktionskonzept von C. Häufig benötigte Unterprogramme lassen sich, sofern sie nur allgemein genug formuliert sind, immer wieder in den verschiedensten Programmen verwenden. Die Vorteile einer konsequenten Unterprogrammtechnik sind:

- bessere Lesbarkeit des Quellcodes und damit leichtere Programmpflege

- und kürzerer Programm-Code.

Prozeduren und Funktionen

In der Office-Dokumentation und auch in der Hilfefunktion werden Sie in der Regel nur die Begriffe PROZEDUR und FUNKTION finden. Andererseits differenziert die Prozedurliste im Kopf des Editors nicht zwischen diesen beiden Elementen. Unter einer Prozedur wollen wir daher zukünftig sowohl Subs (Makros) als auch Funktionen (Function) verstehen. Sollte es einmal auf die Unterschiede ankommen, werden wir explizit darauf hinweisen.

Aufbau und Aufruf von Prozeduren

Eine Prozedur besteht zunächst aus zwei Teilen, dem Deklarationsteil, auch Prozedurkopf genannt, und dem Programm-Code. Der Deklarationsteil enthält wiederum den Namen der Prozedur und eventuell eine Argumentliste.

Eine Prozedur beginnt in VBA mit der Anweisung SUB (oder FUNCTION) und einem frei zu wählenden Namen, der aus maximal 255 Zeichen bestehen darf. Das erste Zeichen muß wieder ein Buchstabe sein. Ansonsten sind alle alphanumerischen Zeichen sowie der Unterstrich erlaubt, jedoch keine Bindestriche, Punkte und andere Sonderzeichen. Die optionale Argumentliste wird in runde Klammern gesetzt. Das folgende Schema skizziert das Basisgerüst einer Prozedur:

```
Sub Prozedurname [(Argumentliste)]
    [Anweisungsblock]
    [Exit Sub]
    [Anweisungsblock]
End Sub
```

Den Abschluß einer Prozedur bildet die End Sub-Anweisung (oder END FUNCTION), die den Rücksprung zur aufrufenden Prozedur, falls vorhanden, bewirkt. Zwischen der Deklarationszeile und der End Sub-Anweisung können beliebig viele VBA-Anweisungen stehen.

Die optionale Argumentliste besteht aus einer durch Kommata getrennten Deklaration von Variablen. Diese Argumente werden formale Argumente (oder formale Parameter) genannt, während die beim Aufruf zu übergebenden Werte als aktuelle Argumente (bzw. aktuelle Parameter) bezeichnet werden. Die Ausführung einer Prozedur kann mit der optionalen Anweisung EXIT SUB vorzeitig, also bevor alle Anweisungen abgearbeitet sind, abgebrochen werden.

Lokale Prozeduren

Prozeduren, die Sie nach dem vorstehenden Muster erzeugen, sind in allen Modulen des gleichen Projekts zugänglich. Wenn Sie aber vor die Prozedur das Schlüsselwort PRIVATE setzen, erhalten Sie eine lokale Prozedur, die nur innerhalb des jeweiligen Moduls aufgerufen werden kann. Ein Beispiel:

```
Private Sub Test1()
   MsgBox "Test1"
End Sub
```

Lokale Prozeduren erscheinen nicht mehr im Makro-Dialog und stehen auch nicht für Symbolschalter und Menüoptionen zur Verfügung. Das Schlüsselwort PRIVATE kann auch mit selbstdefinierten Funktionen verwendet werden.

Die Argumentübergabe

Argumente sind optional. Es ist also nicht unbedingt notwendig, irgendwelche Argumente zu definieren. Die folgende Zeile zeigt den Aufbau der Argumentliste:

```
[ByVal] Variable[( )] [As Datentyp] [, [ByVal]Variable[( )]
[ As Datentyp] ] ...
```

Die Variablen der Argumentliste können mit ihrem jeweiligen Datentyp vereinbart werden. Die Anweisung BYVAL bestimmt die Art der Argumentübergabe. Wir werden später darauf zurückkommen. Die folgende Prozedur zeigt die Umsetzung in VBA-Code:

```
Sub Prozedur1(Var1 As String, Var2 As Integer)
   MsgBox Var1
   MsgBox Var2
End Sub
```

Die Prozedur gibt lediglich die Werte der Parameter VAR1 und VAR2 aus. Diese Werte müssen beim Aufruf, also bei der Verwendung der Prozedur, übergeben werden. Die Prozedur läßt sich nicht mehr direkt ausführen, weil sich dabei keine Argumente übergeben lassen. Sie erscheint folglich auch nicht in der Makro-Liste des Makro-Dialogs (Menüoption EXTRAS/ MAKRO/MAKROS...).

Prozeduraufruf und Argumentübergabe

Prozeduren sind Unterprogramme, die wie eine Anweisung mit ihrem Namen und gegebenenfalls einer Argumentliste aufgerufen werden. Die folgende Syntax genügt für den Aufruf:

```
Prozedurname [Argumentliste]
```

PROZEDURNAME ist der mit SUB vereinbarte Name der Prozedur. Sind keine Argumente erforderlich, so spricht man von unechten Prozeduren. Unsere Makros können also als unechte Prozeduren bezeichnet werden. Die Argumentliste kann Konstanten, Variablen und Ausdrücke enthalten. Der Aufruf der oben definierten Prozedur PROZEDUR1 hat dann beispielsweise folgende Form:

```
Prozedur1 "Berlin", 123
```

Wie bei der Definition der Prozedur müssen die Argumente auch beim Aufruf durch Kommata getrennt werden. Wenn Sie den Aufruf aus dem Direktfenster heraus vornehmen, ist das Print-Zeichen nicht erforderlich. Der Aufruf innerhalb einer Anwendung muß aus einer anderen Prozedur erfolgen:

```
Sub Aufruf()
   Dim Wert1 As String
   Dim Wert2 As Integer
   Wert1 = "Berlin"
   Wert2 = 123
   Prozedur1 Wert1, Wert2
End Sub
```

Im vorstehenden Makro (eine Sub ohne Argumente) haben wir die Aufrufzeile fett hervorgehoben. Die Argumentübergabe erfolgt in diesem Fall über Variablen.

Übereinstimmung von Typ und Zahl der Argumente

Aktuelle und formale Argumente müssen sowohl vom Typ als auch von der Anzahl her übereinstimmen. Bei der Verwendung von Variablen ist es jedoch nicht erforderlich, daß die Namen der beim Aufruf übergebenen (aktuellen) und der von der Argumentliste übernommenen (formalen) Parameter identisch sind. Wir werden später noch auf optionale Argumente eingehen.

Argumentübergabe als Wert oder Referenz

Variablen lassen sich in ihrer Gültigkeit auf eine Prozedur beschränken. Das verhindert jedoch nicht, daß unbeabsichtigte Wertzuweisungen bei der Argumentübergabe erfolgen können. Das folgende Beispiel demonstriert einen solchen Fall:

4.10 Unterprogrammtechniken

```
Sub Prozedur01()
    Dim MwSt_Satz As Integer
    Dim Bruttobetrag As Currency
    MwSt_Satz = 15
    Bruttobetrag = 1000
    MsgBox MwSt_Satz, , "Alter Wert"
    MsgBox Bruttobetrag, , "Alter Wert"
    Prozedur02 MwSt_Satz, Bruttobetrag
    MsgBox MwSt_Satz, , "Neuer Wert"
    MsgBox Bruttobetrag, , "Neuer Wert"
End Sub
```

PROZEDUR01 ruft PROZEDUR02 auf. Die Aufrufzeile in PROZEDUR01 haben wir fett hervorgehoben. Beachten Sie, daß nach der Ausführung von PROZEDUR02 die Programmausführung in PROZEDUR01 mit der Zeile fortgesetzt wird, die auf die Aufrufzeile folgt.

```
Sub Prozedur02(Var1 As Integer, Var2 As Currency)
    Var1 = 20
    Var2 = 3000
End Sub
```

Obwohl die in PROZEDUR01 deklarierten Variablen nicht explizit geändert wurden, erhalten Sie nach dem Aufruf von PROZEDUR02 die Werte der Variablen VAR1 und VAR2. Den Variablen MWST_SATZ und BRUTTOBETRAG sind also indirekt neue Werte zugewiesen worden.

Daraus folgt: Handelt es sich bei aktuellen und formalen Parametern um Variablen und wird eine dieser Variablen (ein formales Argument) in der aufgerufenen Prozedur verändert, so wird auch die entsprechende Variable der aufrufenden Prozedur (das aktuelle Argument) verändert. Wenn Sie das Beispiel nachvollziehen wollen, müssen Sie beide Prozeduren in einem Modul erstellen. PROZEDUR01 können Sie, weil ohne Argumente, wie ein Makro direkt aufrufen.

Der Grund für die indirekte und in der Regel ungewollte Änderung der Aufrufargumente liegt darin, daß VBA zwei Formen der Argumentübergabe kennt:

- Call by Reference   (Übergabe als Adresse)
- Call by Value   (Übergabe als Wert)

CALL BY REFERENCE meint, daß nicht der Wert des aktuellen Arguments an die aufgerufene Prozedur übergeben wird, sondern eine Referenz auf die Speichervariable, kurz: die Adresse dieser Variablen im Arbeitsspeicher.

CALL BY VALUE übergibt hingegen nur den Wert des aktuellen Arguments. Änderungen in der aufgerufenen Prozedur können, da die Prozedur die Adresse des aktuellen Arguments nicht kennt, auch nicht auf dieses zurückwirken.

Wertübergabe mit BYVAL erzwingen

Natürlich können Sie das Problem umgehen, indem Sie nur Konstanten oder Ausdrücke als Argumente übergeben. Damit würden Sie aber einen großen Teil der Flexibilität des Prozedurkonzepts verschenken. Eine solche Einschränkung ist auch nicht erforderlich. VBA erlaubt es, auch bei der Verwendung von Variablen die Übergabe als Wert zu erzwingen. Die aufgerufene Prozedur erhält dann nicht mehr die Adresse der Variablen, sondern nur noch deren aktuellen Wert.

Dazu müssen die Variablen der aufzurufenden Prozedur mit der Anweisung BYVAL deklariert werden. PROZEDUR02 hätte dann die folgende Form:

```
Sub Prozedur02 (ByVal Var1 As Integer, ByVal Var2 As Currency)
    Var1 = 20
    Var2 = 3000
End Sub
```

Die Wertzuweisungen in PROZEDUR02 bewirken keine Änderungen der Argumentvariablen in der aufrufenden Prozedur, weil PROZEDUR02 in diesem Fall gar nicht weiß, wo die Argumentvariablen gespeichert sind. Für jede Variable in der Argumentliste kann separat bestimmt werden, ob der Aufruf als Referenz oder als Wert erfolgen soll.

Optionale Argumente

Wir sind bisher davon ausgegangen, daß alle Argumente angegeben werden müssen. Das ist jedoch nicht unbedingt erforderlich. Argumente können auch optional sein. Ein optionales Argument kennzeichnen Sie mit dem Schlüsselwort OPTIONAL. Es muß dann beim Aufruf der betreffenden Prozedur nicht übergeben werden. Wenn Sie das Schlüsselwort verwenden, müssen aber auch alle noch folgenden Argumente optional sein. Ein Beispiel:

```
Sub Prozedur03()
   MwSt_Satz = 15
   Prozedur04 MwSt_Satz
End Sub


Sub Prozedur04(Var1 As Variant, Optional Var2 As Currency)
   MsgBox Var1
   MsgBox Var2
End Sub
```

PROZEDUR03 ruft PROZEDUR04 auf. Obwohl in PROZEDUR04 zwei Argumente definiert sind, wird von PROZEDUR03 nur eines verwendet. Die zweite Ausgabezeile in PROZEDUR04, die das zweite Argument ausgibt, zeigt daher nur einen Nullwert an. Ohne das Schlüsselwort OPTIONAL würden wir eine Fehlermeldung erhalten.

Argumentlisten mit PARAMARRAY

Mit dem Schlüsselwort PARAMARRAY definieren Sie ein Array als Argument. Die aufrufende Prozedur kann dann beliebig viele Argumente übergeben. Diese werden von der aufgerufenen Prozedur dem Array (Datenfeld) zugeordnet. Ein mit PARAMARRAY definiertes Argument ist nur als letztes Argument zulässig. Folglich kann eine Argumentliste auch nur ein einziges ParamArray-Argument enthalten. Die Verwendung zeigt das folgende Beispiel:

```
Sub Prozedur05()
   Wert1 = 123
   Wert2 = "Berlin"
   Wert3 = Date
   Wert4 = 456
   Prozedur06 Wert1, Wert2, Wert3, Wert4
End Sub

Sub Prozedur06(ParamArray Var1())
   For Each Element In Var1
      MsgBox Element
   Next
End Sub
```

PROZEDUR05 ruft PROZEDUR06 auf. Obwohl in der aufgerufenen Prozedur nur ein Argument definiert ist, übergibt die aufrufenden Prozedur gleich vier Argumente. Da aber das einzige Argument der aufgerufenen Prozedur, die Variable VAR1, mit PARAMARRAY definiert wurde, kann sie alle übergebenen Argumente aufnehmen. Die Variable wird durch PARAMARRAY zu einem dynamischen Array. Bei der Auswertung können wir folglich auch eine For...Each-Schleife verwenden.

Globale Variablen versus Parameter

Die Argumentübergabe ist nur eine Möglichkeit, Daten von einer Prozedur oder Funktion an eine andere zu übergeben. Sie haben alternativ auch die Option, globale Variablen zu verwenden. Die folgende Gegenüberstellung läßt die grundsätzlichen Unterschiede erkennen. In beiden Fällen wird PROC2 durch PROC1 aufgerufen, wobei PROC2 eine in PROC1 definierte

Zeichenkette ausgeben soll. Weil aber zwischenzeitlich PROC3 aufgerufen wird und diese eine Variable manipuliert, welche den gleichen Namen wie die Übergabevariable trägt, kommt es im rechten Beispiel zu einer Fehlfunktion. PROC2 gibt den Inhalt der in PROC3 manipulierten Variablen aus, nicht den in PROC1 zugewiesenen.

Argumentübergabe	Globale Variable
``````Sub Proc1 Dim Var1 As String Var1 = "Hallo, World!" Proc3 Proc2 (Var1)End SubSub Proc2 (Var1 As String) MsgBox Var1End SubSub Proc3 Var1 = "Bye-bye, World!"End Sub``	``Dim Var1 As StringSub Proc1    Var1 = "Hallo, World!"    Proc3    Proc2End SubSub Proc2    MsgBox Var1End SubSub Proc3    Var1 = "Bye-bye, World!"End Sub``

Die Argumentübergabe gilt in der Regel als sauberer, weil sie weniger Seiteneffekte gestattet und daher weniger fehleranfällig ist. Unter Seiteneffekten versteht man die unbeabsichtigte Änderung eines Variablenwertes in anderen Programmteilen. Selbst wenn die Variable VAR1 auch in einer anderen Prozedur Verwendung findet, wie hier in der Pozedur PROC3, hat das in der Regel keinen Einfluß auf die im Prozedurkopf von PROC2 definierte Variable. Kurz: Mit Hilfe der Argumentübergabe können Sie Ihre Anwendung besser gegen zufällige Änderungen schützen.

Eine globale Variable läßt sich hingegen in jeder Prozedur manipulieren. Auch unbeabsichtigte Änderungen sind nicht ausgeschlossen, etwa durch einen Schreibfehler. Dennoch können auch globale Variablen sinnvoll sein. Wenn in einem Modul sehr viele Prozeduren auf eine bestimmte Variable zugreifen, sollten Sie durchaus eine globale Variable verwenden. Bei der Datenbankprogrammierung könnte das beispielsweise die aktuelle Datensatznummer sein.

Benutzerdefinierte Funktionen (BDFs)

Die größte Schwäche von Sub-Prozeduren bildet der fehlende Rückgabewert und damit die Möglichkeit, Subs in Ausdrücken zu verwenden. Ein Rückgabewert kann zwar über eine

4.10 Unterprogrammtechniken

Public-Variable oder durch einen gewollten Seiteneffekt erzielt werden, die fehlende Tauglichkeit für die Verwendung in Ausdrücken wird damit aber nicht behoben. VBA bietet jedoch die Möglichkeit, eigene Funktionen, sogenannte benutzerdefinierte Funktionen, zu schreiben. Eine benutzerdefinierte Funktion haben wir weiter oben schon vorgestellt. Hier wollen wir die noch ausstehenden Grundlagen nachliefern.

Was ist eine benutzerdefinierte Funktion?

Funktionen sind, wie auch Sub-Prozeduren, Unterprogramme, die mit ihrem Namen aufgerufen werden. In VBA werden benutzerdefinierte Funktionen auch Funktions-Prozeduren genannt. Im Unterschied zu Sub-Prozeduren geben Funktionen einen Wert zurück. Daraus folgt auch ihr wohl größter Vorteil: Sie lassen sich wie VBA-Funktionen, Variablen oder Konstanten in Ausdrücken verwenden. Eine Sub-Prozedur muß hingegen immer als erstes Wort einer Anweisung erscheinen.

Aufbau einer benutzerdefinierten Funktion

Der Aufbau einer BDF gleicht dem einer Sub-Prozedur. Das Gerüst besteht jedoch aus den Anweisungen FUNCTION und END FUNCTION. Der Rückgabewert muß in der Funktion durch Zuweisung an den Funktionsnamen bestimmt werden. Eine BDF besteht folglich aus vier Elementen:

- Funktionsnamen
- Argumentliste (optional)
- Funktionskörper (Anweisungen)
- Rückgabewert

Der Hauptunterschied zu einer Sub-Prozedur besteht also zunächst im Rückgabewert. Die Function-Anweisung hat folgende Syntax:

```
[Public|Private] [Static] Function Name [(ArgListe)] [As Typ]
    [Anweisungen]
    [Name = Ausdruck]
    [Exit Function]
    [Anweisungen]
    [Name = Ausdruck]
End Function
```

Dem Befehlswort FUNCTION folgt der Name der Funktion. Die Verwendung von Argumenten ist optional. Werden jedoch Argumente benannt, so müssen diese in der Regel auch beim Aufruf der Funktion in der richtigen Reihenfolge übergeben werden. In einer benutzerdefinierten

Funktion können Sie praktisch alle VBA-Anweisungen und Funktionen sowie andere BDFs und Sub-Prozeduren verwenden.

Den Typ der Funktion bestimmen

Beachten Sie auch das letzte Element in der ersten Zeile ([AS TYPE]). Damit bestimmen Sie den Typ der Funktion, genauer: den Typ des Rückgabewertes. Die eckigen Klammern deuten wieder an, daß es sich um ein optionales Syntaxelement handelt.

Die Argumentübergabe

Die Argumente werden, durch Kommata separiert, in Klammern aufgelistet. Aufrufargumente werden normalerweise als Referenz übergeben. Soll nur eine Übergabe als Wert erfolgen, ist jeder Variablen wieder das reservierte Wort BYVAL voranzustellen. Die Syntax der Argumentliste hat folgende Form:

```
([ByVal ]Variable[( )] [As Datentyp] [, [ByVal ]Variable[( )]
[ As Datentyp] ]) . . .
```

Der Rückgabewert (Funktionswert)

Im Unterschied zu einer Sub-Prozedur gibt eine Funktion immer einen Wert zurück. Dieser Rückgabewert wird der Funktion über den Funktionsnamen zugewiesen. Als Rückgabewert sind numerische-, logische- und Datumswerte sowie Zeichenfolgen (Strings) zulässig. Die Zuweisung des Rückgabewertes erfolgt innerhalb des Funktionskörper durch die optionale Anweisung:

```
Funktionsname = Ausdruck
```

Eine explizite Zuweisung ist jedoch nicht unbedingt erforderlich. VBA besteht nicht auf einen von Ihnen definierten Rückgabewert, sondern gibt einen Standardwert zurück, der dem jeweiligen Datentyp der Funktion entspricht: Für numerische Funktionen ist das der Wert 0, für String-Funktionen ein Leerstring ("") und für den Typ VARIANT der „Wert" EMPTY. Die Zuweisung eines Ausdrucks an den Funktionsnamen kann mehrfach erfolgen. Für den Rückgabewert gilt dann die jeweils letzte Zuweisung.

Funktionen und Datentypen

Als Datentypen können alle in VBA vorkommenden Standardtypen verwendet werden (INTEGER, LONG, CURRENCY, STRING etc.). Der Datentyp der Funktion und der Typ des Rückgabewertes müssen übereinstimmen. VBA bewertet einen Ausdruck beim Kompilieren und meldet einen Fehler, wenn der Typ des Ausdrucks für den Rückgabewert und der Typ der Funktion nicht übereinstimmen. Das folgende Beispiel verdeutlicht den grundsätzlichen Aufbau einer Funktion:

4.10 Unterprogrammtechniken

```
Function Test (ByVal Var1 As Integer) As String
    If Var1 = 1 Then
        Test = "Wert ist 1."
    Else
        Test = "Wert ist nicht 1."
    End If
End Function
```

Die Funktion enthält zwei Wertzuweisungen für den Rückgabewert, von denen aber nur eine ausgeführt wird. Das Beispiel können Sie in einem Modul erstellen und dann im Direktfenster mit der Zeile

```
? Test(1)
```

ausführen. Jeder andere Argumentwert in der Klammer sorgt dafür, daß die zweite Wertzuweisung den Rückgabewert bestimmt. Wollen Sie den Typ einer Funktion ermitteln, können Sie die Funktionen VARTYPE bzw. TYPENAME verwenden:

```
? TypeName(Test(1))
? VarType(Test(1))
```

Wir erhalten in diesem Fall nicht den Rückgabewert der Funktion TEST, sondern den der jeweiligen Type-Funktion.

Benutzerdefinierte Funktionen verwenden

Benutzerdefinierte Funktionen lassen sich überall dort einsetzen, wo auch Sub-Prozeduren zulässig sind. Eine Funktion kann aber auch in Ausdrücken verwendet werden. Dabei ist ihr Typ, eigentlich der Typ des Rückgabewertes, zu beachten. In einem numerischen Ausdruck kann natürlich keine benutzerdefinierte Funktion vorkommen, die eine Zeichenfolge (STRING) zurückgibt.

Aufrufkonventionen

Die Aufrufkonventionen für BDFs unterscheiden sich, je nach Einsatzzweck, erheblich:

```
Funktion                  'Aufruf wie eine Sub-Prozedur
MsgBox Funktion           'Ausgabe des Funktionswertes
Var1 = Funktion           'Zuweisung des Rückgabewertes
Var1 = Var2 + Funktion    'Verwendung in einem Ausdruck
```

Die erste Zeile entspricht dem Aufruf einer Sub-Prozedur. Klammern sind nicht erforderlich, auch wenn Argumente übergeben werden müssen. Ein Rückgabewert läßt sich auf diese Art natürlich nicht auswerten.

In der zweiten Zeile wird zumindest der Rückgabewert verwendet. Eventuelle Argumente können durch Kommata separiert hinzugefügt werden. Funktionsklammern sind, solange keine Argumente übergeben werden, nicht erforderlich. Das gilt, wie die beiden letzten Zeilen zeigen, auch für die Verwendung in Ausdrücken. Sind jedoch Argumente zu übergeben, müssen Sie in der Regel auch Klammern setzen:

```
Funktion 123, "Berlin"
MsgBox Funktion(123, "Berlin")
Var1 = Funktion(123, "Berlin")
Var1 = Var2 + Funktion(123, "Berlin")
```

Lediglich beim Aufruf als Sub-Prozedur, also beim Verzicht auf den Rückgabewert, sind keine Klammern erforderlich.

Eine benutzerdefinierte Datumsfunktion

Als Beispiel wollen wir eine Datumsfunktion erstellen. Zwar ist das Angebot an integrierten Datumsfunktionen schon recht groß, aber die gerade benötigte Funktion fehlt natürlich immer. Die folgende Funktion berechnet die Differenz in Tagen zwischen einem vorgegebenen Datum und dem Jahresende:

```
Function Tage_bis_Jahresende(Tagesdatum As Variant) As Integer
    Dim JahresEnde As Variant
    If IsDate(Tagesdatum) Then
        JahresEnde = CDate("31.12." & Year(Tagesdatum))
        Tage_bis_Jahresende = JahresEnde - CDate(Tagesdatum)
    Else
        MsgBox "Das eingegebene Datum ist nicht korrekt!"
        Tage_bis_Jahresende = 0
    End If
End Function
```

Die Aufgabe besteht darin, erst das Jahr zu ermitteln, für das die Differenz berechnet werden soll. Nur dadurch läßt sich sicherstellen, daß auch Schaltjahre berücksichtigt werden. Das Jahresenddatum wird dann aus dem String "31.12." und der Jahreszahl des als Argument übergebenen Datums zusammengesetzt. Die Bildung der Differenz ist dann problemlos. Sie erfolgt gleich bei der Zuweisung an den Rückgabewert der Funktion. Da Sie immer versuchen sollten, mögliche Eingabefehler abzufangen, ist, speziell bei Verwendung des Typs VARIANT, eine Typkontrolle sinnvoll. In diesem Fall prüfen wir mit der Funktion ISDATE, ob ein gültiger Datumsausdruck übergeben wurde. Der Aufruf der Funktion kann dann in einer Sub wie der nachstehenden erfolgen:

```
Sub Aufruf()
   MsgBox Tage_bis_Jahresende("11.2.1999")    'Ergebnis: 323
   MsgBox Tage_bis_Jahresende("11.2.2000")    'Ergebnis: 324
End Sub
```

In beiden Fällen haben wir den 11.02. als Argument eingesetzt, jedoch im ersten Beispiel für das Jahr 1999 und im zweiten für das Schaltjahr 2000.

4.11 Was Sie noch wissen sollten

Die zentralen VBA-Sprachelemente haben wir in den vorstehenden Kapiteln besprochen. Einige Spezialitäten, die zwar nicht zum Kern einer Programmiersprache zählen, die aber auch nicht ganz unwichtig sind, möchten wir nachfolgend noch präsentieren.

Mit Auflistungen arbeiten

Auflistungen, also Gruppen von gleichartigen Objekten, haben wir gelegentlich schon angesprochen. Weil Auflistungen zu den am häufigsten benötigten Objekten gehören, wollen wir nachfolgend auf deren wesentliche Merkmale eingehen. Eine Liste von gebräuchlichen Auflistungen zeigt folgende Übersicht:

Documents	enthält alle zur Zeit geöffneten Word-Dokumente.
Paragraphs	enthält alle Absätze eines Word-Dokuments.
Workbooks	enthält alle zur Zeit geöffneten Arbeitsmappen.
Worksheets	enthält alle Tabellenblätter einer Arbeitsmappe.
Windows	enthält alle Fenster der zur Zeit geöffneten Dokumente oder Arbeitsmappen.

Für die Manipulation der Auflistungen, also der Objektgruppe, nicht der einzelnen Objekte, sind häufig die gleichen Eigenschaften und Methoden definiert. Dazu zählen unter anderem die folgenden drei:

Add	fügt der Auflistung ein neues Objekt hinzu.
Count	ermittelt die Zahl der Objekte einer Auflistung.
Item	gibt ein einzelnes Objekt der Auflistung zurück.

ADD erzeugt nicht nur ein neues Objekt der Auflistung, sondern gibt dieses auch zurück. Die Methode kann daher genutzt werden, um das neue Objekt gleich beim Erzeugen einer Objektvariablen zuzuweisen. Ein Word-Beispiel:

```
Dim Bericht As Object
Set Bericht = Documents.Add
Bericht.Range.Text = "Textanfang"
```

Nach der Zuweisung des Objekts erfolgt der Zugriff auf das neue Dokument nur noch über die Objektvariable. In diesem Fall schreiben wir einen Text in das Dokument. Unter Excel können Sie die folgenden Zeilen ausprobieren:

```
Dim NeueTabelle As Worksheet
Set NeueTabelle = ActiveWorkbook.Worksheets.Add
NeueTabelle.Name = "Bilanz 2000"
```

Das Beispiel ändert den Namen des neuen Tabellenblatts.

Wenn Sie ein bereits in der Auflistung enthaltenes Objekt an eine Objektvariable binden wollen, können Sie die Methode ITEM verwenden. Die folgende Zeile demonstriert das Schema:

```
Set Objektvariable = Auflistung.Item(1)
```

In diesem Fall würde die Objektvariable das erste Objekt der Auflistung zugewiesen erhalten. Das Argument der Methode ITEM steht für die Position des Objekts in der Auflistung (den Index des Objekts). ITEM ist aber die Standardmethode von Auflistungen. Da Auflistungen auch das Index-Argument aufnehmen können, ist ITEM gar nicht erforderlich. Das Schema läßt sich daher wie folgt verkürzen:

```
Set Objektvariable = Auflistung(1)
```

Ein funktionsfähiges Beispiel für die Zuweisung eines bestehenden Objekts aus einer Auflistung an eine Objektvariable liefern die folgenden Zeilen:

```
Dim AlteTabelle As Worksheet
Set AlteTabelle = ActiveWorkbook.Worksheets(1)
AlteTabelle.Name = "Bilanz 2001"
```

Die Eigenschaft COUNT werden Sie häufig für Sicherheitsabfragen benötigen. Wollen Sie beispielsweise die vierte Tabelle (WORKSHEETS(4)) manipulieren, sollte diese auch in der Auflistung enthalten sein. Andernfalls produziert VBA eine Fehlermeldung. Sie benötigen daher regelmäßig eine If-Struktur wie die folgende:

```
If ActiveWorkbook.Worksheets.Count >= 4 Then
    ....
End If
```

Auf die vorstehend verwendeten Objekte, Methoden und Eigenschaften werden wir in den folgenden Kapiteln noch ausführlich zurückkommen. An dieser Stelle wollten wir nur das Vorverständnis für den Umgang mit Auflistungen wecken. Natürlich sollte jetzt auch klar sein, daß die Methode ITEM im folgenden Text nicht mehr erscheint.

Benannte Argumente

Wir haben im vorstehenden Text immer nur auf die Reihenfolge der Argumente geachtet. Methoden und Funktionen lassen sich in der Regel aber auch mit benannten Argumenten aufrufen. In diesem Fall können Sie auf die korrekte Reihenfolge verzichten. Die beiden ersten Argumente der MsgBox-Funktion tragen beispielsweise die Bezeichnungen PROMPT und BUTTONS. Die Argumentübergabe läßt sich dann wie folgt schreiben:

```
MsgBox Prompt:="Meldung", Buttons:=vbYesNo
Temp = MsgBox(Prompt:="Meldung", Buttons:=vbYesNo)
```

Die Zuweisung der Argumentwerte erfolgt mit dem Operator ':=', nicht mit dem einfachen Gleichheitszeichen. Die Verwendung von Argumentbezeichnungen ist in der Regel sehr umständlich. Sie kann jedoch sinnvoll sein, wenn aus einer langen Argumentliste nur wenige Argumente benötigt werden. Bei der einfachen Schreibweise sind auch für alle nicht belegten Argumente Trennzeichen (Kommata) anzugeben, wenn ein darauf folgendes Argument benutzt wird. Auch diese Notwendigkeit entfällt, wenn Sie Argumentbezeichnungen einsetzen. Benannte Argumente lassen sich zudem in beliebiger Reihenfolge verwenden.

5 VBA-Code für alle Anwendungen

5.1 Hinweise zum Kapitel

Die einzelnen Office-Anwendungen verfügen über eigene Objektmodelle. Wir haben daher für jede der vier Hauptanwendungen ein eigenes Kapitel vorgesehen. Einige Sprachelemente (Objekte, Eigenschaften, Methoden etc.) sind jedoch in fast allen Anwendungen verfügbar oder gleichen sich zumindest. Mit diesen wollen wir uns hier beschäftigen.

Als erstes wäre die jeweilige Anwendung selbst zu nennen, das sogenannte Application-Objekt. Auf dieser Ebene können Sie unter anderem das Erscheinungsbild der Anwendung gestalten. So ist es möglich, den Titel zu ändern und die Fensterabmessungen zu bestimmen. Sehr ähnliche Eigenschaften sind für das Window-Objekt definiert. Diese beziehen sich aber auf die Dokumentfenster, nicht auf das Anwendungsfenster.

Ein besonders interessantes Objekt ist FILESEARCH, mit dem Sie Ordner und Unterordner nach bestimmten Dateien durchsuchen können. Sehr häufig haben wir schon den MsgBox-Dialog verwendet. Dessen Einsatzmöglichkeiten wollen wir in diesem Kapitel umfassend darstellen. Auch den Assistenten Karl Klammer und seine Kollegen haben wir wegen ihrer Office-weiten Aktivitäten in dieses Kapitel aufgenommen.

5.2 Das Anwendungsfenster steuern

Mit dem Anwendungsfenster soll hier die Anwendung selbst gemeint sein, soweit es ihre äußere Erscheinung betrifft. Dazu zählen unter anderem auch die Titelleiste, die Statuszeile und der Anzeigemodus (ganzer Bildschirm etc.).

Größe und Position des Fensters

Größe und Position des Anwendungsfensters steuern Sie mit den folgenden Eigenschaften, die unmittelbar dem Application-Objekt zugeordnet sind (nicht in Access):

Height	bestimmt die Höhe des Anwendungsfensters in Bildschirmpunkten.
Left	bestimmt den Abstand des Anwendungsfensters vom linken Rand.
Top	bestimmt den Abstand des Anwendungsfensters vom oberen Rand.

Width	bestimmt die Breite des Anwendungsfensters.
WindowState	ermittelt oder bestimmt, wie das Fenster angezeigt wird (normal, minimiert oder maximiert). Für das Argument sind drei Konstanten vordefiniert.

Die Einstellungen für Größe und Position des Fensters können nur wirksam werden, wenn sich das Fenster im Normal-Modus befindet, also beispielsweise nicht maximiert ist. Die Eigenschaft WINDOWSTATE muß daher zunächst auf den Wert „Normal" gesetzt werden:

```
Sub Fenster_einstellen()
    Application.WindowState = wdWindowStateNormal
    Application.Left = 50
    Application.Top = 50
    Application.Height = 300
    Application.Width = 400
End Sub
```

Etwas problematisch sind die vordefinierten Konstanten der WindowState-Eigenschaft. Diese tragen in alle Office-Anwendungen unterschiedliche Bezeichnungen, weil sie der jeweiligen Anwendungsbibliothek (Word, Excel etc.) entstammen. Unser Beispiel funktioniert daher nur in Word. Unter Excel müssen Sie die Konstante XLNORMAL einsetzen.

Anwendung ermitteln

Wenn Sie Programm-Code erzeugen, der unter verschiedenen Anwendungen laufen soll, können Sie über eine If- oder Case-Struktur auch anwendungsspezifische Code-Sequenzen erzeugen. Nur der jeweils passende Code wird dann ausgeführt. Für die Ermittlung der Anwendung ist die Name-Eigenschaft des Application-Objekts zuständig:

```
If Application.Name = "Microsoft Word" Then ...
```

Die vorstehende Zeile prüft beispielsweise, ob der Programm-Code in einer Word-Umgebung ausgeführt wird.

Weitere Application-Eigenschaften

Auch die nachfolgend aufgelisteten Eigenschaften dienen der Gestaltung. Wir haben uns dabei auf Eigenschaften beschränkt, die Sie hauptsächlich in Word oder Excel finden.

Caption	ermittelt oder bestimmt die Anzeige in der Titelleiste des Anwendungsfensters. CAPTION finden Sie in allen Office-Anwendungen.
DisplayScrollBars	ermittelt oder bestimmt, ob Bildlaufleisten eingeblendet werden. Diese Eigenschaft ist in Word und Excel verfügbar.

5.2 Das Anwendungsfenster steuern

DisplayStatusBar	ermittelt oder bestimmt, ob die Statuszeile angezeigt wird (Word und Excel).
DisplayFullScreen (Excel)	ermittelt oder bestimmt, ob die Anwendung im Vollbildmodus angezeigt wird. Diese Eigenschaft ist nur in Excel verfügbar. Der Vollbildmodus in Word wird über die Eigenschaft FULLSCREEN gesteuert, die dem View-Objekt zugeordnet ist.

Das folgende Makro zeigt einige Einstellungen für das Word-Application-Objekt. Im Word-Kapitel finden Sie weitere Einstellungen, die dann dem View-Objekt zugeordnet sind.

```
Sub Word_einstellen()
   Application.Caption = "Mein Dokument"
   Application.DisplayScrollBars = True
   Application.DisplayStatusBar = True
End Sub
```

Das folgende Makro zeigt die Verwendung einiger Application-Eigenschaften für Excel. Beachten Sie, daß in der Regel das Application-Objekt angegeben werden muß, weil einige Eigenschaften, etwa CAPTION, auch für andere Objekte definiert sind:

```
Sub Excel_einstellen()
   Application.Caption = "Ausgaben buchen"
   Application.DisplayFormulaBar = False       'nur Excel
   Application.DisplayFullScreen = True        'nur Excel
   Application.DisplayScrollBars = False
End Sub
```

Beim Ausprobieren der verschiedenen Eigenschaften werden Sie sicher bemerken, daß sich einige Einstellungen nicht miteinander vertragen. Das gilt beispielsweise für DISPLAYFULL-SCREEN und WINDOWSTATE. Wenn WINDOWSTATE auf xlNormal gesetzt ist (= freischwebendes Fenster), kann DISPLAYFULLSCREEN nicht gleichzeitig den Wert TRUE (ganzer Bildschirm) erhalten.

Das Window-Objekt

In Word, Excel und PowerPoint, nicht jedoch in Access, steht auch noch das Window-Objekt zur Verfügung. Damit steuern Sie das Dokumentfenster, nicht das Anwendungsfenster. Die wichtigsten Eigenschaften und Methoden zeigt die folgende Übersicht:

Activate	aktiviert das angegebene Fenster.
Caption	ermittelt oder bestimmt den Fenstertitel (nicht den Titel der Anwendung).

Close	schließt das angegebene Fenster.
Height / Width	ermitteln oder bestimmen die Höhe und Breite eines Fensters.
Left / Top	ermitteln oder bestimmen den Abstand des Fensters zum linken bzw. oberen Rand des sichtbaren Bereichs. LEFT und TOP setzen voraus, daß das Fenster nicht maximiert ist (WindowState-Eigenschaft).
NewWindow	erzeugt eine Kopie des angegebenen Fensters.
Panes	gibt einen Fensterausschnitt oder eine Auflistung von Ausschnitten zurück. In Excel und PowerPoint können Sie das Fenster horizontal und vertikal teilen, in Word nur horizontal.
Visible	ermittelt oder bestimmt, ob ein Fenster ein- oder ausgeblendet ist.
WindowState	ermittelt oder bestimmt den Fensterzustand. In den einzelnen Office-Anwendungen sind dafür unterschiedliche Konstanten definiert.

Den Fensterzustand ermitteln

Das folgende Makro ermittelt die Zustände einiger Fenstereigenschaften: Eigenschaften wie HEIGTH und WIDTH machen aber nur Sinn, wenn das aktive Fenster nicht maximiert ist.

```
Sub Fensterzustand()
  MsgBox ActiveWindow.Caption, , "Fenstertitel"
  MsgBox ActiveWindow.Height, , "Fensterhöhe"
  MsgBox ActiveWindow.Width, , "Fensterbreite"
End Sub
```

Die hier verwendete Zugriffseigenschaft ACTIVEWINDOW ist dem Application-Objekt zugeordnet und gibt das gerade aktive Fenster (ein Windows-Objekt) zurück. Der Zugriff auf ein Fensterobjekt bzw. dessen Eigenschaften und Methoden wird häufig so erfolgen, daß Sie zunächst ein Dokument oder eine Arbeitsmappe aktivieren. Damit wird automatisch auch das betreffende Fenster aktiviert. Anschließend referenzieren Sie das Fenster mit ACTIVEWINDOW.

Fenstergröße und Fensterposition bestimmen

Das folgende Word-Makro aktiviert zunächst das Dokument DOKUMENT1 und bestimmt dann Größe und Position des Fensters.

```
Sub Dokumentfenster_einstellen()
  Documents("Dokument1").Activate
  With ActiveWindow
    .WindowState = wdWindowStateNormal
```

5.2 Das Anwendungsfenster steuern

```
    .Top = 20
    .Left = 20
    .Height = 300
    .Width = 400
  End With
End Sub
```

Beachten Sie, daß das Fenster nicht minimiert und nicht maximiert sein darf. Deshalb ist vor der Bestimmung von Position und Größe die Zeile

```
ActiveWindow.WindowState = wdWindowStateNormal    'nur Word
```

erforderlich. Das Fenster wir dann freischwebend dargestellt, so daß es mit der Maus positioniert und skaliert werden kann. WINDOWSTATE wirkt auf alle Fenster innerhalb des Application-Objekts (in Excel und PowerPoint), nicht nur auf das gerade aktive Fenster. Word weicht von dieser Regel jedoch ab. Dokument- und Application-Fenster sind hier nahezu identisch. Jedes Fenster, auch wenn es zum gleichen Dokument gehört, erscheint folglich als eigenständiger Task in der Windows Taskleiste.

Neue Fenster erzeugen

Ein neues Fenster erhalten Sie mit der Methode NEWWINDOW. Dabei wird kein neues Dokument erstellt, sondern lediglich ein neues Fenster für das angegebene Dokument (bzw. die Arbeitsmappe oder Präsentation). Die Methode entspricht daher der Menüoption FENSTER/ NEUES FENSTER. Die Syntax lautet:

```
Objekt.NewWindow
```

Mit OBJEKT ist beispielsweise ein Window-Objekt gemeint. Die folgende Zeile genügt, um ein neues Fenster für das aktuelle Dokument zu erzeugen:

```
ActiveWindow.NewWindow
```

Das Fenster erhält jedoch einen leicht veränderten Titel, den Sie mit der Eigenschaft CAPTION abfragen können:

```
MsgBox ActiveWindow.Caption
```

Das zweite Fenster wird zusätzlich zum Dokumentnamen mit einer Nummer gekennzeichnet. Aus der Bezeichnung DOKUMENT1 wird DOKUMENT1:2 (in Excel: MAPPE1:2). Sind mehrere Fenster geöffnet, haben Sie drei Möglichkeiten, auf ein Fenster zuzugreifen:

```
ActiveWindow...             'das gerade aktive Fenster
Windows(1)...               'Index in der Windows-Auflistung
Windows("Dokument1:1")...   'Dokumentname plus Fensternummer
```

Da ein Fenster eigentlich keinen Namen hat, wird in der dritten Zeile der Wert der Caption-Eigenschaft verwendet. Ein Fenster, hier das zweite Fenster von DOKUMENT1, aktivieren Sie mit der folgenden Zeile:

```
Windows("Dokument1:2").Activate
```

Ein zusätzliches Fenster werden Sie verwenden, um beispielsweise Bereiche aus verschiedenen Abschnitten eines Dokuments oder aus mehreren Tabellenblättern einer Arbeitsmappe gleichzeitig anzeigen zu lassen.

Fenster schließen

Ein Fenster schließen Sie mit der Methode CLOSE. Dabei wird zunächst nur das betreffende Fenster geschlossen, nicht unbedingt das Dokument oder die Arbeitsmappe. Folglich erhalten Sie auch keine Sicherheitsabfrage angezeigt. Das gilt jedoch nur, wenn es sich dabei um eines von mindestens zwei offenen Fenstern des Dokuments oder der Arbeitsmappe handelt. Schließen Sie das einzige bzw. letzte noch offene Fenster, wird damit auch das Dokument selbst geschlossen. Wenn zuvor noch Änderungen vorgenommen wurden, erhalten Sie die übliche Sicherheitsabfrage angezeigt.

5.3 Das FileSearch-Objekt

Zur Office-Bibliothek gehört unter anderem das FileSearch-Objekt, das Sie daher in jedem Office-Modul nutzen können. FILESEARCH ermöglicht die gezielte Suche nach bestimmten Dateien. Das Objekt erhalten Sie über die gleichnamige Eigenschaft, die für das Application-Objekt definiert ist. Um im aktuellen Arbeitsverzeichnis nach einer bestimmten Datei zu suchen, genügen bereits die folgenden Zeilen:

```
With Application.FileSearch
    .NewSearch
    .FileName = "Seite01.htm"
    If .Execute > 0 Then
       MsgBox .FoundFiles(1)
    End If
End With
```

Wird die gesuchte Datei gefunden, gibt FOUNDFILES diese inklusive des Pfades aus. Statt den Dateinamen nur mit MSGBOX auszugeben, können wir diesen auch gleich einer Variablen zuweisen. Diese Variable kann dann als Argument der Open-Methode dienen, die beispielsweise für Dokumente und Arbeitsmappen definiert ist. Die Bedeutung der oben verwendeten und weiterer Eigenschaften und Methoden zeigt folgende Übersicht:

5.3 Das FileSearch-Objekt

Execute	führt die Dateisuche aus und liefert die Zahl der gefundenen Dateien zurück. Wird keine passende Datei gefunden, liefert die Methode den Wert 0.
Filename	ermittelt oder bestimmt das Suchmuster. Die Eigenschaft erwartet keine Pfadangabe.
FileType	ermittelt oder bestimmt einen auf MS-Office abgestimmten Bereich von Dateitypen. Die Typangabe erfolgt über vordefinierte Konstanten. Setzen Sie beispielsweise die Konstante für Word-Dokumente ein, wird unter anderem nach Dateien mit den Endungen DOC und HTM gesucht. Bei Verwendung von FILETYPE dürfen Sie für FILENAME keine Dateierweiterung angeben. Die Eigenschaft FILETYPE wird sonst nicht berücksichtigt.
FoundFiles	liefert die Liste der gefundenen (mit dem Suchmuster übereinstimmenden) Dateien. Auf die von FOUNDFILES gelieferte Liste läßt sich die Count-Eigenschaft anwenden, so daß Sie auch die Zahl der gefundenen Dateien ermitteln können. Über ein Indexargument kann auf einzelne Dateinamen zugegriffen werden. FOUNDFILES gibt dann den kompletten Namen mit Pfadangabe aus.
LookIn	ermittelt oder bestimmt das Verzeichnis (den Pfad), in welchem die Suche beginnen soll. Wenn Sie auf LOOKIN verzichten, wird im aktuellen Arbeitsverzeichnis gesucht.
NewSearch	setzt alle zuvor definierten Suchkriterien zurück.
SearchSubFolders	bestimmt, ob auch in untergeordneten Verzeichnissen gesucht werden soll (TRUE).

Das folgende Beispiel ermittelt alle HTML-Dateien im Ordner „C:\Dokumente" und in den zugehörigen Unterordnern:

```
Sub Dateien_suchen()
   temp = ""
   With Application.FileSearch
      .NewSearch
      .LookIn = "C:\Dokumente"
      .SearchSubFolders = True
      .FileName = "*.htm"
      If .Execute > 0 Then
         For Each Datei In .FoundFiles
```

```
            temp = temp & Datei & Chr(13)
         Next
         MsgBox temp
      End If
   End With
End Sub
```

FILESEARCH konkurriert mit der VBA-Funktion DIR, die ebenfalls für die Dateisuche verwendet werden kann.

5.4 InputBox und MsgBox

VBA verfügt über zwei Allzweck-Dialoge, mit denen sich Meldungen ausgeben, Abfragen nach dem Ja/Nein- bzw. OK/Abbruch-Schema definieren und Eingaben anfordern lassen. Den MsgBox-Dialog haben wir in seiner einfachsten Form schon häufig verwendet. Für die Eingabe von Werten ist INPUTBOX zuständig. Beide Funktionen werden Sie sehr häufig benötigen.

MsgBox

MSGBOX ist eine Funktion für die Ausgabe von Meldungen und die Abfrage von vordefinierten Entscheidungen. Die Syntax hat folgende Form:

```
MsgBox (Prompt[,Buttons][,Title][,Helpfile][,Context])
```

In der einfachsten Form genügt das Argument PROMPT, das aus einem beliebigen Text oder Ausdruck bestehen kann. Die nachfolgenden Zeilen liefern gültige Beispiele:

```
MsgBox "Die Eingabe ist unzulässig!"
MsgBox Nettobetrag * 0.16
MsgBox Now()
MsgBox Var1 = Var2
```

In diesen Fällen haben wir MSGBOX als Anweisung verwendet. Argumentklammern sind dann nicht erforderlich. MSGBOX kann jedoch auch komplexere Aufgaben übernehmen und zudem einen Rückgabewert liefern. Die dafür vorgesehenen optionalen Argumente haben folgende Bedeutung:

Buttons   ist ein kombinierter Wert, der Anzahl und Art der im Dialog angebotenen Schalter bestimmt.

Title   steht für die Titelbeschriftung des MsgBox-Dialogs und kann aus einem beliebigen Ausdruck bestehen.

5.4 InputBox und MsgBox

Helpfile bezeichnet eine Hilfedatei, die einen kontextbezogenen Hilfetext enthalten kann. Wenn Sie dieses Argument verwenden, muß auch das Argument CONTEXT angegeben werden.

Context bezeichnet einen numerischen Ausdruck, dem ein Hilfethema in der angegebenen Hilfedatei zugeordnet ist.

Das Argument BUTTONS bestimmt nicht nur die Anzahl und Art der Schalter, sondern auch das Verhalten des Dialogs. Der Wert des Arguments kann sich aus maximal vier Konstanten zusammensetzen. Die erste Konstante bestimmt Zahl und Art der Schalter, die zweite das angezeigte Symbol, die dritte den vorgewählten Schalter und die vierte das sogenannte Modalverhalten. Um den Argumentwert zu bilden, addieren Sie die Konstanten oder die entsprechenden Werte. Die folgende Übersicht listet Konstanten und Werte auf:

Konstante	Wert	Bedeutung
vbOKOnly	0	erzeugt einen OK-Schalter (Voreinstellung).
vbOKCancel	1	erzeugt OK- und Abbruch-Schalter.
vbAbortRetryIgnore	2	erzeugt die Schalter ABBRECHEN, WIEDERHOLEN und IGNORIEREN.
vbYesNoCancel	3	erzeugt die Schalter JA, NEIN und ABBRECHEN.
vbYesNo	4	erzeugt die Schalter JA und NEIN.
vbRetryCancel	5	erzeugt die Schalter WIEDERHOLEN und ABBRECHEN.
vbMsgBoxHelpButton	16384	erzeugt den Schalter HILFE.

Symbolanzeige im Dialog

vbCritical	16	Stop-Symbol
vbQuestion	32	Fragezeichen-Symbol
vbExclamation	48	Ausrufezeichen-Symbol
vbInformation	64	Info-Symbol

Voreingestellter Schalter

vbDefaultButton1	0	Der erste Schalter ist vorgewählt (aktiv).
vbDefaultButton2	256	Der zweite Schalter ist vorgewählt.

Konstante	Wert	Bedeutung
vbDefaultButton3	512	Der dritte Schalter ist vorgewählt.

Modalverhalten des Dialogs

vbApplicationModal	0	Die Anwendung kann nur fortgesetzt werden, wenn der Benutzer den MsgBox-Dialog beendet. Andere Anwendungen sind jedoch weiterhin zugänglich.
vbSystemModal	4096	Alle Anwendungen werden angehalten, bis der Benutzer den MsgBox-Dialog schließt.

Wollen Sie beispielsweise einen MsgBox-Dialog mit Ja/Nein-Schaltern und dem Stopsymbol erzeugen, wobei der Nein-Schalter vorgewählt sein soll, können Sie das Button-Argument alternativ wie folgt bilden:

```
vbYesNo + vbCritical + vbDefaultButton2
4 + 16 + 256
276
```

Für das letzte Beispiel haben wir die Werte einfach nur addiert. Damit verkürzt sich zwar die Länge des Arguments ganz erheblich, Sie können aber nicht mehr erkennen, wie der MsgBox-Dialog aufgebaut ist. In diesem Fall sollten Sie unbedingt einen Kommentar anfügen, der die Funktion des Dialogs beschreibt.

Rückgabewerte verwenden

Sobald Sie mehrere Schalter verwenden, werden Sie auch den Rückgabewert auswerten wollen. Die möglichen Werte zeigt die folgende Liste:

Schalter	Rückgabewert	Konstante
OK	1	vbOK
Abbrechen	2	vbCancel
Abbruch	3	vbAbort
Wiederholen	4	vbRetry
Ignorieren	5	vbIgnore
Ja	6	vbYes
Nein	7	vbNo

5.4 InputBox und MsgBox

Sie könnten das Button-Argument, wie in den früheren Beispielen gezeigt, ohne Argumentklammern verwenden. Die Auswertung des Rückgabewertes, also die Verwendung der MsgBox-Funktion in einem Ausdruck, erfordert jedoch die Funktionsschreibweise. Sie müssen dann Argumentklammern setzen. Das folgende Beispiel zeigt die Zuweisung des Rückgabewertes an eine Variable:

```
Temp = MsgBox("Arbeitsmappe schließen?", 4 + 32 + 256 + 0, "")
```

Wir haben hier das Button-Argument durch einen Ausdruck gebildet. Natürlich wäre dabei die Addition des Wertes 0 nicht erforderlich gewesen. Diese Schreibweise erleichtert aber das Lesen des Textes. Beachten Sie auch das Argument TITLE. Wir haben dafür einen Leerstring ("") verwendet, weil VBA sonst den Titel der Anwendung (beispielsweise: MICROSOFT WORD) ausgibt. Der Rückgabewert befindet sich nach Ausführung der Zeile in der Variablen TEMP. Diese Variable kann nun ausgewertet werden:

```
If Temp = vbYes Then
```

oder:

```
If Temp = 6 Then
```

Beide Zeilen sind identisch, nur daß wir für das erste Beispiel die Konstante und für das zweite den entsprechenden Wert als Vergleichswert genommen haben. Den Umweg über eine Variable können wir uns jedoch ersparen, indem wir dafür gleich die MsgBox-Funktion einsetzen. Ein komplettes Excel-Makro hätte dann folgende Form:

```
Sub Arbeitsmappe_schliessen()
    If MsgBox("Mappe schließen?", 4+32+256+0, "") = vbYes Then
        ActiveWorkbook.Close
    End If
End Sub
```

Vor dem Start des Makros sollten Sie eine andere Arbeitsmappe laden oder eine neue erstellen. Sie schließen sonst eventuell die Mappe, die auch das Makro enthält. Das Makro können Sie auch in Word testen, wenn Sie ACTIVEWORKBOOK durch ACTIVEDOCUMENT ersetzen.

Zeilenumbrüche im Meldetext

Die angezeigte Meldung kann maximal 1024 Zeichen umfassen. Läßt sich ein Meldetext nicht mehr in einer Zeile darstellen, sorgt die MsgBox-Funktion automatisch für einen Zeilenumbruch. Sie können den Umbruch jedoch steuern, indem Sie Zeilenumbrüche einfügen. Dazu verwenden Sie die Funktion CHR, die das zu einem ASCII-Wert gehörende Zeichen ermittelt. Für Zeilenumbrüche ist das Zeichen mit dem ASCII-Wert 13 zuständig. Da es sich hier um ein Steuerzeichen handelt, wird kein Zeichen ausgegeben, sondern die damit verbundene Funktion, eben der Zeilenumbruch, ausgelöst. Die folgende Zeile zeigt den Aufbau des Prompt-Arguments:

```
MsgBox "Die Eingabe" & Chr(13) & "ist unzulässig!"
```

Wenn Ihnen der Abstand zwischen den beiden Ausgabezeilen zu gering erscheint, fügen Sie die Chr-Funktion nochmals ein:

```
MsgBox "Die Eingabe" & Chr(13) & Chr(13) & "ist unzulässig!"
```

Das gleiche Ergebnis erhalten Sie, wenn Sie anstelle des ASCII-Wertes 13 den Wert 10 (Zeilenvorschub) in die Chr-Funktion einsetzen.

VBA-Konstanten für die Manipulation von Strings

VBA verfügt über eine Unzahl vordefinierter Konstanten, die Sie anstelle bestimmter Werte im Code verwenden können. Sehr viele davon haben wir schon in früheren Kapiteln vorgestellt. Nachfolgend finden Sie noch einige Konstanten, die recht häufig benötigt werden. Die folgenden Konstanten stehen nicht für einen numerischen Wert, sondern für bestimmte Steuerzeichen:

vbCr	ersetzt das Steuerzeichen für den Zeilenrücklauf.
vbLf	ersetzt das Steuerzeichen für den Zeilenvorschub.
vbCrLf	ersetzt die Steuerzeichen für Zeilenrücklauf und Zeilenvorschub.
vbNewLine	ersetzt alternativ je nach Plattform die Steuerzeichen für Zeilenrücklauf und Zeilenvorschub oder nur für Zeilenrücklauf.
vbTab	ersetzt das Tabulator-Steuerzeichen.

Die Konstante VBCR ersetzt folglich die Funktion CHR(13), also nicht nur den ASCII-Wert 13. Um damit innerhalb einer MsgBox-Meldung einen Zeilenumbruch zu erzielen, ist die Chr-Funktion nicht mehr erforderlich.

```
MsgBox "erste Zeile" & vbCr & "zweite Zeile"
```

Um plattformunabhängigen Code zu erzeugen, sollten Sie aber besser die Konstante VBNEWLINE verwenden. Sie müssen sich dann nicht mehr darum kümmern, unter welchem Betriebssystem Ihre VBA-Anwendung läuft.

InputBox

INPUTBOX existiert in zwei Versionen: als VBA-Funktion und als Excel-Methode. Nur die VBA-Funktion ist in allen Anwendungen verfügbar. Die Funktion hat folgende Syntax:

```
InputBox(Prompt [,Title] [,Default] [,xPos] [,yPos]
                [,HelpFile, Context])
```

Die meisten Argumente entsprechen denen der Funktion MSGBOX. Hinzugekommen sind das Argumente DEFAULT, das für die Vorbelegung der Eingabezeile steht, und die Argumente XPOS und YPOS, welche die Position des Dialogs in Bezug auf die obere linke Bildschirmecke bestimmen. Das folgende Beispiel zeigt die Anwendung:

```
Sub InputBox_Test()
   Text = "Bitte nur Zahl eingeben!"
   Titel = "Eingabe"
Eingabe:
   Wert = 0
   Wert = InputBox(Text, Titel, Wert)
   If Not IsNumeric(Wert) Then GoTo Eingabe
End Sub
```

Da wir auf die Argumente XPOS und YPOS verzichtet haben, wird der InputBox-Dialog auf dem Bildschirm zentriert angezeigt.

5.5 Assistent und Sprechblasen verwenden

Sie können Ihre Anwendung mit einem kompletten Hilfesystem ausstatten. Dazu benötigen Sie jedoch den Hilfe-Compiler, der nicht in den einfachen Office-Versionen enthalten ist. Zumindest die Assistenten, also Karl Klammer und Konsorten, lassen sich auch so zur Mitarbeit bewegen. Zuständig sind die Klassen ASSISTANT und BALLOON, die zur Office-Bibliothek gehören und daher in allen Office-Modulen zur Verfügung stehen. Für ein Assistent-Objekt sind unter anderem folgende Eigenschaften und Methoden definiert:

Animation	bestimmt die Art der Animation. VBA definiert für diese Eigenschaft eine große Zahl von Konstanten.
Left	ermittelt oder bestimmt den Abstand des Assistenten vom linken Bildschirmrand in Punkten. Der Assistent ist nicht an das jeweilige Anwendungsfenster gebunden.
Move	verschiebt den Assistenten an eine andere Position.
MoveWhenInTheWay	ermittelt oder bestimmt, ob der Assistent automatisch verschoben wird, wenn er bei der Eingabe von Daten im Wege ist.
NewBalloon	erzeugt ein neues Ballon-Objekt (eine Sprechblase).

Sounds	ermittelt oder bestimmt, ob die Animation von Klängen begleitet wird.
Top	ermittelt oder bestimmt den Abstand des Assistenten vom oberen Bildschirmrand in Punkten.
Visible	ermittelt oder bestimmt, ob der Assistent angezeigt wird.

Mit dem Assistenten allein werden Sie nicht viel anfangen können. Zwar läßt er sich mit den Zeilen

```
Assistant.On = True
Assistant.Visible = True
```

einblenden und mit den oben vorgestellten Eigenschaften und Methoden manipulieren, sinnvoll wird der Assistent erst, wenn er Informationen oder Auswahlmöglichkeiten anbietet. Sie benötigen daher noch eine Sprechblase, also ein Balloon-Objekt.

Sprechblasen erzeugen

Die wichtigste Eigenschaft ist NEWBALLON. Um Karl Klammer mit einer minimalen Sprechblase auf den Bildschirm zu bringen, sind die folgenden Zeilen erforderlich:

```
Dim Karl As Object
Set Karl = Assistant.NewBalloon
Karl.Show
```

Die Show-Methode gehört eigentlich schon zum Balloon-Objekt. Um nun auch Text und Steuerelemente verwenden zu können, müssen wir das Balloon-Objekt manipulieren. Dafür bieten sich unter anderem folgende Eigenschaften und Methoden an:

BalloonType	bestimmt den Typ der Sprechblase (Buttons, Bullets oder Nummern). Wählen Sie die Option BUTTONS (Voreinstellung), können die einzelnen Optionen vom Anwender angeklickt werden. Das Ergebnis läßt sich dann auswerten.
Button	bestimmt den Typ der angezeigten Schalter (OK, Abbrechen etc.).
Heading	bestimmt den Text der Überschrift.
Icon	ermittelt oder bestimmt den Symboltyp, der in der Sprechblase angezeigt wird.
Labels	bestimmt über einen Index die den einzelnen Schaltern, Bullets oder Nummern zugeordneten Texte.
Mode	bestimmt den Modus der Sprechblase.

5.5 Assistent und Sprechblasen verwenden

Show   zeigt den Assistenten und die Sprechblase an.

Text   bestimmt den Text zwischen Überschrift (Heading) und Aufzählung (Labels).

Eine Sprechblase kann drei verschiedene Textelemente enthalten: Die Überschrift (HEADING), einen freien Text (TEXT) und mehrere Aufzählungspunkte (LABELS). Das folgende Beispiel verwendet alle drei Elemente:

```
Dim Karl As Balloon
Set Karl = Assistant.NewBalloon
Karl.Heading = "Überschrift"
Karl.Text = "Thema erläutern"
Karl.Labels(1).Text = "Aufzählung1"
Karl.Labels(2).Text = "Aufzählung2"
Karl.Show
```

Mit LABELS erhalten wir ein BallonLabel-Objekt, auf das sich wieder die Text-Eigenschaft anwenden läßt. Beachten Sie, daß der Assistent angeschaltet sein muß (ASSISTANT.ON = TRUE). Andernfalls erscheinen weder Karl Klammer noch die Sprechblase.

Labels-Auswahl auswerten

Für den Sprechblasentyp, eigentlich den Typ der Labels-Auflistung, können Sie zwischen Buttons, Bullets und Nummern wählen. Dazu stehen Ihnen die folgenden drei Konstanten zur Verfügung:

- msoBalloonTypeButtons (Voreinstellung)
- msoBalloonTypeBullets
- msoBalloonTypeNumbers

Der erste Typ ermöglicht eine Interaktion mit dem Anwender. Dieser kann ein Element der Labels-Auflistung anklicken, woraufhin der Assistent geschlossen wird. Die Auswahl des Anwenders läßt sich abfragen. Dafür verwenden Sie den Rückgabewert der Show-Methode. Klickt der Anwender auf das erste Labels-Objekt, wird der Wert 1 retourniert, klickt er auf das zweite der Wert 2 usw. Betätigt der Anwender den OK-Schalter gibt SHOW den Wert -1 zurück. Die folgende Prozedur zeigt Aufbau und Auswertung:

```
Sub Karl_Klammer()
   Dim Karl As Object
   Set Karl = Assistant.NewBalloon
   Assistant.On = True
   Karl.BalloonType = msoBalloonTypeButtons
```

```
    Karl.Labels(1).Text = "Aufzählung1"
    Karl.Labels(2).Text = "Aufzählung2"
    Auswahl = Karl.Show
    If Auswahl > 0 Then
        MsgBox Karl.Labels(Auswahl).Text
    Else
        MsgBox Auswahl
    End If
End Sub
```

Die Zuweisung des Typs ist in diesem Fall eigentlich überflüssig, weil wir hier nur den ohnehin voreingestellten Typ gewählt haben.

Zusätzliche Schalter in Sprechblasen einfügen

Über die Eigenschaft BUTTONS lassen sich zusätzliche Schalter einfügen. Wenn Sie die folgende Zeile in das vorstehende Makro übernehmen, erzeugt diese drei Schalter (Abbrechen, Wiederholen, Ignorieren), die Sie ebenfalls mit der Show-Methode auswerten können:

```
Karl.Button = msoButtonSetAbortRetryIgnore
```

Als Rückgabe erhalten Sie in diesem Fall die Werte -8, -7 und -9. Für die Definition von Schaltern stehen unter anderem folgende Konstanten zur Verfügung:

msoButtonSetBackClose

msoButtonSetBackNextClose

msoButtonSetCancel

msoButtonSetOkCancel

msoButtonSetRetryCancel

Weitere Konstanten können Sie im Objektkatalog oder in der Online-Hilfe nachschlagen. Voreingestellt ist die Konstante MSOBUTTONSETOK (ein OK-Schalter).

Grafische Symbole einfügen

Mit der Eigenschaft ICON läßt sich ein Symbol in die Sprechblase einfügen. Sie können dazu Konstanten wie MSOICONALERT, MSOICONALERTCRITICAL, MSOICONALERTINFO oder MSOICONTIP verwenden. Unsere früheren Beispiele müßten dann um die folgende Zeile erweitert werden:

```
Karl.Icon = msoIconTip
```

Die Bezeichnung KARL steht hier für die weiter oben definierte Objektvariable, mit der wir auf ein Balloon-Objekt (nicht auf den Assistenten Karl Klammer) verweisen.

5.6 Was Sie noch wissen sollten

In diesem Unterkapitel stellen wir noch einige Sprachelemente vor, die Sie in allen vier Office-Anwendungen nutzen können, die aber nicht ganz so häufig benötigt werden. Dazu gehören die Sendkeys-Anweisung, die Shell-Funktion und die Format-Methode.

Die SendKeys-Anweisung

Mit der Anweisung SENDKEYS senden Sie eine Folge von Zeichen und Tasten-Codes an das gerade aktive Fenster. Die Codes werden dort wie die Betätigung der entsprechenden Tasten verarbeitet. SENDKEYS hat folgende Syntax:

```
SendKeys string [,wait]
```

Das Argument STRING steht für eine Zeichenfolge, welche die jeweiligen Tasten oder Tastenkombinationen bezeichnet. Das optionale Argument WAIT kann die Werte TRUE und FALSE annehmen. Bei TRUE wird die Programmausführung unterbrochen, bis die gesendete Tastenfolge abgearbeitet ist. Wenn Sie das Argument nicht verwenden, wird FALSE angenommen. In diesem Fall erfolgt die Fortsetzung des Programms, auch wenn die gesendete Tastenfolge noch bearbeitet wird. Ein Beispiel:

```
SendKeys "Alles OK" & "{ENTER}"
```

Möglich ist auch die folgende Schreibweise:

```
SendKeys "Alles OK {ENTER}"
```

Wenn Sie das betreffende Makro aus Word heraus aufrufen, sendet die Zeile einen Text an das Fenster des aktuellen Dokuments. Ist gerade eine Textstelle markiert, wird diese überschrieben. Anschließend wird ein neuer Absatz erzeugt, als ob Sie die Eingabetaste betätigt hätten. Starten Sie das Makro hingegen aus dem Visual Basic-Editor, wird der Text auch hier an der Cursor-Position ausgegeben. Entscheidend ist also, welches Fenster gerade aktiv ist. Im Gegensatz zur ActiveWindow-Eigenschaft ist hier wirklich das aktive Fenster gemeint, also gegebenenfalls auch das der Entwicklungsumgebung. Beim aktiven Fenster kann es sich aber auch um andere Windows-Programme handeln.

Wie Sie aus den Beispielzeilen ersehen, können Sie alphanumerische Zeichen direkt als Zeichenfolge in Anführungszeichen übergeben. Spezielle Zeichen und Funktionstasten müssen hingegen in geschweifte Klammern eingeschlossen und teilweise auch codiert werden. Die nachfolgende Liste zeigt die wichtigsten Codes:

Zeichen/Taste	Code
+	{+}
^	{^}
%	{%}
()	{()}

Zeichen/Taste	Code
[]	{[]}
Bild nach oben	{PGUP}
Bild nach unten	{PGDN}
Einfg	[INSERT]
Eingabe	{ENTER}
Ende	{END}
Entf	{DEL}
Esc	{ESC}
Nach links	{LEFT}
Nach rechts	{RIGHT}
Nach oben	{UP}
Nach unten	{DOWN}
Pos1	{HOME}
Rück	{BS}
Tabulator	{TAB}
Unterbrechung (Break)	{BREAK}
F1	{F1}
F2	{F2}
....	....

5.6 Was Sie noch wissen sollten

Für Tastenkombinationen sind die folgenden Codes erforderlich:

Taste	Code
Umschalt (Shift)	+
Strg	^
Alt	%

Die Tastenkombination STRG+END (in Excel: zur letzten noch genutzten Zelle gehen, in Word: zum Ende des Dokuments gehen) muß dann wie folgt übergeben werden:

```
SendKeys "^{END}"
```

Das Zeichen '^' wird hier nicht in geschweifte Klammern gesetzt, weil es nicht als einzelne Betätigung der betreffenden Taste interpretiert werden soll, sondern als Code für die Taste STRG. Die Code-Zeichen lassen sich auch kombinieren:

```
SendKeys "^+N"          'Strg+Umschalt+N
```

Benötigen Sie eine Tastenkombination mit anderen gleichzeitig zu drückenden Tasten, müssen diese in runden Klammern zusammengefaßt werden.

Die Anweisung SENDKEYS läßt sich besonders gut mit externen Anwendungen einsetzen. Das nachfolgende Beispiel öffnet zunächst das Windows-Programm WORDPAD, das Sie in der Zubehör-Gruppe finden, und gibt dann im WordPad-Dokument eine Adresse aus:

```
Sub WordPad_starten()
  temp= Shell("C:\PROGRA~1\ZUBEHÖR\WORDPAD.EXE", vbNormalFocus)
  SendKeys "Kunst {&} Kommerz GmbH {ENTER}", True
  SendKeys "Atelierstr. 17 {ENTER}", True
  SendKeys "22222 Hamburg {ENTER}", True
End Sub
```

Aus Gründen der Übersichtlichkeit haben wir hier drei SendKey-Zeilen verwendet. Eine einzige Anweisung hätte es aber auch getan. Eine Befehlszeile können Sie, wie früher schon gezeigt, mit einem Unterstrich unterbrechen und dann in der nächsten Zeile fortsetzen.

Das Wait-Argument verwenden

Beachten Sie auch das Wait-Argument, das wir hier auf den Wert TRUE gesetzt haben. Wenn dies unterbleibt, wird die Programmausführung fortgesetzt, bevor WordPad die gesendeten

Tastenanschläge verarbeiten kann. Da in diesem Fall die Programmfortsetzung darin besteht, die Sub zu beenden, wird wieder die Entwicklungsumgebung aktiviert. Ein Teil der Ausgabe erfolgt dann gegebenenfalls im VBA-Editor, so daß Sie den Programmtext danach kaum noch wiedererkennen. Obendrein schickt VBA gleich noch eine Fehlermeldung hinterher.

Starten Sie das Makro hingegen aus Word oder Excel, könnten Sie auf das Wait-Argument auch verzichten bzw. dieses auf FALSE setzen. Das unterschiedliche Verhalten hat damit zu tun, daß die VBA-Entwicklungsumgebung sich als Oberaufseher versteht und die Kontrolle bei der Ausführung von Makros nur für die Zeit der Programmausführung abgibt. Sobald das Makro abgearbeitet ist oder beispielsweise aufgrund eines Fehlers unterbrochen wird, reißt die Entwicklungsumgebung die Kontrolle wieder an sich.

Anwendungen mit Shell aufrufen

Ausführbare Programme wie beispielsweise Windows-WordPad oder Windows-Paint können aus Office-Anwendungen heraus mit der VBA-Funktion SHELL gestartet werden. Die Syntax lautet:

```
Shell(pathname[,windowstyle])
```

PATHNAME ist der Name eines ausführbaren Programms inklusive des Pfades. Sie können BAT-, COM-, EXE- und PIF-Dateien aufrufen. Das Argument WINDOWSTYLE steht für einen numerischen Wert vom Typ INTEGER. Dieser Wert bestimmt, wie das Programm erscheint, als normales, aktiviertes Fenster (1), minimiert (2), im Vollbildmodus (3), als normales, nicht aktiviertes Fenster (4) oder minimiert und nicht aktiviert (6).

Das folgende Beispiel können Sie, da es ein Argument erfordert, nicht direkt starten. Sie müssen es vielmehr aus einer anderen Prozedur heraus aufrufen:

```
Sub Aufruf(Anwendung As String)
    Select Case Anwendung
        Case "WordPad"
            temp = Shell("C:\Programme\Zubehör\WordPad.exe", 1)
        Case "Paint"
            temp = Shell("C:\Programme\Zubehör\MSPaint.exe", 1)
        Case "Explorer"
            temp = Shell("Explorer.exe", 1)
        Case "Rechner"
            temp = Shell("Calc.Exe", 1)
    End Select
End Sub
```

5.6 Was Sie noch wissen sollten

Eine Prozedur für den Aufruf der vorstehenden Prozedur kann beispielsweise wie folgt aussehen:

```
Sub Testaufruf()
    Aufruf "WordPad"
End Sub
```

Ist die eine oder andere Anwendung nicht auf Ihrem System installiert oder stimmen die Pfade nicht überein, erhalten Sie eine Fehlermeldung angezeigt.

Ausgabewerte mit FORMAT formatieren

Für die Darstellung von Werten in Excel-Tabellen können Sie spezielle Format-Codes verwenden. In Word oder in MsgBox-Dialogen lassen sich sehr ähnliche Formatierungen realisieren, wenn Sie dafür die Format-Funktion einsetzen. FORMAT hat folgende Syntax:

```
Format(Ausdruck, Format, FirstDayOfWeak, FirstWeekOfYear)
```

Mit AUSDRUCK ist ein beliebiger Ausdruck gemeint, der einen numerischen Wert, ein Datum, eine Zeichenkette oder einen logischen Wert erzeugt. Dieses Argument ist unbedingt erforderlich. Das optionale Argument FORMAT enthält entweder eine Formatangabe oder einen selbstdefinierten Format-Code.

Eigene Format-Codes erzeugen

Für numerische und Datumsausdrücke können Sie Format-Codes mit Hilfe von speziellen Formatzeichen erzeugen. Die folgende Prozedur zeigt Beispiele für zwei Datentypen:

```
Sub Ausgabe_formatieren()
    Ausdruck1 = Date
    Format_Code1 = "DDDD DD.MM.YYYY"
    MsgBox Format(Ausdruck1, Format_Code1)
    Ausdruck2 = 1234.567
    Format_Code2 = "#,##0.00"
    MsgBox Format(Ausdruck2, Format_Code2)
End Sub
```

Natürlich können Sie formatierte Ausdrücke nicht nur mit der MsgBox-Funktion ausgeben. Die folgenden Zeile schreibt das aktuelle Datum an der Cursor-Position in das gerade aktive Word-Dokument:

```
Selection.TypeText Format(Date, "DDDD DD.MMMM.YYYY")
```

Für Datumsformate sind die folgenden Format-Codes definiert:

D   Tag

M   Monat

Y   Jahr

Je nach Zahl der Format-Codes wird beispielsweise der Tag ausgeschrieben (Montag), abgekürzt (Mo) oder als ein- bzw. zweistellige Zahl ausgegeben. Das gilt grundsätzlich auch für den Monat. Beim Jahr haben Sie naturgemäß nur die Wahl zwischen einer zwei- und einer vierstelligen Angabe. Die Trennzeichen (Punkt, Leerzeichen, Schrägstrich etc.) müssen Sie selbst eingeben.

Zahlenformate

Für die Formatierung von Zahlen stehen unter anderem folgende Formatzeichen zur Verfügung:

0   Das Zeichen 0 steht für eine beliebige Ziffer. Enthält ein Format links vom Dezimalkomma mehr Formatzeichen als der Wert Ziffern, werden entsprechend viele Nullen davor gesetzt. Werte mit mehr Ziffern werden jedoch immer vollständig dargestellt. Rechts vom Komma wird gerundet, wenn weniger Formatzeichen als Ziffern zur Verfügung stehen. Sind mehr Formatzeichen vorhanden, werden zusätzliche Nullen ausgegeben.

Das Nummernzeichen vertritt ebenfalls beliebige Ziffern. Sind jedoch mehr Formatzeichen als Ziffern vorhanden, werden keine führenden Nullen ausgegeben. Rechts vom Komma wird wieder gerundet, wenn weniger Formatzeichen als Ziffern zur Verfügung stehen.

Die folgenden Beispiele demonstrieren die unterschiedliche Wirkung der beiden Formatzeichen:

Ausdruck	Format	Ergebnis
1.2	00.000	01,200
1.2	##.###	1,2

Dezimalkomma und Tausenderpunkt

Im letzten Makro haben wir den Format-Code "#,##0.00" verwendet. Das Komma steht hier für den Tausenderpunkt und der Punkt für das Dezimalkomma. Bei der Ausgabe wird diese Vertauschung berücksichtigt und korrigiert.

6 Word-Programmierung

6.1 Hinweise zum Kapitel

Obwohl WinWord eine umfassende Programmierung erlaubt – praktisch alle Funktionen sind per VBA-Code zugänglich – werden Sie nur noch wenige funktionale Lücken finden, die sich mit VBA-Code füllen lassen. Die Möglichkeiten der Textmanipulation sind schon so weit entwickelt und inzwischen auch so komfortabel, daß sich hier kaum noch Verbesserungen denken lassen. Funktionale Erweiterungen sind noch im Bereich der Anbindung von Datenbanken (Literaturdatenbank, Adressenverwaltung etc.) denkbar.

Auch die Gestaltung von Formularen auf Basis von Word-Dokumenten bietet vielfältige Möglichkeiten, VBA-Code einzusetzen. Auf die Formulargestaltung gehen wir in Kapitel 11 ein. In diesem Kapitel konzentrieren wir uns auf Word-Dokumente und alles, was sich darin an Text, Tabellen und Grafiken unterbringen läßt.

6.2 Die Word-Objektstruktur

Das Word-Objektmodell ist sehr komplex. Abbildung 6.1 zeigt daher nur einen sehr begrenzten Ausschnitt des Modells. Wir haben uns zudem auf einen speziellen Teil der Hierarchie konzentriert, weil dieser im Mittelpunkt des vorliegenden Kapitels stehen wird.

```
Application
 ├─Dialogs
 ├─Documents
 │  └─Document
 │      └─Range
 ├─...
 ├─Selection
 └─Templates
```

Abb. 6.1: Ein vereinfachtes und verkürztes Word-Objektmodell

Aus der abgebildeten Objekthierarchie läßt sich schon der Pfad zu einem beliebigen Zeichen innerhalb eines Dokuments ableiten. Mit der Zeile

```
MsgBox Application.Documents(1).Range(Start:=0, End:=1)
```

erhalten wir beispielsweise das erste Zeichen des ersten geöffneten Dokuments angezeigt. Natürlich werden wir in diesem Kapitel auch auf das Selection-Objekt eingehen. Hinzu kommen einige Objekte, die wir in Abbildung 6.1 noch unterschlagen haben, die Tables- und Frames-Auflistungen beispielsweise und das sehr wichtige Paragraph-Objekt.

6.3 Word-Dokumente

Alle geöffneten Word-Dokumente (die Document-Objekte) sind in der Documents-Auflistung enthalten. Mit der folgenden Prozedur können Sie die Namen ermitteln:

```
Sub Dokumente_ausgeben()
    For Each doc In Documents
        MsgBox doc.Name
    Next
End Sub
```

Wichtiger als die Eigenschaft NAME, die den Namen eines Objekts in der Auflistung zurückgibt, sind die Documents-Methoden ADD, OPEN und CLOSE. Damit erzeugen, öffnen oder schließen Sie Dokumente.

Neue Word-Dokumente erzeugen

Mit ADD fügen Sie der Documents-Auflistung ein neues Dokument hinzu. Die Methode hat folgende Syntax:

```
Add(Template ,NewTemplate) As Object
```

Mit TEMPLATE (Typ STRING) ist eine bestehende Vorlage gemeint, mit der das neue Dokument erstellt werden soll. In der Regel ist hier der vollständige Pfad anzugeben. NEWTEMPLATE bestimmt, ob das neue Dokument als Vorlage (TRUE) oder normales Dokument erzeugt wird. Beide Argumente sind optional. Verzichten Sie auf das erste Argument, wird die Standardvorlage (NORMAL.DOT) verwendet. Die Zeile

```
Documents.Add
```

reicht bereits aus. Das neue Dokument wird automatisch mit einem Namen versehen (DOKUMENT1, DOKUMENT2 etc.), den Sie gleich bei der Erzeugung einer Variablen zuweisen oder mit der MsgBox-Funktion ausgeben können:

```
temp = Documents.Add.Name
```

Der Name läßt sich für die Referenzierung des Dokuments verwenden. Wenn Sie das Dokument im Programmtext noch benötigen, ist die Zuweisung an eine Objektvariable aber sinnvoller. Das folgende Beispiel zeigt Zuweisung und Verwendung:

6.3 Word-Dokumente

```
Sub Dokument_erzeugen()
   Dim MeinDok As Document
   Set MeinDok = Documents.Add
   MeinDok.Activate
   MsgBox MeinDok.Name
End Sub
```

Die in der vorletzten Zeile vorgesehene Aktivierung des neuen Dokuments funktioniert nur, wenn Sie das Makro aus Word heraus aufrufen (EXTRAS/MAKRO/MAKROS...). Andernfalls übernimmt die Entwicklungsumgebung gleich wieder die Kontrolle.

Geöffnete Dokumente referenzieren

Wenn wir die Verwendung einer Objektvariablen hinzunehmen, haben wir vier Möglichkeiten, ein geöffnetes Dokument zu referenzieren. Ein Dokument mit dem Namen DOKUMENT4 läßt sich dann alternativ wie folgt ansprechen:

```
Documents(1)...
Documents("Dokument4")...
Objektvariable...
ActiveDocument...
```

Die erste Zeile setzt voraus, daß es sich bei dem betreffenden Dokument um das erste der Auflistung handelt. Die letzte Zeile erfordert, daß unser Dokument gerade angewählt (aktiv) ist.

Hinweis: Ein bereits unter einem eigenen Namen gespeichertes Dokument besitzt in der Regel auch eine Dateierweiterung (.DOC). Trifft das zu, muß bei Verwendung des Namens auch diese Erweiterung angegeben werden.

Dokumente öffnen und schließen

Ein bestehendes Dokument öffnen Sie mit der Methode OPEN. Die Methode hat folgende Syntax:

```
Objekt.Open(FileName, ConfirmConversions, ReadOnly, _
            AddToRecentFiles, PasswordDocument, _
            PasswordTemplate, Revert, WritePasswordDocument, _
            WritePasswordTemplate, Format)
```

Wichtig ist zunächst nur das Argument FILENAME. Alle anderen Argumente sind optional. Mit der folgenden Zeile öffnen Sie ein Dokument mit der Bezeichnung TEST.DOC, sofern es sich im aktuellen Arbeitsverzeichnis befindet:

```
Documents.Open ("Test.doc")
```

Ist das nicht der Fall, müssen Sie den kompletten Pfad angeben. Von den übrigen Argumenten sind besonders die folgenden von Interesse:

ReadOnly	bestimmt, ob das Dokument im Nur-lese-Modus (schreibgeschützt) geöffnet werden soll (TRUE).
AddToRecentFiles	bestimmt, ob das Dokument in der Liste der zuletzt geöffneten Dateien im Menü DATEI erscheinen soll (TRUE).
PasswordDocument	enthält das Paßwort zum Öffnen des Dokuments.

Dokumente manipulieren

Für die Manipulation geöffneter Dokumente, beispielsweise das Speichern oder Schließen, stehen Ihnen unter anderem die folgenden Eigenschaften und Methoden zur Verfügung. Diese sind nicht mehr der Auflistung DOCUMENTS, sondern dem einzelnen Document-Objekt zugeordnet:

Activate	aktiviert das Dokument.
Close	schließt das Dokument. Wurde das Dokument noch nicht unter einem eigenen Namen gespeichert, wird auf Anfrage der Speichern-unter-Dialog angezeigt. Der Anwender kann hier einen Namen eingeben.
FullName	ermittelt den Namen eines Dokuments inklusive des Pfades. Die Eigenschaft NAME erzeugt hingegen nur den Dokumentnamen mit der Dateierweiterung.
IsMasterDocument IsSubDocument	Die beiden Eigenschaften ermitteln, ob es sich beim betreffenden Dokument um ein Zentral- oder Filialdokument handelt. Die Eigenschaften liefern dann den Wahrheitswert TRUE.
Path	ermittelt, soweit ein Dokument bereits gespeichert wurde, den Pfad des Speicherorts (Laufwerk und Ordner).
PrintOut	druckt das Dokument.
PrintPreview	schaltet ein Dokument in die Seitenansicht.
Protect	schützt ein Dokument mit einem Paßwort vor Änderungen. Bestimmte Änderungen können dabei zugelassen werden.
ReadOnly	ermittelt, ob das Dokument schreibgeschützt ist.
Save	speichert ein bereits unter einem eigenen Namen gespeichertes Dokument. Soll ein neues Dokument mit SAVE gespeichert werden, wird der Speichern-unter-Dialog geöffnet.

SaveAs speichert ein neues (noch unbenanntes) Dokument oder speichert ein bereits gespeichertes Dokument unter einem neuen Namen.

Saved ermittelt, ob ein Dokument seit der letzten Änderung schon gespeichert wurde.

Dokumente speichern

Die Methode SAVE kommt ohne Argument aus, weil sie der erneuten Speicherung dient. Sie entspricht der Menüoption DATEI/SPEICHERN. SAVEAS dient dem erstmaligen Speichern und enthält daher eine lange Argumentliste. Die folgende Syntaxbeschreibung gibt nur die wichtigsten davon wieder:

```
SaveAs(FileName, FileFormat)
```

Die übrigen Argumente können Sie in der Online-Hilfe unter dem Stichwort SAVEAS nachschlagen. FILENAME bezeichnet den Dateinamen, unter welchem das Dokument gespeichert werden soll. Wenn Sie nur einen Dateinamen angeben, speichert VBA das Dokument im aktuellen Arbeitsverzeichnis. Die Dateierweiterung (DOC) wird, wenn Sie darauf verzichten, ebenfalls automatisch vergeben. Das optionale Argument FILEFORMAT bestimmt, in welchem Format das Dokument abgelegt wird. Sie können hier unter anderem folgende Konstanten einsetzen:

wdFormatDocument

wdFormatDOSText

wdFormatRTF

wdFormatText

Wenn Sie im Argument FILENAME keine Dateierweiterung angeben, wird diese gegebenenfalls durch das Argument FILEFORMAT bestimmt. Die Verwendung der Konstanten WDFORMATRTF erzeugt dann eine Datei mit der Endung RTF. Weil die zwei hier aufgeführten Argumente in dieser Reihenfolge der Methode zugeordnet sind, ist auch die erste der folgenden Zeilen zulässig:

```
ActiveDocument.SaveAs "Test", wdFormatRTF
ActiveDocument.SaveAs FileName:="Test", Fileformat:=wdFormatRTF
```

Sicherer sind aber benannte Argumente, wie wir sie für die zweite Zeile verwendet haben.

Hinweis: Ein bereits bestehendes Dokument gleichen Namens wird ohne Warnung überschrieben. Sie sollten daher unbedingt prüfen, ob bereits eine gleichnamige Datei existiert.

ACTIVEDOCUMENT versus THISDOCUMENT

Wie schon beschrieben, erhalten Sie mit ACTIVEDOCUMENT das gerade aktive (angezeigte) Dokument. Ein Dokument erreichen Sie aber auch noch mit der Bezeichnung THISDOCUMENT. Damit ist das Dokument gemeint, das den gerade ausgeführten Programm-Code (das VBA-Modul) enthält. Programm-Code, der die Eigenschaft ACTIVEDOCUMENT verwendet, ist unabhängig vom Dokument, in dem der Code enthalten ist und damit universell einsetzbar. Erst zur Laufzeit entscheidet sich, auf welches Dokument er wirkt. THISDOCUMENT sollten Sie nur verwenden, wenn Sie sicher sind, daß Sie nur das zugehörige Dokument manipuliert wollen.

6.4 Zugriff auf Dokumentinhalte

Als Dokumentinhalt wollen wir in diesem Unterkapitel nur Text verstehen. Auf andere Objekte, etwa Tabellen, Rahmen, Hyperlinks, Fußnoten oder Textmarken, werden wir später eingehen.

Range-Objekt versus Selection-Objekt

Bei der manuellen Bearbeitung eines Dokuments verwenden Sie in der Regel markierte (selektierte) Bereiche. Auch von VBA aus können Sie darauf zugreifen. Entweder markieren Sie die Stellen per VBA-Code selbst oder lassen dies durch den Anwender erledigen. Um bestimmte Textstellen zu bearbeiten, ist es aber nicht unbedingt erforderlich, diese vorher zu markieren. VBA bietet Ihnen zu diesem Zweck das sogenannte Range-Objekt an, das für einzelne Zeichen, Wörter, Absätze oder auch das ganze Dokument stehen kann.

Bci der Bearbeitung von Text haben Sie also grundsätzlich zwei Möglichkeiten: Sie können mit markiertem Text, dem sogenannten Selection-Objekt, oder mit unmarkiertcm Text, dem Range-Objekt, arbeiten. So sind die beiden folgenden Zeilen funktional gleichwertig, wenn zufällig der Text von Zeichen 90 bis Zeichen 120 selektiert ist:

```
ActiveDocument.Range(90, 120).Font.Bold = True
Selection.Font.Bold = True
```

Auf das Selection-Objekt kommen wir später noch zurück. Zunächst wollen wir die zahlreichen Möglichkeiten des Range-Objekts erkunden. Wie Sie aus den vorstehenden Beispielen vielleicht schon entnommen haben, benötigt die Zugriffsmethode RANGE zwei Argumente. Mit dem ersten Argument (START) bestimmen Sie das erste und mit dem zweiten (END) das letzte Zeichen des Range-Bereichs. Beachten Sie, daß es sich bei den Argumenten eigentlich nicht um Zeichen, sondern um Textpositionen handelt. Das erste Zeichen erhalten Sie also mit den beiden Argumentwerten 0 und 1. Die folgende Anweisung berarbeitet die ersten drei Zeichen des gerade aktiven Dokuments:

```
ActiveDocument.Range(Start:=0, End:=3).Bold = True
```

6.4 Zugriff auf Dokumentinhalte

In diesem Fall haben wir auch benannte Argumente verwendet. Range-Objekte liefert aber nicht nur RANGE selbst. Mit den folgenden Zugriffseigenschaften erhalten Sie ebenfalls Range-Objekte:

Characters(n) erlaubt den Zugriff auf einzelne Zeichen eines Dokuments bzw. eines markierten oder benannten Bereichs. Als Zeichen gelten auch Leerzeichen, Punkte, Kommata und Absatzendezeichen.

Words(n) erlaubt den Zugriff auf einzelne Wörter eines Dokuments bzw. eines markierten oder benannten Bereichs. Als Wörter gelten auch einzeln stehende Buchstaben sowie Punkte, Kommata und Absatzendezeichen.

Sentences(n) erlaubt den Zugriff auf einzelne Sätze eines Dokuments bzw. eines markierten oder benannten Bereichs. Ein Satz endet mit einem Zeilenumbruch, auch wenn er nicht durch einen Punkt abgeschlossen wird.

Unter bestimmten Bedingungen ähnlich verhalten sich auch Paragraph- und Section-Objekte, deren Auflistungen Sie mit den folgenden Eigenschaften erhalten:

Paragraphs(n) erlaubt den Zugriff auf die Absätze eines Dokuments.

Sections(n) erlaubt den Zugriff auf die Abschnitte eines Dokuments.

Das Argument (n) steht für den Index des Wortes, des Satzes, des Absatzes oder des Abschnitts in der jeweiligen Auflistung. Die Zählung beginnt mit dem Wert 1. Die Eigenschaft CHARACTERS ermöglicht wie RANGE den Zugriff auf einzelne Zeichen. So erzeugen die folgenden Zeilen das gleiche Ergebnis:

```
ActiveDocument.Characters(10).Bold = True
ActiveDocument.Range(9, 10).Bold = True
```

Sie weisen dem 10. Zeichen das Schriftattribut FETT zu. Sinnvoller sind Eigenschaften wie WORDS oder SENTENCES, weil sie sich auf ganze Wörter oder Sätze beziehen. Die Eigenschaft PARAGRAPHS ist sogar sehr wichtig, weil Sie damit ein zentrales Element der Textformatierung, den Absatz, ansprechen.

Auflistungen für Selection-, Range- und Document-Objekte

Die fünf Auflistungen, die wir oben vorgestellt haben, sind für Selection-, Range- und Document-Objekte definiert. Das ist nicht ganz folgenlos, wenn es darum geht, bestimmte Elemente der Auflistungen anzusprechen. So beziehen sich die folgenden Zeilen keineswegs auf das gleiche Wort:

```
MsgBox ActiveDocument.Words(4).Text
MsgBox Selection.Words(4).Text
MsgBox ActiveDocument.Range(120, 300).Words(4).Text
```

Entscheidend ist, welches Ausgangsobjekt wir verwenden. Die erste Zeile meint das vierte Wort des Dokuments. Die zweite Zeile bezieht sich hingegen auf das vierte Wort des gerade markierten Bereichs. Und die letzte Zeile ermittelt das vierte Wort zwischen den Zeichenpositionen 120 und 300 des Dokuments. Sie müssen also darauf achten, welche Auflistungen Sie verwenden.

Hinweis: In der Literatur bzw. der Online-Hilfe können Sie eventuell unterschiedliche Angaben zur Verwendung der hier behandelten Zugriffscigenschaften finden. Es ist durchaus möglich, daß im Objektpfad auch die Zugriffsmethode RANGE ohne Argumente auftaucht. Die folgenden Zeilen sind daher gleichwertig:

```
ActiveDocument.Words(1).Font.Size = 15
ActiveDocument.Range.Words(1).Font.Size = 15
```

Wir werden im nachfolgenden Text immer nur die verkürzte Schreibweise verwenden.

Da Sie mit den oben vorgestellten Eigenschaften Auflistungen erhalten, lassen sich teilweise auch wieder die üblichen Methoden und Eigenschaften, beispielsweise COUNT, darauf anwenden. Die Eigenschaft COUNT ist schon deshalb relativ wichtig, weil das Programm mit einer Fehlermeldung abbricht, wenn Sie versuchen ein nicht vorhandenes Auflistungselement anzusprechen. Ist kein Text markiert (oder nur ein Text mit weniger als vier Wörtern), gilt das beispielsweise für die folgende Zeile:

```
MsgBox Selection.Words(4).Text
```

Mit der folgenden Konstruktion prüfen Sie, ob die beabsichtigte Operation ausführbar ist, ob also mindestens vier Wörter markiert sind:

```
If Selection.Words.Count >= 4 Then
   MsgBox Selection.Words(4).Text
End If
```

Range-Objekte manipulieren

Wir haben nebenbei schon gezeigt, wie Sie die Schriftattribute eines Range-Objekts ändern können. Das Objekt bietet aber noch entschieden mehr Eigenschaften und Methoden, mit denen sich Zeichen, Wörter, Sätze und Absätze manipulieren lassen. Nur die wichtigsten haben wir nachfolgend aufgelistet:

Bold   ermittelt oder bestimmt, ob die Schrifft eines Range-Objekts mit dem Attribut FETT dargestellt wird.

Borders   liefert ein Border-Objekt, über das sich Umrandungen einstellen lassen.

6.4 Zugriff auf Dokumentinhalte

Copy, Cut, Delete	kopiert den Text eines Range-Objekts in die Zwischenablage (COPY, CUT), schneidet diesen aus (CUT) oder löscht ihn (DELETE).
Font	liefert ein Font-Objekt, über das sich die Schriftattribute einstellen lassen.
InsertAfter /InserBefore	fügt Text nach oder vor einem Range-Objekt ein.
Move	verschiebt das auf die Start- oder Endposition reduzierte Objekt um die angegebene Zahl von Einheiten (Zeichen, Wörter, Sätze etc.).
Select	markiert das angegebene Range-Objekt.
Text	enthält den Text des Range-Objekts. In der Regel werden Sie diese Eigenschaft nicht angeben müssen, weil es sich um die voreingestellte Eigenschaft des Range-Objekts handelt, die VBA automatisch annimmt, wenn keine andere Eigenschaft angegeben ist. Über die Eigenschaft TEXT können Sie Text auch zuweisen. Der Range-Bereich wird dann überschrieben.

Das Font-Objekt – Schriftattribute ändern

Standardattribute wie Fettschrift oder Kursiv (ITALIC) können Sie direkt mit den entsprechenden Eigenschaften des Range-Objekts ändern. Für weitergehende Manipulationen müssen Sie aber das Font-Objekt bemühen, das Sie mit Hilfe der Font-Eigenschaft erhalten. Die folgenden Zeilen ändern einige Attribute des vierten Wortes im aktiven Dokument:

```
ActiveDocument.Words(4).Font.Name = "Arial"
ActiveDocument.Words(4).Font.Size = 14
ActiveDocument.Words(4).Font.Underline = wdUnderlineDouble
```

Über das Font-Objekt erreichen Sie nicht nur die üblichen Attribute wie Schrift (NAME), Schriftgröße (SIZE) und Unterstreichen, sondern auch speziellere Eigenschaften wie SUBSCRIPT und SUPERSCRIPT. Welche Eigenschaften für das Font-Objekt noch zur Verfügung stehen, zeigt die folgende Übersicht:

ColorIndex	ermittelt oder bestimmt den Farbwert der Schrift. Sie können hier Konstanten wie WDAUTO, WDBLACK, WDRED, WDDARKBLUE etc. einsetzen. Die Konstanten werden Ihnen vom Editor wie üblich automatisch angeboten, sobald Sie nach der Eigenschaft das Gleichheitszeichen setzen. Die Eigenschaft erwartet bestimmte Indexwerte. Sie können dafür keine Farbwerte einsetzen, wie sie beispielsweise die RGB-Funktion erzeugt.
Hidden	ermittelt oder bestimmt, ob ein Range-Objekt versteckt ist. Die Eigenschaft muß dann den Wert TRUE erhalten. Ein verstecktes (unsichtbares) Textobjekt kann weiterhin über seine Position angesprochen werden.

Shadow   ermittelt oder bestimmt, ob ein Range-Objekt schattiert dargestellt wird. Die Eigenschaft kann drei Zustände annehmen (TRUE, FALSE und unbestimmt).

Scaling   ermittelt oder bestimmt einen Skalierungsgrad in Prozent der aktuellen Schriftgröße (SIZE). Der Eigenschaftswert kann zwischen den Werten 1 und 600 variieren.

Spacing   ermittelt oder bestimmt den Zeichenabstand in Punkt.

Zu den Eigenschaften, die wie SHADOW drei Zustände annehmen können, gehören auch BOLD (Fettschrift) und ITALIC (Kursiv). Der unbestimmte Zustand ergibt sich daraus, daß ein Range-Objekt unterschiedlich formatierte Zeichen enthalten kann. Ist nur ein Teil der Zeichen mit dem Attribut FETT ausgezeichnet, kann die Eigenschaft nicht TRUE oder FALSE liefern. Den Zustand der Unbestimmtheit können Sie mit der Konstanten WDUNDEFINED abfragen:

```
If ActiveDocument.Sentences(1).Bold = wdUndefined Then ...
```

Auch beim Setzen der genannten Attribute können Sie unter drei Optionen wählen: Wenn Sie die Eigenschaft auf TRUE oder FALSE setzen, werden die entsprechenden Attribute ein- oder ausgeschaltet. Weisen Sie den Eigenschaften die Konstante WDTOGGLE zu, wechselt das Attribut. Eine zuvor fette Schrift wird wieder normal dargestellt und umgekehrt.

RESET – alle harten Attribute zurücksetzen

Alle bisher vorgestellten Formatierungen waren sogenannte „harte Formatierungen". Damit ist jede Attributzuweisung gemeint, die nicht über Vorlagen erfolgt. In der Regel ändern Sie eine harte Formatierung, indem Sie dem betreffenden Textobjekt andere Attribute zuweisen. Wenn Sie sehr viele Textstellen auf diese Weise formatieren, dürfte das jedoch sehr umständlich werden. In der Regel ist daher die Formatierung per Formatvorlage unbedingt vorzuziehen. Wir werden später darauf zurückkommen. Sie können aber alle harten Formatierungen zurücknehmen, wenn Sie auf das betreffende Textobjekt die Reset-Methode anwenden. Das Objekt erhält dann wieder die Attribute zugewiesen, die der zugehörigen Formatvorlage zugrundeliegen. Die folgende Zeile stellt die ursprünglichen Attribute des zweiten Satzes wieder her:

```
ActiveDocument.Sentences(2).Font.Reset
```

Die Zurücksetzung bezieht sich auf Schrift (NAME), Größe (SIZE) und die verschiedenen Schriftausprägungen wie fett, kursiv etc.

Das ganze Dokument durchlaufen

Da wir es bei CHARACTERS, WORDS und SENTENCES mit Auflistungen zu tun haben, die für alle Zeichen, Wörter oder Sätze eines Dokuments stehen, können wir das ganze Dokument in For Each-Schleifen durchlaufen und dabei einzelne Zeichen, Wörter oder Sätze manipulieren. Das folgende Beispiel verwendet die Words-Auflistung:

6.4 Zugriff auf Dokumentinhalte

```
For Each Wort In ActiveDocument.Words
   If Trim(Wort.Text) = "Schiller" Then
      Wort.Characters(1).Font.Size = 15
      Wort.Characters(1).Bold = True
   End If
Next
```

In der Schleife vergleichen wir jedes Wort mit dem Begriff „Schiller". Bei Übereinstimmung erhält der erste Buchstabe des Wortes die Schriftgröße 15 Punkte und die Textauszeichnung Fett (BOLD) zugewiesen. Beachten Sie, daß wir den Wert der Eigenschaft TEXT „trimmen" mußten, weil TEXT auch das auf ein Wort folgende Leerzeichen ausgibt.

Hinweis: Die Aussage, daß unser vorstehendes Beispiel das ganze Dokument durchsucht, stimmt nur bedingt. Eigentlich wird nur der Haupttext durchsucht. Fußnotenbereiche, Kommentare etc. bleiben unberücksichtigt. Wir werden später zeigen, wie Sie über STORYRANGES auf die einzelnen Komponenten eines Dokuments zugreifen.

Borders – Umrandungen für Textobjekte

BORDER liefert wie FONT zunächst ein Objekt zurück, auf das sich dann eine Unzahl Eigenschaften und Methoden anwenden läßt. Eine kleine Auswahl haben wir nachfolgend aufgelistet:

Enable   erzeugt einen einfachen Rahmen (TRUE) oder entfernt diesen wieder (FALSE).

OutsideColorIndex   setzt die Farbe des Rahmens. Zulässig sind nur vorgegebene Farbindizes (Konstanten). Sie können keine Farben über die RGB-Funktion zuweisen.

OutsideLineStyle   setzt den Rahmenstil. Die Zuweisung erfolgt über vordefinierte Konstanten.

OutsideLineWidth   bestimmt die Stärke des Rahmens.

Mit den folgenden Anweisungen fügen Sie dem dritten Wort des aktiven Dokuments eine wellenförmige Umrandung hinzu.

```
With ActiveDocument.Words(3).Borders
   .Enable = True
   .OutsideLineStyle = wdLineStyleSingleWavy
   .OutsideColorIndex = wdRed
End With
```

Das Beispiel funktioniert aber auch mit Textbereichen (RANGE), einzelnen Zeichen (CHARACTERS), Sätzen (SENTENCES) und Absätzen (PARAGRAPHS). Beachten Sie, daß nicht alle Linienstile mit allen Linienstärken kombinierbar sind. Im besten Fall reagiert VBA nicht auf eine unpassende Kombination. Oft erhalten Sie jedoch eine Fehlermeldung angezeigt. Im Zweifelsfall kann es sinnvoll sein, die Kombination zunächst auszuprobieren. BORDERS erzeugt alle vier Seiten eines Rahmens. Für die Unterstreichung können Sie entweder Font-Eigenschaften oder die Range-Eigenschaft UNDERLINE verwenden:

```
ActiveDocument.Words(4).Underline = wdUnderlineWavy
```

Um eine Unterstreichungsfarbe zuzuweisen, müssen Sie sogar das Font-Objekt verwenden. Zuständig ist die Font-Eigenschaft UNDERLINECOLOR:

```
ActiveDocument.Words(4).Font.UnderlineColor = wdColorRed
```

Absätze mit Rahmenobjekten ausstatten

BORDERS liefert nicht nur ein komplettes Rahmen-Objekt, sondern ein Auflistungsobjekt, das sich aus verschiedenen Rahmenteilen zusammensetzt. Diese Unterteilung ist jedoch nur bei Absätzen und Abschnitten (bzw. Seiten) möglich. Dazu müssen Sie für BORDERS einen Indexwert verwenden. Sobald Sie die erste Argumentklammer eingeben, können Sie unter den folgenden Konstanten wählen:

- wdBorderBottom
- wdBorderLeft
- wdBorderRigth
- wdBorderLeft

Die Auswahlliste zeigt noch weitere Konstanten an, etwa für Innenlinien. Für Absätze kommen Sie jedoch mit den vorgenannten Konstanten aus. Um beispielsweise den zweiten Absatz mit einem linken und einem unteren Rahmenelement auszustatten, sind folgende Zeilen erforderlich:

```
With ActiveDocument.Paragraphs(2)
    .Borders(wdBorderLeft).LineStyle = wdLineStyleEmboss3D
    .Borders(wdBorderBottom).LineStyle = wdLineStyleEmboss3D
    .Borders(wdBorderLeft).ColorIndex = wdRed
End With
```

Dem linken Rahmteil haben wir im vorstehenden Beispiel auch noch die Farbe ROT zugewiesen. Sie können auch die Rahmenstärke (LINEWIDTH) bestimmen. Hier gilt aber wieder, daß nicht alle Stile (LINESTYLE) und Stärken zusammenpassen. Einen Teilrahmen entfernen Sie, indem Sie der Eigenschaft LINESTYLE die Konstante WDLINESTYLENONE zuweisen.

6.4 Zugriff auf Dokumentinhalte

Beachten Sie auch die unterschiedlichen Bezeichnungen der Eigenschaften: Wird die Borders-Auflistung als Ganzes behandelt, verwenden Sie beispielsweise OUTSIDELINESTYLE. Für einzelne Rahmenelemente ist LINESTYLE zuständig.

MOVE – Range-Objekte reduzieren und verschieben

Nicht ganz einfach zu verstehen ist die Methode MOVE. Damit verschieben Sie nicht etwa ein Textobjekt. Vielmehr verändert MOVE die Position und Ausdehnung des betreffenden Range-Objekts. Das Range-Objekt schrumpft auf die von der Start- oder Endposition vorgegebene Position. Diese wird dann gegebenenfalls noch durch einen Versatzwert verschoben. Diese neue Position kann für weitere Operationen genutzt werden, beispielsweise um Text mit einem Versatz auf das ursprüngliche Range-Objekt einzugeben. Die Methode hat folgende Syntax:

```
Objekt.Move(Unit, Count)
```

Mit UNIT ist die Einheit gemeint, mit der die Position verschoben werden solle. Als Einheiten kommen Zeichen, Wörter Sätze usw. in Frage. VBA definiert dafür Konstanten wie WDCHARACTER, WDWORD, WDSENTENCE, WDPARAGRAPH, WDSECTION usw. Das Argument COUNT steht für die Anzahl dieser Einheiten. Da MOVE das Range-Objekt selbst verändert, müssen wir eine Objektvariable verwenden, um das Range-Objekt nach der Anwendung von MOVE noch nutzen zu können.

```
Dim MeinText As Object
Set MeinText = ActiveDocument.Words(2)
MeinText.InsertAfter ("<< Vorher >>")
MsgBox MeinText.Move(wdWord, 5)
MeinText.InsertAfter ("<< Nachher >>")
```

Obwohl wir für beide Einfügeoperationen mit INSERTAFTER das gleiche Range-Objekt (die gleiche Objektvariable) verwenden, wird der zweite Text fünf Wörter nach dem ursprünglichen Range-Objekt (hier das zweite Wort des Textes) eingefügt.

Texteingabe

Die Methoden INSERTAFTER und INSERTBEFORE haben wir schon nebenbei kennengelernt. Damit fügen Sie Text unmittelbar vor oder nach dem Range- oder Selection-Objekt ein. Der Text wird als Argument der Methode übergeben. Für RANGE (und SELECTION) sind aber noch weitere Insert-Methoden definiert:

InsertAutoText	prüft den Text im oder am Range-Objekt auf Übereinstimmung mit einem Autotextnamen und ersetzt diesen gegebenenfalls durch den betreffenden Autotext. Die Anwendung ist jedoch problematisch, weil die Programmausführung bei Nichtübereinstimmung mit einer Fehlermeldung abbricht.

InsertBreak	fügt einen Zeilen-, Seiten-, Spalten- oder Abschnittswechsel in den Text ein (keinen neuen Absatz). Das Range-Objekt wird dabei ersetzt. Wenn Sie auf das Argument verzichten, wird ein Zeilenumbruch durchgeführt.
InsertParagraph	ersetzt das Range-Objekt durch einen neuen Absatz (eine harte Zeilenschaltung).

Beachten Sie, daß INSERTBREAK und INSERTPARAGRAPH ein Range- (oder Selection-) Objekt ersetzen, also praktisch löschen. Wenn Sie das verhindern wollen, müssen Sie das Range-Objekt auf eine Eingabeposition reduzieren. Start- und Endposition sind dann identisch (RANGE(5,5), RANGE(22,22)). Statt INSERTPARAGRAPH können Sie aber auch die Methoden INSERTPARAGRAPHBEFORE und INSERTPARAGRAPHAFTER verwenden. Damit erzeugen Sie neue Absätze (harte Zeilenumbrüche), ohne das jeweilige Range- oder Selection-Objekt zu ersetzen.

Die folgenden zwei Zeilen fügen am Anfang des Dokuments zunächst ein Autotext-Fragment ("eilzu") ein und wandeln dieses dann in den zugehörigen Autotext (hier EILZUSTELLUNG) um:

```
ActiveDocument.Range(0, 0).InsertBefore "eilzu " & Chr(13)
ActiveDocument.Range(1, 1).InsertAutoText
```

Beachten Sie auch die Funktion CHR(13). Damit erzeugen wir nach der Einfügung einen neuen Absatz.

Das Selection-Objekt

SELECTION dient zur Abfrage eines markierten Bereichs aber auch zur Markierung selbst. Ist kein Text markiert, steht SELECTION für den Cursor bzw. die Cursor-Position. Da SELECTION ähnlich wie RANGE einen bestimmten Textbereich liefert, können Sie praktisch alle Eigenschaften und Methoden anwenden, die wir im vorstehenden Text besprochen haben. Die Zeile

```
MsgBox Selection.Text
```

zeigt den gerade markierten Bereich an. Wenn kein Bereich markiert ist, erhalten Sie natürlich auch nur einen Leerstring angezeigt. Da TEXT die Standardeigenschaft ist, können Sie diese eigentlich auch weglassen. Beachten Sie, daß SELECTION nicht dem Document-Objekt zugeordnet ist, sondern dem Window- bzw. Application-Objekt.

Text an der Cursor-Position eingeben

SELECTION steht auch für den Cursor bzw. die Cursor-Position. Sie werden SELECTION daher auch verwenden, wenn Sie beispielsweise per Programm-Code an der Cursor-Position Text eingeben oder den Text an der Cursor-Position manipulieren wollen. Dafür stehen unter anderem die folgenden Methoden zur Verfügung:

6.4 Zugriff auf Dokumentinhalte

TypeBackspace	löscht das Zeichen links von der Cursor-Position.
TypeParagraph	fügt eine harte Zeilenschaltung (einen neuen Absatz) an der Cursor-Position ein.
TypeText	fügt Text an der Cursor-Position ein.

Nur TYPETEXT erwartet ein Argument: den einzufügenden Text. Die folgende Zeile zeigt die Verwendung:

```
Selection.TypeText "Neuer Text"
Selection.TypeParagraph
```

Den Zeilenumbruch, den wir hier mit TYPEPARAGRAPH erzielen, hätten wir auch durch Erweiterung des TypeText-Arguments realisieren können. Das Argument müßten wir dann mit der Funktion CHR(13) verketten ("Neuer Text" & Chr(13)).

Den Selection-Typ ermitteln

Da SELECTION nicht nur für selektierte Textobjekte zuständig ist, sondern auch für Grafiken, Rahmen, Tabellen und andere Objekte, kann es gelegentlich erforderlich sein, vor einer Operation zu prüfen, welches Objekt oder ob überhaupt eines selektiert ist. Die Abfrage erfolgt mit der Eigenschaft TYPE:

```
If Selection.Type = wdSelectionNormal Then
   Selection.Font.Italic = True
Else
   MsgBox "Kein Text selektiert."
End If
```

Ohne die Prüfung würde die Zuweisung von Font-Attributen eventuell eine Fehlermeldung auslösen. Das trifft beispielsweise zu, wenn gerade ein mit den Zeichenwerkzeugen erstelltes Grafikobjekt selektiert ist. Für die Prüfung sind unter anderem folgende Konstanten definiert:

wdSelectionIP	Text-Cursor, keine Selektion
wdSelectionNormal	selektierter Textbereich
wdSelectionShape	selektiertes Grafikobjekt (Bitmap oder Zeichnungsobjekt)
wdSelectionColumn	selektierte Spalte einer Word-Tabelle
wdSelectionRow	selektierte Zeile einer Word-Tabelle

Eventuell müssen Sie auch noch prüfen, zu welchem Textteil ein Selection-Objekt gehört. Word unterscheidet hier zwischen Haupttext, Fußnoten, Kopfzeile usw. Für diese Prüfung ist die Eigenschaft STORYTYPE zuständig. Ob beispielsweise das aktuelle Selection-Objekt zum Haupttext gehört, können Sie mit der Konstanten wdMAINTEXTSTORY feststellen. Wir werden später noch auf die einzelnen Komponenten eines Dokuments eingehen.

Anfangs- und Endposition eines selektierten Textbereichs ermitteln

Mit den Eigenschaften START und END ermitteln Sie Anfang und Ende des selektierten Bereichs. Mit beiden Eigenschaften können Sie aber auch den Selektionsbereich ändern. Setzen Sie START oder END auf einen neuen Wert, wird der Selektionsbereich entsprechend ausgeweitet oder eingeschränkt. Die folgende Zeile ermittelt Anfang und Ende des gerade selektierten Bereichs:

```
MsgBox Selection.Start & " bis " & Selection.End
```

Hinweis: Wenn wir SELECTION wie im vorstehenden Text verwenden, beziehen wir uns immer auf das gerade aktive Fenster (ein Window-Objekt). Sind mehrere Fenster geöffnet, müssen Sie eventuell auch das Fenster benennen:

```
Windows(2).Selection.Start
```

Textbereiche selektieren (markieren)

Den gesamten Textinhalt (Haupttext) des gerade aktiven Dokuments markieren Sie mit der folgenden Anweisung:

```
ActiveDocument.Select         'oder: ActiveDocument.Range.Select
```

Um einen Textbereich zu selektieren, können Sie auf ein beliebiges Range-Objekt die Methode SELECT anwenden. Sie können aber auch gleich ein Selection-Objekt verwenden und den Selektionsbereich dann mit SETRANGE bestimmen. Die folgenden zwei Zeilen sind daher in ihrer Wirkung gleichwertig:

```
ActiveDocument.Range(3, 30).Select
Selection.SetRange 3, 30
```

Einzelne Wörter, Sätze oder Absätze selektieren Sie, indem Sie das Range-Objekt mit WORDS, SENTENCES oder PARAGRAPHS bilden und dann die Methode SELECT darauf anwenden. Wollen Sie das Wort, den Satz oder den Absatz an der Cursor-Position selektieren oder eine bestehende Selektion erweitern, können Sie die Methode EXPAND verwenden. Die Methode erwartet ein Argument, das den Typ der Erweiterung angibt. Die folgende Zeile selektiert das Wort an der Cursor-Position bzw. erweitert die Selektion auf ganze Wörter:

```
MsgBox Selection.Expand(wdWord)
```

Waren vorher beispielsweise zwei Wörter teilweise selektiert, so sind diese nun vollständig markiert. Für das Argument können Sie vordefinierte Konstanten wie WDSENTENCE, WDPARA-

GRAPH und andere einsetzen. Die Methode gibt die Zahl der Zeichen zurück, um die das Selection-Objekt erweitert wurde. In unserem Beispiel geben wir den Rückgabewert mit MSGBOX aus.

Einzelne Zeichen gezielt selektieren

Mit RANGE oder CHARACTERS können Sie im Prinzip jedes Zeichen des Dokuments erreichen. Um aber beispielsweise das erste Zeichen des zweiten Wortes im dritten Satz zu selektieren, müssen Sie die Zeichenposition vom Beginn des Dokuments an ermitteln. Einfacher erfolgt der Zugriff über die Hierarchie der Auflistungen. Mit der Zeile:

```
ActiveDocument.Sentences(3).Words(2).Characters(1).Select
```

selektieren Sie gezielt das erste Zeichen des zweiten Wortes im dritten Satz. Etwas lang wird die Anweisung, wenn wir auch noch das Paragraph-Objekt bemühen:

```
ActiveDocument.Paragraphs(2).Range.Sentences(2).Words(2). _
Characters(1).Select
```

Die vorstehende Zeile markiert das erste Zeichen des zweiten Wortes im zweiten Satz des zweiten Absatzes. Beachten Sie das eingefügte RANGE. Damit erhalten wir für den Absatz ein Range-Objekt. Dieser Umweg ist nötig, weil die Auflistung SENTENCES nicht für Paragraph-Objekte definiert ist.

Selektion aufheben

Mit SELECT läßt sich jeder beliebige Textabschnitt markieren. Oft wollen Sie aber nur den Cursor an einer anderen Stelle im Text positionieren. Ein selektierter Bereich kann zudem gefährlich sein, weil ein einziger Tastendruck oder VBA-Befehl genügt, diesen zu löschen. Mit der Methode COLLAPSE heben Sie die Selektion auf. Über das Argument DIRECTION bestimmen Sie, ob der Cursor links oder rechts des zuvor markierten Bereichs erscheinen soll:

```
Selection.Collapse wdCollapseEnd
```

Wie haben uns in der vorstehenden Zeile für das Ende der Markierung entschieden. Wenn Sie den Cursor an den Beginn der Markierung setzen wollen, können Sie auf die eigentlich zuständige Konstante (WDCOLLAPSESTART) jedoch verzichten, weil das die Voreinstellung der Methode ist.

Einen Absatz selektieren

Etwas umständlich ist das Selektieren eines Absatzes. Da die Methode SELECT nicht für Paragraph-Objekte definiert ist, müssen wir uns zunächst ein Range-Objekt besorgen, das für den Absatz steht. Auf dieses Range-Objekt können wir dann SELECT anwenden. Die folgende Anweisung markiert den zweiten Absatz:

```
ActiveDocument.Paragraphs(2).Range.Select
```

Die Komponenten eines Dokuments selektieren

Als Dokumentkomponenten werden unter anderem der Haupttext, der Fußnoten- und der Kopfzeilenbereich betrachtet. Eine ganze Dokumentkomponente markieren Sie mit der folgenden Zeile:

```
Selection.WholeStory
```

Steht der Cursor beim Aufruf der Methode WHOLESTORY beispielsweise im Fußnotenbereich oder ist ein Teil des Fußnotenbereichs markiert, wird die Selektion auf den ganzen Fußnotenbereich erweitert. Auf die Dokumentkomponenten kommen wir später noch zurück.

Selektion und Window-Objekt

Im vorstehenden Text sind wir immer davon ausgegangen, daß wir einen Textabschnitt des Dokuments markieren. Das ist aber eigentlich falsch. Markiert wird immer in einem Fenster, also einem Window-Objekt. Sie können das sehr leicht überprüfen, wenn Sie für ein Dokument ein zweites Fenster erzeugen und dann die folgende Zeile starten:

```
Selection.SetRange 1, 300
```

Der Text wird nur in dem Fenster markiert, das gerade aktiv ist bzw. vor dem Umschalten zur Entwicklungsumgebung aktiv war. Die vollständige Zeile hätte also, obwohl funktional nicht erforderlich, die folgende Form:

```
ActiveWindow.Selection.SetRange 1, 300
```

Das Window-Objekt läßt sich aber auch direkt ansprechen. Im zweiten Fenster eines Dokuments mit dem Namen DOKUMENT1 können wir Text beispielsweise mit einer der folgenden Zeilen markieren:

```
Windows("Dokument1:2").Selection.SetRange 1, 300
Windows("Dokument1:2").Selection.WholeStory
Windows("Dokument1:2").Selection.Expand (wdParagraph)
```

Die Zeilen funktionieren auch, wenn Sie diese (in einer Prozedur) aus dem ersten Fenster des Dokuments starten, wenn also gerade das erste Dokumentfenster aktiv ist.

6.5 Navigieren in Word-Dokumenten

Wir haben schon gezeigt, wie Sie mit RANGE, CHARACTERS, WORDS und SENTENCES praktisch jede Stelle im Dokumenttext erreichen. Im folgenden Text wollen wir zeigen, wie Sie zwischen den einzelnen Komponenten eines Dokuments wechseln. Zuständig ist hier die Goto-Methode, die unter anderem für das Selection-Objekt definiert ist.

Dokument-Komponenten

Ein Word-Dokument besteht aus verschiedenen Bereichen. Dazu gehören unter anderem die Kopf- und Fußzeilen, der Textkörper, der Fußnotenbereich und auch nicht sichtbare Komponenten wie Kommentare. Word unterscheidet insgesamt 11 Komponenten, die sich in der Auflistung STORYRANGES verbergen. Mit der folgenden Zeile können Sie zunächst die Zahl der im Dokument genutzten Komponenten ermitteln:

```
MsgBox ActiveDocument.StoryRanges.Count
```

Für ein neues (leeres) Dokument erhalten Sie den Wert 1, weil das Dokument zunächst nur aus dem Haupttext besteht. Für die einzelnen Komponenten sind Eigenschaften wie STORYTYPE, STORYLENGTH und TEXT definiert, mit denen Sie den Typ, die Länge und den Inhalt der einzelnen Komponenten ausgeben können. Die folgende For Each-Schleife erledigt gleich alle drei Aufgaben.

```
For Each Komp In ActiveDocument.StoryRanges
    MsgBox "Typ:    " & Komp.StoryType & Chr(13) & _
           "Länge:  " & Komp.StoryLength & Chr(13) & _
           "Inhalt: " & Komp.Text
Next
```

Der Typ wird als numerischer Wert zurückgegeben. Wenn Sie prüfen wollen, zu welcher Komponente ein Selection-Objekt gehört, können Sie dafür vordefinierte Konstanten verwenden. Die Liste der Konstanten finden Sie in der Online-Hilfe, beispielsweise unter dem Stichwort STORYTYPE.

Hinweis: Da das obige Beispiel auch den Textinhalt der betreffenden Komponente ausgibt, sollten Sie es nur auf ein Dokument mit wenig Text anwenden. Andernfalls könnte die MsgBox-Funktion mit der Ausgabe überfordert sein.

Auf einzelne Komponenten zugreifen

Die Konstanten benötigen Sie auch, wenn Sie einzelne Komponenten bearbeiten wollen. Diese stehen dann für den Index, mit dem Sie über die StoryRanges-Auflistung einzelne Komponenten (Range-Objekte) ansprechen. Die folgende Zeile weist beispielsweise dem ganzen Haupttext das Attribut FETT zu:

```
ActiveDocument.StoryRanges(wdMainTextStory).Bold = True
```

Den ganzen Haupttext als Range-Objekt erhalten Sie allerdings auch mit der Document-Eigenschaft CONTENT, so daß Sie die gleiche Wirkung auch mit folgender Zeile erreichen:

```
ActiveDocument.Content.Bold = True
```

Da STORYRANGES aus einzelnen Range-Objekten besteht, lassen sich natürlich alle anderen Range-Eigenschaften und -Methoden darauf anwenden. So erreichen Sie beispielsweise über FONT alle Eigenschaften für die Manipulation der Schrift.

Komponenten vollständig durchlaufen

Für Komponenten sind auch die Eigenschaften CHARACTERS, WORDS und SENTENCES definiert. Sie haben also in jeder Komponente Zugriff auf die entsprechenden Auflistungen. Um beispielsweise alle Wörter im Fußnotenbereich zu bearbeiten, können Sie wieder eine For Each-Schleife verwenden:

```
For Each Wort In ActiveDocument.StoryRanges(wdFootnotesStory).Words
    If Trim(Wort.Text) = "Schiller" Then
        Wort.Text = "Goethe "
    End If
Next
```

Mit der Konstanten WDFOOTNOTESSTORY erhalten wir über die Eigenschaft STORYRANGES den Fußnotenbereich. Mit WORDS bestimmen wir dann, daß hier die Words-Auflistung des Fußnotenbereichs gemeint sein soll. Das Beispiel durchsucht den ganzen Fußnotenbereich Wort für Wort nach dem Begriff „Schiller" und ersetzt diesen durch den Begriff „Goethe". Mit der Konstanten WDMAINTEXTSTORY hätten wir den Haupttext des Dokuments erhalten.

Goto – zwischen Objekten wechseln

Mit der Goto-Methode können Sie zwischen einzelnen Objekten, etwa Grafiken, Tabellen, Zeilen und Seiten wechseln. Die Methode, die ein Range-Objekt zurückliefert, ist für Document-, Range- und Selection-Objekte definiert. Das Range-Objekt bezieht sich auf den Anfang des betreffenden Objekts. Die Syntax hat folgende Form:

```
Objekt.Goto(What, Which, Count, Name)
```

Das Argument WHAT bezeichnet den Objekttyp, zu dem gewechselt werden soll. Sie können dafür vordefinierte Konstanten verwenden. Die wichtigsten haben wir nachfolgend aufgelistet:

wdGotoFootnote	wdGotoGraphic	wdGotoHeading	wdGotoLine
wdGotoObject	wdGotoPage	wdGotoSection	wdGotoTable

Mit dem Argument WHICH bestimmen Sie, zu welchem Element des jeweiligen Objekttyps gewechselt werden soll. Das kann beispielsweise die erste oder die letzte Fußnotenreferenz sein. Das Argument läßt sich mit den folgenden Konstanten bedienen:

wdGotoAbsolute	wdGotoFirst	wdGotoLast	wdGotoNext
wdGotoPrevious	wdGotoRelative		

Die Argumente WHICH und COUNT arbeiten sehr eng zusammen. Wenn Sie beispielsweise die dritte Fußnotenreferenz des Dokuments erreichen wollen, müssen Sie WHICH auf den Wert wdGoToAbsolute setzen und COUNT auf den Wert 3. Das folgende Beispiel wechselt zur letzten Fußnotenreferenz im Text (nicht zur Fußnote im Fußnotenteil). In diesem Fall ist COUNT nicht erforderlich:

```
Dim Position As Object
Set Position = ActiveDocument.GoTo(wdGoToFootnote, wdGoToLast)
Position.InsertAfter ("Hallo")
```

Da GOTO ein Range-Objekt liefert, können wir darauf direkt die üblichen Range-Eigenschaften und -Methoden anwenden. Im vorstehenden Beispiel ist das eine Insert-Methode, mit der wir hier vor der Fußnotennummer einen kurzen Text einfügen. Der Text wird vor der Fußnotennummer eingefügt, obwohl wir INSERTAFTER verwendet haben. Da das von GOTO gelieferte Range-Objekt den Anfang des Objekts meint, also die Position vor der Nummer, wird der Text auch an dieser Position eingefügt.

Wichtig: Wir haben im vorstehenden Text vom Wechsel zu einem Objekt gesprochen. Wenn wir aber mit Document- oder Range-Objekten arbeiten, findet kein wirklicher Wechsel statt. Der Cursor oder eine bestehende Markierung werden davon nicht berührt. Wir erhalten dann mit GOTO lediglich eine Einfügeposition als Range-Objekt. Soll tatsächlich der Cursor bewegt werden, müssen wir GOTO auf das Selection-Objekt anwenden. Alternativ können wir für das von GOTO gelieferte Range-Objekt auch die Select-Methode verwenden. Für unser obiges Beispiel mit der Objektvariablen POSITION ergibt sich dann zusätzlich folgende Zeile:

```
    Position.Select
```

Beachten Sie auch, daß wir in unserem obigen Beispiel das Document-Objekt verwendet haben. Wir erhalten damit praktisch den Dokumentanfang als Ausgangsposition. Selbst wenn wir nun relativ adressieren (WHICH:=wdGoToRelative und COUNT:=3), landen wir unabhängig von der Cursor-Position immer bei der dritten Fußnotenreferenz. Um relativ zur aktuellen Cursor-Position zu adressieren, können wir die zweite Zeile unseres Beispiels wie folgt schreiben:

```
Set Position = Selection.GoTo(wdGoToFootnote, wdGoToRelative,3)
```

Da wir hier ein Selection-Objekt verwendet haben, ändert sich auch die Cursor-Position. Soll relativ zur aktuellen Cursor-Position adressiert werden, ohne aber durch GOTO die Cursor-Position selbst zu ändern, müssen wir uns für das Selection-Objekt erst ein Range-Objekt besorgen:

```
Set Position = Selection.Range.GoTo(wdGoToFootnote, _
                            wdGoToRelative, 3)
```

Hinweis: GOTO liefert auf jeden Fall ein Range-Objekt, auch wenn mangels weiterer Objekte nicht zu einem anderen Objekt, etwa einer Fußnote, gewechselt werden kann. Wenn Sie den Erfolg der Goto-Operation nicht überprüfen, kann es also sein, daß Sie gar nicht das gewünschte Objekt manipulieren, sondern eine andere Stelle im Dokument.

Seitenwechsel

Den Seitenwechsel steuern Sie mit der Argument-Konstanten WDGOTOPAGE. Die folgende Zeile genügt bereits, um zum Anfang der dritten Seite zu wechseln:

```
Selection.GoTo wdGoToPage, wdGoToAbsolute, 3
```

Der Cursor wird in diesem Fall tatsächlich zur dritten Seite bewegt, weil wir das Selection-Objekt verwendet haben. Den gleichen Effekt erzielen Sie mit der folgenden Zeile, obwohl diese das Document-Objekt verwendet:

```
ActiveDocument.GoTo(wdGoToPage, wdGoToAbsolute, 3).Select
```

Der Cursor wird dann eigentlich nicht bewegt. Erst die angehängte Select-Methode sorgt in diesem Fall für die Positionierung des Cursors.

Suchen und Ersetzen

Da sich mit Auflistungen wie WORDS das ganze Dokument durchlaufen läßt, können Sie eine Suchfunktion auch vollständig selbst programmieren. Vorgesehen ist dafür jedoch das Find-Objekt, mit dem sich die Funktionen des Suchen-Dialogs nachbilden lassen. FIND ist für Range- und Selection-Objekte definiert. Auf ein Find-Objekt können Sie unter anderem folgende Eigenschaften und Methoden anwenden:

Execute	startet eine Suche.
Forward	ermittelt oder bestimmt die Suchrichtung. Voreingestellt ist der Wert TRUE (= vorwärts).
MatchCase	ermittelt oder bestimmt, ob Groß- und Kleinschreibung beachtet werden.
MatchWholeWord	ermittelt oder bestimmt, ob der Suchbegriff nur mit ganzen Wörtern verglichen wird.
MatchWildCards	ermittelt oder bestimmt, ob der Suchbegriff auch Platzhalter enthalten kann.
Replacement	liefert ein Replacement-Objekt, das für die Ersetzen-Funktion verwendet werden kann.

6.5 Navigieren in Word-Dokumenten

Text   enthält den zu suchenden Begriff.

Wrap   bestimmt, ob die Suche am Anfang oder Ende des Suchbereichs fortgesetzt werden soll. Die Funktion wird benötigt, wenn mit der Suche nicht am Anfang oder Ende des Dokuments begonnen wurde.

Die vorstehenden Eigenschaften sind auch als Argumente der Execute-Methode verfügbar. Die folgende Zeile genügt daher, um eine Suche zu starten:

```
Selection.Find.Execute ("Schiller")
```

Da wir hier nur den Suchbegriff als Argument eingesetzt haben, ist die Darstellung noch sehr übersichtlich. Mit weiteren Argumenten wird die Zeile aber bald sehr lang. Sie sollten daher besser die folgende Variante verwenden:

```
With Selection.Find
    .Text = "Schiller"
    .Execute
End With
```

Interessant ist die Verwendung von Suchoptionen. Wird beispielsweise nach dem Begriff „Schiller" gesucht, lassen sich mit MATCHCASE Vokabeln wie „schillern" ausschließen, weil dann auch Groß- und Kleinschreibung unterschieden werden. Mit MATCHWHOLEWORD bleiben auch „Schillerlocken" außen vor.

In der Regel sollten Sie, wie in unserem Beispiel, das Selection-Objekt verwenden. In diesem Fall wird die Fundstelle selektiert angezeigt. Durch wiederholten Aufruf des obigen Beispiels gelangen Sie dann zur nächsten Fundstelle. Beachten Sie auch, daß die Suche bei Verwendung des Selection-Objekts an der Cursor-Position beginnt. Ist gar ein Bereich selektiert, wird beim ersten Aufruf des Codes nur dieser Bereich durchsucht.

Suchen mit Platzhaltern

Bei Verwendung der Eigenschaft MATCHWILDCARDS lassen sich sehr komplexe Suchbegriffe bilden. Mit WILDCARDS sind Platzhalterzeichen gemeint, die Sie in den Suchstring einsetzen können. Damit lösen Sie beispielsweise das Maier/Meier-Problem. Die problematischen Zeichen im Suchbegriff (hier die Buchstaben a und e) ersetzen Sie einfach durch einen Platzhalter. Ein Beispiel:

```
.Text = "M?ier"
```

Die Suchfunktion kennt aber noch andere Platzhalterzeichen, mit denen sich Suchbegriffe bilden lassen. Einige haben wir nachfolgend aufgelistet. Eine vollständige Liste finden Sie in der Online-Hilfe.

?	Das Fragezeichen steht für genau ein Zeichen. Sie können aber mehrere Fragezeichen kombinieren. Damit finden Sie beispielsweise alle Maier, auch die mit ey (M??er). Der Platzhalter kann auch am Anfang oder Ende des Suchbegriffs stehen.
*	Das Sternchen ersetzt beliebig viele Zeichen. Diese Funktion ist allerdings sehr kritisch, weil Sie damit Fundstellen erhalten, die über mehrere Zeilen oder gar Absätze gehen können. Für kurze Suchbegriffe wie unseren Maier wäre die Verwendung (M*ier) unter Umständen katastrophal. Irgendwo findet sich im Text immer ein großes M und irgendwo auch der Restbegriff „ier". Dazwischen können große Textabschnitte liegen, die vom Sternchen abgedeckt werden. Das Sternchen sollten Sie also nur verwenden, wenn Sie den Suchbegriff schon sehr genau beschrieben haben. Am Anfang eines Suchbegriffs sollten Sie auf das Sternchen besser ganz verzichten, weil sonst der Text ab der Cursor-Position bis zum gefundenen Restbegriff als Fundstelle selektiert wird.
[]	Innerhalb der eckigen Klammern können Sie mehrere Zeichen verwenden, von denen dann eines zum gefundenen Begriff passen muß. Das Maier-Problem erledigen Sie dann mit dem Suchbegriff „M[ae]ier". Die Klammer ersetzt immer nur ein Zeichen. Da sich Platzhalter aber auch kombinieren lassen, erwischen Sie mit dem Suchbegriff „M[ae][iy]er" auch noch den Y-Meyer.

Grundsätzlich gilt, daß Sie Suchbegriffe möglichst restriktiv bilden sollten. Das großzügige Sternchen (*) erhält nur dann eine Chance, wenn sich der unbestimmte Teil des Suchbegriffs absolut nicht eingrenzen läßt. Ein Beispiel:

```
With Selection.Find
    .MatchWildcards = True
    .Text = "M[ae][iy]er"
    .Execute
End With
```

Wir haben hier lediglich MATCHWILDCARDS verwendet, weil die Optionen MATCHCASE und MATCHWHOLEWORD praktisch wirkungslos werden, wenn Sie MATCHWILDCARDS auf TRUE setzen. Bei Verwendung von Platzhaltern werden automatisch Groß- und Kleinschreibung unterschieden. So läßt sich mit dem Suchbegriff „m?ier" kein großer „Maier" finden.

Wichtig: Mit den vorstehend besprochenen Eigenschaften setzen Sie die betreffenden Optionen des Suchen-Dialogs. Diese bleiben bis zur ihrer expliziten Aufhebung erhalten. Um die Suche mit den gleichen Einstellungen und dem gleichen Suchbegriff fortzusetzen, genügt dann die folgende Anweisung:

```
Selection.Find.Execute
```

Die Einstellungen erscheinen auch im Suchen-Dialog (BEARBEITEN/SUCHEN...).

6.5 Navigieren in Word-Dokumenten

Den Rückgabewert der Execute-Methode auswerten

EXECUTE erzeugt einen Rückgabewert vom Typ BOOLEAN, mit dem sich der Erfolg auch ohne visuelle Kontrolle feststellen läßt. Unser Beispiel müßte dann wie folgt erweitert werden:

```
With Selection.Find
   .MatchWildcards = True
   .Text = "M[ae][iy]er"
   If .Execute Then
      MsgBox "OK"
   Else
      MsgBox "Keine weiteren Fundstellen!"
   End If
End With
```

Die Auswertung des Rückgabewertes ist besonders dann von Interesse, wenn in einem Dokument durch wiederholten Aufruf der Execute-Methode mehrere gleichartige Begriffe gefunden werden sollen. EXECUTE liefert dann das Abbruchkriterium (FALSE).

Fundstellen manipulieren

Wenn Sie FIND auf das Selection-Objekt anwenden, wird der gefundene Begriff selektiert. Sie können diesen daher mit SELECTION bearbeiten. Das folgende Beispiel durchsucht den Text ab der Cursor-Position und stattet alle gefundenen Meiers mit der Farbe ROT und dem Font-Attribut FETT aus:

```
With Selection.Find
   .MatchWildcards = True
   .Text = "M[ae][iy]er"
   While .Execute
      Selection.Font.ColorIndex = wdRed
      Selection.Font.Bold = True
   Wend
End With
Selection.Collapse
```

Die While-Schleife bricht automatisch ab, sobald EXECUTE keinen weiteren Begriff findet. Zum Schluß haben wir noch die Methode COLLAPSE eingesetzt, um die Selektion des zuletzt gefundenen Begriffs aufzuheben. Notwendig ist diese Zeile nicht.

Gefundene Begriffe ersetzen

Häufig sollen Textstellen durch andere Begriffe ersetzt werden. Sie können die Ersetzen-Funktion einfach selbst programmieren, indem Sie dem Selection-Objekt den Ersatzbegriff zuweisen. Ein Beispiel:

```
With Selection.Find
    .MatchWildcards = True
    .Wrap = wdFindStop
    .Text = "M[ae][iy]er"
    While .Execute
        Selection.Text = "Müller"
        Selection.Collapse
    Wend
End With
```

Die Ersetzung durch Zuweisung in der While-Schleife ist zunächst unproblematisch. Allerdings ist nach dem ersten Treffer der ersetzte Begriff selektiert (hier Müller). Beim zweiten Durchlauf wird dann nur noch innerhalb des selektierten Begriffs gesucht. Die Suche stoppt so bereits nach der ersten Fundstelle. Mit COLLAPSE können wir die Selektion aufheben, so daß beim nächsten Durchlauf der Schleife weitergesucht wird.

Eine Ersetzung ist auch mit dem Find-Objekt bzw. der Execute-Methode möglich. In der einfachsten Variante genügt bereits die folgende Zeile:

```
Selection.Find.Execute "Meier", , , , , , , , "Müller"
```

Um die vielen Kommata zu vermeiden, können Sie auch benannte Argumente verwenden. Für den Suchbegriff ist das Argument FINDTEXT (entspricht der Eigenschaft TEXT) und für den Ersatzbegriff REPLACEWITH zuständig:

```
Selection.Find.Execute FindText:="Meier", ReplaceWith:="Müller"
```

Wir haben hier auf weitere Argumente (MATCHWILDCARDS etc.) verzichtet, um die Zeile noch überblicken zu können. Vorzuziehen ist ohnehin wieder die etwas aufwendigere Schreibweise des folgenden Beispiels:

```
With Selection.Find
    .ClearFormatting
    .MatchWildcards = True
    .Wrap = wdFindStop
    .Text = "M[ae][iy]er"
```

```
    .Replacement.Text = "Müller"
    .Replacement.ClearFormatting
    .Execute Replace:=wdReplaceAll
End With
```

Für den Ersetzungsausdruck benötigen wir zunächst ein Replacement-Objekt, das wir mit der gleichnamigen Find-Eigenschaft erhalten. Für dieses Objekt ist wieder die Eigenschaft TEXT definiert, die den Ersetzungsausdruck aufnimmt. Schließlich müssen wir noch bestimmen, ob nur der erste gefundene Begriff oder alle ersetzt werden sollen. Dazu dient das Replace-Argument der Execute-Methode. Wir können hier zwischen den Konstanten WDREPLACEALL (alle Fundstellen ersetzen), WDREPLACEONE und WDREPLACENONE wählen. Die integrierte Ersetzen-Funktion hat also den Vorteil, daß wir keine Schleife konstruieren müssen.

Wichtig: Microsoft empfiehlt, auf das Find- und das Replacement-Objekt grundsätzlich die Methode CLEARFORMATTING anzuwenden. Damit soll verhindert werden, daß Formateinstellungen von früheren Suchoperationen berücksichtigt werden. Da Sie mit den Eigenschaften der genannten Objekte bestimmte Optionen setzen, die bis zum Widerruf erhalten bleiben, können solche früheren Setzungen die aktuelle Suche verfälschen. Hätten wir beispielsweise zuvor nach kursivem Text gesucht (FIND.FONT.ITALIC = TRUE), würde unser obiges Beispiel ohne CLEARFORMATTING keinen Maier finden. Es sei denn, dieser wäre zufällig kursiv gesetzt.

Gleichermaßen gilt: Wenn Sie nur nach Formatierungen suchen wollen, also beispielsweise nur nach kursiven Textstellen, unabhängig vom jeweiligen Text, sollten Sie sicherheitshalber der Find-Eigenschaft TEXT einen Leerstring ("") zuweisen. Es könnte sonst sein, daß der Meier von der letzten Textsuche das Ergebnis verfälscht. CLEARFORMATTING hebt nicht den zuvor verwendeten Suchbegriff auf.

Hyperlinks

Mit Hyperlinks sind Sprungverweise gemeint, die sich praktisch an jeder Stelle in das Dokument einfügen lassen. Sie können damit andere Dokumente auf dem lokalen Rechner oder im Internet aufrufen. In Word benutzen Sie für das Einfügen von Sprungverweisen die Menüoption EINFÜGEN/HYPERLINK... In VBA ist dafür die Hyperlinks-Auflistung zuständig. Mit der folgenden Zeile stellen Sie fest, wie viele Hyperlinks im aktuellen Dokument enthalten sind:

```
MsgBox ActiveDocument.Hyperlinks.Count
```

Mit der Zeile

```
MsgBox ActiveDocument.Hyperlinks(1).Address
```

ermitteln Sie die Adresse des ersten Verweises. Das kann beispielsweise eine URL sein oder ein Dateipfad. Die Indizierung der einzelnen Sprungverweise beginnt mit dem Wert 1. Mit der

Methode FOLLOW laden Sie das unter der Adresse gespeicherte Dokument (das Zieldokument) und zeigen es an:

```
ActiveDocument.Hyperlinks(1).Follow
```

Die Methode verfügt über mehrere Argumente, mit denen Sie unter anderem bestimmen können, ob das Dokument in einem neuen Fenster (NEWWINDOW:=TRUE) angezeigt werden soll. Um per Programmm-Code einen neuen Sprungverweis in ein Dokument einzufügen, müssen Sie die Auflistungsmethode ADD verwenden. Für die Methode gilt folgende Syntax:

```
Objekt.Hyperlink.Add(Anchor, Address, SubAddress)
```

Mit ANCHOR ist ein Range- oder Grafik-Objekt gemeint, für das ein Sprungverweis eingerichtet werden soll. ADDRESS bezeichnet die Web-Adresse (URL) oder den Pfad zum Zieldokument. Mit SUBADDRESS können Sie eine Textstelle im Zieldokument angeben, die beim Aufruf des Zieldokuments (FOLLOW) angezeigt werden soll. Das folgende Beispiel richtet einen Hyperlink auf die Web-Site des Carl Hanser-Verlags ein:

```
Set Position = Selection.Range
Adresse = "http://www.hanser.de/"
ActiveDocument.Hyperlinks.Add Position, Adresse
```

Beachten Sie, daß Sie ein Range-Objekt benötigen, wenn der Sprungverweis an der aktuellen Cursor-Position oder für ein selektiertes Textobjekt eingerichtet werden soll (SELECTION.RANGE). Sie können natürlich auch gleich ein Range-Objekt verwenden (RANGE(5,15) oder WORDS(4)). Steht das Range-Objekt nur für eine Zeichenposition, wird die Adresse unterstrichen und farblich hervorgehoben direkt in den Text eingefügt. Andernfalls erscheint das Range-Objekt, oder der selektierte Text, als Sprungverweis. Die Adresse erhalten Sie dann im Dokument als QuickInfo angezeigt, sobald der Mauszeiger den Verweis berührt.

Textmarken als Sprungziel

Für das Argument SUBADDRESS können Sie eine Word-Textmarke als Ziel angeben. Lassen Sie das Address-Argument weg, erhalten Sie einen Sprungverweis auf diese Textmarke im gleichen Dokument:

```
Set Position = Selection.Range
SubAdr = "Marke01"
ActiveDocument.Hyperlinks.Add Position, , SubAdr
```

Die Textmarke (hier: MARKE01) muß natürlich zuvor eingerichtet worden sein (EINFÜGEN/ TEXTMARKE...). Beachten Sie, daß wir bei der Argumentliste zwar das Address-Argument weggelassen haben, nicht aber das Komma.

SCREENTIP ändern

Wenn Sie mit dem Mauszeiger einen Hyperlink berühren, wird zunächst die Adresse in einem kleinen Hilfsfenster eingeblendet. Die Anzeige können Sie mit der Eigenschaft SCREENTIP jedoch ändern:

```
ActiveDocument.Hyperlinks(2).ScreenTip ="weitere Informationen"
```

Hier läßt sich beispielsweise der Inhalt der Web-Seite oder des Dokuments genauer beschreiben.

Den Text im Dokument ändern

Auch den im Dokument als Hyperlink gekennzeichneten Text können Sie ändern. Dazu verwenden Sie die Eigenschaft TEXTTODISPLAY. Sie überschreiben damit den bisherigen Hyperlink-Text. Damit ändern Sie jedoch nicht die Sprungadresse, auch wenn der Text bisher aus dieser Adresse bestand:

```
ActiveDocument.Hyperlinks(2).TextToDisplay="Carl Hanser Verlag"
```

Wenn Sie die Eigenschaften SCREENTIP und TEXTTODISPLAY ändern, erhalten Sie praktisch keinen Hinweis mehr auf die tatsächliche Adresse. Diese ist aber weiterhin gültig und kann mit der Eigenschaft ADDRESS abgefragt und auch geändert werden.

Hyperlinks löschen

Mit der Methode DELETE löschen Sie den angegebenen Sprungverweis. Dabei werden aber nur die Funktionalität und die damit verbundenen Textauszeichnungen (Unterstreichung, Farbe) aufgehoben, der Text, also beispielsweise die eingefügte Web-Adresse, bleibt erhalten.

Hinweis: Hyperlinks gehören auch zu den sogenannten Feldfunktionen, die Sie über die Menüoption EINFÜGEN/FELD... erreichen. Unter VBA ist dafür die Fields-Auflistung zuständig, die wir zum Schluß dieses Kapitels vorstellen.

Bookmarks (Textmarken)

Mit der Auflistung BOOKMARKS erreichen Sie die Textmarken eines Dokuments. Textmarken dienen der Auffindung von bestimmten Textstellen. Sie erleichtern damit die Navigation im Dokument. Die Zugriffseigenschaft BOOKMARKS ist für das Document-, das Range- und das Selection-Objekt definiert. Wenn Sie alle Textmarken eines Dokuments bearbeiten wollen, werden Sie in der Regel das Document-Objekt verwenden. Mit RANGE oder SELECTION erhalten Sie nur Zugriff auf die Textmarken eines bestimmten bzw. des gerade selektierten Bereichs. Mit der folgenden Zeile ermitteln Sie die Zahl der im aktiven Dokument enthaltenen Textmarken:

```
MsgBox ActiveDocument.Bookmarks.Count
```

Für das Einfügen neuer Textmarken ist wieder die Methode ADD zuständig, die hier folgende Syntax hat:

```
Objekt.Add(Name, Range)
```

Das Argument NAME bezeichnet den Namen der Textmarke (Typ STRING). Mit RANGE ist ein optionales Range-Objekt gemeint, das den Textabschnitt bezeichnet, der beim Aufruf der Textmarke markiert angezeigt wird. Eine Textmarke kann aber auch aus einem reduzierten Range-Objekt, also einer Zeichenposition, bestehen. Verzichten Sie auf das Argument, wird die aktuelle Cursor-Position bzw. der gerade selektierte Text als Textmarke verwendet. Die folgende Zeile bestimmt das zehnte Wort des Dokuments als Textmarke und weist dieser den Namen MARKE01 zu:

```
ActiveDocument.Bookmarks.Add "Marke01",ActiveDocument.Words(10)
```

Im Dokument können Sie eine Textmarke über die Menüoption BEARBEITEN/GEHE ZU... erreichen. Im Programm-Code verwenden Sie die Select-Methode. Allerdings reagiert VBA sehr empfindlich auf den Versuch, eine nicht vorhandene, beispielsweise falsch geschriebene, Textmarke aufzurufen. Sie müssen daher erst mit der Methode EXISTS prüfen, ob die gewünschte Marke definiert ist. Ein Beispiel:

```
If ActiveDocument.Bookmarks.Exists("Marke01") Then
    ActiveDocument.Bookmarks("Marke01").Select
Else
    MsgBox "Textmarke nicht gefunden!"
End If
```

Mit der Eigenschaft EMPTY können Sie prüfen, ob eine Textmarke leer ist, also nur aus einer Zeichenposition besteht. Wenn Sie eine leere Textmarke selektieren, wird nur der Cursor dort positioniert. Um eine Textmarke zu löschen, benötigen Sie die Delete-Methode. Beachten Sie aber, daß VBA auch in diesem Fall die Programmausführung mit einer Fehlermeldung abbricht, wenn die Textmarke nicht existiert.

Die Reihenfolge der Textmarken in der Bookmarks-Auflistung richtet sich nach den Namen der Textmarken, nicht nach der Position oder der zeitlichen Reihenfolge der Erstellung. Die folgenden Zeilen geben die Textmarken also nach Namen sortiert aus:

```
For i = 1 To ActiveDocument.Bookmarks.Count
    MsgBox ActiveDocument.Bookmarks(i).Name
Next
```

Das gilt natürlich auch für eine For Each-Schleife. Die Textmarke TM01 erscheint vor der Marke TM02, auch wenn sie zeitlich zuletzt und in der Textfolge an letzter Stelle eingefügt wurde. Sie können aber zumindest die Position in der Textfolge des Dokuments abfragen.

Dazu verwenden Sie die Eigenschaft BOOKMARKID, die für Range- und Selection-Objekte definiert ist:

```
MsgBox Selection.BookmarkID
```

Der Bereich der Textmarke muß dazu direkt an der aktuellen Cursor-Position anliegen oder sich zumindest teilweise innerhalb des markierten Bereichs befinden.

Textmarken bearbeiten

Textmarken bestehen in der Regel aus einem bestimmten Textabschnitt. Diesen können Sie bearbeiten, beispielsweise mit Font-Attributen ausstatten, wenn Sie sich das Range-Objekt dafür holen. Es ist auch möglich, die Textmarke zu markieren (SELECT) und die Manipulation dann am Selection-Objekt vorzunehmen. Für das folgende Beispiel haben wir das Range-Objekt verwendet:

```
For Each TM In ActiveDocument.Bookmarks
   TM.Range.Font.Bold = True
   TM.Range.Font.ColorIndex = wdRed
Next
```

Die Schleife durchläuft das ganze Dokument und stattet alle Textmarken mit dem Schriftattribut FETT und der Textfarbe ROT aus.

Fußnoten

Alle Fußnoten eines Dokuments oder Range-Bereichs bilden die Auflistung FOOTNOTES. Die gleichnamige Eigenschaft ist für Document-, Range- und Selection-Objekte definiert. Die folgenden Zeilen müssen daher nicht zum gleichen Ergebnis führen:

```
MsgBox ActiveDocument.Footnotes.Count
MsgBox Selection.Footnotes.Count
```

SELECTION.FOOTNOTES ermittelt nur die Fußnoten, die vom gerade markierten Bereich erfaßt werden. Für die Auflistung FOOTNOTES sind neben COUNT und natürlich ADD unter anderem noch folgende Eigenschaften und Methoden definiert:

Location	ermittelt oder bestimmt, ob Fußnoten am Seiten- oder am Textende erscheinen.
NumberingRule	ermittelt oder bestimmt die Numerierungsregel (fortlaufend, pro Abschnitt, pro Seite).
StartingNumber	ermittelt oder bestimmt die Anfangsnummer für die Fußnotennumerierung.

Mit der folgenden Zeile setzen Sie die Anfangsnummer der Fußnotennumerierung auf den Wert 5:

```
ActiveDocument.Footnotes.StartingNumber = 5
```

Wie für Auflistungen üblich, erzeugen Sie ein neues Element, hier eine neue Fußnote, mit Hilfe der Add-Methode. Die Methode hat in diesem Fall drei Argumente. Im ersten Argument müssen Sie ein Range-Objekt angeben. Damit bestimmen Sie die Einfügeposition für die Fußnotenreferenz. Das zweite Argument steht für einen Text, den Sie als Fußnotenreferenz angeben können. In der Regel werden Sie dieses Argument nicht verwenden. VBA erzeugt dann die übliche Fußnotennummer. Das letzte Argument enthält den eigentlichen Text der Fußnote, der dann im Fußnotenteil erscheint. Ein Beispiel:

```
ActiveDocument.Footnotes.Add Selection.Range, , "Hallo"
```

Mit SELECTION.RANGE haben wir hier die aktuelle Cursor-Position bzw. das Ende eines gerade markierten Bereichs als Einfügeposition bestimmt. Ein markierter Bereich wird durch das Einfügen der Fußnotennummer nicht überschrieben.

Einzelne Fußnoten bearbeiten

Auf einzelne Fußnoten können Sie über deren Indexnummer zugreifen. Dieser Wert ist unabhängig von dem mit STARTINGNUMBER gesetzten Wert. Wenn die erste Fußnote auf den Wert 5 gesetzt wurde, erreichen Sie diese trotzdem mit dem Wert 1:

```
MsgBox ActiveDocument.Footnotes(1).Range.Text
```

Mit der vorstehenden Zeile erhalten Sie den Fußnotentext angezeigt. Eine Fußnote besteht grundsätzlich aus zwei Elementen: der Fußnotenreferenz im Dokument und dem eigentlichen Fußnotentext. Folglich sind für diese beiden Elemente auch zwei unterschiedliche Eigenschaften zuständig:

- Reference

- Range

Mit den folgenden Zeilen statten Sie sowohl die Referenznummer im Text als auch den eigentlichen Fußnotentext der zweiten Fußnote mit dem Schriftattribut FETT aus:

```
ActiveDocument.Footnotes(2).Reference.Bold = True
ActiveDocument.Footnotes(2).Range.Bold = True
```

Sie können auf die mit REFERENCE und RANGE gelieferten Objekte in der Regel die gleichen Eigenschaften und Methoden anwenden. Dazu gehören FONT, für die Manipulation der Schrift, und die Methode DELETE. Wenn Sie DELETE auf das mit REFERENCE gelieferte Objekt anwenden, wird die Fußnote komplett gelöscht. Verwenden Sie das Range-Objekt, wird nur der eigentliche Fußnotentext entfernt. Die Verweisnummern im Text und im Fußnotenteil bleiben erhalten.

Auf das mit RANGE gelieferte Objekt lassen sich praktisch alle Eigenschaften und Methoden anwenden, die wir bereits weiter oben für das Range-Objekt vorgestellt haben. So markieren Sie die komplette Fußnote im Fußnotenbereich mit der Select-Methode:

```
ActiveDocument.Footnotes(2).Range.Select
```

Auch die Eigenschaften CHARACTERS, PARAGRAPHS und WORDS stehen über RANGE zur Verfügung, so daß Sie auch auf die einzelnen Zeichen, Wörter und Absätze einer Fußnote zugreifen können.

6.6 Absätze – das Paragraph-Objekt

Absätze (PARAGRAPHS) sind das zentrale Strukturmittel für Word-Dokumente. Sie dienen sowohl der logischen Strukturierung, etwa in Kapitel, Unterkapitel und Standardtext, als auch der Formatierung. In VBA sind das Paragraph-Objekt bzw. die Paragraphs-Auflistung und das ParagraphFormat-Objekt für die Manipulation von Absätzen zuständig. Für die Paragraphs-Auflistung sind unter anderem folgende Eigenschaften und Methoden definiert:

Add	fügt der Auflistung ein neues (leeres) Paragraph-Objekt hinzu.
CloseUp	reduziert den Abstand zum jeweils vorhergehenden Absatz auf den Wert Null. Den gleichen Effekt erhalten Sie, wenn Sie im Absatz-Dialog die Option ABSTAND/VOR auf den Wert 0 setzen.
First	liefert den ersten Absatz der Paragraphs-Auflistung.
Last	liefert den letzten Absatz der Paragraphs-Auflistung.
OpenUp	erweitert den Abstand zum jeweils vorhergehenden Absatz auf 12 Punkte.
Reset	entfernt harte Formatierungen.
SpaceAfter SpaceBefore	bestimmt den Abstand zum jeweils folgenden bzw. vorhergehenden Absatz. Diese Eigenschaften entsprechen den Optionen ABSTAND/NACH und ABSTAND/VOR im Absatz-Dialog.

Wenn Sie sich im VBA-Editor die Hilfsliste der Eigenschaften und Methoden ansehen, werden Sie für eine Auflistung ungewöhnlich viele davon finden. Oft handelt es sich um Formatierungen (Zeilenabstand, Einzug etc.), die sich auf alle oder auf bestimmte Absätze anwenden lassen. Die Anwendung auf die gesamte Auflistung des Dokuments macht in der Regel wenig Sinn. PARAGRAPHS ist aber auch für Range- und Selection-Objekte definiert, so daß Sie beispielsweise eine Paragraphs-Auflistung für den gerade markierten Abschnitt erhalten können.

Neue Absätze erzeugen

Einen neuen Absatz erzeugen Sie mit der Add-Methode. Dabei haben Sie zwei Möglichkeiten, die Einfügeposition zu bestimmen:

1. Verzichten Sie auf das Argument der Add-Methode, wird der neue Absatz an der Cursor-Position, am Ende eines markierten oder als Range-Objekt bestimmten Bereichs oder am Ende des Dokuments eingefügt. Nur das Document-, Range- oder Selection-Objekt, für das Sie die Eigenschaft PARAGRAPHS aufrufen, bestimmt dann die Einfügeposition. Einige Beispiele:

    ```
    ActiveDocument.Paragraphs.Add      'Dokumentende
    Selection.Paragraphs.Add           'Cursor oder Markierungsende
    ActiveDocument.Range(7, 7).Paragraphs.Add     '7. Zeichen
    ActiveDocument.Range(1, 70).Paragraphs.Add    'Bereichsende
    ```

2. Verwenden Sie das Range-Argument der Methode, bestimmt ausschließlich dieses Argument, wo die Einfügung erfolgt. Die Einfügung erfolgt dann an der Cursor-Position bzw. am Anfang eines markierten oder per RANGE benannten Bereichs. Die folgenden Beispiele erzeugen immer das gleiche Ergebnis, weil das Argument (SELECTION.RANGE) identisch ist:

    ```
    ActiveDocument.Paragraphs.Add Selection.Range
    Selection.Paragraphs.Add Selection.Range
    ActiveDocument.Range(7, 7).Paragraphs.Add Selection.Range
    ```

Das gilt auch für die letzte Zeile. Obwohl wir hier ein Range-Objekt benannt haben, bleibt dies ohne Bedeutung. Entscheidend ist in diesem Fall nur das Argument. Wenn Sie also das Argument der Add-Methode nutzen wollen, können Sie das Objekt mit der kürzesten Schreibweise verwenden. Natürlich kann das Argument auch eine genaue Position bezeichnen:

```
Selection.Paragraphs.Add ActiveDocument.Range(7, 7)
Selection.Paragraphs.Add ActiveDocument.Words(3)
```

Die erste Zeile erzeugt einen neuen Absatz an der 7. Zeichenposition. Mit der zweiten Zeile erhalten Sie den neuen Absatz vor dem dritten Wort. Einen neuen Absatz am Dokumentanfang erzeugt die folgende Zeile:

```
Selection.Paragraphs.Add ActiveDocument.Range    'oder Range(0,0)
```

Die beiden Optionen sind nur in der Wirkung identisch. Mit RANGE ohne Argumente erhalten wir hier das ganze Dokument als Range-Objekt. RANGE mit den Argumenten (0, 0) meint tatsächlich nur die damit benannte Zeichenposition.

Einzelne Absätze manipulieren

Häufiger als die Auflistung werden Sie einzelne Absätze manipulieren müssen. Der Zugriff erfolgt dann über Indizes. Da wir aber unterschiedliche Paragraphs-Auflistungen haben, ist auf das Objekt zu achten. Paragraphs-Auflistungen sind für Dokumente, den markierten Bereich und Range-Objekte möglich. Die folgenden Zeilen können sich daher auf unterschiedliche Absätze beziehen:

```
MsgBox ActiveDocument.Paragraphs(2)
MsgBox ActiveDocument.Range(600, 1500).Paragraphs(2)
MsgBox Selection.Paragraphs(2)
```

Die letzte Zeile bezieht sich beispielsweise nur auf den markierten Bereich. Ist kein Bereich markiert, produziert die Zeile eine Fehlermeldung. SELECTION meint dann die aktuelle Cursor-Position, und der Cursor kann nur in einem einzigen Absatz stehen. Die Paragraphs-Auflistung an der Cursor-Position enthält immer nur ein Element. Entscheidend ist also das Objekt. Sie müssen daher regelmäßig prüfen (OBJEKT.PARAGRAPHS.COUNT), ob das Objekt überhaupt genügend Absätze enthält.

Nebenbei: Die vorstehenden Programmzeilen geben jeweils den Text eines Absatzes aus. Wie Sie aber wissen, erhalten Sie mit PARAGRAPHS(N) bloß ein Paragraph-Objekt, nicht den Inhalt dieses Objekts. Die Zeilen sind daher eigentlich unvollständig. Für ein Paragraph-Objekt ist nicht einmal eine Text-Eigenschaft definiert. Sie müßten erst ein Range-Objekt für den Absatz bilden und darauf dann die für Range-Objekte definierte Text-Eigenschaft anwenden. Vollständig wäre beispielsweise folgende Zeile:

```
MsgBox ActiveDocument.Paragraphs(2).Range.Text
```

Da aber RANGE die Standardeigenschaft des Paragraph-Objekts darstellt und TEXT die Standardeigenschaft des Range-Objekts, können wir darauf verzichten.

Eigenschaften und Methoden für Absätze

Weil Absätze für die Gestaltung von Dokumenten so wichtig sind, verfügt das Paragraph-Objekt über sehr viele Eigenschaften und Methoden. Wir präsentieren daher nachfolgend nur eine sehr begrenzte Auswahl. In der Regel handelt es sich dabei um Formatierungen, die nicht nur für einzelne Absätze, sondern auch für die Auflistung verfügbar sind. Die hier vorzustellenden Eigenschaften und Methoden beziehen sich auch nur auf den vollständigen Absatz, nicht auf das „Innere" der Absätze. Für den Zugriff auf Zeichenformatierungen und den Text des Absatzes benötigen wir wieder ein Range-Objekt.

Alignment	ermittelt oder bestimmt die Ausrichtung der Absätze.
DropCap	erzeugt ein DropCap-Objekt, das für einen großen Anfangsbuchstaben steht.

FirstLineIndent	ermittelt oder bestimmt den Einzug der ersten Zeile in Punkten. Der Wert kann auch negativ sein.
Format	liefert ein ParagraphFormat-Objekt, über das sich die komplette Formatierung eines Absatzes (oder der Auflistung) ermitteln und bestimmen läßt.
Indent	erzeugt eine Absatzeinrückung. Die Methode entspricht der Word-Funktion EINZUG VERGRÖßERN, die Sie in der Formatierungsleiste als Symbolschalter finden. Für die Gegenfunktion EINZUG VERKLEINERN ist die Methode OUTDENT zuständig.
KeepTogether	ermittelt oder bestimmt, ob alle Zeilen eines Absatz auf einer Seite zusammenbleiben.
LeftIndent RigthIndent	ermittelt oder bestimmt den linken bzw. rechten Einzug eines Absatzes in Punkten.
LineSpacing	ermittelt oder bestimmt den Zeilenabstand in Punkten. LINESPACING erfordert, daß zuvor mit LINESPACINGRULE die Art des Zeilenabstands bestimmt wird.
LineSpacingRule	ermittelt oder bestimmt den Zeilenabstand oder die Regel nach welcher dieser mit LINESPACE gesetzt werden kann.
Next Previous	liefert den folgenden (NEXT) oder vorhergehenden (PREVIOUS) Absatz als Paragraph-Objekt.
Range	liefert ein Range-Objekt für das Paragraph-Objekt. Über RANGE erfolgt der Zugriff auf die „inneren Elemente" eines Absatzes (Zeichen, Wörter etc.)
Space1, Space15, Space2	bestimmt einen einfachen, eineinhalbzeiligen oder zweizeiligen Zeilenabstand.
Style	ermittelt oder bestimmt die Formatvorlage für einen Absatz.
TabStops	liefert eine TabStop-Auflistung, welche die einzelnen Tabulatoren enthält.

Zu den Eigenschaften, die sich auf einzelne Absätze anwenden lassen, zählen auch die früher schon bei der Paragraphs-Auflistung vorgestellten Eigenschaften CLOSEUP, OPENUP, SPACE-AFTER und SPACEBEFORE. Die vorstehenden Eigenschaften erzeugen „harte Formatierungen", die Sie in der Regel mit der Methode RESET zurücknehmen können. Der Absatz erhält dann wieder die Formatierungen, die für die betreffende Formatvorlage gelten.

6.6 Absätze - das Paragraph-Objekt

ParagraphFormat-Objekte verwenden

Die oben vorgestellten Formatierungen lassen sich den einzelnen Absätzen oder der jeweiligen Auflistung direkt zuweisen:

```
ActiveDocument.Paragraphs.FirstLineIndent = 20
ActiveDocument.Paragraphs(2).FirstLineIndent = 20
```

Die erste Zeile gilt für alle Absätze des aktiven Dokuments, die zweite nur für den zweiten Absatz. Statt der Einzelzuweisung können Sie aber auch ParagraphFormat-Objekte erzeugen und diese Objekte, bzw. die darin gesammelten Formatierungen, mit einer Zuweisung auf einen oder mehrere Absätze übertragen. Da wir das Objekt mehrfach benötigen, müssen wir eine Objektvariable verwenden:

```
Sub ParagraphFormat_Objekt()
    Dim MeinFormat As ParagraphFormat
    Set MeinFormat = Selection.Paragraphs.Format
    MeinFormat.Alignment = wdAlignParagraphJustify
    MeinFormat.FirstLineIndent = 20
    MeinFormat.RightIndent = 30
    MeinFormat.KeepTogether = True
    MeinFormat.LineSpacingRule = wdLineSpaceExactly
    MeinFormat.LineSpacing = 20
    ActiveDocument.Paragraphs(1).Format = MeinFormat
    ActiveWindow.ActivePane.View.ShowAll = True
    ActiveWindow.ActivePane.View.ShowAll = False
End Sub
```

Möglicherweise wundern Sie sich über die letzten beiden Zeilen. Damit schalten wir die Anzeige aller Zeichen, auch der nicht druckbaren, kurz ein und gleich wieder aus. Wir haben diese Zeilen eingefügt, weil die Zuweisung sonst mit unserer Word-Version nicht immer einwandfrei erfolgte. Beachten Sie, daß wir alle Formatierungen mit nur einer Anweisung vorgenommen haben. Dennoch haben wir damit keine Formatvorlage zugewiesen. Die Formatierungen lassen sich mit RESET wieder rückgängig machen.

ParagraphFormat-Objekte aus bestehenden Absätzen ableiten

Um die Formatierungen eines Absatzes auf andere Absätze zu übertragen, können Sie die Eigenschaft DUPLICATE verwenden. Diese ist unter anderem auch für das ParagraphFormat-Objekt definiert. Eine einzige Zeile genügt, um die Absatzformatierungen aufzunehmen. Das folgenden Beispiel überträgt die Absatzformatierungen des ersten Absatzes auf den zweiten Absatz:

```
Dim MeinFormat As ParagraphFormat
Set MeinFormat = ActiveDocument.Paragraphs(1).Format.Duplicate
ActiveDocument.Paragraphs(2).Format = MeinFormat
```

Zeichen, Wörter und Sätze eines Absatzes manipulieren

Um auf die einzelnen Zeichen, Wörter und Sätze eines Absatzes zugreifen zu können, benötigen Sie die Eigenschaften CHARACTERS, WORDS und SENTENCES. Da diese Eigenschaften nicht für das Paragraph-Objekt definiert sind, müssen Sie erst noch mit RANGE ein Range-Objekt erzeugen. Einige Beispiele:

```
ActiveDocument.Paragraphs(2).Range.Bold = True
ActiveDocument.Paragraphs(2).Range.Sentences(3).Bold = True
ActiveDocument.Paragraphs(2).Range.Words(3).Bold = True
ActiveDocument.Paragraphs(2).Range.Characters(3).Bold = True
```

Die erste Zeile liefert für den ganzen Absatz ein Range-Objekt. Auf dieser Ebene können Sie folglich alle Zeichen des Absatzes gleichzeitig manipulieren. Die folgenden Zeilen ermöglichen jeweils nur den Zugriff auf den dritten Satz, das dritte Wort oder das dritte Zeichen. Um beispielsweise alle Wörter eines Absatzes zu durchlaufen und eventuell zu formatieren, konstruieren Sie eine Schleife wie die folgende:

```
Sub Alle_Woerter()
  For Each Wort In ActiveDocument.Paragraphs(2).Range.Words
    If Trim(Wort.Text) = "Schiller" Then
       Wort.Font.Bold = True
       Wort.Font.ColorIndex = wdRed
    Else
       Wort.Font.Italic = True
    End If
  Next
End Sub
```

In der Schleife wird jedes Wort des zweiten Absatzes mit einem vorgegebenen Begriff verglichen. Abhängig vom Ergebnis der Überprüfung erfolgt dann eine Formatierung des betreffenden Wortes. Da wir zudem den Else-Zweig verwendet haben, werden auch alle Wörter formatiert, die nicht mit dem Suchbegriff übereinstimmen.

Formatvorlagen zuweisen

Für die Zuweisung von Formatvorlagen ist STYLE zuständig. Die Zuweisung kann zunächst über vordefinierte Konstanten erfolgen, die für die eingebauten Formatvorlagen stehen. Sie können aber auch selbstdefinierte Vorlagen verwenden, die Sie über den Namen zuweisen. Schließlich lassen sich noch Styles-Objekte nutzen. Einige der wichtigsten Formatvorlagen erreichen Sie mit den folgenden Konstanten:

wdStyleBodyText	wdStyleHeading1	wdStyleHeading2	wdStyleHyperlink
wdStyleNormal	wdStyleStrong	wdStyleTitle	

Die Konstante WDSTYLENORMAL steht beispielsweise für die Formatvorlage STANDARD. Die Zuweisung kann dann alternativ per Namen oder Konstante erfolgen:

```
ActiveDocument.Paragraphs(2).Style = wdStyleNormal
ActiveDocument.Paragraphs(2).Style = "Standard"
```

Die deutschen Bezeichnungen aller eingebauten Vorlagen erhalten Sie in alphabetischer Ordnung angezeigt, wenn Sie den Dialog FORMATVORLAGEN aufrufen (Menüoption FORMAT/ FORMATVORLAGE...) und dort im Kombinationsfeld AUFLISTEN die Option ALLE FORMATVORLAGEN wählen.

Formatvorlagen erzeugen

Word enthält bereits etwa 100 Vorlagen. Alle diese Vorlagen und auch die selbstdefinierten sind in der Auflistung STYLES enthalten. Mit der folgenden Zeile ermitteln Sie die aktuelle Zahl der Vorlagen:

```
MsgBox ActiveDocument.Styles.Count
```

Für die programmgesteuerte Definition einer neuen Vorlage ist die Methode ADD zuständig. Die Methode hat folgende Syntax:

```
Objekt.Add(Name, Type)
```

Mit NAME ist der Name der neuen Vorlage gemeint. Für TYPE können Sie eine der folgenden Konstanten einsetzen:

wdStyleTypeParagraph	Absatzvorlage
wdStyleTypeCharacter	Zeichenvorlage

Sobald Sie eine neue Vorlage definiert haben, läßt sich diese über einen Index oder den Namen ansprechen und mit den gewünschten Attributen ausstatten. Für das folgende Beispiel haben wir den Namen verwendet:

```
Sub Neue_Absatzvorlage()
    ActiveDocument.Styles.Add "NeueVorlage", wdStyleTypeParagraph
    With ActiveDocument.Styles("NeueVorlage")
        .BaseStyle = "Standard"
        .Font.Name = "Technical"
        .Font.Size = 12
        .Font.ColorIndex = wdDarkBlue
        .NextParagraphStyle = "Standard"
        .ParagraphFormat.Alignment = wdAlignParagraphJustify
        .ParagraphFormat.LeftIndent = 20
        .ParagraphFormat.Space15
    End With
    ActiveDocument.Paragraphs(3).Style = "NeueVorlage"
End Sub
```

Beachten Sie, daß die Eigenschaften eines Style-Objekts zunächst nur die Vorlage beschreiben (BASESTYLE, NEXTPARAGRAPHSTYLE etc.). Um Schrift und Absatzeinstellungen vorzunehmen, benötigen Sie wieder, wie vorstehend gezeigt, Font- bzw. ParagraphFormat-Objekte. Die neue Absatzvorlage kann nun, wie in der letzten Zeile des Beispiels, per Programm-Code oder auch manuell zugewiesen werden.

6.7 Word-Tabellen

Die Tabellen eines Word-Dokuments erreichen Sie über die Auflistung TABLES. Die gleichnamige Eigenschaft ist für Document-, Range- und Selection-Objekte definiert. Eine neue Tabelle erzeugen Sie mit der Methode ADD, die folgende Syntax hat:

`Objekt.Add(Range, NumRows, NumColumns)`

Mit RANGE ist ein Range-Objekt gemeint, das die Einfügeposition bestimmt. NUMROWS und NUMCOLUMNS stehen für die Anzahl der Zeilen und Spalten.

Wichtig: Die Add-Methode ersetzt das im Range-Argument benannte Range-Objekt vollständig. Verwenden Sie beispielsweise als Range-Argument den Ausdruck ACTIVEDOCUMENT.RANGE, löschen Sie damit den kompletten Dokumentinhalt. In der Regel müssen Sie also darauf achten, daß dieses Argument nur eine Einfügeposition, etwa die aktuelle Cursor-Position, bezeichnet, nicht einen größeren Range-Bereich. Wenn Sie sicherstellen wollen, daß kein größerer Bereich betroffen ist, sollten Sie auf Selection-Objekte zunächst die Methode COLLAPSE anwenden.

6.7 Word-Tabellen

Um an der aktuellen Cursor-Position oder am Anfang des gerade markierten Bereichs eine Tabelle mit drei Zeilen und vier Spalten einzufügen, sind die folgenden zwei Anweisungen erforderlich:

```
Selection.Collapse wdCollapseStart
Selection.Tables.Add Selection.Range, 3, 4
```

Ohne die erste Zeile, würde die Tabelle einen eventuell markierten Bereich löschen. Wollen Sie eine Tabelle beispielsweise am Anfang des zweiten Absatzes einfügen, können Sie dies mit den folgenden Zeilen erreichen:

```
Dim Position As Range
Set Position = ActiveDocument.Paragraphs(2).Range
Position.Collapse wdCollapseStart
Selection.Tables.Add Position, 3, 4
```

Wir erzeugen hier zunächst mit dem Range-Objekt des zweiten Absatzes eine Objektvariable, reduzieren dann das Range-Objekt auf die Startposition des Absatzes und verwenden die so gewonnene Objektvariable als Argument der Add-Methode.

Beachten Sie, daß es nicht besonders wichtig ist, welches Objekt wir bei der Erzeugung einer neuen Tabelle für TABLES verwenden (SELECTION.TABLES, ACTIVEDOCUMENT.TABLES etc.). Soll jedoch die Zahl der Tabellen ermittelt oder eine einzelne Tabelle angesprochen werden, ist das Objekt entscheidend. Die folgenden Zeilen können daher beim gleichen Dokument völlig unterschiedliche Ergebnisse liefern:

```
MsgBox ActiveDocument.Tables.Count
MsgBox ActiveDocument.Range(100, 500).Tables.Count
MsgBox Selection.Tables.Count
```

Mit ACTIVEDOCUMENT.TABLES erhalten Sie alle Tabellen des aktiven Dokuments. Die zweite Zeile liefert nur die Tabellen, die sich im Bereich zwischen den Zeichen 100 und 500 befinden bzw. von diesem Bereich zumindest teilweise erfaßt werden. Die letzte Zeile ermittelt nur die Tabellen, die zumindest teilweise markiert sind. Ist kein Bereich markiert, steht aber der Cursor in einer Tabelle, erhalten Sie in diesem Fall den Wert 1.

Die Unterscheidung des Objekts ist natürlich auch wichtig, wenn Sie einzelne Tabellen (Table-Objekte) manipulieren. Für eine Tabelle sind unter anderem folgende Eigenschaften und Methoden definiert:

Borders	liefert das Borders-Objekt für die Tabelle.
AutoFormat	weist der Tabelle ein vordefiniertes Format zu. Die Methode entspricht dem AutoFormat-Dialog für Tabellen.

Cell	liefert ein Cell-Objekt. Über dieses Objekt können Sie einzelne Zellen hinzufügen und bezüglich Inhalt und Darstellung manipulieren.
Columns	liefert die Auflistung der Spalten einer Tabelle.
Delete	löscht eine Tabelle.
Range	liefert das Range-Objekt für die Tabelle. Über das Range-Objekt erhalten Sie beispielsweise Zugriff auf das Font-Objekt, so daß Sie Schrift und Schriftattribute für die ganze Tabelle ändern können.
Rows	liefert die Auflistung der Zeilen einer Tabelle.
Select	selektiert die ganze Tabelle. Sie können dann die für Selection-Objekte üblichen Eigenschaften und Methoden darauf anwenden.
SortAscending	sortiert die Tabelle aufsteigend. Mit SORTDESCENDING erhalten Sie eine absteigende Sortierung. Die Methoden kommen ohne Argumente aus. Wollen Sie die Sortierung genau steuern, müssen Sie die Sort-Methode verwenden.
Split	teilt eine Tabelle vor einer bestimmten Zeile auf. SPLIT benötig als Argument die Zeilennummer, über der die Tabelle geteilt werden soll.

Die vorstehenden Eigenschaften und Methoden wirken in der Regel auf die ganze Tabelle. Für die Bearbeitung einzelner Zellen, Zeilen und Spalten sind das Cell-Objekt und die Columns- bzw. Rows-Auflistung zuständig. Für das folgende Makro haben wir einige der wichtigsten Funktionen zusammengefaßt:

```
Sub Tabelle_bearbeiten()
   Dim NeueTabelle As Table
   Selection.Collapse wdCollapseStart
   Set NeueTabelle = ActiveDocument.Tables.Add(Selection.Range, 3, 4)

   MsgBox "Dateneingabe"
   NeueTabelle.Cell(1, 1).Range.Text = "Münster"
   NeueTabelle.Cell(2, 1).Range.Text = "Hamburg"
   NeueTabelle.Cell(3, 1).Range.Text = "Berlin"
   NeueTabelle.Sort False, 1

   MsgBox "Tabelle formatieren"
   NeueTabelle.AutoFormat wdTableFormatClassic1
   NeueTabelle.Borders.OutsideLineStyle=wdLineStyleThickThinLargeGap
```

6.7 Word-Tabellen

```
    NeueTabelle.Borders.OutsideColorIndex = wdDarkRed
    NeueTabelle.Range.Font.Italic = True
    If MsgBox("Tabelle löschen?", vbYesNo) = vbYes Then
        NeueTabelle.Delete
    End If
End Sub
```

Beachten Sie vor allem die Sort-Methode. SORTASCENDING und SORTDESCENDING betrachten die erste Zeile als Titelzeile. Diese wird daher nicht in die Sortierung einbezogen. Sollen alle Zeilen sortiert werden, müssen Sie daher SORT einsetzen. Im obigen Makro haben wir nur die notwendigsten Argumente verwendet. Das erste Argument besagt, daß die Kopfzeile nicht von der Sortierung ausgenommen werden soll. Das zweite Argument bezeichnet die Spalte, über welche die Sortierung erfolgt.

Zellen manipulieren

Einzelne Zellen erhalten Sie mit der Methode CELL. Die Methode verfügt über zwei Argumente, mit denen Sie Zeilen- und Spaltenindizes bestimmen. Mit der Zeile

```
MsgBox ActiveDocument.Tables(2).Cell(2, 3)
```

erhalten Sie den Inhalt der dritten Zelle in der zweiten Zeile angezeigt (C2). Eigentlich hätten wir noch den Ausdruck RANGE.TEXT anhängen müssen. Hier handelt es sich aber wieder um die Standardeigenschaften, weshalb wir darauf verzichten konnten. Eine Auswahl der wichtigsten Eigenschaften und Methoden des Cell-Objekts findet sich in der folgenden Übersicht:

AutoSum	erzeugt eine Summe für die Zellen oberhalb oder links vom Cell-Objekt.
Column	liefert ein Column-Objekt, über das sich die Spalte des betreffenden Cell-Objekts manipulieren läßt.
ColumnIndex	ermittelt die Spaltennummer der betreffenden Zelle (das zweite Argument der Cell-Methode).
Delete	löscht eine Zelle. Die Methode löscht nicht nur den Inhalt, sondern tatsächlich die Zelle, die ganze Spalte oder die ganze Zeile. Wird die Zelle gelöscht rücken die Zellen von rechts oder von unten nach. Die Funktion steuern Sie über Konstanten.
Formula	fügt ein Formelfeld in die Zelle ein.
Merge	verbindet mehrere Zellen miteinander. Ausgangszelle ist das betreffende Cell-Objekt. Die zweite Zelle wird im Argument der Methode übergeben.

Next/Previous	liefert das nächste oder das vorhergehende Cell-Objekt. Die Tabelle wird dabei zeilenweise durchlaufen.
Row	liefert ein Row-Objekt, über das sich die Zeile des betreffenden Cell-Objekts manipulieren läßt.
Select	markiert die betreffende Zelle vollständig (nicht nur den Inhalt).
Split	teilt die betreffende Zelle in mehrere Zellen auf.

Weitere wichtige Eigenschaften und Methoden erreichen Sie über das Range-Objekt. Insbesondere die Zuweisung von Zelleninhalten und Formatierungen erfordert ein Range-Objekt. Alternativ können Sie auch das Selection-Objekt verwenden, wenn Sie die Zelle zuvor mit SELECT markieren. Die Zeile

```
ActiveDocument.Tables(2).Cell(1, 1).Range.Text = "123"
```

ist daher bezüglich der Wirkung mit den folgenden Zeilen nahezu identisch:

```
ActiveDocument.Tables(2).Cell(1, 1).Select
Selection.Text = "123"
Selection.Collapse
```

Ein kleiner Unterschied besteht darin, daß nach Ausführung der zweiten Methode der Cursor in der betreffenden Zelle steht. Die erste Methode läßt die Cursor-Position hingegen unverändert. In den Beispielen haben wir die Text-Eigenschaft verwendet. Damit wird der bestehende Eintrag bzw. das Selection-Objekt überschrieben. Sollen alte Zelleneinträge erhalten bleiben, müssen Sie die Methoden INSERTAFTER bzw. INSERTBEFORE verwenden.

Mit Zellenwerten rechnen

Beim Auslesen von Zellenwerten mit der Eigenschaft TEXT erhalten Sie immer einen String, auch wenn die betreffende Zelle einen numerischen Wert enthält. Die Zelle enthält zudem ein normalerweise nicht sichtbares Steuerzeichen. Die folgende Zeile funktioniert daher nicht:

```
MsgBox ActiveDocument.Tables(1).Cell(2, 2).Range.Text + 10
```

Sie müssen den Ausdruck erst mit der Funktion VAL in einen numerischen Ausdruck verwandeln, um damit rechnen zu können:

```
MsgBox Val(ActiveDocument.Tables(1).Cell(2, 2).Range.Text) + 10
```

Allerdings funktioniert das nur mit ganzzahligen Werten oder mit Werten, die statt eines Dezimalkommas einen Dezimalpunkt verwenden. Komma und nachfolgende Dezimalstellen werden von VAL einfach abgeschnitten. In deutschen Word-Dokumenten dürfte ein Dezimalpunkt aber nicht besonders sinnvoll sein. Eine Lösung läßt sich mit Hilfe der CleanString-Funktion

6.7 Word-Tabellen

erreichen. Die Funktion säubert einen String von nicht druckbaren Zeichen. Die Zellen einer Word-Tabelle enthalten ein solches Zeichen. Wenn Sie die Steuerzeichen einblenden (über den Paragraph-Schalter), wird auch dieses Zeichen angezeigt. CLEANSTRING liefert keinen numerischen Wert, sondern ebenfalls einen String. Wenn dieser aber nur aus Ziffern besteht, kann damit direkt gerechnet werden:

```
MsgBox CleanString(ActiveDocument.Tables(1).Cell(2,2). _
                   Range.Text) + 10
```

Die vorstehende Zeile liefert auch bei Werten mit Dezimalkomma korrekte Ergebnisse.

Zellen verbinden und aufsplitten

Mit den Methoden MERGE und SPLIT verbinden Sie mehrere Zellen oder teilen diese wieder auf. Die Methode MERGE benötigt selbst ein Cell-Objekt als Argument. Alle Zellen im rechtwinkeligen Bereich zwischen dem Cell-Objekt der Merge-Methode und dem Cell-Objekt ihres Arguments werden zu einer Zelle verbunden. Das folgende Beispiel verbindet zunächst vier Zellen (A1:B2) der zweiten Tabelle. Anschließend teilt SPLIT die gemeinsame Zelle in zwei Zellen auf:

```
With ActiveDocument.Tables(2)
    .Cell(1, 1).Merge .Cell(2, 2)
    MsgBox ""
    .Cell(1, 1).Split 1, 2
End With
```

Die Methode SPLIT benötigt zwei Argumente. Das erste bezeichnet die Zahl der Zeilen und das zweite die der Spalten, in welche die Zelle zerlegt werden soll. Wir haben nur eine Zeile (keine Unterteilung) und zwei Spalten gewählt.

Zeilen und Spalten

Mit COLUMNS und ROWS erhalten Sie die Auflistungen der zu einer Tabelle gehörenden Spalten und Zeilen. Die einzelnen Spalten und Zeilen sind dann wieder über ihre Position in der Auflistung zugänglich. Für die Auflistungen ist zunächst die Add-Methode wichtig, weil Sie damit neue Zeilen und Spalten erzeugen. Das folgende Beispiel fügt zur zweiten Tabelle jeweils eine Zeile und Spalte hinzu:

```
With ActiveDocument.Tables(2)
    .Columns.Add .Columns(2)
    .Rows.Add .Rows(2)
End With
```

Die Add-Methode benötigt also selbst ein Column- bzw. Row-Objekt als Argument. Eine einfache Zeilen- oder Spaltennummer genügt nicht. Das Argument bezeichnet die Zeile oder Spalte, vor der die neue Zeile oder Spalte eingefügt wird. Mit unserem Beispiel erhalten wir eine neue zweite Zeile und eine neue zweite Spalte.

Hinweis: Das vorstehende Beispiel funktioniert nicht, wenn die einzufügenden Zeilen oder Spalten auf verbundene Zellen treffen.

Spaltenbreite und Zeilenhöhe bestimmen

Für die Bestimmung von Spaltenbreite und Zeilenhöhe sind die Methoden SETWIDTH und SETHEIGHT zuständig. Beide Methoden benötigen zwei Argumente. Mit dem ersten bestimmen Sie die Breite bzw. Höhe in Punkten. Das zweite Argument der SetWidth-Methode beschreibt die Art der Anpassung der übrigen Spalten. Wenn Sie hier die Konstante WDADJUSTNONE wählen, behalten diese ihre ursprüngliche Breite. In Abhängigkeit der Breite der geänderten Spalte wird die gesamte Tabelle dann breiter oder schmaler.

```
With ActiveDocument.Tables(2)
    .Columns(2).SetWidth 40, wdAdjustNone
    .Rows(2).SetHeight 15, wdRowHeightExactly
End With
```

Wenn Sie statt dessen die Konstante WDADJUSTPROPORTIONAL einsetzen, werden die rechts von der geänderten Spalte befindlichen Spalten so angepaßt, daß sich die Gesamtbreite der Tabelle nicht ändert. Die rechts befindlichen Spalten werden dann schmaler oder breiter.

Das zweite Argument der SetHeigth-Methode bestimmt eine Regel für die Änderung der Zeilenhöhe. Mit der in unserem Beispiel gewählten Konstanten wird der Wert des ersten Arguments (hier 15 Punkt) genau zugewiesen. Selbst wenn Sie dem Zelleneintrag eine größere Schrift zuweisen, bleibt die Zeilenhöhe bestehen. Soll die vorgegebene Zeilenhöhe mindestens dem Wert des ersten Arguments entsprechen, bei größerer Schrift sich aber automatisch anpassen, müssen Sie die Konstante WDROWHEIGHTATLEAST verwenden. Eine automatische Anpassung an größere und kleinere Schrift erhalten Sie mit der Konstanten WDROWHEIGHTAUTO.

Hinweis: Auch die Anpassung von Zeilenhöhe und Spaltenbreite kollidiert gegebenenfalls mit verbundenen Zellen. Sie erhalten dann eine Fehlermeldung angezeigt.

Die Cells-Auflistung

Für Row- und Column-Objekte existieren Auflistungen, die jeweils alle Zellen der betreffenden Zeile oder Spalte umfassen. Die Auflistung erhalten Sie mit der Methode CELLS. Wollen Sie einzelne Zellen ansprechen, müssen Sie das Argument von CELLS verwenden, das den Index (die Position) der betreffenden Zelle in der Zeile oder Spalte bezeichnet. Mit der Anweisung

```
ActiveDocument.Tables(2).Columns(2).Cells(1).Range.Text = "123"
```

schreiben Sie den Wert 123 in die erste Zelle der zweiten Spalte der zweiten Tabelle. Den gleichen Effekt erzielen Sie mit der folgenden Zeile, die wir bereits früher vorgestellt haben:

```
ActiveDocument.Tables(2).Cell(1, 2).Range.Text = "123"
```

CELLS (mit Index) und CELL liefern also beide ein Cell-Objekt, auf das sich die früher schon vorgestellten Eigenschaften und Methoden anwenden lassen.

Cursor-Position prüfen

Gelegentlich werden Sie wissen wollen, ob der Cursor innerhalb einer Tabelle steht, bzw. sich der markierte oder im Range-Objekt benannte Bereich innerhalb einer Tabelle befindet. Sie können dafür die Eigenschaft INFORMATION mit der Argumentkonstanten WDWITHINTABLE verwenden:

```
MsgBox Selection.Information(wdWithInTable)
MsgBox ActiveDocument.Range(10, 30).Information(wdWithInTable)
```

Die Eigenschaft liefert nur dann den Wert TRUE, wenn sich der markierte oder benannte Bereich vollständig innerhalb der Tabelle befindet. Es genügt nicht, wenn die Markierung (oder der Bereich) auch die Tabelle umfaßt.

6.8 Grafiken und Zeichnungen

Grafiken und Zeichnungen sind Objekte der Shapes-Auflistung. Dazu gehören auch Steuerelemente, Textfelder und OLE-Objekte. SHAPES ist unter anderem für Document-Objekte definiert. Die Auflistung bezieht sich dann nur auf die Objekte im Haupttext.

Grafiken importieren

Das Einfügen einer Grafik erfolgt mit Hilfe der AddPicture-Methode. Die Methode hat folgende Syntax:

```
Objekt.AddPicture(FileName, LinkToFile, SaveWithDocument, _
                  Left, Top, Width, Height, Anchor)
```

FILENAME bezeichnet die einzubindende Grafikdatei und ist vom Typ STRING. LINKTOFILE bestimmt, ob eine Verknüpfung zu der Datei hergestellt (TRUE) oder diese als Kopie eingebunden werden soll. Mit SAVEASDOCUMENT läßt sich festlegen, ob eine verknüpfte Datei mit dem Dokument zu speichern ist (TRUE). Die Argumente LEFT, TOP, WIDTH und HEIGHT sind für Position und Abmessungen der Grafik zuständig. Mit ANCHOR ist ein Range-Objekt gemeint. Das kann beispielsweise der Absatz an der Cursor-Position sein (SELECTION.RANGE). Die Abstandsangaben LEFT und TOP beziehen sich auf diese Ankerposition. Für das folgende

Makro haben wir nur zwei Argumente verwendet: FILENAME und ANCHOR. Wie das Beispiel zeigt, lassen sich die meisten Argumente auch noch nachträglich über Eigenschaften zuweisen. Das gilt unter anderem für die Positionsangaben.

```
Sub Grafik_einfuegen()
   Dim Bild1 As Shape
   Datei = "C:\Windows\Wolken.bmp"
   Set Anker = ActiveDocument.Paragraphs(5).Range
   Set Bild1 = ActiveDocument.Shapes.AddPicture(Datei,,,,,,,Anker)
   Bild1.Left = CentimetersToPoints(1)
   Bild1.Top = CentimetersToPoints(1)
   Bild1.LockAspectRatio = msoFalse
   Bild1.Height = CentimetersToPoints(3)
   Bild1.Width = CentimetersToPoints(3)
End Sub
```

Als Anker haben wir den fünften Absatz des Dokuments gewählt. Die Positionsangaben (LEFT/TOP = 1 cm) beziehen sich dann auf den Anfang dieses Absatzes. Um Positions- und Größenangaben in einer vertrauten Maßeinheit (cm) bestimmen zu können, haben wir die Funktion CENTIMETERSTOPOINTS verwendet, welche die von den Eigenschaften geforderte Maßeinheit PUNKT liefert. Beachten Sie auch die Eigenschaft LOCKASPECTRATIO. Die Eigenschaft bestimmt nämlich, ob die Proportionen einer Grafik erhalten bleiben. Ohne die Zuweisung des logischen Wertes FALSE hätten die letzten zwei Zeilen nicht korrekt funktioniert. Da die Grafik WOLKEN.BMP ein längliches Rechteck bildet, unsere Größenangaben aber ein Quadrat (3cm x 3cm) erzeugen sollen, mußten wir LOCKASPECTRATIO abschalten.

Hinweis: Da auch jede einzelne Zelle einer Tabelle als Absatz zählt, kann es durchaus sein, daß die Grafik in einer solchen Zelle landet.

Eigenschaften und Methoden für Shape-Objekte

Mit dem obigen Makro hätten wir auch schon einige der Eigenschaften kennengelernt, die für einzelne Shape-Objekte definiert sind. Weitere Eigenschaften und Methoden finden sich in der folgenden Übersicht:

ConvertToInlineShape	überführt ein Shape-Objekt von der Zeichnungsebene in die Textebene des Dokuments. Aus dem Shape-Objekt wird so ein InlineShape-Objekt. Es gehört dann nicht mehr zur Shapes-Auflistung. Ein InlineShape-Objekt verhält sich ähnlich wie ein Buchstabe im Text. Es wandert beispielsweise auch horizontal mit dem Text.
Delete	löscht ein Shape-Objekt.

6.8 Grafiken und Zeichnungen

Duplicate	erzeugt das Duplikat eines Shape-Objekts und fügt dieses mit einem Versatz in das Dokument ein.
ScaleHeight ScaleWidth	vergrößert oder verringert die Höhe bzw. Breite des Shape-Objekts. Bei einem Faktor von 0.5 wird die Höhe oder Breite beispielsweise auf die Hälfte verringert.
Type	ermittelt den Typ des Shape-Objekts.

Interessant sind besonders die Scale-Methoden, weil Sie damit die Größe eines Grafikobjekts mit einem Faktor bestimmen können. Die Methoden erwarten mindestens zwei Argumente: FACTOR und RELATIVETOORIGINALSIZE. Das dritte Argument (SCALE) bestimmt, welcher Teil des Bildes seine ursprüngliche Position beibehält (linke obere oder rechte untere Ecke bzw. Bildmitte).

Im ersten Argument geben Sie den Faktor an. Ein Faktor von 1 bedeutet keine Größenänderung. Ein Wert von 2 verdoppelt und ein Wert von 0.5 halbiert die betreffende Dimension. Das zweite Argument bestimmt, ob das Objekt relativ zur ursprünglichen (TRUE) oder zur aktuellen Größe (FALSE) skaliert werden soll. Da dieses Argument nur für Grafik- und OLE-Objekte gilt, kann es bei der Anwendung auf andere Objekte, beispielsweise eine Textbox, zum Programmabbruch kommen. Das folgende Beispiel soll daher nur Grafikobjekte (Typkonstante MSOPICTURE) skalieren. Zu diesem Zweck haben wir eine Typprüfung vorgeschaltet. Skaliert wird hier das gerade markierte Shape-Objekt, wenn es sich dabei um ein Objekt vom Typ PICTURE handelt.

```
If Selection.ShapeRange.Type = msoPicture Then
    temp = Selection.ShapeRange.Name
    MsgBox temp
    ActiveDocument.Shapes(temp).ScaleWidth 0.3, msoCTrue
    ActiveDocument.Shapes(temp).ScaleHeight 0.3, msoCTrue
End If
```

Etwas umständlich ist auch die Referenz auf das Objekt ausgefallen. Das Beispiel soll aber zeigen, wie Sie ein Shape-Objekt über den Namen ansprechen. Mit der Zeile

```
Selection.ShapeRange.Name
```

ermitteln wir zunächst den Namen und setzen diesen dann als Argument der Shapes-Eigenschaft ein. Der Name (PICTURE1, PICTURE2 etc.) wird beim Import der Grafik automatisch vergeben.

Die ShapeRange-Auflistung

Im obigen Beispiel haben wir für das Selection-Objekt die ShapeRange-Eigenschaft verwendet. SHAPERANGE steht wie SHAPES für eine Auflistung von Shape-Objekten, auch wenn hier das Plural-S fehlt. Auf SHAPERANGE können Sie daher unter anderem auch die Eigenschaft COUNT anwenden. SHAPERANGE steht aber nur für die Shape-Objekte, die gerade markiert sind oder die zu einem Range-Bereich gehören. Für unser obiges Beispiel hätten wir eigentlich noch mit COUNT prüfen müssen, ob wirklich nur ein Objekt selektiert ist. Wir müssen sonst mit einem Programmabbruch rechnen.

Das folgende Beispiel ermittelt die Zahl der Shape-Objekte, die sich im Bereich vom Dokumentanfang bis zum 1000. Zeichen befinden. Um bei weniger als 1000 Zeichen keine Fehlermeldung zu erhalten, haben wir eine Sicherheitsabfrage vorgeschaltet:

```
Dim Bereich1 As Range
Zeichen = ActiveDocument.Characters.Count
If Zeichen >= 1000 Then
    Set Bereich1 = ActiveDocument.Range(0, 1000)
Else
    Set Bereich1 = ActiveDocument.Range(0, Zeichen)
End If
Bereich1.ShapeRange.Select
MsgBox Selection.ShapeRange.Count
```

Beachten Sie vor allem die vorletzte Zeile. Hier wird die Select-Methode auf die ShapeRange-Auflistung des Range-Bereichs angewendet, nicht auf den Range-Bereich selbst. Nur so erreichen wir, daß die Objekte und nicht der Text selektiert werden.

Zeichnungen per VBA-Code erstellen

Auch Objekte, die Sie mit den Word-Zeichenfunktionen erstellen, sind Shape-Objekte und damit Teil der Shapes- bzw. ShapeRange-Auflistung. Für die einzelnen Zeichenformen sind unterschiedliche Add-Methoden definiert:

AddShape	ist für Grundformen wie Rechtecke, Ellipsen und die vielen Autoformen zuständig, die Sie auf der Symbolleiste ZEICHNEN finden.
AddPolyLine	erzeugt offene und geschlossene Polygonzüge.
AddCurve	erzeugt Bézier-Kurven.
AddLine	erzeugt Linien.

Relativ einfach ist die Erzeugung von Grundformen und Autoformen mit der Methode ADDSHAPE. Die Syntax hat folgende Form:

```
Objekt.AddShape(Type, Left, Top, Width, Height, Anchor)
```

Für das Argument TYPE steht eine lange Liste von msoAutoShapeTyp-Konstanten bereit. Jede Autoform, die Sie in der Autoform-Auswahl der Zeichnen-Symbolleiste finden, ist hier mit einer Konstanten vertreten. Für Rechtecke und Ellipsen sind die Konstanten MSOSHAPE-RECTANGLE und MSOSHAPEOVAL zuständig.

Die übrigen Argumente bestimmen Position und Größe des Objekts. Die Position bezieht sich wieder auf den Anker, den Sie (als Range-Objekt) im letzten Argument angeben. Position und Größe erfordern die Maßeinheit PUNKT. Das folgende Beispiel erzeugt ein Rechteck und eine Ellipse. Da wir für Höhe und Breite identische Werte eingesetzt haben, werden diese zu Quadrat und Kreis.

```
Sub Grundformen_erzeugen
    Typ1 = msoShapeRectangle
    Typ2 = msoShapeOval
    Links = CentimetersToPoints(2)
    Oben = CentimetersToPoints(2)
    Breite = CentimetersToPoints(4)
    Hoehe = CentimetersToPoints(4)
    Set Anker = ActiveDocument.Paragraphs(5).Range
    With ActiveDocument.Shapes
        .AddShape Typ1, Links, Oben, Breite, Hoehe, Anker
        .AddShape Typ2, Links, Oben, Breite, Hoehe, Anker
    End With
End Sub
```

Als Anker haben wir den fünften Absatz gewählt. Die Positionsangaben beziehen sich auf den Anfang dieses Absatzes. Die obere linke Ecke des Quadrats befindet sich dann zwei Zentimeter rechts und zwei Zentimeter unterhalb des Absatzanfangs.

Zeichnungsobjekte bearbeiten

Handelt es sich bei den Shape-Objekten um Autoformen, Polygonzüge oder Bézier-Kurven, also um Zeichnungsobjekte, können Sie darauf auch noch die folgenden Eigenschaften anwenden:

Fill	liefert ein FillFormat-Objekt, über das sich Objektfüllungen einstellen lassen.
Flip	kippt ein Objekt um seine horizontale oder vertikale Achse. Diese Methode ist natürlich nur dann sinnvoll, wenn das Objekt nicht symmetrisch ist.
Height/Width	ermittelt oder verändert die Höhe bzw. Breite des Shape-Objekts.

Left/Top	ermittelt oder verändert die Position des Shape-Objekts. Die Werte beziehen sich auf die Ankerposition.
Rotation	ermittelt oder bestimmt die Gradzahl, um die das Objekt rotiert werden soll.
ThreeD	liefert ein ThreeDFormat-Objekt, über das sich 3D-Effekte einstellen lassen.
ZOrder	ändert die Position eines Objekts im Objektstapel (Vordergrund, Hintergrund) und in Bezug auf den Text (vor dem Text, hinter dem Text).

Wichtig ist besonders FILL, weil Sie damit die Objektfüllung bestimmen. Für FillFormat-Objekte sind unter anderem die folgenden Eigenschaften definiert:

BackColor	liefert ein ColorFormat-Objekt, über das sich die Hintergrundfarbe eines Füllmusters bestimmen läßt. Auf das ColorFormat-Objekt ist dann noch die RGB-Eigenschaft anzuwenden.
ForeColor	liefert ein ColorFormat-Objekt, über das sich die Vordergrundfarbe eines Füllmusters bestimmen läßt.
Paternd	bestimmt das Füllmuster.

Da Sie Shape-Objekte in der Regel noch bearbeiten, beispielsweise mit Farbe füllen oder mit Linienattributen ausstatten, sollten Sie gleich Objektvariablen verwenden. Das folgende Beispiel erzeugt zunächst ein Polygon und weist diesem dann verschiedene Füllattribute und einen 3D-Effekt zu:

```
Sub Zeichnungsobjekte_bearbeiten()
    Dim Polygon As Shape
    Dim Daten(4, 1) As Single
    Daten(0, 0) = 100: Daten(0, 1) = 100
    Daten(1, 0) = 200: Daten(1, 1) = 100
    Daten(2, 0) = 100: Daten(2, 1) = 200
    Daten(3, 0) = 200: Daten(3, 1) = 200
    Daten(4, 0) = 100: Daten(4, 1) = 100
    Set Polygon = ActiveDocument.Shapes.AddPolyline(Daten)
    Polygon.Visible = True
    Polygon.Fill.Patterned msoPatternSmallConfetti
    Polygon.Fill.BackColor.RGB = RGB(0, 0, 255)      'Blau
    Polygon.Fill.ForeColor.RGB = RGB(255, 255, 0)    'Gelb
    Polygon.Flip msoFlipVertical
```

```
    MsgBox "Abmessungen ändern und Objekt verschieben"
    Polygon.Height = 200
    Polygon.Width = 150
    Polygon.Left = 200

    MsgBox "Objekt rotieren"
    Polygon.Rotation = 30

    MsgBox "3D-Effekte zuweisen"
    Polygon.ThreeD.Depth = 30
    Polygon.ThreeD.ExtrusionColorType = msoExtrusionColorCustom
    Polygon.ThreeD.SetExtrusionDirection (msoExtrusionTopRight)
End Sub
```

Für die Erzeugung eines Polygons ist die AddPolyLine-Methode zuständig. Die Methode erwartet ein zweidimensionales Array als erstes Argument. Dieses Array muß die Koordinatenpaare der einzelnen Eckpunkte des Polygons enthalten. Wir haben im vorstehenden Beispiel die jeweils zu einem Punkt gehörenden X- und Y-Werte in eine Zeile geschrieben (zwei VBA-Anweisungen durch Doppelpunkt getrennt), so daß sich die Zuordnung leicht erkennen läßt. Die erste Spalte des Arrays enthält die X- und die zweite Spalte die Y-Werte.

Wichtig: Das Array mußten wir mit dem Typ SINGLE vereinbaren (DATEN(4,1) AS SINGLE). Ohne Typvereinbarung (VARIANT) brach die Programmausführung mit einer Fehlermeldung ab.

Beachten Sie auch, daß die Koordinaten des letzten Punktes mit denen des ersten identisch sind. Das Polygon wird dadurch geschlossen.

Hinweis: Weitere Informationen zum Arbeiten mit Zeichnungsobjekten, insbesondere zum Umgang mit dem FillFormat-Objekt, finden Sie im PowerPoint-Kapitel.

6.9 Was Sie noch wissen sollten

Die zentralen Themen der Word-Programmierung sollte der vorstehende Text abgedeckt haben. Sicher sind dabei noch viele Fragen offen geblieben. Einige nicht ganz nebensächliche Punkte wollen wir daher in diesem Sammelkapitel nachtragen. Unter anderem geht es hier um Dokument-Eigenschaften, Feldfunktionen und die Anzeigeoptionen des View-Objekts.

Dokument-Eigenschaften

Über die Menüoption DATEI/EIGENSCHAFTEN öffnen Sie einen Dialog, in welchem Sie den Wert von vordefinierten Eigenschaften einsehen oder setzen können. Der Dialog erlaubt zudem die Definition eigener Eigenschaften. Die Funktionen des Eigenschaften-Dialogs sind unter VBA über die DocumentProperties-Auflistungen zugänglich. Der Zugriff erfolgt über zwei Eigenschaften des Document-Objekts:

BuiltInDocumentProperties   enthält alle integrierten Dokumenteigenschaften.

CustomDocumentProperties   enthält alle benutzerdefinierten Eigenschaften.

Die DocumentProperties-Eigenschaften erwarten einen Index oder eine Eigenschaftsbezeichnung. Um beispielsweise den Wert der Eigenschaft AUTHOR auszugeben, können Sie alternativ eine der folgenden Zeilen verwenden:

```
MsgBox ActiveDocument.BuiltInDocumentProperties("Author")
MsgBox ActiveDocument.BuiltInDocumentProperties(3)
```

Die folgende For-Schleife gibt alle verfügbaren Eigenschafstbezeichnungen und die zugehörigen Indexwerte im aktuellen Dokument aus:

```
For i = 1 To ActiveDocument.BuiltInDocumentProperties.Count
  Selection.Collapse wdCollapseEnd
  With ActiveDocument.BuiltInDocumentProperties(i)
    Selection.InsertAfter (.Name & vbTab & vbTab & i & Chr(13))
  End With
Next
```

Sie können den Wert einer integrierten Eigenschaft ändern, indem Sie die Eigenschaft VALUE setzen. Ein Beispiel:

```
ActiveDocument.BuiltInDocumentProperties(3).Value = "Müller"
```

Die Zeile ändert den Namen des Autors (Eigenschaft AUTHOR, Indexwert = 3). Die Änderung läßt sich im Eigenschaften-Dialog überprüfen (Seite ZUSAMMENFASSUNG).

Eigene Eigenschaften definieren

Benutzerdefinierte Eigenschaften lassen sich mit der Add-Methode hinzufügen. Die Methode, die Sie nur auf die CustomDocumentProperties-Auflistung anwenden können, hat folgende Syntax:

```
Objekt.Add(Name, LinkToContent, Type, Value, LinkSource)
```

Mit NAME ist die Bezeichnung der neuen Eigenschaft gemeint. LINKTOCONTENT ist vom logischen Typ und bestimmt, ob eine Verbindung zu einer Stelle im Dokument hergestellt werden soll. Diese Verbindung ist dann für den Wert der Eigenschaft zuständig. Setzen Sie LINKTO-CONTENT auf FALSE, können Sie den Wert der Eigenschaft mit dem Argument VALUE bestim-

6.9 Was Sie noch wissen sollten

men. Das Argument TYPE legt den Typ der Eigenschaft (Text, Zahl, Datum etc.) fest. In VBA sind dafür wieder bestimmte Konstanten definiert.

LINKSOURCE werden Sie nur benötigen, wenn Sie LINKTOCONTENT auf den Wert TRUE setzen. Mit LINKSOURCE bestimmen Sie dann die Quelle für den Wert der Eigenschaft. Als Verbindungsquelle fungieren Textmarken. Die betreffende Textmarke bestimmt dann den Wert der Eigenschaft. In der einfachsten Form sind nur die ersten vier Argumente erforderlich:

```
ActiveDocument.CustomDocumentProperties.Add Name:="PropNeu", _
            LinkToContent:=False, _
            Type:=msoPropertyTypeString, Value:="Wert"
```

Die Zeile ist etwas lang geraten, weil wir in diesem Fall benannte Argumente verwendet haben, um die Zuordnung leichter erkennbar zu machen. Das Ergebnis können Sie sich im Eigenschaften-Dialog auf der Seite ANPASSEN anschauen.

Eigenschaft und Dokumentinhalt verbinden

Um eine benutzerdefinierte Eigenschaft mit einer Stelle des Dokumentinhalts zu verbinden, müssen Sie zunächst eine Textmarke erzeugen. Dabei sollten Sie die Stelle für die Textmarke markieren. Der für die Textmarke markierte Bereich wird später zum Wert der Eigenschaft. Für das folgende Beispiel haben wir zunächst eine Textmarke mit der Bezeichnung MARKE02 erzeugt:

```
ActiveDocument.CustomDocumentProperties.Add Name:="Prop04", _
            LinkToContent:=True, _
            Type:=msoPropertyTypeString, _
            LinkSource:=ActiveDocument.Bookmarks("Marke02")
```

Die Verbindung ist dynamisch. Wenn sich der Text an der für die Textmarke markierten Stelle ändert, ändert sich automatisch auch der Wert unserer neuen Eigenschaft (hier PROP04 genannt). Sie löschen eine benutzerdefinierte Eigenschaft, indem Sie die Delete-Methode darauf anwenden:

```
ActiveDocument.CustomDocumentProperties("Prop04").Delete
```

Die Eigenschaften der Auflistung BUILTINDOCUMENTPROPERTIES können natürlich nicht gelöscht werden.

Dokumentstatistik

Angaben wie die Seitenzahl eines Dokuments verstecken sich hinter der ComputeStatistics-Methode. Die Methode ist für Document- und Range-Objekte definiert. Sie benötigt ein Argument, das den Typ des statistischen Wertes bezeichnet. Dafür sind unter anderem die folgenden Konstanten vorgesehen:

wdStatisticCharacters	ermittelt die Anzahl der Zeichen eines Dokuments oder Range-Bereichs ohne die Leerzeichen.
wdStatisticCharactersWithSpaces	ermittelt die Anzahl der Zeichen inklusive der Leerzeichen.
wdStatisticLines	ermittelt die Anzahl der Zeilen.
wdStatisticPages	ermittelt die Anzahl der Seiten.
wdStatisticWords	ermittelt die Zahl der Wörter.

Um die aktuelle Seitenzahl eines Dokuments auszugeben, genügt die folgende Zeile:

```
MsgBox ActiveDocument.ComputeStatistics(wdStatisticPages)
```

Wenn Sie die Zahl der Zeichen, Wörter oder Absätze ausgeben wollen, können Sie noch das zweite Argument der Methode nutzen. Hier bestimmen Sie, ob Fuß- und Endnoten berücksichtigt werden sollen. Sie müssen das zweite Argument dann auf TRUE setzen:

```
MsgBox ActiveDocument.ComputeStatistics(wdStatisticWords, True)
```

Die Seitenzahl können Sie auch über die Information-Eigenschaft ermitteln, die für Range- und Selection-Objekte definiert ist. INFORMATION liefert zudem die aktuelle Seitennummer. Die Eigenschaft wird ebenfalls über Konstanten gesteuert. Für Seitenzahl und Seitennummer sind die folgenden definiert:

wdActiveEndAdjustedPageNumber	liefert die gesetzte Seitennummer.
wdActiveEndPageNumber	liefert die tatsächliche Seitennummer.
wdNumberOfPagesInDocument	liefert die Anzahl der Seiten eines Dokuments.

Da Sie den Wert für den Beginn der Seitenzählung selbst bestimmen können, muß die erste Seite nicht unbedingt mit der Nummer 1 beginnen. Der Unterschied zwischen der gesetzten und der tatsächlichen Seitennummer läßt sich mit Hilfe der beiden ersten Konstanten ermitteln. Die folgende Zeile ermittelt die tatsächliche Seitennummer:

```
MsgBox Selection.Information(wdActiveEndPageNumber)
```

Geht der markierte Bereich des Selection-Objekts über mehrere Seiten, wird die letzte Seite ermittelt, die noch teilweise zum markierten Bereich gehört.

Hinweis: Die Eigenschaft INFORMATION ist außerordentlich informativ. Sie können damit nicht nur Informationen über das Dokument (bzw. ein Range- oder Selection-Objekt) ermitteln, sondern auch über den Zustand des Systems. Mit der Konstanten WDCAPSLOCK erfahren Sie beispielsweise den Zustand der Feststelltaste.

Das View-Objekt – Anzeigeoptionen steuern

Über das View-Objekt steuern Sie Eigenschaften, die sich auf die Darstellung des Dokuments beziehen. Das View-Objekt erhalten Sie mit der gleichnamigen Eigenschaft, die für Windows-Objekte definiert ist. Einige wichtige Eigenschaften und Methoden haben wir nachfolgend zusammengestellt:

Draft	erzeugt eine Darstellung mit serifenloser Schrift und minimalen Formatierungen (TRUE).
ShowAll	ermittelt oder bestimmt, ob alle nicht druckbaren Zeichen angezeigt werden (TRUE).
ShowBookmarks	ermittelt oder bestimmt, ob Textmarken im Text mit eckigen Klammern angezeigt werden (TRUE).
ShowDrawings	ermittelt oder bestimmt, ob mit den Zeichenwerkzeugen erstellte Objekte angezeigt werden (TRUE).
ShowHiddenText	ermittelt oder bestimmt, ob ausgeblendeter Text angezeigt wird. Die Kennzeichnung von Text als versteckter Text erfolgt über das Font-Objekt (...FONT.HIDDEN = TRUE).
TableGridLines	ermittelt oder bestimmt, ob die Tabellenhilfslinien angezeigt werden (TRUE).
Zoom	liefert ein Zoom-Objekt, über das sich die Darstellung des Dokumentinhalts skalieren läßt.

Wie die folgenden Zeilen zeigen, erwarten die meisten Eigenschaften einen Wert vom Typ BOOLEAN:

```
ActiveWindow.View.Draft = True
ActiveWindow.View.ShowBookmarks = True
ActiveWindow.View.TableGridlines = False
```

Interessanter ist die Eigenschaft ZOOM. Für das Zoom-Objekt, das Sie damit erhalten, sind unter anderem folgende Eigenschaften definiert:

PageFit	ermittelt oder steuert die Anpassung der Darstellung an die Seite. Die Eigenschaft läßt sich über Konstanten setzen. Mit WDPAGEFITFULLPAGE erhalten Sie eine Darstellung der ganzen Dokumentseite. Mit WDPAGEFITBESTFIT erfolgt eine Anpassung an die Seitenbreite.
Percentage	ermittelt oder bestimmt die Vergrößerungsstufe der Dokumentdarstellung in Prozenten.

Eine Verdoppelung der normalen Darstellungsgröße (Zoom-Stufe = 200%) erhalten Sie mit der folgenden Zeile:

```
ActiveWindow.View.Zoom.Percentage = 200
```

Sie können Werte zwischen 10 und 500 Prozent zuweisen. Bei größeren bzw. kleineren Werten bricht das Programm mit einer Fehlermeldung ab.

Dialogs – Word-Dialoge verwenden

Zu den Objekten, die Ihnen unter VBA zur Verfügung stehen, gehören auch die Word-Dialoge. Diese sind fast vollständig in der Dialogs-Auflistung enthalten, die Sie mit der gleichnamigen Eigenschaft aufrufen. DIALOGS ist für das Application-Objekt definiert. Da Sie keine Dialoge hinzufügen können, verfügt die Auflistung auch nicht über eine Add-Methode. Einen einzelnen Dialog erhalten Sie wieder über das Indexargument. Für das Argument sind jedoch Konstanten mit recht aussagefähigen Bezeichnungen definiert. Sobald Sie die erste Argumentklammer setzen, werden diese zur Auswahl angeboten. Mit der folgenden (nicht ausführbaren) Zeile greifen Sie beispielsweise auf den Absatz-Dialog zu:

```
Application.Dialogs (wdDialogFormatParagraph)
```

Um den Dialog zu starten, ist noch eine von zwei Methoden erforderlich:

Display   zeigt den Dialog an. Die darin enthaltenen Optionen werden jedoch nicht wirksam, wenn der Anwender den Dialog mit OK (oder einem anderen Schalter) schließt. Die Einstellungen des Anwenders lassen sich jedoch abfragen und gegebenenfalls nachträglich ausführen.

Show   zeigt den Dialog an. Die darin enthaltenen Optionen werden wirksam, sobald der Anwender den Dialog mit OK schließt.

Die Verwendung von DISPLAY ermöglicht beispielsweise die Auswertung der vom Anwender eingestellten Optionen. Die Ausführung kann dann per VBA-Code gesteuert werden. Bei SHOW besteht diese Möglichkeit nicht, hier hat der Anwender nach Öffnen des Dialogs die vollständige Kontrolle. Beide Methoden geben einen Wert zurück, der den Schalter bezeichnet, der zum Schließen des Dialogs verwendet wurde (Schließen = -1, OK = -1, Abbruch = 0). Ein Beispiel:

```
MsgBox Dialogs(wdDialogFormatParagraph).Display
```

Sie können nachträglich bestimmen, ob die vom Anwender vorgenommenen Einstellungen wirksam werden sollen. Dafür ist die Methode EXECUTE zuständig. EXECUTE führt die im Dialog vorgenommenen Einstellungen aus, sobald der Dialog wieder geschlossen ist. Das folgende Beispiel ist etwas umständlich formuliert, weil wir auf das gleiche Dialog-Objekt zweimal zugreifen:

```
With Dialogs(wdDialogFormatParagraph)
    If .Display = -1 Then
        .Execute
    End If
End With
```

Eigentlich haben wir damit nur die Show-Methode nachgebildet. Wenn der Anwender zum Schließen des Dialogs den OK-Schalter (-1) betätigt, werden seine Einstellungen mit EXECUTE wirksam. Die etwas aufwendigere Darstellung macht jedoch Sinn, weil wir so Einstellungen des Anwenders überprüfen und gegebenenfalls ändern oder unterdrücken können. Dazu benötigen wir aber einen Zugriff auf die Optionen des Dialogs.

Dialog-Optionen auswerten und setzen

Alle Dialog-Objekte verfügen über eine umfangreiche Eigenschaftsliste, die den Optionen des jeweiligen Dialogs entspricht. Die Eigenschaftslisten sind jedoch tief im Online-Hilfesystem versteckt. Ein Weg führt über die Hilfeseite mit der Beschreibung der Dialogs-Auflistung. Dort aktivieren Sie die Seite mit dem Dialog-Objekt. Über die Dialog-Eigenschaften TYPE gelangen Sie dann zu einer Darstellung, die auch einen Abschnitt über das Dialog-Objekt und einen Verweis auf die wdWordDialog-Konstanten enthält. Mit diesem Verweis sollten Sie zum Ziel gelangen. Eventuell kommen Sie schneller an die Informationen, wenn Sie den Objektkatalog öffnen, in der Klassenliste den Eintrag WDWORDDIALOG markieren und dann die Taste F1 betätigen.

Für den Absatz-Dialog sind dort unter anderem folgende Eigenschaften definiert:

LeftIndent	linker Einzug
Before/After	ABSTAND/VOR, ABSTAND/NACH (Abstand zum vorhergehenden bzw. nachfolgenden Absatz)
Alignment	Ausrichtung

Diese Eigenschaften dürften Ihnen schon bekannt vorkommen. Sie sind mit nahezu identischen Bezeichnungen für das Paragraph-Objekt definiert. Wir können die Eigenschaften per VBA-Code setzen, so daß der Dialog mit unseren Voreinstellungen erscheint, und wir können die Einstellungen des Anwenders auswerten. Dafür ist allerdings eine Objektvariable am besten geeignet. Mit dem folgenden Beispiel geben wir einige Einstellungen vor und überprüfen vor Ausführung, ob der Anwender bestimmte Werte nicht überschritten hat. Vor Ausführung des Beispiels sollte der Cursor in einem mehrzeiligen Absatz stehen.

```
Sub WinWord_Dialoge()
    Dim AbsatzDialog As Dialog

    Options.MeasurementUnit = wdCentimeters
```

```
    Set AbsatzDialog = Dialogs(wdDialogFormatParagraph)
    '-- Voreinstellungen des Dialogs ändern --------
    AbsatzDialog.LeftIndent = "1 cm"
    AbsatzDialog.Before = 15          'Punkt
    AbsatzDialog.After = 15           'Punkt

    If AbsatzDialog.Display = -1 Then
        If Val(AbsatzDialog.LeftIndent) >= 2 Then
            AbsatzDialog.LeftIndent = "2 cm"
        End If
        AbsatzDialog.Execute
    End If
End Sub
```

Noch bevor der Dialog mit DISPLAY angezeigt wird, ändern wir einige Voreinstellungen. Nach dem Schließen überprüfen wir, ob der Anwender für die Eigenschaft LEFTINDENT einen Wert größer oder gleich 2 (cm) eingestellt hat. Ist das der Fall, setzen wir den Wert wieder auf 2 cm. Erst dann führen wir die Änderungen mit EXECUTE aus.

Hinweis: Mit dem Absatz-Dialog haben wir ein Beispiel gewählt, das nicht ganz ohne Probleme ist. Optionen wie der Absatzabstand werden immer in PUNKT angegeben. Für die Option EINZUG/LINKS ist aber die Einstellung der Maßeinheit im Dialog OPTIONEN (Seite ALLGEMEIN) zuständig. Wir haben uns hier aus der Affäre gezogen, indem wir die Maßeinheit auf Zentimeter gesetzt haben (die erste fette Zeile).

Öffnen- und Speichern-Dialoge

Die Öffnen- und Speichern-Dialoge erhalten Sie mit den Konstanten WDDIALOGFILEOPEN und WDDIALOGFILESAVEAS. Für den Öffnen-Dialog sind unter anderem die folgenden Eigenschaften definiert:

Name   ermittelt den Namen der vom Anwender im Dialog markierten Datei. Das gilt jedoch nur, wenn der Dialog mit OK geschlossen wird.

ReadOnly   ermittelt, ob der Anwender die Datei im Nur-Lese-Modus öffnen will (TRUE). Die Eigenschaft läßt sich aber auch per VBA-Code setzen.

Das Dialog-Objekt für den Öffnen-Dialog verfügt grundsätzlich über die gleichen Argumente, die wir schon bei der Open-Methode kennengelernt haben. Die Bezeichnungen können sich aber unterscheiden (NAME statt FILENAME etc.).

Das folgende Beispiel sorgt dafür, daß die vom Anwender ausgewählte Datei immer nur im Nur-Lese-Modus geöffnet wird, auch wenn der Anwender diese Option nicht wählt:

```
Sub Datei_Dialog()
   Dim Oeffnen As Dialog
   Set Oeffnen = Dialogs(wdDialogFileOpen)
   If Oeffnen.Display = -1 Then
      MsgBox Oeffnen.Name & " wird geöffnet."
      Oeffnen.ReadOnly = True
      Oeffnen.Execute
   End If
End Sub
```

Die ReadOnly-Anweisung muß zu diesem Zweck vor der Execute-Anweisung im Programmtext erscheinen.

Word-Optionen einstellen

Über das Objekt OPTIONS (keine Auflistung) erreichen Sie die Einstellungen des Optionen-Dialogs, den Sie in Word mit der Menüoption EXTRAS/OPTIONEN... aufrufen. OPTIONS ist für das Application-Objekt definiert. Entsprechend der großen Zahl an Einstellungsmöglichkeiten verfügt OPTIONS über unzählige Eigenschaften. Einen sehr kleinen Ausschnitt zeigt die folgende Liste:

DefaultFilePath	ermittelt oder bestimmt die voreingestellten Dateipfade für Dokumente, Vorlagen, Grafiken usw. Die Eigenschaft verfügt über ein Argument, das für den Dateityp steht.
MeasurementUnit	ermittelt oder bestimmt die voreingestellte Maßeinheit. Möglich sind die Einheiten Zentimeter, Zoll, Pica und Punkt. Die Zuweisung kann über numerische Werte oder Konstanten erfolgen.
VirusProtection	ermittelt oder bestimmt, ob Word eine Warnung ausgibt, wenn ein zu öffnendes Dokument Makros (und damit potentielle Viren) enthält.

Die vorstehenden Optionen lassen sich wie folgt abfragen bzw. setzen:

```
Sub Optionen_einstellen()
   Options.DefaultFilePath(wdDocumentsPath) = "C:\Docs\Tabellen"
   MsgBox Options.DefaultFilePath(wdPicturesPath)
   Options.MeasurementUnit = wdPoints
   Options.VirusProtection = True
End Sub
```

Die erste Zeile bestimmt einen neuen Pfad für Dokumente. Dieser Pfad (bzw. der betreffende Ordner) wird angezeigt, wenn Sie die Funktionen ÖFFNEN oder SPEICHERN UNTER... aufrufen. Die zweite Zeile gibt den aktuellen Pfad für das Einfügen von Grafiken aus. In der dritten Zeile setzen wir die voreingestellte Maßeinheit auf PUNKT (POINTS). Die letzte Zeile aktiviert den Virus-Schutz bzw. die Makro-Sicherheitsabfrage.

Globale Vorlagen und AddIns

Wenn Sie Anwendungen für Word erstellen, werden Sie diese häufig als Add-Ins bzw. globale Vorlagen installieren wollen. In diesem Fall wird das Dokument nicht angezeigt. Auch auf die Module mit dem Programm-Code kann der Anwender nicht zugreifen. Die Funktionen des Programms lassen sich dennoch verwenden. Zu diesem Zweck müssen Sie dem Dokument eine Symbolleiste zuordnen, über welche der Aufruf des Programms bzw. des Start-Makros erfolgen kann. In Kapitel 12 (Menüs und Symbolleisten) können Sie nachlesen, wie Sie eigene Symbolleisten definieren.

Word-Dokument als globale Vorlage installieren

Um ein Projekt als globale Vorlage nutzen zu können, müssen Sie dieses zunächst als Vorlage speichern. Vorlagen werden von Word in einem eigenen Ordner abgelegt. Nach dem Speichern installieren Sie die Vorlage über den Dialog DOKUMENTVORLAGEN UND ADD-INS, den Sie mit der Menüoption EXTRAS/VORLAGEN UND ADD-INS... aufrufen.

Globale Vorlagen per Programm-Code steuern

Mit der Auflistung ADDINS erhalten Sie alle unter Word registrierten globalen Vorlagen und Add-Ins, unabhängig davon, ob diese installiert (aktiviert) sind oder nicht. Das folgende Beispiel gibt die Namen der registrierten Vorlagen und Add-Ins aus:

```
For Each Vorlage In Application.AddIns
    MsgBox Vorlage.Name
Next
```

Neue globale Vorlagen bzw. Add-Ins registrieren und installieren Sie mit der Add-Methode, die in diesem Fall zwei Argumente erfordert. Im ersten Argument (FILENAME) geben Sie die Datei an. Mit dem zweiten, optionalen Argument (INSTALL) bestimmen Sie, ob die Vorlage auch aktiviert werden soll. Das Argument müssen Sie in diesem Fall auf TRUE setzen. Ein Beispiel:

```
AddIns.Add "C:\Dokumente\Test.dot", True
```

Die Vorlage muß sich natürlich im entsprechenden Verzeichnis befinden. Aktivieren bzw. deaktivieren läßt sich eine Vorlage auch nachträglich noch mit der Eigenschaft INSTALLED. Mit dieser Eigenschaft ermitteln Sie auch den Status einer vorhandenen (im Dialog DOKUMENTVORLAGEN UND ADD-INS registrierten) Vorlage:

```
AddIns("C:\Dokumente\Test.dot").Installed = True
```

Bei den vorstehenden Beispielen haben wir immer auch den Pfad angegeben. Das ist nur erforderlich, wenn sich die Vorlage nicht im dafür vorgesehenen Ordner befindet. Den gerade eingestellten Ordner können Sie im Dialog OPTIONEN (EXTRAS/OPTIONEN...) auf der Seite SPEICHERORT DER DATEI unter dem Eintrag BENUTZERVORLAGEN ersehen und gegebenenfalls ändern.

Felder (Feldfunktionen)

Feldfunktionen, die Sie in Word mit der Menüoption EINFÜGEN/FELD... in den Text einfügen, erreichen Sie im Programm über die Fields-Auflistung. Mit der Add-Methode fügen Sie neue Felder hinzu. Die Methode hat folgende Syntax:

```
Objekt.Fields(Range, Type, Text, PreserveFormatting)
```

Das erste Argument erwartet ein Range-Objekt, mit dem Sie die Einfügeposition bestimmen. Mit dem Argument TYPE legen Sie den Typ des Feldes fest. Hierfür sind wieder unzählige Konstanten definiert. Das Argument TEXT ermöglicht es, zusätzliche Informationen anzugeben, die für einige Feldtypen erforderlich sind. Das kann beispielsweise ein Dokumentname sein, den Sie für ein Hyperlink-Feld benötigen. Das folgende Beispiel erzeugt an der Cursor-Position ein Datumsfeld mit dem aktuellen Datum:

```
ActiveDocument.Fields.Add Selection.Range, wdFieldDate
```

Eine sehr kleine Auswahl der verfügbaren Feldtypkonstanten zeigt die folgende Übersicht:

wdFieldDate	Tagesdatum
wdFieldHyperLink	Verweis auf ein lokales Dokument oder eine Web-Seite. Dokumentname oder Web-Adresse sind im Argument TEXT zu übergeben.
wdFieldPage	Seitennummer
wdFieldRef	Verweis auf den Text einer Textmarke. Die Textmarke muß im Argument TEXT angegeben werden.
wdFieldUserAddress	Anwenderadresse aus dem Dialog OPTIONEN auf der Seite BENUTZERINFORMATIONEN.

Mit dem folgenden Beispiel erhalten Sie eine vollständige Seitenangabe. Beachten Sie, daß wir zu Anfang die Methode COLLAPSE verwendet haben, um eine eventuelle Markierung aufzuheben. Diese wird sonst einfach überschrieben.

```
Selection.Collapse
Selection.TypeText "Seite "
ActiveDocument.Fields.Add Selection.Range, wdFieldPage
```

Mit WDFIELDREF können Sie beispielsweise den Text einer Textmarke als Feldfunktion einfügen. Damit ist der beim Erzeugen der Textmarke markierte Text gemeint. Die Textmarke muß natürlich schon existieren. Ein Beispiel:

```
ActiveDocument.Fields.Add Selection.Range, wdFieldRef,"Marke01"
```

Auch in diesem Fall sollten Sie darauf achten, daß zum Zeitpunkt des Aufrufs kein Text mehr selektiert ist.

Hyperlinks per Fields-Auflistung einrichten

Hyperlinks, die wir bereits früher vorgestellt haben, lassen sich auch mit Hilfe der Fields-Auflistung einrichten. Die Hyperlinks-Auflistung ist praktisch eine Unterabteilung der Fields-Auflistung:

```
With ActiveDocument.Fields
  .Add Selection.Range, wdFieldHyperlink, "http://www.hanser.de"
End With
```

Die URL (oder der Dokumentpfad) muß im Text-Argument angegeben werden. Bei URLs ist auch das Protokoll (http://...) erforderlich.

Hinweis: In unserer Word-Version hatten wir Probleme mit dem Einrichten von Verweisen auf lokale Dateien. Gelegentlich genügte es, in der Eigenschaft TEXT nur den Dateinamen inklusive Dateierweiterung anzugeben (TEST.DOC). Befand sich die Datei im aktuellen Arbeitsverzeichnis, wurde der Pfad automatisch ergänzt. Das funktionierte aber nicht immer. Relativ sicher war die komplette Angabe in der folgenden Form:

```
"C:/Dokumente/Test.doc"
```

Die Schrägstriche (Teilungszeichen) wurden beim Einfügen in das Dokument automatisch in die üblichen Backslash-Zeichen verwandelt. Der Backslash darf nicht angegeben werden, weil er bei Feldfunktionen für die sogenannten Schalter benötigt wird. Als unproblematischer erwies sich aber die Verwendung der weiter oben beschriebenen Hyperlinks-Auflistung.

Die Fields-Auflistung manipulieren

Alle Felder sind Elemente der Fields-Auflistung. Für diese Auflistung sind unter anderem folgende Methoden definiert:

ToggleShowCodes	schaltet zwischen der Anzeige der Feldwerte und der Feldfunktionen hin und her.
Update	aktualisiert die Anzeige der Feldwerte.

6.9 Was Sie noch wissen sollten

Die Methoden kommen ohne Argumente aus. Sie werden einfach an die Fields-Auflistung angehängt:

```
ActiveDocument.Fields.ToggleShowCodes
```

Die einzelnen Felder sprechen Sie wieder über einen Index an. Felder lassen sich selektieren (SELECT), löschen (DELETE) und in statischen Text verwandeln (UNLINK). Zurück bleibt dann der aktuelle Wert. Ein Hyperlink zeigt in diesem Fall nur noch die Adresse an, die betreffende Seite läßt sich aber nicht mehr per Mausklick aufrufen. Ein Beispiel:

```
ActiveDocument.Fields(2).Unlink
```

Interessant ist auch noch die Code-Eigenschaft. Damit erhalten Sie Zugriff auf die betreffende Feldfunktion. Wenn Sie noch die Eigenschaft TEXT anhängen, können Sie sich die komplette Felddefinition anzeigen lassen:

```
MsgBox ActiveDocument.Fields(1).Code.Text
```

Da die Eigenschaft TEXT nicht schreibgeschützt ist, läßt sich die Feldfunktion durch Zuweisung über ...CODE.TEXT auch ändern. In der Regel ist dann noch UPDATE erforderlich, um die Änderung wirksam werden zu lassen.

7 Excel-Programmierung

7.1 Hinweise zum Kapitel

Excel dürfte nach Access den größten Nutzen aus der VBA-Programmierung ziehen. Entsprechend umfangreich ist das Angebot an Objekten, Eigenschaften und Methoden. Bei der Auswahl der Themen haben wir uns besonders auf das „Innere" der Tabellenblätter, also auf Zellen und Zellenbereiche (Range-Objekte) konzentriert.

7.2 Arbeitsmappen und Tabellenblätter

Dokumente heißen in Excel Arbeitsmappen (WORKBOOKS). Jede Arbeitsmappe kann mehrere Tabellenblätter enthalten. Die Objekte, mit denen wir uns in diesem Unterkapitel beschäftigen, sind also das Workbook- und das Worksheet-Objekt. Arbeitsmappen müssen erzeugt, geöffnet, aktiviert und wieder geschlossen werden. Tabellenblätter lassen sich unter anderem einfügen, löschen oder ausblenden.

Arbeitsmappen erzeugen

Alle offenen Arbeitsmappen gehören zur Auflistung WORKBOOKS. Eine neue Arbeitsmappe erhalten Sie folglich mit der Add-Methode. Die Methode verfügt lediglich über das optionale Argument TEMPLATE, mit dem Sie eine Vorlage bestimmen können. Wenn Sie darauf verzichten, erhalten Sie eine leere Arbeitsmappe:

```
Workbooks.Add
```

Da die Add-Methode ein WorkBook-Objekt zurückgibt, können Sie auch gleich eine Objektvariable damit belegen:

```
Dim MeineMappe As Workbook
Set MeineMappe = Workbooks.Add
MeineMappe.SaveAs ("Bilanz 2000")
```

Das vorstehende Beispiel erzeugt zunächst eine neue Arbeitsmappe und speichert diese gleich unter dem Namen „Bilanz 2000". Damit erhält die Arbeitsmappe einen Namen, unter dem sie ebenfalls angesprochen werden kann. Da wir auf eine Dateierweiterung verzichtet haben, wird diese automatisch vergeben (.XLS).

Arbeitsmappen öffnen

Wenn Sie sicher sind, daß sich die gesuchte Arbeitsmappe im aktuellen Arbeitsordner (dem im Dialog OPTIONEN eingestellten Standardarbeitsordner) befindet, genügt für das Öffnen die folgende Zeile:

```
Workbooks.Open "Fahrtkosten.xls"
```

Das Beispiel öffnet, soweit vorhanden, eine Arbeitsmappe mit der Bezeichnung FAHRTKOSTEN. Die Angabe der Endung (XLS) ist dabei nicht unbedingt erforderlich. Befindet sich die Arbeitsmappe in einem anderen Ordner, muß der komplette Pfad angegeben werden:

```
Workbooks.Open "C:\Sample\Zeitreihen.xls"
```

Die Methode OPEN ist aber noch leistungsfähiger. Die komplette Syntax hat folgende Form:

```
Objekt.Open(Filename, [UpdateLinks], [ReadOnly], [Format],
[Password], [WriteResPassword], [IgnoreReadOnlyRecommended],
[Origin], [Delimiter], [Editable], [Notify], [Converter],
[AddToMru])
```

Mit Ausnahme des Dateinamens der Arbeitsmappe (FILENAME) sind alle Argumente optional. Die wichtigsten Argumente haben folgende Bedeutung:

UpdateLinks	bestimmt, ob und wie Verknüpfungen der Arbeitsmappe aktualisiert werden sollen. Der Wert kann aus den ganzen Zahlen 0 bis 3 bestehen. Der Wert 0 bedeutet, daß Verknüpfungen nicht aktualisiert werden. Der Wert 1 steht für die Aktualisierung von externen Bezügen, der Wert 2 für die von Fernbezügen und der Wert 3 für beide.
ReadOnly	bestimmt, ob die Datei im Nur-Lese-Modus geöffnet wird. Sie müssen das Argument dann auf den logischen Wert TRUE setzen. Verzichten Sie auf das Argument, wird FALSE angenommen.
Password	bezeichnet ein Kennwort (Typ STRING), mit dem sich eine per Paßwort geschützte Arbeitsmappe öffnen läßt. Besteht ein Paßwortschutz für die betreffende Arbeitsmappe und verzichten Sie auf das Argument, erhält der Anwender beim Öffnen einen Dialog angezeigt, der ihn zur Eingabe des Paßwortes auffordert.

Das folgende Beispiel öffnet die Arbeitsmappe FAHRTKOSTEN im Nur-Lese-Modus, wobei auch noch ein Paßwort übergeben wird:

```
Workbooks.Open "Fahrtkosten.xls", ReadOnly:=True, _
                Password:="Geheim"
```

7.2 Arbeitsmappen und Tabellenblätter

Der Programm-Code für das Öffnen einer Arbeitsmappe kann natürlich nicht der betreffenden Arbeitsmappe selbst zugeordnet sein. Er gehört entweder zu einer anderen Arbeitsmappe, in ein Makro, das jederzeit verfügbar ist, oder in ein Add-In.

Arbeitsmappen speichern

Für das Speichern von Arbeitsmappen und Tabellenblätter stehen Ihnen unter anderem die folgenden Eigenschaften und Methoden zur Verfügung:

Save	speichert eine Arbeitsmappe.
SaveAs	speichert eine Arbeitsmappe unter einem neuen Namen.
Saved	prüft, ob eine Arbeitsmappe seit der letzten Änderung gespeichert wurde. In diesem Fall wird der Wert TRUE zurückgegeben.

SAVE verwenden Sie für das wiederholte Speichern, wenn eine Arbeitsmappe bereits einmal unter einem eigenen Namen gespeichert wurde. Die Methode benötigt keine Argumente. Für das erstmalige Speichern und das Speichern unter einem neuen Namen ist SAVEAS zuständig. Die Methode verfügt über eine lange Argumentliste. Nur die wichtigsten können wir nachfolgend vorstellen:

FileName	bezeichnet den Namen unter welchem die Arbeitsmappe gespeichert werden soll. Die Dateierweiterung wird, wenn Sie hier keine Angaben machen, automatisch vergeben. Das Argument kann den kompletten Pfad enthalten. Verzichten Sie auf die Pfadangabe, erfolgt die Speicherung im aktuellen Arbeitsverzeichnis.
FileFormat	bestimmt das Dateiformat. Voreingestellt ist das Format der Excel-Arbeitsmappen. Über Konstanten können Sie aber auch andere Formate definieren.
Password	steht für ein Paßwort, mit dem die Datei vor unberechtigten Zugriffen geschützt werden kann. Das Paßwort (maximal 15 Zeichen) muß auch beim Öffnen angegeben werden.

Das folgende Beispiel prüft zunächst, ob die aktuelle Arbeitsmappe seit der letzten Änderung gespeichert wurde und speichert diese gegebenenfalls unter der Bezeichnung TESTMAPPE01 im aktuellen Arbeitsverzeichnis:

```
If ActiveWorkbook.Saved Then
   MsgBox "Bereits gespeichert."
Else
   ActiveWorkbook.SaveAs ("TestMappe01")
End If
```

Existiert bereits eine gleichnamige Datei im aktuellen Arbeitsverzeichnis, erhalten Sie eine Sicherheitsabfrage angezeigt.

Arbeitsmappen schließen

Eine Arbeitsmappe schließen Sie, wie die folgenden Beispiele zeigen, mit der Methode CLOSE:

```
Workbooks("Bilanz 2000.xls").Close
```

```
ActiveWorkbook.Close
```

Wurden zwischenzeitlich Änderungen vorgenommen, erhält der Anwender einen Dialog angezeigt, in welchem er bestimmen kann, ob die Änderungen gespeichert werden sollen. Den Dialog können Sie vermeiden, wenn Sie das zu CLOSE gehörende Argument SAVECHANGES verwenden. Sollen Änderungen automatisch gespeichert werden, muß die Zeile wie folgt aussehen:

```
Workbooks("Bilanz 2000.xls").Close SaveChanges:=True
```

Wollen Sie alle zwischenzeitlichen Änderungen verwerfen, müssen Sie das Argument SAVECHANGES auf den Wert FALSE setzen. Beachten Sie aber, daß Änderungen an einer Arbeitsmappe nicht unter dem alten Namen gespeichert werden können, wenn die Mappe zuvor im Nur-Lese-Modus geöffnet wurde. In diesem Fall ist nur eine Speicherung unter einem neuen Namen möglich.

Arbeitsmappen referenzieren

Wenn Sie mit mehreren Arbeitsmappen arbeiten oder wenn mehrere Arbeitsmappen geöffnet sind, müssen Sie auch zwischen Arbeitsmappen unterscheiden. Für Arbeitsmappen ist das Objekt WORKBOOK bzw. die Auflistung WORKBOOKS zuständig:

```
Workbooks("Mappe3").Worksheets("Tabelle1").Activate
```

Normalerweise werden Sie, wie in der vorstehenden Zeile, den Namen der Arbeitsmappe verwenden. Bereits gespeicherte Arbeitsmappen verfügen in der Regel über eine Dateierweiterung (üblicherweise .XLS). Wenn Sie solche Arbeitsmappen mit WORKBOOKS ansprechen, muß unbedingt auch die Dateierweiterung angegeben werden:

```
WorkBooks("Mappe3.xls")...
```

Das Programm bricht sonst mit einer Fehlermeldung ab. Da es sich bei WORKBOOKS um eine Auflistung handelt, können Sie für die einzelnen Arbeitsmappen auch Indizes einsetzen:

```
MsgBox Workbooks(1).Name
```

7.2 Arbeitsmappen und Tabellenblätter

Die Indizes beziehen sich auf die Reihenfolge, in der die Arbeitsmappen geöffnet oder erzeugt wurden. Die zuerst geöffnete Mappe erhält den Indexwert 1, die zweite den Wert 2 usw. Vorteilhafter als der Index ist sicher die Verwendung des Namens, auch wenn dieser länger sein kann als der hier verwendete Standardname. Mit dem folgenden Makro können Sie sich die Namen der gerade geöffneten Arbeitsmappen anzeigen lassen:

```
Sub Arbeitsmappen_anzeigen()
    For Each Mappe In Workbooks
        MsgBox Mappe.Name
    Next
End Sub
```

Eine Alternative bilden natürlich Objektvariablen, besonders dann, wenn Sie sehr häufig auf die gleiche Arbeitsmappe zugreifen müssen.

ActiveWorkbook – mit der aktiven Arbeitsmappe arbeiten

Um mit der aktiven Arbeitsmappe arbeiten zu können, müssen Sie die gewünschte Mappe zunächst aktivieren:

```
Workbooks(1).Activate
Workbooks("Mappe1").Activate
```

Nach der Aktivierung können Sie mit Anweisungen wie der folgenden auf die Arbeitsmappe bzw. die darin enthaltenen Objekte zugreifen:

```
ActiveWorkbook.Worksheets("Tabelle1").Visible = False
```

Die Zugriffseigenschaft ACTIVEWORKBOOK kann aber auch weggelassen werden. Alle Zugriffe erfolgen dann automatisch auf die gerade aktive Arbeitsmappe. Die folgende Zeile ist daher funktional gleichwertig:

```
Worksheets("Tabelle1").Visible = False
```

Beide Zeilen blenden das Tabellenblatt TABELLE1 der gerade aktiven Arbeitsmappe aus. Wenn Sie die Eigenschaft VISIBLE auf TRUE setzen, wird das betreffende Tabellenblatt wieder angezeigt.

ACTIVEWORKBOOK versus THISWORKBOOK

ACTIVEWORKBOOK meint immer die gerade angezeigte (aktive) Arbeitsmappe. Das gilt auch, wenn sich das Makro in einer anderen Arbeitsmappe befindet. Wollen Sie sicherstellen, daß sich Operationen nur auf die Arbeitsmappe beziehen, die auch das Makro enthält, müssen Sie die Arbeitsmappe benennen oder die Zugriffseigenschaft THISWORKBOOK verwenden.

Tabellenblätter

Alle Tabellenblätter einer Arbeitsmappe gehören zur Worksheets-Auflistung. Mit der Methode ADD fügen Sie neue Tabellenblätter hinzu. Die Methode hat folgende Syntax:

```
Objekt.Add(Before, After, Count, Type)
```

Alle Argumente sind optional. Mit BEFORE und AFTER können Sie bestimmen, vor oder nach welchem Tabellenblatt das neue eingefügt werden soll. Beide Argumente erfordern selbst Worksheet-Objekte. COUNT bestimmt die Anzahl der einzufügenden Blätter und TYPE deren Typ. Mit der folgenden Zeile erhalten Sie ein neues Tabellenblatt, das an der zweiten Position (vor dem Objekt WORKSHEETS(2)) eingefügt wird:

```
Worksheets.Add Worksheets(2)
```

Verzichten Sie auf Argumente, wird das neue Tabellenblatt vor dem gerade aktiven eingefügt. Für einzelne Tabellenblätter (Worksheet-Objekte) sind unter anderem die folgenden Eigenschaften und Methoden definiert:

Activate	aktiviert das betreffende Tabellenblatt.
Delete	löscht ein Tabellenblatt.
Name	ermittelt oder bestimmt den Namen des Tabellenblatts.
Range	ermöglicht den Zugriff auf einzelne Zellen und Zellenbereiche der Tabelle.

Die folgenden Zeilen ändern den Namen des zweiten Tabellenblatts und aktivieren es anschließend unter seinem neuen Namen:

```
Worksheets(2).Name = "Einnahmen"
Worksheets("Einnahmen").Activate
```

Auf weitere Eigenschaften und Methoden werden wir im folgenden Text eingehen.

Tabellenblätter referenzieren

Viele Methoden und Eigenschaften, die auch für das Worksheet-Objekt (Tabellenblatt) definiert sind, erfordern nicht unbedingt die Angabe des Objekts. In diesem Fall wird einfach das aktive Tabellenblatt angenommen. Wenn das Tabellenblatt TABELLE1 auch das aktive Blatt ist, sind die folgenden Zeilen im Ergebnis identisch:

```
MsgBox Range("B2").Value
MsgBox ActiveSheet.Range("B2").Value
MsgBox Worksheets("Tabelle1").Range("B2").Value
```

7.2 Arbeitsmappen und Tabellenblätter

Sie werden sich aber nicht unbedingt darauf verlassen können, daß immer das Tabellenblatt angezeigt wird, auf das Sie gerade zugreifen wollen. Sinnvoller ist es, das Tabellenblatt selbst zu bestimmen. VBA bietet Ihnen dafür zwei Methoden an:

- Sie können über den Index der Auflistung WORKSHEETS (alle Tabellenblätter) auf das gewünschte Tabellenblatt zugreifen.

- Sie können den Namen des Worksheet-Objekts in der Worksheets-Auflistung verwenden.

Die erste Methode bietet nur eine beschränkte Sicherheit. Der Indexwert steht für die aktuelle Position eines Tabellenblatts in der Worksheets-Auflistung. Wenn vor dem gewünschten Tabellenblatt ein neues Blatt eingefügt oder ein bestehendes gelöscht wird, verschieben sich die Indexwerte der folgenden Blätter um eine Position. Wirklich sicher ist nur die Verwendung der Tabellenblattnamen. Von den folgenden Zeilen sollten Sie daher in der Regel nur das zweite Beispiel verwenden:

```
MsgBox Worksheets(1).Range("B2").Value
MsgBox Worksheets("Tabelle1").Range("B2").Value
```

Natürlich gilt das nicht ohne Ausnahme. Die Verwendung von Indizes hat durchaus ihre Berechtigung, etwa wenn Zählschleifen durchlaufen werden müssen.

Drei Zugriffsmöglichkeiten

Sie haben grundsätzlich die folgenden drei Möglichkeiten, um auf Tabellenblätter zuzugreifen:

- direkte Objektreferenzen
- Objektvariablen
- Aktivierung des Tabellenblatts und Zugriff über ACTIVESHEET

Die direkte Referenz kann zu sehr langen Programmzeilen führen. Sie sollte daher nur verwendet werden, wenn selten auf das betreffende Blatt zugegriffen werden muß. Ein Beispiel:

```
Worksheets("Tabelle1").Range("A1").Value = 123
```

Programmzeilen mit Objektvariablen sind kürzer und bei komplexen Programmen mit vielen wechselnden Zugriffen auch schneller. Objektvariablen müssen aber erst deklariert werden, was, wie das folgende Beispiel zeigt, zwei zusätzliche Zeilen erfordert:

```
Dim MeineTabelle
Set MeineTabelle = Worksheets("Tabelle1")
MeineTabelle.Range("A1").Value = 234
```

Muß das Tabellenblatt, das Sie bearbeiten wollen, auch angezeigt werden, können Sie die dritte Variante wählen: Sie aktivieren das Blatt und führen dann alle Manipulationen mit dem aktiven Tabellenblatt aus. Die meisten Methoden und Funktionen können ohne ein explizit benanntes Worksheet-Objekt auskommen. Die folgenden Zeilen zeigen, wie Sie dabei vorgehen müssen:

```
Worksheets("Tabelle1").Activate
Range("A1").Value = 345          'oder: ActiveSheet.Range...
```

Die Beschränkung auf eine bestimmte Methode ist sicher nicht sinnvoll. Grundsätzlich sollten Sie aber mit Objektvariablen arbeiten und die anderen Methoden nur in begründeten Einzelfällen verwenden.

Zwei Objektnamen für Tabellenblätter

Tabellenblätter verfügen eigentlich über zwei Objektnamen. Den Namen, den Sie auf der Registerzunge sehen und den wir bisher als Indexersatz für die Worksheets-Auflistung verwendet haben, können Sie auch im Programm über die Eigenschaft NAME ansprechen. Der zweite Name wird als CODENAME bezeichnet. Die beiden Namen erhalten Sie mit den folgenden Zeilen:

```
MsgBox ActiveSheet.Name
MsgBox ActiveSheet.CodeName
```

Beide Namen werden im Projekt-Explorer angezeigt. Der Name, den wir bisher verwendet haben, erscheint in Klammern hinter dem als CODENAME bezeichneten Namen. Im Eigenschaftenfenster sind beide unter der Bezeichnung NAME zugänglich. Der CODENAME wird hier jedoch in Klammern angezeigt. Er kann also nur im Entwurfsmodus geändert werden. Die Eigenschaft NAME läßt sich hingegen auch zur Laufzeit eines Programms ändern.

7.3 Zellen adressieren

Das zentrale Objekt bei der Excel-Programmierung bildet das Range-Objekt. Damit sind die Zellen eines Tabellenblatts gemeint. Das Range-Objekt kann sich sowohl auf eine einzelne Zelle als auch auf einen Zellenbereich beziehen. Der Text dieses Kapitels widmet sich fast ausschließlich diesem Objekt.

Methoden und Eigenschaften

Die wichtigsten Eigenschaften und Methoden für den Zugriff auf eine Zelle oder einen Zellenbereich zeigt die Übersicht auf der folgenden Seite. Beachten Sie, daß die Eigenschaften und Methoden für das Range-Objekt definiert sind.

7.3 Zellen adressieren

Activate	ist eine Methode, die eine Zelle aktiviert bzw. einen Zellenbereich selektiert.
Column	ist eine Eigenschaft, welche die Nummer der ersten Spalte eines Range-Objekts ermittelt. Anstelle des Buchstabens (A, B etc.) wird also ein Indexwert (1, 2 etc.) ermittelt.
Columns	ist eine Zugriffseigenschaft, die ein Range-Objekt zurückgibt. Damit ist eine Spalte oder eine Auflistung von Spalten gemeint.
Count	ist eine Eigenschaft, welche die Zahl der Elemente zurückgibt. COUNT kann verwendet werden, um die Zahl der Zellen eines Range-Objekts zu ermitteln.
EntireColumn	ist eine Zugriffseigenschaft, die ein Range-Objekt zurückgibt. Das Range-Objekt steht für eine oder mehrere Spalten.
EntireRow	ist eine Zugriffseigenschaft, die ein Range-Objekt zurückgibt. Das Range-Objekt steht für eine oder mehrere Zeilen.
Offset	ist eine Zugriffsmethode, die ein Range-Objekt zurückgibt. Der Zellenbereich wird, ausgehend von einem bestimmten Zellenbereich, durch positive oder negative Offset-Werte ermittelt.
Row	ist eine Eigenschaft, welche die Nummer der ersten Zeile eines Range-Objekts ermittelt.
Rows	ist eine Zugriffseigenschaft, die ein Range-Objekt zurückgibt. Damit ist eine Zeile oder eine Auflistung von Zeilen gemeint.
Select	ist eine Methode, die einen bestimmten Zellenbereich markiert.

Da es sich größtenteils um Zugriffseigenschaften handelt, die selbst ein Range-Objekt zurückgeben, erhalten wir also Range-Objekte auf Basis von Range-Objekten. Um die Eigenschaften und Methoden verwenden zu können, müssen wir daher erst ein Range-Objekt ermitteln. Dazu dienen meistens die folgenden Zugriffseigenschaften, die den Objekten RANGE, APPLICATION bzw. WORKSHEET zugeordnet sind:

Range	ist eine Zugriffseigenschaft, die ein Range-Objekt zurückgibt. Die Adressierung erfolgt mit den üblichen Zellenbezeichnungen (A1).
Cells	ist eine Zugriffseigenschaft, die ein Range-Objekt zurückgibt. Die Adressierung erfolgt über Zeilen- und Spaltenindizes (1,1 statt A1). Damit eignet sich CELLS besonders für die Verwendung mit Variablen.

Sie sollten sich nicht dadurch irritieren lassen, daß die letztgenannten Eigenschaften auch selbst wieder für das Range-Objekt definiert sind. Wir werden auf die Vorteile, die sich daraus ergeben, noch zu sprechen kommen.

Das Range-Objekt

Für die absolute Adressierung einer Zelle oder eines Zellenbereichs verwenden Sie in der Regel die Range-Eigenschaft. Die Eigenschaft kennt zwei Syntax-Varianten:

1.   `Objekt.Range(Cell)`
2.   `Objekt.Range(Cell1, Cell2)`

Das Argument CELL kann aus der Bezeichnung einer einzelnen Zelle in der A1-Schreibweise, aber auch aus einem Zellenbereich oder einer Schnittmenge bestehen. Zulässig sind daher auch der Bereichsoperator ':' und der Schnittmengenoperator (ein Leerzeichen). Zudem können Sie als Vereinigungsoperator das Komma verwenden. Nachfolgend finden Sie für die erste Syntaxvariante (nur ein Argument) einige direkt einsetzbare Beispiele:

```
MsgBox Worksheets(1).Range("A1").Count
MsgBox Worksheets(1).Range("A1:B3").Count
MsgBox Worksheets(1).Range("A1:B3 B1:C3").Count    'Schnittmenge
MsgBox Worksheets(1).Range("K2, B4, D3, E1:F2").Count
```

Die Programmzeilen ermitteln die Anzahl der Zellen des von der Range-Eigenschaft zurückgegebenen Range-Objekts. In der dritten Zeile haben wir die Schnittmenge zwischen den Bereichen A1:B3 und B1:C3 gebildet. Das Ergebnis muß dann drei Zellen (B1:B3) ergeben, weil sich die beiden Bereiche nur bezüglich dieser Zellen überschneiden. Die letzte Programmzeile vereinigt drei einzelne Zellen und einen Zellenbereich, der aus vier Zellen besteht. Das Ergebnis muß folglich den Wert 7 zeigen. Beachten Sie, daß wir nur die erste Syntaxvariante verwendet haben und die Kommata der vierten Zeile daher innerhalb der Anführungszeichen erscheinen. Es handelt sich also nicht um separate Argumente. Die Kommata trennen hier keine Argumente, sondern fungieren als Vereinigungsoperatoren. Mit dem Ausdruck ("A1, B2") erhalten wir tatsächlich nur die beiden Zellen A1 und B2. Der Ausdruck ("A1", "B2") verwendet hingegen zwei Argumente und beschreibt den Zellenblock A1:B2 (= vier Zellen).

Grundsätzlich können Sie sogar die Tabellenbezeichnung in das Range-Argument aufnehmen. Die oben angeführten Zeilen lassen sich dann wie folgt schreiben:

```
MsgBox Range("Tabelle1!A1").Count
MsgBox Range("Tabelle1!A1:B3").Count
MsgBox Range("Tabelle1!A1:B3 Tabelle1!B1:C3").Count
MsgBox Range("Tabelle1!K2, Tabelle1!B4").Count
```

Beachten Sie hier das Ausrufezeichen, das Sie in dieser Verwendung schon bei der Bildung von Excel-Formeln finden. Die letzte Zeile haben wir gegenüber dem früheren Beispiel nur aus Darstellungsgründen auf zwei Zellen verkürzt.

7.3 Zellen adressieren

Hinweis: Die vorstehenden Zeilen funktionieren auch, wenn Sie diese innerhalb einer Sub direkt aus dem VBA-Editor oder als einzelne Zeilen im Direktfenster starten.

Die zweite Syntax-Variante ist besonders in Kombination mit der Cells-Methode von Interesse. Die beiden Argumente stehen für die erste und letzte Zelle oder zwei Zellenbereiche, die gemeinsam einen rechteckigen Zellenbereich beschreiben. Beispiele:

```
MsgBox Worksheets(1).Range("A1", "B3").Count
MsgBox Worksheets(1).Range("A1:B3", "B1:C3").Count
```

Die zweite Programmzeile ergibt den Zellenbereich A1:C3. Wir hätten statt dessen auch die Zeile

```
MsgBox Worksheets(1).Range("A1", "C3").Count
```

oder in der ersten Syntax-Variante mit nur einem Argument die Zeile

```
MsgBox Worksheets(1).Range("A1:C3").Count
```

verwenden können. Beachten Sie den Unterschied zur ersten Syntax-Variante: Sie erhalten mit der zweiten Variante immer einen zusammenhängenden rechteckigen Zellenbereich, während die erste Variante auch unzusammenhängende Zellenbereiche zu einem Range-Objekt zusammenfassen kann.

Spalten und Zeilen als Range-Objekte

Auch komplette Zeilen und Spalten können in einem Range-Objekt angesprochen werden. Dazu verwenden Sie im Argument der Range-Eigenschaft lediglich die Zeilen- oder Spaltenangaben. Zwei Beispiele:

```
Range("4:5")          'vierte und fünfte Zeile
Range("C:D")          'Spalte C und D
```

Beachten Sie aber, daß Sie immer einen Zeilen- oder Spaltenbereich angeben müssen. Die folgende Referenz löst eine Fehlermeldung aus:

```
Range("D")            'fehlerhafte Referenz
```

Um beispielsweise die Spalte D zu referenzieren, müssen Sie den Bereich wie folgt definieren:

```
Range("D:D")
```

Diese Vorgehensweise gilt analog auch für den Zugriff auf einzelne Zeilen. Für Zeilen und Spalten sind aber auch spezielle Eigenschaften definiert, die ebenfalls ganze Zeilen oder Spalten als Range-Objekte zurückgeben: COLUMNS und ROWS. Grundsätzlich können Sie auf

Range-Objekte, die Sie damit erhalten, alle Eigenschaften und Methoden anwenden, die für Range-Objekte definiert sind.

Die Cells-Eigenschaft

Mit der Cells-Eigenschaft erhalten Sie ebenfalls eine einzelne Zelle oder einen Zellenbereich als Range-Objekt. Im Gegensatz zu RANGE ermöglicht CELLS aber die Verwendung von Zeilen- und Spaltenindizes, also von numerischen Werten. Damit wird es möglich, Zellenadressen zu berechnen. CELLS kennt die folgenden Syntax-Varianten:

```
Objekt.Cells(RowIndex, ColumnIndex)
Objekt.Cells(Index)
Objekt.Cells
```

Mit der ersten Syntax-Variante ermitteln Sie eine einzelne Zelle. Die Argumente ROWINDEX und COLUMNINDEX bezeichnen dabei Zeilen- und Spaltenindizes. Die Indizierung beginnt jeweils mit dem Wert 1. Die erste Zelle (A1) hat dann die Indexkombination (1, 1). Ein Beispiel:

```
Worksheets(1).Cells(3, 4).Value = "Zelle D3"
```

Die Programmzeile schreibt den Text „Zelle D3" in die Zelle D3. Die Eigenschaft VALUE, die den Wert einer Zelle oder eines Steuerelements enthält, haben wir bereits früher vorgestellt.

Auch die zweite Variante steht für eine Zelle. Das Argument INDEX kann sich jedoch auf jede Zelle eines Tabellenblatts beziehen. Dabei wird zunächst von links nach rechts gezählt und dann von oben nach unten. Die Zelle A1 hat den Indexwert 1, die letzte Zelle der ersten Zeile den Indexwert 256 und die erste Zelle der zweiten Zeile (A2) den Wert 257. Ein Beispiel:

```
Worksheets(1).Cells(516).Value = "Zelle D3"
```

Diese Zeile adressiert ebenfalls die Zelle D3. Der Argumentwert ergibt sich aus der Addition der Zellen der ersten zwei Zeilen und der ersten vier Zellen der dritten Zeile (256+256+4).

Die dritte Syntax-Variante der Cells-Eigenschaft erzeugt eine Auflistung aller Zellen eines Tabellenblattes. Das kann beispielsweise erforderlich sein, wenn alle Zellen eines Tabellenblatts mit den gleichen Formatierungen ausgestattet werden sollen. Die für die Formatierung zuständigen Methoden und Eigenschaften stehen in der Regel nicht für das Worksheet-Objekt (das Tabellenblatt) zur Verfügung, sondern nur für Range-Objekte. Da die Zeile

```
Worksheets(1).Interior.ColorIndex = 3     'fehlerhafte Zeile
```

nicht funktioniert, weil das Worksheet-Objekt die Eigenschaft INTERIOR nicht unterstützt, muß mit der Methode CELLS erst ein Range-Objekt erzeugt werden:

```
Worksheets(1).Cells.Interior.ColorIndex = 3
```

7.3 Zellen adressieren

Alle Zellen erhalten damit die Farbe ROT zugewiesen. Auf die im Beispiel verwendete Farbzuweisung werden wir später noch eingehen. Wenn CELLS sich auf das aktive Tabellenblatt beziehen soll, ist kein Worksheet-Objekt erforderlich:

```
Cells(3, 4).Value = "Zelle D3"
```

Auch die Range-Eigenschaft kommt, wenn das aktive Tabellenblatt gemeint ist, ohne Worksheet-Objekt aus.

Zellenindizes berechnen

Da die Eigenschaft CELLS numerische Werte als Argumente verwendet, können diese auch berechnet werden. Das folgende Beispiel erzeugt ein simples Muster im Tabellenblatt. Die Zeilenindizes werden dabei mit Hilfe der Steuervariablen einer For...Next-Schleife errechnet. Zeilen- und Spaltenindizes für die erste Zelle liefert die Variable START.

```
Sub Test()
  Start = 5
  For n = 1 To 10 Step 2
    Worksheets(1).Cells(Start + n, Start).Interior.ColorIndex=3
  Next
End Sub
```

CELLS kann auch mit Dezimalzahlen arbeiten. Die berechneten Werte werden dann automatisch auf- oder abgerundet.

RANGE und CELLS kombinieren

RANGE und CELLS lassen sich kombinieren, so daß auch Zellenbereiche über berechnete Indizes adressiert werden können. Das folgende Beispiel markiert einen Zellenbereich, wobei der Anwender die Zahl der Zeilen und Spalten vorgeben kann.

```
Sub Test()
   Worksheets(1).Activate
   Zeilen = InputBox("Anzahl der zu markierenden Zeilen")
   Spalten = InputBox("Anzahl der zu markierenden Spalten")
   Range(Cells(3, 3), Cells(2 + Zeilen, 2 + Spalten)).Activate
End Sub
```

Auch der Startwert, den wir im vorstehenden Beispiel fest vorgegeben haben, läßt sich zur Laufzeit des Programms bestimmen. Wir müßten dann auch dafür eine Variable verwenden. Beachten Sie auch, daß wir sowohl die Range- als auch die Cells-Methode ohne Worksheet-

Objekt verwendet haben. Damit ist sichergestellt, daß sich beide auf dasselbe Tabellenblatt, eben das gerade aktive, beziehen. Verwenden wir nur RANGE oder nur CELLS mit einem Worksheet-Objekt, kann es zu einem Laufzeitfehler kommen, wenn das Worksheet-Objekt und das aktive Tabellenblatt nicht identisch sind.

Mit dem aktiven Objekt arbeiten

Ausgangspunkt für Operationen in einem Tabellenblatt ist meistens das aktive Objekt. Wir müssen also wissen, welches Objekt gerade angezeigt wird bzw. wo der Zell-Cursor gerade steht. Die wichtigsten aktiven Objekte erhalten wir mit den folgenden Zugriffseigenschaften:

ActiveCell   gibt ein Range-Objekt zurück, das die aktive Zelle eines Fensters bildet. Ohne Angabe des Fensters wird das aktive Fenster angenommen.

ActiveSheet   gibt ein Worksheet-Objekt zurück, welches für das aktive Tabellen- oder Diagrammblatt steht.

ActiveWindow   gibt ein Windows-Objekt zurück, das für das aktive Fenster steht.

ActiveWorkbook   gibt ein Workbook-Objekt zurück, das für die aktive Arbeitsmappe steht.

Die folgenden Zeilen zeigen einige Anwendungsbeispiele. ACTIVESHEET benötig normalerweise ein Workbook-Objekt. Wenn dies fehlt, wird die aktive Arbeitsmappe angenommen.

```
MsgBox ActiveCell.Address
MsgBox ActiveSheet.Name
MsgBox ActiveWorkbook.Name
```

Die vorstehenden Zeilen ermitteln die Namen der aktiven Objekte (Zelle, Tabellenblatt und Arbeitsmappe). Für die aktive Zelle haben wir die Eigenschaft ADDRESS verwendet, welche die Bezeichnung der Zelle in der A1-Schreibweise als String ausgibt.

ACTIVECELL erfordert eigentlich ein Windows-Objekt (kein Worksheet-Objekt). Wenn Sie darauf verzichten, wird das aktive Fenster angenommen. Um die aktive Zelle eines bestimmten Tabellenblatts zu ermitteln, müssen Sie das Tabellenblatt erst aktivieren. Sie benötigen also, wie nachfolgend gezeigt, zwei Zeilen:

```
Worksheets("Tabelle3").Activate
ActiveCell.Value = 123
```

Das Beispiel aktiviert das Tabellenblatt TABELLE3 der aktiven Arbeitsmappe und schreibt dann den Wert 123 in die aktive Zelle dieses Blattes.

Zeilen- und Spaltenindizes der aktiven Zelle ermitteln

Gelegentlich werden Sie die Zeilen- und Spaltenindizes der aktiven Zelle benötigen. Dazu verwenden Sie die Eigenschaften ROW und COLUMN, die dem Range-Objekt zugeordnet sind.

7.3 Zellen adressieren

Das Range-Objekt (hier: die aktive Zelle) erhalten Sie mit der Zugriffseigenschaft ACTIVE-CELL. Den Zeilenindex der aktiven Zelle ermitteln Sie dann mit der folgenden Zeile:

```
MsgBox ActiveCell.Row
```

Wollen Sie den Zeilenindex der aktiven Zelle eines bestimmten Tabellenblatts ermitteln, müssen Sie das Blatt zunächst aktivieren:

```
Worksheets("Tabelle2").Activate
MsgBox ActiveCell.Row
```

Den Spaltenindex der aktiven Zelle ermitteln Sie mit den folgenden Zeilen:

```
Worksheets("Tabelle2").Activate
MsgBox ActiveCell.Column
```

Wenn Sie ROW und COLUMN auf einen Zellenbereich anwenden, erhalten Sie die Nummer der obersten Zeile bzw. der am weitesten links stehenden Spalte zurück. Zwei Beispiele:

```
MsgBox Range("D5:F9").Row        ' Ergebnis 5
MsgBox Range("D5:F9").Column     ' Ergebnis 4
```

Zeilen- und Spaltenindizes der aktiven Zelle lassen sich für die relative Adressierung nutzen.

Zellen relativ adressieren

Bei der relativen Adressierung geht es darum, von einer bekannten Position aus andere Zellen zu aktivieren bzw. zu manipulieren. Zu diesem Zweck können Sie die Eigenschaften ROW und COLUMN verwenden. Die folgende Anweisung schreibt einen Wert in die Zelle, die sich direkt unterhalb der aktiven Zelle befindet:

```
Cells(ActiveCell.Row + 1, ActiveCell.Column).Value = 123
```

Auch für die Spaltenpositionierung läßt sich auf diese Art ein Offset-Wert relativ zur aktiven Zelle definieren. Die Offset-Methode ist für die relative Adressierung jedoch besser geeignet. Sie erfordert keine additive Adressenbildung und ermöglicht so eine kürzere Schreibweise. Die Syntax lautet:

```
Objekt.Offset(RowOffset, ColumnOffset)
```

Die Argumente ROWOFFSET und COLUMNOFFSET stehen für numerische Werte, welche die relative Position zum erforderlichen Objekt beschreiben. Das Objekt muß natürlich ein Range-Objekt sein. Da OFFSET eine Zugriffseigenschaft ist, wird auch ein Range-Objekt zurückgegeben. Die Wertekombination (1,1) bewirkt, daß die Zelle oder der Zellenbereich zurückgegeben wird, der vom Objekt ausgehend um eine Zelle nach rechts und um eine Zelle nach unten verschoben ist. Negative Offset-Werte bewirken einen Versatz nach links bzw. oben. Die folgenden Zeilen sind, soweit sie auf das gleiche Range-Objekt (A1) verweisen, identisch:

```
ActiveCell.Offset(1, 1).Value = 123
Range("A1").Offset(1, 1).Value = 123
Cells(1, 1).Offset(1, 1).Value = 123
```

Die Anweisungen schreiben in diesem Fall einen Wert in die Zelle B2, die sich um jeweils eine Zeile und eine Spalte unterhalb bzw. rechts von der Zelle A1 befindet.

OFFSET funktioniert aber nicht nur mit einzelnen Zellen, auch ganze Zellenbereiche lassen sich damit adressieren. Die folgende Anweisung füllt den Zellenbereich C3:D5 mit dem angegebenen Wert (123):

```
Range("A1:B3").Offset(2, 2).Value = 123
```

Kritisch können negative Versatzwerte sein, weil Sie damit leicht den linken Rand der Tabelle überschreiten. VBA unterbricht die Programmausführung in diesem Fall mit einer Fehlermeldung. Das gilt natürlich auch, wenn Sie mit OFFSET den rechten oder den unteren Rand überschreiten. Nur ist die Gefahr hier geringer. Eine Sicherheitsabfrage wie die folgende kann dann zumindest helfen, eine Programmunterbrechung zu vermeiden:

```
Sub OffsetTest()
   If ActiveCell.Row - 3 >= 1 Then
      ActiveCell.Offset(-3, 2).Value = 22
   Else
      MsgBox "Offset nicht ausführbar!"
   End If
End Sub
```

Das Makro prüft zunächst, ob der Zeilenindex nach dem negativen Offset noch größer oder gleich 1 ist. Nur dann wird die Offset-Anweisung ausgeführt. Für die Prüfung müssen Sie eine Eigenschaft wie ROW verwenden, da diese einen numerischen Wert liefert. Beachten Sie, daß ROW bei einem Zellenbereich immer die oberste Zeile zurückgibt.

Ein eigenes Koordinatensystem definieren

Die Eigenschaft CELLS ist auch für Range-Objekte definiert. Daraus ergibt sich eine sehr interessante Möglichkeit der relativen Adressierung: CELLS betrachtet die erste Zelle eines Range-Objekts als die Zelle mit den Koordinaten (1, 1). Sie können also ein Range-Objekt, beispielsweise die Zelle C3, definieren und darauf die Cells-Eigenschaft anwenden. Die Zelle C3 wird dann mit den Koordinaten (1,1) adressiert, die Zelle C4 mit den Koordinaten (2,1) usw. Die folgenden Zeilen erzeugen folglich denselben Ergebniswert (die Zelle C3):

7.3 Zellen adressieren

```
MsgBox Range("C3").Address
MsgBox Range("C3").Cells(1, 1).Address
MsgBox Cells(3, 3).Cells(1, 1).Address
MsgBox Range("C3").Range("A1").Address
```

Das erforderliche Range-Objekt für die Koordinatenbasis können Sie mit der Zugriffseigenschaft RANGE oder, wie die dritte Zeile zeigt, mit CELLS selbst erzeugen. Die Zugriffseigenschaft ACTIVECELL läßt sich dafür ebenfalls verwenden.

OFFSET versus CELLS

Der aufmerksame Leser wird sicher bemerkt haben, daß sich die hier vorgestellte Methode zur relativen Adressierung auch mit OFFSET realisieren läßt. Sie müssen jedoch einen kleinen Unterschied beachten: Die Argumentwerte (1, 1) bewirken bei der Offset-Eigenschaft bereits einen Versatz, während die gleichen Argumentwerte bei der Cells-Eigenschaft den Ursprung bezeichnen. Die folgenden Zeilen sind daher im Ergebnis nicht identisch:

```
MsgBox Range("C3").Cells(1, 1).Address    'Ergebnis $C$3
MsgBox Range("C3").Offset(1, 1).Address   'Ergebnis $D$4
```

Der Versatz muß bei der Verwendung der Offset-Methode berücksichtigt werden.

Zellen selektieren

Eine einzelne Zelle markieren Sie, indem Sie diese aktivieren. Die dazu erforderliche Methode ACTIVATE haben wir bereits mehrfach verwendet. ACTIVATE kann aber auch, wie das folgende Beispiel zeigt, ganze Zellenbereiche markieren:

```
Range("C3:E6").Activate
```

Microsoft empfiehlt jedoch, für die Markierung von Zellenbereichen die Methode SELECT zu verwenden. Die Anwendung ist identisch. Die folgende Zeile ließe sich daher auch mit ACTIVATE realisieren:

```
Range("C3:D5, E7, F3, B2:B9").Select
```

Die Zeile markiert gleich mehrere Zellen und Zellenbereiche. Zu diesem Zweck müssen Sie wieder den früher schon vorgestellten Vereinigungsoperator, das Komma, einsetzen. Einen Unterschied zwischen ACTIVATE und SELECT gibt es jedoch: Mit ACTIVATE können Sie innerhalb eines markierten Bereichs eine andere Zelle zur aktiven Zelle machen. Wenn Sie SELECT erneut verwenden, wird die alte Markierung aufgehoben. Die folgenden Zeilen sind in ihrer Reihenfolge also durchaus sinnvoll:

```
Range("C3:D5, E7, F3, B2:B9").Select
Range("D4").Activate
```

Wenn Sie für die letzte Zeile die Select-Methode verwenden, macht die erste Zeile hingegen keinen Sinn, weil die zweite Zeile alle Markierungen der ersten aufhebt.

Aktive Zelle und markierter Zellenbereich

Auch in einem markierten Zellenbereich ist immer nur eine Zelle aktiv. Diese Zelle nimmt die Eingabe über die Tastatur entgegen. Mit der Anweisung

```
MsgBox ActiveCell.Address
```

können Sie die aktive Zelle ermitteln. Den ganzen markierten Bereich (inklusive der aktiven Zelle) erhalten Sie mit der folgenden Zeile:

```
MsgBox ActiveWindow.RangeSelection.Address
```

RANGESELECTION ist für das Window-Objekt definiert, nicht für das Worksheet-Objekt. Auf die von ACTIVECELL und RANGESELECTION zurückgegebenen Range-Objekte können Sie natürlich auch Operationen wie Wert- und Formatzuweisungen anwenden.

Zeile und Spalte der aktiven Zelle markieren

Gelegentlich werden Sie die ganze Zeile oder die ganze Spalte einer bestimmten Zelle markieren müssen. Dazu eignen sich besonders die Zugriffseigenschaften ENTIRECOLUMN und ENTIREROW:

```
Worksheets("Tabelle1").Range("C3").EntireRow.Select
Worksheets("Tabelle1").Range("C3").EntireColumn.Select
```

Beachten Sie, daß die zweite Zeile die von der ersten Zeile vorgenommene Markierung sofort wieder aufhebt.

Suchen und Ersetzen

Beim Navigieren muß gelegentlich nach bestimmten Zelleneinträgen gesucht werden. VBA enthält zu diesem Zweck drei Methoden, die für das Range-Objekt definiert sind. Dazu kommt eine Methode, mit der sich Zelleninhalte ersetzen lassen:

Find	sucht in einem Bereich nach einer bestimmten Information und gibt, wenn diese gefunden wurde, ein Range-Objekt zurück, das die Zelle bezeichnet, welche die Information enthält.
FindNext	sucht nach der nächsten Zelle, die den mit FIND gesuchten Begriff enthält.
FindPrevious	sucht nach der vorhergehenden Zelle, die den gesuchten Begriff enthält.
Replace	sucht und ersetzt Zelleninhalte.

7.3 Zellen adressieren

Die Methoden FIND, FINDNEXT und FINDPRIVIOUS arbeiten eng zusammen. Eine mit *Find* begonnene Suche wird mit FINDNEXT bzw. FINDPREVIOUS fortgesetzt. FIND hat folgende Syntax:

```
Object.Find(What, [After], [LookIn], [LookAt], [SearchOrder],
            [SearchDirection], [MatchCase], [MatchByte]
```

Als Objekt kommt ein beliebiger Zellenbereich in Betracht. Bis auf WHAT, das den Suchbegriff bezeichnet, sind alle Argumente optional. Die wichtigsten Argumente haben folgende Bedeutungen:

What	bezeichnet den Suchbegriff, der aus einer Zeichenfolge oder aus einem anderen von Excel unterstützten Datentyp bestehen kann.
After	bestimmt die Zelle eines Zellenbereichs, nach der die Suche beginnen soll. Ohne Angabe dieses Arguments beginnt die Suche bei der linken oberen Zelle des im Objekt bezeichneten Bereichs.
LookIn	bestimmt, ob nach Formeln, Werten oder Kommentaren gesucht werden soll. Die Angabe dieses Arguments ändert die Voreinstellung der Suchenfunktion. Bei der nächsten Suche wird dann, wenn Sie auf das Argument verzichten, die gleiche Einstellung verwendet. Um fehlerhafte Suchergebnisse zu vermeiden, sollten Sie das Argument immer verwenden. Die möglichen Werte (Konstanten) sind XLFORMULAS (Formeln), XLVALUES (Werte) und XLNOTES (Kommentare).
LookAt	bestimmt, ob eine Teilübereinstimmung des Zellenwertes genügt oder ob eine vollständige Übereinstimmung mit dem Suchbegriff bestehen muß. Die möglichen Argumentwerte sind XLPART und XLWHOLE.
SearchOrder	bestimmt, ob zeilen- oder spaltenweise gesucht werden soll. Die möglichen Werte sind XLBYROWS (zeilenweise) und XLBYCOLUMNS (spaltenweise).
SearchDirection	bestimmt die Suchrichtung. Mit dem Argumentwert XLNEXT wird vorwärts und mit XLPREVIOUS rückwärts gesucht.
MatchCase	bestimmt, ob Groß- und Kleinschreibung beachtet werden sollen. Sie müssen das Argument dann auf TRUE setzen.

Die Methode FIND entspricht dem Suchen-Dialog, den Sie in Excel mit der Menüoption BEARBEITEN/SUCHEN... aufrufen. Die Einstellungen, die Sie im Suchen-Dialog vornehmen und die Argumente, die Sie in der Find-Methode verwenden, beeinflussen sich gegenseitig. Die Einstellungen und Argumentwerte werden gespeichert und bei der nächsten Suche wieder wirksam.

FIND gibt ein Range-Objekt zurück. Sie müssen das Ergebnis also auswerten. Wird nämlich kein passender Wert gefunden, erhalten Sie auch kein Range-Objekt. Der sicherste Weg führt daher über die Zuweisung des von FIND gelieferten Range-Objekts an eine Objektvariable. Mit IS NOTHING läßt sich prüfen, ob die Zuweisung gelang, ob also ein passender Begriff gefunden wurde:

```
Sub Test()
    Set Fundstelle = Range("A1:F10").Find("Gewinn")
    If Not Fundstelle Is Nothing Then
        Fundstelle.Activate
        MsgBox Fundstelle.Address
    Else
        MsgBox "Kein passender Wert gefunden!"
    End If
End Sub
```

Im vorstehenden Beispiel wird nach dem Zeichenausdruck „Gewinn" gesucht. Da wir keine weiteren Argumente angegeben haben, gelten die aktuellen Voreinstellungen. Das bedeutet, daß auch Zelleneinträge gefunden werden, die den Suchbegriff in einem längeren Ausdruck enthalten, beispielsweise „Gewinn vor Steuern", „Bruttogewinn" etc. Groß- und Kleinschreibung werden nicht berücksichtigt. Die Suche erfolgt zeilenweise. Um die Suchbedingungen jedoch sicherzustellen, müssen Sie die optionalen Argumente verwenden. Die folgende Zeile enthält die wichtigsten Argumente:

```
Range("A1:F9").Find("Gewinn",,,xlPart,xlByRows,,False)
```

Damit finden Sie die erste Zelle, die an einer beliebigen Stelle Ihres Eintrags den Ausdruck „Gewinn" enthält. Die nächste Zelle, auf welche die Suchbedingung zutrifft, finden Sie mit der FindNext-Methode. FINDNEXT verfügt nur über das optionale Argument AFTER, ein Range-Objekt, das die Zelle bezeichnet, nach der die Suche weitergehen soll. Hier können Sie die mit FIND gefundene Zelle angeben. Wenn Sie diese Zelle aktiviert haben, genügt die folgende Zeile, um den nächsten Eintrag zu finden:

```
Set Fundstelle = Range("A1:F10").FindNext(ActiveCell)
```

Die Objektvariable muß nun noch ausgewertet werden, um festzustellen, ob sie nicht immer noch auf das erste, mit FIND gefundene Objekt verweist. In diesem Fall wurde kein weiterer Eintrag gefunden.

Zelleneinträge ersetzen

Die Methode REPLACE, die der Ersetzung von gefundenen Zelleneinträgen dient, hat folgende Syntax:

```
Objekt.Replace(What, Replacement, [LookAt], [SearchOrder],
                                  [MatchCase], [MatchByte])
```

7.3 Zellen adressieren

Die Argumente der Replace-Methode sind praktisch identisch mit denen der Find-Methode. Lediglich das Argument REPLACEMENT, das den ersetzenden Ausdruck bezeichnet, ist hinzugekommen. Das folgende Beispiel sucht im aktuellen Arbeitsblatt nach dem Ausdruck „Gewinn" und ersetzt diesen durch den Ausdruck „Bruttogewinn":

```
Worksheets("Tabelle1").Activate
Range("A1:F10").Replace "Gewinn", "Bruttogewinn"
```

Ersetzt wird dabei nicht der ganze Zelleneintrag, sondern nur der gesuchte Teil. Aus dem Eintrag „Gewinn vor Steuern" wird so der Wert „Bruttogewinn vor Steuern". Die Methode erzeugt einen Rückgabewert. Wurde mindestens ein übereinstimmender Eintrag gefunden (und ersetzt), wird der logische Wert TRUE zurückgegeben:

```
Sub Ersetzen()
   Worksheets("Tabelle1").Activate
   If Range("A1:F10").Replace("Gewinn", "Bruttogewinn") Then
      MsgBox "Ersetzung erfolgreich abgeschlossen!"
   Else
      MsgBox "Keinen übereinstimmenden Ausdruck gefunden!"
   End If
End Sub
```

Die Methode ersetzt im angegebenen Bereich alle gefundenen Zelleneinträge. Wollen Sie das vermeiden, können Sie mit den Methoden FIND und FINDNEXT oder mit der nachfolgend beschriebenen Methode eine eigene Suchen-und-Ersetzen-Funktion schreiben.

Suchen mit For Each-Schleifen

Auch mit For Each-Schleifen kann gesucht werden, wenn Sie dabei den Like-Operator, die Größer-/Kleiner-Operatoren oder auch das Gleichheitszeichen verwenden. Mit dieser Methode suchen Sie nicht nur nach Zelleneinträgen, sondern auch nach Formatdetails, wie Zellenfarben, Rahmen- und Schriftattributen. Das folgende Beispiel sucht nach Zellen, denen die Farbe mit dem Indexwert 3 (in der Standardfarbpalette die Farbe ROT) zugewiesen wurde:

```
Sub Wert_suchen01()
   For Each Zelle In Range("A1:E10")
      If Zelle.Interior.ColorIndex = 3 Then
         MsgBox Zelle.Value, , "Gefunden in " & Zelle.Address
      End If
   Next
End Sub
```

Für die Suche nach Zelleninhalten verwenden Sie die Value-Eigenschaft. Das folgende Beispiel sucht nach Zellen, deren numerischer Wert größer als 1000 ist:

```
Sub Wert_suchen02()
    For Each Zelle In Range("A1:E10")
        If IsNumeric(Zelle.Value) Then
            If Zelle.Value > 1000 Then
                MsgBox Zelle.Value, , "Zelle " & Zelle.Address
            End If
        End If
    Next
End Sub
```

Um eine Fehlermeldung zu vermeiden, muß zunächst geprüft werden, ob es sich bei dem gerade zu vergleichenden Zelleneintrag um einen numerischen Wert handelt. Erst wenn diese Prüfung den Wahrheitswert TRUE ergibt, kann der Vergleich stattfinden.

7.4 Zellen manipulieren

Die vorhergehenden Unterkapitel sollten gezeigt haben, wie sich Zellen, Zellenbereiche und Tabellenblätter adressieren lassen. In diesem Unterkapitel soll es nun um die Manipulation dieser Objekte gehen.

Wertzuweisung

Die Wertzuweisung an ein Range-Objekt (Zellen und Zellenbereiche) erfolgt grundsätzlich mit Hilfe der Value-Eigenschaft. Einige Beispiele:

```
Range("A1").Activate
ActiveCell.Value = 123
Range("A2").Activate
ActiveCell.Value = "10.10.1996"
Range("B1").Value = 123.46
Range("B2").Value = "München"
```

Die bestehenden Zelleneinträge werden dabei überschrieben. Numerische Werte und Zeichenfolgen sind relativ unkritisch. Bei Dezimalzahlen müssen Sie lediglich darauf achten, einen Dezimalpunkt zu verwenden. In der Zelle erscheint dann automatisch ein Dezimalkomma. Beachten Sie auch, daß VALUE die voreingestellte Eigenschaft eines Range-Objekts ist. Wenn Sie keine Eigenschaft benennen, wird automatisch VALUE angenommen. Die Wertzuweisungen in den vorstehenden Zeilen hätten wir also auch wie folgt schreiben können:

7.4 Zellen manipulieren

```
ActiveCell = 123
ActiveCell = "10.10.1996"
Range("B1") = 123.46
Range("B2") = "München"
```

Die Benennung der Eigenschaft ist aber vorzuziehen, weil der Programmtext so leichter gelesen werden kann. Dies gilt besonders bei der Verwendung von Objektvariablen, da deren Bezeichnungen nicht immer erkennen lassen, ob es sich um Range-Objekte oder andere Objekte handelt.

Datums- und Zeitausdrücke zuweisen

Etwas problematisch sind Datumsausdrücke. Zwar können Sie, wie oben gezeigt, ein Datum als Zeichenfolge übergeben; diese wird von Excel aber auch als Zeichenfolge interpretiert und entsprechend linksbündig ausgerichtet. Erst die Funktion CDATE macht aus einer Zeichenfolge einen Datumswert, den Excel auch als solchen versteht:

```
ActiveCell.Value = CDate("10.10.1996")
```

Wollen Sie einer Zelle das aktuelle Tagesdatum, also das Systemdatum Ihres Rechners zuweisen, müssen Sie die Funktion DATE verwenden:

```
ActiveCell.Value = Date
```

Möglich ist auch die Funktion NOW, die jedoch zusätzlich die Systemzeit ausgibt. Die Systemzeit, also die aktuelle Uhrzeit Ihres Rechners, erhalten Sie auch mit der Funktion TIME. Diese Funktion liefert nur die Zeitangabe:

```
ActiveCell.Value = Time
```

Komplexe Ausdrücke zuweisen

Die Zuweisung kann auch aus komplexen Ausdrücken bestehen. Das folgende Beispiel ermittelt zunächst die Anzahl der Zellen eines Bereichs und addiert dann einen Wert. Das Ergebnis wird in die gerade aktive Zelle geschrieben.

```
ActiveCell.Value = Range("A1:F10").Count + 20
```

Zuweisung in Abhängigkeit vom aktuellen Zellenwert

Häufig müssen die Werte eines Zellenbereichs überprüft und in Abhängigkeit vom aktuellen Wert durch einen anderen Wert ersetzt werden. Dazu verwenden Sie eine If-Konstruktion wie die folgende:

```
If IsNumeric(Range("C3").Value) Then
   Range("C3").Value = Range("C3").Value * 1.16
End If
```

Das vorstehende Beispiel ermittelt den Datentyp eines Zelleneintrags und ersetzt diesen, wenn es sich um einen numerischen Typ handelt, mit einem um 16% erhöhten Wert. Wollen Sie einen ganzen Zellenbereich überprüfen und die Werte gegebenenfalls ersetzen, müssen Sie eine For Each-Schleife verwenden. Das folgende Beispiel ändert alle numerischen Werte im Bereich A1:F10:

```
Sub Ersetzen()
   For Each Zahl In Range("A1:F10")
      If IsNumeric(Zahl.Value) Then
         Zahl.Value = Zahl.Value * 1.16
      End If
   Next
End Sub
```

Dabei werden leere Zellen mit dem Wert 0 gefüllt. Die Anzeige von Nullwerten können Sie in Excel auf der Seite ANSICHT des Dialogs OPTIONEN abschalten (Menüoption EXTRAS/OPTIONEN...). Per Programmierung können Sie die Anzeige von Nullwerten durch die Zuweisung eines Leerwertes (Varianttyp EMPTY) verhindern. Das vorstehende Makro muß dann wie folgt erweitert werden:

```
Sub Ersetzen()
   For Each Zahl In Range("A1:F10")
      If IsNumeric(Zahl.Value) Then
         If Zahl.Value = 0 Then
            Zahl.Value = Empty
         Else
            Zahl.Value = Zahl.Value * 1.16
         End If
      End If
   Next
End Sub
```

Die Funktion ISNUMERIC prüft, ob ein Ausdruck als numerischer Ausdruck interpretiert werden kann. Das trifft grundsätzlich für leere Zellen zu. Sind in der Zelle allerdings Leerzeichen enthalten, liefert ISNUMERIC den Wert FALSE.

7.4 Zellen manipulieren

Zellen und Zelleneinträge löschen

Zellen können verschiedene Informationen enthalten und mit Formateigenschaften ausgestattet sein. Entsprechend differenziert ist das Angebot an Lösch-Optionen:

Clear	löscht im angegebenen Bereich alle Zelleneinträge und entfernt alle Formatierungen. Die Zellen erhalten wieder das Standardformat zugewiesen.
ClearContents	löscht im angegebenen Bereich alle Zelleneinträge. Die Formatierungen bleiben jedoch erhalten.
ClearComments	löscht im angegebenen Bereich alle Kommentare.
ClearFormats	löscht im angegebenen Bereich alle Formatierungen.
Cut	kopiert die Einträge des angegebenen Bereichs in die Zwischenablage. Die Objekte werden jedoch erst dann ausgeschnitten, wenn sie mit PASTE an einer anderen Stelle eingefügt werden.
Delete	löscht ganze Zellen, wobei die nachfolgenden rechten oder unteren Zellen aufrücken.

Die folgende Zeile löscht den angegebenen Bereich vollständig und entfernt auch alle Formatierungen:

```
Range("A1:F10").Clear
```

Beachten Sie, daß die Anweisung den Bereich im aktiven Tabellenblatt löscht. Besser ist es, auch das Worksheet-Objekt anzugeben, um nicht den falschen Bereich zu löschen. Wollen Sie nur den Inhalt löschen, müssen Sie die Methode CLEARCONTENTS verwenden. DELETE ist hingegen nur in Ausnahmefällen geeignet. Die mit DELETE gelöschten Zellen werden durch nachfolgende Zellen aufgefüllt. Dadurch ergeben sich Verschiebungen in der Tabellenstruktur. DELETE hat folgende Syntax:

```
Objekt.Delete(Shift)
```

Für das Argument SHIFT sind die Konstanten XLTOLEFT und XLUP definiert. XLTOLEFT bestimmt, daß die Zellen rechts von der zu löschenden Zelle nach links verschoben werden. XLUP verwendet dafür die Zellen, die sich unterhalb der zu löschenden Zelle befinden:

```
ActiveCell.Delete Shift:=xlToLeft
```

Beachten Sie, daß nur die Zellen, die sich mit den zu löschenden Zellen in der gleichen Zeile bzw. Spalte befinden, verschoben werden. Um ganze Zeilen oder Spalten zu löschen, müssen Sie Anweisungen wie die folgenden verwenden:

```
ActiveCell.EntireRow.Delete
ActiveCell.EntireColumn.Delete
```

Soll nur der Inhalt kompletter Zeilen und Spalten gelöscht werden, verwenden Sie wieder die Methoden CLEAR und CLEARCONTENTS. Die nachfolgenden Zeilen und Spalten werden dann nicht verschoben.

Zellenbereiche einfügen

Für das Einfügen von Zeilen, Spalten und Zellen ist die Methode INSERT zuständig. Wie die folgenden Beispiele zeigen, erwartet INSERT ein Range-Objekt:

```
ActiveCell.EntireRow.Insert
ActiveCell.EntireColumn.Insert
Columns("C").Insert
Rows(3).Insert
ActiveCell.Insert Shift:=xlDown
```

Wenn Sie einzelne Zellen einfügen, können Sie mit dem Argument SHIFT bestimmen, ob die folgenden Zellen nach unten oder nach rechts verschoben werden sollen. Als Argumentwerte sind nur die Konstanten XLDOWN und XLTORIGHT zulässig.

Zeilen und Spalten ein- und ausblenden

Einzelne Zeilen und Spalten lassen sich mit Hilfe der Hidden-Eigenschaft ein- bzw. ausblenden. Dafür ist aber ein Range-Objekt erforderlich, das eine ganze Zeile bzw. Spalte umfaßt. Wenn der Zell-Cursor gerade in der C-Spalte steht, sind die folgenden Zeilen funktional gleichwertig:

```
Columns("C").Hidden = True
ActiveCell.EntireColumn.Hidden = True
```

Verwenden Sie COLUMNS (oder ROWS für Zeilen), können Sie auch einen Spaltenbereich, beispielsweise "C:E", angeben. Die Spalten werden wieder eingeblendet, wenn Sie die Hidden-Eigenschaft für die betreffenden Spalten auf FALSE setzen.

Zellen verbinden

Die Zellen eines Zellenblocks lassen sich zu einer Zelle verbinden. Für diese Funktion ist die Methode MERGE zuständig. Mit UNMERGE heben Sie die Verbindung wieder auf. Das folgende Beispiel zeigt auch, wie Sie die gemeinsame Zelle ansprechen. Beachten Sie vor allem die Reihenfolge der Zeilen. Wenn wir die Ausrichtung der Zelleneinträge nach der Verbindung in der dritten Zeile durchführen, hebt Excel die Verbindung gleich wieder auf:

7.4 Zellen manipulieren

```
Sub Test()
   Range("Tabelle1!C3").VerticalAlignment = xlVAlignCenter
   Range("Tabelle1!C3").HorizontalAlignment = xlHAlignCenter
   Range("Tabelle1!C3:E5").Merge
   Range("Tabelle1!C3").Value = 123
End Sub
```

Nach dem Verbinden wird die gemeinsame Zelle unter der Bezeichnung der ersten Zelle (oben links) angesprochen. Wertzuweisungen an andere Zellen des Bereichs bleiben wirkungslos. Enthalten die Zellen bereits vor dem Verbinden Werte, wird der Inhalt der ersten Zelle zum Inhalt der Gesamtzelle. Die anderen Werte gehen verloren. Die Verbindung (hier C3:E5) heben Sie mit einer der folgenden Zeilen wieder auf:

```
Range("Tabelle1!C3").UnMerge
Range("Tabelle1!D4").UnMerge
Range("Tabelle1!A2:G9").UnMerge
```

In diesem Fall ist es nicht unbedingt erforderlich, die verbundene Zelle, in unserem Beispiel C3, genau zu bezeichnen. Es genügt, wenn eine Zelle des Bereichs vom Range-Objekt umfaßt wird. In der letzten Zeile haben wir einfach ein Range-Objekt gewählt, das wesentlich mehr Zellen umfaßt als der verbundene Bereich. Ob eine Zelle zu einem verbundenen Bereich gehört, können Sie mit der Eigenschaft MERGECELLS prüfen. Die Eigenschaft liefert im positiven Fall den Wert TRUE:

```
MsgBox Range("Tabelle1!D4").MergeCells
```

Die Eigenschaft sollten Sie nur auf jeweils eine Zelle anwenden. Bei einem Zellenbereich, der den verbundenen Bereich übergreift, erhalten Sie eine Fehlermeldung angezeigt.

Zellenbereiche sortieren

Zellenbereiche müssen für die Auswertung gelegentlich sortiert werden. Zu diesem Zweck enthält VBA zwei Methoden: SORT und SORTSPECIAL. Die Methode SORT entspricht in ihrer Funktion dem Sortieren-Dialog, den Sie in Excel mit der Menüoption DATEN/SORTIEREN... aufrufen. Die Syntax lautet:

```
Objekt.Sort([Key1], [Order1], [Key2], [Type], [Order2], [Key3],
            [Order3], [Header], [OrderCustom], [MatchCase],
            [Orientation])
```

Die Verwendung der einzelnen Argumente, die bis auf das Argument KEY1 optional sind, zeigt die Übersicht der folgenden Seite:

Key1	bezeichnet die Spalte, welche die erste Sortierordnung bestimmt.
Order1	bezeichnet die Sortierrichtung für die erste Sortierordnung. Möglich sind die Konstanten XLASCENDING (aufsteigend) und XLDESCENDING (absteigend). Wenn Sie auf das Argument verzichten, wird automatisch aufsteigend sortiert.
Key2	bezeichnet die Spalte, welche die zweite Sortierordnung bestimmt.
Type	ist nur für die Sortierung von Pivot-Tabellen erforderlich und bestimmt die Elemente, die sortiert werden sollen.
Order2	bezeichnet die Sortierrichtung für die zweite Sortierordnung (XLASCENDING oder XLDESCENDING).
Header	bestimmt, ob die Werte der ersten Zeile als Spaltenüberschriften behandelt werden sollen. Verwenden Sie hierfür die Argumentkonstante XLYES, werden die Werte der ersten Zeile des Sortierbereichs nicht in die Sortierung mit einbezogen. Mit der Konstanten XLNO erhalten Sie eine Sortierung für den gesamten Bereich. Mit XLGUESS überlassen Sie Excel die Entscheidung.
OrderCustom	bestimmt, ob eine benutzerdefinierte Sortierreihenfolge verwendet werden soll. Benutzerdefinierte Sortierfolgen können Sie in Excel auf der Seite AUTOAUSFÜLLEN des Dialogs OPTIONEN bestimmen. Den Dialog öffnen Sie mit der Menüoption EXTRAS/OPTIONEN... Als Argumentwerte müssen Sie die Positionsnummern der angezeigten Sortierordnungen verwenden.
MatchCase	bestimmt, ob Groß- und Kleinschreibung beachtet werden sollen. Sie müssen dann den Argumentwert TRUE angeben.
Orientation	bestimmt, ob von oben nach unten (XLTOPTOBOTTOM) oder von links nach rechts (XLLEFTTORIGHT) sortiert werden soll. Voreingestellt ist XLTOPTOBOTTOM.

Bei der Definition des zu sortierenden Zellenbereichs müssen Sie entscheiden, ob die Werte der einzelnen Zeilen auch nach der Sortierung noch eine Zeile bilden sollen, ob also die Zeilen als Datensätze zu interpretieren sind. Bei der interaktiven Verwendung des Sortieren-Befehls (Menüoption DATEN/SORTIEREN...) werden Sie von Excel darauf hingewiesen, daß sich Daten in der gleichen Zeile befinden. Wenn Sie einen Bereich mit Hilfe von VBA-Anweisungen sortieren, müssen Sie selbst darauf achten, daß der gesamte Sortierbereich im Range-Objekt bezeichnet wird. Abbildung 7.1 zeigt eine Tabelle, die aus Datensätzen besteht. Jede Zeile bildet eine Einheit.

Die Tabelle muß im Range-Objekt vollständig bezeichnet werden, auch wenn wir nur nach der Spalte NAME sortieren wollen. Würden wir im Range-Objekt nur die B-Spalte verwenden, geriete die ganze Tabelle durcheinander. Der Kunde „Maier" würde nach der Sortierung beispielsweise nicht mehr in Hamburg, sondern vermutlich in Düsseldorf wohnen.

7.5 Zellen formatieren

	A	B	C	D	E
1	SatzNr.	Name	PLZ	Ort	Telefon
2	1	Maier	20000	Hamburg	020-456789
3	2	Müller	40000	Düsseldorf	021-867344
4	3	Schulz	50000	Köln	0222-5566
5	4	Braun	80000	München	089-45372
6					

Abb. 7.1: Eine Datentabelle sortieren

Da unsere Tabelle auch Spaltenüberschriften enthält, die nicht mitsortiert werden dürfen, müssen wir entweder das Argument HEADER verwenden oder den Sortierbereich gleich mit der zweiten Zeile beginnen lassen. Die folgenden Beispiele führen daher trotz der unterschiedlichen Range-Bereiche zum gleichen Ergebnis:

```
Worksheets("Tabelle1").Range("A1:E5").Sort _
key1:=Columns("B"), Header:=xlYes

Worksheets("Tabelle1").Range("A2:E5").Sort _
key1:=Columns("B")
```

Die Beispiele sortieren die ganze Tabelle (A1:E5) nach der Spalte NAME (B-Spalte). Weitere Sortierkriterien (KEY2 und KEY3) werden nur wirksam, wenn für die erste Sortierspalte doppelte Einträge vorliegen.

7.5 Zellen formatieren

Die meisten Funktionen, die Sie über den Dialog ZELLEN FORMATIEREN (Menüoption FORMAT/ZELLEN...) erreichen, können Sie auch per VBA-Code einsetzen. Verfügbar sind unter anderem die folgenden Eigenschaften und Methoden:

Autoformat	formatiert einen Zellenbereich mit den AutoFormat-Vorlagen, die Sie auch über den gleichnamigen Dialog erreichen (Menüoption FORMAT/AUTOFORMAT...). Die Eigenschaft kann nicht auf einzelne Zellen angewendet werden.
Borders	liefert ein Border-Objekt, über das sich eine Umrandung erzeugen läßt.
Font	liefert ein Font-Objekt. Über das Font-Objekt erreichen Sie die einzelnen Schriftattribute.
HorizontalAlignment	ermittelt oder bestimmt die horizontale Ausrichtung des Zelleninhalts.

Interior	liefert ein Interior-Objekt, das für den Innenbereich (den Hintergrund) eines Range-Objekts steht. Damit lassen sich beispielsweise Farbzuweisungen vornehmen.
NumberFormat	ermittelt oder bestimmt den Format-Code für ein Range-Objekt.
NumberFormatLocal	ermittelt oder bestimmt den lokalen Format-Code für ein Range-Objekt.
Orientation	ermittelt oder bestimmt die Winkelausrichtung eines Zelleneintrags. Der Wert kann zwischen -90° und +90° variieren.
VerticalAlignment	ermittelt oder bestimmt die vertikale Ausrichtung des Zelleninhalts.
WrapText	ermittelt oder bestimmt, ob innerhalb einer Zelle ein Zeilenumbruch erfolgen kann.

Die vorstehenden Eigenschaften und Methoden sind für das Range-Objekt definiert.

Schrift und Schriftattribute

Die Zuweisung von Schriften und Schriftattributen kann für jede Zelle einzeln erfolgen. Sie verwenden dafür die Zugriffseigenschaft FONT, die ein Font-Objekt zurückgibt. Für Font-Objekte sind unter anderem folgende Eigenschaften definiert:

Bold	bestimmt, ob Fettschrift ausgegeben werden soll. Die Eigenschaft muß dann den Wert TRUE erhalten.
Color	erlaubt die Definition der Schriftfarbe. Die Eigenschaft erwartet einen Farbwert für ein Mischfarbe.
ColorIndex	ermöglicht die Definition einer Schriftfarbe durch Zugriff auf die aktive Excel-Farbpalette. Der Wert kann zwischen 1 und 56 betragen.
FontStyle	bestimmt den Schriftstil als Zeichenfolge. Dabei werden eventuell die Eigenschaften BOLD und ITALIC geändert.
Italic	bestimmt, ob kursive Schrift ausgegeben werden soll. Die Eigenschaft muß dann den Wert TRUE erhalten.
Name	bezeichnet den Namen der Schriftart.
Size	bestimmt die Größe der Schrift in der Maßeinheit Punkt (1/72 Zoll).
Subscript	bestimmt, ob die Schrift tiefgestellt ausgegeben werden soll. Die Eigenschaft muß dann den Wert TRUE erhalten.

7.5 Zellen formatieren

Superscript   bestimmt, ob die Schrift hochgestellt ausgegeben werden soll.

Underline   bestimmt, ob die Schrift unterstrichen ausgegeben werden soll.

Die folgende Zeile zeigt die grundsätzliche Verwendung des Font-Objekts und der zugehörigen Eigenschaften:

```
Range("C3").Font.Bold = True
```

Mit den Font-Eigenschaften bestimmen Sie nicht nur die Schriftattribute, sondern ermitteln diese auch. Das folgende Beispiel prüft zunächst, ob in einem Zellenbereich die Schrift der einzelnen Zellen mit dem Attribut FETT ausgestattet ist und ändert dieses Attribut gegebenenfalls in ITALIC (kursiv):

```
Sub SchriftAttribut_aendern()
    For Each Schrift In Worksheets("Tabelle1").Range("A1:D5")
        If Schrift.Font.Bold Then
            Schrift.Font.Bold = False
            Schrift.Font.Italic = True
        End If
    Next
End Sub
```

Wenn Sie oft mehrere Schriftattribute gleichzeitig zuweisen, ist es sinnvoll, eine With-Struktur zu verwenden. Das folgende Beispiel ändert die Schrift und einige Schriftattribute für einen bestimmten Zellenbereich:

```
Sub Schrift_aendern()
    With Worksheets("Tabelle1").Range("A1:D5").Font
        .Bold = False
        .ColorIndex = 3
        .Italic = True
        .Name = "Times New Roman"
        .Size = 12
        .Underline = False
    End With
End Sub
```

Ist eine Schrift, die Sie mit der Eigenschaft NAME zuweisen, auf dem betreffenden System zur Laufzeit nicht vorhanden, erhalten Sie keine Fehlermeldung angezeigt.

Hintergrund

Bei der Gestaltung des Hintergrundes eines Tabellenblattes stehen Ihnen zwei Optionen zur Verfügung:

- ein Hintergrundbild für das Tabellenblatt und
- Farben und Muster für den Zellenhintergrund.

Ein Hintergrundbild laden Sie mit der Methode SETBACKGROUNDPICTURE, die für das Worksheet-Objekt definiert ist. Die Methode hat folgende Syntax:

```
Objekt.SetBackgroundPicture(Filename)
```

Das Argument FILENAME steht für den Dateinamen der Grafikdatei. Befindet sich die Datei im Standardarbeitsverzeichnis, genügt die Angabe des Namens, ansonsten ist der komplette Pfad erforderlich. Das folgende Beispiel verwendet die Datei SETUP.BMP als Hintergrundgrafik. Da sich die Datei im Windows-Verzeichnis befindet, haben wir den vollständigen Pfad angegeben:

```
Worksheets(1).SetBackgroundPicture ("C:\Windows\setup.bmp")
```

Beachten Sie, daß auch die Dateiendung angegeben werden muß. Die Methode unterstützt die Formate BMP, JPEG, PNG und WMF. Bitmaps werden, um den Hintergrund des ganzen Blattes abzudecken, automatisch „gekachelt".

Hintergrund für Zellen und Zellenbereiche

Den Hintergrund für Range-Objekte steuern Sie mit der Zugriffseigenschaft INTERIOR. Die Eigenschaft liefert ein Interior-Objekt, für das unter anderem die folgenden Eigenschaften definiert sind:

Color	bestimmt die Hintergrundfarbe. Die Eigenschaft erwartet einen Farbwert für eine Mischfarbe.
ColorIndex	bestimmt die Hintergrundfarbe, wobei durch Angabe eines Indexwertes eine Farbe der Excel-Farbpalette verwendet wird. Der Wert kann zwischen 1 und 56 liegen.
Pattern	bestimmt ein Hintergrundmuster, das über einen Index aus der Excel-Muster-Palette ausgewählt wird.
PatternColor	bestimmt die Musterfarbe. Die Eigenschaft erwartet einen Farbwert für eine Mischfarbe.
PatternColorIndex	bestimmt die Musterfarbe, wobei durch Angabe eines Indexwertes eine Farbe der Excel-Farbpalette verwendet wird (1 bis 56).

7.5 Zellen formatieren

Eine einfache Farbe können Sie beispielsweise mit der folgenden Zeile zuweisen:

```
ActiveCell.Interior.ColorIndex = 3          'die Farbe Rot
```

Die in der Standardfarbpalette verfügbaren Farben können Sie sich anschauen, wenn Sie in Excel die Seite FARBEN des Dialogs OPTIONEN aufrufen. Den Dialog öffnen Sie mit der Menüoption EXTRAS/OPTIONEN...

Der Aufwand für die Zuweisung eines Musters ist etwas größer. Es lohnt sich daher, die With-Anweisung zu bemühen. Das folgende Beispiel erzeugt ein Punktmuster, das eine noch halbwegs lesbare Schriftdarstellung erlaubt:

```
Sub Muster_zuweisen()
   With Range("A1:D5").Interior
      .Pattern = 3
      .PatternColorIndex = 8
      .ColorIndex = 3
   End With
End Sub
```

Ein Muster besteht immer aus dem Muster selbst, seiner Farbe und der Hintergrundfarbe. Die Farben des Musters (PATTERNCOLOR oder PATTERNCOLORINDEX) und des Hintergrundes (COLOR oder COLORINDEX) müssen sich unterscheiden, wenn das Muster in der Zelle auch erkennbar sein soll.

Hintergrundfarben und -muster entfernen

Hintergrundfarben und -muster entfernen Sie, indem Sie den Farb- oder Mustereigenschaften die Konstante XLNONE zuweisen. Dabei ist es unerheblich, ob Sie beispielsweise die Eigenschaft COLORINDEX, PATTERN oder PATTERNCOLORINDEX verwenden. Die folgende Zeile löscht daher nicht nur das Muster, sondern auch die Hintergrundfarbe:

```
Range("A1:D5").Interior.Pattern = xlNone
```

Diese Anweisung entspricht funktional der Option KEINE FARBE, die Sie in der Excel-Farbauswahl finden. Sie können alternativ auch die schon vorgestellte Methode CLEARFORMATS auf den betreffenden Zellenbereich anwenden. Nur werden dann auch andere Formatzuweisungen wie beispielsweise Schriftattribute zurückgesetzt.

Hintergrundbild und Hintergrundfarben

Hintergrundfarben und -muster liegen immer über einem Hintergrundbild. Soll das Hintergrundbild zu sehen sein, muß der betreffende Zellenbereich den Farbwert XLNONE erhalten. Dieser Wert ist für Range-Objekte voreingestellt.

Umrandungen

Rahmen und Trennlinien für Zellen und Zellenbereiche definieren Sie mit Hilfe der Zugriffseigenschaft BORDERS, der gleichnamigen Auflistung und der Methode BORDERAROUND. Die beiden Syntax-Varianten der Borders-Eigenschaft lauten:

```
Objekt.Borders(Index)
Objekt.Borders
```

Das Argument INDEX steht für die einzelnen Teile eines Rahmens. Als Argumentwerte dienen die Konstanten XLTOP, XLBOTTOM, XLLEFT und XLRIGHT. Vertikale und horizontale Trennlinien werden also einfach durch unvollständige Rahmen erzeugt. Die zweite Syntax-Variante verwenden Sie für vollständige Rahmen. Mit BORDERS erzeugen Sie ein Border-Objekt, für das unter anderem die folgenden Eigenschaften definiert sind:

Color   bestimmt die Rahmenfarbe. Die Eigenschaft erwartet einen Farbwert für eine Mischfarbe.

ColorIndex   bestimmt die Rahmenfarbe, wobei durch Angabe eines Indexwertes eine Farbe der Farbpalette verwendet wird. Der Wert kann zwischen 1 und 56 liegen.

LineStyle   bestimmt den Stil der Umrandung (keine Linie, einfache Linie, doppelte Linie etc.). Möglich sind die Konstanten XLCONTINUOUS, XLDASH, XLNONE, XLDOUBLE und XLDOT. Mit der Konstanten XLNONE entfernen Sie einen Rahmen bzw. Rahmenteil.

Weight   bestimmt die Stärke des Rahmens. Sie können zwischen den Konstanten XLHAIRLINE, XLTHIN, XLMEDIUM und XLTHICK wählen.

Bei der Zuweisung eines Rahmens müssen Sie darauf achten, ob ein ganzer Zellenbereich oder jede einzelne Zelle mit einem Rahmen ausgestattet werden soll. Das folgende Beispiel erzeugt einen Rahmen, der jede einzelne Zelle des genannten Range-Objekts umgibt:

```
Range("B2:F10").Borders.ColorIndex = 3
```

In der Regel werden Sie alle Attribute eines Rahmens setzen. Dafür verwenden Sie am besten wieder eine With-Struktur wie die folgende:

```
Sub Rahmen_zuweisen()
   With Range("B2:F10").Borders
      .LineStyle = xlDouble
      .ColorIndex = 3
   End With
End Sub
```

7.5 Zellen formatieren

Bestimmte Attribute wie LINESTYLE und WEIGHT vertragen sich nicht miteinander. Wenn Sie für LINESTYLE beispielsweise die Konstante XLDOUBLE setzen, um einen doppelten Rahmen zu erzeugen, müssen Sie auf die Weight-Angabe verzichten.

Einzelne Linien für jede Zelle eines Bereichs erzeugen

Mit Hilfe der Borders-Auflistung können Sie erreichen, daß jeder einzelnen Zelle eines Bereichs ein bestimmter Rahmenteil zugewiesen wird. Das folgende Beispiel erzeugt für jede Zelle im Bereich B2:F10 eine doppelte Linie am oberen Zellenrand:

```
Sub Einzelne_Linien_erzeugen()
   With Range("B2:F10").Borders(xlTop)
      .LineStyle = xlDouble
      .ColorIndex = 3
   End With
End Sub
```

Achten Sie auch auf die Reihenfolge der Eigenschaften. Wenn Sie LINESTYLE nach COLOR-INDEX verwenden, wird die eingestellte Rahmenfarbe nicht gesetzt. Mit den Konstanten XLBOTTOM, XLLEFT und XLRIGHT als Indexwerte (statt XLTOP), können Sie auch die anderen Seiten der einzelnen Zellen mit einer Linie versehen.

BORDERAROUND – Rahmen für den ganzen Bereich

Mit der Methode BORDERAROUND erzeugen Sie einen Rahmen, der nur den ganzen Zellenbereich umfaßt, nicht jedoch jede einzelne Zelle. Die Zellen im Inneren eines Bereichs erhalten keine Rahmenattribute zugewiesen. Die Methode hat folgende Syntax:

```
Objekt.BorderAround(LineStyle, Weight, ColorIndex, Color)
```

Als Objekt benötigen Sie wieder ein Range-Objekt. Die Argumente LINESTYLE und WEIGHT sind miteinander unverträglich und dürfen daher nur alternativ verwendet werden. Das gilt auch für die Argumente COLORINDEX und COLOR. Ein Beispiel:

```
Range("B2:F10").BorderAround _
LineStyle:=xlDouble, ColorIndex:=3
```

Alle bisherigen Beispiele haben wir ohne Worksheet-Objekt erstellt. Die Anweisungen wirken dann immer auf das gerade aktive Tabellenblatt.

BORDERS mit erweiterten Funktionen

Die oben vorgestellten Methoden waren in dieser Form schon in früheren Excel-Versionen enthalten. Mit Excel 97 sind die Möglichkeiten der Eigenschaft BORDERS funktional erweitert worden. Die Eigenschaft kann seitdem auch diagonale Linien erzeugen. Die einzelnen

Rahmenteile werden dazu über die folgenden Konstanten gesteuert, die als Werte für das Argument INDEX dienen:

xlDiagonalDown	Diagonale von links oben nach rechts unten
xlDiagonalUp	Diagonale von links unten nach rechts oben
xlEdgeBottom	Grundlinie
xlEdgeLeft	Linie für die linke Seite
xlEdgeRight	Linie für die rechte Seite
xlEdgeTop	Linie am oberen Rand
xlInsideHorizontal	horizontale Linien für Innenzellen
xlInsideVertical	vertikale Linien für Innenzellen
ohne Argument	vollständige Umrandung für jede einzelne Zelle des Bereichs

Die vier xlEdge-Konstanten erzeugen Rahmenteile nur für den gesamten Bereich. Innenzellen sind davon nicht betroffen. Die Diagonal- und Inside-Konstanten wirken hingegen auf jede einzelne Zelle. Das folgende Beispiel erzeugt daher nur eine einzelne Linie:

```
Sub Neue_Borders_Methode()
   With Range("B2:F10").Borders(xlEdgeTop)
      .LineStyle = xlDouble
      .ColorIndex = 3
   End With
End Sub
```

Die Linie wird am oberen Rand des gesamten Range-Objekts (hier: B2:F2) ausgegeben. Das nächste Beispiel erzeugt hingegen horizontale Linien für alle inneren Zellen, nicht jedoch für die obere und untere Kante des Zellenbereichs:

```
Sub Neue_Borders_Methode02()
   With Range("B2:F10").Borders(xlInsideHorizontal)
      .LineStyle = xlDouble
      .ColorIndex = 3
   End With
End Sub
```

Da die erweiterte Borders-Eigenschaft flexibler ist, empfehlen wir Ihnen, nur noch diese einzusetzen.

Farben zuweisen

Für die Zuweisung von Farben an Schriften, Flächen und Umrandungen stehen die Eigenschaften COLOR und COLORINDEX zur Verfügung. Am einfachsten erfolgt die Zuweisung einer Farbe mit Hilfe der Eigenschaft COLORINDEX, weil hierfür Indexwerte, die sich auf die aktuelle Farbpalette beziehen, eingesetzt werden können. Die Auswahl beschränkt sich jedoch auf die 56 Farben einer Palette. Das folgende Beispiel schreibt alle Farben der aktuellen Palette in die ersten drei Spalten eines Tabellenblatts:

```
Sub Farben_anzeigen()
  For x = 1 To 56
    n = IIf(x > 20, IIf(x>40, x-40, x-20), x)
    Worksheets(1).Cells(n, Int(1+x/21)).Interior.ColorIndex = x
    Worksheets(1).Cells(n, Int(1+x/21)).Value = x
  Next
End Sub
```

Die etwas mysteriös aussehenden Berechnungen dienen lediglich dazu, nach der 20. Zeile wieder in der ersten Zeile der nächsten Spalte zu beginnen.

Da wir mit der letzten Programmzeile in der For-Schleife die Indexnummer der Farbpalette ausgeben, läßt sich genau erkennen, welcher Index welche Farbe erzeugt. Sie können die Farbpalette im Dialog OPTIONEN auf der Seite FARBE ändern. Geänderte Farben werden nach dem Schließen des Dialogs auch in der Tabelle angezeigt.

Farben bzw. Farbwerte ermitteln

Farben können nicht nur zugewiesen, sondern auch abgefragt werden. Mit der folgenden Zeile ermitteln Sie den Farbindex der gerade aktiven Zelle:

```
MsgBox ActiveCell.Interior.ColorIndex
```

Die Information können Sie nutzen, wenn Sie beispielsweise bestimmte Zelleninhalte mit spezifischen Farben verbinden (Rot für negative Zahlen etc.) oder wenn Sie Formatierungen austauschen wollen. Das folgende Beispiel sucht in einem bestimmten Bereich nach Zellen mit dem Farbindex 3 und tauscht die Farbe dieser Zellen dann gegen eine Zellenumrandung aus:

```
Sub Farbe_durch_Rahmen_ersetzen()
   For Each Zelle In Range("A1:F10")
      With Zelle
         If .Interior.ColorIndex = 3 Then
            .Interior.ColorIndex = xlNone
```

```
            .Borders.LineStyle = xlDouble
            .Borders.ColorIndex = 10
         End If
      End With
   Next
End Sub
```

Beachten Sie auch die With-Struktur innerhalb der For Each-Schleife. WITH wäre hier nicht unbedingt erforderlich. Bei vielen Zeilen innerhalb der If-Struktur vermindert WITH jedoch den Schreibaufwand und verhilft dem Text gleichzeitig zu einer besseren Lesbarkeit.

Farben entfernen

Sie entfernen eine Farbe, indem Sie für die Eigenschaft COLORINDEX die Konstante XLNONE setzen.

Mischfarben verwenden

Die Color-Eigenschaft benötigt einen Farbcode für Mischfarben, die sich aus Grundfarben zusammensetzen. Sie können den Code direkt zuweisen. Es dürfte aber fast unmöglich sein, die jeweiligen Werte zu interpretieren. Die Farbe WEIß wird beispielsweise durch den Code 16777215 repräsentiert. Verständlicher ist sicher die Farbkombination '100% Rot, 100%Grün und 100% Blau', die ebenfalls die Farbe WEIß darstellt. Die Mischfarben ergeben sich aus den Anteilen der einzelnen Grundfarben. Die Kombination '100% Rot, 100% Grün und 0% Blau' ergibt beispielsweise die Farbe GELB. Alle drei Farbanteile auf 50% gesetzt ergeben ein mittleres Grau.

Allerdings verwendet man im PC-Bereich keine Prozentwerte, sondern einen Wertebereich zwischen 0 und 255. Ein Wert von 255 bedeutet dann, daß die betreffende Farbe zu 100% in der jeweiligen Mischfarbe enthalten ist. Die Farbe GELB besteht dann aus der Kombination '255 Rot, 255 Grün und 0 Blau'.

Die RGB-Funktion

Das Farbsystem, das nach dem oben genannten Schema arbeitet, bezeichnet man als RGB-Farbmodell. VBA bietet eine entsprechende Funktion, mit der sich Farben nach diesem System definieren lassen. Die RGB-Funktion hat folgende Syntax:

```
RGB(Rot, Grün, Blau)
```

Wie oben schon dargestellt, kann jedes Argument Werte zwischen 0 und 255 annehmen. Die folgende Zeile weist der aktiven Zelle die Farbe GRÜN zu:

```
ActiveCell.Interior.Color = RGB(0, 255, 0)
```

7.5 Zellen formatieren

Farben für Gitternetzlinien

Die Farbe der Gitternetzlinien eines Tabellenblattes (nicht der Zellenumrandungen) läßt sich mit Hilfe der Eigenschaften GRIDLINECOLORINDEX und GRIDLINECOLOR ändern. Die Eigenschaft GRIDLINECOLORINDEX verwendet wieder die aktuelle Farbpalette, kann also Werte zwischen 1 und 56 annehmen. Ein Beispiel:

```
ActiveWindow.GridlineColorIndex = 5
```

Die Eigenschaft ist, wie das Beispiel zeigt, dem Window-Objekt zugeordnet. Eventuell müssen Sie das Objekt erst aktivieren, um die Farbzuweisung vornehmen zu können. In diesem Fall sind die folgenden zwei Zeilen erforderlich:

```
ActiveWorkbook.Worksheets("Tabelle1").Activate
ActiveWindow.GridlineColor = RGB(255, 0, 0)
```

Für das vorstehende Beispiel haben wir die Eigenschaft GRINDLINECOLOR verwendet, die einen zusammengesetzten Farbwert erwartet, wie ihn beispielsweise die RGB-Funktion liefert.

Farben für Rahmen

Das folgende Beispiel zeigt die Verwendung von Farben für Zellenrahmen. Da die Borders-Eigenschaft hier kein Indexargument enthält, wird um jede Zelle ein vollständiger Rahmen gezeichnet.

```
Sub Rahmen_erzeugen()
   With Range("B2:F10").Borders()
      .LineStyle = xlContinuous
      .Color = RGB(160, 100, 0)
   End With
End Sub
```

Die Verwendung der Eigenschaft COLORINDEX haben wir bereits mehrfach im Abschnitt über die Programmierung von Rahmen demonstriert.

Schriftfarben

Für Schriften lassen sich ebenfalls beliebige Farben verwenden. Das folgende Beispiel ändert Attribute und Farben für den Bereich A1:F10 des Tabellenblatts TABELLE1:

```
Sub SchriftAttribut_aendern2()
   With Worksheets("Tabelle1").Range("A1:F10").Font
      .Name = "Times New Roman"
      .Size = 11
```

```
        .Bold = True
        .Italic = False
        .Color = RGB(180, 120, 20)
    End With
End Sub
```

In der VBA-Bibliothek sind für Grundfarben Color-Konstanten definiert, die Sie anstelle der RGB-Funktion einsetzen können. Verfügbar sind die folgenden Konstanten:

| vbBlack | vbBlue | vbCyan | vbGreen |
| vbMagenta | vbRed | vbWhite | vbYellow |

Die Auswahl ist zwar sehr begrenzt, dafür können diese Farben aber auf jedem Farbmonitor so dargestellt werden, wie sie auch auf Ihrem Bildschirm erscheinen. Der Einsatz von Color-Konstanten ist zu empfehlen, wenn Sie mit Standard-VGA (16 Farben) auskommen müssen.

7.6 Format-Codes

Für die Zuweisung von Format-Codes stehen die Eigenschaften NUMBERFORMAT und NUMBERFORMATLOCAL zur Verfügung. Wenn Sie Anwendungen erstellen, die auch unter anderen Sprachversionen arbeiten sollen, müssen Sie NUMBERFORMAT verwenden. Gegenüber der deutschen Version, für die NUMBERFORMATLOCAL zuständig ist, sind dabei folgende Unterschiede zu beachten:

- Dezimalpunkt statt Dezimalkomma

- Tausenderkomma statt Tausenderpunkt

- englische (amerikanische) Farbangaben

Englische Format-Codes funktionieren auch mit anderen Sprachversionen. Komma und Punkt werden dann automatisch an die jeweilige Version angepaßt. Die beiden folgenden Zeilen erzeugen daher mit der deutschen Excel-Version das gleiche Ergebnis:

```
Range("C3").NumberFormat = "[Blue]#,##0.00"
Range("C4").NumberFormatLocal = "[Blau]#.##0,00"
```

In beiden Fällen erhalten Sie Zahlenformate mit Tausenderpunkt und Dezimalkomma. Für die Beispiele des folgenden Textes werden wir jedoch nur NUMBERFORMATLOCAL, also deutsche Format-Codes, verwenden. Beachten Sie aber, daß Sie mit NUMBERFORMAT nur englische und mit NUMBERFORMATLOCAL nur lokale (hier deutsche) Codes einsetzen dürfen. Andernfalls erhalten Sie Fehlermeldungen oder irreguläre Ergebnisse.

Format-Codes für Zahlenformate

Für die Definition eigener Zahlenformate stehen Ihnen unter anderem folgende Formatzeichen zur Verfügung:

Code	Funktion
0	Das Zeichen steht für eine beliebige Ziffer. Enthält ein Format links vor dem Dezimalkomma mehr Formatzeichen als der Wert Ziffern, werden entsprechend viele Nullen davor gesetzt. Werte mit mehr Ziffern werden jedoch immer vollständig dargestellt. Rechts vom Komma wird gerundet, wenn weniger Formatzeichen als Ziffern zur Verfügung stehen. Sind mehr Formatzeichen vorhanden, werden zusätzliche Nullen ausgegeben.
#	Auch dieses Zeichen vertritt beliebige Ziffern. Sind jedoch mehr Formatzeichen als Ziffern vorhanden, werden keine führenden Nullen angezeigt. Rechts vom Komma wird wieder gerundet, wenn weniger Formatzeichen als Ziffern zur Verfügung stehen.
?	Das Fragezeichen funktioniert ähnlich wie das Formatzeichen '0'. Nur werden keine führenden und folgenden Nullen ausgegeben, sondern Leerzeichen. Damit ist eine genaue Ausrichtung von Zahlen bezüglich des Dezimalkommas möglich.
%	Das Prozentzeichen stellt einen Dezimalbruch als Prozentwert dar, wobei das Prozentzeichen hinzugefügt wird. Aus dem Wert 0,35 wird so der Wert 35%.
/	Das Teilungszeichen zeigt eine Dezimalzahl als echten Bruch an. Die Stellen für Zähler und Nenner müssen mit den Formatzeichen '0', '#' oder '?' bestimmt werden.
,	Das Komma bestimmt im Zusammenhang mit den Formatzeichen '0', '#' oder '?', wie viele Dezimalstellen angezeigt werden sollen.
.	Der Punkt hat zwei Funktionen: Er dient zunächst als Tausender-Trennzeichen. Der Punkt im Format '#.###,##' bewirkt, daß links vom Dezimalkomma nach jeweils drei Stellen ein Punkt gesetzt wird. Der Punkt dient zudem als Rundungs- und Skalierungszeichen. Ein Punkt hinter dem Format (#.###.) bewirkt, daß nur noch Tausenderwerte angezeigt werden. Vier- und mehrstellige Werte werden also um die letzten drei Stellen reduziert, wobei die letzte Stelle gerundet wird. Setzen Sie zwei Punkte hinter das Format, erfolgt eine Reduzierung auf Millionenwerte.
+ -	Plus und Minus werden im Format angezeigt, also dem jeweiligen Wert hinzugefügt. Ein numerischer Wert wird durch das Minuszeichen im Formatcode nicht geändert.

Code	Funktion
Leerzeichen	Das Leerzeichen können Sie verwenden, um innerhalb des Format-Codes Abstände zu erzeugen.
E	Das Zeichen E bewirkt die Ausgabe eines Wertes in Exponentialschreibweise, die besonders häufig für wissenschaftliche Zwecke benötigt wird. Das Zeichen kann in Groß- oder Kleinschreibung verwendet werden.
_	Der Unterstrich ermöglicht eine genaue Ausrichtung von Einträgen. Excel erzeugt eine Leerstelle von der Breite des auf den Unterstrich folgenden Zeichens. Der Unterstrich selbst und das darauf folgende Zeichen werden nicht ausgegeben. Sie dienen lediglich der Formatierung.
*	Das Sternchen bewirkt die wiederholte Anzeige des darauf folgenden Zeichens, bis die Zellenbreite ausgefüllt ist. Das Zeichen kann nur einmal eingesetzt werden. Füllzeichen lassen sich also nur vor oder hinter einem Wert erzeugen.
@	Das Formatierungszeichen '@' wird als Format-Code für die Textformatierung verwendet. Zahlen, Datumswerte und Formeln lassen sich damit als Text ausgeben. Sie können mit diesem Code auch einen Text als Teil des Formats vorgeben, wobei das Formatzeichen bestimmt, an welcher Stelle ein vom Anwender eingegebener Wert erscheinen soll.

Wie Sie aus der Liste der benutzerdefinierten Formate im Dialog ZELLEN FORMATIEREN ersehen, lassen sich damit recht komplexe Muster erzeugen. Die folgende Liste zeigt einige Formatbeispiele und die damit erzielten Ergebnisse:

Format-Code	Wert	Ergebnisse nach Formatzuweisung
000,00	12,34	012,34
	123,4	123,40
	1234	1234,00
#.##0,##	0,123456	0,12
	1,23456	1,23
	12345,6	12.345,6
#/###	0,4	2/5
	2,5	5/2
	20,55	411/20

Format-Code	Wert	Ergebnisse nach Formatzuweisung
#.##0,00%	0,12	12,00%
	1,2	120,00%
	12	1.200,00%
0,### E+00	123456789	1,235 E+08

Das Format #.##0,00 vermeidet mehrere Nullen links vom Dezimalkomma. Die Null vor dem Komma sorgt aber dafür, daß bei Werten kleiner als eins eine führende Null ausgegeben wird. Das Formatzeichen '0' erzwingt also eine Zahlenangabe. Wenn der eingegebene Wert diese Angabe nicht enthält, wird statt dessen eine Null ausgegeben. Das Zeichen '#' erzwingt hingegen keine Zahlenangabe. Das Format #,## würde also bei Zahlen kleiner als eins auch keine führende Null ausgeben. Ein Beispiel:

,12 (statt 0,12)

Auch zusätzliche Nummernzeichen vor dem Komma (##,##) hätten daher keine Wirkung. Wenn wir im Listenbeispiel weiter oben dennoch mehrere Nummernzeichen verwendet haben (#.##0,00), dann nur, um das Tausendertrennzeichen nach drei Stellen unterbringen zu können. Hätten wir statt dessen vor dem Komma zusätzliche Nullen verwendet (0.000,00), würden wir bei kleinen Werten auch führende Nullen in der Anzeige erhalten (Beispiel: 0.000,12).

Dezimalstellen begrenzen

Beide Formatzeichen (0 und #) begrenzen die Anzahl der Dezimalstellen auf die vorgegebene Zahl der Formatzeichen. Das Zeichen '0' erzwingt aber gleichzeitig die damit vorgegebene Anzahl der Stellen, während das Zeichen '#' nur Dezimalstellen ausgibt, wenn diese auch im Wert enthalten sind. Eine ganze Zahl würde vom Code '#,##' als ganze Zahl ausgegeben werden, während der Code '0,00' immer zwei Dezimalstellen erzeugt, selbst wenn der eingegebene Wert diese nicht enthält. Die Dezimalstellen bestehen dann eben aus Nullen.

Zahlen ausrichten

Das Fragezeichen sorgt für eine korrekte Ausrichtung, ohne daß Sie dafür zusätzliche Nullen verwenden müssen. Mit dem Format

0,????

erreichen Sie, daß Werte mit unterschiedlich vielen Dezimalstellen am Dezimalkomma ausgerichtet werden, wobei keine Auffüllung mit Nullen erfolgt. Im vorstehenden Format soll die Null vor dem Komma nur eine führende Null erzwingen, wenn ein Wert kleiner als eins eingegeben wird.

Farben in Format-Codes

Die gewünschte Farbbezeichnung muß im Klartext in eckigen Klammern vor den übrigen Formatzeichen erscheinen. Ein Beispiel:

`Range("C3").NumberFormatLocal = "[Blau]0,##"`

Die Auswahl der Farben ist allerdings sehr begrenzt. Möglich sind nur die folgenden acht Grundfarben:

Rot	Grün	Schwarz	Gelb
Blau	Magenta	Weiß	Zyan

Mischfarben können Sie in Formatcodes nicht verwenden. Wie früher schon gezeigt, müssen Sie für solche Farben die Color-Eigenschaften des Font-Objekts einsetzen.

Hinweis: Zwischen den Farben, die Sie über die Seite SCHRIFT des Zellen-Dialogs oder über die Auswahl der Schriftfarbe in der Formatleiste zuweisen und der Farbe, die Sie per Format-Code definieren, besteht folgende Beziehung: Ist im Format-Code eine Schriftfarbe definiert, überschreibt diese immer die per Schriftattribut zugewiesene Schriftfarbe.

Teilformate in einem Format

Sie können in einer Formatanweisung maximal vier alternative Formate definieren, wobei das erste Format für positive und das zweite für negative Werte gilt. Das dritte Format wird bei der Eingabe von Nullwerten und das vierte für Texteingaben verwendet. Die Teilformate müssen durch ein Semikolon getrennt werden. Ein Beispiel:

`Range("C3").NumberFormatLocal = "0,00; [Rot]0,00; [Blau]0,00"`

Das vorstehende Beispiel sorgt dafür, daß positive Zahlen in der üblichen Farbe (in der Regel Schwarz), negative Zahlen rot und Nullwerte blau angezeigt werden. Beachten Sie, daß das Minuszeichen bei negativen Zahlen nicht erscheint, bzw. nach Abschluß der Eingabe verschwindet, weil es in der Formatdefinition nicht vorhanden ist.

Das Minuszeichen verwenden

Das Minuszeichen wird bei einfachen Zahlenformaten automatisch berücksichtigt. Bei kombinierten Formaten müssen Sie jedoch selbst dafür sorgen. Sollen negative Zahlen auch mit einem Minuszeichen erscheinen, müssen Sie dieses in den Formatcode einfügen. Unser Beispielformat hat dann die folgende Form:

`0,00; [Rot]-0,00; [Blau]0,00`

Texteinträge formatieren

Unser Beispiel besteht bisher aus drei Teilformaten. In der Regel werden Sie sich damit auch begnügen können. Wenn der vierte Formatteil nicht angegeben wird, formatiert Excel Texte wie vom Standardformat gewohnt (linksbündig, schwarze Schrift). Wollen Sie Text hingegen andersfarbig anzeigen, können Sie das Format wie folgt erweitern:

```
0,00; [Rot]-0,00; [Blau]0,00; [Grün]@
```

Das Zeichen für Textformate (@) ist unbedingt erforderlich, weil sonst keine Textausgabe erfolgt. Der Text würde unsichtbar bleiben bzw. nach Abschluß der Eingabe verschwinden.

Prozentformate definieren

Für die Definition von Prozentformaten verwenden Sie das Prozentzeichen. Die Formatcodes vor dem Prozentzeichen bestimmen dann die Anzahl der Vor- und Nachkommastellen. Ein Beispiel:

```
0,0#%
```

Wenn Sie Zellen dieses Format zugewiesen haben, können Sie die Prozentwerte so eingeben wie normale Zahlenwerte. Bei 8% geben Sie eben eine 8 ein. Excel rechnet aber intern mit einem durch 100 geteilten Wert, hier also mit 0,08. Wenn Sie das Format nachträglich auf Zellen anwenden, die bereits Werte enthalten, erscheinen diese plötzlich mit 100 multipliziert. Aus dem Wert 8 wird so der Prozentwert 800%. Intern rechnet Excel aber weiter mit dem Wert 8.

Hinweis: Immer, wenn Sie in der Tabelle einen Wert mit dem nachgestellten Prozentzeichen sehen, handelt es sich tatsächlich um einen Prozentwert, einen sogenannten Von-Hundert-Wert. Der Wert 8% bedeutet dann 8/100, also 0,08.

Bruchzahlformate definieren

Mit dem Zeichen '/' formatieren Sie eine Zahl als echte Bruchzahl. Das Zeichen erscheint also auch in der Zelle. Mit dem Format '#/###' wird aus der Dezimalzahl 12,34 die Bruchzahl 617/50.

Vor dem Bruchstrich genügt ein Nummernzeichen (oder die Null). Die Anzahl der Stellen im Zähler wird dadurch nicht begrenzt. Die Zahl der Formatcodes (#, 0 oder ?) nach dem Bruchstrich bestimmt jedoch die Anzahl der Stellen im Nenner. Wenn Sie hier nur ein Zeichen verwenden (#/#), erhalten Sie auch nur einen einstelligen Nenner.

Auf- und Abrunden

Bei der Umsetzung in eine Bruchzahl wird ebenfalls auf- bzw. abgerundet, wenn Sie für den Nenner nur wenige Formatcodes vorsehen. Das Format '#/#' begrenzt den Nenner auf eine Stelle. Aus dem Dezimalbruch 0,54 wird dann der abgerundete Bruch 1/2.

Brüche mit ganzen Zahlen

Bei den vorstehend besprochenen Beispielen wurden auch die ganzzahligen Anteile einer Dezimalzahl in die Brüche mit einbezogen. Es ist aber auch möglich, Formate zu definieren, die lediglich den nicht ganzzahligen Anteil in einen Bruch verwandeln. Ein Beispiel:

```
# #/###
```

Dieses Format erzeugt für den Wert 3,5 die Ausgabe

3 1/2.

Es genügt also, ein Nummernsymbol vor den Code für die Darstellung der Bruchzahl zu setzen. Zwischen den beiden Teilen des Format-Codes muß dann mindestens ein Leerzeichen stehen.

Exponentialzahlen

Eine Darstellung im Exponentialformat erhalten Sie mit dem Format-Code E. Sie können auch den Kleinbuchstaben verwenden. Die Schreibweise wird im formatierten Wert berücksichtigt. Das E trennt zwei Bereiche, die separat formatiert werden können. Ein Beispiel:

```
Range("C3").NumberFormatLocal = "0,000E+000"
```

Der Teil vor dem Buchstaben E formatiert die Dezimalzahl. In unserem Beispiel wird immer eine einstellige Zahl mit drei Dezimalstellen erzeugt. Der auf den Buchstaben folgende Teil bestimmt den Exponenten. Nach dem Formatzeichen E muß ein Plus- oder Minuszeichen folgen. Verwenden Sie ein Pluszeichen, werden positive Exponenten mit einem Pluszeichen und negative Exponenten mit einem Minuszeichen ausgestattet. Verwenden Sie ein Minuszeichen, erhalten negative Exponenten ein Minuszeichen, positive Exponenten werden ohne Vorzeichen angezeigt. Einige Beispiele:

Wert	Formatcode	Ergebnis
123456	0,000 E+00	1,235 E+05
0,00123456	0,000 E+00	1,235 E-03
123456	0,000 E-00	1,235 E05
0,00123456	0,000 E-00	1,235 E-03

Beachten Sie auch, daß wir zwischen dem ersten Teil des Codes und dem Formatzeichen E ein Leerzeichen eingefügt haben. Die formatierten Werte gewinnen dadurch an Übersichtlichkeit; notwendig ist das Leerzeichen aber nicht. Zwischen dem Formatzeichen E und dem Code für den Exponenten darf hingegen kein Leerzeichen stehen.

7.6 Format-Codes

Text in Format-Codes

Kurze Texte, die zusätzlich zum eingegebenen Wert erscheinen sollen, lassen sich ebenfalls in einem Format definieren. Solange dabei keine Zeichen verwendet werden, die gleichzeitig als Format-Code dienen, können Sie den Text einfach vor oder hinter die Formatdefinition setzen. Da aber Zeichen wie S (Sekunden), J (Jahr) und E zu den Format-Codes zählen, wird das jedoch selten der Fall sein. Sie müssen Excel dann explizit mitteilen, daß diese Zeichen nur als Text zu interpretieren sind. Dafür verwenden Sie den sogenannten Backslash (\). Dieses Zeichen, das Sie als dritte Belegung auf der ß-Taste finden, muß vor jedem kritischen Zeichen erscheinen. Zwei Beispiele:

```
Range("C3").NumberFormatLocal = "#.##0,00 \Saldo"
Range("C3").NumberFormatLocal = "\Saldo #.##0,00"
```

In diesem Fall wird nur das S als Formatcode verwendet (für Sekunden), so daß es genügt, den Backslash vor dieses Zeichen zu setzen. Die Beispiele funktionieren aber ausschließlich mit numerischen Zelleninhalten.

Format-Codes für Texteinträge

Auch Texteinträge lassen sich durch Texte im Format ergänzen. Der Texteintrag des Anwenders kann dabei so formatiert werden, daß er zwischen zwei Textobjekten erscheint, die im Format definiert wurden. Die Position des Texteintrags bestimmen Sie mit Hilfe des Format-Codes '@'. Ein Beispiel:

```
Range("C3").NumberFormatLocal = "ABC @ ABC"
```

Bei der Definition müssen Sie auch auf Leerzeichen achten, wenn der Eintrag des Anwenders nicht unmittelbar an die vorgegebenen Textobjekte anschließen soll.

Datumsformate

Datumsformate lassen sich sehr vielseitig formatieren. Insbesondere die Einbindung von Textelementen eröffnet umfangreiche Gestaltungsmöglichkeiten. Für Datumsformate stehen Ihnen die folgenden Codes zur Verfügung.

T	Tag des Monats ohne führende Null
TT	Tag des Monats mit führender Null bei Werten kleiner als 10
TTT	Wochentag abgekürzt (Mo, Di etc.)
TTTT	Wochentag ausgeschrieben
M	Monat als Zahl ohne führende Null

MM	Monat als Zahl mit führender Null bei Werten kleiner als 10
MMM	Monatsname abgekürzt (Jan; Feb etc.)
MMMM	Monatsname ausgeschrieben
JJ	Jahr, zweistellig
JJJJ	Jahr, vierstellig

Die Format-Codes bestimmen nur das Anzeigeformat des Tages oder Monats. Wenn Sie die üblichen Trennzeichen, in Deutschland den Punkt, verwenden wollen, müssen Sie diesen selbst eingeben. Ein Beispiel:

```
Range("C3").NumberFormatLocal = "T.M.JJ"
```

Sie können natürlich auch andere Trennzeichen verwenden, etwa den Bindestrich oder den Teilungsstrich.

Kombinierte Format-Codes

Format-Codes lassen sich in beliebiger Reihenfolge kombinieren. Wie das folgende Beispiel zeigt, können ähnliche Codes auch mehrfach verwendet werden:

```
Range("C3").NumberFormatLocal = "TTTT, TT. MMMM JJJJ"
```

Das Beispiel erzeugt am 11.11.2000 die Datumsausgabe

Samstag, 11. November 2000.

Texte in Datumsformaten

Die Möglichkeit, feste Texte in Formate einzubinden, läßt sich besonders bei Datumswerten sinnvoll anwenden. Dabei gelten die gleichen Regeln, die wir früher schon vorgestellt haben. Ein Beispiel:

```
Za\hlung bi\s zu\m TT.MM.JJJJ o\hn\e Abzug
```

Wenn der Anwender das Datum 11.11.2000 in die so formatierte Zelle eingibt, erhält er die Ausgabe: „Zahlung bis zum 11.11.2000 ohne Abzug"

7.7 Excel-Tabellenfunktionen

Nahezu alle Excel-Funktionen lassen sich in VBA-Makros verwenden. Darüberhinaus können Sie aus einer Prozedur heraus auch Excel-Funktionen bzw. Formeln in Zellen einfügen.

Tabellenfunktionen im VBA-Code

Die Excel-Funktionen werden von VBA dem WorksheetFunction-Objekt zugeordnet. Folglich benötigen Sie eigentlich WORKSHEETFUNCTION, um eine Excel-Funktion auszuführen. Sie können die einzelnen Funktionen aber auch direkt mit dem Application-Objekt aufrufen. Gültig sind daher die folgenden Anweisungen:

```
MsgBox Application.Sum(Range("A1:C3"))
MsgBox WorksheetFunction.Sum(Range("A1:C3"))
MsgBox Application.WorksheetFunction.Sum(Range("A1:C3"))
```

Vermutlich wird die erste Version nur noch aus Kompatibilitätsgründen unterstützt. Um Probleme mit künftigen Excel-Versionen zu vermeiden, sollten Sie daher nur noch die beiden letzten Varianten nutzen.

Englische Funktionsbezeichnungen

Die obigen Beispiele verwenden die Summen-Funktion. VBA erwartet hier die englischen Bezeichnungen. Beachten Sie zudem die Argumentübergabe in der Summen-Funktion: Wenn ein Argument einen Zellenbezug erwartet, genügt nicht einfach die Angabe des Zellenbereichs. Sie müssen vielmehr ein Range-Objekt verwenden. Bei mehreren Bereichen ist die Verwendung von Objektvariablen zu empfehlen:

```
Set Bereich1 = Worksheets("Tabelle1").Range("B4:F10")
Set Bereich2 = Worksheets("Tabelle1").Range("E10:G15")
Wert = WorksheetFunction.Sum(Bereich1, Bereich2)
MsgBox Wert
```

Im vorstehenden Beispiel haben wir Objektvariablen definiert, um Zellenbereiche als Range-Objekte übergeben zu können.

Weitere Excel-Funktionen

Es ist nicht ganz einfach, die englischen Bezeichnungen der Excel-Funktionen herauszufinden. Die Hilfefunktion enthält zwar eine Liste der in VBA verfügbaren Funktionen; diese sind jedoch mit deutschen Bezeichnungen versehen. Eine bessere Hilfe bietet die Eingabeunterstützung des Editors: Sobald Sie die Bezeichnung WORKSHEETFUNCTION mit einem Punkt abschließen, erscheint eine Auswahlliste mit allen verfügbaren Excel-Funktionen in englischer Sprache. Auch der Objektkatalog bietet Ihnen eine entsprechende Funktionsübersicht.

Formeln in Zellen einfügen

Die Zuweisung von beliebigen Werten an Zellen und Zellenbereiche haben wir bereits besprochen. Sie verwenden dafür die für Range-Objekte definierte Eigenschaft VALUE.

Wollen Sie Formeln in Zellen oder Zellenbereiche schreiben, benötigen Sie eine der folgenden Eigenschaften:

- Formula
- FormulaLocal

Die Unterscheidung wird wichtig, wenn eine Formel Excel-Funktionen enthält. Die Eigenschaft FORMULA erwartet in diesem Fall englische Bezeichnungen wie SUM (statt SUMME) und COUNT (statt ANZAHL). FORMULALOCAL erlaubt die Verwendung deutscher Funktionsbezeichnungen. Die folgenden Zeilen können daher alternativ genutzt werden:

```
Range("A1").Formula = "=Sum(C2:D5)"
Range("A2").FormulaLocal = "=Summe(C2:D5)"
Range("A3").FormulaLocal = "=Summe(Tabelle2!C2:D5)"
```

Die Anweisungen zeigen, daß Formeln als Zeichenketten in Anführungszeichen übergeben werden müssen. Beachten Sie zudem das Gleichheitszeichen innerhalb des jeweiligen Ausdrucks. Ohne dieses Zeichen wird die Formel als Text interpretiert.

Formeln mit relativen Bezügen

In den Formeln, die wir im vorstehenden Text zugewiesen haben, beziehen sich die Zellenbezeichnungen immer auf feste Adressen. Die Formel

```
= E9 / (1 + D9)
```

wird, wenn wir sie mit FORMULA zuweisen, immer auf Zellen der neunten Zeile verweisen, unabhängig davon, ob wir sie in die neunte oder eine andere Zeile schreiben. Soll sich der Zeilen- oder Spaltenindex aber nach der Zeile oder Spalte richten, in die wir die Formel schreiben, müssen wir die Eigenschaft FORMULAR1C1 verwenden. Die vorstehende Formel könnte dann beispielsweise wie folgt aussehen:

```
= RC[-1]/(1+RC[-2])
```

Diese Konstruktion ist sicher schwer zu verstehen. Schreiben wir die Formel in die neunte Zeile (genauer: in die Zelle F9), wird sie in der Wirkung mit der weiter oben stehenden Formel identisch sein. Schreiben wir sie beispielsweise in die 11. Zeile (F11), entspricht sie der Formel = E11 / (1 + D11).

Mit der Eigenschaft FORMULAR1C1 können wir das R1C1-System (in der deutschen Excel-Version das Z1S1-System) einsetzen. Das R1C1-System (ROW und COLUMN) verwendet anstelle von Buchstaben Spaltennummern. Mit der Formel

```
= R3C3
```

beziehen wir uns beispielsweise auf die Zelle C3. Versatzwerte, wie wir sie für die relative Adressierung benötigen, müssen in eckige Klammern eingeschlossen werden. Der Ausdruck

RC[-1] besagt, daß die Zeile (ROW) unverändert bleibt, während die Spalte um eins nach links versetzt wird. Gehen wir von der sechsten Spalte (F) aus, erhalten wir so die fünfte Spalte (E). Die Anweisung

```
ActiveCell.FormulaR1C1 = "=R[3]C[3]"
```

würde einen positiven Versatz um drei Zeilen und drei Spalten auf die Formelzelle bewirken. Ist beispielsweise mit ACTIVECELL die Zelle A2 gemeint, erhalten wir hier den Eintrag (die Formel) "=D5". Die Programmzeile wäre dann funktional identisch mit der Zeile:

```
ActiveCell.Formula = "=D5"
```

Diese etwas umständliche Art der relativen Adressierung wird auch vom Excel-Makro-Recorder verwendet, wenn Sie beim Aufzeichnen die Option RELATIVER VERWEIS aktivieren.

Hinweis: Beachten Sie, daß in beiden Fällen in der aktiven Zelle (hier A2) nur die Formel =D5 erscheint. Wenn Sie das Z1S1-Bezugssystem auch in der Tabellenzelle bzw. der Formeleingabe sehen wollen, müssen Sie das Bezugssystem im Dialog OPTIONEN auf der Seite ALLGEMEIN umschalten.

7.8 Excel-Diagramme

Diagramme in eigenen Diagrammblättern sind Chart-Objekte. Sie gehören zur Charts-Auflistung. Ein Chart-Objekt steht also für ein einzelnes Diagrammblatt. Mit der (unvollständigen) Zeile

```
Charts(1)
```

ist dann von links beginnend das erste Diagrammblatt einer Arbeitsmappe gemeint. Eingebettete Diagramme sind hingegen ChartObject-Objekte. Um ein eingebettetes Diagramm anzusprechen, ist auch die Angabe des Tabellenblatts erforderlich. Die folgende (unvollständige) Zeile referenziert das erste Diagramm des ersten Tabellenblatts:

```
Worksheets(1).ChartObjects(1)
```

Die wichtigsten Eigenschaften und Methoden zur Erstellung und Manipulation eines Diagramms sind folgende:

Add   ist den Auflistungen CHARTS und CHARTOBJECTS zugeordnet und erzeugt ein neues Diagramm oder Diagrammblatt.

Activate   aktiviert ein bestehendes Diagramm oder Diagrammblatt.

Delete   löscht ein Diagramm oder Diagrammblatt. DELETE ist aber nicht nur für einzelne Objekte, sondern auch für die Auflistungen CHARTS und CHARTOBJECTS definiert.

ChartWizard   definiert bzw. ändert die Eigenschaften eines Diagramms oder Diagrammblatts.

Copy   kopiert das Diagramm in die Zwischenablage.

Name   steht für den Namen eines Diagramms oder Diagrammblatts.

Die Zugriffseigenschaft ACTIVECHART

Auf ein bestehendes Diagramm können Sie über die Auflistungen (CHARTS bzw. CHARTOBJECTS) zugreifen oder, wenn das Diagramm aktiviert ist, über die Zugriffseigenschaft ACTIVECHART.

Diagramme im eigenen Diagrammblatt

Für die Erstellung eines neuen Diagramms in einem eigenen Diagrammblatt wird die Add-Methode benötigt. Die Methode hat folgende Syntax:

```
Objekt.Add(before, after, count)
```

Alle drei Argumente sind optional. Das Argument BEFORE bestimmt, vor welchem Blatt das neue Blatt eingefügt werden soll. Entsprechend steht das Argument AFTER für das Blatt, hinter dem das neue erscheinen soll. Mit COUNT können Sie die Anzahl der einzufügenden Blätter bestimmen. In der Voreinstellung wird ein Blatt eingefügt. In der einfachsten Form genügt also die folgende Zeile:

```
Charts.Add
```

Damit erzeugen Sie ein neues, noch leeres Diagrammblatt, das unmittelbar vor dem gerade aktiven Tabellenblatt eingefügt wird. Sind mehrere Arbeitsmappen geöffnet, müssen Sie gegebenenfalls noch die gewünschte Arbeitsmappe (WORKBOOKS oder ACTIVEWORKBOOK) angeben. Wenn Sie jedoch vor Aufruf des Befehls einen Tabellenbereich markieren, erhalten sie auch gleich ein fertiges Diagramm angezeigt. Excel verwendet dazu die Diagramm-Voreinstellungen. Wurden diese nicht geändert, erhalten Sie also ein Säulendiagramm angezeigt.

Diagramme ändern

Eine besonders wichtige Rolle spielt die Methode CHARTWIZARD. Damit läßt sich aus einem leeren Diagrammblatt ein vollständiges Diagramm erstellen. Die Syntax der Methode hat folgende Form:

```
Objekt.ChartWizard(Source, Gallery, Format, PlotBy,
                   categorieLabels, SeriesLabels, HasLegend,
                   Title, CategoryTitle, ValueTitle,
                   ExtraTitle)
```

7.8 Excel-Diagramme

Als Objekt wird ein Chart-Objekt benötigt. Die in der Regel optionalen Argumente haben folgende Bedeutung:

source	bezeichnet den Quelldatenbereich. Das Argument muß angegeben werden, wenn noch kein Diagramm existiert und kein Datenbereich selektiert ist. Andernfalls ist das Argument optional und kann zur Änderung des Quelldatenbereichs dienen.
gallery	steht für den Diagrammtyp. Für die Typen sind Konstanten definiert.
format	wählt ein Autoformat anhand einer Optionsnummer. Die möglichen Werte liegen zwischen 1 und 10.
plotBy	bestimmt, ob sich die Datenreihen in Zeilen (XLROWS) oder Spalten (XLCOLUMNS) befinden.
categoryLabels	bezeichnet die Anzahl der Zeilen oder Spalten, die Datenreihenbeschriftungen enthalten.
seriesLabels	bezeichnet die Anzahl der Zeilen oder Spalten mit Rubrikenbeschriftungen.
hasLegend	bestimmt, ob das Diagramm eine Legende enthält (TRUE oder FALSE).
title	bezeichnet den Diagrammtitel als Text.
categoryTitle	bezeichnet den Titel der Rubrikenachse als Text.
valueTitle	bezeichnet den Titel der Größenachse als Text.
extraTitle	bezeichnet die Beschriftung der Z-Achse (in 3D-Diagrammen) oder einer sekundären Größenachse (in 2D-Diagrammen) als Text.

Für die Erzeugung eines vollständigen Diagramms in einem neuen Diagrammblatt genügen die folgenden zwei Zeilen:

```
Charts.Add
Charts(1).ChartWizard Source:=Worksheets(1).Range("A1:C3")
```

Excel produziert dann ein Standarddiagramm (2D-Säulen), wobei die Werte aus dem Bereich A1:C3 des ersten Tabellenblatts genommen werden. Wenn Sie das Beispiel nachvollziehen wollen, sollten Sie einige numerische Werte in die genannten Zellen eintragen. Wurde zuvor ein Datenbereich selektiert (markiert), genügen sogar die folgenden zwei Zeilen:

```
Charts.Add
Charts(1).ChartWizard
```

Wenn der Zellenbereich nur numerische Werte enthält, betrachtet Excel diesen zunächst komplett als Datenbereich. Sollen bestimmte numerische Werte, beispielsweise Jahreszahlen, als Spalten- oder Zeilenkategorie fungieren, müssen Sie dies explizit angeben.

Spalten- und Zeilenkategorien (Rubriken und Datenreihen)

Um die erste Spalte und die erste Zeile des benannten oder selektierten Bereichs als Rubrik bzw. Datenreihenkategorie zu definieren, setzen Sie die Eigenschaften CATEGORYLABELS und SERIESLABELS jeweils auf den Wert 1. Die Inhalte der ersten Zeile und der ersten Spalte werden dann nicht als Werte interpretiert, sondern als Kategorien. Sie erscheinen dann als Achsenbeschriftung. Die Argumente sind nicht erforderlich, wenn die erste Spalte oder Zeile Text enthält. Excel interpretiert solche Werte dann automatisch als Kategorien:

```
Charts(1).ChartWizard CategoryLabels:=1, SeriesLabels:=1
```

Bei größeren Werten als 1 werden entsprechend mehrere Spalten bzw. Zeilen für die Achsenbeschriftung verwendet.

Spalten- und Zeilenkategorien vertauschen

Mit PLOTBY bestimmen Sie, ob Zeilen oder Spalten als Datenreihe verwendet werden. In der Voreinstellung interpretiert Excel Tabellenzeilen als Datenreihen und Spalten als Rubriken. Wollen Sie diese Zuordnung umkehren, müssen Sie PLOTBY auf den Wert XLCOLUMNS setzen:

```
Charts(1).ChartWizard PlotBy:=xlColumns
```

In diesem Fall werden die Spalten zu Datenreihen. Für die Zuordnung Zeilen = Datenreihen ist die Konstante XLROWS zuständig.

Hinweis: Einige Argumente verändern die Interpretation bei der Zuordnung von Reihen und Rubriken. Es kann daher sinnvoll sein, PLOTBY immer anzugeben.

Den Diagrammtyp bestimmen

Mit dem Argument GALLERY können Sie den Diagrammtyp selbst bestimmen. Excel enthält zu diesem Zweck eine Reihe von integrierten Konstanten, die für den jeweiligen Typ stehen:

Konstante	Diagrammtyp
xlArea	2D-Flächendiagramm
xlBar	2D-Balkendiagramm
xlColumn	2D-Säulendiagramm
xlLine	Liniendiagramm
xlPie	2D-Kreisdiagramm
xl3DBar	3D-Balkendiagramm

7.8 Excel-Diagramme

Die hier nicht aufgeführten Konstanten können Sie im Objektkatalog unter der Klasse XLCHARTTYPE in der Excel-Bibliothek nachschlagen. Ergänzt um das Argument GALLERY erhalten wir die folgenden Zeilen:

```
Charts.Add
Charts(1).ChartWizard Source:=Worksheets(1).Range("A1:C3"), _
Gallery:=xl3DBar
```

Beachten Sie auch, daß wir die zweite Programmzeile mit einem Unterstrich unterbrochen und in der dritten Zeile weitergeführt haben. Das Beispiel besteht also nur aus zwei Programmzeilen.

Titel und Legende

Mit dem Argument TITLE fügen Sie einen Titel hinzu, den Sie als Text definieren. Die Legende wird in der Voreinstellung automatisch erzeugt. Das Argument benötigen Sie daher nur, wenn Sie die Legende unterdrücken wollen:

```
Charts.Add
Charts(1).ChartWizard Source:=Worksheets(1).Range("A1:C3"), _
Gallery:=xl3DBar, Title:="Mein Diagramm", HasLegend:=False
```

Die übrigen Titel (CATEGORYTITLE, VALUETITLE und EXTRATITLE) werden nach dem gleichen Muster vergeben.

Ein vollständiges Diagramm mit einer Zeile erzeugen

Die beiden Programmzeilen zur Erzeugung und Definition eines Diagramms lassen sich wie folgt zu einer Zeile zusammenfassen:

```
Charts.Add.ChartWizard Source:=Worksheets(1).Range("A1:C3"), _
Gallery:=xl3DBar, Title:="Mein Diagramm", HasLegend:=False
```

Da wir das gerade erzeugte Diagramm sofort definieren, erübrigt sich die erneute Referenz über das Auflistungsobjekt CHARTS(1).

Hinweis: Beachten Sie, daß mit den vorstehenden Variationen immer wieder ein neues Diagrammblatt erstellt wird. Wenn Sie vor der erneuten Ausführung des Makros das zuvor erstellte Diagrammblatt nicht löschen, wird die Referenz (CHARTS(1)) immer auf das zuerst erstellte Blatt verweisen. Sie müssen daher gegebenenfalls den Index anpassen (CHARTS(2), CHARTS(3) etc.) oder das zuvor erstellte Diagramm wieder löschen. Mit der letzten Variante manipulieren Sie hingegen immer das gerade erstellte Diagramm, unabhängig davon, ob bereits andere Diagrammblätter existieren.

Den Blattnamen anstelle des Indexes verwenden

Wir haben bisher eine Indexnummer für die Referenzierung verwendet. Sie können aber auch über einen Namen auf das Diagrammblatt zugreifen. Ein (unvollständiges) Beispiel:

```
Charts("Diagramm1").ChartWizard Source:= ...
```

Namen (DIAGRAMM1, DIAGRAMM2 etc.) erzeugt Excel automatisch. Wie die Bezeichnungen der Tabellenblätter können aber auch die der Diagrammblätter geändert werden.

Diagrammblattnamen ändern

Zuständig für den Namen ist die Eigenschaft NAME. Die Zuweisung einer eigenen Bezeichnung hat folgende Form:

```
Charts(1).Name = "Mein Diagramm"
```

Der Name erscheint als Bezeichnung der Registerzunge des betreffenden Diagrammblattes.

Die Datenquelle ändern

Die Datenquelle ändern Sie, indem Sie die ChartWizard-Methode für ein schon bestehendes Diagramm erneut aufrufen und dabei über das Argument SOURCE einen geänderten Zellenbezug angeben:

```
Charts("Mein Diagramm").ChartWizard _
Source:=Worksheets(2).Range("C1:C3")        'aus Tabelle2
```

Die Beispielzeile verwendet den zuvor definierten Namen. Das Chart-Objekt muß natürlich unter diesem Namen vorhanden sein, wenn Sie keine Fehlermeldung erhalten wollen.

Diagramme bearbeiten

Die Bearbeitung eines Diagramms kann, wie zuvor gezeigt, über die Methode CHARTWIZARD erfolgen. VBA enthält aber noch weitere Methoden und Eigenschaften, mit denen sich ein bestehendes Diagramm ändern läßt:

Activate	aktiviert ein Diagramm bzw. Diagrammblatt.
ChartArea	ist eine Zugriffseigenschaft, die ein ChartArea-Objekt zurückliefert. Darauf lassen sich Eigenschaften wie INTERIOR, PATTERN oder BORDER anwenden.
ChartTitle	ist eine Zugriffseigenschaft, die ein ChartTitle-Objekt zurückliefert. Für dieses Objekt sind Eigenschaften wie TEXT oder FONT definiert.
Walls	ist eine Zugriffseigenschaft, die ein Walls-Objekt zurückliefert. Auch darauf lassen sich Eigenschaften wie INTERIOR, PATTERN oder BORDER anwenden.

7.8 Excel-Diagramme

Type   bestimmt den Typ eines Diagramms.

Visible   blendet ein Diagramm bzw. Diagrammblatt ein (TRUE) oder aus (FALSE).

Im folgenden Beispiel haben wir einige Bearbeitungsschritte zusammengefaßt, die sich auf wesentliche Eigenschaften eines bereits erstellten Diagramms beziehen:

```
Sub Diagramm_bearbeiten()
   'Diagrammtyp definieren
   Charts(1).Type = xl3DBar

   'Diagrammnamen definieren; der Name kann dann
   'an Stelle des Indexes verwendet werden
   Charts(1).Name = "Mein Diagramm"

   'Diagrammtitel definieren
   Charts(1).HasTitle = True
   Charts(1).ChartTitle.Text = "Umsätze 2001"
   Charts(1).ChartTitle.Font.Name = "Times New Roman"
   Charts(1).ChartTitle.Font.Bold = True
   Charts(1).ChartTitle.Font.Size = 18
   Charts(1).ChartTitle.Font.Italic = True

   'Umrandung definieren
   Charts(1).ChartArea.Border.ColorIndex = 8
   Charts(1).ChartArea.Border.LineStyle = xlDash
   Charts(1).ChartArea.Border.Weight = xlMedium

   'Diagrammfläche definieren
   Charts(1).ChartArea.Interior.ColorIndex = 12
   Charts(1).ChartArea.Interior.Pattern = xlVertical
   Charts(1).ChartArea.Interior.PatternColorIndex = 3

   'Diagrammwand definieren
   Charts(1).Walls.Interior.ColorIndex = 4
   Charts(1).Walls.Border.LineStyle = xlDash
   Charts(1).Walls.Border.ColorIndex = 5
End Sub
```

Bei der Schreibweise haben wir Rücksicht auf eine leicht nachvollziehbare Darstellung genommen. Vorteilhafter sind With-Konstruktionen wie die folgende:

```
With Charts(1).ChartTitle
    .Text = "Umsätze 2001"
    .Font.Name = "Times New Roman"
    .Font.Bold = True
    .Font.Size = 18
    .Font.Italic = True
End With
```

Was Sie bei Verwendung der With-Anweisung beachten müssen, können Sie im Kapitel „VBA-Grundkurs" (Kapitel 4) nachlesen.

Diagrammblätter ausblenden und löschen

Mit der folgenden Zeile blenden Sie das Diagrammblatt mit dem Namen MEIN DIAGRAMM aus:

```
Charts("Mein Diagramm").Visible = False
```

Die gleiche Zeile mit dem Wert TRUE blendet das Diagramm wieder ein. Mit der folgenden Zeile löschen Sie das Diagrammblatt mit dem Namen MEIN DIAGRAMM:

```
Charts("Mein Diagramm").Delete
```

Das Diagramm wird nach einer Sicherheitsabfrage aus der Arbeitsmappe entfernt.

Eingebettete Diagramme

Eingebettete Diagramme sind Objekte vom Typ CHARTOBJECT. Jedes ChartObject-Objekt eines Tabellenblatts gehört zu Auflistung CHARTOBJECTS und kann über eine Indexnummer oder einen Namen angesprochen werden.

Ein eingebettetes Diagramm erzeugen

Die Definition eines eingebetteten Diagramms unterscheidet sich geringfügig von der eines Diagrammblatts. Zwar verwenden Sie auch hier die Add-Methode; diese muß jedoch mit den erforderlichen Argumenten versehen werden, um den Rahmen des eingebetteten Diagramms zu bestimmen. Die Add-Methode für eingebettete Diagramme ist identisch mit der für Grafikobjekte und Steuerelemente. Sie hat folgende Syntax:

```
Objekt.Add(left, top, width, height)
```

7.8 Excel-Diagramme

Die Argumente TOP und LEFT stehen für die Koordinaten des oberen linken Punktes des zu erzeugenden Objektrahmens. Die Angaben bezeichnen den Abstand zum oberen (TOP) bzw. linken (LEFT) Rand der Zelle A1. Als Maßeinheit dient der Punkt (1/72 Zoll; etwa 0,35 mm). Die Argumente WIDTH und HEIGHT stehen für die Breite und Höhe des Rahmens in der gleichen Maßeinheit. Als Objekt muß das Auflistungsobjekt CHARTOBJECTS verwendet werden. Einen leeren Rahmen erzeugen Sie dann mit der folgenden Zeile:

```
Worksheets(1).ChartObjects.Add Top:=50, Left:=100, _
                    Height:=200, Width:=300
```

Das Diagramm muß nun noch definiert werden. Dabei kann wieder die Methode CHART-WIZARD zum Einsatz kommen. Die einzelnen Argumente haben wir bereits bei der Definition eines Diagrammblatts vorgestellt. Um einen Quelldatenbereich zu definieren und dem Diagramm einen Titel zuzuweisen, genügt folgende Zeile:

```
Worksheets(1).ChartObjects(1).Chart.ChartWizard _
Source:=Worksheets(1).Range("A1:A3"), Title:="Mein Diagramm"
```

Im angegebenen Bereich (A1:A3) sollten natürlich Daten vorhanden sein. Excel erzeugt in diesem Fall wieder ein Standarddiagramm (2D-Säulen). Den Diagrammtyp können Sie aber, wie früher schon gezeigt, beliebig ändern. Vermutlich werden Sie sich über den folgenden Term gewundert haben:

```
Worksheets(1).ChartObjects(1).Chart...
```

Viele Methoden und Eigenschaften sind nicht für CHARTOBJECT definiert, wohl aber für CHART. Das gilt beispielsweise für die Methode CHARTWIZARD oder für Zugriffseigenschaften wie CHARTTITLE.

Den Namen des ChartObject-Objekts ändern

Der Name eines Diagramms in einem eigenen Diagrammblatt (Chart-Objekt) ist der Name, der auf der Registerzunge angezeigt wird. Der Name eines eingebetteten Diagramms wird in der Regel nicht angezeigt. Wenn Sie den aktuellen Namen wissen wollen, können Sie ihn mit der folgenden Zeile abfragen:

```
MsgBox Worksheets(1).ChartObjects(1).Name
```

Die Zuweisung eines anderen Namens erfolgt nach dem schon bekannten Schema:

```
Worksheets(1).ChartObjects(1).Name = "Mein Diagramm"
```

Objektvariablen verwenden

Objektvariablen lassen sich natürlich auch für Chart-Objekte nutzen. Das folgende Beispiel zeigt die Erzeugung eines eingebetteten Diagramms über die Zuweisung an eine Objektvariable. Das Diagramm verwendet Daten des ersten Tabellenblatts und wird auch in diesem Blatt erstellt:

```
Sub Diagramm_per_Objektvariable()
   Dim Dia As ChartObject
   Set Dia = Worksheets(1).ChartObjects.Add(Left:=30, _
   Top:=100, Width:=300, Height:=200)
   Dia.Chart.ChartWizard Source:=Worksheets(1).Range("A1:A3"), _
   gallery:=xlLine, Title:="Mein Diagramm"
End Sub
```

Sie sollten dabei zwei Besonderheiten beachten: zum einen die Argumentklammern der Add-Methode und zum anderen die Verwendung der Eigenschaft CHART. Die Argumentklammern sind erforderlich, weil wir ADD in einer Zuweisung verwenden. Die Chart-Eigenschaft benötigen wir, weil sich die Objektvariable auf ein ChartObject-Objekt bezieht und daher nicht mit CHARTWIZARD verwendet werden kann.

7.9 Was Sie noch wissen sollten

In diesem Kapitel haben wir Themen zusammengefaßt, die bei der Excel-Programmierung gelegentlich benötigt werden. Nützlich ist vor allem die Verwendung von Kommentaren. Interessant ist aber auch die InputBox-Methode, weil diese speziell auf Excel abgestimmt ist.

Die Methode INPUTBOX

Die Methode INPUTBOX gleicht zunächst der gleichnamigen Funktion. Sie hat jedoch einen entscheidenden Vorteil, der sie für die Zusammenarbeit mit Excel prädestiniert: Die Methode verfügt über das zusätzliche Argument TYPE, das den Typ der Eingabe bestimmt. Ohne dieses Argument wird der eingegebene Wert als Zeichenfolge interpretiert und bei der Zuweisung an eine Zelle je nach Form als Text, Zahl, Wahrheitswert oder Formel interpretiert. Die Methode hat folgende Syntax:

```
Objekt.InputBox(Prompt [,Title] [,Default] [,Left] [,Top]
        [,HelpFile, HelpContextID] [,Type])
```

Nachfolgend haben wir nur die Argumente aufgelistet, die sich von den Argumenten der MsgBox-Funktion (Kapitel 5) unterscheiden:

Left   bezeichnet den Abstand zum linken Rand des Bildschirms. Als Maßeinheit dient der Punkt (1/72 Zoll, etwa 0,35 mm).

Top   bezeichnet den Abstand zum oberen Rand des Bildschirms in Punkten.

Type   bestimmt den Typ der zurückgegebenen Daten. Möglich sind folgende Werte:

- 0 = Formel
- 1 = numerischer Wert
- 2 = Text
- 4 = Logischer Wert
- 8 = Zellenbezug (Range-Objekt)
- 16 = Fehlerwert
- 64 = Matrix

Die Angabe des Typs sorgt nicht nur für eine entsprechende Interpretation des Wertes bei der Zuweisung an eine Zelle, sondern bewirkt auch eine Eingabekontrolle. Wenn Sie den Typ 1 (numerischer Wert) vorgeben, werden beispielsweise Texteingaben nicht akzeptiert. Sobald Sie versuchen, den Dialog mit OK zu schließen, erhalten Sie in diesem Fall eine Fehlermeldung angezeigt. Ein erstes Beispiel:

```
ActiveCell.Value=Application.InputBox("Wert eingeben:",,,,,,,1)
```

Das Objekt APPLICATION muß angegeben werden, da VBA sonst davon ausgeht, daß Sie die Funktion INPUTBOX verwenden wollen. VBA beschwert sich dann über zu viele Argumente. Achten Sie auch auf die korrekte Anzahl der Kommata, mit denen auch die hier nicht verwendeten Argumente getrennt werden müssen.

Typen kombinieren

Sie können Typen kombinieren, indem Sie die Kennziffern addieren. Die Zeile

```
ActiveCell.Value=Application.InputBox("Wert eingeben!",,,,,,,5)
```

erzeugt einen Dialog, der sowohl numerische als auch logische Werte akzeptiert. Das Type-Argument haben wir hier durch Addition aus den Kennziffern 1 (numerische Werte) und 4 (logische Werte) gebildet. Logische Werte müssen mit den deutschen Bezeichnungen WAHR und FALSCH eingegeben werden.

Hinweise zur Interpretation

Die Angabe des Typs ist entscheidend für die Interpretation der Werte, also für das, was schließlich in der Zelle landet. Wenn Sie beispielsweise in die Eingabezeile des Input-Dialogs die Formel '=A1+B1' schreiben, kann die Zelle nachher verschiedene Werte enthalten: Nur wenn Sie für das Argument TYPE den Werte 0 (Formeln) einsetzen, erscheint in der Zelle auch eine Formel. Verwenden Sie den Argumentwert 2 (Text) oder verzichten Sie auf das Argument, erhalten Sie nur den berechneten Wert.

Der Rückgabewert

Im vorstehenden Text haben wir bisher nur den Fall betrachtet, daß der Anwender den Input-Box-Dialog mit OK schließt. Die Methode erzeugt aber auch einen Rückgabewert, wenn der Anwender den Dialog mit dem Abbruch-Schalter beendet. INPUTBOX gibt dann den logischen Wert FALSCH zurück. In Makros sollten Sie diese Möglichkeit nutzen, um Fehleingaben zu vermeiden. Das folgende Beispiel schreibt den Rückgabewert der Methode nur dann in die aktive Zelle, wenn es sich dabei nicht um den logischen Wert FALSE handelt.

```
Sub Eingabe()
   Temp = Application.InputBox("Wert eingeben!",,,,,,, 1)
   If Temp <> False Then
      ActiveCell.Value = Temp
   Else
      MsgBox "Eingabe wurde abgebrochen!"
   End If
End Sub
```

Beachten Sie, daß wir hier den Wahrheitswert FALSE verwendet haben. VBA akzeptiert aber auch die deutsche Variante FALSCH.

Zellenbezüge per Maus eingeben

Der InputBox-Dialog erlaubt, wenn er als Methode aufgerufen wird, die Auswahl einer Zelle oder eines Zellenbereichs per Maus. Sie können also außerhalb des Dialogs auf das Tabellenblatt klicken oder hier einen Zellenbereich markieren. Der markierte Bereich wird dann als Bezug im Eingabefeld des Dialogs angezeigt. Wenn Sie für das Typ-Argument den Wert 8 setzen, erhalten Sie von der InputBox-Methode ein Range-Objekt (einen Zellenbereich) zurück, dem Sie unmittelbar einen Wert zuweisen können.

Objekte im Web veröffentlichen

In der neuen Version verfügt Excel auch über die Möglichkeit, bestimmte Teile einer Arbeitsmappe, beispielsweise einen Tabellenbereich, für die Veröffentlichung im Web zu kennzeichnen und bei Änderungen automatisch im Web zu veröffentlichen. Zuständig ist das PublishObject-Objekt. Alle gleichartigen Objekte sind in der PublishObjects-Auflistung zusammengefaßt. Um ein neues PublishObject zu erzeugen, müssen Sie die Add-Methode auf die Auflistung anwenden. Die Methode hat folgende Syntax:

```
Objekt.PublishObjects.Add(SourceType, Filename, Sheet, _
                    Source, HTMLType, DivID, Title)
```

Mit SOURCETYPE ist der Type des Objekts gemeint, das veröffentlicht werden soll. Das kann beispielsweise ein Range-Objekt sein, also ein Zellenbereich (XLSOURCERANGE). Möglich sind aber auch ganze Tabellenblätter (XLSOURCESHEET), Pivot-Tabellen und andere Objekte. Wenn Sie hier die Konstante XLSOURCERANGE einsetzen, müssen Sie auch das Source-Argument verwenden.

FILENAME bezeichnet das Ziel der Veröffentlichung, also in der Regel Server, Pfad und den Dateinamen unter dem das Objekt veröffentlicht werden soll. Wenn Sie auf eine Dateiendung verzichten, wird automatisch die Endung „.HTM" angehängt. Das Objekt kann auch lokal, also auf der eigenen Festplatte, „veröffentlicht" werden.

SHEET bezeichnet das Tabellenblatt, das das Range-Objekt enthält oder das als Ganzes veröffentlicht werden soll. Dieses Argument müssen Sie auch verwenden, wenn Sie einen Tabellenbereich (ein Range-Objekt) veröffentlichen wollen. Mit den genannten Argumenten können wir bereits ein Publish-Objekt erstellen:

```
Set NeueSeite = ActiveWorkbook.PublishObjects.Add( _
                SourceType:=xlSourceSheet, _
                Filename:="C:\Dokumente\WebPage01.htm", _
                Sheet:="Tabelle1")
```

Das ganze Tabellenblatt TABELLE1 wird damit für die Veröffentlichung vorgesehen. Allerdings erhalten Sie so noch keine Web-Seite. Die Datei (hier WEBPAGE01.HTM) wird also noch nicht erzeugt. Dazu ist zusätzlich die folgende Zeile erforderlich:

```
NeueSeite.Publish
```

Erst mit der Methode PUBLISH wird das neue PublishObject auf den Server oder die lokale Festplatte geschrieben. Wenn Sie keine Objektvariable verwenden wollen, können Sie die Methode PUBLISH auch direkt an die Add-Methode anhängen.

Tabellenbereiche veröffentlichen

Für Tabellenbereiche müssen Sie mindestens noch das Argument SOURCE verwenden. Die zugehörige SourceType-Konstante trägt zwar die Bezeichnung XLSOURCERANGE, das Source-Argument benötigt dennoch kein richtiges Range-Objekt, sondern nur einen String, der den Tabellenbereich bezeichnet. Das folgende Beispiel publiziert den Bereich C3:F10 der Tabelle TABELLE2:

```
Set NeueSeite = ActiveWorkbook.PublishObjects.Add( _
                SourceType:=xlSourceRange, _
                Filename:="C:\Dokumente\WebPage02.htm", _
                Sheet:="Tabelle2", _
                Source:="C3:F10", _
                HtmlType:=xlHtmlStatic)
NeueSeite.Publish
```

Mit dem letzten Argument bestimmen Sie den Typ des zu erzeugenden HTML-Dokuments. Ein „normales" HTML-Dokument erhalten Sie mit der Konstanten XLHTMLSTATIC. Excel bzw. Office wird aber auch mit sogenannten Komponenten ausgeliefert, die beispielsweise Tabelleninhalte wie in Excel selbst darstellen können. Wenn der Browser des Anwenders in der Lage ist, solche Komponenten zu nutzen, können Sie auch die Konstante XLHTMLCALC einsetzen. Beim Aufruf der publizierten HTML-Datei wird dann diese Komponente für die Anzeige des Tabellenbereichs verwendet. Komponenten sind noch für Diagramme (XLHTML-CHART) und Pivot-Tabellen (XLHTMLLIST) verfügbar.

Eigenschaften und Methoden eines PublishObject-Objekts

Die wichtigste Methode (PUBLISH) haben wir bereits kennengelernt. Diese ist sowohl für die Auflistung als auch für die einzelnen Objekte definiert.

Wichtig: In der Version für die einzelnen Objekte verfügt PUBLISH über ein logisches Argument. Mit diesem Argument bestimmen Sie, ob PUBLISH beim zweiten Aufruf eine bestehende HTML-Datei überschreibt, also neu erzeugt (TRUE) oder den aktuellen Inhalt an die bestehende Datei anhängt (FALSE). Wenn Sie, wie in unseren Beispielen, auf das Argument verzichten, wird FALSE angenommen. Jeder erneute Aufruf führt dann zu einer Verlängerung der bestehenden HTML-Datei.

Die weiteren Eigenschaften beziehen sich im wesentlichen auf die Argumente der Add-Methode. Sie können also den Typ (SOURCETYPE), den Dateinamen (FILENAME) und andere Werte ermitteln. Die meisten Eigenschaften sind schreibgeschützt. Die Eigenschaftswerte können Sie also nur bei der Erzeugung mit der Add-Methode bestimmen. Insbesondere den Dateinamen (FILENAME) werden Sie brauchen, um ein PublishObject zu identifizieren. Nach dem Schließen und erneuten Öffnen einer Arbeitsmappe stehen Ihnen die Objektvariablen nicht mehr zur Verfügung. Das folgende Beispiel identifiziert ein Objekt über die Eigenschaft FILENAME und ändert dessen Titel und den HTML-Typ.

```
Sub Objekt_publizieren()
    For Each Objekt In ActiveWorkbook.PublishObjects
        If Objekt.Filename = "C:\Dokumente\WebPage03.htm" Then
            Objekt.Title = "Neuer Titel"
            Objekt.HtmlType = xlHtmlStatic
            Objekt.Publish (True)
            MsgBox "Änderung durchgeführt!"
            Exit Sub
        End If
    Next
    MsgBox "Publish-Objekt nicht gefunden!"
End Sub
```

Anschließend wird die bestehende HTML-Datei mit PUBLISH(TRUE) überschrieben. Sollte sich zwischenzeitlich auch der Inhalt des Objekts geändert haben, also beispielsweise die Daten eines zugrundeliegenden Tabellenbereichs, erscheinen diese Änderungen ebenfalls in der neuen Datei. Diese Daten, die Sie im Tabellenblatt ändern, sind ja das eigentlich Wichtige, wenn es darum geht, eine mit dem PublishObject verbundene HTML-Datei auf dem Server zu aktualisieren.

Die Eigenschaft TITEL, deren Wert Sie schon beim Erzeugen des Objekts im gleichnamigen Argument der Add-Methode bestimmen können, liefert den Titel der HTML-Datei. Der hier angegebene String erscheint in der Titelzeile des Browsers und im Text selbst. HTML-Kundige werden wissen, daß damit das Title-Tag des HTML-Formats gemeint ist.

Ein PublishObject-Objekt löschen

Nachzutragen bliebe noch die Methode DELETE, die sowohl für einzelne Objekte als auch für die ganze Auflistung definiert ist. Mit der folgenden Zeile löschen Sie das erste Objekt der Auflistung:

```
ActiveWorkbook.PublishObjects(1).Delete
```

Alle Objekte löschen Sie, wenn Sie DELETE auf die Auflistung anwenden. In unserer Version machte die folgende Zeile jedoch Schwierigkeiten. Gelegentlich brach die Methode mit einer Fehlermeldung ab:

```
ActiveWorkbook.PublishObjects.Delete
```

Beachten Sie auch, daß DELETE nur die Definitionen der PublishObject-Objekte in der Arbeitsmappe löscht, nicht die mit PUBLISH erzeugten HTML-Dateien und auch nicht die im Source- oder Sheet-Argument bezeichneten Tabellen oder Tabellenbereiche.

Kommentare verwenden

Jede Zelle eines Tabellenblatts kann mit einem Kommentar versehen werden, der angezeigt wird, sobald der Anwender die betreffende Zelle mit dem Mauszeiger berührt. Kommentare werden durch das Comment-Objekt repräsentiert, für das unter anderem folgende Eigenschaften und Methoden definiert sind:

Delete	ist eine Methode, die den betreffenden Kommentar löscht.
Next	ist eine Zugriffsmethode, die das nächste Comment-Objekt (den nächsten Kommentar) zurückgibt.
Previous	ist eine Zugriffsmethode, die das vorhergehende Comment-Objekt (den vorhergehenden Kommentar) zurückgibt.

Text   ist eine Methode, die einem Kommentar-Objekt Text zuweist. Die Textzuweisung kann additiv oder ersetzend erfolgen.

Visible   ist eine Eigenschaft, die bestimmt, ob ein Kommentar dauerhaft angezeigt werden soll.

Einen neuen Kommentar erzeugen Sie mit der Methode ADDCOMMENT, die dem Range-Objekt zugeordnet ist. Die folgende Zeile genügt, um die Zelle C3 mit einem (leeren) Kommentarfeld zu versehen:

```
Worksheets("Tabelle1").Range("C3").AddComment
```

Die Zuweisung des Textes kann unmittelbar bei der Erstellung des Kommentars erfolgen. Die obige Zeile muß dann wie folgt aussehen:

```
Worksheets("Tabelle1").Range("C3").AddComment "Kommentartext"
```

Alle Kommentare eines Tabellenblattes bilden die Auflistung COMMENTS. Ein Kommentar kann über das Range-Objekt oder per Index über die Auflistung COMMENTS referenziert werden. Um den für die Zelle C3 erzeugten Kommentar dauerhaft anzuzeigen, können Sie alternativ die folgenden Zeilen verwenden:

```
Worksheets("Tabelle1").Range("C3").Comment.Visible = True
Worksheets("Tabelle1").Comments(1).Visible = True
```

Das gilt jedoch nur, solange nicht vor der Zelle C3 ein weiterer Kommentar eingefügt wird. COMMENTS(1) würde dann auf diesen Kommentar verweisen. Die Reihenfolge der Indizierung beginnt bei der Zelle A1 und erfolgt dann zeilenweise. Die vorstehenden Zeilen erzeugen Fehlermeldungen, wenn kein entsprechender Kommentar definiert ist. Es kann daher notwendig sein, vor der Manipulation eines Kommentars zu prüfen, ob ein solcher auch existiert. Die folgende If-Struktur erledigt diese Aufgabe, wenn der Kommentar über die Zelle angesprochen werden soll:

```
If Not Range("C3").Comment Is Nothing Then
   MsgBox "Kommentar vorhanden!"
End If
```

Gehen Sie über die Comments-Auflistung, prüfen Sie mit COUNT, ob der gewünschte Kommentar existiert.

Kommentartext ändern und hinzufügen

Für die nachträgliche Änderung des Kommentartextes ist die Methode TEXT gedacht. TEXT hat folgende Syntax:

```
Objekt.Text(Text, Start, Overwrite)
```

7.9 Was Sie noch wissen sollten

Das Argument TEXT steht für den Kommentartext, der den ursprünglichen Text ergänzen oder ersetzen soll. START ist ein numerisches Argument und bezeichnet den Startpunkt der Einfügung bzw. Ersetzung. Ohne dieses Argument wird der vorhandene Text vollständig ersetzt. OVERWRITE ist ein logisches Argument, das bestimmt, ob der vorhandene Text ersetzt werden soll (TRUE). Das folgende Beispiel ergänzt alle bereits definierten Kommentare um einen Hinweis:

```
Sub Kommentare_ändern()
    For Each Kommentar In Worksheets("Tabelle1").Comments
        Kommentar.Text "München, 11.11.99 ", 1, False
        Kommentar.Visible = True
    Next
End Sub
```

Der zusätzliche Text wird vor dem bereits bestehenden Text eingefügt, weil wir das Argument START auf den Wert 1 gesetzt haben. Das Makro sorgt gleichzeitig dafür, daß alle Kommentare angezeigt werden.

8 PowerPoint-Programmierung

8.1 Hinweise zum Kapitel

PowerPoint ist bezüglich der Programmierung eher begrenzt. Das ist durchaus verständlich, weil das Automatisierungspotential eines mehr auf kreative Gestaltung fixierten Programms nun mal nicht sehr groß ist. Im wesentlichen beschränkt sich die Programmierung auf die Unterstützung beim Erzeugen und Gestalten von Präsentationen und Grafiken. Der Ablauf einer Präsentation läßt sich nur bedingt per VBA steuern. Dieses Kapitel ist daher auch etwas knapper ausgefallen. Die wesentlichen Objekte und die zugehörigen Eigenschaften und Methoden werden wir aber vorstellen. Zudem finden Sie im Projekte-Kapitel auch ein kleines PowerPoint-Projekt.

8.2 Die PowerPoint-Objektstruktur

Das PowerPoint-Objektmodell ist nicht übermäßig komplex. Für Abbildung 8.1 haben wir die Struktur noch etwas vereinfacht und nur Objekte bzw. Auflistungen berücksichtigt, auf die wir im Text näher eingehen wollen.

```
Application
├─...
├─Presentations(Presentation)
│   └─Slides (Slide)
│        └─Shapes (Shape)
├─...
├─SlideShowSettings
├─DocumentWindows
     └─Selection
```

Abb. 8.1: Ein vereinfachtes PowerPoint-Objektmodell

Aus der Abbildung sollten sich schon bestimmte Objekthierarchien ableiten lassen. So ermöglicht die folgende Zeile den Zugriff auf die Objekte einer Folie.

```
ActivePresentation.Slides(1).Shapes.AddShape _
                 msoShapeDownArrow, 100, 100, 70, 70
```

Die Zeile erzeugt in der ersten Folie der gerade aktiven Präsentation ein Autoform-Objekt (Pfeil nach unten). Auf die Details werden wir später noch zurückkommen.

8.3 PowerPoint-Dokumente

Alle geöffneten PowerPoint-Dokumente (Presentation-Objekte) sind in der Presentations-Auflistung enthalten. Mit den folgenden Zeilen können Sie die Namen ermitteln:

```
For Each pp In Presentations
   MsgBox pp.Name
Next
```

Wichtiger als die Eigenschaft NAME, die den Namen eines Objekts in der Auflistung zurückgibt, sind die Presentation-Methoden ADD, OPEN und CLOSE. Damit erzeugen, öffnen oder schließen Sie Präsentationen.

Neue Presentationen erzeugen

Mit ADD fügen Sie der Presentations-Auflistung ein neues Element hinzu. Die Methode hat folgende Syntax:

```
Objekt.Add(WithWindow)
```

Das Argument WITHWINDOW ist optional. Es bestimmt, ob die Präsentation mit einem sichtbaren Fenster erzeugt wird. Voreingestellt ist der Wert TRUE. Wollen Sie eine zunächst unsichtbare Präsentation erstellen, müssen Sie das Argument auf FALSE (MSOFALSE) setzen. Die Präsentation ist dann nur per VBA-Code zugänglich. Da sie kein Fenster hat, erscheint sie auch nicht im Fenster-Menü. Für die Erzeugung einer sichtbaren Präsentation genügt schon die folgende Zeile:

```
Presentations.Add
```

Die neue Präsentation ist aber zunächst leer. Sie enthält also noch keine Folien. Um Folien (Slides) hinzuzufügen, benötigen wir die Slides-Auflistung, auf die wir später noch ausführlich eingehen werden.

Eine bestehende Präsentation öffnen

Mit der Methode OPEN öffnen Sie eine bestehende Präsentation. Die Methode hat folgende Syntax:

```
Objekt.Open(Filename, ReadOnly, Untitled, WithWindow)
```

Die Angabe des Dateinamens muß den kompletten Pfad enthalten, wenn sich die Präsentation nicht im aktuellen Arbeitsordner befindet. Sie können die Präsentation im Nur-Lese-Modus (READONLY := TRUE) oder als Kopie (UNTITLED := TRUE) öffnen. Setzen Sie das Argument WITHWINDOW auf FALSE, erhält die Präsentation kein Fenster. Sie wird dann „unsichtbar" geöffnet. Für die folgende Zeile haben wir nur das Argument FILENAME verwendet. Damit erhalten wir eine sichtbare, nicht schreibgeschützte Präsentation:

```
Presentations.Open ("Present01.ppt")
```

Das vorstehende Beispiel enthält keine Pfadangabe. Die Präsentation muß sich dann im aktuellen Arbeitsordner befinden. Die Dateiendung ist unbedingt anzugeben.

Sowohl ADD als auch OPEN liefern ein Presentation-Objekt, das Sie entweder in einer With-Struktur verarbeiten oder gleich einer Objektvariablen übergeben können.

Eigenschaften und Methoden für Presentation-Objekte

Für einzelne Presentation-Objekte sind unter anderem die folgenden Eigenschaften und Methoden definiert:

Close	schließt eine Präsentation.
NewWindow	erzeugt für eine Präsentation ein neues Fenster. Wurde die Präsentation unsichtbar erstellt oder geöffnet (Argument WITHWINDOW:=FALSE), erhält sie mit dieser Methode ihr erstes Fenster und wird damit sichtbar.
Save / SaveAs	speichert eine Präsentation.
Slides	liefert alle Slides (Folien) einer Präsentation als Auflistungsobjekt.
SlideMaster	liefert ein SlideMaster-Objekt, über das sich die für alle Folien (Slides) gleichen Formatierungen und Objekte zuweisen bzw. erzeugen lassen.
SlideShowSettings	liefert das SlideShowSettings-Objekt, über das Sie Einstellungen für den Präsentationsablauf vornehmen und die Präsentation starten können.

Geöffnete Präsentationen referenzieren

Wenn wir die Verwendung einer Objektvariablen hinzunehmen, haben wir vier Möglichkeiten, eine geöffnete Präsentation im Programmtext zu referenzieren. Eine Präsentation mit dem Namen PRESENT01.PPT läßt sich dann alternativ wie folgt ansprechen:

```
Presentations(1)...

Presentations("Present01.ppt")...

Objektvariable...

ActivePresentation...
```

Die erste Zeile setzt voraus, daß es sich bei der betreffenden Präsentation um die erste der Auflistung handelt. Die letzte Zeile erfordert, daß die Präsentation auch gerade angewählt (aktiv) ist. Die folgenden Zeilen schließen die gerade aktive Präsentation. Sind die letzten Änderungen noch nicht gesichert, wird dies mit SAVE erledigt:

```
If Not ActivePresentation.Saved Then
   ActivePresentation.Save
End If
ActivePresentation.Close
```

Sie erhalten keine Rückfrage, auch wenn Sie der Präsentation noch keinen Namen gegeben haben. Der Name wird entweder fortlaufend nach dem Muster PRÄSENTATION1, PRÄSENTATION2 usw. vergeben oder aus dem Titel der ersten Folie entnommen. Wollen Sie einen eigenen Namen vergeben, müssen Sie SAVEAS verwenden.

Die übrigen Eigenschaften und Methoden des Presentation-Objekts machen nur Sinn, wenn bereits Slides hinzugefügt wurden; wir werden daher erst weiter unten darauf zurückkommen.

Slides hinzufügen

Alle Folien einer Präsentation gehören zur Slides-Auflistung. Um einer Präsentation eine neue Folie hinzuzufügen, benötigen Sie wieder die Add-Methode, die in diesem Fall folgende Syntax aufweist:

```
Objekt.Add(Index, Layout)
```

Das Argument INDEX bezeichnet die Position der neuen Folie in der Auflistung. Hier dürfen Sie natürlich keinen höheren Wert als die Anzahl der vorhandenen SLIDES (Folien) angeben. Mit LAYOUT ist eine bestehende Vorlage gemeint, mit der die neue Folie erstellt werden soll. Die Auswahlliste des Editors enthält zu diesem Zweck ein Reihe von vordefinierten Konstanten, die für die verfügbaren Layoutvorlagen stehen. Das folgende Beispiel erzeugt eine neue Präsentation mit zwei Folien:

```
Dim PPP As Presentation
Set PPP = Presentations.Add(msoCTrue)
With PPP
   MsgBox .Name
   .Slides.Add 1, ppLayoutClipartAndText
   .Slides.Add 1, ppLayoutText
   .SaveAs ("Present01")
   MsgBox .Name
End With
```

Der Name wird hier zweimal mit MsgBox ausgegeben, um zu zeigen, daß sich dieser nach der Zuweisung mit SAVEAS ändert. Bei weiteren Zugriffen über den Namen müssen Sie dann die automatisch hinzugefügte Dateiendung (PPT) berücksichtigen. Im vorstehenden Beispiel haben wir auch für die zweite Folie als Indexargument den Wert 1 angegeben. Damit wird die zweite Folie vor der ersten eingefügt.

8.4 Folien verwenden

Alle Folien einer Präsentation bilden die Slides-Auflistung. Um eine bestimmte Folie anzusprechen, können Sie zunächst die Indexposition verwenden. Mit der folgenden Zeile löschen Sie die erste Folie.

```
ActivePresentation.Slides(1).Delete
```

Diese Methode ist jedoch nicht besonders sicher. Da Sie jederzeit Folien hinzufügen, löschen oder verschieben können, bietet der Index keine solide Grundlage für die Referenzierung einer bestimmten Folie. Sicherer ist die Verwendung von eigenen Namen. Dazu können Sie die Eigenschaft NAME nutzen, die sich zur Laufzeit ändern läßt. Die folgende Zeile zeigt die Zuweisung eines Namens gleich bei der Erzeugung einer neuen Folie:

```
ActivePresentation.Slides.Add(1, ppLayoutBlank).Name = "Umsatz2000"
```

Sie können den Namen aber auch nachträglich noch vergeben bzw. ändern. Der Name muß eindeutig sein. Sie erhalten sonst eine Fehlermeldung angezeigt. Bei der Bearbeitung einer Folie läßt sich der Name dann wie folgt verwenden:

```
ActivePresentation.Slides("Umsatz2000").Delete
```

Eine Alternative bietet die Eigenschaft SLIDEID. Der Wert dieser Eigenschaft wird automatisch vergeben und ändert sich dann nicht mehr. Auch wenn Sie weitere Slides hinzufügen oder löschen, bleibt der SlideID-Wert immer eindeutig. Um eine Folie über den Wert der SlideID-Eigenschaft anzusprechen, müssen Sie die Methode FINDBYSLIDEID verwenden. Die Methode erwartet den SlideID-Wert als Argument:

```
Start = ActivePresentation.Slides.Add(1, ppLayoutTitle).SlideID
MsgBox ActivePresentation.Slides.FindBySlideID(Start).Name
```

Im vorstehenden Beispiel nimmt die Variable START den SlideID-Wert der zu diesem Zeitpunkt ersten Folie auf. Mit dieser Variablen als Argument der FindBySlideID-Methode erhalten wir dann zuverlässig die gewünschte Folie, auch wenn sich deren Position zwischenzeitlich verschiebt.

Nicht weniger sicher sind allerdings Objektvariablen, die zudem eine kürzere und in der Regel besser lesbare Darstellung erlauben.

Weitere Eigenschaften und Methoden von Slide-Objekten

Neben DELETE, NAME und FINDBYSLIDEID werden Sie nicht selten noch die folgenden Eigenschaften und Methoden benötigen:

Background	bestimmt den Hintergrund einer Folie. Sie können zwischen Farbe, Muster, Verlauf und Textur wählen.
Layout	ermittelt oder bestimmt die Layout-Vorlage für eine Folie.
Select	aktiviert die angegebene Folie (nur im Entwurfsmodus).
SlideIndex	ermittelt die aktuelle Position einer Folie in der Präsentation.
Shapes	liefert die Auflistung der Shapes-Objekte. Über diese Eigenschaft greifen Sie auf die verschiedenen Text- und Grafikobjekte, beispielsweise AutoFormen, in einer Folie zu.

Folien bearbeiten

Um eine Folie im Entwurfsmodus anzuzeigen (zu aktivieren), müssen Sie diese mit SELECT aufrufen. Auf die aktive Folie können Sie dann über das Selection-Objekt und deren Eigenschaft SLIDERANGE zugreifen:

```
ActivePresentation.Slides("Umsatz2000").Select
```

SLIDERANGE liefert ein Slide-Objekt zurück, so daß Sie darauf alle Eigenschaften und Methoden anwenden können, die für Folien definiert sind. Da SELECTION für das Window-Objekt definiert ist, benötigen Sie die folgende Objekthierarchie:

```
MsgBox ActiveWindow.Selection.SlideRange.Name
```

Die Zeile gibt den Namen der gerade aktiven Folie aus. Um diese Folie beispielsweise zu löschen, ist folgende Zeile erforderlich:

```
ActiveWindow.Selection.SlideRange.Delete
```

Mit CUT und PASTE läßt sich eine Folie zudem ausschneiden und an einer beliebigen Position wieder einfügen. Dazu besitzt die Paste-Methode ein Argument, das die Einfügeposition bestimmt. Wie aus den folgenden Zeilen zu ersehen ist, benötigen CUT und PASTE unterschiedliche Objekte:

```
ActivePresentation.Slides(1).Cut              'erste Folie
ActiveWindow.Selection.SlideRange.Cut         'aktive Folie
ActivePresentation.Slides.Paste (4)
```

8.4 Folien verwenden

Mit der ersten Zeile schneiden wir gezielt die erste Folie aus. Diese Folie muß nicht aktiv sein. Die zweite Zeile verwendet hingegen die momentan aktive Folie. Mit der letzten Zeile fügen wir die Folie, die sich gerade in der Zwischenablage befindet, an vierter Stelle in die Präsentation ein. PASTE ist im Gegensatz zu CUT nicht für einzelne Slides, sondern für die Slides-Auflistung definiert. Die drei Zeilen sollten Sie natürlich nicht gemeinsam einsetzen. Jeweils nur eine Cut- und eine Paste-Operation gehören zusammen.

Die Layout-Vorlage ändern

Eine neue Layout-Vorlage weisen Sie einer Folie beispielsweise mit den folgenden Zeilen zu. Die erste Zeile bezieht sich auf die gerade aktive Folie:

```
ActiveWindow.Selection.SlideRange.Layout = ppLayoutOrgchart
ActivePresentation.Slides(3).Layout = ppLayoutChartAndText
```

Die Zuweisung eines neuen Layouts kann jedoch zu Problemen führen, insbesondere, wenn die Folie schon Objekte wie Grafiken, Autoformen und Textelemente enthält. Die bereits vorhandenen Objekte werden nicht einfach gelöscht, sondern in das neue Layout übernommen. Die dann fälligen Aufräumarbeiten lassen sich aber nur bedingt per VBA-Code erledigen.

Folienhintergrund zuweisen

Für die Zuweisung eines Hintergrundes an eine einzelne Folie ist die Eigenschaft BACKGROUND zuständig. Als Hintergrund kommen unter anderem Farben, Farbverläufe, Texturen und Muster in Betracht. Die Eigenschaft BACKGROUND liefert zunächst nur ein sogenanntes ShapeRange-Objekt. Dieses Objekt steht beispielsweise auch für die Fläche eines Zeichenelements. Für das ShapeRange-Objekt benötigen wir noch ein FillFormat-Objekt, das wir mit der Eigenschaft FILL erhalten. So ergibt sich die folgende Objekthierarchie:

```
ActivePresentation.Slides(1).Background.Fill
```

Die Zeile ist noch nicht funktionsfähig. Wir benötigen erst noch eine der folgenden Eigenschaften oder Methoden für das FillFormat-Objekt:

ForeColor	ermittelt oder bestimmt die Farbe des Musters.
BackColor	ermittelt oder bestimmt die Farbe des Musterhintergrundes.
OneColorGradient	erzeugt einen Farbverlauf mit einer Farbe.
Patterned	bestimmt ein Muster für den Hintergrund.
PresetGradient	bestimmt einen vordefinierten Verlauf für den Hintergrund.
PresetTextured	bestimmt eine vordefinierte Texture für den Hintergrund.
TwoColorGradient	erzeugt einen zweifarbigen Farbverlauf.

Die vordefinierten Muster, Verläufe und Texturen (Strukturen) entsprechen denen des Dialogs FÜLLEFFEKTE, den Sie unter anderem über den Hintergrund-Dialog (Menüoption FORMAT/ HINTERGRUND...) erreichen.

Folienhintergrund und Folienmaster

Für den Hintergrund jeder einzelnen Folie ist zunächst der sogenannte Folienmaster zuständig. Sie können auf den Folienmaster zugreifen, indem Sie die Eigenschaft SLIDEMASTER an das Presentation-Objekt anhängen. Die folgende Zeile ermittelt beispielsweise den RGB-Farbwert des Hintergrundes der Masterfolie:

```
MsgBox ActivePresentation.SlideMaster.Background. _
       Fill.ForeColor.RGB
```

Dieser Hintergrund wird zunächst automatisch auch als Hintergrund für die einzelnen Folien genommen. Um den Hintergrund für eine bestimmte Folie unabhängig vom Hintergrund der Masterfolie setzen zu können, müssen Sie den Hintergrund der Masterfolie abschalten

Hintergrund der Masterfolie abschalten

Die Abschaltung des Hintergrundes der Masterfolie erfolgt für jede einzelne Folie. Zuständig ist hierfür die Eigenschaft FOLLOWMASTERBACKGROUND. Diese müssen Sie wie folgt auf den Wert FALSE setzen. Wir haben hier nur für die erste Folie einen eigenen Hintergrund definiert. Die anderen Folien behalten den Hintergrund der Masterfolie:

```
With ActivePresentation.Slides(1)
    .FollowMasterBackground = False
    .Background.Fill.ForeColor.RGB = RGB(255, 0, 255)
End With
```

Nur durch die erste Zeile wird die Farbzuweisung der zweiten Zeile wirksam. Beachten Sie, daß wir für die Farbzuweisung nur die Eigenschaft FORECOLOR verwendet haben. Mit FORE-COLOR bestimmen Sie die Farbe des Hintergrundmusters. Solange noch kein Muster definiert ist, besteht das „Muster" aus einer soliden Fläche. Die Hintergrundfarbe des Musters kann in diesem Fall gar nicht durchscheinen. Wenn Sie nur eine Farbe (kein Muster) zuweisen wollen, kann es aber sinnvoll sein, auch die Eigenschaft BACKCOLOR auf den gleichen Farbwert zu setzen. Ein eventuell vorhandenes Muster wird natürlich wirkungslos, wenn Muster und Musterhintergrund gleichfarbig sind.

Ein Muster zuweisen

Für die Zuweisung eines Musters verwenden Sie die Methode PATTERNED. Die Methode erfordert ein Argument, das Sie aus einer langen Konstantenliste auswählen können. Da ein Muster aus Vorder- und Hintergrund besteht, müssen Sie unbedingt auch die Eigenschaften FORE-

COLOR und BACKCOLOR verwenden. Das folgende Beispiel erzeugt ein Hintergrundmuster für die gerade aktive Folie:

```
With ActiveWindow.Selection.SlideRange
    .FollowMasterBackground = msoFalse
    .Background.Fill.ForeColor.RGB = RGB(250, 220, 150)
    .Background.Fill.BackColor.RGB = RGB(200, 100, 200)
    .Background.Fill.Patterned (msoPatternLargeGrid)
End With
```

Kürzere Zeilen erhalten Sie, wenn Sie die drei letzten Anweisungen in eine innere (verschachtelte) With-Struktur setzen.

Einen Farbverlauf zuweisen

Für einen einfarbigen Farbverlauf steht die Methode ONECOLORGRADIENT zur Verfügung. Die Methode hat folgende Syntax:

```
Objekt.OneColorGradient(Style, Variant, Degree)
```

Das Argument STYLE bestimmt die Art des Verlaufs (horizontal, diagonal etc.). Hierfür sind verschiedene Konstanten vordefiniert. Mit VARIANT wählen Sie eine von maximal vier Varianten (Argumentwerte 1-4). Dieses Argument ist abhängig vom Argument STYLE. Es entspricht den Varianten, die Sie im Dialog FÜLLEFFEKTE auf der Seite GRADUELL finden. Mit DEGREE bestimmen Sie schließlich eine Helligkeitsstufe (die „zweite" Farbe des einfarbigen Verlaufs). Hier sind Werte zwischen 0.0 (dunkel) und 1 (hell) möglich. Bei einem Wert von 0 verläuft der Hintergrund von Schwarz zur eingestellten Farbe. Bei einem Wert von 1 bildet Weiß die „zweite" Farbe. Die Farbe selbst muß mit der Eigenschaft FORECOLOR zugewiesen werden:

```
With ActivePresentation.Slides(1)
    .FollowMasterBackground = msoFalse
    With .Background
        .Fill.ForeColor.RGB = RGB(0, 255, 255)
        .Fill.OneColorGradient msoGradientDiagonalUp, 4, 1
    End With
End With
```

Für das vorstehende Beispiel haben wir einen diagonalen, hellen Farbverlauf mit der Farbe Cyan [RGB(0, 255, 255)] erzeugt. Der Hintergrund wird der ersten Folie der Präsentation zugewiesen.

Füllungen wieder aufheben

Um Muster und andere Füllungen wieder durch eine einfache Farbe zu ersetzen, genügt es nicht, erneut die Eigenschaft FORECOLOR zuzuweisen. Ein Muster wird dadurch nicht aufgehoben. Sie müssen vielmehr die Methode SOLID auf das FillFormat-Objekt anwenden:

```
With ActiveWindow.Selection.SlideRange
   .FollowMasterBackground = False
   .Background.Fill.Solid
   .Background.Fill.ForeColor.RGB = RGB(255, 0, 255)
End With
```

Das vorstehende Beispiel ersetzt Muster, Farbverläufe und Texturen (Strukturen) durch die mit FORECOLOR bestimmte Farbe.

8.5 Text- und Grafikobjekte

Praktisch alle Objekte, die Sie auf einer Folie plazieren, gehören zur Shapes-Auflistung. Mit den folgenden Zeilen können Sie sich Typ und Namen der Objekte für die erste Folie anzeigen lassen:

```
temp = ""
For Each Form In ActivePresentation.Slides(1).Shapes
   temp = temp & Form.Type & Chr(9) & Form.Name & Chr(13)
Next
MsgBox temp
```

Für die Shapes-Auflistung (nicht die einzelnen Shape-Objekte) sind unter anderem die folgenden Eigenschaften und Methoden definiert:

AddLine	fügt ein Linienobjekt hinzu.
AddPicture	fügt ein Grafikobjekt aus einer Datei hinzu.
AddShape	fügt ein Grafikobjekt ein, beispielsweise ein AutoForm-Objekt.
AddTable	fügt eine Tabelle hinzu.
AddTextBox	fügt einen Textrahmen hinzu.
AddTextEffekt	fügt ein WordArt-Objekt hinzu.
SelectAll	selektiert alle Shapes-Objekte einer Folie.
Title	ermöglicht den Zugriff auf den Folientitel (ein Shape-Objekt).

8.5 Text- und Grafikobjekte

Praktisch alle Add-Methoden erwarten unter anderem Angaben zur Position (LEFT, TOP) und zu den Abmessungen (HEIGHT, WIDTH) der neuen Objekte. Diese Angaben erfolgen in der Maßeinheit PUNKT (POINT). Wichtig sind besonders Text- und Grafikobjekte, auf die wir nachfolgend eingehen wollen.

Textobjekte hinzufügen und bearbeiten

Für neue Textobjekte verwenden Sie die Methode ADDTEXTBOX. Die Methode hat folgende Syntax:

```
Objekt.AddTextbox(Orientation, Left, Top, Width, Height)
```

Mit ORIENTATION ist die Textausrichtung gemeint, die Sie aus einer Liste vordefinierter Konstanten auswählen. Weil ein schlichter Textrahmen ohne Inhalt keine sichtbaren Spuren auf der Folie hinterläßt, wird der Rahmen im folgenden Beispiel gleich selektiert und mit einem Inhalt versehen:

```
With ActivePresentation.Slides(1).Shapes
   With .AddTextbox(msoTextOrientationHorizontal, 80,80,150,50)
        .Select
        .TextFrame.TextRange.Text = "Neuer Text"
   End With
End With
```

Die etwas aufwendige With-Struktur haben wir hier nur gewählt, um einen Zeilenumbruch zu vermeiden. Die innere With-Struktur bezieht sich auf die gerade erzeugte Textbox. Bei SELECT und TEXTFRAME handelt es sich also schon um Eigenschaften bzw. Methoden, die dem einzelnen Shape-Objekt zugeordnet sind. Mit SELECT wird das betreffende Objekt selektiert. Mit TEXTFRAME erhalten wir Zugriff auf den Textrahmen (ein TextFrame-Objekt). Soweit es sich bei einem Shape-Objekt um einen Textrahmen handelt, sind noch folgende Eigenschaften und Methoden von Interesse:

HasTextFrame	ermittelt, ob das betreffende Objekt über einen Textrahmen verfügt. Nur wenn dies zutrifft (TRUE), können Sie entsprechende Manipulationen vornehmen. Im obigen Beispiel konnten wir auf die Prüfung verzichten, weil wir das Objekt gerade erst erzeugt haben. Beachten Sie, daß beispielsweise auch AutoFormen über einen Textrahmen verfügen, also Text aufnehmen können.
Fill	bestimmt die Füllung des Textrahmens.
IncrementRotation	bestimmt einen Drehwinkel für den Textrahmen. Positive Werte bewirken eine Rechtsdrehung, negative eine Linksdrehung.
Line	bestimmt die Attribute der Umrandung.

Viele der vorstehenden Eigenschaften und Methoden gelten natürlich auch für die anderen Shapes-Objekttypen. Das folgende Beispiel manipuliert die Rahmenposition, die Umrandung und den Hintergrund, also das äußere Objekt, noch nicht den Text selbst:

```
Sub Textobjekt_manipulieren()
    Dim Form As Shape
    Set Form = ActivePresentation.Slides(1).Shapes(1)
    If Form.HasTextFrame Then
        With Form
            .Fill.BackColor.RGB = RGB(0, 0, 255)
            .Fill.ForeColor.RGB = RGB(255, 255, 0)
            .Fill.Patterned (msoPattern90Percent)
            .IncrementRotation (-30)
            .Line.DashStyle = msoLineRoundDot
            .Line.ForeColor.RGB = RGB(255, 0, 0)
            .Line.Weight = 5
            .Left = 300
            .Top = 300
        End With
    End If
End Sub
```

Um das Makro ohne Fehlermeldung ausführen zu können, muß die erste Folie ein Shape-Objekt mit Textrahmen besitzen. In der Regel wird es sich dabei um das Titel-Objekt handeln.

Den Text bearbeiten

Den Text erreichen Sie über TEXTFRAME bzw. TEXTRANGE. Mit Hilfe des Textframe-Objekts bestimmen Sie beispielsweise den linken und den rechten Randabstand oder einen Zeilenumbruch. Für den eigentlichen Text und die Textattribute müssen Sie TEXTRANGE verwenden. Ein Beispiel:

```
Sub Text_und_Textattribute_manipulieren()
    Dim Form As Shape
    Set Form = ActivePresentation.Slides(1).Shapes(1)
    If Form.HasTextFrame Then
        With Form.TextFrame
            .WordWrap = msoCTrue
```

8.5 Text- und Grafikobjekte

```
            .MarginLeft = 20
            .Orientation = msoTextOrientationHorizontal
            .TextRange.InsertAfter (" Zusätzlicher Text")
            .TextRange.Words(2).Font.Bold = msoCTrue
            .TextRange.Characters(1, 1).Font.Size = 36
            .TextRange.Font.Color.RGB = RGB(255, 0, 0)
        End With
    End If
End Sub
```

Die Eigenschaft TEXTFRAME haben wir in diesem Beispiel in den Kopf der With-Struktur aufgenommen. Die drei auf WITH folgenden Zeilen beziehen sich daher auf das Textframe-Objekt. Die vier letzten Zeilen in der With-Struktur manipulieren den Text bzw. die Schriftattribute. Mit INSERTAFTER fügen wir nach dem vorhandenen Text noch weiteren Text ein. Das TextRange-Objekt verfügt auch über eine InsertBefore-Methode.

Zeichen, Wörter, Zeilen und Absätze manipulieren

Mit den Eigenschaften CHARACTERS, WORDS, LINES und PARAGRAPHS können Sie auf einzelne Zeichen, Wörter, Zeilen und Absätze zugreifen und diese, wie im Word-Kapitel gezeigt, manipulieren. Die (unvollständige) Zeile

```
...TextRange.Characters(1, 1).Font.Size = 36
```

weist dem ersten Zeichen des Textes eine Schriftgröße von 36 Punkt zu. In der letzten Zeile innerhalb der With-Struktur erhält der ganze Text eine Schriftfarbe zugewiesen.

Das Title-Objekt

Eine spezielle Variante des Textobjekts bildet das Title-Objekt, auch wenn es eigentlich nur aus einer normalen Textbox besteht. Der Text des Title-Objekts wird als Hauptpunkt in der Gliederungssicht angezeigt. Auch der Foliennavigator verwendet die Titel für den Aufruf der Folien. Titel werden daher auch über eine eigene Methode (ADDTITLE) eingefügt. Zwar können Sie den Titel ganz einfach über die Shapes-Auflistung erreichen, das Title-Objekt ist aber eindeutiger und vermeidet damit fehlerhafte Zuweisungen. Allerdings kann es immer nur ein Title-Objekt pro Folie geben. Vor der Erzeugung eines neuen Titels sollten Sie daher mit HASTITLE prüfen, ob für die Shapes-Auflistung der Folie schon ein Titel existiert. HASTITLE ist also auf die Shapes-Auflistung, nicht auf die Folie selbst anzuwenden.

Das folgende Beispiel erzeugt nur dann einen neuen Titel, wenn die Prüfung kein Title-Objekt findet. Anschließend wird das schon bestehende oder gerade erzeugte Title-Objekt formatiert.

```
With ActivePresentation.Slides(1).Shapes
   If Not .HasTitle Then
      .AddTitle
   End If
   .Title.TextFrame.TextRange.Text = "Neuer Titel"
   .Title.Fill.Solid
   .Title.Fill.ForeColor.RGB = RGB(255, 255, 0)
   .Title.TextFrame.TextRange.Font.Italic = msoCTrue
End With
```

Beachten Sie, daß das Title-Objekt für die Shapes-Auflistung der jeweiligen Folie definiert ist, nicht für die Folie selbst. Die Möglichkeiten zur Formatierung sind weitgehend identisch mit denen anderer Shape-Objekte, insbesondere der Textboxen. Den Zugriff auf das Font-Objekt demonstriert die letzte Zeile.

Hinweis: Textrahmen und andere Shapes-Objekte lassen sich natürlich auch über das Selection-Objekt manipulieren. Wir werden weiter unten darauf eingehen.

Grafikobjekte hinzufügen und bearbeiten

Als Grafikobjekte bezeichnen wir beispielsweise AutoFormen und Grafikdateien. Auf Grafikdateien, die Sie mit ADDPICTURE hinzufügen, lassen sich in der Regel nur die äußeren Eigenschaften anwenden. Für AutoFormen können Sie auch „innere" Attribute, etwa eine Füllung mit Farbe oder Muster, verwenden. AutoFormen erzeugen Sie mit ADDSHAPE. Das folgende Beispiel erzeugt beide Typen:

```
Sub Grafiken_erzeugen()
   Dim Folie As Slide
   Set Folie = ActivePresentation.Slides(1)
   Folie.Shapes.AddPicture "C:\Dokumente\Pause.bmp", _
                     False, msoTrue, 180, 240, 60, 60
   With Folie.Shapes.AddShape(msoShapeCloudCallout, _
                     200, 100, 120, 120)
      .Line.Style = msoLineSingle
      .Line.Weight = 5
      .Line.ForeColor.RGB = RGB(255, 0, 0)
      .Fill.ForeColor.RGB = RGB(255, 255, 0)
      .Fill.OneColorGradient msoGradientFromCenter, 2, 1
```

8.5 Text- und Grafikobjekte

```
        .TextFrame.TextRange.Text = "Pause!"
        .TextFrame.TextRange.Font.Size = 30
   End With
End Sub
```

Nur für die AutoForm (eine Sprechblase) haben wir einige Einstellungen vorgenommen und dem Objekt Text hinzugefügt. Das mit ADDPICTURE eingefügte Bitmap läßt sich nur begrenzt manipulieren. In der Regel können Sie nur Größe und Position bestimmen. Bei der Bezeichnung der Bilddatei sollten Sie auch den Pfad nicht vergessen. VBA sucht sonst nur in einem voreingestellten Ordner. Bleibt die Suche erfolglos, wird das Programm mit einer Fehlermeldung abgebrochen. Mit dem Makro erhalten wir ungefähr die Ausgabe aus Abbildung 8.2.

Abb. 8.2: Grafikobjekte und AutoFormen einfügen und bearbeiten

Um das Beispiel nachvollziehen zu können, benötigen Sie ein beliebiges Bitmap, beispielsweise im BMP-Format. Möglich sind unter anderem auch die Formate JPEG und PNG sowie das Vektorformat WMF.

Mit SELECTION arbeiten

Sie können das Selection-Objekt verwenden, um auf die Folie oder ein darin enthaltenes Shape-Objekt zuzugreifen. Die gerade angezeigte Folie erhalten Sie, wie oben schon gezeigt, mit der folgenden (unvollständigen) Zeile:

```
ActiveWindow.Selection.SlideRange
```

Um ein eventuell selektiertes Shape-Objekt zu erhalten, müssen Sie die Eigenschaft SHAPE-RANGE auf das Selection-Objekt anwenden. Die folgende Zeile ändert die Farbe des gerade selektierten Shape-Objekts:

```
With ActiveWindow.Selection
    .ShapeRange.Fill.ForeColor.RGB = RGB(255, 0, 0)
End With
```

Ist kein Objekt markiert, erhalten Sie eine Fehlermeldung angezeigt. Bestimmte Operationen sind zudem nicht mit jedem Objekttyp möglich. Vor der Manipulation eines selektierten Objekts sollten Sie daher dessen Typ ermitteln.

Den Typ des selektierten Objekts ermitteln

Für die Typprüfung ist die Eigenschaft TYPE zuständig. Die Eigenschaft können Sie sowohl auf das Selection-Objekt als auch auf ein Shape-Objekt anwenden. Da Sie eine Fehlermeldung erhalten, wenn Sie TYPE auf SHAPERANGE anwenden, ohne daß ein Shape-Objekt selektiert ist, sollten Sie erst prüfen, ob überhaupt ein Objekt selektiert ist. Diese Aufgabe erledigt die folgende Zeile:

```
MsgBox ActiveWindow.Selection.Type
```

Sie erhalten damit Integer-Werte, die bestimmten Konstanten entsprechen:

Konstante	Wert	Bedeutung
ppSelectionNone	0	kein Objekt selektiert
ppSelectionShapes	2	Shape-Objekt(e) selektiert (auch Textrahmen)
ppSelectionSlides	1	Folien selektiert (beispielsweise in der Foliensortierungsansicht)
ppSelectionText	3	Text selektiert (Cursor steht im Text oder es ist mindestens ein Zeichen markiert)

Erst wenn die erste Prüfung den Wert 2 (PPSELECTIONSHAPES) ergeben hat, können Sie auf der ShapeRange-Ebene den Objekttyp ermitteln:

```
With ActiveWindow.Selection
    If .Type = ppSelectionShapes Then
        If .ShapeRange.Type = msoAutoShape Then
            .ShapeRange.AutoShapeType = msoShapeActionButtonHelp
        End If
    End If
End With
```

Die vorstehende Konstruktion prüft, ob es sich beim selektierten Objekt um ein AutoForm-Objekt handelt und ersetzt dieses dann durch ein anderes AutoForm-Objekt.

Masterfolie verwenden

Über die Masterfolie (oder den Folienmaster) können Sie Objekte und Formatierungen erzeugen, die dann auf jeder Folie erscheinen. Als Objekte und Formatierungen eignen sich besonders Firmenname und Firmenlogo sowie ein identischer Hintergrund. Die Masterfolie muß nicht erzeugt werden. Sie ist praktisch immer vorhanden. In PowerPoint können Sie über die Menüoption ANSICHT/MASTER/FOLIENMASTER darauf zugreifen.

Unter VBA ist die Eigenschaft SLIDEMASTER dafür zuständig. Das folgende Beispiel erzeugt auf der Masterfolie ein AutoForm- und ein WordArt-Objekt (ADDTEXTEFFEKT). Zudem wird der Hintergrund mit einem Grauton gefüllt.

```
With ActivePresentation.SlideMaster
   With .Shapes
      .AddShape msoShape5pointStar, 200, 30, 40, 40
      .AddTextEffect msoTextEffect20, "Hallo", "Arial", 26, _
                     msoCTrue, msoFalse, 100, 100
   End With
   .Background.Fill.ForeColor.RGB = RGB(180, 180, 180)
End With
```

Wir haben schon gezeigt, daß Sie den Hintergrund der Masterfolie für jede einzelne Folie mit der (unvollständigen) Anweisung

```
...FollowMasterBackground = msoFalse
```

abschalten können. Für die An- bzw. Abschaltung der Shape-Objekte der Masterfolie ist DISPLAYMASTERSHAPES zuständig:

```
ActivePresentation.Slides(1).DisplayMasterShapes = msoFalse
```

Mit der vorstehenden Zeile schalten Sie die Shape-Objekte der Masterfolie für die erste Folie ab. Die Abschaltung muß wieder für jede Folie separat erfolgen.

8.6 Präsentation einstellen und starten

Zur Ausführung einer Präsentation und für die dazu erforderlichen Einstellungen benötigen Sie das SlideShowSettings-Objekt, das Sie mit der gleichnamigen Eigenschaft erhalten. Für das SlideShowSettings-Objekt sind unter anderem die folgenden Eigenschaften und Methoden definiert:

AdvancedMode	bestimmt die Art des Übergangs zur nächsten Folie (manuell oder zeitgesteuert).
EndingSlide	bestimmt die letzte angezeigte Folie einer Präsentation. Nicht alle Folien, die zur Präsentation gehören, müssen auch angezeigt werden.
LoopUntilStopped	bestimmt, ob die Präsentation bis zum Abbruch durch den Anwender dauernd wiederholt werden soll.

Run startet die Präsentation.

StartingSlide bestimmt die erste angezeigte Folie einer Präsentation.

Einige der vorgenannten Einstellungen können nur wirksam werden, wenn zuvor bestimmte Einstellungen der Folien (der Slide-Objekte) erfolgt sind.

Voreinstellungen der Folien

Eigenschaften wie ADVANCEDMODE setzen bei der Einstellung einer zeitgesteuerten Präsentation voraus, daß für die Slides-Objekte eine Zeit vorgegeben wurde. Diese Einstellungen erfolgen mit Hilfe des SlideShowTransition-Objekts. Das Objekt entspricht dem Dialog FOLIENÜBERGANG, den Sie mit der Menüoption BILDSCHIRMPRÄSENTATION/FOLIENÜBERGANG... aufrufen. Hier können Sie unter anderem die Zeit für die Anzeige der aktuellen Folien einstellen sowie einen Sound und einen Überblendeffekt wählen. Die folgenden Zeilen stellen zunächst die Zeit ein (hier 10 Sekunden) und aktivieren die Zeitsteuerung:

```
With ActivePresentation.Slides(1)
    .SlideShowTransition.AdvanceTime = 10
    .SlideShowTransition.AdvanceOnTime = msoCTrue
End With
```

Beachten Sie, daß die Einstellungen für jede einzelne Folie erfolgen müssen. Unser Beispiel bezieht sich nur auf die erste Folie. Diese wird nach 10 Sekunden durch die zweite Folie ersetzt.

Überblendeffekte einstellen

Für Überblendeffekte sind die SlideShowTransition-Eigenschaften ENTRYEFFEKT und SPEED zuständig. Die Eigenschaft ENTRYEFFEKT verfügt über eine lange Liste von Argumentwerten, die den Effekt-Einstellungen des Dialogs FOLIENÜBERGANG entsprechen. Beachten Sie, daß sich die folgenden Effekt-Einstellungen auf den Übergang von der vorhergehenden Folie zur aktuellen Folie beziehen. In unserem Fall wird die erste Folie gleich beim Start der Präsentation mit dem gewählten Effekt eingeblendet:

```
With ActivePresentation.Slides(1)
    .SlideShowTransition.EntryEffect = ppEffectCoverLeftUp
    .SlideShowTransition.Speed = ppTransitionSpeedSlow
End With
```

Auch diese Voreinstellungen müssen jeder Folie separat zugewiesen werden. Wenn Sie für alle Folien die gleichen Eigenschaftswerte einstellen wollen, ist es natürlich sinnvoller, eine For Each-Schleife zu verwenden.

Ablaufeinstellungen und Start

Nach den Voreinstellungen der Folien können Sie mit SLIDESHOWSETTINGS Einstellungen für den Ablauf der Präsentation vornehmen. Das folgende Beispiel startet die Präsentation auch gleich:

```
Sub Presentation_starten()
   With ActivePresentation.SlideShowSettings
      .StartingSlide = 1
      .EndingSlide = 3
      .AdvanceMode = ppSlideShowUseSlideTimings
      .LoopUntilStopped = msoCTrue
      .Run
   End With
End Sub
```

Die AdvancedMode-Konstante ppSLIDESHOWUSESLIDETIMINGS ist dafür verantwortlich, daß unsere früheren Zeiteinstellungen wirksam werden.

Hinweis: Es kann sinnvoll sein, das Makro mit dem Startaufruf aus PowerPoint heraus zu starten, weil die Entwicklungsumgebung die Kontrolle gleich nach der ersten Folie wieder an sich reißt.

Folienanzeige zur Laufzeit steuern

Zur Entwurfszeit blenden Sie eine Folie mit ...SLIDES(N).SELECT ein. Zur Laufzeit benötigen Sie die Methode GOTOSLIDE, die für das View-Objekt definiert ist. Die Eigenschaft VIEW, mit der Sie ein solches Objekt erhalten, ist wiederum für das Objekt SLIDESHOWWINDOW definiert. Um während der Präsentation von einer beliebigen Folie aus zur dritten Folie zu gelangen, ist folgende Zeile erforderlich:

```
SlideShowWindows(1).View.GotoSlide (3)
```

Die Zeile setzt voraus, daß es sich bei der Präsentation um die erste oder einzige zur Zeit laufende Präsentation handelt. Alle laufenden Präsentationen sind in der Auflistung SLIDESHOW-WINDOWS zusammengefaßt. Für die Steuerung zwischen den Folien können Sie auch die folgenden View-Methoden verwenden:

First	zeigt die erste Folie an.
Last	zeigt die letzte Folie an.
Next	zeigt die nächste Folie an.
Previous	zeigt die vorhergehende Folie an.

Die Methoden kommen ohne Argumente aus. In der Regel werden Sie diese kaum programmieren müssen, weil sich die meisten Objekte (AutoFormen etc.) über den Dialog AKTIONSEINSTELLUNGEN mit analogen Aktionen ausstatten lassen.

Präsentation beenden

Für das View-Objekt ist auch noch die Methode EXIT definiert, mit der Sie eine laufende Präsentation abbrechen bzw. beenden. Die folgende Zeile erledigt diese Aufgabe:

```
SlideShowWindows(1).View.Exit
```

Sie landen dann wieder im PowerPoint-Entwurfsmodus.

8.7 VBA-Code zur Laufzeit

In diesem Unterkapitel haben wir einige Hinweise zusammengefaßt, die sich besonders auf den Einsatz von VBA-Code zur Laufzeit einer Präsentation beziehen. Dazu gehören unter anderem der Makroaufruf durch beliebige Shapes-Objekte und die Verwendung von Steuerelementen.

Makros an Objekte binden

Für praktisch alle Objekte (Textrahmen, Grafiken, Autoformen etc.) lassen sich sogenannte Aktionseinstellungen vornehmen. Den dazu erforderlichen Dialog öffnen Sie in PowerPoint (nicht in der VBA-Entwicklungsumgebung) mit der Menüoption BILDSCHIRMPRÄSENTATION/ AKTIONSEINSTELLUNGEN... Das einzustellende Objekt muß natürlich markiert sein. Zu den Aktionen gehört auch der Aufruf eines Makros. Dazu markieren Sie die Option MAKRO AUSFÜHREN. Im zugehörigen Kombinationsfeld werden dann alle zuvor erzeugten Makros zur Auswahl angeboten.

Für die Makroanbindung besonders geeignet sind die Autoformen INTERAKTIVE SCHALTFLÄCHEN. Wenn Sie diese AutoFormen in einer Folie plazieren, wird der Dialog für die Aktionseinstellungen automatisch aufgerufen.

Steuerelemente verwenden

Auch PowerPoint-Folien können Steuerelemente (Schalter, Listen, Textfelder etc.) enthalten. Diese fügen Sie über die Symbolleiste STEUERELEMENTE-TOOLBOX ein.

Ereignisse nur für Steuerelemente

Im Gegensatz zu Word und Excel verfügen PowerPoint-Dokumente nicht über vorgegebene Ereignismodule, weder für einzelne Folien noch für die ganze Präsentation. Erst wenn Sie Steuerelemente hinzufügen, erscheinen im Projekt-Explorer entsprechende Module (SLIDE1,

8.7 VBA-Code zur Laufzeit

SLIDE2 etc.). Die Ereignismodule enthalten aber nur die Prozeduren der Steuerelemente. Für Abbildung 8.3 haben wir einen Schalter und ein Listenfeld in einer Folie plaziert.

Abb. 8.3: Steuerelemente in Folien plazieren (hier Listenfeld und Schaltfläche)

Unser Listenfeld zeigt zu Laufzeit alle in der Präsentation enthaltenen Folien an. Allerdings benötigen wir dafür den Schalter. Erst nach dessen Betätigung werden die vorhandenen Folien eingelesen. Zuständig ist die Click-Ereignisprozedur des Schalters:

```
Private Sub CommandButton1_Click()
   Me.ListBox1.Clear
   For Each Folie In ActivePresentation.Slides
      Me.ListBox1.AddItem Folie.Name
   Next
End Sub
```

Durch Auswahl in der Liste kann zur jeweiligen Folie gesprungen werden. Für das folgende Beispiel haben wir die einfache Click-Ereignisprozedur des Listenelements verwendet. Sinnvoll wäre aber auch das DblClick-Ereignis.

```
Private Sub ListBox1_Click()
   If Me.ListBox1.ListIndex > -1 Then
      Nr = Me.ListBox1.ListIndex + 1
      SlideShowWindows(1).View.GotoSlide (Nr)
   End If
End Sub
```

Unsere in die Präsentation integrierte Konstruktion aus Schalter und Liste ersetzt damit teilweise den PowerPoint-Navigator. Allerdings verwendet der Navigator die Titel der Folien, während unsere Liste die Namen anzeigt.

Hinweis: Im Projekt-Kapitel (Kapitel 13) finden Sie als PowerPoint-Projekt einen kleinen Navigator auf Basis eines UserForm-Dialogs, der sowohl im Entwurfs- als auch im Präsentationsmodus betrieben werden kann.

Folien und Objekte zu Laufzeit einfügen

Eine sehr interessante Möglichkeit der VBA-Programmierung besteht darin, Folien und Objekte zur Laufzeit einer Präsentation zu erzeugen und anzuzeigen. Die Präsentation erhält dadurch dynamische Elemente. Das folgende Beispiel fügt zur Laufzeit an der ersten Position eine neue Folie hinzu und erzeugt darin ein AutoForm-Objekt. Die neue Folie wird dann umgehend in der Präsentation angezeigt.

```
With ActivePresentation.Slides
  With .Add(1, ppLayoutTitle)
    .Shapes.AddShape msoShapeMoon, 50, 50, 50, 50
    .Shapes.Title.TextFrame.TextRange.Text = "Gewinn 2000"
  End With
  SlideShowWindows(1).View.GotoSlide (1)
End With
```

Wenn Sie den Programmtext aus der laufenden Präsentation heraus aufrufen wollen, müssen Sie ihn an die Ereignisprozedur eines Steuerelements, beispielsweise eines Schalters, binden. Möglich ist auch der Aufruf über ein Makro, das Sie dann einem Shape-Objekt zuweisen. Im Entwurfsmodus dürfen Sie die Zeilen jedoch nicht starten, weil die letzte Zeile (...GOTOSLIDE) dann zum Programmabbruch führt.

Wichtig: Grundsätzlich lassen sich die Eigenschaften und Methoden zum Erzeugen von Folien und Shapes-Objekten auch zur Laufzeit einsetzen. Sie können zur Laufzeit aber nicht mit SELECT auf Folien und Objekte zugreifen. Damit entfällt natürlich auch die Verwendung des Selection-Objekts.

UserForm-Dialoge zu Laufzeit

Es ist auch möglich, UserForm-Dialoge zur Laufzeit einer Präsentation aufzurufen. Das Makro für den Aufruf läßt sich wie oben gezeigt an beliebige Shapes-Objekte binden. Ein Dialog kann beispielsweise Daten aus einer Datenbank anzeigen, für die sich dann zur Laufzeit der Präsentation Folien erstellen lassen.

Hinweis: Wenn Sie die UserForm-Eigenschaft SHOWMODAL auf den Wert FALSE setzen, läuft die Präsentation bei geöffnetem UserForm-Dialog wie zuvor eingestellt weiter. Andernfalls können Sie die Präsentation erst nach Schließen des Dialogs fortsetzen.

Web-Komponenten verwenden

Mit der neuen Office-Version werden nun auch Web-Komponenten (ActiveX-Controls) geliefert, die sich in HTML-Dokumente, Arbeitsmappen, UserForm-Dialoge und auch in Power-

Point-Folien einbinden lassen. Für Präsentationen ist besonders die Komponente SPREAD-SHEET von Interesse. Damit lassen sich funktionsfähige Excel-Tabellen in eine Präsentation integrieren und zur Laufzeit der Präsentation manipulieren.

Komponenten einfügen

Die Komponenten finden Sie in der Symbolleiste STEUERELEMENTE-TOOLBOX. Sie müssen dazu den Schalter WEITERE STEUERELEMENTE betätigen und in der dann erscheinenden Liste die gewünschte Komponente auswählen. Die SpreadSheet-Komponente trägt die Bezeichnung MICROSOFT OFFICE SPREADSHEET 9.0. Die Plazierung erfolgt dann wie üblich durch Aufziehen eines Rahmens auf der Folie. Beachten Sie, daß sich die Komponente später während der laufenden Präsentation nach unten rechts vergrößern läßt. Ein Verschieben ist zur Laufzeit aber nicht möglich.

Eine „HTML-Arbeitsmappe" anbinden

Die Einstellungen der SpreadSheet-Komponente nehmen Sie im Eigenschaften-Fenster vor, das Sie mit dem Schalter EIGENSCHAFTEN der Steuerelemente-Toolbox aufrufen. Um eine bestehende Arbeitsmappe mit der Komponente zu laden, müssen Sie die URL oder den lokalen Pfad in die Eigenschaft HTMLURL eintragen. Dabei muß es sich um eine normale HTML-Datei oder um eine von Excel erzeugte HTML-Datei handeln. Nur eine von Excel erzeugte HTML-Datei ermöglicht Ihnen einen umfassenden Zugriff auf die Excel-Funktionen.

9 Access-Programmierung

9.1 Hinweise zum Kapitel

Innerhalb des „Entwicklungssystems" MS-Office bildet Access nochmal ein ganz eigenständiges System. Alle Access-Werkzeuge sind darauf ausgerichtet, die Entwicklung von eigenen Anwendungen zu unterstützen. VBA ist hier nur ein Werkzeug unter vielen. Doch obwohl sich mit Access schon sehr komplexe Anwendungen per Mausklick erstellen lassen, erschließt erst die VBA-Programmierung den vollen Leistungsumfang.

Bei der Programmierung ergeben sich aber große Unterschiede zu Word und Excel, auch wenn der eigentliche Basic-Dialekt praktisch identisch ist. Die Word- und Excel-Programmierung bezieht sich fast immer auf sichtbare Dokumente oder Teile davon. Die Entwicklung von Access-Anwendungen dient hingegen der Manipulation von Daten, die in ihrer Gesamtheit fast immer unsichtbar bleiben. Eine Access-Anwendung erfordert daher ein ganz anderes Vorgehen. Die Programmierung kommt dabei erst an zweiter Stelle.

Eine Access-Anwendung erstellen

Um eine Access-Anwendung zu erstellen, sind grundsätzlich die folgenden drei Schritte erforderlich:

1. Datenmodell definieren (Tabellen und Verknüpfungen)
2. Formulare, Abfragen und Berichte erstellen
3. Automatisierung durch VBA- und SQL-Programmierung optimieren

Sie müssen also zunächst die Struktur der Daten bestimmen. Dieser Vorgang erfordert sehr viel Aufmerksamkeit, weil eine unsaubere Datenstruktur eine Anwendung gründlich ruinieren kann. Der zweite Schritt ist kaum weniger wichtig. Wenn Sie dabei alle von Access gebotenen Möglichkeiten nutzen, erhalten Sie bereits komplette Anwendungen, ohne eine Zeile programmiert zu haben. Der letzte Schritt, die Programmierung mit VBA (und SQL), dient eigentlich nur noch der Abrundung.

Wir werden dieses Schema auch im folgenden Text berücksichtigen. Zunächst kommen Sie also kaum mit Basic-Code in Berührung. Erst die zweite Hälfte dieses Kapitels widmet sich der Programmierung. Natürlich setzen wir voraus, daß Sie mit Tabellen, Abfragen, Formularen und Berichten vertraut sind. Der folgende Text geht hier nicht mehr auf Details ein, sondern zeigt nur noch, wie Sie diese Elemente zu einer Anwendung integrieren.

Hinweis: Access-Datenbanken lassen sich auch in Word, Excel und PowerPoint nutzen. In der Regel wird dafür die sogenannte DAO-Bibliothek verwendet. Da sich diese Bibliothek in allen vier Office-Anwendungen einsetzen läßt, haben wir ihr ein eigenes Kapitel (DAO-Programmierung) gewidmet.

9.2 Datenmodell definieren

Wer Datenbankanwendungen entwickelt, wird um ein wenig Theorie nicht herumkommen. Erst Grundkenntnisse des relationalen Datenbankmodells, das auch von Access verwendet wird, ermöglichen den Aufbau weitgehend widerspruchsfreier Datenbanken. Damit ist unter anderem gemeint, daß beispielsweise die Adresse einer Firma nicht mehrfach mit verschiedenen Anschriften in der Datenbank enthalten sein darf.

Das relationale Modell

Das relationale Modell gehört zur Klasse der ER-Modelle (Entity Relationship Models). Grundlage solcher Modelle sind Entitäten und Entitätsbeziehungen. Unter einer Entität versteht man Objekte der realen wie der vorgestellten Welt. Das können beispielsweise Personen sein, Dinge des täglichen Lebens oder Strukturen und Vorgänge. Einige Beispiele:

Abteilung	(Struktur)
Brief/Fax	(Objekt)
Buchung	(Vorgang)
Kunde/Lieferant	(Person/Objekt)
Kontakt	(Vorgang)
Produkt	(Objekt)

Aufgabe des ER-Modells ist es, solche Entitäten und die Beziehungen zwischen ihnen abzubilden. Da wir es regelmäßig mit mehr als einem Kunden zu tun haben, können wir auch von einer Entitätsmenge „Kunden" sprechen. Eine Entitätsmenge faßt also alle Entitäten mit gleichen Merkmalen, also beispielsweise alle Kunden, zusammen. Die Abbildung einer Entitätsmenge erfolgt als Relation (Tabelle).

Struktur von Tabellen

Die Tabellen werden aus Tupeln aufgebaut, die wiederum aus einer Menge von Merkmalen (Attributen) bestehen. In der Praxis bezeichnen wir Tupel als Datensätze oder Records. Merkmale werden auch Attribute, Felder oder Spalten genannt.

Entitätsbeziehungen

Die quantitativen Zusammenhänge zwischen Entitätsmengen sind die Entitätsbeziehungen. Sie bestimmen beispielsweise, wie viele Entitäten (Datensätze) aus Relation B einer Entität aus Relation A zugeordnet sein können. Wir benötigen daher einen Beziehungstyp. Relationale Systeme wie Access verwenden in der Regel nur zwei Typen:

Die 1:1 - Beziehung   (genau eine Zuordnung)

oder die

1:m - Beziehung   (keine, eine oder mehrere Zuordnungen)

Das ER-Modell kennt zwar insgesamt vier Typen, für unsere Zwecke kommen wir aber meistens mit den zwei oben genannten sehr gut aus. Das tägliche Brot eines Datenbankentwicklers sind die 1:m Beziehungen. Auf die Entitätsmengen KUNDEN und RECHNUNGEN bezogen heißt das, daß jedem Kunden keine, eine oder auch mehrere Rechnungen zugeordnet sein können.

Identifikationsschlüssel

Im Relationenmodell werden nur die Daten aber keine Beziehungen zwischen den Daten dargestellt. Daher sind aufwendige Methoden erforderlich, um diese Beziehungen (Verknüpfungen) zu realisieren. Grundlage der Verknüpfung von Tabellen ist ein Identifikationsschlüssel. Jeder Tabelle ist ein Schlüssel zugeordnet, der den einzelnen Datensatz eindeutig identifiziert. Der Schlüssel kann aus einem einzigen, natürlichen Attribut (Feld) bestehen, er kann aber auch aus mehreren Attributen zusammengesetzt sein. Vorzuziehen sind künstliche Schlüssel, da diese die folgenden Bedingungen, denen jeder Schlüssel genügen muß, leichter erfüllen:

1. Der Schlüssel muß jeden Datensatz eindeutig identifizieren.

2. Operationen auf die Datenbank dürfen den Schlüssel nicht verändern.

Im Gegensatz zu fast allen xBase-Dialekten unterstützt Access die erste Forderung weitgehend durch die Definition eines Primärschlüssels, für den nur eindeutige Werte eingegeben werden können.

Die zweite Forderung hat ihren Grund in der Zuordnung der Tabellen, die über den Identifikationsschlüssel erfolgt. Eine Änderung des Schlüssels in der Kundentabelle hätte zur Folge, daß die zugehörigen Datensätze in der Rechnungstabelle nicht mehr gefunden würden.

Diese Grundsätze sind mit zusammengesetzten Schlüsseln nur schwer zu erfüllen. Auch sogenannte „sprechende Schlüssel" können, obwohl im Prinzip zulässig, in dieser Hinsicht kritisch sein. Wird etwa in einer Kundennummer (= Schlüssel) ein Teil der Postleitzahl für die Bildung des Schlüssels verwendet, um den Kunden anhand der Kundennummer lokalisieren zu können, so müßte sich der Schlüssel ändern, wenn der Kunde sein Geschäft verlegt. Das aber widerspricht unserer zweiten Forderung. Die Änderung muß also unterbleiben. Das wiederum bedeutet, daß unser „sprechender Schlüssel" von nun an mit gespaltener Zunge spricht.

Daher gilt: Als Identifikationsschlüssel sollten eindeutige künstliche Schlüssel verwendet werden. Die Schlüssel sollten ausschließlich der Identifikation des Datensatzes dienen und keine weiteren Informationen enthalten. Solche Schlüssel sind beispielsweise

- Kundennummer,
- Rechnungsnummer,
- Artikelnummer,
- Personalnummer und andere.

Sie können solche Nummern nach eigenen Regeln aus Buchstaben und Ziffern bilden. Am einfachsten sind jedoch fortlaufende Nummern. Access bietet dafür einen eigenen Feldtyp.

Entwurf der Datenbasis

Obwohl der Aufbau des relationalen Datenbankmodells eigentlich leicht zu verstehen ist, sind doch einige Regeln zu beachten. Insbesondere sind die Probleme der Datenredundanz und die daraus resultierenden Gefahren sogenannter „Mutationsanomalien" zu berücksichtigen.

Redundanz und Mutationsanomalien

Werden die gleichen Daten, etwa die Adresse eines Kunden, mehrfach gespeichert, so sind sie redundant. Wir wollen jedoch einen eingeschränkten Begriff von Redundanz verwenden:

„Redundanz liegt dann vor, wenn ein Teil der Daten ohne Informationsverlust weggelassen werden kann."

Redundanz erfordert nicht nur zusätzlichen Speicherplatz auf der Festplatte, sondern erzeugt auch die Gefahr von sogenannten Mutationsanomalien. Mutationen sind alle Änderungen, die auf einen Datenbestand erfolgen. Ist beispielsweise das gleiche Objekt (Person, Vorgang etc.) mehrfach gespeichert, so müßte die Änderung auch auf alle Datensätze angewendet werden, die dieses Objekt bezeichnen. Andernfalls hätten wir eine Datenbank mit widersprüchlichen Daten (Anomalien).

Ein Beispiel: Der Kunde „Heine" ist zweimal mit dem Wohnort „Hamburg" in unserer Kundentabelle vertreten. Der Kunde teilt uns nun mit, daß er seinen Wohnort nach Paris verlegt. Wir müßten dann beide Datensätze ändern. Unterbliebe eine der Änderungen, wäre unsere Datenbasis nicht mehr konsistent (widerspruchsfrei), weil für den Kunden „Heine" zwei verschiedene Wohnorte ausgewiesen wären. Um solche Probleme zu vermeiden, sind Verfahren entwickelt worden, die eine weitgehend redundanzfreie Darstellung der Daten gewährleisten sollen: die sogenannte Normalisierung.

9.2 Datenmodell definieren   333

Eine Relation normalisieren

Der Prozeß der Normalisierung kann als fortschreitende Verringerung von Datenredundanz verstanden werden. Das Ziel ist erreicht, wenn innerhalb einer Relation (Tabelle) keine Redundanzen mehr auftreten. Sie ist dann normalisiert.

Der Normalisierungsprozeß

Der Normalisierungsprozeß verläuft über drei Stufen. Die folgende Tabelle zeigt eine Relation, die noch nicht normalisiert ist. Unter anderem enthalten einzelne Felder mehrere Werte. Für unsere Ausgangstabelle haben wir einfach alle benötigten Informationen in eine Tabelle (eine Relation) gepackt.

KdNr	Firma	Ort	RechNr	Betrag	Datum	ArtikelNr	Artikel
1	Maier&Co	München	7	300	10.10.99	1, 4, 7	Blumen, Kartofeln, Bananen
2	Heine KG	Hamburg	8	200	12.10.99	3, 7	Kirschen, Bananen

Abb. 9.1: Eine Relation vor dem Normalisierungsprozeß

In den Feldern ARTIKELNR und ARTIKEL sind mehrere Artikel eingetragen. Natürlich ist eine solche Datei wenig sinnvoll. Sobald kein Eintrag mehr in das Feld ARTIKEL paßt, müssen wir einen neuen Datensatz für den Kunden erzeugen. Schon die nächste Bestellung würde damit zu redundanten Einträgen führen. Wir müssen daher die Datenstruktur ändern. Durch Umgruppierung der Daten erreichen wir die Erste Normalform. Die Definition lautet:

„Eine Tabelle befindet sich in der Ersten Normalform, wenn sie nur einfache Merkmalswerte enthält."

Damit ist gemeint, daß nicht mehrere Merkmalswerte in einem Feld aufgelistet werden dürfen. Man sagt auch, daß ein Merkmal (ein Feld) keine interne Struktur besitzen darf. Das Feld ARTIKEL aus Abbildung 9.1 ist aber in sich noch strukturiert: Es enthält mehrere unterscheidbare Artikel.

KdNr	Firma	Ort	RechNr	Betrag	Datum	ArtikelNr	Artikel
1	Maier&Co	München	7	300	10.10.99	1	Blumen
1	Maier&Co	München	7	300	10.10.99	4	Kartoffeln
1	Maier&Co	München	7	300	10.10.99	7	Bananen
2	Heine KG	Hamburg	8	200	12.10.99	3	Kirschen
2	Heine KG	Hamburg	8	200	12.10.99	7	Bananen

Abb. 9.2: Datentabelle in der Ersten Normalform

Die Erste Normalform (Abbildung 9.2) erreichen wir durch einfache Umgruppierung der Daten. Es ist aber leicht zu erkennen, daß die Tabelle redundante Daten enthält. Würde sich beispielsweise die Adresse unseres ersten Kunden ändern, so müßte die Änderung in mehreren

Datensätzen der Tabelle erfolgen. Andernfalls wäre diese nicht mehr konsistent. Die Redundanz unserer Tabelle muß verringert werden. Einen ersten Schritt in diese Richtung unternehmen wir mit Hilfe der Zweiten Normalform:

„Eine Tabelle befindet sich in der Zweiten Normalform, wenn sie sich in der Ersten Normalform befindet und jedes nicht zum Schlüssel gehörende Merkmal (Attribut) von diesem Schlüssel abhängig ist."

Über die Bedeutung des Identifikationsschlüssels haben wir schon gesprochen. Zu klären bliebe noch der Begriff der Abhängigkeit, der die Beziehung zwischen den einzelnen Attributen (Feldern, Merkmalen) und der Tabelle beschreibt. Für den Begriff der Abhängigkeit eines Attributs soll gelten: „Ein Merkmal ist dann abhängig, wenn es speziell eine Eigenschaft der Relation beschreibt, zu der es gehört."

Firma und Ort (der Firma) gehören zweifellos zur Kundentabelle. Sie beschreiben den betreffenden Kunden und sind somit vom Schlüssel (hier der Kundennummer) abhängig. Für die Rechnungsnummer gilt, daß zwar Rechnungsbetrag und Rechnungsdatum davon abhängig sind, nicht aber Artikelnummer und Artikelbezeichnung.

Wie die folgende Abbildung zeigt, kommen wir nicht mehr mit einer Tabelle aus. Die Zweite Normalform erzwingt die Aufteilung unserer Ausgangstabelle in einzelne Sachgebiete. Wir können auch sagen, die Zweite Normalform differenziert bereits unsere Datenbasis in einzelne Entitäten.

Kunden		
KdNr	Firma	Ort
1	Maier&Co	München
2	Heine KG	Hamburg

Rechnungen			
KdNr	RechNr	Betrag	Datum
1	7	300	10.10.99
2	8	200	12.10.99

Rechnungspositionen		
RechNr	ArtikelNr	Artikel
7	1	Blumen
7	4	Kartoffeln
7	7	Bananen
8	3	Kirschen
8	7	Bananen

Abb. 9.3: Tabellen in der Zweiten Normalform

Auch diese Darstellung enthält noch Redundanzen. Die Produktbezeichnung ist in der Tabelle RECHNUNGSPOSITIONEN mehrfach enthalten. Wir müssen daher noch einen Schritt weitergehen und unsere Datenstruktur in die Dritte Normalform bringen:

„Eine Tabelle befindet sich in der Dritten Normalform, wenn sie sich in der Zweiten Normalform befindet und die nicht zum Schlüssel gehörenden Merkmale untereinander unabhängig sind."

Diese Definition ist nicht leicht zu verstehen. Wann sind Merkmale untereinander unabhängig? Das Merkmal STRAßE ist beispielsweise unabhängig vom Namen der FIRMA. Es kann sich durch Umzug des Kunden ändern, und es kann mehreren Kunden zugeordnet sein.

9.2 Datenmodell definieren

Anders im Fall der Artikelnummer und der Artikelbezeichnung: In der Tabelle RECHNUNGS-POSITIONEN der Zweiten Normalform ist die Bezeichnung des Artikels von der Artikelnummer abhängig. Wir benötigen daher eine weitere Tabelle, um unsere Relationen in die Dritte Normalform zu bringen.

Kunden		
KdNr	Firma	Ort
1	Maier&Co	München
2	Heine KG	Hamburg

Rechnungen			
KdNr	RechNr	Betrag	Datum
1	7	300	10.10.99
2	8	200	12.10.99

Rechnungspositionen	
RechNr	ArtikelNr
7	1
7	4
7	7
8	3
8	7

Artikel	
ArtikelNr	Artikel
1	Blumen
3	Kirschen
4	Kartoffeln
7	Bananen

Abb. 9.4: Tabellen in der Dritten Normalform

Befindet sich eine Relation in der Dritten Normalform (3NF), dann nennt man sie normalisiert.

4. und 5. Normalform

Die Theorie kennt noch eine Vierte Normalform (und auch noch eine 5NF), deren Anwendung jedoch in der Praxis selten erforderlich ist. Eine Ausnahme bilden sich überschneidende Datenmengen, etwa wenn ein Kunde gleichzeitig auch Lieferant ist. Seine Adresse würde dann sowohl in der Kunden- als auch in der Lieferantentabelle enthalten sein. Ändert sich nun die Adresse des Kunden, ist nicht auszuschließen, daß die Änderung der Lieferantentabelle unterbleibt; die Datenbank wäre dann nicht mehr konsistent. Für diesen Fall müßte eigentlich eine weitere Unterteilung vorgenommen werden, so daß die Lieferanten- und die Kundentabelle nur noch aus Lieferantennummer bzw. Kundennummer und einer Adressennummer bestehen würden. Die eigentliche Adresse wäre in einer Adressentabelle zu finden.

Probleme bei extremer Normalisierung

Bei extremer Normalisierung können jedoch viele kleine Tabellen entstehen, die die Leistung der Datenbank erheblich reduzieren und aufgrund der höheren Komplexität auch wieder zu größerer Fehleranfälligkeit führen. Es ist nicht nur die Zahl der Tabellen, die stark zunimmt, auch die Zahl der erforderlichen künstlichen Schlüssel wächst bei extremer Normalisierung.

Das Ergebnis eines Normalisierungsprozesses ist daher ein Kompromiß zwischen einem Höchstmaß an Redundanzfreiheit und der Leistung des Systems. Ziel der Normalisierung ist dann auch nicht Redundanzfreiheit an sich, sondern die Beseitigung unkontrollierter Redundanz.

Tabellen verknüpfen

Wir haben unsere Datenbank mit viel Aufwand in einzelne Tabellen zerlegt und damit alle ursprünglichen Beziehungen zwischen den Daten aufgelöst. Diese Beziehungen sind jedoch notwendig, um überhaupt sinnvoll mit den Daten arbeiten zu können. Unsere Aufgabe besteht nun darin, diese Beziehungen wiederherzustellen, die einzelnen Tabellen also miteinander zu verknüpfen.

Schlüsselfelder als Verknüpfungsfelder

Die Verknüpfung benutzt Schlüsselfelder oder Teile von Schlüsseln (bei zusammengesetzten Schlüsseln), um Beziehungen zwischen einzelnen Tabellen herzustellen. Diese Schlüssel „erschließen" den Zugriff auf Datensätze in der verknüpften Tabelle.

Einem Datensatz aus der Haupt- oder Elterntabelle sind bestimmte Datensätze aus untergeordneten Tabellen (Kind-Tabellen) zugeordnet. Diese Tabellen müssen daher ebenfalls ein Feld für den Schlüssel aus der Elterntabelle enthalten. Wir haben damit zwar Redundanz erzeugt, aber Sie erinnern sich: Der Schlüssel muß eindeutig sein, und er darf sich während der Lebensdauer des Datensatzes nicht ändern. Mutationsanomalien sollten dadurch also nicht auftreten. Abbildung 9.5 verdeutlicht die Verknüpfung der Tabellen:

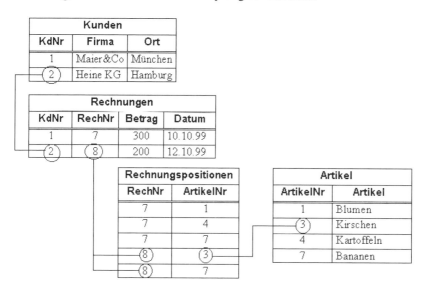

Abb. 9.5: Tabellen über Schlüsselfelder verknüpfen

Bei den Verknüpfungen KUNDEN-RECHNUNGEN und RECHNUNGEN-RECHNUNGSPOSITIONEN handelt es sich um 1:m-Verknüpfungen. Die Beziehung RECHNUNGSPOSITION-ARTIKEL ist hingegen eine 1:1 Verknüpfung. Die Verknüpfung erfolgt in der Regel über Indizes. Wir werden später nochmals darauf eingehen.

Referentielle Integrität

Das Problem von Mutationsanomalien haben wir durch eine möglichst redundanzarme Darstellung der Daten zu lösen versucht. Mit der Aufteilung in einzelne Relationen (Tabellen) und die Verknüpfung über Schlüsselfelder haben wir uns jedoch ein neues Problem eingehandelt: die Sicherstellung der „Referentiellen Integrität". Damit ist gemeint, daß den Datensätzen aus einer Kind-Tabelle immer ein Datensatz aus der Elterntabelle zugeordnet sein muß. Andernfalls haben wir „elternlose", also verwaiste Datensätze in unserer Datenbank.

Ein solcher Fall kann leicht eintreten, wenn wir beispielsweise einen Kunden aus der Kundentabelle löschen, ohne zugleich die zugehörigen Datensätze aus der Rechnungstabelle zu entfernen. Tragisch wird der Fall, wenn wir die Kundennummer (den Schlüssel) des gelöschten Kunden neu vergeben. Mit dem Wiederaufleben des Schlüssels wird auch die Referenz wieder hergestellt. Der neue Kunde kann auf diese Art ganz unverhofft zu einer Reihe möglicherweise noch offener Rechnungen kommen.

9.3 Hinweise zum Tabellenentwurf

Wie im vorstehenden Kapitel gezeigt, sollte vor der Definition der einzelnen Tabellen eine Entwurfsphase stehen, in der die Struktur der Tabellen bestimmt wird. Der Tabellenentwurf bildet dann nur noch den Abschluß der Planungsphase. Allerdings sind auch nach der Festlegung der Tabellenstrukturen noch Überlegungen erforderlich. Diese betreffen insbesondere die folgenden Punkte:

- Bestimmung der jeweils am besten geeigneten Feldtypen
- Festlegung der Indexfelder
- Festlegung von Eingabekontrollen, soweit beim Tabellenentwurf möglich
- Verknüpfung von Tabellen

Die genannten Punkte dienen nicht nur der Datenkonsistenz. Sie sind in einem hohen Maße auch für die spätere Programmierung relevant. Ihre Berücksichtigung kann den Programmieraufwand erheblich reduzieren, weil Sie in der Regel weniger Code benötigen und nicht so komplexe Probleme lösen müssen. Hilfreich sind häufig auch sogenannte Nachschlagetabellen, auf die wir in diesem Kapitel ebenfalls eingehen wollen.

Feldtypen bestimmen

Der Feldtyp bestimmt, welche Daten im jeweiligen Feld gespeichert werden können. Zwar wäre es grundsätzlich möglich, die meisten Daten in Textfeldern abzulegen, für die spätere Verwendung ist der Typ jedoch wichtig. Bestimmte Daten müssen sich beispielsweise addieren oder als Datumswerte interpretieren lassen.

Einige Feldtypen sind zudem sehr restriktiv und verhindern damit die Eingabe unsinniger Daten. Das gilt besonders für alle numerischen Typen. Die Typbestimmung erfüllt also zwei Funktionen:

1. Sie bestimmt, welche Operationen mit dem Feldinhalt möglich sind.
2. Sie beschränkt die Dateneingabe auf typspezifische Werte.

Bei der Zuweisung von Feldtypen sollten Sie aber keinesfalls nach dem simplen Schema verfahren: numerische Werte = Datenfeld vom Typ ZAHL. Der Aspekt, unter dem Sie die Zuordnung des Typs prüfen müssen, ist die spätere Verwendung. Ein „numerischer" Wert, mit dem nicht gerechnet werden muß, ist eigentlich kein numerischer Wert. Das gilt beispielsweise für die Postleitzahl oder auch für Telefonnummern. Solche Felder dürfen ruhig vom Typ TEXT sein, auch wenn sie nur aus Ziffern bestehen. Nachfolgend wollen wir die wichtigsten Feldtypen und ihre Verwendung vorstellen:

AutoWert	Dieser Typ ist sehr bequem. Er erzeugt, beginnend mit dem Wert 1, die Feldeinträge automatisch. Der nächste Datensatz erhält die nächsthöhere Nummer usw. Die Einträge sind also immer eindeutig. Eigentlich würde er sich damit für Kunden-, Artikel- und andere Nummern anbieten. Wir möchten Ihnen von der Verwendung auch nicht unbedingt abraten. Der Startwert (1) und die starre Inkrement-Bildung machen den Typ aber wenig flexibel. Möglicherweise wollen Sie Ihre Kundennummern mit einem höheren Wert beginnen lassen. In diesem Fall sollten Sie besser den Typ ZAHL (Untertyp LONG INTEGER) verwenden. Für Felder, die nur der fortlaufenden Nummerierung von Datensätzen dienen, beispielsweise Buchungen, ist AUTOWERT jedoch sehr gut geeignet.
Datum/Uhrzeit	Speziell das Datumsformat ist für Datenbankanwendungen sehr wichtig. Mit den Inhalten dieser Felder kann auch gerechnet werden. So läßt sich beispielsweise die Differenz zwischen zwei Datumswerten berechnen.
Hyperlink	Dieser Typ steht im Prinzip für ein Textfeld. Ein solches Feld kann den Anzeigetext und eine zugehörige Web-Adresse (URL) bzw. einen Dateipfad enthalten.
Ja/Nein	Der Ja/Nein-Typ entspricht funktional den Kontrollkästchen. Er kann ebenfalls nur zwei Zustände annehmen (ja/nein, aktiv/nicht aktiv, wahr/falsch).
Memo	Jede Datenbank verfügt heute über Memofelder, in denen sich unstrukturierter Text beliebiger Länge speichern läßt. Nur wenn Sie Texte unbestimmter Länge benötigen, beispielsweise für Bemerkungs- oder Info-Felder, sollten Sie diesen Typ einsetzen. Der freien Texteingabe stehen sehr große Nachteile gegenüber. So lassen sich Memo-Felder nicht für Sortierfunktionen nutzen. Auch bei der schnellen Suche über Indizes bleibt das Memo-Feld außen vor.

9.3 Hinweise zum Tabellenentwurf

OLE-Objekt	Dieser Typ speichert alles, was sich nicht mit druckbaren Zeichen darstellen läßt (sogenannte Binärdaten). Dazu gehören Grafiken, Sound-Daten, Videos und Dokumentformate wie die von WinWord. Grundsätzlich könnten Sie damit beispielsweise eine Artikeltabelle erzeugen, die von jedem Artikel eine Abbildung enthält. Wir würden Ihnen aber dringend davon abraten. Access speichert alles in einer einzigen Datei. Diese wird durch Binärdaten wie Grafiken aufgeblasen und damit unhandlich und wohl auch fehleranfällig. Als Alternative bietet sich an, Grafiken in einem speziellen Ordner zu speichern und nur über ein Textfeld (oder Hyperlink-Feld) darauf zu verweisen.
Text	Textfelder stellen immer noch den wichtigsten Datentyp dar. Hier speichern Sie alle Daten, die sich bezüglich ihrer Länge begrenzen lassen und auf die keine Rechenoperationen anzuwenden sind. Dazu gehören im Prinzip auch Daten wie Postleitzahlen und Telefonnummern.
Zahl	Hinter diesem Typ verbirgt sich eine lange Liste von Untertypen. Über die Untertypen bestimmen Sie die maximale Länge der Zahlen (BYTE, INTEGER, LONG INTEGER) oder die maximale Anzahl der Dezimalstellen (SINGLE, DOUBLE). Für Zahlen wie beispielsweise Kundennummern sollten Sie den Typ LONG INTEGER wählen. Dezimalzahlen mit einer hohen Genauigkeit erfordern den Typ DOUBLE. Sie können damit bis zu 15 Dezimalstellen speichern.

Den Feldtyp nach Speichern der Tabelle wechseln

Grundsätzlich ist es möglich, den Feldtyp später noch zu wechseln. Enthält die Tabelle bereits Daten, muß aber mit Datenverlust gerechnet werden. Bestimmte Typen lassen sich auch nachträglich nicht mehr wählen. Das gilt beispielsweise für den Typ AUTOWERT.

Indexfelder bestimmen

Indizes sind immer dann erforderlich, wenn große Datenbestände effektiv bearbeitet und ausgewertet werden müssen. Für eine Datentabelle lassen sich mehrere Sortierungen (Indizes) anlegen. Erst dadurch wird es möglich, aus einem großen Datenbestand mit vertretbarem Zeitaufwand Daten nach verschiedenen Kriterien zu selektieren. Indizes sind deshalb ein zentraler Bestandteil von Datenbanksystemen.

Ein Index besteht aus dem sortierten Indexausdruck und einem Verweis auf den zugehörigen Datensatz in der Datentabelle. Diesen Verweis können Sie sich als einen Zeiger auf den Datensatz bzw. eine interne Datensatznummer vorstellen. Ist der Index aktiv, findet jeder Zugriff auf die Datentabelle über den Index statt. Die Indizes moderner Datenbanksysteme verwenden eine modifizierte Binärbaumstruktur. Binärbäume sind eine dynamische Datenstruktur, die es erlaubt, beliebige Elemente der Struktur hinzuzufügen oder zu löschen. Das ist erforderlich, weil Indizes beim Hinzufügen oder Löschen von Datensätzen laufend angepaßt werden müssen.

Primär- und Sekundärindex

In Access unterscheiden wir zwei Arten von Indizes:

1. Primärindex (Primärschlüssel)
2. Sekundärindizes

Wie die Verwendung des Singulars für den Begriff PRIMÄRINDEX schon andeutet, kann es für eine Tabelle nur einen Primärindex geben. Sie können hingegen mehrere Sekundärindizes definieren. Die Begriffe PRIMÄRINDEX und PRIMÄRSCHLÜSSEL wollen wir hier als synonym betrachten, obwohl es Unterschiede gibt. Der Primärschlüssel steht eigentlich nur für ein Datenfeld dessen Einträge den jeweiligen Datensatz eindeutig identifizieren. Access erzeugt für das Feld aber automatisch einen Index.

Einen Primärindex definieren

 Sie definieren einen Primärindex, indem Sie im Tabellenentwurf den Cursor in die Felddefinition setzen, die den Primärschlüssel erhalten soll, und dann den nebenstehenden Schalter betätigen. Alternativ können Sie auch die Option PRIMÄRSCHLÜSSEL im Kontextmenü der Entwurfsansicht wählen.

Sekundärindizes definieren

Sekundärindizes definieren Sie im unteren Teil des Entwurfsfensters. Hier müssen Sie die Eigenschaft INDIZIERT auf einen der folgenden Werte setzen:

Ja (Duplikate möglich)	Den Indextyp, der Duplikate in den Feldern zuläßt, werden Sie für fast alle Indizes verwenden. Dies gilt beispielsweise für Felder wie FIRMA, NAME oder ORT. Würden Sie in solchen Feldern keine Duplikate zulassen, könnte eine Kundentabelle nur jeweils einen Kunden aus Köln, nur einen aus München usw. enthalten.
Ja (ohne Duplikate)	Indizes, die in den Feldern keine Duplikate zulassen benötigen Sie in der Regel nur für Schlüsselfelder wie beispielsweise die Kundennummer. Da wir dafür meistens schon den Primärschlüssel verwenden, werden Sie diesen Typ selten benötigen.

Sie sollten auch dann Duplikate zulassen, wenn Sie relativ sicher sind, daß ein Feldwert nur einmal existiert. Das gilt beispielsweise für Telefon- oder eMail-Nummern. Es ist eben nicht ganz auszuschließen, daß zwei Personen einmal die gleiche Nummer nutzen.

Hinweis: Die Kundennummer erscheint üblicherweise auch in der Rechnungstabelle. Hier bildet sie aber nicht mehr den Primärschlüssel. Dafür ist die Rechnungsnummer zuständig. Da ein Kunde mehrere Rechnungen erhalten kann, erscheint die zugehörige Kundennummer eventuell auch mehrfach in der Rechnungstabelle. Wenn Sie die Kundennummer in der Rechnungstabelle mit einem Sekundärindex versehen, was nicht unbedingt sinnvoll ist, müssen Sie dafür auch Duplikate zulassen.

9.3 Hinweise zum Tabellenentwurf

Auf- und absteigende Sortierung

In der Voreinstellung erhalten Sie aufsteigend sortierte Indizes. Das dürfte in den meisten Fällen auch die gewünschte Ordnung sein. Für einige Felder, beispielsweise Umsatz- oder Datumsfelder, kann es aber auch sinnvoll sein, eine absteigende Indizierung zu erzeugen. Beim Rechnungsdatum würden Sie dann die Rechnungen mit dem jüngsten (neuesten) Datum zuerst angezeigt erhalten. Wollen Sie die Sortierordnung eines Indexes umkehren, müssen Sie dafür das Index-Fenster aufrufen. Befindet sich eine Tabelle im Entwurfsmodus, öffnen Sie das Fenster mit der Menüoption ANSICHT/INDIZES oder mit dem gleichnamigen Schalter.

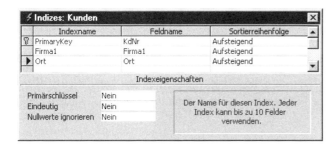

Abb. 9.6: Indizes genauer definieren

Hier werden alle schon definierten Indizes angezeigt. Die Sortierung ändern Sie in der Spalte SORTIERREIHENFOLGE. Hinter der Eigenschaft EINDEUTIG verbirgt sich die Zulassung von Duplikaten. Die Einstellung EINDEUTIG - JA bedeutet keine Duplikate.

Indexnamen vergeben

Im Fenster INDIZES können Sie auch deren Namen bestimmen. Diese Namen werden gelegentlich auch beim Programmieren benötigt. Vorgegeben sind die Namen der Felder. Da Sie aber für ein Feld mehrere Indizes definieren können, beispielsweise auf- und absteigende, lassen sich hier auch eigene Namen definieren.

Indizes über mehrere Felder (Mehrfelderindizes)

Ein Index kann mehrere Felder umfassen. So ist es beispielsweise möglich, einen gemeinsamen Index für die Felder FIRMA1 und FIRMA2 zu bilden. Zunächst bestimmt dann der Wert des ersten Feldes die Sortierordnung. Nur wenn sich im ersten Feld gleiche Einträge befinden, wird der Wert im zweiten Feld wirksam.

Indexname	Feldname	Sortierreihenfolge
Anschrift	Ort	Absteigend
	Strasse	Aufsteigend

Abb. 9.7: Einen zusammengesetzten Index erzeugen

Für das Beispiel aus Abbildung 9.7 haben wir einen Index mit dem Namen ANSCHRIFT über die Felder ORT und STRASSE gebildet. Einen zusammengesetzten Index erzeugen Sie, indem

Sie zunächst den Namen eingeben und dann in der gleichen Zeile und in den folgenden Zeilen die zugehörigen Felder bestimmen. Der Name des Indexes (hier ANSCHRIFT) erscheint nur in der ersten Zeile der Indexdefinition.

Welche Felder indizieren?

Wie die Struktur Ihrer Tabellen sollten Sie auch die Zahl und Art der Indizes sorgfältig planen. Felder, die häufig zu Sortier- und Filteraufgaben herangezogen werden, sind natürliche Kandidaten für einen Index. Dazu gehören bei einer Kundenverwaltung beispielsweise die Felder FIRMA, NAME, ORT und PLZ.

Nachteile bei zu vielen Indizes

Ohne Indizes ist eine Datenbank gar nicht vorstellbar. Dennoch sollten Sie darauf achten, die Zahl der Indizes nicht zu groß werden zu lassen. Jeder Index beeinflußt das Zeitverhalten einer Datenbank. Das gilt besonders für die Eingabe von neuen Daten, da in diesem Fall auch alle Indizes angepaßt werden.

Eingabekontrolle auf Feldebene

Ein wichtiger Bereich der Datenbankentwicklung betrifft die Eingabekontrolle. Mit der Normalisierung der Tabellen erhalten Sie nur eine konsistente Datenbasis. Die Normalisierung bietet aber keinen Schutz vor unsinnigen Daten. Eine vollständige Eingabekontrolle ist allerdings auch nicht möglich. Die Eingabekontrolle kann aber dazu beitragen, unsinnige Daten in der Datenbank zu vermeiden. In Access müssen Sie zu diesem Zweck nicht unbedingt programmieren. Die folgenden Möglichkeiten stehen Ihnen schon beim Tabellenentwurf zur Verfügung:

- Eingabekontrolle über maximale Feldlänge

- Eingabekontrolle über die Option EINGABE ERFORDERLICH

- Automatische Eingabe (STANDARDWERT)

- Eingabekontrolle über Feldformate (EINGABEFORMATE)

- Eingabekontrolle über Gültigkeitsregeln

- Eingabekontrolle über Nachschlagefunktion

Mit Hilfe der vorgegebenen Feldlänge lassen sich beispielsweise sechstellige Postleitzahlen vermeiden. Wenn Sie das entsprechende Feld auf fünf Zeichen begrenzen, können eben nicht mehr Ziffern eingegeben werden. Auch Länder-Codes (maximal drei Zeichen) profitieren von einer Begrenzung der Zeichenzahl. Die Feldlänge können Sie aber nur bei Textfeldern begrenzen.

9.3 Hinweise zum Tabellenentwurf   343

Die Funktion EINGABE ERFORDERLICH ist zwar wenig spezifisch, sie verhindert aber zuverlässig, daß beispielsweise ein Kunde ohne Ortsangabe in die Datenbank aufgenommen wird.

Standardwerte vorgeben

Auch die automatische Eingabe, die Sie mit der Eigenschaft STANDARDWERT erhalten, bietet einen begrenzten Schutz vor falschen Daten. Bei einigen Feldern, etwa einem Datumswert für die Aufnahme eines neuen Kunden, kann sie sinnvoll sein. In diesem Fall schreiben Sie einfach die Datumsfunktion DATUM() in die Eingabezeile der Eigenschaft. Wer seine Kunden überwiegend in einer bestimmten Stadt findet, kann für das Feld ORT den Namen dieser Stadt als Vorbelegung wählen. Die Vorgabe der Standard-Eigenschaft läßt sich bei der Dateneingabe jederzeit überschreiben.

Eingabeformate auswählen

Eine recht wirkungsvolle Kontrolle erhalten Sie bei Verwendung von Eingabeformaten. Damit bestimmen Sie nicht nur die maximale Zeichenzahl, sondern auch die Position von Trennzeichen. Zudem können Sie hier vorgeben, ob einzelne Zeichen aus Buchstaben und Ziffern oder nur aus Ziffern bestehen dürfen. Für viele typischen Daten, etwa Zeit- und Datumswerte, sind bereits Formate definiert, die Sie über einen Dialog auswählen können. Den Dialog erhalten Sie angezeigt, wenn Sie im Tabellenentwurf die Eigenschaft EINGABEFORMAT aktivieren, und dann auf den kleinen Schalter am Ende der Eingabezeile klicken.

Für Textfelder finden Sie hier unter anderem Formate, die der Eingabe von Postleitzahlen, Telefonnummern und ISBN-Nummern dienen. Verwenden Sie beispielsweise das PLZ-Format, kann der Anwender im entsprechenden Feld nur noch Ziffern eingeben, obwohl das Feld vom Typ TEXT ist.

Eingabekontrolle über Gültigkeitsregeln

Neben den Eingabeformaten bieten Gültigkeitsregeln den größten Schutz vor der Eingabe unsinniger Daten. Dieser Bereich ist jedoch sehr komplex, da sich nahezu beliebige Ausdrücke bilden lassen. Access stellt dafür einen besonderen Dialog zur Verfügung, den AUSDRUCKS-GENERATOR. Access-Funktionen, Operatoren und vordefinierte Konstanten setzen Sie hier per Mausklick zu Ausdrücken zusammen.

Für Datumsfelder können Sie zum Beispiel bestimmte Datumsbereiche oder eine Datumsuntergrenze definieren. Wenn Sie zum 01.01.1999 eine Firma gegründet haben, läßt sich mit der Gültigkeitsregel

```
>=DatWert("01.01.1999")
```

verhindern, daß Kunden mit einem Datum vor dieser Zeit in die Datenbank aufgenommen werden. Der Versuch, ein früheres Datum einzugeben, wird von Access mit einer Fehlermeldung quittiert. Den Text der Fehlermeldung bestimmen Sie mit der Feldeigenschaft GÜLTIGKEITSMELDUNG.

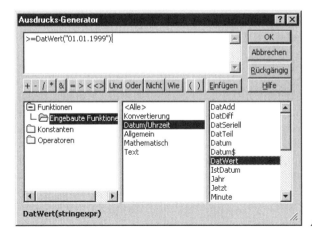

Abb. 9.8: Ausdrücke als Gültigkeitsregeln

Was Sie noch programmieren müssen

Wenn Sie die Möglichkeiten der Feldeigenschaften intensiv nutzen, bleibt bezüglich der Eingabekontrolle nicht mehr viel zu programmieren. Möglich wären noch sogenannte Plausibilitätskontrollen, bei denen eine Eingabe nicht einfach abgewiesen wird. Der Anwender erhält vielmehr einen Ja/Nein-Dialog angezeigt, in welchem er die Korrektheit der eingegebenen Daten nochmal bestätigen muß.

Nachschlagewerte und Nachschlagetabellen

Eine Kontrolle und eine Unterstützung der Dateneingabe erreichen Sie mit Hilfe von Nachschlagewerten bzw. Nachschlagetabellen. Wenn nur bestimmte Feldwerte möglich sind, etwa bei einem Anrede-Feld, sollten Sie Nachschlagewerte verwenden. Sie erstellen dann eine feste Liste mit Werten, zwischen denen der Anwender nur noch wählen muß. Eine abweichende Eingabe ist, wie beim Standardwert, auch weiterhin möglich. Die Option NACHSCHLAGEN ist als Feldtyp definiert. Sie müssen dazu den Feldtyp NACHSCHLAGE-ASSISTENT einstellen. Im Assistenten, den Sie damit öffnen, wählen Sie zunächst zwischen der Anbindung einer Tabelle und der direkten Werteingabe. Für das Anredefeld würden Sie beispielsweise die zweite Option wählen und als Werte die kurze Liste

Frau

Herr

eingeben. Beachten Sie, daß nach dem Schließen des Assistenten in der Typspalte der Feldtyp TEXT erscheint. Bei der Dateneingabe erhalten Sie jedoch eine Auswahlliste mit den von Ihnen bestimmten Werten angezeigt.

Um eine Tabelle als Nachschlagehilfe zu verwenden, müssen Sie diese erst erzeugen. Der Nachfrage-Assistent bietet nur die Tabellen zur Auswahl an, die in der gleichen Datenbank enthalten sind. Eine Nachschlagetabelle können Sie beispielsweise für das Feld LAND verwenden. Die Tabelle würde nur zwei Felder benötigen. Im ersten Feld erscheint das Länderkürzel, das Sie für das Feld LAND der Kundentabelle benötigen. Das zweite Feld kann zu Informationszwecken den ausgeschriebenen Ländernamen enthalten.

Abb. 9.9: *Nachschlagewerte in einer Auswahlliste*

Bei der Dateneingabe wird dann nur der Inhalt eines Feldes übernommen. Welches Feld das sein soll, können Sie im Nachschlage-Assistenten bestimmen. Wenn Sie eine Nachschlagetabelle verwenden, stellt Access automatisch eine Beziehung zwischen den beiden Tabellen her.

Beziehungen zwischen Tabellen herstellen

Für die Verknüpfung von Tabellen, in Access Beziehungen genannt, müssen Sie im Kontextmenü des Datenbankfensters die Option BEZIEHUNGEN... wählen. Wenn bereits Nachschlagetabellen eingerichtet wurden, werden diese im Beziehungsfenster gleich als verknüpft dargestellt. Weitere Tabellen, soweit vorhanden, fügen Sie über die Option TABELLEN ANZEIGEN... hinzu, die Sie im Kontextmenü des Beziehungsfensters finden.

Eine Beziehung erstellen

Um beispielsweise eine Beziehung zwischen den Tabellen KUNDEN und RECHNUNGEN herzustellen, müssen beide Tabellen über ein Feld vom gleichen Datentyp verfügen! Die Namen der Felder müssen jedoch nicht identisch sein. Wir haben in beiden Tabellen ein Feld KDNR vorgesehen. In der Kundentabelle bildet dieses Feld auch den Primärschlüssel.

Die Verbindung stellen Sie her, indem Sie einfach auf das Feld KDNR der Kundentabelle klicken und den Mauszeiger dann bei gedrückter linker Maustaste zum KdNr-Feld der Rechnungstabelle ziehen. Sobald Sie die Maustaste freigeben, wird noch ein Dialog angezeigt, in welchem Sie die Eigenschaften der Verbindung setzen bzw. ändern können.

Referentielle Integrität

Hier ist zunächst die Eigenschaft REFERENTIELLE INTEGRITÄT wichtig. Damit ist gemeint, daß in einer abhängigen Tabelle, in unserem Beispiel der Tabelle RECHNUNGEN, keine Datensätze enthalten sein dürfen, zu denen kein Datensatz in der übergeordneten Tabelle (hier KUNDEN) gehört. Ein Datensatz in der übergeordneten Tabelle darf nur gelöscht werden, wenn zuvor oder gleichzeitig die zugehörigen Datensätze der untergeordneten Tabelle gelöscht werden.

Die Option MIT REFERENTIELLER INTEGRITÄT bewirkt, daß Access sich weigert, einen solchen Datensatz in der Tabelle KUNDEN zu löschen. Sie müssen zuvor die Datensätze (die Rech-

nungen) des Kunden in der Rechnungstabelle löschen. Aktivieren Sie die Option LÖSCH-
WEITERGABE AN DETAILDATENSATZ, erledigt Access diese Aufgabe automatisch. Wenn Sie
danach den Kunden Maier löschen, werden automatisch auch alle seine Rechnungen in der
Rechnungstabelle entfernt. Diese Option sichert die Referentielle Integrität und ist zudem sehr
bequem. Sie ist aber auch sehr gefährlich. Für Datenbanken, die Bestandsdaten verwalten, beispielsweise das hier unterstellte Fakturierungsmodell, sollten Sie das Löschen von Daten eher
erschweren. In diesem Fall wählen Sie nur die Option MIT REFERENTIELLER INTEGRITÄT.

Aktualisierungsweitergabe an Detailfeld

Auch mit dieser Option wahren Sie bei bestimmten Operationen die Referentielle Integrität.
Ändern Sie in der Kundentabelle eine Kundennummer, müssen auch die zugehörigen Kunden-
nummern in der Rechnungstabelle geändert werden. Bei Aktivierung der Aktualisierungsweitergabe geschieht das automatisch. Verzichten Sie auf die Option erhalten Sie beim Ände-
rungsversuch eine Fehlermeldung angezeigt. Access weigert sich dann, die Operation auszuführen. Da Daten wie die Kundennummer eigentlich für die Ewigkeit gedacht sind, sollten Sie
diese Option normalerweise nicht benötigen.

Der Beziehungstyp

In Abbildung 9.10 sehen Sie die Beziehungen zwischen den Basistabellen einer Fakturierung.
Access trägt automatisch den Beziehungstyp (1:m) ein. Dieser Beziehungstyp wird aus der
Indizierung der beteiligten Felder abgeleitet.

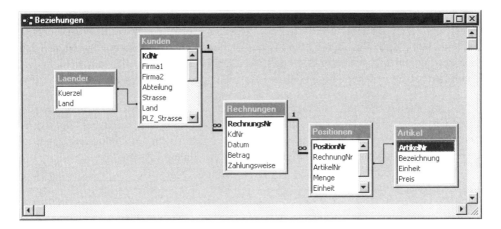

Abb. 9.10: Beziehungen zwischen Tabellen herstellen

Wenn Sie das Feld KDNR der Tabelle KUNDEN als Primärschlüssel definiert haben, während
das gleichnamige Feld der Rechnungstabelle nicht indiziert ist, kann nur eine 1:m-Beziehung
zwischen diesen Feldern bestehen. Ein nicht indiziertes Feld bedeutet automatisch, daß hier
Duplikate zulässig sind, beispielsweise die gleiche Kundennummer.

Beziehungen überarbeiten

Wenn Sie eine der Beziehungslinien anklicken, wird diese durch eine größere Linienstärke hervorgehoben. Sie können dann im Kontextmenü dieser Linie die Option BEZIEHUNG BEARBEITEN... aufrufen. Damit öffnen Sie wieder den Bearbeiten-Dialog, so daß Sie die Beziehung auch nachträglich ändern können. Sie löschen eine Beziehung, indem Sie die Beziehungslinie markieren und dann die Taste ENTF betätigen oder im Kontextmenü der Linie die Option LÖSCHEN wählen.

9.4 Access-Formulare entwerfen

Im Gegensatz zu den Formularen auf Basis von Word-Dokumenten oder Excel-Arbeitsmappen stellen Access-Formulare schon richtige Anwendungen dar. Sie verfügen über Funktionalität, die bei Dokumentformularen und auch bei UserForm-Dialogen erst mühsam programmiert werden muß. Wir gehen davon aus, daß Sie mit den Grundlagen der Formulargestaltung in Access hinreichend vertraut sind. Der folgende Textabschnitt wird daher recht knapp ausfallen. Nur die wichtigsten Werkzeuge und Eigenschaften sollen hier angesprochen werden.

Hinweis: Ausführliche Hinweise zum Umgang mit Formularen und Steuerelementen finden Sie in Kapitel 11. Die dortigen Themen beziehen sich zwar überwiegend auf Word und Excel, lassen sich teilweise aber auch für Access-Formulare nutzen.

Formulare und Web-Seiten

Access 2000 läßt Ihnen die Wahl, ob Sie nach alter Sitte Formulare erstellen oder gleich Web-Seiten als Formulare erzeugen wollen. Der Anwender benötigt dann nur noch einen passenden Browser, vorzugsweise natürlich den Internet Explorer ab Version 5.0, um auf Ihre Datenbank zuzugreifen. Selbst das Öffnen der Datenbank wird vom Browser übernommen, nicht einmal Access muß dazu aufgerufen sein. Allerdings können Access-Seiten (genauer: Datenzugriffsseiten) funktional nicht mit normalen Access-Formularen mithalten. Wir werden daher erst zum Schluß dieses Unterkapitels auf die Gestaltung von Web-Seiten eingehen.

Formulare als Basis der Programmierung

Ein Formular ist nicht nur für Benutzer das zentrale Objekt einer Access-Anwendung, es bildet auch für den Programmierer die Basis der Anwendungsentwicklung. Alle Prozeduraufrufe erfolgen in der Regel aus einem Formular heraus und führen auch wieder zum Formular zurück. Auch Module konzentrieren sich üblicherweise auf ein spezielles Formular.

Access-Formulare sind bereits funktional auf die Anzeige und Bearbeitung von Datenbanken ausgerichtet. So können Sie beispielsweise eine Datenbank bzw. Tabelle an ein Formular binden. Dadurch erhalten Sie unter anderem die Möglichkeit, mit den Tasten BILD OBEN (PGUP) und BILD UNTEN (PGDOWN) zwischen den Datensätzen zu wechseln.

Datensensitive Steuerelemente

Ein wichtiger Unterschied bezüglich der Steuerelemente besteht bei der Anbindung von Tabellenfeldern. Die Steuerelemente des Access-Formulars lassen sich an ein bestimmtes Tabellenfeld anbinden und zeigen dann immer den Inhalt dieses Feldes an. Bei einem einfachen Textfeld ist das der Feldeintrag des gerade angewählten Datensatzes, bei Listen- und Kombinationsfeldern lassen sich alle Einträge 'durchscrollen'.

Die Feldliste

Tabellenfelder plazieren Sie am einfachsten mit Hilfe der Feldliste, nicht mit der Toolbox. Per DRAG&DROP können Sie die Felder direkt aus der Feldliste in das Formular schieben. Die Feldliste wird automatisch eingeblendet, sobald Sie im Eigenschaften-Fenster des Formulars das Formular an eine Datentabelle anbinden. Zuständig ist hier die Eigenschaft DATENHERKUNFT. Die Feldliste können Sie mit der Menüoption ANSICHT/FELDLISTE... oder über den Symbolschalter FELDLISTE ein- oder ausschalten.

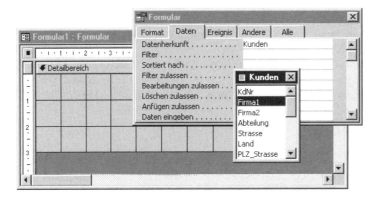

Abb. 9.11: Felder per Drag&Drop im Formular plazieren

Mit Hilfe der Feldliste plazieren Sie Textfelder, Kontrollkästchen und, soweit in der Tabelle Nachschlagefelder definiert wurden, auch Kombinationsfelder und Listen. Andere Steuerelemente, beispielsweise Schalter, Optionsfelder oder Register-Elemente, müssen Sie über die Toolbox einfügen.

Felder und Feldbezeichnungen positionieren

Die Felder werden mit Feldbezeichnungen im Formular plaziert. Sie können Bezeichnungen und Felder aber unabhängig voneinander positionieren, wenn Sie die vergrößerten Markierungspunkte oben links am jeweiligen Objekt mit der Maus fassen. Der Mauszeiger verwandelt sich dann in eine zeigende Hand.

Formulareigenschaften im Eigenschaftsfenster ändern

Die größte Programmiererersparnis erreichen Sie durch konsequente Nutzung der Eigenschaftsfenster für Formular und Steuerelemente. Eigenschaften können nicht nur den Steuerelementen zugewiesen werden, sondern auch dem Formular selbst und Teilen des Formulars. Die folgende Liste zeigt die möglichen Bereiche:

- Formular
- Formularkopf/Formularfuß
- Seitenkopf/Seitenfuß
- Detailbereich
- Steuerelement
- Mehrfachauswahl

Die Option MEHRFACHAUSWAHL besagt, daß Sie mehrere Steuerelemente markiert haben. Beim Zuweisen von Eigenschaften sollten Sie darauf achten, den richtigen Bereich bzw. das richtige Steuerelement zu erwischen. Ein Blick auf die Titelleiste des Eigenschaftsfensters hilft Ihnen, sich zu orientieren. Das Eigenschaftsfenster zeigt hier den jeweiligen Bereich, für den die Änderungen gelten, an.

Formulareigenschaften

Die wichtigste Eigenschaft ist natürlich die schon vorgestellte Eigenschaft DATENSATZHERKUNFT, die Sie im Bereich DATEN finden. Zu den wichtigen Eigenschaften für die Erscheinung des Formulars zählen aber auch folgende:

Standardansicht	Access-Formulare können Daten grundsätzlich in zwei Ansichten darstellen: als Formular und als Tabelle, hier Datenblatt genannt. Bei der Formularsicht läßt sich noch ein Endlosformular wählen, wobei das von Ihnen entworfene Formular endlos wiederholt wird. In der Regel sollten Sie hier die Einstellung EINZELNES FORMULAR wählen.
Zugelassene Ansichten	Mit dieser Eigenschaft können Sie bestimmen, ob der Anwender zwischen der Formular- und der Datenblattsicht wechseln kann. Da die Datenblattsicht die ganze Formularfläche belegt, also alle Steuerelemente verschwinden läßt, würden wir eher dazu raten, nur die Formularsicht zuzulassen.
Navigationsschaltflächen	Mit der Navigationsschaltfläche erhalten Sie eine recht elegante Schalterleiste für das Blättern zwischen den Datensätzen und andere Datensatzoperationen. Wenn die Navigationsschaltfläche optisch in Ihr Konzept paßt, sollten Sie diese unbedingt verwenden. Allerdings ist es nicht sehr schwer, einzelne Schalter mit Funktionalität zu versehen. Access stellt dafür einen eigenen Assistenten zur Verfügung, der auch für die notwendige Funktionalität sorgt.

Rahmenart	Ein Datenbankformular besteht in der Regel aus einer festen Anzahl von Steuerelementen. Das Formular benötigt dafür nur ein bestimmtes Höhe/Breite-Verhältnis. Um zu verhindern, daß der Anwender dieses Verhältnis zur Laufzeit ändert, können Sie für die Rahmenart den Wert DIALOG wählen.

Für das Formular aus Abbildung 9.12 haben wir die Formularsicht gewählt und auf die vordefinierte Navigationsschaltfläche verzichtet. Die Navigationsschaltfläche läßt sich leider nicht frei im Formular plazieren. Sie erscheint praktisch immer im Formularfuß. Da das Formular ein Registerelement besitzt, würde die Navigationsschaltfläche auch dann angezeigt werden, wenn wir zu anderen Seiten des Registerelements (ein Multiseitenelement) wechseln, um andere Daten zu bearbeiten.

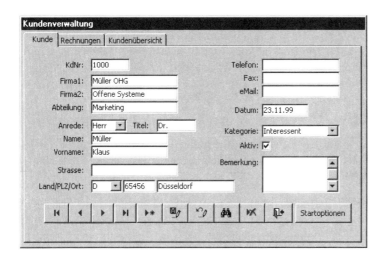

Abb. 9.12: Kundenformular mit Register-Element

Die Schaltflächen fügen Sie über die Toolbox ein (Menüoption ANSICHT/TOOLBOX). Natürlich muß ein Registerelement, das die Steuerelemente aufnehmen soll, als erstes im Formular plaziert werden. Wir werden weiter unten auf die Besonderheiten dieses Elements eingehen.

Eigenschaften von Textfeldern

TEXTAUSRICHTUNG

Die unterschiedliche Ausrichtung von numerischen Werten, Datumsangaben und Texten am linken bzw. rechten Rand macht eigentlich nur Sinn, wenn wie in einer Tabelle mehrere Werte untereinander stehen. Bei Formularen sollten Sie auch numerische Werte und Datumsangaben linksbündig ausrichten. Die passende Einstellung finden Sie unter der Eigenschaft TEXTAUSRICHTUNG.

9.4 Access-Formulare entwerfen

STEUERELEMENTINHALT – Ausdrücke in Textfeldern

Textfelder müssen nicht unbedingt an ein bestimmtes Tabellenfeld gebunden werden. Sie können hier beliebige Werte anzeigen lassen und sogar ganze Ausdrücke als Inhalt verwenden. Zuständig ist die Eigenschaft STEUERELEMENTINHALT. Wenn Sie diese Eigenschaft im Eigenschaftenfenster aktivieren, erhalten Sie wieder den Schalter mit den drei Punkten angezeigt. Damit öffnen Sie den Ausdrucks-Generator.

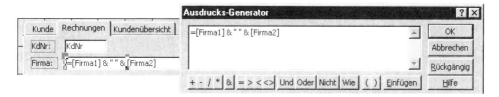

Abb. 9.13: Ausdrücke als Textfeld-Inhalt (Ausschnitt im Entwurfsmodus)

In Abbildung 9.13 haben wir einen Ausdruck erzeugt, der die Inhalte der Formularfelder FIRMA1 und FIRMA2 verkettet ausgibt. Die Felder, auf die wir uns hier beziehen, befinden sich auf der Seite KUNDEN des Registerelements im gleichen Formular (siehe Abbildung 9.12). Es sind also nicht die gleichnamigen Felder der Tabelle gemeint.

Wenn Sie die Zuordnung zu einem bestimmten Tabellenfeld aufheben, eignet sich das Textfeld natürlich nicht mehr zur Dateneingabe. Es handelt sich dann um ein reines Ausgabefeld. In diesem Fall können Sie die Eigenschaften AKTIVIERT und GESPERRT auf NEIN bzw. JA setzen.

Listenfelder als Suchtabellen

Listen- und Kombinationsfelder lassen sich an eine Tabelle binden. Damit können Sie mehrere Spalten der Tabelle (oder Abfrage) darstellen. Handelt es sich dabei um die Tabelle, die zuvor an das Formular gebunden wurde (Formulareigenschaft DATENHERKUNFT), läßt sich per VBA-Code erreichen, daß die Auswahl im Listen- oder Kombinationsfeld die Anzeige des Datensatzes in den einzelnen Textfeldern steuert. Sie können so sehr schnell eine Such- bzw. Übersichtstabelle erzeugen, aus der beispielsweise ein Kunde per Mausklick ausgewählt werden kann. Um diese Funktion zu erhalten, müssen Sie nicht unbedingt programmieren. Der Assistent, der nach der Plazierung des Listenfeldes erscheint, erzeugt den notwendigen Programm-Code automatisch.

Das Listenfeld aus Abbildung 9.14 haben wir mit Hilfe des Listenfeld-Assistenten erzeugt. Dazu müssen Sie auf der ersten Seite des Assistenten die dritte Option wählen (EINEN DATENSATZ ... SUCHEN). Nach dem Markieren eines Datensatzes im Listenfeld, wird dieser sofort auch in den Feldern der Registerseite KUNDE angezeigt.

Für die Umschaltung zwischen verschiedenen Sortierordnungen (FIRMA, NAME, ORT etc.) haben wir unterhalb des Listenfeldes ein Kombinationsfeld eingefügt. Die Umschaltung der

Sortierordnung erfordert allerdings etwas selbstgestrickten Programm-Code. Wir werden im Kapitel „Office-Projekte" darauf zurückkommen.

Abb. 9.14: Ein mehrspaltiges Listenfeld als Suchtabelle

Die Anzeige der Feldnamen stellen Sie im Eigenschaftsfenster des Listenfeldes ein (SPALTENÜBERSCHRIFTEN = JA).

Hinweis: Das Listenfeld dient ausschließlich der Suche. Eine Dateneingabe ist natürlich nicht möglich. Wollen Sie eine Tabellenübersicht mit der Möglichkeit der Dateneingabe realisieren, müssen Sie ein Formular erzeugen und dieses als Unterformular einfügen.

Vordefinierte Funktionen für Schaltflächen

Sehr einfach lassen sich Schalter mit Standardfunktionen belegen. Der Schaltflächen-Assistent bietet diese nach Kategorien sortiert an. Selbst um einfache Grafiksymbole müssen Sie sich nicht kümmern. Der Assistent erzeugt automatisch Programm-Code, der dem Ereignismodul des Formulars zugeordnet ist. Sie können sich den Programm-Code anschauen, wenn Sie den Schalter markieren und dann im Eigenschaftsfenster das Ereignis BEIM KLICKEN wählen. Über den kleinen Schalter mit den drei Punkten gelangen Sie zum zugehörigen Ereignismodul.

Hinweise zur Arbeitserleichterung

Access-Formulare sind sehr komplex. Das erschwert in der Regel die Aktivierung bestimmter Steuerelemente. In Access verfügen Sie jedoch über verschiedene Techniken, um gezielt an bestimmte Steuerelemente heranzukommen:

- Ist kein Element aktiviert, können Sie zunächst einen Gummirahmen aufziehen. Alle Elemente, die davon berührt werden, erscheinen dann markiert.

- Wenn Sie auf das horizontale oder vertikale Lineal klicken, werden alle Elemente markiert, die sich auf einer senkrechten oder waagerechten Linie befinden. Diese Linie wird beim Klicken angezeigt.

- Halten Sie beim Klicken noch die Umschalttaste (SHIFT) gedrückt, können Sie die genannten Techniken noch mit der Mehrfachselektion verknüpfen.

- Die Symbolleiste FORMATIERUNG FORMULAR/BERICHT enthält eine Objektliste, über die sich die einzelnen Steuerelemente und Formularteile mit dem jeweiligen Namen anwählen und damit markieren lassen.

Haben Sie ein Steuerelement definiert, das Sie in ähnlicher Form mehrmals benötigen (etwa gleichförmige Schalter), können Sie mit der Menüoption BEARBEITEN/DUPLIZIEREN eine Kopie erzeugen. Sie müssen dann nur noch die abweichenden Eigenschaften verändern.

Hinweis: Beim Duplizieren wird kein Programm-Code auf das neue Element übertragen. Da beispielsweise die Funktionalität der per Assistent definierten Schalter über automatisch erstellten Programm-Code erzeugt wird, ist ein duplizierter Schalter zunächst funktionslos.

Formulare und Unterformulare

Unterformulare haben zunächst die Funktion, Werte aus abhängigen Tabellen anzuzeigen. Da aus der abhängigen Tabelle in der Regel mehrere Datensätze, beispielsweise mehrere Rechnungen, anzuzeigen sind, werden Sie dafür in der Regel eine Datenblattsicht (Tabellendarstellung) wählen. Beim Entwurf eines Formulars, das als Unterformular in Datenblattsicht für ein anderes Formular vorgesehen ist, sind folgende Punkte zu beachten:

- Binden Sie zunächst die Tabelle, deren Daten im Unterformular angezeigt werden sollen, an das Unterformular. Für unser Beispiel ist das die Tabelle RECHNUNGEN. Zuständig ist hier die Formulareigenschaft DATENHERKUNFT.

- Nach der Anbindung können Sie die Felder der Tabelle über die Feldliste (ANSICHT/FELD-LISTE) im Unterformular plazieren. Die Reihenfolge der Plazierung entscheidet über die Anordnung der Felder in der späteren Tabellendarstellung. Allerdings können Sie die Reihenfolge jederzeit im Reihenfolgen-Dialog (ANSICHT/AKTIVIERREIHENFOLGE) ändern. Auf die Ordnung bzw. Ausrichtung der Felder im Formular müssen Sie nicht achten.

- Im Eigenschaftenfenster des Unterformulars setzen Sie die Eigenschaften STANDARDANSICHT und ZUGELASSENE ANSICHTEN auf den Wert DATENBLATT.

- Anschließend können Sie das Formular speichern. Sie sollten dabei einen Namen vergeben, der erkennen läßt, daß dieses Formular als Unterformular gedacht ist, beispielsweise UNTERFORMULAR_RECHNUNGEN.

Formular als Unterformular einfügen

Um das Unterformular einzufügen, öffnen Sie das Hauptformular im Entwurfsmodus und aktivieren dann in der TOOLBOX (der Werkzeugsammlung) den Schalter UNTERFORMULAR/BERICHT. An der gewünschten Stelle im Hauptformular müssen Sie nun wie üblich einen Rahmen aufziehen. Für Abbildung 9.15 haben wir die freie Seite eines Register-Elements dafür vorgesehen. Sie können ein Unterformular aber auch auf der Seite plazieren, auf der die Daten der übergeordneten Tabelle, hier der Kundentabelle, angezeigt werden.

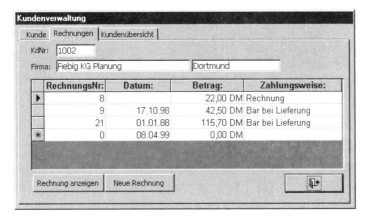

Abb. 9.15: Ein Unterformular in der Datenblattsicht

Nach Aufziehens des Rahmens erscheint der Unterformular-Assistent. Auf der ersten Seite wählen Sie die Option VORHANDENES FORMULAR VERWENDEN. In der ebenfalls angezeigten Liste aktivieren Sie dann das zuvor erstellte Unterformular.

Beziehung zwischen Tabellen überprüfen

Wenn Sie die Tabellen wie früher schon gezeigt über das Schlüsselfeld der übergeordneten Tabelle (in unserem Beispiel das Feld KDNR der Kundentabelle) verknüpft haben, könnten Sie den Unterformular-Assistenten mit dem Schalter FERTIG STELLEN schließen. Da die Beziehung zwischen den Tabellen aber über die korrekte Funktion entscheidet, sollten Sie zunächst auf den Schalter WEITER klicken.

Auf der nächsten Seite werden die Alternativen, soweit mehrere vorhanden sind, im Klartext angezeigt. Für unser Beispiel wäre das die Anzeige der Rechnungen für jeden Kunden unter Verwendung der Kundennummer (des Feldes KDNR). Sie können eine eigene Beziehung zwischen den Tabellen herstellen, wenn Sie die Option EIGENE DEFINIEREN anwählen. In der Regel sollte das aber nicht nötig sein. Die Verknüpfung läßt sich später auch im Eigenschaftenfenster des eingefügten Unterformulars noch korrigieren. Hier sind dann die Eigenschaften VERKNÜPFT VON und VERKNÜPFT NACH zuständig.

Auf der letzten Seite des Assistenten haben Sie noch die Möglichkeit, einen Namen für das Unterformular einzugeben bzw. den vorgegebenen Namen zu ändern. Dieser Name bildet auch die Beschriftung, die über bzw. vor dem Unterformular erscheint. Die Beschriftung werden Sie in der Regel nicht benötigen. Nach Schließen des Assistenten können Sie diese im Formular löschen.

9.5 Programm-Code für das Formular

Dem Formular und den darin enthaltenen Steuerelementen ist wieder ein spezielles Ereignismodul zugeordnet. Der Zugang zum Ereignismodul ist auf folgenden Wegen möglich:

- Sie aktivieren ein Steuerelement (oder das Formular) und wählen dann im Eigenschaftenfenster die Seite EREIGNIS. Hier werden alle Ereignisse des Elements bzw. des Formulars aufgelistet. Sobald Sie das gewünschte Ereignis aktiviert haben, wird ein Schalter mit drei Punkten angezeigt. Damit öffnen Sie eine Auswahl, in welcher Sie die Option CODE-GENERATOR wählen müssen. Hinter dem Code-Generator verbirgt sich die schon vertraute VBA-Entwicklungsumgebung. Diese wird gleich mit dem Ereignismodul des Formulars geöffnet.

- Einfacher geht es, wenn Sie das Formular bzw. ein Steuerelement markieren und dann den Schalter CODE oder die Menüoption ANSICHT/CODE aufrufen. Allerdings landen Sie dann nur im Ereignismodul. Es wird nicht gleich die passende Ereignisprozedur angeboten.

- Zur VBA-Entwicklungsumgebung gelangen Sie auch wieder mit der Tastenkombination ALT+F11. Um das Ereignismodul eines Formulars zu erhalten, müssen Sie dieses im Projekt-Explorer markieren und die Option CODE ANZEIGEN wählen. Ein „normales" VBA-Modul erzeugen Sie mit der Menüoption EINFÜGEN/MODUL.

Deutsche und englische Bezeichnungen

Das Eigenschaftenfenster verwendet für Eigenschaften und Ereignisse deutsche Bezeichnungen. Bei der Programmierung müssen Sie aber, wie schon unter Word, Excel und PowerPoint, englische Ausdrücke verwenden. Wenn wir im folgenden Text Ereignisse besprechen, geben wir daher in der Regel beide Bezeichnungen an.

Ereignisprozeduren des Formulars

Das Formular besteht aus mehreren Bereichen (Kopf-, Fuß-, Detailbereich etc.), die über eigene Ereignisse verfügen. Nachfolgend gehen wir nur auf einzelne Ereignisse des gesamten Formulars ein. In der Titelleiste des Eigenschaftenfensters muß also die Bezeichnung FORMULAR erscheinen.

Formular- und Datensatzereignisse

Die Bezeichnung „Formularereignisse" ist eigentlich nicht korrekt, weil wir es hier mit zwei unterschiedlichen „Ereignistypen" zu tun haben:

1. Formularereignisse wie BEIM LADEN, BEIM ÖFFNEN, BEIM SCHLIEßEN etc. und die zum Formular gehörenden Mausereignisse

2. Daten- bzw- Datensatzereignisse wie BEIM ANZEIGEN, BEI ÄNDERUNG, BEIM LÖSCHEN etc.

Ein Ereignis wie BEIM ANZEIGEN meint eben nicht das Erscheinen des Formulars, sondern die Anzeige eines neuen Datensatzes. In der Formularsicht löst jedes Weiterschalten zu einem anderen Datensatz dieses Ereignis aus. Bezogen auf das Formular (nicht auf den Datensatz) sind die wichtigsten Ereignisse folgende:

Beim Öffnen   Form_Open   wird vor dem Öffnen des Formulars aufgerufen. Diese Ereignisprozedur ist besonders interessant, weil Sie, im Gegensatz zu FORM_LOAD, über das Cancel-Argument verfügt. Damit läßt sich das Öffnen auch verhindern.

Beim Laden   Form_Load   wird beim Öffnen des Formulars aufgerufen. Diese Ereignisprozedur kann zum Initialisieren bestimmter Steuerelemente genutzt werden.

Bei Zeitgeber   Form_Timer   wird in regelmäßigen Zeitabständen ausgelöst. Mit der Eigenschaft ZEITGEBERINTERVALL, die Sie ebenfalls auf der Seite EREIGNIS finden, können Sie das Zeitintervall in Millisekunden vorgeben.

Für das folgende Beispiel haben wir die Form_Open-Prozedur verwendet. Die Prozedur fordert ein Kennwort an und setzt bei korrekter Eingabe den Cursor in das Formularfeld FIRMA1. Die Anweisung nach der SetFocus-Zeile haben wir nur hinzugefügt, damit nicht gleich der ganze Eintrag des Feldes markiert angezeigt wird.

```
Private Sub Form_Open(Cancel As Integer)
    temp = InputBox("Kennwort eingeben:")
    If temp = "Geheim" Then
        Me.Firma1.SetFocus
        Me.Firma1.SelStart = Len(Me.Firma1.SelText)
    Else
        MsgBox "Falsches Kennwort!"
        Cancel = True
    End If
End Sub
```

Gibt der Anwender ein falsches Kennwort ein, sorgt die Cancel-Zeile dafür, daß das Formular erst gar nicht erscheint.

Hinweis: Im vorstehenden Beispiel haben wir das Schlüsselwort ME verwendet. ME bezieht sich auf das Objekt, in dessen Modul sich der betreffende Code befindet. In unserem Fall handelt es sich um das Ereignismodul eines Formulars. ME steht dann für dieses Formular. In einem normalen VBA-Modul können wir ME nicht verwenden, weil es kein Objekt dafür gibt.

9.5 Programm-Code für das Formular

Eigenschaften wie SELSTART und Methoden wie SETFOCUS stellen wir in Kapitel 11 (Formulare und UserForm-Dialoge) ausführlich vor.

Datensatzbezogene Ereignisse

Manipulationen an den im Formular angezeigten Daten lösen unter anderem folgende Ereignisse aus:

Beim Anzeigen	Form_Current	wird vor jeder Neuanzeige eines Datensatzes, also vor jedem Datensatzwechsel, ausgelöst.
Bei Änderung	Form_Dirty	wird bei der Änderung eines bestehenden Datensatzes ausgelöst. Die Aktion läßt sich mit CANCEL abbrechen.
Vor Eingabe	Form_BeforeInsert	wird bei der Eingabe des ersten Zeichens in einen neuen Datensatz ausgelöst. Die Aktion läßt sich ebenfalls mit CANCEL abbrechen.
Vor Aktualisierung	Form_BeforeUpdate	wird vor der Übernahme eines geänderten Datensatzes in die Tabelle ausgelöst. Eine Änderung wird beispielsweise übernommen, wenn Sie zum nächsten Datensatz wechseln oder den Schalter DATENSATZ SPEICHERN betätigen. Die Ereignisprozedur verfügt über das Cancel-Argument, so daß sich die Übernahme der Änderung verhindern läßt.
Beim Löschen	Form_Delete	wird beim Löschen eines Datensatzes ausgelöst. Die Löschaktion läßt sich ebenfalls mit dem Cancel-Argument abbrechen.

Das folgende Beispiel verwendet die Ereignisprozedur FORM_DELETE. Der Programmtext verhindert, daß Datensätze, die im Feld KATEGORIE den Eintrag „Kunde" enthalten, gelöscht werden.

```
Private Sub Form_Delete(Cancel As Integer)
   If Trim(Me!Kategorie) = "Kunde" Then
      MsgBox "Kunden können nicht gelöscht werden."
      Cancel = True
   End If
End Sub
```

Die Trim-Funktion soll hier nur verhindern, daß Leerzeichen im Feld KATEGORIE beim Vergleich zu einem falschen Ergebnis führen.

Ereignisprozeduren der Steuerelemente

Bei der Programmierung von Steuerelementen werden Sie vor allem die folgenden Ereignisse benötigen:

Beim Klicken	Click	ist das zentrale Ereignis für die Reaktion auf die Betätigung eines Schalters. Das Ereignis ist aber auch für die meisten anderen Steuerelemente definiert.
Bei Änderung	Change	ist insbesondere erforderlich, wenn Sie die Wahl des Anwenders in einem Kombinationsfeld auswerten müssen. Das Ereignis ist aber auch für andere Steuerelemente, etwa Textfelder, definiert. Für Listenfelder sollten Sie das Ereignis AFTERUPDATE (NACH AKTUALISIERUNG) verwenden.
Beim Verlassen	Exit	werden Sie speziell für die Eingabekontrolle bei Textfeldern verwenden. EXIT verfügt über das Cancel-Argument. Der Anwender kann damit bei Fehleingaben am Verlassen des Feldes gehindert werden.

Das folgende Beispiel verwendet das Exit-Ereignis des Textfeldes FIRMA1. Es überprüft, ob das Feld einen Eintrag enthält. Ist das nicht der Fall, wird der Anwender auf die Notwendigkeit einer Eingabe hingewiesen. Die Weiterschaltung zum nächsten Feld wird dann gegebenenfalls verhindert.

```
Private Sub Firma1_Exit(Cancel As Integer)
    If Trim(Me.Firma1.Text) = "" Then
        If MsgBox("Ohne Eintrag verlassen?", vbYesNo) = vbNo Then
            Cancel = True
        End If
    End If
End Sub
```

Grundsätzlich können Sie solche Eingabekontrollen auch über die Eigenschaft GÜLTIGKEITSREGEL oder die Tabelleneigenschaft EINGABE ERFORDERLICH definieren. Allerdings sind die Eigenschaften nicht so flexibel wie die Ereignisprogrammierung. Im vorstehenden Beispiel behält letztlich der Anwender die Kontrolle, weil die Programmierung auch Verzweigungen, also Ja/Nein-Entscheidungen und damit eine bewußte Regelverletzung erlaubt.

Programm-Code auf Formularebene

Alle geöffneten Formulare, sowohl in der Entwurfs- als auch der Formularsicht, sind Objekte der Forms-Auflistung. Die Zahl der geöffneten Formulare erhalten Sie folglich mit der Eigen-

9.5 Programm-Code für das Formular

schaft COUNT. Die einzelnen Formulare sprechen Sie entweder über ihren Index oder den Formularnamen an. Trägt das einzige geöffnete Formular die Bezeichnung KUNDENFORM, sind die folgenden Zeilen in ihrer Wirkung identisch:

```
MsgBox Forms(0).Caption
MsgBox Forms("KundenForm").Caption
```

Die Zählung der geöffneten Formulare beginnt mit dem Wert 0. Aus früheren Access-Tagen hat sich noch eine Variante erhalten, die auch heute noch von den Access-Assistenten verwendet wird. Unser Beispiel hätte dann folgende Form:

```
MsgBox Forms!Kundenform.Caption
```

Diese Variante paßt aber nicht mehr so recht in das VBA-Konzept. Wir würden daher die anfangs vorgestellte und auch in anderen Office-Modulen übliche Schreibweise für Auflistungsobjekte empfehlen. Wenn Sie die Anweisung im Ereignismodul des betreffenden Formulars aufrufen, können Sie alternativ auch die folgende Zeile verwenden:

```
MsgBox Me.Caption
```

Das Schlüsselwort ME steht dann ebenfalls für das Formularobjekt. Es ersetzt in der Anweisung den Namen des Formulars. In allen vorstehenden Beispielen wird der Wert der Caption-Eigenschaft, im Eigenschaftenfenster BESCHRIFTUNG genannt, ausgegeben. Weitere Eigenschaften der Formularobjekte (des Form-Objekts) zeigt die folgende Übersicht:

CurrentRecord	ermittelt die Datensatznummer des gerade angezeigten Datensatzes.
CurrentView	ermittelt die gerade angezeigte Formularsicht (Entwurf = 0, Formular = 1, Datenblatt = 2).
GotoPage	Access-Formulare können aus mehreren Seiten bestehen. Mit dem Steuerelement SEITENUMBRUCH fügen Sie entsprechende Seiten ein. Die Methode GOTOPAGE ermöglicht den Seitenwechsel zur Laufzeit einer Anwendung. Als Argument muß die Seitennummer übergeben werden.
Filter	ermöglicht die Definition eines Filterausdrucks.
FilterOn	schaltet den mit FILTER definierten Filter ein (TRUE) oder aus.
Modal	ermittelt ober bestimmt, ob das Formularfenster modal oder nicht modal angezeigt werden soll. Aus einem modalen Formular kann nicht auf andere Formulare zugegriffen werden. Die Eigenschaft MODAL entspricht der Eigenschaft GEBUNDEN im Eigenschaftenfenster des Formulars.
OrderBy	bestimmt ein Feld, nach dem die Datenanzeige im Formular sortiert werden soll.

OrderByOn	schaltet die mit ORDERBY bestimmte Sortierung ein (TRUE) oder aus.
Recordset	liefert die Datensatzgruppe des Formulars. Über diese Eigenschaft kann per VBA-Code auf die Daten der angebundenen Tabelle (oder Abfrage) zugegriffen werden. Die Manipulationen, die Sie an der Datensatzgruppe des Formulars vornehmen, werden dort in der Regel auch umgehend wirksam.
RecordsetClone	liefert eine Kopie der Datensatzgruppe des Formulars. Über diese Datensatzgruppe können Sie Manipulationen an der angebundenen Tabelle vornehmen, die in der Regel nicht automatisch im Formular angezeigt werden.
RecordSource	ermittelt oder bestimmt die an das Formular gebundene Tabelle oder Abfrage (Eigenschaft DATENSATZHERKUNFT). Sie können die Datenquelle des Formulars also zur Laufzeit austauschen. Natürlich muß es sich dabei um Tabellen oder Abfragen mit identischer Struktur handeln (gleiche Anzahl der Felder und gleiche Feldbezeichnungen), weil sonst die Zuordnung der Formularfelder nicht mehr funktioniert. Den Namen der Tabelle oder Abfrage übergeben Sie der Eigenschaft als String.
RecordsetType	ermittelt oder bestimmt den Typ der Datensatzgruppe. Möglich sind beispielsweise die Typen DYNASET (Wert = 0) und SNAPSHOT (Wert = 2). Im Eigenschaftenfenster finden Sie diese Eigenschaft unter der Bezeichnung DATENSATZGRUPPENTYP.

Die folgende Zeile sorgt dafür, daß aus unserem Kundenformular nicht mehr auf andere Formulare und auch nicht auf das Datenbankfenster zugegriffen werden kann. Die für die Manipulation der Daten benötigten Menüoptionen und Symbolschalter sind aber weiterhin zugänglich.

```
Forms("KundenForm").Modal = True
```

Setzen Sie die Eigenschaft auf den Wert FALSE, sind wieder alle Zugriffe auf andere Formulare möglich.

Schreibschutz durch Änderung des Recordset-Typs

Durch Setzen des Datensatzgruppentyps auf den Typ SNAPSHOT können Sie jeden schreibenden Zugriff auf die Daten verhindern. Der Anwender ist dann nur noch in der Lage, im Formular zu blättern. Die folgende Zeile erledigt diese Aufgabe:

```
Forms("KundenForm").RecordsetType = 2    'Snapshot
```

Erst der Wert 0 (DYNASET) bringt die Editierfunktion und die Möglichkeit zur Neueingabe von Datensätzen zurück.

Eine Sortierung bestimmen

Praktisch jedes Feld, vom Typ TEXT, vom numerischen Typ oder vom Typ DATUM/ZEIT, kann zur Sortierung der Datenanzeige im Formular genutzt werden. Das Tabellenfeld (nicht Formularfeld) bestimmen Sie mit der Eigenschaft ORDERBY:

```
Forms("Kundenform").OrderBy = "Firma1"
Forms("Kundenform").OrderByOn = True
```

Die zweite Zeile wird benötigt, um die Sortierung wirksam werden zu lassen. Mit dem Wert FALSE heben Sie die Sortierung auf. Die Daten erscheinen dann wieder in der Reihenfolge der Eingabe bzw. der gerade wirkenden Indizes.

Einen Filter zuweisen

Mit den folgenden Zeilen definieren und aktivieren Sie einen Filter. Nach deren Ausführung werden im Formular nur noch die Datensätze angezeigt, die im Feld KATEGORIE den Eintrag KUNDE enthalten:

```
Forms("KundenForm").Filter = "Trim(Kategorie) = 'Kunde'"
Forms("KundenForm").FilterOn = True
```

Wir haben die Trim-Funktion in den Filterausdruck aufgenommen, um zu zeigen, daß sich auch viele VBA-Funktionen in Filterausdrücken verwenden lassen. Die Trimmung entfernt hier eventuelle Leerzeichen, die das Prüfergebnis verfälschen würden. Beachten Sie auch die einfachen Anführungszeichen innerhalb des Filterausdrucks, mit denen wir den Vergleichswert als String markieren. Alle Datensätze werden wieder angezeigt, wenn Sie FILTERON auf den Wert FALSE setzen.

Hinweis: Mit der Eigenschaft FILTER lassen sich sehr komplexe Filterausdrücke bilden. Wir werden später bei der Programmierung von DAO-Datenbankzugriffen (Kapitel 10) darauf zurückkommen.

Steuerelemente im Formular referenzieren

Der Zugriff auf einzelne Steuerelemente kann direkt oder über die Controls-Auflistung erfolgen. Die nachstehenden Zeilen, die das Textfeld FIRMA1 (ein Textbox-Element) verwenden, sind daher in ihrer Wirkung identisch. Auf die unterschiedlichen Möglichkeiten, Formulare und Steuerelemente zu referenzieren, werden wir später noch eingehen:

```
MsgBox Forms!Kundenform!Firma1.Value
MsgBox Forms!Kundenform.Firma1.Value
MsgBox Forms("Kundenform").Firma1.Value
MsgBox Forms("Kundenform").Controls("Firma1").Value
```

Die Eigenschaft CONTROLS werden Sie in der Regel nur benötigen, wenn Sie die ganze Controls-Auflistung (alle Steuerelemente eines Formulars) bearbeiten müssen. Mit CONTROLS können Sie dann eine Schleife realisieren, die alle Steuerelemente durchläuft. Das folgende Beispiel deaktiviert alle Steuerelemente vom Typ TEXTBOX (CONTROLTYPE = 109):

```
For Each Element In Forms("Kundenform").Controls
   If Element.ControlType = 109 Then
      Element.Enabled = False
   End If
Next
```

Befinden Sie sich im Ereignismodul des Formulars, können Sie für das Formular auch wieder das Schlüsselwort ME einsetzen:

```
MsgBox Me.Firma1.Value
MsgBox Me.Controls("Firma1").Value
```

Die vorstehenden Anweisungen geben den aktuellen Inhalt des betreffenden Formularfeldes mit Hilfe der Value-Eigenschaft aus und bereiten daher keine Probleme. Das gilt auch für die Zuweisung von Daten:

```
Forms("Kundenform").Firma1.Value = "Neue Firma & Co."
Forms("Kundenform").Firma1 = "Neue Firma & Co."
```

In der zweiten Zeile haben wir sogar die Value-Eigenschaft unterschlagen, weil es sich dabei um die Standardeigenschaft eines Textbox-Elements handelt.

Wenn Sie jedoch statt VALUE die Text-Eigenschaft verwenden, reagiert Access in der Regel mit einer Fehlermeldung. Access erwartet dann, daß Sie das betreffende Feld zunächst aktivieren:

```
Me.Firma1.SetFocus
Me.Firma1.Text = "Neue Firma & Co."
```

Neben den üblichen Eigenschaften wie ENABLED, LOCKED und den verschiedenen Font-Eigenschaften ist besonders CONTROLSOURCE von Interesse. Damit bestimmen Sie die Anbindung des Steuerelements an ein Feld der mit dem Formular verbundenen Tabelle oder Abfrage. Sie können so zur Laufzeit eines Programms die Feldzuordnung ändern:

```
Me.Firma1.ControlSource = "Firma2"
```

Die vorstehende Zeile bindet das Tabellenfeld FIRMA2 an das Formularfeld FIRMA1 (ein Textbox-Steuerelement im Formular). Eine eventuell schon bestehende Anbindung wird damit aufgehoben.

Wichtig: Beachten Sie den Unterschied zwischen dem Namen des Textfeldes im Formular und dem des zugrundeliegenden Tabellenfeldes. Mit dem Schlüsselwort ME beziehen wir uns immer auf das Formular und die darin enthaltenen Steuerelemente (Textfelder, Schalter, Listenfelder etc.). Eigenschaften wie CONTROLSOURCE beziehen sich aber auf das Tabellenfeld. Wenn Sie die Felder über die Feldliste im Formular plazieren, vergibt Access die Tabellenfeldnamen auch an die Formularfelder. Diese Übereinstimmung ist aber nicht zwingend.

Steuerelemente im Unterformular referenzieren

Unterformulare können Sie wie die „normalen" Steuerelemente eines Formulars direkt an das Schlüsselwort ME oder das betreffende Forms-Objekt anhängen. Für die Steuerelemente im Unterformular benötigen Sie jedoch die Controls-Auflistung oder die Eigenschaft FORM. Das folgende Beispiel verwendet CONTROLS:

```
Me.Unterformular_Rechnungen.Controls("Datum").SetFocus
MsgBox Me.Unterformular_Rechnungen.Controls("Datum").Text
```

Die erste Anweisung setzt den Cursor in das Feld DATUM des Unterformulars. Die zweite Anweisung gibt dann den aktuellen Inhalt des Feldes aus. Mit der Eigenschaft FORM erhalten Sie die folgenden Zeilen:

```
Me.Unterformular_Rechnungen.Form.Datum.SetFocus
MsgBox Me.Unterformular_Rechnungen.Form.Datum.Text
```

Die Beispiele funktionieren auch, wenn das Unterformular in der Datenblattsicht angezeigt wird. Das Feld DATUM bezeichnet dann die Spalte DATUM. Statt der Eigenschaft TEXT können Sie auch wieder VALUE verwenden bzw. sogar darauf verzichten:

```
MsgBox Me.Unterformular_Rechnungen.Form.Datum
```

In diesem Fall ist eine vorhergehende Aktivierung des Formularfeldes mit SETFOCUS nicht erforderlich.

Wichtig: Mit den bisher vorgestellten Eigenschaften und Methoden erreichen Sie immer nur die gerade im Formular angezeigten Daten. Wollen Sie alle Daten der angebundenen Tabelle oder Abfrage bearbeiten, benötigen Sie das Recordset-Objekt (die Datensatzgruppe) des Formulars.

Unterschiedliche Schreibweisen

Häufig werden Sie in der Hilfefunktion und in der Literatur Schreibweisen wie die folgende finden:

```
Me![Mein Feld].Value = "Hallo"
```

Das Ausrufezeichen sollte eigentlich nicht mehr erforderlich sein. Access unterstützt diese Schreibweise aber noch. In der Regel können Sie statt dessen auch den Punktoperator verwenden. Aber: Keine Regel ohne Ausnahme. So bezeichnen die folgenden Zeilen unterschiedliche Objekte:

```
Me.Name        'Name des Formulars (die Eigenschaft NAME)
Me!Name        'Steuerelement "Name" im Formular (Kundenname)
```

Das Problem resultiert aus der Verwendung eines Bezeichners, den Access bzw. VBA auch selbst verwendet (als Eigenschaftsbezeichnung). Die beste Strategie besteht natürlich darin, keine eigenen Bezeichner zu verwenden, die schon von Access bzw. VBA besetzt sind. Die zweitbeste besteht darin, bei Zugriffen auf Steuerelemente in Formularen das Semikolon zu verwenden.

Die eckigen Klammern werden Sie hingegen immer benötigen, wenn Sie in Feld- oder Steuerelementbezeichnungen Leerzeichen oder Sonderzeichen wie beispielsweise den Bindestrich verwenden. Wir konnten bisher darauf verzichten, weil unsere selbstdefinierten Bezeichner ohne Sonderzeichen auskommen.

Registersteuerelement

Ihnen ist sicher schon aufgefallen, daß das sogenannte Register-Steuerelement eigentlich ein Multiseiten-Element ist. Es ist aber dennoch nicht identisch mit dem Multiseiten-Element der UserForm-Dialoge. Der wichtigste Unterschied: Jede Seite (jedes Register) erscheint als selbständiges Steuerelement des Formulars. So können Sie mit der folgenden Anweisung zur Seite mit dem Namen SEITE1 wechseln:

```
Me.Seite1.SetFocus
```

Die Umschaltung kann aber auch, wie beim Multiseiten-Element in UserForm-Dialogen, über die Value-Eigenschaft des Register-Elements erfolgen. Um den Anzeigetext der Registerzungen (Eigenschaft BESCHRIFTUNG) zu ändern, genügt die folgende Zeile:

```
Me.Seite1.Caption = "Kundenübersicht"
```

Auch das Click-Ereignis ist den einzelnen Seiten zugeordnet. Um aber auf eine Änderung der Registerwahl zu reagieren, müssen Sie das Ereignis BEI ÄNDERUNG (CHANGE) verwenden, das dem ganzen Registerelement zugeordnet ist.

Datensatzgruppe im Formular referenzieren

Der Zugriff auf die Daten einer Tabelle oder Abfrage erfolgt über sogenannte Recordset-Objekte (Datensatzgruppen). Wenn Sie ein Formular öffnen, das über die Eigenschaft DATENHERKUNFT (RECORDSOURCE) an eine bestimmte Tabelle gebunden ist, wird dafür automatisch ein Recordset-Objekt erzeugt. Auf diese Datensatzgruppe können Sie mit der Eigenschaft RECORDSET zugreifen. Operationen, die Sie auf diese Datensatzgruppe anwenden, führen in

9.5 Programm-Code für das Formular

der Regel auch im Formular zu sichtbaren Ergebnissen. So bewirkt die folgende Anweisung, daß im Formular der letzte Datensatz angezeigt wird:

```
Forms("KundenForm").Recordset.MoveLast
```

Auf das Recordset-Objekt haben wir hier die Methode MOVELAST angewendet. Da wir in Kapitel 10 noch ausführlich auf das Recordset-Objekt eingehen werden, finden Sie nachfolgend nur eine kleine Auswahl der Eigenschaften und Methoden dieses Objekts.

AddNew	erzeugt einen neuen (leeren) Datensatz.
Close	hebt die Anbindung der Tabelle oder Abfrage auf. Die Eigenschaft DATENHERKUNFT ist dann leer. Mit der Formulareigenschaft RECORDSOURCE können Sie die Anbindung aber wieder herstellen.
FindFirst; FindNext	sucht nach dem ersten bzw. nächsten Datensatz, der einem bestimmten Kriterium entspricht.
Fields	liefert die Fields-Auflistung eines Recordset-Objekts. Über die einzelnen Field-Objekte können Sie auf die Felder eines Datensatzes bzw. deren Inhalt zugreifen.
Move	bewegt den Datensatzzeiger um eine bestimmte Anzahl von Datensätzen vor oder zurück.
MoveFirst	zeigt den ersten Datensatz an (positioniert den Datensatzzeiger auf dem ersten Datensatz).
MoveNext	zeigt den nächsten Datensatz an.
MovePrevious	zeigt den vorhergehenden Datensatz an.
RecordCount	ermittelt die Zahl der Datensätze.
Update	übernimmt den geänderten oder neu eingegebenen Datensatz in die Tabelle.

Die hier vorgestellten Eigenschaften und Methoden wirken direkt auf die angezeigten Daten des Formulars. Das folgende Beispiel erzeugt einen neuen Datensatz in der Datensatzgruppe des Formulars und schreibt einige Daten hinein:

```
With Forms("KundenForm").Recordset
    .AddNew
    .Fields("KdNr") = 1234
    .Fields("Firma1") = "Krause KG"
    .Update
End With
```

Erst mit der letzten Zeile in der With-Struktur wird der Datensatz in die Tabelle übernommen, so daß auch andere Anwender, beispielsweise im Netz, darauf zugreifen können. Beachten Sie auch, daß FIELDS sich auf die Feldnamen in der Tabelle (oder Abfrage) bezieht, nicht auf die Feldnamen im Formular.

Datensatzgruppe eines Unterformulars

Für den Zugriff auf die Daten eines Unterformulars benötigen Sie noch dessen Namen. Das Feld DATUM im Unterformular UNTERFORMULAR_RECHNUNGEN erreichen Sie über die Form-Eigenschaft des Unterformulars. Die folgende Anweisung zeigt den letzten Datensatz des Unterformulars an:

```
Me.Unterformular_Rechnungen.Form.Recordset.MoveLast
```

Befindet sich das Unterformular in der Datenblattsicht, wird der Cursor in ein Feld des letzten Datensatzes gesetzt. Ist anfangs eine ganze Zeile markiert, wird danach die letzte Zeile komplett markiert angezeigt.

Geklonte Datensatzgruppe

Sie können eine Kopie des vom Formular verwendeten Recordset-Objekts erzeugen und diese separat bearbeiten. Die im Formular angezeigten Daten, bleiben davon unberührt. Eine Kopie erhalten Sie mit der Eigenschaft RECORDSETCLONE. Das folgende Beispiel erzeugt zunächst eine Kopie der Datensatzgruppe und ändert dann den letzten Datensatz:

```
With Forms("Kundenform").RecordsetClone
    .MoveLast
    .Edit
    .Fields("Firma1") = "Ganz neuer Laden"
    .Update
End With
```

Der Anwender bekommt die Änderung nur mit, wenn er selbst zum letzten Datensatz wechselt. Fügen Sie allerdings einen neuen Datensatz ein (ADDNEW), wird dieser auch gleich im Formular angezeigt.

Listenfelder für die Datenanzeige

Die wichtigsten Eigenschaften von Listen- und Kombinationsfeldern haben wir in Kapitel 11 zusammengefaßt. In Access-Formularen kommt aber noch die Möglichkeit hinzu, diese an eine Tabelle bzw. Abfrage zu binden. Die zuständige Eigenschaft DATENSATZHERKUNFT (ROWSOURCE) kann zudem eine SQL-Anweisung als Abfragestring aufnehmen. Auch der Listenfeld-Assistent erzeugt eine SQL-Anweisung. Wenn Sie die Eigenschaft DATENSATZ-

9.5 Programm-Code für das Formular

HERKUNFT aktivieren, können Sie sich die vom Assistenten erzeugte Anweisung in der SQL-Sicht des Abfrage-Generators anschauen.

Das folgende Beispiel ist der Eigenschaft DATENSATZHERKUNFT eines Listenfeldes zugeordnet, so daß dieses nur zwei Felder der Tabelle KUNDEN anzeigt:

```
SELECT Kunden.KdNr, Kunden.Firma1 FROM Kunden;
```

Da es sich um SQL handelt, wäre die Zeile in einem VBA-Modul so nicht ausführbar. Im Programm-Code muß die Anweisung der Eigenschaft als String übergeben werden:

```
SQLString = "SELECT Kunden.KdNr, Kunden.Firma1 FROM Kunden;"
Forms("Kundenform").Liste52.RowSource = SQLString
```

Hinweis: SQL (Structured Query Language) ist eine Art Zaubermittel für alle Formen der Datenauswahl und Datenanalyse. Auch kann Access als Client auf verschiedene SQL-Datenbanken zugreifen. Wir haben daher weiter unten einen SQL-Grundkurs angehängt.

Datensatzgruppe des Formulars und Listenauswahl synchronisieren

Mit dem vorstehenden Beispiel füllen Sie das Listenfeld mit Werten aus einer Tabelle oder Abfrage. Um die Auswahl aber auch auf die Datensatzgruppe des Formulars wirken zu lassen, müssen Sie diese auswerten und dann in der Datensatzgruppe einen passenden Eintrag suchen. Wenn das Listenelement in der ersten Spalte die Kundennummer anzeigt, und wenn es sich dabei um die gebundene Spalte handelt, dann erhalten wir die Kundennummer des gerade markierten Datensatzes mit der folgenden Zeile:

```
MsgBox Me.Liste52.Value
```

Diese Nummer müssen wir nun in der Datensatzgruppe des Formulars suchen. Zuständig ist dafür die Methode FINDFIRST. Die Methode erwartet einen String als Argument, der den Suchausdruck nach dem Muster Feldname = Suchbegriff enthält. In der folgenden Ereignisprozedur haben wir einen Suchausdruck durch Verkettung mit unserer oben vorgestellten Listenauswahl gebildet:

```
Private Sub Liste52_AfterUpdate()
   Me.Recordset.FindFirst "KdNr = " & Str(Me.Liste52.Value)
End Sub
```

Wird der Suchbegriff gefunden, was eigentlich problemlos sein sollte, weil wir ja den Suchbegriff aus der Tabelle entnehmen, in der wir suchen, erfolgt automatisch eine Anzeige des gefundenen Datensatzes. Die Anweisung muß in die Ereignisprozedur AFTERUPDATE (Eigenschaft NACH AKTUALISIERUNG) des Listenelements eingetragen werden.

Hinweis: Für die Einrichtung eines Listenelements als Suchliste können Sie auch den Assistenten verwenden. Dieser erzeugt für die Synchronisation ebenfalls VBA-Code, der aber etwas komplizierter ist. Der Assistent verwendet eine „geklonte" Datensatzgruppe und realisiert dann die Synchronisierung etwas umständlich über sogenannte BOOKMARKS (Lesezeichen). Wir werden in Kapitel 10 (DAO-Programmierung) auf BOOKMARKS eingehen.

9.6 Formularsteuerung mit DoCmd

Vielleicht haben Sie schon nach einer Methode gesucht, mit der sich ein Formular öffnen oder schließen läßt. Die Form-Objekte verfügen nicht über solche Methoden. Für die Steuerung einer Access-Anwendung, also beispielsweise das Öffnen, Schließen oder Drucken von Formularen und Berichten, ist das DoCmd-Objekt zuständig. Ein Formular öffnen Sie mit Hilfe der Open-Methode:

```
DoCmd.OpenForm ("KundenForm")
```

Für das DoCmd-Objekt sind unter anderem noch die folgenden Methoden definiert. Über Eigenschaften verfügt das Objekt nicht:

Close	schließt Berichte, Formulare, Tabellen und andere Datenbankobjekte.
DeleteObject	löscht Abfragen, Formulare, Tabellen und andere Datenbankobjekte.
GotoRecord	geht zu einem bestimmten Datensatz.
OpenForm	öffnet ein Formular.
OpenReport	öffnet einen Bericht.
OpenTable	öffnet eine Tabelle.
RunCommand	führt beliebige Access-Befehle aus, beispielsweise Anweisungen, die Sie über das Access-Menü erreichen.

Die verkürzte Übersicht zeigt schon, daß Sie mit DOCMD nicht nur einzelne Anwendungen steuern, sondern eigentlich Access selbst. Praktisch die ganze Benutzeroberfläche steht dem VBA-Programmierer mit DOCMD zur Verfügung.

Ein Datenbank-Element schließen

Das Öffnen der wichtigsten Elemente wie Formulare, Berichte und Tabellen erfolgt über separate Methoden. Für das Schließen ist allein CLOSE zuständig. Die Methode hat folgende Syntax:

```
DoCmd.Close(Objecttype, ObjectName, Save)
```

Über den Objekttyp bestimmen Sie, ob ein Formular, eine Tabelle oder ein anderes Datenbankelement geschlossen werden soll. Der VBA-Editor bietet Ihnen hierfür entsprechende Konstanten an. OBJECTNAME bezeichnet den Namen des betreffenden Objekts. Mit SAVE können Sie noch bestimmen, ob Änderungen gespeichert werden sollen. Grundsätzlich sind alle Argumente optional. Wenn Sie CLOSE ohne Argument aus dem Ereignismodul eines Formulars aufrufen, wird eben dieses Formular geschlossen. Sicherer ist es natürlich, wenn Sie Typ und Name angeben. Das folgende Beispiel schließt unser Formular KUNDENFORM:

```
DoCmd.Close acForm, "KundenForm"
```

Auf das Argument SAVE, das sich nur auf Änderungen des betreffenden Elements (Formular, Bericht, Tabelle) bezieht, nicht auf geänderte Daten, haben wir hier verzichtet. Bei noch ungesicherten Änderungen wird dann von Access angeboten, diese zu speichern.

Datensatzsteuerung mit GOTORECORD

Wir haben weiter oben schon gezeigt, daß Sie sich das Recordset-Objekt eines Formulars holen, und darauf Methoden wie MOVEFIRST und MOVENEXT anwenden können. Die Datensatzänderung wird dann auch im Formular angezeigt. Den gleichen Effekt können Sie mit der GotoRecord-Methode erzielen. Wenn Sie mit Hilfe des Schaltflächen-Assistenten Navigationsschalter definieren, wird für das Click-Ereignis der Schalter ebenfalls die GotoRecord-Methode verwendet. Die Methode hat folgende Syntax:

```
DoCmd.GotoRecord(ObjectType, ObjectName, Record, Offset)
```

Objekttyp und Objektname haben wir schon kennengelernt. Die Konstanten für den Objekttyp unterscheiden sich jedoch von denen der Close-Methode. Wenn Sie die Konstante ACACTIVEDATAOBJECT verwenden, beziehen Sie sich immer auf das gerade aktive Element (Formular, Tabelle etc.). In diesem Fall können Sie auf die Angabe des Objektnamens verzichten. Mit den folgenden Zeilen beziehen wir uns aber explizit auf das Formular KUNDENFORM:

```
If Forms("KundenForm").Recordset.RecordCount >= 5 Then
   DoCmd.GoToRecord acDataForm, "KundenForm", acGoTo, 5
End If
```

Das Argument RECORD steuert über vordefinierte Konstanten die Art des Datensatzwechsels. Mit Konstanten wie ACFIRST, ACNEXT wechseln Sie beispielsweise zum ersten bzw. nächsten Datensatz. In diesem Fall wird das letzte Argument nicht benötigt (OFFSET). Mit ACGOTO bestimmen Sie aber genau, zu welchem Datensatz Sie gehen wollen. In diesem Fall muß die Datensatznummer im Argument OFFSET angegeben werden.

Das Argument OFFSET können Sie auch mit den Record-Konstanten ACNEXT und ACPREVIOUS verwenden. Es bestimmt dann den Versatzwert für den Datensatzzeiger. ACNEXT und ein Offset-Wert von 3 bedeuten dann, daß ausgehend vom aktuellen Datensatz drei Datensätze weitergeschaltet wird.

Einen neuen Datensatz erstellen

Einen neuen Datensatz erstellen Sie, indem Sie für das Record-Argument die Konstante ACNEWREC verwenden.

RunCommand – Access-Anweisungen ausführen

Mit RUNCOMMAND führen Sie Menü- oder Symbolleistenbefehle aus. Die Methode ersetzt die früher zuständige Methode DOMENUITEM, die nicht mehr verwendet werden sollte. RUNCOMMAND kommt auch ohne DOCMD aus. Die Methode benötigt lediglich ein Argument, das für den betreffenden Befehl steht und das Sie aus einer langen Konstantenliste auswählen können. Soweit die betreffende Menü- oder Symbolleistenoption Access-Dialoge öffnet, ist RUNCOMMAND also auch für den Zugriff auf die Access-Dialoge zuständig. Mit der folgenden Zeile öffnen Sie beispielsweise das Fenster für die Erzeugung eines Spezialfilters (DATENSÄTZE/ FILTER/SPEZIALFILTER/-SORTIERUNG...):

```
DoCmd.RunCommand acCmdAdvancedFilterSort
```

Häufig werden Sie die folgenden Konstanten benötigen:

acCmdClose	schließt das aktive Fenster (DATEI/SCHLIEßEN). Ist nur noch das Datenbankfenster selbst geöffnet, wird eben dieses geschlossen.
acCmdDatasheetView	schaltet ein Formular in die Tabellendarstellung (ANSICHT/DATENBLATTSICHT).
acCmdDeleteRecord	löscht den aktuellen Datensatz (BEARBEITEN/DATENSATZ LÖSCHEN).
acCmdSortAscending	sortiert aufsteigend nach dem aktuellen Feld (DATENSÄTZE/SORTIERUNG/AUFSTEIGEND).

Den Kontext beachten

Die Menü- und Symbolbefehle beziehen sich in der Regel auf das gerade aktive Element. Rufen Sie beispielsweise die Option DATEI/SCHLIEßEN auf, wird das aktive Fenster (Formular, Bericht, Tabelle etc.) geschlossen. Beim Programmieren müssen Sie diesen Kontext erst herstellen. Das Formular KUNDENFORM läßt sich dann mit Hilfe der folgenden zwei Zeilen schließen:

```
Forms("KundenForm").SetFocus
DoCmd.RunCommand acCmdClose
```

Wenn Sie die DoCmd-Anweisungen, die sich beispielsweise auf ein bestimmtes Formular beziehen, aus dessen Ereignismodul heraus aufrufen, besteht der Kontext automatisch. In diesem Fall genügt schon die zweite Zeile des obigen Beispiels. Der Kontext kann aber auch darin bestehen, daß der Cursor in einem bestimmten Feld steht. Die folgenden Zeilen aktivieren das Formular KUNDENFORM und darin das Steuerelement ORT und sortieren dann die Datensätze nach diesem Feld:

```
Forms("KundenForm").SetFocus
Forms("KundenForm").Controls("Ort").SetFocus
DoCmd.RunCommand acCmdSortAscending
```

Die erste Zeile ist natürlich nur erforderlich, wenn das Formular KUNDENFORM nicht das aktive Fenster ist. In der Regel werden Sie den Programm-Code natürlich aus dem betreffenden Formular heraus starten, so daß die erste Zeile entfällt.

Wichtig: Mit DOCMD nutzen Sie die Access-Bedienungselemente. Diese Elemente müssen aber auch grundsätzlich zugänglich sein. Ändern Sie aber bestimmte Optionen im Eigenschaftenfenster des Formulars, ist das nicht immer der Fall. Kritisch ist beispielsweise die Formulareigenschaft POPUP. Mit POPUP wird erreicht, daß das Formularfenster immer das oberste Fenster bleibt. Dabei werden jedoch gleichzeitig bestimmte Optionen der Bedienungsoberfläche unwirksam und auch nicht mehr angezeigt, beispielsweise das Menü DATENSÄTZE. Auch aus der Symbolleiste FORMULARANSICHT verschwinden einige Optionen. Die betreffenden Optionen sind dann über DOCMD nicht mehr verfügbar. Sie erhalten in diesem Fall eine Fehlermeldung angezeigt.

Suchen mit FINDRECORD

Mit DOCMD können Sie auch die Access-Suchenfunktion nachbilden, die Sie mit der Menüoption BEARBEITEN/SUCHEN... starten. Dabei sollte der Cursor in dem zu durchsuchenden Formularfeld stehen. Bei der Programmierung mit DOCMD ist die Methode FINDRECORD dafür zuständig. In der einfachsten Form genügt die Angabe des Suchbegriffs:

```
Forms("Kundenform").Firma1.SetFocus
DoCmd.FindRecord ("Fiebig KG")
```

Im vorstehenden Beispiel haben wir zunächst das Formularfeld aktiviert, in dem gesucht werden soll. Die Methode verfügt über eine recht umfangreiche Argumentliste. Interessant ist besonders das sechste Argument, ONLYCURRENTFIELD. Voreingestellt ist hier der Wert ACCURRENT. Damit ist das Feld gemeint, in dem gerade der Cursor steht (das gerade den Focus hat). Setzen Sie hier den Wert ACALL ein, wird in allen Formularfeldern gesucht, unabhängig davon, in welchem gerade der Cursor steht:

```
DoCmd.FindRecord "Baumann", , , , , acAll
```

Allerdings muß der Cursor in einem Formularfeld (Textbox) stehen. Ist das nicht der Fall, beispielsweise weil ein Schalter den Focus hat, bricht das Programm mit einer Fehlermeldung ab. Es kann also sinnvoll sein, den Cursor trotzdem mit SETFOCUS in einem Formularfeld zu plazieren.

9.7 Seiten – Web-Seiten als Formulare

Ein neues Element der Access-Datenbankverwaltung sind Datenzugriffsseiten, kurz Seiten genannt. Damit erhalten Sie eine Art Formular, das Sie im Browser öffnen und bedienen können. Wenn Sie auf komplexe Strukturen verzichten ist auch die Dateneingabe über den Browser möglich. Der schnellste Weg zu brauchbaren Seiten führt sicher über den Assistenten. Etwas mehr Flexibilität bietet hingegen die direkte Erstellung in der Entwurfsansicht.

Tabelle anbinden

Wie schon bei Formularen müssen Sie erst wieder eine Tabelle an die Seite anbinden. Dazu verwenden Sie entweder die Feldliste (ANSICHT/FELDLISTE) oder das Eigenschaftenfenster (Eigenschaft RECORDSOURCE des Kopfbereichs). Die Feldliste bietet Ihnen alle verfügbaren Tabellen und deren Felder an. Sie können einzelne Felder auf die Seite schieben oder eine ganze Tabelle. Sobald sich das erste Feld auf der Seite befindet, wird automatisch eine Navigationsleiste eingefügt, mit der Sie später zwischen den Datensätzen wechseln.

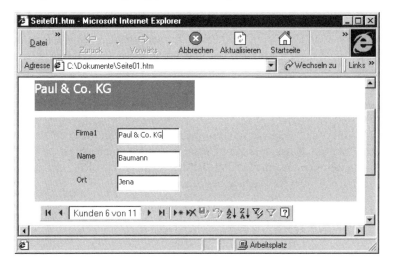

Abb. 9.16: Eine Access-Datenzugriffsseite im Internet-Explorer (Version 5.0)

Nach dem Plazieren der Felder ist die Basisversion einer Seite eigentlich schon fertig. Sie können die Seite speichern und sich diese entweder in der Access-Umgebung oder im Browser ansehen.

Steuerelemente für Web-Seiten

Die erweiterte ToolBox enthält einige spezielle Steuerelemente, die sich an Datenfelder anbinden lassen und die somit dynamische Inhalte anzeigen können. Im Browser erscheint dann der Text, den das betreffende Feld des gerade angezeigten Datensatzes enthält. Dieses Feld muß nicht im Datenbereich der Seite plaziert sein. Es genügt, wenn das Feld zur Tabelle gehört, die

9.7 Seiten - Web-Seiten als Formulare

Sie an die Seite gebunden haben. Solche Steuerelemente sind beispielsweise LAUFTEXT und GEBUNDENER HTML-TEXT.

Gebundener Hyperlink

Besonders interessant ist das Steuerelement GEBUNDENER HYPERLINK. Dieses Steuerelement läßt sich gleich an zwei Felder binden. Das erste Feld bestimmt den angezeigten Text und das zweite einen Hyperlink, also beispielsweise eine URL-Adresse oder den Pfad einer lokalen Datei. Sie können so mit dem Firmennamen (erstes Feld) auf die Homepage (zweites Feld) eines Kunden verweisen. Das zweite Feld muß dann natürlich auch eine gültige Web-Adresse oder einen validen Dateinamen (inklusive Pfad) enthalten.

Das erste Feld binden Sie über die Eigenschaft CONTROLSOURCE auf der Seite DATEN des Eigenschaftenfensters an das Element. Die Anbindung des Feldes mit der Web-Adresse erfolgt auf der Seite HYPERLINK. Hier ist ebenfalls die Eigenschaft CONTROLSOURCE zuständig.

Datenzugriffsseiten per VBA-Code aufrufen

Auch für den Aufruf von Datenzugriffsseiten ist das DoCmd-Objekt zuständig. Hierfür steht die Methode OPENDATAACCESSPAGE zur Verfügung. Die Methode erwartet als erstes Argument den Namen der Seite als String. Das zweite (optionale) Argument bestimmt, ob die Seite im Browse- oder Entwurfsmodus angezeigt wird. Verzichten Sie auf das Argument, erscheint die Seite im Browse-Modus. Ein Beispiel:

```
DoCmd.OpenDataAccessPage "Seite01"
```

Das Schließen besorgt die Close-Methode. Als Typ-Konstante ist dabei ACDATAACCESSPAGE anzugeben:

```
DoCmd.Close acDataAccessPage, "Seite01"
```

Sie löschen eine Datenzugriffsseite mit Hilfe der DoCmd-Methode DELETEOBJECT. Als Objekttyp muß wieder die Konstante ACDATAACCESSPAGE angegeben werden. Damit löschen Sie jedoch nur den Eintrag (den Verweis) in der Datenbank, nicht das eigentliche HTML-Dokument.

Wichtig: Datenzugriffsseiten werden nicht als Teil der Datenbank gespeichert, auch wenn Sie im Datenbankfenster erscheinen. Seiten sind vielmehr unabhängige Objekte, die Access eigentlich auf einem Server im firmeninternen Netz ablegt. Werden die Seiten dort gelöscht, sind sie auch verloren. Beim Löschen im Datenbankfenster können Sie angeben, ob nur der Eintrag im Fenster (der Verweis auf die Seite) oder auch die richtige Seite an ihrem aktuellen Ort gelöscht werden soll.

Seiten sind zudem an die Datenbank gebunden, für die sie erzeugt wurden. Die Datenbank muß noch vorhanden sein, wenn Sie die Seite öffnen. Nehmen Sie eine Umbenennung der Datenbank vor oder löschen sie diese, funktioniert der Datenzugriff natürlich nicht mehr.

Datenzugriffsseiten per VBA ansprechen

Für den Zugriff auf geöffnete Seiten verwenden Sie die Auflistung DATAACCESSPAGES bzw. die gleichnamigen Objekte. Die Zahl der gerade im Entwurfs- oder Anzeigemodus geöffneten Seiten ermitteln Sie beispielsweise mit der folgenden Zeile:

```
MsgBox DataAccessPages.Count
```

Für die einzelnen Zugriffsseiten sind unter anderem folgende Eigenschaften und Methoden definiert:

ConnectionString	ermittelt oder bestimmt die Informationen für die Anbindung an eine Datenquelle.
CurrentView	ermittelt den aktuellen Anzeigemodus (Entwurfsmodus = 0, Anzeigemodus = 1).
WebOptions	ermöglicht die Abfrage und Einstellung von Web-Optionen.

Mit der fogenden Zeile geben Sie für die Seite mit dem Namen SEITE01 den aktuellen Wert der Eigenschaft CONNECTIONSTRING aus:

```
MsgBox DataAccessPages("Seite01").ConnectionString
```

Die Möglichkeiten der VBA-Programmierung sind auch begrenzt. Bei der lockeren Einbindung von Zugriffsseiten in eine Access-Datenbank ist das auch verständlich. Als eigentliche Umgebung einer fertigen Seite ist eben der Browser gedacht.

Hinweis: Begrenzt sind auch die Möglichkeiten, Datenzugriffsseiten in einer offenen Umgebung zu verwenden. Schon viele Windows-Browser werden mit diesen Seiten nichts anzufangen wissen. Unter anderen Betriebssystemen, etwa Linux, dürfte das erst recht gelten. Datenzugriffsseiten erfordern in der Regel eine Windows-Umgebung.

9.8 CurrentDB – die aktuelle Datenbank

Wie Sie auf einzelne Elemente (Formulare, Tabellen etc.) der in Access geöffneten Datenbank zugreifen, haben wir schon gezeigt. In der Regel müssen Sie diese Elemente aber erst öffnen. Mit der Application-Methode CURRENTDB können Sie auf Daten der verschiedenen Tabellen zugreifen, ohne Tabellen oder Formulare sichtbar öffnen zu müssen. Nur die Datenbank selbst muß geöffnet sein. Den Namen (inklusive Pfad) der aktuellen Datenbank liefert beispielsweise die folgende Zeile:

```
MsgBox CurrentDb.Name
```

9.8 CurrentDB - die aktuelle Datenbank

CURRENTDB kann den früher üblichen Zugriff über DBENGINE ersetzen. Die Methode gibt ein DataBase-Objekt zurück, auf das sich unter anderem die folgenden Eigenschaften und Methoden anwenden lassen:

CreateQueryDef	erzeugt eine neue Abfrage.
CreateTableDef	erzeugt eine neue Tabelle.
Execute	führt eine Abfrage aus, soweit es sich nicht um eine Auswahlabfrage handelt.
OpenRecordSet	erzeugt eine neue Datensatzgruppe.
QueryDefs	liefert die Auflistung aller Abfragen der aktuellen Datenbank.
TableDefs	liefert die Auflistung aller Tabellen der aktuellen Datenbank.

Mit den Eigenschaften QUERYDEFS und TABLEDEFS erhalten Sie Auflistungen der in der aktuellen Datenbank enthaltenen Abfragen und Tabellen. Die Tabelle KUNDEN erreichen Sie beispielsweise mit der folgenden Zeile:

```
MsgBox CurrentDb.TableDefs("Kunden").RecordCount
```

Auf ein TableDef-Objekt (eine Tabelle) können Sie nun alle Operationen anwenden, die bei Tabellen möglich sind. Dazu gehören beispielsweise das Hinzufügen von Feldern und Indizes. Sie können jedoch keine Daten der Tabelle manipulieren. Dazu benötigen Sie wieder eine Datensatzgruppe, also ein Recordset-Objekt. Auf die Behandlung von TableDef- und QueryDef-Objekten werden wir später bei der Vorstellung der DAO-Bibliothek (Kapitel 10) eingehen.

Ein Recordset-Objekt manipulieren

Eine Datensatzgruppe erhalten Sie mit der OpenRecordset-Methode. Sie können die Methode an ein TableDef-Objekt anhängen oder gleich an CURRENTDB. Im ersten Fall müssen Sie die Tabelle nicht mehr benennen, weil diese schon im TableDef-Objekt benannt wird. Für die folgende Zeile haben wir OPENRECORDSET direkt an CURRENTDB angehängt. Das erste Argument steht dann für die Tabelle (oder Abfrage). Im zweiten Argument können Sie den Typ angeben (DYNASET, SNAPSHOT). Verzichten Sie auf das Argument, wird ein Recordset vom Typ DYNASET erzeugt:

```
Set Gruppe1 = CurrentDb.OpenRecordset("Kunden")
```

Wir haben gleich eine Objektvariable verwendet, damit wir anschließend auch auf die Daten zugreifen können. Für die Datensatzgruppe stehen nun alle Eigenschaften und Methoden zur Verfügung, die wir weiter oben schon besprochen haben (MOVEFIRST, FIELDS etc.). Das folgende Beispiel fügt einen neuen Datensatz an die Tabelle KUNDEN an:

```
Sub Aktuelle_Datenbank()
    Dim Gruppe1 As Object
    Set Gruppe1 = CurrentDb.OpenRecordset("Kunden")
    With Gruppe1
        .AddNew
        .Fields("KdNr") = 2345
        .Fields("Firma1") = "Bunte KG"
        .Update
    End With
End Sub
```

Beachten Sie, daß in diesem Fall nur das Datenbankfenster geöffnet sein muß. Auf diese Datenbank wird mit CURRENTDB verwiesen. Es ist nicht erforderlich, die betreffende Tabelle oder ein Formular, das diese Tabelle verwendet, zu öffnen.

Abfragen erstellen

Eine der interessantesten Möglichkeiten von CURRENTDB besteht in der Erzeugung und Verwendung von Abfragen zur Laufzeit einer Anwendung. Erstellen Sie beispielsweise eine Abfrage, die alle Kunden aus Hamburg und München umfassen soll, können Sie diese Abfrage im Kundenformular anzeigen lassen. Dazu binden Sie die gerade erzeugte Abfrage über die Eigenschaft RECORDSOURCE (DATENHERKUNFT) an das Kundenformular. Das folgende Beispiel zeigt die Umsetzung:

```
Sub Abfrage_erstellen()
    On Error Resume Next
    DoCmd.DeleteObject acQuery, "Temp"
    On Error GoTo 0
    SQLString = "SELECT * FROM Kunden WHERE " & _
                " Ort = 'Hamburg' or" & _
                " Ort = 'München';"
    CurrentDb.CreateQueryDef "Temp", SQLString

    DoCmd.OpenForm ("KundenForm")
    Forms("KundenForm").RecordSource = "Temp"
End Sub
```

Das Beispiel wäre recht kurz geraten, wenn wir nicht zu Ihrer Bequemlichkeit die ersten drei Zeilen hinzugefügt hätten. Sie ersparen sich damit beim mehrfachen Aufruf der Prozedur das manuelle Löschen der Abfrage TEMP. Die dort praktizierte Fehlerumleitung verhindert die Unterbrechung der Prozedur, wenn die zu löschende Abfrage gar nicht existiert. Wir werden im letzten Kapitel dieses Buches ausführlich auf die Fehlerbehandlung bzw. Fehlerumleitung eingehen.

Für die Definition einer Abfrage ist ein SQL-String erforderlich. Der String wird dann als zweites Argument der CreateQueryDef-Methode übergeben. Im ersten Argument weisen Sie der Abfrage einen Namen zu. Die Anbindung der Abfrage TEMP an das Kundenformular ersetzt die im Eigenschaftenfenster (DATENHERKUNFT) vorgenommene Anbindung.

SQL-Strings für viele Aufgaben

SQL läßt sich nicht nur für simple Abfragen einsetzen. Vielmehr eignet sich SQL für nahezu alle Aufgaben der Datenmanipulation. Selbst die Erstellung neuer Tabellen ist damit möglich. In Access können Sie SQL unter anderem für Auswahlabfragen (wie im weiter oben gezeigten Beispiel), für die Datenanalyse und für die Datenmanipulation (Ändern, Hinzufügen und Löschen von Daten) einsetzen.

Das folgende Beispiel erstellt eine neue Tabelle in der aktuellen Datenbank (CURRENTDB). Wir haben uns dabei auf zwei Felder beschränkt und auch keine Indizes verwendet:

```
Sub Neue_Tabelle()
    SQLString = "CREATE TABLE Test([Feld1] Integer, " & _
                                 "[Feld2] Text (30));"
    CurrentDb.Execute SQLString
End Sub
```

Die Definition der neuen Tabelle erfolgt mit Hilfe eines SQL-Strings. Für die Ausführung des Strings ist dann die Methode EXECUTE zuständig. Beachten Sie, daß Sie mit EXECUTE keinen SQL-String ausführen können, der eine Auswahlabfrage erzeugt, also Datensätze zurückliefert. Auswahlabfragen erzeugen Sie mit CREATEQUERYDEF.

9.9 SQL-Grundkurs

SQL (Structured Query Language) ist eine Hochsprache, die speziell für den Datenbankzugriff und die Auswertung von Daten entworfen wurde. Keine moderne PC-Datenbank kann heute mehr auf SQL verzichten. Auch Access verfügt über SQL-Anweisungen. SQL ist eine nichtprozedurale Sprache. Das bedeutet, daß eine Operation auf eine Datenbank nicht Schritt für Schritt durch den Programm-Code beschrieben wird, sondern der Programmierer oder Anwender das gewünschte Ergebnis einer Abfrage definiert. SQL kann in Access sowohl für Abfragen auf eigene Datentabellen benutzt werden als auch für Abfragen von SQL-Servern (sogenannte Pass-Through-Abfragen). Auch der Abfrage-Generator erzeugt SQL-Code, der in einem Editor angezeigt und noch manuell modifiziert werden kann.

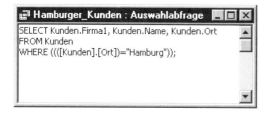

Abb. 9.17: Die SQL-Sicht des Abfragefensters

Bei der Definition einer Abfrage können Sie sich den automatisch erzeugten SQL-Code anzeigen lassen, wenn Sie den Ansichtsschalter SQL-ANSICHT betätigen oder die Menüoption ANSICHT/SQL-ANSICHT wählen. Der Code im SQL-Fenster läßt sich direkt editieren. Die Änderungen werden beim Zurückschalten in den Abfrage-Generator aber nicht immer übernommen. Bestimmte SQL-Befehle sind im Entwurfsmodus einer Abfrage ohnehin nicht darstellbar. Sie sind dann grundsätzlich auf die Erzeugung von SQL-Code angewiesen.

Wenn Sie später eine im SQL-Fenster erstellte Abfrage im Entwurfsmodus öffnen, erscheint diese in der Regel auch gleich im SQL-Fenster.

Hinweis: In Abbildung 9.17 sind Tabellen- und Feldnamen in eckige Klammern gesetzt. Diese Klammerung ist in Access eigentlich nur erforderlich, wenn Sie Namen mit Leerzeichen oder anderen Sonderzeichen verwenden. Die eckigen Klammern sorgen dann dafür, daß eine solche Bezeichnung als ein Name interpretiert wird.

SQL-Anweisungen in Access einsetzen

SQL, speziell der SQL-Befehl SELECT, wird Ihnen schon häufig in Access begegnet sein. Access verwendet SQL gelegentlich für die Eigenschaften DATENHERKUNFT und DATENSATZHERKUNFT. Auch jede Abfrage, die Sie erstellen, basiert letztlich auf SQL-Code. Schließlich können auch in VBA-Prozeduren SQL-Anweisungen verwendet werden. Wir haben also vier Möglichkeiten, SQL einzusetzen:

- Eigenschaften von Formularen und Steuerelementen,
- SQL-Sicht des Abfragefensters,
- VBA-Prozeduren und
- Pass-Through-Abfragen.

In den Eigenschaften von Formularen und Steuerelementen verwenden Sie überwiegend den SELECT-Befehl, den wir später noch vorstellen. Die interessanteste Variante ist die SQL-Sicht einer Abfrage; hier können Sie fast alle SQL-Anweisungen direkt eingeben. SQL-Code läßt sich im SQL-Fenster einer Abfrage umbrochen darstellen. Die nachfolgenden Beispiele beziehen sich daher überwiegend auf die SQL-Sicht einer Abfrage. Um die Beispiele nachvollziehen zu können, sollten Sie daher eine neue Abfrage erstellen und dann gleich in die SQL-Sicht wechseln.

Datenmanipulation mit SQL

In diesem Kapitel stellen wir zunächst einige wesentliche SQL-Befehle für die Manipulation von Daten vor. Dazu gehören:

CREATE

INSERT

UPDATE

CREATE ist ein vielseitiger Befehl. Sie erstellen damit Tabellen und Indizes. Die Syntax der Create-Table-Anweisung für die Erzeugung von Tabellen lautet:

CREATE TABLE Tabelle (Feld1 Typ [(Größe)] [Index1] [, Feld2 Typ [(Größe)] [Index2] [, ...]] [, MehrFelderIndex [, ...]])

TABELLE ist der Name einer Tabelle, der den Access-Konventionen entsprechend auch wieder Leerzeichen enthalten darf. Die einzelnen Felder werden mit ihrem Namen, dem Typ und gegebenenfalls der Länge definiert. Indizes, auch über mehrere Felder, lassen sich ebenfalls vorgeben. Das folgende Beispiel zeigt die Definition einer simplen Adressen-Tabelle:

CREATE TABLE Adressen ([KdNr] INTEGER,

[Name] TEXT (30),

[Vorname] TEXT (30),

[Ort] TEXT (30));

Die Definition der Felder muß in runde Klammern gesetzt werden. Die Angabe des Feldtyps ist zwingend. Die Längenangabe, die hinter dem Typ in runden Klammern erscheint, ist hingegen nicht unbedingt erforderlich. Geben Sie die Feldlänge bei Textfeldern nicht an, erzeugt CREATE TABLE Felder mit 255 Zeichen. Das vorstehende Beispiel können Sie, wie die noch folgenden, in das SQL-Fenster einer Abfrage schreiben und direkt ausführen (ABFRAGE/AUSFÜHREN). Im Datenbankfenster finden Sie anschließend die neue Tabelle.

Indizes hinzufügen

Bei der Erzeugung einer Tabelle mit CREATE können auch Indizes definiert werden. Dazu muß eine sogenannte Constraint-Klausel angefügt werden. Für einen einfachen Index ist die folgende Syntaxerweiterung des Create-Befehls erforderlich:

CONSTRAINT Name {PRIMARY KEY |

UNIQUE |

REFERENCES Fremdtabelle [(Fremdfeld)]}

NAME bezeichnet den Indexnamen. Die reservierten Wörter PRIMARY KEY, UNIQUE und REFERENCES bestimmen, ob ein Primärschlüssel, ein eindeutiger Index oder eine Referenz zu einer Fremdtabelle erzeugt werden soll. Als Indexfeld dient das Feld, an dessen Definition die Constraint-Klausel angehängt wird. Um bei der Erzeugung einer Tabelle auch gleich einen Primärschlüssel zu erzeugen, muß unser Beispiel wie folgt erweitert werden:

```
CREATE TABLE Adressen (
[Name] TEXT (30),
[Vorname] TEXT (30),
[Ort] TEXT (30),
KdNr INTEGER CONSTRAINT KdNr PRIMARY KEY  );
```

Beachten Sie, daß wir eine Umstellung vorgenommen haben. Das Feld, auf das sich der Index bezieht (KDNR), haben wir an das Ende gesetzt und daran ohne Trennzeichen die Constraint-Klausel angefügt.

Indizes nachträglich erzeugen

Indizes lassen sich auch noch nachträglich für bereits bestehende Tabellen erzeugen. Dazu dient die SQL-Anweisung CREATE INDEX. Die Syntax lautet:

```
CREATE [ UNIQUE ] INDEX Index
ON Tabelle (Feld[, ...])
[WITH { PRIMARY | DISALLOW NULL | IGNORE NULL }]
```

Sie erstellen damit Indizes auch über mehrere Felder. Einen zusätzlichen Index über die Felder NAME und ORT der oben erstellten Tabelle ADRESSEN erzeugt der folgende Code:

```
CREATE INDEX NameOrt
ON Adressen ([Name],[Ort])
```

Den erzeugten Index können Sie sich im Indizes-Dialog der Tabelle ADRESSEN anschauen. Dazu öffnen Sie die Tabelle im Entwurfsmodus und wählen dann die Option ANSICHT/INDIZES.

INSERT – Datensätze hinzufügen

Mit INSERT erstellen Sie beispielsweise Anfügeabfragen, mit denen Datensätze aus einer Tabelle oder Abfrage an das Ende einer anderen Tabelle angefügt werden. Datensätze lassen sich mit INSERT aber auch direkt, also ohne Quelle, anfügen. Die Syntax des Befehls richtet sich danach, ob Sie einen oder mehrere Datensätze anfügen wollen. Für einen neuen Datensatz ohne Rückgriff auf eine Quell-Tabelle lautet die Syntax:

```
INSERT INTO Ziel [(Feld1[, Feld2[, ...]])]
VALUES (Wert1[, Wert2[, ...])
```

9.9 SQL-Grundkurs

Mit ZIEL ist der Name der Tabelle gemeint, an die ein neuer Datensatz angefügt werden soll. Die Werte (VALUES) müssen in Anführungszeichen gesetzt sein. Bei Tabellen mit Primärschlüssel muß das Schlüsselfeld der angefügten Datensätze einen eindeutigen Wert enthalten. Es ist nicht erforderlich, die Zieltabelle zu öffnen. Das folgende Beispiel erzeugt einen neuen Datensatz für die Tabelle KUNDEN:

```
INSERT INTO Kunden (KdNr, Firma1, Name, Anrede, Ort)
VALUES ("444", "Paul & Co. KG", "Baumann", "Herr", "Jena")
```

Beim vorstehenden Beispiel ist zu beachten, daß auch numerische Werte (hier für das Feld KDNR) in Anführungszeichen gesetzt werden. Da es sich beim Feld KDNR zudem um ein Primärschlüsselfeld handelt, muß der Wert auch eindeutig sein. Es darf also in der Zieltabelle noch kein Datensatz mit diesem Eintrag im gleichen Feld existieren. Da Access den Wert "0" übergibt, wenn Sie dieses Feld nicht berücksichtigen, erhalten Sie spätestens beim zweiten Versuch eine Fehlermeldung angezeigt. Access verweigert dann die Annahme der Daten.

Datensätze in eine andere Tabelle kopieren

Für eine Anfügeabfrage, die Datensätze aus einer Tabelle oder Abfrage in eine andere Tabelle einfügt, gilt folgende Syntax:

```
INSERT INTO Ziel [IN ExterneDatenbank]
SELECT [Quelle.]Feld1[, Feld2[, ...]
FROM Tabellenausdruck
```

ZIEL kann in diesem Fall nicht nur eine Tabelle der gleichen Datenbank sein, sondern auch eine Tabelle, die sich in einer externen (nicht in Access geöffneten) Datenbank befindet. Die Quelle, die Sie mit SELECT auswählen, kann eine Tabelle oder Abfrage sein. Das nachstehende Beispiel kopiert Datensätze aus der Tabelle KUNDEN in die Tabelle ADRESSEN der gleichen Datenbank:

```
INSERT INTO Adressen
SELECT Kunden.KdNr, Kunden.Name, Kunden.Ort
FROM Kunden
WHERE KdNr > 5 And KdNr < 20;
```

Mit der optionalen Where-Klausel haben wir noch eine Bedingung definiert, die nur Datensätze mit einer Kundennummer (KDNR) zwischen 5 und 20 auswählt. Die Feldnamen der in beiden Tabellen verwendeten Felder müssen in diesem Beispiel übereinstimmen. Stimmen die Feldnamen nicht überein, müssen Sie auch für die Zieltabelle die Feldnamen vorgeben. Die erste Zeile unseres Beispiels hätte dann folgende Form:

```
INSERT INTO Adressen (KdNr, Name, Ort)
...
```

Weichen die Bezeichnungen der Felder in der Tabelle ADRESSEN von den Bezeichnungen der korrespondierenden Felder in der Tabelle KUNDEN ab, müssen die Feldnamen auch in der richtigen Reihenfolge erscheinen.

UPDATE – Aktualisierungsabfragen

Mit UPDATE erstellen Sie eine Aktualisierungsabfrage. Sie können damit die Werte einzelner Felder gezielt ändern. Die Syntax hat folgende Form:

```
UPDATE Tabelle
SET Feldname = NeuerWert
WHERE Kriterien;
```

TABELLE meint den Namen der Tabelle, in der Feldwerte geändert werden sollen. Mit SET erfolgt die Zuweisung neuer Werte. Die in vielen SQL-Befehlen verfügbare WHERE-Klausel leitet eine Bedingung ein. Nur wenn diese Bedingung zutrifft, also den logischen Wert TRUE liefert, wird die Änderung mit SET ausgeführt.

Das folgende Beispiel setzt den Wert im Ja/Nein-Feld AKTIV der Tabelle KUNDEN für alle Kunden, die innerhalb der letzten drei Tage eingegeben wurden, auf "Ja" (TRUE):

```
UPDATE Kunden
SET  Aktiv = True
WHERE Datum > Now() - 3;
```

Die WHERE-Klausel ist in diesem Fall etwas komplexer geraten, um den grundsätzlichen Aufbau zu zeigen. Mit der Now-Funktion erhalten wir das aktuelle Datum, von dem wir dann drei Tage abziehen. Als Kriterium gilt der Wert im Feld DATUM. Geändert wird aber das Feld AKTIV.

Auswahlabfragen mit SELECT

Bei der Konzeption von SQL stand die einfache und flexible Auswertung großer Datenbestände im Vordergrund. Zentral ist hier der SQL-Befehl SELECT, mit dem wir uns in diesem Abschnitt beschäftigen wollen.

Mit SELECT ist es möglich, auch komplexeste Abfragen in wenigen Zeilen zu kodieren. Abfragen über mehrere Tabellen mit diversen Konditionen sind für Kenner des Select-Befehls in kürzester Zeit erstellbar. Natürlich können Sie auch das Abfragefenster benutzen, das Ihnen den nicht ganz trivialen Einstieg in dieses mächtige Kommando mit seinen vielen Klauseln erspart. Das Abfragefenster setzt die Aktionen des Anwenders unmittelbar in SQL-Select-Anweisungen um. Wer in Access aber richtig programmieren will, wird um Grundkenntnisse des Select-Befehls und seiner Klauseln nicht herumkommen. Die Syntax ist allerdings recht komplex:

9.9 SQL-Grundkurs

```
SELECT [Prädikat] { * | Tabelle.* | [Tabelle.]Feld1 [,
                                [Tabelle.]Feld2.[, ...]]}
[AS Alias1 [, Alias2 [, ...]]]
FROM Tabellenausdruck [, ...] [IN ExterneDatenbank]
[WHERE... ]
[GROUP BY... ]
[HAVING... ]
[ORDER BY... ]
```

Programmierer können den von Access generierten oder selbsterstellten SQL-Code im SQL-Fenster testen und über die Zwischenablage in den Programm-Code übernehmen.

SELECT erwartet keine vorbereitete Arbeitsumgebung, keine geöffneten Tabellen und keine Verknüpfungen. Diese werden durch SELECT erstellt und müssen nicht schon zuvor definiert sein. Für das Verständnis der Syntax ist ein Beispiel mit den wichtigsten Klauseln besonders gut geeignet:

```
SELECT DISTINCTROW Kunden.Firma1,
Kunden.Name, Kunden.Ort
FROM Kunden
WHERE ((Kunden.Kategorie= 'Kunde'))
ORDER BY Kunden.Firma1;
```

Der Select-Befehl listet zunächst alle Feldnamen auf, die in der Antworttabelle erscheinen sollen. SELECT benutzt dazu die Punktschreibweise. In diesem Beispiel verwenden wir nur die Tabelle KUNDEN. Die Aufzählung kann in beliebiger Reihenfolge erfolgen. Sie bestimmt die Reihenfolge der Felder in der Ergebnistabelle.

Sie können alle Felder für die Übernahme in die Ergebnistabelle bestimmen, wenn Sie das Sternchen an den Namen der Tabelle anhängen. Auch hier ist die Punktschreibweise zu beachten. Ein (unvollständiges) Beispiel:

```
SELECT   Kunden.*
...
```

Wenn sich eine Abfrage nur auf eine Tabelle bezieht, genügt eigentlich schon das Sternchen, weil die Tabelle ohnehin in der unverzichtbaren FROM-Klausel erscheint. Die folgende Variante zeigt daher ebenfalls alle Felder der Tabelle KUNDEN in der Ergebnistabelle an:

```
SELECT *
FROM Kunden;
```

DISTINCTROW ist ein Prädikat, das verhindert, das mehrfach auftretende Datensätze in die Ergebnistabelle übernommen werden. Sollen alle Datensätze in der Ergebnistabelle erscheinen, müssen Sie das Prädikat ALL verwenden. ALL steht allerdings für den Standardwert. Verzichten Sie auf ein Prädikat wird automatisch ALL angenommen.

Die Klausel FROM bezeichnet die Liste der verwendeten Tabellen, die durch Kommata zu separieren sind. In unseren Beispiel dient nur eine Tabelle als Datenquelle.

Die Where-Klausel benutzen wir im obigen Beispiel als Selektions- oder Filterkriterium. Beliebig viele Kriterien können durch AND oder OR verknüpft werden.

ORDER BY bestimmt die Sortierung der Ergebnistabelle. Mit den reservierten Wörtern ASC und DESC kann noch vorgegeben werden, ob eine auf- oder absteigende Sortierung gewünscht wird. Standardmäßig ist eine aufsteigende Sortierung (ASC= Ascending = aufsteigend) vorgesehen.

Gruppenbildung mit GROUP BY

GROUP BY gruppiert Daten. Dabei können sogenannte Aggregatfunktionen verwendet werden, die für jedes Feld in der Feldliste einen statistischen Wert (Anzahl, Summe, Durchschnitt etc.) berechnen. Wir werden später noch auf diese Möglichkeit eingehen. Die Feldliste der Group By-Klausel kann maximal 10 Argumente enthalten.

Die Antworttabelle einer Abfrage mit GROUP BY und Aggregatfunktionen enthält keine individuellen Daten mehr, sondern zusammengefaßte Daten, beispielsweise die Summe der Umsätze aller Kunden in einem bestimmten PLZ-Gebiet. Da diese aggregierten Daten keinem Datensatz zugeordnet sind, können sie auch nicht editiert werden.

Eine Klausel, die wir im ersten Beispiel noch nicht verwendet haben, ist HAVING. Diese Klausel steht in enger Beziehung zu GROUP BY. Sie spezifiziert die anzuzeigenden Datensatzgruppen. Anders formuliert: GROUP BY definiert die Datensatzgruppen, und HAVING bestimmt, welche davon anzuzeigen sind. Die Funktion von HAVING gleicht also der Funktion der WHERE-Klausel, nur daß letztere bestimmt, welche Datensätze überhaupt zur Gruppenbildung verwendet werden. Im nächsten Unterkapitel finden Sie ein ausführliches Beispiel, das auch die Having-Klausel berücksichtigt.

Abfragen über mehrere Tabellen

Die volle Leistungsfähigkeit des Select-Befehls zeigt sich erst bei einer Abfrage über mehrere Tabellen. Das folgende Beispiel verwendet zwei Tabellen für die Abfrage.

```
SELECT DISTINCTROW
Rechnungen.RechnungsNr,
Rechnungen.Datum,
Rechnungen.Betrag,
```

```
Kunden.Firma1,
Kunden.Name,
Kunden.Ort
FROM Kunden INNER JOIN Rechnungen
ON Kunden.KdNr = Rechnungen.KdNr
WHERE (Rechnungen.Datum > Now - 3);
```

In diesem Beispiel sorgt eine Inner Join-Klausel für die Verknüpfung der beiden Tabellen über das Feld KDNR, das in beiden Tabellen vorhanden ist. Diese Verknüpfung ist unbedingt erforderlich, wenn nicht unerwartet große Ergebnistabellen erzeugt werden sollen. Würde die From-Klausel beispielsweise nur die verwendeten Tabellen auflisten (FROM Kunden, Rechnungen), erhielten Sie keine Fehlermeldung, aber eine sehr große Antworttabelle. Eine SQL-Anweisung über mehrere Tabellen ohne Verknüpfungsbedingung (JOIN) würde praktisch jeden Datensatz aus der ersten mit jedem Datensatz aus der zweiten Tabelle verknüpfen.

Wichtig! Da eine unsachgemäße Anwendung des Abfragefensters oder des SELECT-Kommandos zu außerordentlich großen Ergebnistabellen führen kann, sollten diese Optionen nur sehr sorgfältig eingesetzt werden. Vergessen Sie beispielsweise eine Join-Bedingung zu definieren, kann eine Abfrage mit zwei Tabellen von jeweils 1000 Datensätzen zu einer Ergebnistabelle mit 1.000.0000 Datensätzen führen. Access verknüpft in diesem Fall jeden Datensatz aus der ersten mit jedem Datensatz aus der zweiten Tabelle.

Verknüpfungsarten

INNER JOIN ist nur eine von drei Verknüpfungsarten. Access kennt noch LEFT JOIN und RIGTH JOIN. Unter INNER JOIN wird eine Gleichheits- oder Exklusionsverknüpfung verstanden, die nur Datensätze verbindet, für die in den Verknüpfungsfeldern beider Tabellen übereinstimmende Werte enthalten sind. Für unser Beispiel heißt das, daß nur Datensätze in die Antworttabelle aufgenommen werden, die in den Feldern KUNDEN.KDNR und RECHNUNGEN.KDNR übereinstimmende Werte enthalten. Kunden, denen wir noch keine Rechnungen zugeordnet haben, erscheinen auch nicht in der Antworttabelle.

Inklusionsverknüpfungen

Mit LEFT JOIN und RIGHT JOIN erstellen Sie hingegen Inklusionsverknüpfungen, genauer müßte es heißen: einseitige Inklusionsverknüpfungen. LEFT JOIN erzeugt eine Antworttabelle, die alle Datensätze der linken Tabelle enthält, auch wenn in der rechten Tabelle keine zugehörigen Datensätze vorhanden sind. Beispiel:

```
FROM Kunden LEFT JOIN Rechnungen
ON Kunden.KdNr = Rechnungen.KdNr
```

In diesem nicht funktionsfähigen Beispiel werden alle Kunden (linke Tabelle) ausgewählt, auch dann, wenn in der rechten Tabelle (Rechnungen) kein zugehöriger Datensatz vorhanden ist. RIGHT JOIN funktioniert entsprechend umgekehrt. Für Verknüpfungen können numerische Felder, Datumsfelder und Textfelder verwendet werden, jedoch keine OLE-Objektfelder und keine Memofelder.

Hinweis: Die Verknüpfung kann im Abfragefenster vorgenommen werden. In der Regel stellen Sie die Verknüpfung aber bereits nach der Definition der Tabellen im Fenster BEZIEHUNGEN her, das Sie unter anderem mit der Menüoption EXTRAS/BEZIEHUNGEN... aufrufen. Im Abfragefenster werden diese Beziehungen berücksichtigt und auch beim Umschalten in die SQL-Sicht als INNER JOIN angezeigt.

Spaltenüberschriften für Antworttabellen

Die optionale Klausel AS ALIAS erlaubt die Vergabe von Alias-Namen für die Spalten einer Antworttabelle. Beispiel:

```
SELECT DISTINCTROW
Kunden.Firma1 AS Firma,
Kunden.Anrede & " " & Kunden.Name AS Ansprechpartner,
Kunden.Ort & ", " & Kunden.Strasse AS [Neue Anschrift]
FROM Kunden;
```

Die Alias-Bezeichnungen müssen den üblichen Konventionen für eigene Bezeichner entsprechen (keine Leerzeichen etc.), sonst erhalten Sie eine Fehlermeldung angezeigt. Wollen Sie jedoch unbedingt Leer- und Sonderzeichen verwenden, müssen Sie diese in eckige Klammern setzen.

Verkettung von Feldern und Zeichenfolgen

Das vorstehende Beispiel zeigt zudem, wie Sie mehrere Felder in einem Alias-Feld zusammenfassen können. Selbst Zeichenketten lassen sich einbinden. Im Beispiel haben wir lediglich ein Leerzeichen und ein Komma zur optischen Separierung verwendet. Sie können aber auch Ausdrücke wie den folgenden einsetzen:

```
"Kontakt:" & Kunden.Anrede & " " & Kunden.Name AS Ansprechpartner
```

Die Zeichenfolge „Kontakt:" erscheint dann ebenfalls in den einzelnen Feldern der Spalte ANSPRECHPARTNER.

Abfragen auf externe Datenbanken

Eine SQL-Abfrage kann auch einen IN-Operator enthalten, der eine externe Datenbank bezeichnet. Damit ist in Access beispielsweise eine nicht geöffnete Datenbank gemeint. Sie haben also die Möglichkeit, Abfragen auf Datenbanken auszuführen, ohne diese erst öffnen zu müssen. Wie das folgende Beispiel zeigt, muß die Bezeichnung der nicht geöffneten Daten-

9.9 SQL-Grundkurs

bank als String (einfache oder doppelte Anführungszeichen) übergeben werden. Dabei ist in der Regel auch der Pfad anzugeben:

```
SELECT DISTINCTROW
Kunden.Firma1, Kunden.Ort
FROM Kunden In "C:\Dokumente\Faktura.mdb"
WHERE (Kunden.Ort= 'Düsseldorf');
```

IN-Operator und FROM-Klausel bilden praktisch eine Einheit. Die Tabelle der FROM-Klausel muß natürlich in der externen Datenbank vorhanden sein.

Mengenoperationen

Mengenoperationen sind Abfragen, die Schnittmengen, Vereinigungsmengen oder Differenzmengen aus verschiedenen Tabellen bilden. Im Gegensatz zu einer Verknüpfung, die über bestimmte Bedingungen verknüpfte Datensätze zusammenfaßt, besteht zwischen den Tabellen einer Mengenoperation keine solche Beziehung.

Vereinigungsmengen mit UNION bilden

UNION kann Tabellen, Abfragen und Select-Anweisungen verwenden. Voraussetzung ist jedoch, daß die Anzahl der Felder, nicht jedoch deren Typ oder Länge, übereinstimmen. Es können also nur Datensätze aus Tabellen oder Abfragen mit einer sehr ähnlichen Struktur zusammengefaßt werden. Die Syntax läßt erkennen, daß Sie mehrere Union-Operatoren einsetzen können. Sie sind also nicht auf zwei Tabellen oder Abfragen begrenzt:

```
Abfrage1 UNION [ALL] Abfrage2 [UNION [ALL]] AbfrageN..
```

ABFRAGE kann eine Tabelle, eine bereits erstellte Abfrage oder eine mit SELECT erzeugte Abfrage sein. Einer bereits erstellten Abfrage oder einer Tabelle muß das reservierte Wort TABLE vorangestellt werden. Für das Zusammenführen von zwei Tabellen genügt bereits die folgende Anweisung.

```
TABLE Kunden
UNION
TABLE KundenNeu;
```

Beide Tabellen müssen natürlich schon vorhanden sein. UNION unterdrückt zunächst mehrfach vorkommende Datensätze. Verwenden Sie hingegen den optionalen Operator ALL, werden alle Datensätze angezeigt.

Das folgende Beispiel sucht alle Hamburger Kunden aus beiden Tabellen (KUNDEN und KUNDENNEU) heraus und faßt diese in der Ergebnistabelle zusammen. Die Verbindung von zwei SELECT-Abfragen ist wohl die sinnvollste Variante, weil hier die Felder in beiden Teilabfragen vorgegeben werden können und damit die Übereinstimmung durch die Abfragedefinition sichergestellt ist.

```
SELECT Kunden.Firma1, Kunden.Name, Kunden.Ort
FROM Kunden
WHERE ((Kunden.Ort)='Hamburg')
UNION
SELECT KundenNeu.Firma1, KundenNeu.Name, KundenNeu.Ort
FROM KundenNeu
WHERE ((KundenNeu.Ort)='Hamburg');
```

Natürlich können Sie auch wieder die Daten der Teilabfragen gruppieren (GROUP BY) und, wie im vorstehenden Beispiel, mit einer Where-Bedingung selektieren.

Keine Memo- und OLE-Objektfelder

Wollen Sie ganze Tabellen und vordefinierte Abfragen mit UNION zusammenführen, müssen Sie darauf achten, daß keine Memo- oder Objektfelder enthalten sind. Primärschlüsselfelder stellen hingegen kein Problem dar. Die Mengenoperation fügt auch Datensätze mit identischen Werten in diesen Feldern zusammen, ohne eine Fehlermeldung zu erzeugen. Das ist insofern auch nicht so tragisch, weil Sie Union-Abfragen nicht editieren können. Das Ergebnis ist eben nur eine temporäre Kopie der Basistabellen. Die Tabellen selbst werden nur abgefragt, sie bleiben durch die Operation unverändert.

Aggregatfunktionen

Aggregatfunktionen sind Funktionen, die statistische Auswertungen über Gruppen von Datensätzen erlauben. So können Sie beispielsweise die Summe von numerischen Feldinhalten bilden oder die Zahl der Datensätze ermitteln, die einer bestimmten Bedingung genügen. Auch Mittelwert und Streuungsmaße lassen sich berechnen. Die folgenden Aggregatfunktionen stehen in Access-SQL zur Verfügung:

Count	Anzahl der Datensätze
Min, Max	niedrigster bzw. höchster Wert einer Spalte
Avg	Mittelwert
StDev, StDevP	Standardabweichung
Sum	Summe
Var, VarP	Varianz

9.9 SQL-Grundkurs

COUNT ermittelt die Anzahl aller Datensätze (oder aller Datensätze, die einer bestimmten Bedingung genügen). Die Syntax hat folgende Form:

```
Count(Ausdruck)
```

AUSDRUCK steht für einen Zeichenfolgeausdruck oder einen berechneten Ausdruck. Der Zeichenfolgeausdruck muß ein Feld bezeichnen. In einem berechneten Ausdruck können auch VBA-Funktionen verwendet werden. Die einfachste Abfrage zeigt das folgende Beispiel:

```
SELECT Count(*) AS [Anzahl der Datensätze]
FROM Kunden;
```

Hier werden einfach alle Datensätze (*) der Tabelle KUNDEN gezählt, auch die Datensätze, die Felder mit dem Wert NULL enthalten. Setzen Sie jedoch einen oder mehrere Feldnamen ein, werden nur Datensätze gezählt, die in mindestens einem der Felder des Ausdrucks nicht den Wert NULL enthalten. Mehrere Felder müssen im Ausdruck durch das Verkettungszeichen & verbunden werden.

COUNT gibt nur eine Zahl zurück. Die Antworttabelle besteht daher auch nur aus einer Spalte und einer Zeile. Komplexer ist das folgende Beispiel:

```
SELECT Count(Kunden.Kategorie)
AS [Anzahl Sätze der Kategorie Kunden]
FROM Kunden
WHERE ((Kunden.Kategorie) = 'Kunde');
```

Das Beispiel zählt alle Datensätze, die im Feld KATEGORIE den Eintrag „Kunde" enthalten. Die Bedingung wird in einer Where-Klausel definiert.

Die Bedeutung des Null-Wertes

Der Ausdruck in der Count-Klammer und die Bedingung der Where-Klausel müssen sich nicht auf das gleiche Feld beziehen. Wir hätten im Count-Ausdruck auch das Feld PLZ verwenden können. Das Ergebnis wäre vermutlich identisch. Erst wenn das Feld PLZ in einem Datensatz einen Nullwert enthielte, könnte es zu unterschiedlichen Ergebnissen kommen. Der Datensatz wird dann einfach nicht mitgezählt, unabhängig davon, ob der Eintrag im Feld KATEGORIE unserer Bedingung genügt. Es ist daher meistens sinnvoll, im Ausdruck der Count-Funktion und in der Where-Klausel das gleiche Feld bzw. die gleichen Felder zu verwenden.

Min/Max

Die Funktionen MIN und MAX berechnen den kleinsten bzw. größten Wert einer Tabellenspalte bzw. eines Feldes in einem Formular oder Bericht. Die Syntax entspricht derjenigen der Count-Funktion:

```
Min(Ausdruck)
Max(Ausdruck)
```

Der Ausdruck muß wieder ein Feld enthalten oder sich auf die Werte eines Feldes beziehen. Ein Beispiel:

```
SELECT Max(Betrag)
AS [Höchster Rechnungsbetrag]
FROM Rechnungen;
```

Das Beispiel berechnet den größten Wert im Feld BETRAG der Tabelle RECHNUNGEN. Das Feld im Ausdruck der Funktion muß nicht unbedingt vom numerischen Typ sein. Die beiden Funktionen lassen sich auch auf Felder vom Typ DATUM oder TEXT anwenden.

Summen bilden

Die Aggregatfunktion SUM wird sicher sehr oft benötigt. Sie bilden damit Summen über eine Spalte. Ein erstes Beispiel berechnet die Summe aller Rechnungsbeträge in der Tabelle RECHNUNGEN:

```
SELECT Sum(Rechnungen.Betrag)
AS [Summe der Rechnungsbeträge]
FROM Rechnungen;
```

Die Anwendung dieser Funktion gleicht also weitgehend den schon vorgestellten. Dies gilt auch für die hier noch nicht präsentierten Funktionen, die wir daher Ihrer Experimentierlust überlassen.

Aggregatfunktionen kombinieren

Aggregatfunktionen lassen sich kombinieren. Sie können zudem mit Operatoren, Konstanten und anderen Funktionen komplexe Ausdrücke bilden. Ein Beispiel:

```
SELECT Count(Betrag) AS [Anzahl der Rechnungen],
Sum(Rechnungen.Betrag) AS [Gesamtumsatz],
Sum(Rechnungen.Betrag) * 0.16 AS [Umsatzsteuer],
Avg(Rechnungen.Betrag) AS [Durchschnittlicher Rechnungsbetrag]
FROM Rechnungen;
```

Das Beispiel zeigt nahezu alle Möglichkeiten der Aggregatfunktionen in komprimierter Form. Als einzige Erweiterung haben wir noch die Durchschnittsbildung (AVG) hinzugenommen. Beachten Sie auch die Separation der einzelnen Select-Argumente durch Kommata.

Ausdrücke in SQL-Klauseln

Mit Ausdrücken läßt sich eine SQL-Abfrage sehr flexibel gestalten. Im Abfragefenster verwenden Sie dafür den Ausdrucks-Generator. Ausdrücke können den Klauseln WHERE, ORDER BY, GROUP BY und HAVING zugeordnet werden. Ausdrücke in SQL-Anweisungen können Bezeichner für Access-Objekte, Eigenschaften, Operatoren, VBA-Funktionen und Werte enthalten. Das folgende Beispiel verwendet Ausdrücke für fast alle Klauseln einschließlich der HAVING-Klausel:

```
SELECT
Left(Kunden.PLZ_Strasse,1) AS [PLZ-Gebiet],
Count(Rechnungen.RechnungsNr) AS [Zahl der Rechnungen],
Sum(Rechnungen.Betrag) AS [Gesamtumsatz],
Avg(Rechnungen.Betrag) AS [durchschnittlicher Betrag]
FROM Kunden, Rechnungen
WHERE ((Kunden.KdNr) = (Rechnungen.KdNr))
GROUP BY Left(PLZ_Strasse,1)
HAVING Sum(Rechnungen.Betrag) > 20000;
```

Die Zusammenarbeit der einzelnen Teile dieses Beispiels ist schon recht schwer zu durchschauen. SELECT enthält vier durch Kommata separierte Argumente. Das erste Argument verwendet die VBA-Funktion LEFT, um von links das erste Zeichen aus dem Feld PLZ_STRASSE zu ermitteln. Das Argument korrespondiert mit dem Group By-Ausdruck, der ebenfalls die Left-Funktion verwendet. Die Gruppierung soll also nach dem ersten Zeichen des Feldes PLZ_STRASSE erfolgen. Alle Datensätze, deren Eintrag im Feld PLZ_STRASSE mit 4 beginnt, bilden eine Gruppe, alle Datensätze deren Eintrag mit 6 beginnt bilden ebenfalls eine Gruppe usw. Wir hätten auch einfach nur das Feld PLZ_STRASSE als Select-Argument und als Ausdruck für die GROUP BY-Klausel verwenden können. Dann hätten wir eben sehr viele Gruppen erhalten, weil jede Postleitzahl eine eigene Gruppe bilden würde. Etwas übersichtlicher ist die Ausgabe der Ergebnistabelle, die Abbildung 9.18 zeigt.

PLZ-Gebiet	Zahl der Rechnungen	Gesamtumsatz	durchschnittlicher Betrag
2	2	76.999,00 DM	38.499,50 DM
3	4	508.456,00 DM	169.485,33 DM
6	3	20.011,00 DM	6.670,33 DM
7	2	90.000,00 DM	45.000,00 DM

Abb. 9.18: Ergebnistabelle einer komplexen Auswahlabfrage

Zentral ist hier die Group By-Klausel, die dafür sorgt, daß die Zahl der Rechnungen, der Gesamtumsatz und der durchschnittliche Umsatz nicht für alle Rechnungen, sondern nur für bestimmte PLZ-Gebiete gelten.

Auch die Having-Klausel bezieht sich auf den Umsatz der Gruppe, nicht auf einzelne Rechnungen. In die Ergebnistabelle gehen also auch Beträge ein, die kleiner als 20.000 sind, vorausgesetzt, die ganze PLZ-Gruppe erreicht zusammen einen Umsatz von mehr als 20.000 DM. HAVING schließt bestimmte Gruppen - nicht Datensätze - von der Anzeige aus. Alle Kunden, die zum PLZ-Gebiet 1 (oder 10000) gehören, bilden zusammen eine Gruppe. Erreicht diese Gruppe aber nicht den in der Having-Klausel definierten Umsatz von mehr als 20.000, wird Sie auch nicht angezeigt. In der Antworttabelle fehlt dann die Gruppe für das betreffende PLZ-Gebiet.

Natürlich ist auch ein SELECT-Argument ein Ausdruck. Dieser ließe sich sogar noch erweitern, so daß nicht einfach nur das erste Zeichen (die erste Ziffer) des PLZ-Gebiets erscheint, sondern immer "20000" oder "70000" etc. Das SELECT-Argument könnte dann wie folgt aussehen:

```
SELECT
"Im Postleitzahlgebiet: " & Left(PLZ_Strasse,1) & "0000"
AS [PLZ-Gebiet],
...
```

Wir haben einfach einen String vor und einen String hinter die Funktion gesetzt. Das Ergebnis ist dann noch etwas aussagefähiger.

SQL-Anweisungen parametrisieren

Das Arbeiten mit festen Werten (Konstanten) ist für den Programmierer immer sehr unbefriedigend. Moderne Anwendungen erfordern einfach die Möglichkeit, mit dynamischen Daten, also Daten, die sich zur Laufzeit eines Programms ändern können, zu arbeiten. SQL-Anweisungen in der SQL-Sicht des Abfragefensters können zwar Ausdrücke enthalten, in denen auch Bezeichner vorkommen, aber keine Speichervariablen. Unter Bezeichnern werden in Access nur Verweise auf Feldinhalte und Eigenschaften von Steuerelementen verstanden. Auch globale Variablen haben keine Chance, erkannt und mit ihrem Wert berücksichtigt zu werden.

Abb. 9.19: Das Eingabefenster für unbekannte Bezeichner

Stößt Access beim Abarbeiten einer SQL-Anweisung auf einen unbekannten Bezeichner, wird der Anwender in einem Eingabefenster aufgefordert, dafür einen Wert einzugeben.

Das Eingabefenster macht die Verwendung von SQL-Code schon recht flexibel, weil es gestattet, eine Abfrage zur Laufzeit zu modifizieren. Will der Anwender etwa eine Telefonliste aller Kunden erhalten, die zu einem bestimmten PLZ-Gebiet gehören, muß er nicht die komplette Abfrage mit den konkreten Postleitzahlen erstellen. Die folgende SQL-Abfrage erwartet vom Anwender nur noch die Eingabe der Ober- und Untergrenzen des PLZ-Gebiets:

```
SELECT PLZ_Strasse, Firma1, Anrede,  Name, Telefon
FROM Kunden
WHERE
(PLZ_Strasse >= PLZ_Startwert) And
(PLZ_Strasse <= PLZ_Endwert);
```

Die Abfrage enthält die Bezeichner PLZ_STARTWERT und PLZ_ENDWERT, die Access unbekannt sind und die daher den Aufruf des Eingabefensters für unbekannte Parameter bewirken. Damit ist schon eine gewisse Flexibilität erreicht.

Parameters-Abfragen

Der vorstehende Abschnitt zeigt, wie Sie implizit eine parametrisierte Abfrage erstellen. Access-SQL bietet dafür aber auch ein eigenes Sprachelement: die Parameters-Deklaration. Damit verfügen Sie explizit über die gleiche Funktionalität, die Ihnen auch nicht-deklarierte Bezeichner bieten. Die Deklaration von Parametern wird der eigentlichen Abfrage vorangestellt und durch ein Semikolon (;) abgeschlossen. Das vorstehende Beispiel mit den implizit vereinbarten Parametern würde mit explizit deklarierten Parametern wie folgt aussehen:

```
PARAMETERS PLZ_Startwert Text, PLZ_Endwert Text;
SELECT PLZ_Strasse, Firma1, Anrede,  Name, Telefon
FROM Kunden
WHERE
( PLZ_Strasse >= PLZ_Startwert) And
(PLZ_Strasse <= PLZ_Endwert);
```

Die Parameters-Deklaration hat den Vorteil, daß Sie den Datentyp vorgeben können. Dies kann speziell bei Datums- oder Zeitwerten hilfreich sein, weil eine falsche Eingabe sonst bei der Ausführung des SQL-Codes eine Fehlermeldung erzeugt. Bei der expliziten Typvereinbarung erhält der Anwender einen Hinweis und kann den eingegebenen Wert nochmals editieren.

Steuerelemente in Abfragen referenzieren

Eine weitere Option besteht in der Verwendung von Bezeichnern, die auf Steuerelemente eines Formulars verweisen. Das folgende Beispiel ermittelt die Rechnungen, die zu dem gerade angezeigten Kunden im Formular KUNDENFORM bestehen:

```
SELECT DISTINCTROW
Rechnungen.KdNr,
Rechnungen.RechnungsNr,
Rechnungen.Datum,
Rechnungen.Betrag,
Rechnungen.Zahlungsweise
FROM Rechnungen
WHERE ((Rechnungen.KdNr)=(Forms.KundenForm.KdNr));
```

Der Ausdruck in der WHERE-Klausel entnimmt den Vergleichswert dem Steuerelement KDNR des Formulars KUNDENFORM. Ist das Formular nicht geöffnet, präsentiert Access wieder das Eingabefenster für unbekannte Parameter. Das Konzept läßt sich ausweiten: Sie können beispielsweise ein eventuell unsichtbares Steuerelement in einem Formular für die Wertübergabe bereithalten. Dessen Wert kann vor Aufruf der Abfrage mit VBA-Anweisungen manipuliert werden. Eleganter sind aber einige Techniken, auf die wir nachfolgend eingehen wollen.

SQL in VBA-Code einbinden

Der Programmierer, der SQL bzw. fertige Abfragen in VBA einbinden will, hat es grundsätzlich mit vier Anwendungsfällen zu tun:

1. SQL-Abfragen starten und Ergebnistabelle anzeigen

2. SQL-Strings ausführen

3. Ergebnistabellen bestehender Abfragen im Programm auswerten

4. Variablen in SQL-Strings verwenden (dynamische SQL-Strings)

Die Beispiele des folgenden Abschnitts können Sie natürlich nicht mehr im SQL-Fenster des Abfrage-Generators ausführen. Sie müssen also wieder zur VBA-Entwicklungsumgebung wechseln und Prozeduren schreiben.

Auswahlabfragen starten

Eine fertige Abfrage starten Sie mit der DoCmd-Methode OPENQUERY. Die Methode erwartet als erstes Argument den Namen der Abfrage. Im zweiten Argument bestimmen Sie, ob eine Ergebnistabelle oder der Entwurfsmodus angezeigt werden sollen:

```
DoCmd.OpenQuery "Abfrage6", acViewNormal
```

OPENQUERY eignet sich nur für Auswahlabfragen. Sie können damit keine Abfrage ausführen, die beispielsweise Daten aus mehreren Tabellen zusammenführt (Union-Abfrage) oder eine

Tabelle erzeugt (Datendefinitionsabfrage). Um Fehlermeldungen zu vermeiden, müssen Sie den Typ der Abfrage prüfen. Im Datenbankfenster werden die unterschiedlichen Abfragetypen durch verschiedene Symbole dargestellt. Im Programm können Sie die Eigenschaft TYPE verwenden, die für QueryDef-Objekte (Abfragen) definiert ist. Ein QueryDef-Objekt erhalten Sie über CURRENTDB. Für die Prüfung sind somit die folgenden Zeilen erforderlich:

```
If CurrentDb.QueryDefs("Abfrage1").Type = 0 Then
   DoCmd.OpenQuery ("Abfrage1")
Else
   MsgBox "Falscher Abfragetyp!"
End If
```

Für Select-Abfragen (Auswahlabfragen) liefert TYPE den Wert 0. Für eine Datendefinitionsabfrage erhalten Sie beispielsweise den Wert 96. Im Prinzip sind für die Typen auch Konstanten definiert. Diese finden sich aber in der DAO-Bibliothek. Nur wenn Sie einen Verweis auf diese Bibliothek eingerichtet haben (Menüoption EXTRAS/VERWEISE...), können Sie auch die Konstanten nutzen. Die Möglichkeiten des DAO-Datenbankzugriffs werden wir ausführlich in Kapitel 10 vorstellen

Andere Abfragen starten

Abfragen, die Daten ändern (Aktualisierungsabfragen) oder Tabellen erzeugen, starten Sie mit EXECUTE. Als erstes Argument erwartet die Methode den Namen einer solchen Abfrage oder einen SQL-String:

```
CurrentDb.Execute "Abfrage3"
```

Auch hier sollten Sie wieder eine Sicherheitsabfrage vorsehen, weil EXECUTE unter anderem keine Auswahlabfragen ausführen kann.

SQL-Anweisungen direkt ausführen

Wie schon gezeigt, können Sie mit der CurrentDB-Methode EXECUTE nicht nur fertige Abfragen, sondern auch SQL-Anweisungen ausführen. Für das DoCmd-Objekt ist aber auch die RunSQL-Methode definiert. Auch RUNSQL steht wie EXECUTE nicht für Auswahlabfragen zur Verfügung. Ein Beispiel:

```
SQLString = "Create Table Test([Feld1] Integer, " & _
            "[Feld2] Text (30));"
DoCmd.RunSQL SQLString
```

Der Anweisungs-String ist eine in Anführungszeichen gesetzte SQL-Anweisung, die maximal 32.768 Zeichen umfassen darf. Treten in der Anweisung Zeichenfolgen auf, müssen diese in einfache Anführungszeichen gesetzt werden. Ein Beispiel:

```
SQLString = "UPDATE Kunden SET Kunden.Aktiv = True  " & _
            "WHERE Kunden.Kategorie = 'Interessent';"
DoCmd.RunSQL SQLString
```

Das Beispiel durchläuft die ganze Tabelle KUNDEN und setzt in allen Datensätzen, die im Feld KATEGORIE den Eintrag „Interessent" enthalten, den Wert des Feldes AKTIV auf TRUE.

Ergebnistabellen auswerten

Wenn Sie eine Auswahlabfrage erstellt haben, erhalten Sie eine ordentliche Ergebnistabelle angezeigt. Zur Laufzeit eines Programms kommen Sie aber nicht so leicht an die Werte heran. Vielleicht soll die Ergebnistabelle auch gar nicht angezeigt werden. Um im Programm dennoch die Werte auslesen zu können, müssen Sie sich ein Recordset-Objekt besorgen. Der Weg führt in diesem Fall über das QueryDef-Objekt. Für ein solches Objekt können Sie mit OPENRECORDSET eine Datensatzgruppe erzeugen. Ein Beispiel:

```
Set Gruppe = CurrentDb.QueryDefs("Abfrage6").OpenRecordset
Gruppe.MoveFirst
MsgBox Gruppe.Fields(0).Name & Chr(13) & _
       Gruppe.Fields(0).Value
```

Das Beispiel verwendet die Abfrage mit dem Namen ABFRAGE6. Sobald wir das Recordset-Objekt haben, lassen sich alle dafür vorgesehenen Eigenschaften und Methoden nutzen. Es ist also möglich, die ganze Tabelle durchzugehen und die gewünschten Werte im Programm zu verarbeiten. Diese Möglichkeit ist besonders bei komplexen Auswertungen sinnvoll, wie sie das Beispiel aus Abbildung 9.18 zeigt.

Variablen in SQL-Anweisungen

Variablen sind in SQL-Anweisungen eigentlich nicht vorgesehen. Zeilen wie die folgenden erzeugen zwar keine Fehlermeldung, die Variable (hier MINUMUM) wird aber ignoriert und stattdessen das Parameters-Fensters aufgerufen:

```
Minimum = 20000
SQLString = "Select * FROM Rechnungen " & _
            "WHERE Rechnungen.Betrag > Minimum"
DoCmd.DeleteObject acQuery, "Temp"
CurrentDb.CreateQueryDef "Temp", SQLString
DoCmd.OpenQuery "Temp"
```

Es ist jedoch möglich, den SQL-String durch Verkettung zu bilden; die entsprechenden Zeilen hätten dann folgende Form:

```
SQLString = "Select * FROM Rechnungen " & _
            "WHERE Rechnungen.Betrag > " & Minimum
```

Die Variable wird hier nicht in den String einbezogen, sondern mit Hilfe des Verkettungsoperators angehängt.

9.10 Was Sie noch wissen sollten

Was Sie für die Access-Programmierung unbedingt noch wissen sollten, findet sich hauptsächlich in Kapitel 10. Dort stellen wir das für die Office-weite Datenbankanbindung besonders wichtige DAO-Objektmodell vor. In diesem Unterkapitel erfahren Sie noch einiges über Access-Makros und über die Möglichkeiten, Access-Anwendungen zu schützen.

Access-Makros

Eine Vorstufe der Basic-Programmierung bilden Makros. Aber auch hier geht Access eigene Wege. Access-Makros haben im Unterschied zu Word, Excel oder PowerPoint nichts mit der Aufzeichnung von Bedienungsschritten zu tun. Sie bestehen vielmehr aus einer bestimmten Menge von Befehlen, die sich mit Parametern ausstatten und zu einer Befehlsfolge kombinieren lassen. Einen Aufzeichnungsmodus gibt es nicht; die Befehle wählen Sie per Mausklick aus einer Liste.

Um ein neues Makro zu erstellen, aktivieren Sie im Datenbankfenster die Seite MAKROS und betätigen dann den Schalter NEU.

Spalten für Makronamen und Bedingungen einblenden

In der Regel werden Sie beim ersten Aufruf nur zwei Spalten zu sehen bekommen: AKTION und KOMMENTAR. Zusätzliche Spalten für Makronamen und Bedingungen werden über Schalter in der Symbolleiste oder über die Menüoptionen ANSICHT/MAKRONAMEN und ANSICHT/BEDINGUNGEN eingeblendet.

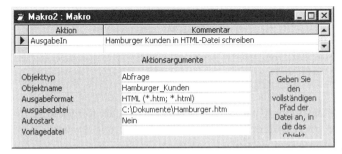

Abb. 9.20: Ein Makro definieren

Die Spalte AKTION muß einen Eintrag enthalten, die anderen Spalten sind optional. Da die Bezeichnungen der Aktionen keinesfalls immer selbsterklärend sind, sollten Sie grundsätzlich einen Kommentar anfügen. Den Makronamen können Sie später auch noch im Datenbankfenster ändern. Sie müssen dazu nochmals auf den schon markierten Namen klicken. Dieser wird dann im Editiermodus angezeigt.

Das Makro aus Abbildung 9.20 verwendet die Aktion AUSGABEIN. Diese Aktion gibt den Inhalt einer Tabelle, einer Abfrage, eines Berichts usw. in ein anderes Objekt aus, beispielsweise in eine HTML-Datei. Unser Beispiel schreibt den Inhalt einer Abfrage in eine HTML-Datei. Den Typ, die zuvor definierte Abfrage und die Ausgabedatei bestimmen Sie im Argumentebereich. Die angezeigten Argumente sind von der jeweiligen Aktion abhängig.

Weitere Aktionen hinzufügen

Sie können für jede Zeile eine neue Aktion bestimmen. Die gewählten Aktionen werden dann hintereinander ausgeführt. Da viele Aktionen unbestimmt sind, sich also auf verschiedene Objekte beziehen können, benötigen Sie in der Regel noch Aktionsargumente. Eine Aktion und die zugehörigen Argumente können Sie jederzeit ändern oder löschen. Die Reihenfolge der Aktionen läßt sich durch einfaches Verschieben der jeweiligen Zeile ändern.

Makros verwenden

Sie können Makros direkt aus dem Datenbankfenster ausführen. Dazu markieren Sie das Makro und betätigen dann den Schalter AUSFÜHREN. In der Regel werden Sie Makros aber an bestimmte Ereignisse eines Formulars bzw. Schalters binden. Möglich ist auch der Aufruf im Programm-Code.

Makros an Ereignisse binden

Die Anbindung an Ereignisse erfolgt über das Eigenschaftenfenster der Steuerelemente eines Formulars. In der Regel werden Sie Makros mit Schaltern verbinden. Die Betätigung eines Schalters per Mausklick löst dann das gewünschte Makro aus. Aber auch andere Ereignisse, das Öffnen eines Formulars oder das Verlassen eines Eingabefeldes (Textobjekt), lassen sich mit einem Makro verbinden.

Makros im Programm-Code verwenden

Für die Ausführung von Makros in VBA-Code ist die DoCmd-Methode RUNMACRO zuständig. Die Methode erwartet zumindest den Makro-Namen als Argument:

```
DoCmd.RunMacro "Makro2"
```

Im zweiten Argument können Sie bestimmen, wie oft das Makro ausgeführt werden soll. Im dritten Argument läßt sich ein logischer Ausdruck definieren. Die Ausführung des Makros ist dann davon abhängig, ob dieser Ausdruck zur Aufrufzeit den Wert TRUE ergibt.

Anwendungen sichern

Jede Funktion, die für für eine Anwendung nicht unbedingt benötigt wird, ist immer auch eine Fehlerquelle. Programmierer sollten daher versuchen, die Möglichkeiten des Anwenders, auf bestimmte Funktionen zuzugreifen, einzugrenzen. Eigentlich sollten nur solche Funktionen wählbar sein, die in selbstentworfenen Formularen enthalten sind. Solange jedoch Access selbst uneingeschränkt zugänglich ist, kann der Anwender die vorgesehenen Beschränkungen leicht umgehen. Es ist daher sinnvoll, den Zugriff auf Access funktional zu begrenzen oder weitgehend auszuschließen.

Sicherheitseigenschaften nutzen

Access kann für jede Datenbank Gruppen- und Benutzerrechte vergeben. Diese Möglichkeit sollten Sie unbedingt nutzen, wenn mehrere Anwender auf Ihr Access-Programm zugreifen können. Auf diese Optionen, die Sie im Untermenü EXTRAS/SICHERHEIT finden, wollen wir hier jedoch nicht eingehen. Der folgende Text beschäftigt sich vielmehr mit Zugriffsbeschränkungen, die Sie durch Eigenschaften und spezielle Einstellungsoptionen erreichen können.

Start-Optionen einstellen

Die Startoptionen, die der jeweiligen Datenbank zugeordnet werden, erlauben es, ein Startformular zu bestimmen und einige Bedienungselemente von Access zu deaktivieren. Die Einstellungen erfolgen im Start-Dialog, den Sie mit der Menüoption EXTRAS/START... oder der Option START... im Kontextmenü der Datenbank aufrufen.

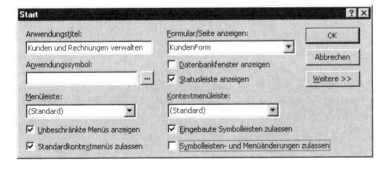

Abb. 9.21: Starteinstellungen vornehmen

In der Zeile ANWENDUNGSTITEL können Sie eine Bezeichnung für das Access-Fenster vorgeben. Die normale Bezeichnung wird damit unterdrückt. Wenn Sie Access mit einer Datenbank automatisch starten, erfährt der Anwender erst gar nicht, daß er mit Access arbeitet. Er bekommt dann nur ein Fenster mit dem von Ihnen bestimmten Titel angezeigt. Dieser Titel erscheint auch in der Windows-Taskleiste. Die Einstellungen des Start-Dialogs werden erst beim nächsten Öffnen der Datenbank wirksam.

Anwendungssymbol

Selbst den Access-Schlüssel, das Symbol, das üblicherweise oben links im Access-Fenster und im Access-Schalter der Windows-Taskleiste angezeigt wird, läßt sich durch ein eigenes Symbol ersetzen. Dazu müssen Sie eine Grafikdatei vom Typ ICO verwenden.

Menüs deaktivieren

Menüs und Symbolleisten sind die Einfallstore für alle Arten von Datenbankmanipulationen. Wenn Ihre Anwendung alle Bedienungselemente enthält, die für die Arbeit mit der Datenbank erforderlich sind, können Sie Menüs und Symbolleisten abschalten.

Ein Startformular auswählen

Im Kombinationsfeld FORMULAR/SEITE ANZEIGEN werden Ihnen alle Formulare und Datenzugriffsseiten der betreffenden Datenbank zur Auswahl angeboten. Hier bestimmen Sie das Formular (oder die Seite), mit dem ihre Anwendung starten soll. Wenn die Datenbank geöffnet wird, erscheint dann sofort das betreffende Formular (oder die Seite).

Datenbankfenster anzeigen

Wenn Sie zusätzlich zur Vorauswahl eines Formulars (oder einer Seite) auch noch die Option DATENBANKFENSTER ANZEIGEN deaktivieren, kann der Anwender nicht mehr unkontrolliert auf die einzelnen Elemente (Abfragen, Tabellen, Formulare etc.) zugreifen. Er bekommt dann nur noch die per Formular zugänglichen Funktionen angeboten. Diese Maßnahme ist sehr wirksam aber auch sehr restriktiv. Sie setzt voraus, daß Sie mit Ihren Formularen eine vollständige Benutzerführung realisieren.

Hinweis: Sie müssen natürlich dafür sorgen, daß Sie als Entwickler weiterhin auf die Datenbank zugreifen können. Dazu benötigen Sie beispielsweise die Option START im Kontextmenü der Datenbank oder die gleichnamige Option des Menüs EXTRAS. Um sich nicht selbst zu behindern, sollten Sie diese Sicherheitsmaßnahmen natürlich erst nach Fertigstellung des ganzen Projekts durchführen und auch nur an einer Kopie, die Sie an den Anwender weitergeben.

Wenn Sie im Start-Dialog mal alles abgeschaltet haben und nichts mehr geht, kann Ihnen vielleicht noch die folgende Zeile helfen:

```
DoCmd.RunCommand acCmdStartupProperties
```

Damit öffnen Sie den Start-Dialog, so daß Sie nun die benötigten Optionen wieder aktivieren können. Sie müssen dann aber noch in der Lage sein, die Entwicklungsumgebung aufzurufen (Alt+F11). Die erweiterte Option (ACCESS-SPEZIALTASTEN VERWENDEN) darf dann nicht abgeschaltet sein, weil Sie sonst nicht an die Entwicklungsumgebung herankommen.

9.10 Was Sie noch wissen sollten

Startoptionen per Programm-Code einstellen

Die Optionen des Start-Dialogs finden sich teilweise auch in der Properties-Auflistung, die dem Database-Objekt zugeordnet ist. Mit den folgenden Zeilen schalten Sie beispielsweise die Start-Optionen DATENBANKFENSTER ANZEIGEN und UNBESCHRÄNKTE MENÜS ANZEIGEN ab:

```
CurrentDb.Properties("AllowFullMenus").Value = False
CurrentDb.Properties("StartUpShowDBWindow").Value = False
```

Die Optionen werden erst beim nächsten Aufruf der Datenbank wirksam. Die übrigen Elemente der Properties-Auflistung erhalten Sie angezeigt, wenn Sie die folgenden Zeilen ausführen:

```
For Each Eigenschaft In CurrentDb.Properties
   temp = temp & Eigenschaft.Name & Chr(13)
Next
MsgBox temp
```

Die Optionen des Start-Dialogs bieten nur einen provisorischen Schutz vor unerwünschten Zugriffen. Wenn Sie auch versierten Access-Anwendern den unautorisierten Zugang zu Ihrer Datenbank verweigern wollen, müssen Sie den Kennwortschutz für Datenbanken verwenden (EXTRAS/SICHERHEIT) und weitergehende Einschränkungen per Programmierung realisieren. Wie Sie beispielsweise Menüs und Symbolleisten per VBA-Code erzeugen und manipulieren, zeigt Kapitel 12.

10 DAO-Programmierung

10.1 Hinweise zum Kapitel

Dieses Kapitel ist zunächst eine Fortsetzung des Access-Kapitels. Sie erfahren hier, wie Sie auf nicht im Datenbankfenster geöffnete Datenbanken zugreifen können. Andererseits zeigt der Text auch, wie sich Datenbanken in anderen Office-Anwendungen nutzen lassen. Die Programmbeispiele dieses Kapitels können Sie daher wahlweise in Access, Word, Excel oder PowerPoint testen.

Datenbankzugriff in allen Office-Anwendungen

Für den Zugriff auf externe Datenbanken aus Word, Excel oder PowerPoint heraus verwenden Sie das DAO-Objektmodell. Auch in Access selbst können Sie natürlich per DAO (Data Access Object) auf eine Datenbank zugreifen. Indirekt geschieht das sowieso, weil das Database-Objekt, das in Access beispielsweise CURRENTDB liefert (Kapitel 9), eine interne Verbindung zur DAO-Bibliothek herstellt. Beachten Sie aber, daß Sie mit DAO nur an die Tabellen und Abfragen herankommen, nicht an Formulare, Berichte und Seiten. DAO eignet sich natürlich besonders für den Zugriff auf Access-Datenbanken. Die Beispiele im folgenden Text beziehen sich dann auch auf eine Access-Datenbank.

Einen Verweis einrichten

Die DAO-Objektbibliothek müssen Sie erst in das jeweilige VBA-Projekt einbinden. Auch in Access steht die Bibliothek nicht automatisch zur Verfügung. Sie müssen also einen Verweis auf die Bibliothek einrichten. Dazu öffnen Sie in der Entwicklungsumgebung mit der Menüoption EXTRAS/VERWEISE... den gleichnamigen Dialog und aktivieren dort den Eintrag MICROSOFT DAO 3.6 OBJECT LIBRARY. Nach der Einrichtung des Verweises können Sie sich die neuen Objekte und die zugehörigen Eigenschaften und Methoden im Objektkatalog ansehen. Dazu stellen Sie die DAO-Objektbibliothek (kurz DAO) in der Bibliotheksliste des Objektkatalogs ein.

10.2 Datenzugriffsobjekte

DAO enthält verschiedene Datenzugriffsobjekte, die es ermöglichen, auf eine aus mehreren Tabellen bestehende Datenbank, auf einzelne Tabellen, auf Datensätze und auf Felder zuzugreifen. Sie können ganze Datenbanken und Tabellen erzeugen und Datensätze hinzufügen, anwählen, ändern oder löschen. Tabellen lassen sich zudem sortieren und filtern und mit Indizes versehen. Die wichtigsten Datenzugriffsobjekte sind folgende:

DBEngine   bezeichnet die Access-Datenbank-Engine. DBENGINE bildet das oberste Objekt in der DAO-Objekthierarchie. Auf dieser Ebene können Sie unter anderem Datenbanken komprimieren und sogenannte Workspace-Objekte einrichten.

Workspace   ist eine Sitzung der Access-Datenbank-Engine. Damit werden alle Operationen bezeichnet, die zwischen der An- und Abmeldung eines Anwenders anfallen. Da sich ein Anwender in der Regel durch einen Namen und ein Paßwort anmeldet, kennzeichnen diese Elemente ein Workspace-Objekt.

Database   steht für eine geöffnete Datenbank.

TableDef   bezeichnet eine Tabelle innerhalb der Datenbank oder eine verknüpfte Tabelle in einer externen Datenbank.

QueryDef   bezeichnet die Definition einer Abfrage.

Field   bezeichnet die Felddefinitionen innerhalb eines TableDef-, Index- oder Recordset-Objekts.

Index   bezeichnet permanente Sortierungen der Datensätze. Über das Index-Objekt läßt sich auch bestimmen, ob gleiche Einträge in einem Feld zulässig sein sollen.

Recordset   steht für die Datensätze einer Tabelle oder einer Abfrage. Über das Recordset-Objekt erfolgt der Zugriff auf die eigentlichen Daten einer Tabelle oder Abfrage, während sich TABLEDEF und QUERYDEF auf deren Struktur beziehen.

Property   verwaltet die Eigenschaften von DAO-Objekten.

Das Objekt DBENGINE enthält alle Objekte vom Typ WORKSPACE (Sitzung) – es enthält die Auflistung WORKSPACES. Ein einzelnes Objekt der Auflistung WORKSPACES ist ein Workspace-Objekt, das wiederum die Auflistung DATABASES enthalten kann, also eine Gruppe von Database-Objekten.

Hinweis: Die Indizierung von DAO-Objekten beginnt immer mit dem Wert 0. Dies müssen Sie berücksichtigen, wenn Sie DAO-Auflistungen beispielsweise in Zählschleifen verwenden.

Probleme mit Objektvariablen

Der Zugriff auf Tabellen, Indizes und Daten sollte wegen der langen Objektreferenzen grundsätzlich über Objektvariablen erfolgen, nicht über direkte Referenzen. Mit DIM oder PUBLIC müssen Sie also zunächst die Objektvariablen deklarieren.

Gleichnamige Objekte und die Priorität der Bibliotheken

Im Verweis-Dialog wird Ihnen vielleicht aufgefallen sein, daß Sie die Priorität der aktiven Bibliotheken ändern können. Bei gleichnamigen Objekten in gleichzeitig aktiven Bibliotheken bestimmen Sie damit, aus welcher Bibliothek das gerade referenzierte Objekt entnommen wird. Wenn Sie beispielsweise die folgende Zeile in einem Excel-VBA-Modul verwenden, dürfte das in der Regel problemlos sein:

```
Dim Feld1 as Field
```

Die damit deklarierte Objektvariable kann sich üblicherweise nur auf ein Field-Objekt in der DAO-Bibliothek beziehen. Die gleiche Zeile in einem Access-VBA-Modul wird jedoch häufig zu Fehlern und damit zum Programmabbruch führen. In Access (und in Word) verfügen auch andere Bibliotheken über ein Field-Objekt, so daß Verwechslungen nicht auszuschließen sind. Es kann daher sinnvoll sein, die Objektvariable genauer oder ungenauer zu deklarieren. Grundsätzlich können Sie die folgenden Deklarationen alternativ einsetzen:

```
Dim Feld1 as Object
Dim Feld1 as Field
Dim Feld1 as DAO.Field
```

Mit der ersten erzeugen Sie eine allgemeine Objektvariable, die dann erst zur Laufzeit mit der Set-Anweisung genauer bestimmt wird. VBA durchläuft dabei die ganze Objekthierarchie und landet damit automatisch in der richtigen Bibliothek. Der Preis ist eine etwas geringere Verarbeitungsgeschwindigkeit, weil die Auflösung der Objekthierarchie erst zur Laufzeit und nicht schon beim Kompilieren erfolgt. Auf die Problematik der zweiten Variante haben wir schon verwiesen. Sicher und trotzdem schnell ist die dritte Variante. Hier benennen Sie auch die Bibliothek. Die DAO-Bibliothek erhalten Sie mit dem gleichnamigen Kürzel.

10.3 Eine neue Datenbank erzeugen

Eine neue Access-Datenbank erzeugen Sie mit der Methode CREATEDATABASE, die dem Workspace- bzw. DBEngine-Objekt zugeordnet ist. Die folgenden zwei Zeilen genügen zunächst:

```
Dim Anwendung As Database
Set Anwendung = DBEngine.CreateDatabase("Kontakte", _
            dbLangGeneral)
```

Damit erhalten Sie eine leere Datenbank ohne Tabellen. CREATEDATABASE benötigt zumindest das Argument NAME, das den Namen der Datenbank (den Dateiname) bezeichnet (hier: KONTAKTE). Die Dateiendung (.MDB) wird automatisch vergeben.

Workspaces(0)

Beachten Sie, daß wir hier auf ein Workspace-Objekt verzichtet haben. Eigentlich hätten wir die Zuweisungszeile auch wie folgt schreiben können:

```
... = DBEngine.Workspaces(0).CreateDatabase(...)
```

Der Arbeitsbereich WORKSPACES(0) wird in einem nicht gesicherten Datenbanksystem aber automatisch zur Verfügung gestellt, so daß wir darauf verzichten konnten.

Die Pfadangabe

Bei der Erzeugung der Datenbank haben wir auch auf die explizite Angabe eines Pfades verzichtet. Die Datenbank wird dann automatisch im Ordner des Dokuments (Word), der Arbeitsmappe (Excel) oder, soweit die Mappe noch nicht gespeichert wurde, im Standardarbeitsordner angelegt. Wenn Sie sicherstellen wollen, daß die Datenbank in einem bestimmten Ordner landet, müssen Sie den Pfad explizit angeben. Das gilt auch für die noch vorzustellende Methode OPENDATABASE, mit der Sie eine bereits erstellte Datenbank öffnen.

Tabellen erzeugen

Der nächste Schritt besteht darin, eine Tabelle in der Datenbank anzulegen. Diesem Zweck dient die Methode CREATETABLEDEF, die dem DataBase-Objekt zugeordnet ist. Natürlich verwenden wir dafür die oben definierte DataBase-Objektvariable (ANWENDUNG). CREATETABLEDEF erzeugt ein TableDef-Objekt, für das wir ebenfalls eine Objektvariable benötigen. Die beiden Zeilen des obigen Beispiels müssen wir dann um die folgenden Anweisungen erweitern:

```
Dim KundenTab As TableDef
Set KundenTab = Anwendung.CreateTableDef("Kunden")
```

Auch die Methode CREATETABLEDEF erfordert mindestens das Argument NAME, das in diesem Fall für den Namen der zu erstellenden Tabelle steht. Unsere neue Tabelle soll „Kunden" heißen.

Tabelle an TableDefs-Auflistung anfügen

Die Tabelle KUNDEN ist zwar schon definiert. Damit sie aber auch über die Datenbank verwendet werden kann, muß sie erst noch mit APPEND der TableDefs-Auflistung der Datenbank angefügt werden:

```
Anwendung.TableDefs.Append KundenTab
```

Die vorstehende Zeile können Sie allerdings noch nicht verwenden, weil zuvor die Felder definiert werden müssen.

10.3 Eine neue Datenbank erzeugen

Hinweis: Wenn Sie die ersten zwei Zeilen bzw. die inzwischen erreichten vier Zeilen erneut ausführen, erhalten Sie vermutlich eine Fehlermeldung angezeigt. Die Datenbank kann nicht mehr angelegt werden, weil diese bereits vorhanden ist. Um die Beispiele wiederholt ausführen zu können, werden Sie die erzeugte Datei zwischendurch immer wieder löschen müssen. Das kann am schnellsten mit dem Windows-Explorer geschehen.

Datenfelder definieren und anhängen

Die Definition von Datenfelder erfolgt in zwei Schritten: Zunächst muß das Feld mit der Methode CREATEFIELD definiert werden. Im zweiten Schritt erfolgt die Einbindung in die Fields-Auflistung der Tabelle. Hierfür ist die Fields-Methode APPEND zuständig:

```
Dim Feld01 As Field
Set Feld01 = KundenTab.CreateField("KdNr", dbLong)
KundenTab.Fields.Append Feld01
```

Die Methode CREATEFIELD, die dem TableDef-Objekt zugeordnet ist, verfügt über drei Argumente:

Name steht für den Namen des Feldes, eine beliebige Zeichenkette.

Type bezeichnet den Typ des Feldes. Hierfür sind Typkonstanten definiert, die Sie im Objektkatalog unter der Aufzählung DATATYPEENUM nachschlagen können. Zu den wichtigsten Typen zählen DBDATE, DBFLOAT, DBINTEGER, DBMEMO und DBTEXT.

Size bestimmt die Länge des Datenfeldes. Da wir als Typ DBLONG verwendet haben, ist eine Angabe hier nicht erforderlich. Der Datentyp bestimmt in diesem Fall auch die Feldlänge.

Damit hätten wir alle Voraussetzungen geklärt, um eine Access-Datenbank mit Tabellen zu erzeugen. Das folgende Makro zeigt die komplette Definition für eine Datenbank mit einer Tabelle und fünf Feldern:

```
Sub Datenbank_erzeugen()
    Dim Anwendung As Database
    Dim KundenTab As TableDef
    Dim Feld01 As Object      'Probleme mit dem Objekttyp Field
    Dim Feld02 As Object
    Dim Feld03 As Object
    Dim Feld04 As Object
    Dim Feld05 As Object
```

```
    Set Anwendung = DBEngine.CreateDatabase("Kontakte", _
            dbLangGeneral)
    Set KundenTab = Anwendung.CreateTableDef("Kunden")

    With KundenTab
        Set Feld01 = .CreateField("KdNr", dbLong)
        KundenTab.Fields.Append Feld01
        Set Feld02 = .CreateField("Firma", dbText, 50)
        KundenTab.Fields.Append Feld02
        Set Feld03 = .CreateField("PLZ", dbText, 5)
        KundenTab.Fields.Append Feld03
        Set Feld04 = .CreateField("Ort", dbText, 40)
        KundenTab.Fields.Append Feld04
        Set Feld05 = .CreateField("Datum", dbDate)
        KundenTab.Fields.Append Feld05
    End With

    Anwendung.TableDefs.Append KundenTab

    Anwendung.Close
End Sub
```

Beachten Sie vor allem die vorletzte Zeile. Hier wird die Tabelle KUNDEN (über ihre Objektvariable KUNDENTAB) an die TableDefs-Auflistung der Datenbank angefügt. Diese Operation kann also erst nach der Felddefinition erfolgen. Erst mit dieser Zeile wird die Tabelle auch dauerhaft in der Datenbank gespeichert. Mit der letzten Zeile schließen wir die Datenbank wieder.

Datenbank öffnen und schließen

Für das Öffnen einer Datenbank ist OPENDATABASE zuständig. Die Methode erfordert mindestens die Angabe des Datenbanknamens:

```
Set Anwendung = DBEngine.OpenDatabase("Kontakte")
```

Sicherer ist aber die Angabe des kompletten Pfades. Wenn Sie, wie in der vorstehenden Zeile, auf die Angabe der Dateiendung verzichten, wird eine Access-Datenbank (.mdb) angenommen. Für das Schließen ist, wie im obigen Makro gezeigt, CLOSE zuständig. Die Methode benötigt keine Argumente. Beachten Sie auch, daß eine Datenbank nicht wie ein Dokument oder eine Arbeitsmappe explizit gespeichert werden muß. Die Speicherung, auch der Daten, erfolgt automatisch.

10.4 Indizes verwenden

Indizes sind nach Schlüsselbegriffen (Feldern) sortierte Objekte, die beim Editieren, Hinzufügen oder Löschen von Daten automatisch aktualisiert werden. Der Einsatz von Indizes ist immer dann erforderlich, wenn es darum geht, große Datenbestände schnell und effizient zu bearbeiten bzw. auszuwerten.

Als weitere Aufgabe ließe sich noch die Eingabekontrolle nennen: Indizes können die Eingabe von gleichen Werten in einer Spalte verhindern. Sie sorgen also gegebenenfalls für die Eindeutigkeit der Werte eines Feldes. Für einige Felder wie beispielsweise Kunden- oder Rechnungsnummer ist diese Funktion sehr wichtig.

Hinweis: Jeder Index muß bei Änderungen der Tabellendaten angepaßt werden. Bei vielen Indizes kann das zu Verzögerungen führen, die das Antwortverhalten der Datenbank negativ beeinflussen.

Index-Objekte erstellen

Die Erzeugung eines Index-Objekts setzt voraus, daß für die betreffende Datenbank bereits eine Tabellen mit Feldern existiert. Der Index selbst erfordert dann vier Schritte: Zunächst muß mit der Methode CREATEINDEX das Index-Objekt definiert werden. CREATEINDEX ist eine Methode des TableDef-Objekts. Der zweite Schritt besteht in der Zuordnung eines Feldes über die CreateField-Methode. Dabei wird kein neues Field-Objekt für die Tabelle erzeugt. CREATEFIELD ist in diesem Fall dem Index-Objekt zugeordnet und verweist nur auf ein bereits vorhandenes Feld in der Tabelle.

Der dritte Schritt fügt das Indexfeld mit APPEND an die Fields-Auflistung des Index-Objekts an. Fields-Auflistungen sind nicht nur für das TableDef-Objekt, sondern auch für Index-, QueryDef-, Recordset- und andere Objekte definiert. Schließlich muß noch das Index-Objekt in die Auflistung INDEXES aufgenommen werden. Auch hierfür ist die Methode APPEND zuständig. Das folgende Beispiel zeigt alle vier Schritte für das Feld KDNR:

```
Dim Anwendung As Database
Dim Tabelle As TableDef
Dim IndexKdNr As DAO.Index
Dim Feld1 As DAO.Field
Set Anwendung = DBEngine.OpenDatabase("Kontakte")
Set Tabelle = Anwendung.TableDefs("Kunden")
Set IndexKdNr = Tabelle.CreateIndex("KdNr")
Set Feld1 = IndexKdNr.CreateField("KdNr", dbLong)
IndexKdNr.Fields.Append Feld1
Tabelle.Indexes.Append IndexKdNr
```

Die letzten vier Zeilen stehen für die zuvor beschriebenen Schritte. Die Methode CREATE-INDEX erfordert einen Namen als Argument. Sie können hier eine beliebige Bezeichnung angeben. Unser Index hat jedoch die gleiche Bezeichnung erhalten wie das Indexfeld selbst (KDNR).

Ein Index-Objekt, also auch der gerade erstellte Index, verfügt über einige Eigenschaften, mit denen sich der Typ des Objekts genauer bestimmen läßt:

Name   bezeichnet den mit CREATEINDEX definierten Namen des Index-Objekts.

Primary   bestimmt, ob der Index ein Primärindex sein soll (TRUE). Damit wird der Index bezeichnet, der einen Datensatz eindeutig identifiziert. Folglich ist die Unique-Eigenschaft für den Primärindex automatisch auf TRUE gesetzt.

Required   bestimmt, ob für das Indexfeld eine Eingabe erforderlich ist (TRUE).

Unique   bestimmt, ob alle Werte im Indexfeld eindeutig sein müssen (TRUE).

Die Eigenschaften lassen sich nicht mehr ändern, wenn das Index-Objekt bereits der Index-Auflistung mit APPEND hinzugefügt wurde. Für unser weiter oben vorgestelltes Beispiel können wir zwar noch zusätzliche Indizes (Index-Objekte) definieren, den bestehenden Index jedoch nicht mehr ändern.

Index-Objekte löschen

Ein Index kann gelöscht werden. Dazu benötigen Sie die Delete-Methode der Index-Auflistung. Das Index-Objekt verfügt über keine entsprechende Methode. Die Syntax der Delete-Methode zeigt folgende Zeile:

```
TableDef-Objekt.Indexes.Delete(Name)
```

Im Argument NAME ist der Name des zu löschenden Indexes als String anzugeben. Das folgende Beispiel demonstriert, wie Sie den früher erstellten Index KDNR löschen:

```
Dim Anwendung As Database
Dim Tabelle As TableDef
Set Anwendung = DBEngine.OpenDatabase("Kontakte")
Set Tabelle = Anwendung.TableDefs("Kunden")
Tabelle.Indexes.Delete ("KdNr")
Anwendung.Close
```

Beachten Sie, daß wir hier nicht das Feld KDNR löschen, sondern das Index-Objekt, das zuvor unter dem gleichen Namen erstellt wurde. Für das folgende Beispiel haben wir nun auch die Eigenschaften berücksichtigt, mit denen sich der Indextyp bestimmen läßt. Das Beispiel

10.4 Indizes verwenden

erzeugt einen Primärindex für das Feld KDNR und einen „normalen" Index für das Feld FIRMA.

```
Sub Indizes_erstellen()
   Dim Anwendung As Database
   Dim Tabelle As TableDef
   Dim IndexKdNr As Index
   Dim IndexFirma As Index
   Dim Feld1 As Object      'Probleme mit Field
   Dim Feld2 As Object
   Dim istKdNr As Boolean
   Dim istFirma As Boolean
   Set Anwendung = DBEngine.OpenDatabase("Kontakte")
   Set Tabelle = Anwendung.TableDefs("Kunden")
   istKdNr = False
   istFirma = False
   For Each Objekt In Tabelle.Indexes
      If Objekt.Name = "KdNr" Then
         istKdNr = True
      End If
      If Objekt.Name = "Firma" Then
         istFirma = True
      End If
   Next

   If Not istKdNr Then
      Set IndexKdNr = Tabelle.CreateIndex("KdNr")
      Set Feld1 = IndexKdNr.CreateField("KdNr", dbLong)
      With IndexKdNr
        .Fields.Append Feld1
        .Primary = True
      End With
      Tabelle.Indexes.Append IndexKdNr
   Else
      MsgBox "Index 'KdNr' existiert bereits!"
   End If
```

```
    If Not istFirma Then
        Set IndexFirma = Tabelle.CreateIndex("Firma")
        Set Feld2 = IndexFirma.CreateField("Firma", dbText)
        With IndexFirma
            .Fields.Append Feld2
            .Required = True
            .Unique = False
        End With
        Tabelle.Indexes.Append IndexFirma
    Else
        MsgBox "Index 'Firma' existiert bereits!"
    End If
    Anwendung.Close
End Sub
```

Das Makro prüft zunächst, ob bereits Index-Objekte mit den vorgesehenen Namen existieren. Dazu durchläuft eine For Each-Schleife alle Objekte der Index-Auflistung, also alle vorhandenen Indizes der betreffenden Tabelle. Wenn ein gleichnamiger Index bereits existiert, wird dieser nicht neu erstellt.

Hinweis: Enthält das Feld KDNR, für das wir einen Primärindex vorgesehen haben, schon Datensätze, löst das Makro möglicherweise eine Fehlermeldung aus. Die einzelnen Werte des Feldes müssen eindeutig sein, um nachträglich einen Primärindex erstellen zu können.

10.5 Recordset – Datensätze bearbeiten

Recordset-Objekte (Datensatzgruppen) sind ein sehr wichtiges Element für die Manipulation von Daten. Sie repräsentieren die Datensätze einer Tabelle oder Abfrage. Über das Recordset-Objekt erfolgt die eigentliche Bearbeitung der Daten. Für die unterschiedlichen Aufgaben, die mit Datensatzgruppen auszuführen sind, verwendet das DAO-Modell verschiedene Recordset-Typen: Table-, Dynaset- und Snapshot-Objekte:

Dynaset-Objekte bezeichnen Tabellen und Abfragen der aktuellen Datenbank sowie verknüpfte Tabellen aus externen Datenbanken. Ein Dynaset-Objekt kann aus den Spalten mehrerer Tabellen bestehen. Die Daten eines Dynaset-Objekts lassen sich nahezu beliebig manipulieren. Datensätze können hinzugefügt, geändert und gelöscht werden. Dynaset-Objekte werden daher am häufigsten für den Zugriff auf Daten verwendet.

10.5 Recordset - Datensätze bearbeiten

Snapshot-Objekte   gleichen zunächst dem Dynaset-Typ. Die Daten stellen jedoch nur eine Kopie der Daten in den Tabellen bzw. Abfragen dar und lassen sich folglich nicht manipulieren. Snapshot-Objekte eignen sich daher nur für eine schnelle Übersicht.

Table-Objekte   beziehen sich auf eine einzelne Tabelle der aktuellen Datenbank. Dieser Typ wird besonders für das Indizieren und Sortieren von Daten verwendet. Auch Recordset-Objekte vom Typ TABLE erlauben das Hinzufügen, Ändern und Löschen von Datensätzen.

Die Erstellung eines Recordset-Objekts erfolgt mit Hilfe der Methode OPENRECORDSET. Voraussetzung ist, daß bereits eine Objektvariable für ein DataBase-Objekt existiert. OPENRECORDSET hat folgende Syntax:

```
Objekt.OpenRecordset(Source [,Type [,Options]])
```

Als Objekt ist ein Database-Objekt erforderlich. Das Argument SOURCE bezeichnet eine Tabelle (TableDef-Objekt), eine Abfrage (QueryDef-Objekt) oder eine SQL-Anweisung als String.

TYPE steht für eine von drei Konstanten, die angibt, ob ein Recordset-Objekt vom Typ TABLE, DYNASET oder SNAPSHOT sein soll. Entsprechend heißen die Konstanten DBOPENTABLE, DBOPENDYNASET und DBOPENSNAPSHOT. Bei Verwendung des Table-Typs muß das Source-Argument auf eine Tabelle verweisen. Das Argument OPTIONS erwartet ebenfalls eine Konstante. Diese regelt den konkurrierenden Zugriff in Netzwerken. Da wir davon ausgehen wollen, daß die Datenbank bereits existiert, sind die folgenden Anweisungen erforderlich:

```
Dim Anwendung As Database
Dim Daten As DAO.Recordset
Set Anwendung = DBEngine.OpenDatabase("Kontakte")
Set Daten = Anwendung.OpenRecordset("Kunden", dbOpenDynaset)
```

Statt mit CREATEDATABASE eine neue Datenbank zu erstellen, öffnen wir mit OPENDATABASE die früher erstellte Datenbank. Im obigen Beispiel hätten wir auf die Angabe des Typs (hier: DBOPENDYNASET) auch verzichten können, weil der Typ DYNASET der voreingestellte Typ ist.

Mit der Objektvariablen DATEN haben wir eine Variable definiert, die auf eine Datensatzgruppe verweist und die nun als Grundlage für weitere Operationen dienen kann. Die Variable DATEN steht in diesem Fall für die ganze Tabelle KUNDEN. Wir hätten anstelle des Tabellennamens auch ein QueryDef-Objekt (eine Abfrage) oder eine SQL-Anweisung verwenden können. Damit ließe sich die Anzahl der Datensätze und der Felder des Recordset-Objekts einschränken. Auf die Datensatzgruppe DATEN können wir nun verschiedene Methoden zur Manipulation der Daten anwenden.

Daten der Datensatzgruppe manipulieren

Unsere Datensatzgruppe mit dem Namen DATEN ist vom Typ DYNASET, weshalb nahezu alle Operationen zulässig sind, die sich auf Daten anwenden lassen. Die folgende Prozedur faßt alle bisherigen Schritte zusammen und wendet einige Methoden des Recordset-Objekts auf die Datensatzgruppe an:

```
Sub Datenbank_verwenden()
    Dim Anwendung As Database
    Dim Daten As DAO.Recordset
    Set Anwendung = DBEngine.OpenDatabase("Kontakte")
    Set Daten = Anwendung.OpenRecordset("Kunden", dbOpenDynaset)
    With Daten
        .AddNew
        .Fields(0).Value = 1                    'KdNr
        .Fields("Firma").Value = "Schmidt"
        .Fields("PLZ").Value = 50120
        .Fields("Ort").Value = "Köln"
        .Update
        .MoveFirst
    End With
    MsgBox Daten.Fields("Firma").Value
    MsgBox Daten.Fields("Firma")
    Daten.Close
    Anwendung.Close
End Sub
```

In der With-Struktur kommen die Methoden ADDNEW, UPDATE und MOVEFIRST zur Anwendung. Diese Methoden bewirken, daß ein neuer Datensatz angefügt (ADDNEW) und später in die Tabelle übernommen wird (UPDATE). Vor der Ausgabe muß der Datensatzzeiger auf dem neuen Datensatz positioniert werden. Da es sich hier um den ersten Datensatz unserer Tabelle handelt, kann MOVEFIRST nicht fehlgehen. Die Methode setzt den Datensatzzeiger immer auf den ersten Datensatz des Recordset-Objekts.

Field-Objekte referenzieren

Beachten Sie die Referenzierung des jeweiligen Feldes: Sie können entweder den Feldnamen oder eine Indexnummer verwenden, wobei der Index 0 für das erste Feld steht. Die Indizierung mit dem Startwert 0 gilt auch für alle anderen Auflistungen des DAO-Modells. Das erste Feld

10.5 Recordset - Datensätze bearbeiten

(KDNR) haben wir über die Indexnummer referenziert, um zu zeigen, daß Sie wieder beide Möglichkeiten haben, ein Auflistungs-Objekt anzusprechen: den Namen und die Position in der Auflistung.

Hinweis: Sie können weitere Datensätze hinzufügen, indem Sie die vorstehende Prozedur mehrfach aufrufen. Achten Sie aber darauf, zuvor die Daten zu ändern, insbesondere den Wert des Feldes KdNr (FIELDS (0).VALUE). Dieses Feld darf nur eindeutige Werte enthalten, weil wir dafür einen Primärindex definiert haben.

Dateneingabe

In der With-Struktur erfolgt nach dem Hinzufügen eines leeren Datensatzes mit ADDNEW die Dateneingabe. Dazu dient die Zugriffseigenschaft FIELDS, die ein Field-Objekt zurückgibt. Auf dieses Objekt läßt sich dann die Value-Eigenschaft anwenden, die für den aktuellen Wert des Field-Objekts steht.

Die Ausgabe benutzt die schon bekannte MsgBox-Funktion. Beachten Sie, daß wir MSGBOX zweimal verwendet haben. Die zweite MsgBox-Zeile verzichtet auf die Value-Eigenschaft. Diese wird automatisch angenommen, wenn Sie das Field-Objekt ohne Eigenschaft oder Methode verwenden. Das gilt auch schon für die Wertzuweisung. Auch hier können Sie VALUE weglassen.

Recordset-Objekte mit SQL-Anweisungen

Statt mit einer Tabelle oder fertigen Abfrage lassen sich Recordset-Objekte auch mit einer SQL-Anweisung bilden. Die Anweisung ist als String im Argument SOURCE zu übergeben. Es muß sich dabei um eine Auswahlabfrage (eine SELECT-Anweisung) handeln. Wie das folgende Beispiel zeigt, kann eine SQL-Anweisung auch über mehrere Tabellen gehen:

```
Sub Recordset_mit_SQL_Anweisung()
    Dim Anwendung As Database
    Dim Daten As DAO.Recordset

    SQLString = "SELECT DISTINCTROW " & _
                "Kunden.Firma1, " & _
                "Kunden.Name, " & _
                "Kunden.Ort, " & _
                "Rechnungen.RechnungsNr, " & _
                "Rechnungen.Datum, " & _
                "Rechnungen.Betrag " & _
                "FROM Kunden INNER JOIN Rechnungen " & _
                "ON Kunden.KdNr = Rechnungen.KdNr; "
```

```
    Set Anwendung = DBEngine.OpenDatabase("C:\Dokumente\Faktura")
    Set Daten = Anwendung.OpenRecordset(SQLString, dbOpenDynaset)

    Daten.MoveFirst
    For Each Feld In Daten.Fields
        Temp = Temp & Feld.Name & Chr(9) & ": " _
                & Feld.Value & Chr(13)
    Next
    MsgBox Temp, , "Inhalt des Datensatzes:"

    Daten.Close
    Anwendung.Close
End Sub
```

Der SQL-String bezieht sich hier auf zwei Tabellen (KUNDEN und RECHNUNGEN), die sich in der Datenbank FAKTURA im Ordner C:\DOKUMENTE\ befinden. Wir haben diese Datenbank mit OPENDATABASE geöffnet. Das wäre aber nicht einmal erforderlich gewesen. Die geöffnete Datenbank, auf die wir uns mit OPENRECORDSET beziehen, und die im SQL-String verwendete Datenbank müssen keinesfalls identisch sein. Im SQL-String ist dann für die FOR-Klausel auch der IN-Operator zu verwenden, der auf Datenbank und Pfad verweist. Hinweise zur Verwendung des IN-Operators finden Sie in Kapitel 9 (Unterkapitel SQL-Grundkurs).

Recordset-Methoden

Der Zugriff auf die Daten einer Tabelle bildet die Grundlage der Datenbankprogrammierung. Die folgende Übersicht stellt daher die wichtigsten Methoden für das Recordset-Objekt vor. Die vollständige Liste können Sie sich im Objektkatalog anschauen.

AddNew	erzeugt einen neuen Datensatz. Der neue Datensatz muß später mit der Methode UPDATE in die Tabelle übernommen werden.
Close	schließt das betreffende Recordset-Objekt.
Delete	löscht den Datensatz, auf dem der Datensatzzeiger gerade steht.
Edit	kopiert den Datensatz, auf den gerade der Datensatzzeiger zeigt, in einen Datensatzpuffer, damit er dort bearbeitet werden kann. Um den geänderten Datensatz in die Tabelle zu übernehmen, muß anschließend die Methode UPDATE aufgerufen werden.
Findfirst	sucht nach dem ersten Datensatz, der ein bestimmtes Kriterium erfüllt.
FindLast	sucht nach dem letzten Datensatz, der ein bestimmtes Kriterium erfüllt.

10.5 Recordset - Datensätze bearbeiten

FindNext	sucht nach dem nächsten Datensatz, der ein bestimmtes Kriterium erfüllt.
FindPrevious	sucht nach dem vorhergehenden Datensatz, der ein bestimmtes Kriterium erfüllt.
GetRows	gibt mehrere Zeilen eines Recordset-Objekts zurück.
MoveFirst	setzt den Datensatzzeiger auf den ersten Datensatz des Recordset-Objekts.
MoveLast	setzt den Datensatzzeiger auf den letzten Datensatz des Recordset-Objekts.
MoveNext	setzt den Datensatzzeiger auf den nächsten Datensatz.
MovePrevious	setzt den Datensatzzeiger auf den vorhergehenden Datensatz.
Update	fügt einen mit ADDNEW erstellten oder mit EDIT geänderten Datensatz in die Tabelle ein.

ADDNEW erzeugt einen neuen, also leeren Datensatz, während EDIT der Bearbeitung eines bestehenden Datensatzes dient. Beide Methoden erfordern den Aufruf der Update-Methode. Wird zwischen EDIT und UPDATE eine Operation ausgeführt, die den Datensatz wechselt, also den Datensatzzeiger verschiebt, geht die Änderung verloren. Das folgende Beispiel macht den Zusammenhang deutlich. Die Tabelle sollte mindestens zwei Datensätze enthalten. Dazu können Sie das weiter oben beschriebene Makro (DATENBANK_VERWENDEN) einsetzen, das bei jedem Aufruf einen neuen Datensatz erzeugt.

```
Sub Daten_aendern()
   Dim Anwendung As Database
   Dim Daten As DAO.Recordset
   Set Anwendung = DBEngine.OpenDatabase("Kontakte")
   Set Daten = Anwendung.OpenRecordset("Kunden", dbOpenDynaset)
   Daten.MoveFirst
   MsgBox Daten.Fields("Firma"), , "alter Inhalt"
   Daten.Edit
   Daten.Fields("Firma") = InputBox("Firma eingeben:")
   MsgBox Daten.Fields("Firma"), , "Inhalt Zwischenspeicher"
   If MsgBox("Änderungen übernehmen", 20, "") = 6 Then
      Daten.Update
   Else
      Daten.CancelUpdate
   End If
```

```
    Daten.MoveFirst
    MsgBox Daten.Fields("Firma"), , "neuer Inhalt"
    Daten.Close
    Anwendung.Close
End Sub
```

Erst die Zeile DATEN.EDIT ermöglicht die Änderung des aktuellen Datensatzes. In der folgenden Zeile wird der Anwender aufgefordert, eine neue Firmenbezeichnung in das Feld FIRMA einzugeben:

```
Daten.Fields("Firma") = InputBox("Firma eingeben:")
```

Die Eingabe wird direkt dem Feld FIRMA des aktuellen Datensatzes zugewiesen. Die Änderung erfolgt jedoch nur in einem Datenpuffer, nicht in der Tabelle selbst. Erst in der folgenden If-Struktur kann der Anwender entscheiden, ob er die Änderung mit der Zeile

```
Daten.Update
```

akzeptieren und damit in die Tabelle schreiben will. Wählt der Anwender bei der If-Abfrage den Schalter NEIN, wird also die Änderung nicht akzeptiert, geht diese verloren. Anstelle der Zeile DATEN.UPDATE wird dann die Zeile

```
Daten.CancelUpdate
```

ausgeführt. Das Ergebnis dieser Wahl zeigt die letzte Anweisung mit MSGBOX. Beachten Sie, daß auch die Bewegung des Datensatzzeigers für die Verwerfung des nicht mit UPDATE gesicherten Datensatzes sorgt.

Recordset-Eigenschaften

Recordset-Objekte (Datensatzgruppen) können nicht nur mit Methoden bearbeitet werden. Sie verfügen auch über Eigenschaften, deren aktuelle Werte Sie abfragen und ändern können. Die wichtigsten Eigenschaften zeigt die folgende Übersicht:

AbsolutePosition	bestimmt oder ermittelt die Position des Datensatzzeigers. Sie haben damit Zugriff auf eine Art interne Datensatznummer. Die Numerierung beginnt mit dem Wert 0.
BOF	zeigt an, ob der Datensatzzeiger vor dem ersten Datensatz steht.
Bookmark	ermittelt oder setzt ein Lesezeichen für den Datensatz, auf dem der Datensatzzeiger gerade steht.
Bookmarkable	prüft, ob für ein Recordset-Objekt Bookmarks gesetzt werden können.

10.5 Recordset - Datensätze bearbeiten

EOF	zeigt an, ob der Datensatzzeiger am Ende der Datentabelle, also hinter dem letzten Datensatz steht.
Filter	ermittelt oder definiert einen Filterausdruck.
Index	ermittelt oder bestimmt den aktuellen Index.
LastUpdated	ermittelt Datum und Uhrzeit der letzten Änderung eines Recordset-Objekts vom Typ TABLE.
LockEdits	bestimmt den Sperrstatus beim Bearbeiten eines Datensatzes.
PercentPosition	bestimmt die (ungefähre) Position des Datensatzzeigers in Prozent aller Datensätze.
RecordCount	ermittelt die Zahl der Datensätze in einem Recordset-Objekt.
Sort	bestimmt die Sortierreihenfolge eines Recordset-Objekts.
Type	ermittelt den Typ eines Recordset-Objekts. Möglich sind unter anderem die Werte DBOPENTABLE, DBOPENDYNASET, DBOPENSNAPSHOT und DBOPENFORWARDONLY. Den Typ müssen Sie gelegentlich prüfen, weil sich nicht alle Recordset-Operationen auf alle Typen anwenden lassen.
Updatable	prüft, ob an einem Recordset-Objekt Änderungen vorgenommen werden können.
ValidationRule	definiert eine Gültigkeitsprüfung.
ValidationText	bestimmt den Text, der angezeigt wird, wenn die Gültigkeitsbedingung bei der Dateneingabe nicht eingehalten wurde.

Die Eigenschaften BOF (Begin of File) und EOF (End of File) stehen für den Anfang und das Ende eines Recordset-Objekts, nicht für den ersten oder letzten Datensatz. Mit den folgenden Zeilen bewegen Sie den Datensatzzeiger hinter den letzten Datensatz zur EOF-Position:

```
Daten.MoveLast
MsgBox Daten.EOF, , "Ende des Recordset-Objekts?"
Daten.MoveNext
MsgBox Daten.EOF, , "Ende des Recordset-Objekts?"
```

MSGBOX wird nach der Positionierung auf dem letzten Datensatz den Wert FALSE anzeigen. Erst wenn der Datensatzzeiger eine Position weiter bewegt wird, gibt MSGBOX den Wert TRUE aus. Um den Datensatzzeiger vor den ersten Datensatz zu positionieren, sind die folgenden Zeilen erforderlich:

```
Daten.MoveFirst
MsgBox Daten.BOF, , "Anfang des Recordset-Objekts?"
Daten.MovePrevious
MsgBox Daten.BOF, , "Anfang des Recordset-Objekts?"
```

Es macht natürlich wenig Sinn, den Datensatzzeiger absichtlich über den ersten oder letzten Datensatz hinaus zu positionieren. Die Abfrage der Position des Datensatzzeigers wird jedoch häufig als Abbruchkriterium in Schleifen benötigt. Sie müssen wissen, wann das Ende oder der Anfang einer Tabelle erreicht ist, um die Operation beenden zu können. Das folgende Beispiel würde im Prinzip zu einer Endlosschleife führen:

```
'fehlerhafte Schleife
Do
    MsgBox Daten.Fields("Firma")
    Daten.MoveNext
Loop
```

Im vorstehenden Beispiel sorgt die MsgBox-Anweisung dafür, daß die Endlosschleife mit einer Fehlermeldung abbricht. MSGBOX akzeptiert keine Nullwerte. Das folgende Makro zeigt eine korrekte Schleife, in die wir zwei Abbruchbedingungen eingebaut haben:

```
Sub Schleife_mit_Abbruchbedingung()
    Dim Anwendung As Database
    Dim Daten As DAO.Recordset
    Set Anwendung = DBEngine.OpenDatabase("Kontakte")
    Set Daten = Anwendung.OpenRecordset("Kunden", dbOpenDynaset)
    Do While Not Daten.EOF
        MsgBox Daten.Fields("Firma") & ", " & Daten.Fields("Ort")
        Daten.MoveNext
        If MsgBox("Schleife abbrechen?", 20, "") = 6 Then
            Exit Do
        End If
    Loop
    Daten.Close
    Anwendung.Close
End Sub
```

Die Do While-Schleife wird automatisch beendet, wenn das Ende des Recordset-Objekts erreicht ist. Der Abbruch kann aber auch bei jedem Durchlauf mit EXIT DO erzwungen

10.5 Recordset - Datensätze bearbeiten

werden. Vergessen Sie in der Schleife nicht die Methode MoveNext: Sie erreichen sonst nie das Ende des Recordset-Objekts und damit auch nicht das Ende der Schleife.

Datensätze sortieren

Sehr häufig werden Sie Datensätze filtern oder sortieren müssen. Eine Sortierung meint eine bestimmte Anordnung der Datensätze, in der diese beim Navigieren in der Tabelle erscheinen. Ein Filter ist eine Bedingung, die dafür sorgt, daß nur bestimmte Datensätze angezeigt werden. Für das Sortieren lassen sich die Eigenschaften Sort und Index verwenden. Für die Filterung von Datensätzen ist die Eigenschaft Filter zuständig. Mit der folgenden Zeile erstellen Sie, basierend auf unserem Recordset-Objekt Daten, eine Sortierung nach dem Feld Firma:

```
Daten.Sort = "Firma"
```

Die Zeile bewirkt allerdings noch nichts. Ein bestehendes Recordset-Objekt kann nicht sortiert werden. Aus dem Recordset-Objekt Daten muß erst ein neues Recordset-Objekt abgeleitet werden. Erst das neue Recordset-Objekt erscheint dann in der vorgegebenen Sortierung. Das folgende Makro zeigt die erforderlichen Schritte:

```
Sub Sortieren()
    Dim Anwendung As Database
    Dim Daten As Object
    Dim Sortierung As Object       'oder: ... As DAO.Recordset
    Set Anwendung = DBEngine.OpenDatabase("Kontakte")
    Set Daten = Anwendung.OpenRecordset("Kunden", dbOpenDynaset)
    Daten.MoveFirst
    MsgBox Daten.Fields("Firma"), , "alte Sortierung"
    Daten.Sort = "Firma"
    Set Sortierung = Daten.OpenRecordset()
    Sortierung.MoveFirst
    MsgBox Sortierung.Fields("Firma"), , "neue Sortierung"
End Sub
```

Wir haben zunächst ein zweites Recordset-Objekt deklariert. Neu ist die Zeile Daten.Sort, die eine zunächst noch wirkungslose Sortierung definiert. Erst mit der letzten Set-Anweisung wird ein neues Recordset-Objekt erstellt, das die Sortierung berücksichtigt. Damit haben wir also zwei Recordset-Objekte, Daten und Sortierung, erstellt.

Sortierung mit der gleichen Objektvariablen

Die Erzeugung einer neuen Datensatzgruppe ist nicht immer erwünscht. Haben Sie beispielsweise im nachfolgenden Programmtext Referenzen auf die ursprüngliche Datensatzgruppe gebildet, berücksichtigen diese die neue Sortierung nicht. Wie im obigen Beispiel, müßten auch die Referenzen auf die sortierte Datensatzgruppe umgestellt werden. Um diesem Problem zu entgehen, können Sie die neue Datensatzgruppe der bisherigen Objektvariablen zuweisen. Die Deklaration einer zusätzlichen Objektvariablen entfällt dann. Sortierung und Zuweisung haben die folgende Form:

```
Daten.Sort = "Firma"
Set Daten = Daten.OpenRecordset()
```

Alle bisherigen Referenzen auf die alte Datensatzgruppe können damit weiterhin genutzt werden, nur daß diese jetzt auf die neue, sortierte Datensatzgruppe mit dem gleichen Namen verweisen.

Über mehrere Felder sortieren

Die Eigenschaft SORT kann nach mehreren Feldern gleichzeitig sortieren. Wenn für zwei oder mehr Datensätze im ersten Sortierfeld gleiche Einträge vorhanden sind, entscheidet das zweite Sortierfeld über die Reihenfolge dieser Datensätze. Das zweite Sortierfeld kommt also nur zum Zuge, wenn im ersten Sortierfeld gleiche Einträge enthalten sind. Das folgende Beispiel zeigt eine Sortierung, welche die Felder FIRMA und ORT umfaßt:

```
Sub Sortieren2()
   Dim Anwendung As Database
   Dim Daten As Object
   Set Anwendung = DBEngine.OpenDatabase("Kontakte")
   Set Daten = Anwendung.OpenRecordset("Kunden", dbOpenDynaset)
   Daten.Sort = "Firma, Ort"
   Set Daten = Daten.OpenRecordset()
   Do While Not Daten.EOF
      Temp = Daten.Fields("Firma") & ", " & Daten.Fields("Ort")
      If MsgBox(Temp & ", weiter?", vbYesNo, "") = vbNo Then
         Exit Do
      End If
      Daten.MoveNext
   Loop
   Daten.Close
   Anwendung.Close
End Sub
```

10.5 Recordset - Datensätze bearbeiten

Die Sortierung mit SORT ändert nicht die Reihenfolge der Datensätze in der Tabelle. Sie gilt nur für das damit erzeugte Recordset-Objekt. Schließen Sie die Datensatzgruppe, wird auch die damit verbundene Sortierung unwirksam. Das nächste Recordset-Objekt kann wieder eine eigene Sortierung erhalten. Die Sortierung mit SORT läßt sich zudem nicht auf Recordset-Objekte vom Typ TABLE anwenden. Für diesen Typ ist die Eigenschaft INDEX erforderlich, über die Sie einen bestehenden Index, und damit dessen Sortierung, zuweisen können.

Sortieren mit der Eigenschaft INDEX

Wenn für ein Feld bereits ein Index existiert, kann dieser als Sortierung genutzt werden. Damit erhalten Sie sehr schnell eine Sortierung, ohne erst ein neues Recordset-Objekt erstellen zu müssen. Die alte Sortierung des jeweiligen Recordsets bleibt weiterhin zugänglich. Ein bereits existierender Index kann mit der folgenden Zeile aktiviert werden:

```
Daten.Index = "Firma"
```

Allerdings gilt das nur für Recordset-Objekte vom Type TABLE (DBOPENTABLE). Das folgende Beispiel variiert das bereits früher gezeigte Sortieren-Makro:

```
Sub Sortieren_mit_Index()
   Dim Anwendung As Database
   Dim Daten As Object
   Set Anwendung = DBEngine.OpenDatabase("Kontakte")
   Set Daten = Anwendung.OpenRecordset("Kunden", dbOpenTable)
   Daten.Index = "Firma"
   Do While Not Daten.EOF
      Temp = Daten.Fields("Firma") & ", " & Daten.Fields("Ort")
      If MsgBox(Temp & ", weiter?", vbYesNo, "") = vbNo Then
         Exit Do
      End If
      Daten.MoveNext
   Loop
   Daten.Close
   Anwendung.Close
End Sub
```

Achten Sie besonders auf das Öffnen des Recordset-Objekts: Hier haben wir als Typargument die Konstante DBOPENTABLE verwendet. Wenn Indizes zur Verfügung stehen, ist diese Variante immer vorzuziehen. Die ursprüngliche Sortierung wird in der Regel durch den

Primärschlüssel oder die Reihenfolge der Dateneingabe bestimmt. Der Primärschlüssel kann wie jeder Index über die Eigenschaft INDEX eingestellt werden.

```
Daten.Index = "KdNr"
```

Sie können den Index aber auch mit der folgenden Zeile abschalten:

```
Daten.Index = ""
```

Die ursprüngliche Eingabereihenfolge stellen Sie also durch Zuweisung eines Leerstrings wieder her.

Datensätze filtern

Filter für eine Datensatzgruppe werden nach dem gleichen Muster erstellt, das wir schon bei der Definition einer Sortierung mit SORT kennengelernt haben: Sie erstellen entweder eine neue (zweite) Datensatzgruppe oder überschreiben die alte. Die folgenden Zeilen verwenden die zweite Methode:

```
Daten.Filter = "[Ort]='Hamburg'"
Set Daten = Daten.OpenRecordset(dbOpenDynaset)
```

Etwas umständlich ist die Definition der Filterbedingung. Da der Gesamtausdruck in doppelte Anführungszeichen gesetzt wird, bleiben für den Feldnamen nur eckige Klammern und für das Filterkriterium, soweit es sich um eine Zeichenkette handelt, nur einfache Anführungszeichen. Die folgenden Beispiele zeigen einige zulässige Ausdrücke:

```
Daten.Filter = "[Datum]> CDate('10.10.99')"
Daten.Filter = "[KdNr]< 4"
Daten.Filter = "Left([Firma],1)= 'M' and [Ort]='Hamburg'"
```

Wie aus der letzten Zeile zu ersehen ist, können auch logische Operatoren (AND und OR) und Funktionen im Filterausdruck erscheinen. Wir haben die Funktion LEFT() eingesetzt, die einen links beginnenden Teilstring des ersten Arguments, hier des Inhalts des Feldes FIRMA, zurückliefert. Der Gesamtausdruck besagt, daß nur noch Kunden angezeigt werden sollen, deren Firmenname mit M beginnt und die aus Hamburg kommen. Das vollständige Makro hat folgende Form:

```
Sub Filtern()
    Dim Anwendung As Database
    Dim Daten As DAO.Recordset
    Set Anwendung = DBEngine.OpenDatabase("Kontakte")
    Set Daten = Anwendung.OpenRecordset("Kunden", dbOpenDynaset)
```

```
    Daten.MoveLast
    MsgBox Daten.RecordCount, , "vor der Filterung"

    Daten.Filter = "Left([Firma],1)= 'M' and [Ort]='Hamburg'"
    Set Daten = Daten.OpenRecordset(dbOpenDynaset)

    Daten.MoveLast
    MsgBox Daten.RecordCount, , "nach der Filterung"
    Daten.Close
    Anwendung.Close
End Sub
```

Für die Überprüfung des Makros können Sie wieder eine Ausgabe mit Hilfe einer Schleife und der MsgBox-Funktion erzeugen oder die Datensätze vorher und nachher mit RECORDCOUNT zählen. Beachten Sie aber, daß Sie für RECORDCOUNT den Datensatzzeiger erst bewegen müssen (mit MOVELAST beispielsweise). Enthält das gefilterte Datensatzobjekt keine Datensätze mehr, erzeugen die Move-Methoden allerdings eine Fehlermeldung.

BOOKMARKS – Lesezeichen verwenden

Recordset-Objekte enthalten für jeden Datensatz eine Markierung, die den Datensatz eindeutig kennzeichnet. Solche Lesezeichen (BOOKMARKS) können hilfreich sein, wenn ein Anwender häufig mit bestimmten Datensätzen arbeiten muß. Das Lesezeichen eines Datensatzes wird einer Variablen vom Typ STRING zugewiesen. Die Zuweisung hat folgende Syntax:

```
Lesezeichen = Recordset-Objekt.Bookmark
```

Die Variable LESEZEICHEN können Sie zuvor mit dem Typ STRING deklarieren. Um von einer beliebigen Position in der Tabelle wieder zu dem mit einem Lesezeichen versehenen Datensatz zurückzukehren, muß die Zuweisung umgedreht werden:

```
Recordset-Objekt.Bookmark = Lesezeichen
```

Nicht alle Recordset-Objekte unterstützen die Bookmark-Eigenschaft. Vor der Zuweisung sollte daher geprüft werden, ob ein Lesezeichen verwendet werden kann. Dafür ist die Eigenschaft BOOKMARKABLE zuständig. Die Eigenschaft BOOKMARKABLE gibt cinen Wahrheitswert zurück:

```
If Daten.Bookmarkable Then
    Lesezeichen = Daten.Bookmark
End If
```

Die Zuweisung läßt sich daher wie im vorstehenden Beispiel in eine Sicherheitsabfrage einbetten. Die Prüfung sollte auch bei der späteren Verwendung der Lesezeichen erfolgen. Sie vermeiden so unnötige Programmunterbrechungen durch eine VBA-Fehlermeldung. Das folgende Makro demonstriert die Anwendung von Bookmarks:

```
Sub Lesezeichen_verwenden()
    Dim Anwendung As Database
    Dim Daten As Object
    Set Anwendung = DBEngine.OpenDatabase("Kontakte")
    Set Daten = Anwendung.OpenRecordset("Kunden", dbOpenDynaset)
    Daten.MoveNext
    MsgBox Daten.Fields("KdNr"), , "Datensatz für Lesezeichen"
    If Daten.Bookmarkable Then
        Lesezeichen = Daten.Bookmark
    End If
    Daten.MoveFirst
    MsgBox Daten.Fields("KdNr"), , "Neuer Datensatz"
    Daten.Bookmark = Lesezeichen
    MsgBox Daten.Fields("KdNr"), , "Datensatz durch Lesezeichen"
    Daten.Close
    Anwendung.Close
End Sub
```

Das Makro weist der Variablen LESEZEICHEN ein Lesezeichen zu, wechselt anschließend den Datensatz (DATEN.MOVENEXT) und positioniert den Datensatzzeiger dann wieder mit Hilfe des Lesezeichens, nicht mit einer Move-Methode, auf dem ursprünglichen Datensatz.

Suchen und Finden

Mit den Methoden FINDFIRST, FINDNEXT, FINDPREVIOUS und FINDLAST suchen Sie nach bestimmten Einträgen in einem Recordset-Objekt. FINDFIRST sucht nach dem ersten, FINDNEXT nach dem nächsten, FINDPREVIOUS nach dem vorherigen und FINDLAST nach dem letzten Auftreten eines Datensatzes, der einer angegebenen Bedingung entspricht. Die folgende Zeile zeigt die grundsätzliche Funktion:

```
Recordset-Objekt.FindFirst(Bedingung)
```

Erforderlich ist wieder ein Recordset-Objekt. Die Bedingung bezieht sich auf den Inhalt eines oder mehrerer Felder. Das folgende Beispiel verwendet das früher schon definierte Recordset-Objekt DATEN:

```
Bedingung = "[Firma] = 'Müller & Co'"
Daten.FindFirst Bedingung
```

10.5 Recordset - Datensätze bearbeiten

Die Definition der Bedingung folgt den Regeln, die wir weiter oben schon für Filterausdrücke vorgestellt haben. Der Feldname muß in eckige Klammern gesetzt werden, und mehrere Einzelbedingungen lassen sich mit den logischen Operatoren AND und OR zu einer Gesamtbedingung zusammensetzen. Auch Vergleichsoperatoren wie '<', '>', LIKE usw. dürfen in Suchausdrücken erscheinen.

Ergebnisüberprüfung mit NOMATCH

Wenn Sie wissen wollen, ob die Suche erfolgreich war, müssen Sie entweder den Datensatz ausgeben und das Ergebnis visuell überprüfen oder die Eigenschaft NOMATCH verwenden. NOMATCH gibt bei erfolgloser Suche TRUE zurück. Konnte ein passender Eintrag gefunden werden, erhalten Sie den Wahrheitswert FALSE.

Daß bei einer erfolgreichen Suche FALSE zurückgegeben wird, ist sicher nicht glücklich gelöst. Sie müssen also etwas sorgfältiger auf den richtigen Argumentwert achten. Um zu prüfen, ob FINDFIRST erfolgreich war, ist folgende If-Konstruktion erforderlich:

```
Daten.FindFirst Bedingung
If Daten.NoMatch = False Then        'oder: If Not .NoMatch Then
    MsgBox "Suche war erfolgreich!"
Else
    MsgBox "Suche war nicht erfolgreich!"
End If
```

Das folgende Beispiel faßt alle Schritte, die für eine erfolgreiche Suche notwendig sind, zu einem ausführbaren Makro zusammen. Gesucht wird aber nur nach dem ersten Datensatz, der unserer Bedingung genügt. Für die weitere Suche mit dem gleichen Kriterium ist dann FINDNEXT zuständig:

```
Sub Suchen_und_Finden()
    Dim Anwendung As Database
    Dim Daten As Object
    Set Anwendung = DBEngine.OpenDatabase("Kontakte")
    Set Daten = Anwendung.OpenRecordset("Kunden", dbOpenDynaset)
    Bedingung = "[Firma] = 'Braun'"
    Daten.FindFirst Bedingung
    If Not Daten.NoMatch Then
        MsgBox "Suche war erfolgreich:" & Chr(13) & _
                Daten.Fields("Firma") & ", " & _
                Daten.Fields("Ort")
```

```
    Else
        MsgBox "Suche war nicht erfolgreich!"
    End If
    Daten.Close
    Anwendung.Close
End Sub
```

Die übrigen Suchfunktionen werden nach dem gleichen Muster verwendet. Mit FINDFIRST und dessen Varianten können Sie in allen Feldern suchen. Die Felder müssen nicht indiziert sein. Für indizierte Felder steht zusätzlich die Methode SEEK zur Verfügung.

10.6 Daten in Dokumente übernehmen

Die Beispiele des vorstehenden Textes lassen sich in allen vier Office-Anwendungen einsetzen. Damit stellt sich natürlich das Problem, die Daten der betreffenden Datenbank auch in das jeweilige Dokument der Anwendung zu übernehmen. Am besten ist natürlich Excel für diese Aufgabe gerüstet, weil sich hier eine den Datentabellen sehr ähnliche Dokumentstruktur anbietet. Sinnvoll ist sicher auch die Anbindung an Word-Dokumente. Und natürlich können Sie über DAO auch in Access Daten zwischen verschiedenen Datenbanken austauschen.

> **Hinweis:** Die Beispiele des folgenden Textes sind natürlich nur in der entsprechenden Umgebung (Word, Excel oder PowerPoint) lauffähig. Wenn Sie auf die zuvor erstellte Datenbank KONTAKTE zugreifen wollen, kann es sein, daß Sie Fehlermeldungen erhalten, weil diese sich in einem anderen Ordner befindet. Sie sollten daher beim Öffnen der Datenbank den kompletten Pfad angeben:
>
> ```
> ...OpenDatabase("C:\Test\Kontakte")
> ```
>
> Natürlich müssen Sie den Ordner angeben, den Sie verwendet haben. Sie können sich den Speicherort mit der Database-Eigenschaft NAME einzeigen lassen:
>
> ```
> MsgBox DBEngine.OpenDatabase("Kontakte").Name
> ```
>
> Die Eigenschaft gibt nicht nur den Datenbanknamen, sondern auch den zugehörigen Pfad aus. Die letzte Zeile müssen Sie natürlich in der Umgebung starten, in der Sie die früheren Beispiele dieses Kapitels ausgeführt haben.

Daten in Word-Dokumente übernehmen

Eine Adresse aus der Datenbank KONTAKTE (Tabelle KUNDEN) läßt sich mit der folgenden Prozedur an der Cursor-Position in das aktuelle Dokument einfügen. Wir haben zur Sicherheit eine eventuelle Markierung aufgehoben, weil die Adresse sonst den markierten Text überschreibt.

10.6 Daten in Dokumente übernehmen

```
Sub Adresse_einfuegen()
   Dim Anwendung As Database
   Dim Daten As Object
   Set Anwendung = DBEngine.OpenDatabase("C:\Test\Kontakte")
   Set Daten = Anwendung.OpenRecordset("Kunden", dbOpenDynaset)
   Daten.MoveFirst
   Eintrag = Daten.Fields("Firma") & Chr(13) & _
             Daten.Fields("PLZ") & " " & _
             Daten.Fields("Ort")
   Selection.Collapse
   Selection.TypeText Eintrag
End Sub
```

Interessanter ist sicher die Möglichkeit, Word-Tabellen mit Daten aus einer Datenbank zu füllen. Dafür läßt sich beispielsweise die Recordset-Methode GETROWS verwenden.

Datensätze mit GETROWS übernehmen

Mit der Recordset-Methode GETROWS lassen sich mehrere Datensätze übernehmen. Die Daten werden von GETROWS zunächst einem Array (Datenfeld) übergeben, dessen Elemente sich dann den einzelnen Zellen zuweisen lassen. GETROWS erzeugt ein zweidimensionales Array. Die zunächst unbestimmte Variable (hier: DATENARRAY) wird also durch die Zuweisung selbst zu einem zweidimensionalen Array. Das folgende Makro zeigt alle erforderlichen Schritte:

```
Sub Daten_mit_GetRows_uebernehmen()
   Dim Anwendung As Database
   Dim Daten As DAO.Recordset
   Dim DatenArray As Variant
   Set Anwendung = DBEngine.OpenDatabase("C:\Test\Kontakte")
   Set Daten = Anwendung.OpenRecordset("Kunden", dbOpenDynaset)
   Daten.MoveLast
   Zahl = Daten.RecordCount
   Daten.MoveFirst
   Felder = Daten.Fields.Count
   If MsgBox(Zahl & " Sätze gefunden, übernehmen?", vbYesNo) _
             = vbYes Then
```

```
        DatenArray = Daten.GetRows(Zahl)

        For Zeile = 0 To UBound(DatenArray, 2)
            For Spalte = 0 To Felder - 1
                If Not IsNull(DatenArray(Spalte, Zeile)) Then
                    ActiveDocument.Tables(1).Cell(Zeile + 1, _
                                    Spalte + 1).Range.Text = _
                        DatenArray(Spalte, Zeile)
                End If
            Next
        Next
    End If
    Daten.Close
    Anwendung.Close
End Sub
```

Die Prozedur setzt voraus, daß im aktiven Dokument eine Word-Tabelle vorhanden ist. Diese muß zudem über genügend Zeilen und Spalten verfügen, um die Daten aufnehmen zu können. Damit Sie die Übernahme der Daten notfalls verweigern können, haben wir eine Sicherheitsabfrage vorgeschaltet. Wenn die Prüfung hier Tausende von Datensätzen ergibt, brechen Sie die Übernahme eben mit Nein ab.

Etwas unverständlich sind sicher die drei folgenden Zeilen, mit denen wir den Datensatzzeiger vor- und zurückbewegen:

```
Daten.MoveLast
Zahl = Daten.RecordCount
Daten.MoveFirst
```

Hier geht es darum, die Anzahl der Datensätze zu ermitteln, die übertragen werden sollen. Dazu wird die Recordset-Eigenschaft RECORDCOUNT verwendet. Die Eigenschaft gibt die Zahl der Datensätze zurück, auf die im Recordset-Objekt zugegriffen wird. Ohne MOVELAST würden wir nach dem Öffnen des Recordset-Objekts nur den Wert 1 erhalten. Wenn wir aber mit MOVELAST zum letzten Datensatz gehen, sind alle Datensätze im Zugriff. RECORDCOUNT zählt dann alle Datensätze. Da GETROWS aber als Startpunkt den ersten zu kopierenden Datensatz erwartet, müssen wir den Datensatzzeiger anschließend wieder dort positionieren. In unserem Fall wollen wir alle Datensätze kopieren, weswegen wir den Datensatzzeiger mit MOVEFIRST auf dem ersten Datensatz positionieren. Die Variable ZAHL wird als Argument der GetRows-Methode benötigt.

Datensätze in ein Array schreiben

Schließlich zählen wir noch die Anzahl der Felder unserer Datentabelle. Dieser Wert wird der Variablen FELDER zugewiesen. Die Variablen ZAHL (Anzahl der Datensätze) und FELDER benötigen wir später für die Übertragung in die Word-Tabelle. Mit der Zeile

```
DatenArray = Daten.GetRows(Zahl)
```

werden die Feldwerte der Datensätze in ein zuvor als Variant definiertes Array geschrieben. GETROWS erwartet, daß der Datensatzzeiger auf dem ersten Datensatz steht, der übernommen werden soll. Mit dem Argument ZAHL wird dann die Anzahl der zu kopierenden Datensätze bestimmt.

Da GETROWS ein zweidimensionales Array zurückgibt, müssen wir mit der Funktion UBOUND erst den höchsten Index für eine zweidimensionale Interpretation des Arrays ermitteln. Damit bestimmen wir den Grenzwert für die äußere For-Schleife. In der Schleife erfolgt dann die Übertragung der Daten in die erste Tabelle des gerade aktiven Word-Dokuments. Die etwas umständliche Zuweisung in einer verschachtelten For-Schleife ist erforderlich, weil eine direkte Zuweisung an eine Word-Tabelle nicht möglich ist.

Innerhalb der For-Schleife haben wir noch eine Sicherheitsabfrage eingefügt, die prüft, ob ein Datenfeld keinen Wert enthält. Es liefert dann einen Null-Wert. Wenn wir jedoch versuchen, der Zelle einer Word-Tabelle einen Null-Wert zuzuweisen, erhalten wir eine Fehlermeldung.

Daten in Excel-Tabellen übernehmen

Wichtig ist natürlich der Datenaustausch mit Excel-Tabellen. Dafür bieten sich grundsätzlich drei Methoden an:

1. direkte Zuweisung an einzelne Zellen
2. indirekte Übernahme über ein mit der Methode GETROWS erzeugtes Array
3. direkte Übernahme mit der Methode COPYFROMRECORDSET

Die direkte Zuweisung erfolgt mit Hilfe des Range-Objekts und der Value-Eigenschaft. Ein Beispiel:

```
ActiveSheet.Range("C3").Value = Daten.Fields("Firma").Value
```

Bei dem Objekt DATEN handelt es sich wieder um die Objektvariable eines Recordset-Objekts. Da VALUE die Eigenschaft ist, die automatisch angenommen wird, wenn eine Angabe fehlt, ist auch die folgende Zeile zulässig:

```
ActiveSheet.Range("C3") = Daten.Fields("Firma")
```

Die Zuweisung läßt sich auch umkehren: Sie schreiben dann den Wert einer Zelle in ein Datenbankfeld. Dabei ist jedoch zu beachten, daß das Recordset-Objekt vom Typ DYNASET oder TABELLE sein muß. Das folgende Makro demonstriert eine etwas umständliche Möglichkeiten, Daten von einer Zelle (hier: C3) in eine andere Zelle (hier: C4) zu übertragen:

```
Sub Daten_uebergeben()
    Dim Anwendung As Database
    Dim Daten As Recordset
    Set Anwendung = DBEngine.OpenDatabase("Kontakte")
    Set Daten = Anwendung.OpenRecordset("Kunden", dbOpenDynaset)
    If Daten.Type = dbOpenDynaset Then
        Daten.MoveFirst
        Daten.Edit
        Daten.Fields("Firma")= Worksheets("Tabelle1").Range("C3")
        Daten.Update
    End If
    Worksheets("Tabelle1").Range("C4") = Daten.Fields("Firma")
    Anwendung.Close
End Sub
```

Der Inhalt der Zelle C3 wird zunächst in ein Feld der Datenbank übertragen. Von dort liest die letzte Zeile den Wert aus und schreibt ihn in die Zelle C4. Die Übertragung erfolgt nur, wenn das Recordset-Objekt DATEN vom Typ DYNASET ist.

Beachten Sie, daß vor der Zuweisung an ein Feld des Recordset-Objekts die Methode EDIT aufgerufen werden muß. Erst dadurch lassen sich Einträge ändern. Natürlich muß mindestens ein Datensatz vorhanden sein, damit EDIT wirksam werden kann. Ist das nicht der Fall, muß statt dessen mit ADDNEW ein neuer Datensatz hinzugefügt werden. Die Methode MOVEFIRST wäre für unser Beispiel nicht unbedingt erforderlich gewesen. Da das Recordset-Objekt DATEN gerade erst geöffnet wurde, steht der Datensatzzeiger automatisch auf dem ersten Datensatz.

Datensätze mit GETROWS kopieren

GETROWS haben wir schon bei der Übernahme von Daten in eine Word-Tabelle verwendet. Das dortige Beispiel läßt sich fast ohne Änderungen für Excel übernehmen. Lediglich die Zeile innerhalb der For-Schleifen muß durch folgende Zeile ersetzt werden:

```
Cells(Zeile + 1, Spalte + 1).Value = DatenArray(Spalte, Zeile)
```

Die Datenübernahme mit GETROWS eignet sich besonders, wenn nur einzelne Felder aus mehreren Datensätzen übernommen werden sollen oder wenn Sie die Daten nicht in ein Tabel-

10.6 Daten in Dokumente übernehmen

lenblatt, sondern über die Textfelder eines UserForm-Dialogs ausgeben wollen. Für die Übernahme großer Datenmengen in ein Tabellenblatt ist die nachfolgend beschriebene Methode besser geeignet.

Datensätze mit COPYFORMRECORDSET übernehmen

Die sicher einfachste Form der Übertragung von Daten aus einer Datenbank in ein Tabellenblatt erfolgt mit Hilfe der Methode COPYFROMRECORDSET. Die Methode ist dem Range-Objekt zugeordnet und hat folgende Syntax:

```
Objekt.CopyFromRecordSet(Data, MaxRows, MaxColumns)
```

Das Argument DATA steht für das zu kopierende Recordset-Objekt. Mit MAXROW kann die Anzahl der zu kopierenden Datensätze bestimmt werden. MAXCOLUMNS bezeichnet die Anzahl der Felder. Wenn die beiden letzten Argumente nicht verwendet werden, kopiert COPYFROMRECORDSET alle Datensätze des Recordset-Objekts, beginnend bei dem Datensatz, auf dem gerade der Datensatzzeiger steht. Ein Beispiel:

```
Range("A1").CopyFromRecordset Daten
```

Die Zeile kopiert, beginnend bei der aktuellen Position des Datensatzzeigers, das ganze Recordset-Objekt DATEN in das gerade aktive Tabellenblatt, wobei die Ausgabe bei der Zelle A1 beginnt. Die möglichen Einschränkungen der Datenmenge mit Hilfe der Argumente MAX-ROWS und MAXCOLUMNS sind sehr grob und dürften daher in der Regel wenig brauchbar sein. Sinnvoller ist eine Beschränkung und Auswahl über das Recordset-Objekt selbst. Sie können hier wieder Filter und Sortierungen verwenden. Das folgende Makro gibt die Datensätze des Recordset-Objekts DATEN sortiert und gefiltert aus:

```
Sub Daten_mit_CopyFromRecordset_uebernehmen()
    Dim Anwendung As Database
    Dim Daten As Recordset
    Set Anwendung = DBEngine.OpenDatabase("C:\Test\Kontakte")
    Set Daten = Anwendung.OpenRecordset("Kunden", dbOpenDynaset)
    Daten.Sort = "Firma"
    Daten.Filter = "[Ort] = 'Hamburg'"
    Set Daten = Daten.OpenRecordset(dbOpenDynaset)
    Range("A1").CopyFromRecordset Daten
    Daten.Close
    Anwendung.Close
End Sub
```

Schon die Kürze der Form spricht für diese Art der Datenübernahme. Wenn Sie das Recordset-Objekt noch entsprechend definieren, ist auch eine sehr differenzierte Daten- und Feldauswahl möglich. Da OPENRECORDSET zudem eine Abfrage und sogar einen SQL-String anstelle des Tabellennamens akzeptiert, kann die Zeile für die Erzeugung des Recordset-Objekts auch wie folgt formuliert werden:

```
SQLString = "SELECT [Firma],[Ort],[Datum] from [Kunden]"
Set Daten = Anwendung.OpenRecordset(SQLString, dbOpenDynaset)
```

Damit erhalten Sie nur die Felder FIRMA, ORT und DATUM angezeigt. Die Filter- und Sort-Eigenschaften lassen sich weiterhin wie gezeigt einsetzen. Filter und Sortierkriterien können aber auch in den SQL-Code eingebaut werden. Beachten Sie, daß die eckigen Klammern im SQL-String nicht unbedingt erforderlich sind. Dies gilt nur, wenn Sie Feld- und Tabellenbezeichnungen mit Leer- oder Sonderzeichen verwenden.

Daten in Präsentationen übernehmen

PowerPoint-Präsentationen dürften eigentlich selten das Ziel von Daten aus einer Access-Tabelle sein. Denkbar ist allerdings die Anbindung an eine Produktdatenbank, aus deren Daten sich zur Laufzeit der Präsentation neue Folien erstellen oder bestehende ändern lassen. Das folgende Beispiel beschränkt sich auf die Erzeugung eines Textobjekts, dem die aus der Datenbank entnommene Anschrift einer Firma zugewiesen wird:

```
Sub PowerPoint_Test()
    Dim Anwendung As Database
    Dim Daten As Object
    Set Anwendung = DBEngine.OpenDatabase("C:\Test\Kontakte")
    Set Daten = Anwendung.OpenRecordset("Kunden", dbOpenDynaset)
    Daten.MoveFirst

    Eintrag = Daten.Fields("Firma") & Chr(13) & _
              Daten.Fields("PLZ") & " " & _
              Daten.Fields("Ort")

    With ActivePresentation.Slides(1).Shapes
      With .AddTextbox(msoTextOrientationHorizontal,50,50,300,60)
          .TextFrame.TextRange.Text = Eintrag
      End With
    End With
End Sub
```

Präsentationen können aber auch Tabellen enthalten, so daß auch die Möglichkeit besteht, größere Datenmengen zu übergeben. Das vorstehende Beispiel funktioniert sowohl im Entwurfsmodus als auch zur Laufzeit der Präsentation. Der Aufruf zur Laufzeit kann beispielsweise über die Ereignisprozedur eines Schalters erfolgen. Im Entwurfsmodus läßt sich die Prozedur auch direkt aus der Entwicklungsumgebung starten.

11 Formulare und UserForm-Dialoge

11.1 Zu diesem Kapitel

Word, Excel und PowerPoint verfügen über die Möglichkeit, Steuerelemente im jeweiligen Dokument zu plazieren. Dokumente, Arbeitsmappen und Präsentationen können damit ähnliche Funktionen erfüllen wie Access-Formulare. Unter Word, Excel und PowerPoint lassen sich zudem sogenannte UserForm-Dialoge erzeugen. Die dafür erforderlichen Objekte wollen wir in diesem Kapitel vorstellen. Im ersten Teil beschäftigen wir uns nur mit der manuellen Gestaltung von Formularen und UserForm-Dialogen. Die Programmierung haben wir dem zweiten Teil vorbehalten.

Die Beispiele dieses Kapitels beziehen sich überwiegend auf Word und Excel und nur mit Einschränkungen auch auf PowerPoint. Die Access-Formulare weichen teilweise erheblich von den hier vorzustellenden Formularen ab. Dennoch gilt: Die Kenntnisse, die wir in diesem Kapitel vermitteln, lassen sich auch bei der Gestaltung von Access-Formularen nutzen.

11.2 Ein Dokument als Formular

Ein Dokument ist zunächst keine besonders gute Grundlage für ein Formular. Üblicherweise werden Sie nur einen sehr kleinen Teil des Dokuments benötigen. Auch kann es problematisch sein, wenn der Anwender ungehindert Eingaben vornehmen kann. Unkontrollierte Eingriffe des Anwenders können sogar zu einem Programmabbruch führen. Ein Dokument, das als Formular dienen soll, muß also für diese Aufgabe vorbereitet werden.

Ein Dokument vorbereiten

Die Vorbereitung besteht im wesentlichen darin, dem späteren Anwender viele Möglichkeiten zu nehmen, sich frei im Dokument zu bewegen. Sie müssen daher alle möglichen Bedienungselemente entfernen. Zu den häufig überflüssigen Teilen gehören folgende:

- Symbolleisten
- Bildlaufleisten
- Zeilen und Spaltenköpfe (bei Excel-Tabellenblättern)
- Arbeitsmappenregister bzw. Tabellenblätter (Excel)

Die meisten Bedienungselemente lassen sich per Programmierung deaktivieren. Einfacher geht es mit Hilfe des Dialogs OPTIONEN, den Sie in den Office-Anwendungen mit der Menüoption EXTRAS/OPTIONEN... aufrufen. Die Deaktivierung erfolgt auf der Seite ANSICHT. Da auch die Anpassung des Menüs zur Anwendungsentwicklung gehört (Kapitel 12), kann dafür gesorgt werden, daß der Dialog OPTIONEN zur Laufzeit der Anwendung nicht verfügbar ist.

Den Zugriff auf das Formular (Dokument) verhindern

In Word und Excel können Sie zudem den Zugriff auf das Dokument bzw. Tabellenblatt verhindern, indem Sie spezielle Schutzfunktionen nutzen. Diese Funktionen erreichen Sie über die folgenden Menüoptionen:

Word: EXTRAS/DOKUMENT SCHÜTZEN...

Excel: EXTRAS/SCHUTZ/BLATT SCHÜTZEN...

Die Steuerelemente bleiben weiterhin zugänglich. Für PowerPoint dürfte der Schutz nicht ganz so wichtig sein, weil Folien, die ausschließlich als Formulare dienen, wohl selten benötigt werden.

Hinweis: Die genannten Möglichkeiten, den unkontrollierten Zugriff auf das Dokument zu verhindern, sollten Sie jedoch erst dann realisieren, wenn Sie den Formularentwurf weitgehend abgeschlossen haben. Sie behindern sich sonst nur selbst.

Hintergrundfarbe/Hintergrundgrafik

Die Möglichkeit, den Hintergrund eines Dokuments oder Tabellenblatts farblich zu gestalten, läßt sich für ein differenziertes Formular-Layout nutzen. Word und Excel erlauben zudem die Einbindung einer Hintergrundgrafik für das ganze Dokument. Dabei kann es sich um sehr kleine Bitmaps handeln, die als Grundlage für sogenannte Texturen dienen. Die Anwendung vervielfältigt (kachelt) das Bitmap dann, bis es den gesamten Hintergrund ausfüllt.

Formulargröße

Wenn Sie Formulare nur für den eigenen Rechner erstellen, werden Sie auf die Formulargröße nicht unbedingt achten müssen. In der Regel verwenden Sie dann die volle Bildschirmgröße. Soll Ihre Anwendung aber auch auf anderen Systemen laufen, müssen Sie eventuell unterschiedliche Bildschirmauflösungen beachten. Ein Dokumentformular, das bei einer Auflösung von 800*640 die ganze Arbeitsfläche belegt, wird auf einem System mit einer Standard-VGA-Auflösung (640*480) nicht mehr vollständig zu sehen sein.

Die Schriftauswahl

Auch bei der Schriftenauswahl sollten Sie an die Weitergabe denken. Eine Schrift, die Sie im Formular verwenden, muß auch auf dem Zielsystem vorhanden sein. In der Regel werden Sie sich daher an die Windows-Standardschriften (ARIAL, TIMES NEW ROMAN etc.) halten müssen.

11.3 Steuerelemente im Dokument plazieren

Der Entwurf eines Formulars besteht im wesentlichen aus der Plazierung solcher Elemente. Dabei können Sie jedoch auf zwei verschiedene Symbolleisten zurückgreifen, die unterschiedlich gut für diese Aufgabe geeignet sind.

Zwei Symbolleisten mit Steuerelementen

Word und Excel enthalten zwei Symbolleisten mit Steuerelementen, die Sie unter den folgenden Bezeichnungen im Menü ANSICHT/SYMBOLLEISTEN finden:

- FORMULAR

- STEUERELEMENTE-TOOLBOX

Wir werden im folgenden Text nur die Steuerelemente-Toolbox verwenden, weil sich die darin enthaltenen Elemente wesentlich umfassender programmieren lassen. Zudem finden Sie die Steuerelemente-Toolbox auch in PowerPoint, und die Elemente der Access-Toolbox verfügen zumindest über eine sehr ähnliche Funktionalität.

Die Steuerelemente der Symbolleiste FORMULAR sind mehr darauf ausgerichtet, ohne explizite VBA-Programmierung auszukommen. In der Regel beschränkt sich die Programmierbarkeit auf die Zuweisung eines zuvor erstellten Makros. Die Steuerelemente der Symbolleiste STEUERELEMENTE-TOOLBOX verfügen hingegen über eine umfangreiche Schnittstelle (Eigenschaften und Methoden) zu VBA.

Die Symbolleiste STEUERELEMENT-TOOLBOX

Die Symbolleiste STEUERELEMENT-TOOLBOX rufen Sie mit der Menüoption ANSICHT/SYMBOLLEISTEN/STEUERELEMENT-TOOLBOX auf. Nahezu alle in Windows üblichen Steuerelemente stehen hier zur Verfügung. Die wichtigsten haben wir nachfolgend aufgelistet:

BEFEHLSSCHALTFLÄCHE (COMMANDBUTTON): Mit diesem Werkzeug erzeugen Sie die Windows-Schalter. Eine Variante sind sogenannte Umschaltflächen. Damit erzeugen Sie Schalter, die zwei Zustände annehmen können, gedrückt (aktiv) und nicht gedrückt.

KONTROLLFELD (MARKIERUNGSFELD, CHECKBOX): Das Kontrollfeld kann zwei Zustände annehmen: AKTIV oder INAKTIV. Plazieren Sie mehrere Kontrollfelder in einem Dialog, sind diese untereinander unabhängig.

OPTIONSFELD (OPTIONBUTTON): Dieses Steuerelement gleicht zunächst dem Kontrollfeld. Mehrere Optionsfelder lassen sich jedoch zu einer Gruppe zusammenfassen, so daß nur jeweils ein Feld aktiv ist. Die Aktivierung eines anderen Feldes deaktiviert dann das zuvor aktive.

BEZEICHNUNGSFELD (LABEL): Mit diesem Werkzeug erzeugen Sie einfache Textobjekte, beispielsweise für Bezeichnungen und Hinweistexte. Allerdings verfügen Bezeichnungsfelder auch über Ereignisse, beispielsweise das Click-Ereignis, so daß sich auch Makros damit aufrufen lassen.

 TEXTFELD (TEXTBOX): Ein Textfeld nimmt zur Laufzeit des Programms alle Arten von Tastatureingaben entgegen. Neben den Schaltern werden Sie dieses Element am häufigsten benötigen.

 BILDLAUFLEISTE (SCROLLBAR): Die Bildlaufleiste ermöglicht die Eingabe von numerischen Werten durch das Verschieben einer Schaltfläche. Sie kann horizontal und vertikal verwendet werden.

 DREHEN-SCHALTFLÄCHEN (SPINBUTTON): Dieses Steuerelement dient ebenfalls der Eingabe numerischer Werte.

 LISTENFELD (LISTBOX): Mit diesem Steuerelement definieren Sie eine Auswahlliste. Dabei ist auch eine Mehrfachselektion möglich.

 KOMBINATIONSFELD (COMBOBOX, DROPDOWN-LISTE): Das Kombinationsfeld ist ein sehr aufwendiges Steuerelement. Es kombiniert ein Listenfeld mit einem Textfeld.

 BILD (IMAGE): Das Bild-Element dient vorwiegend zur Anzeige von Grafiken. Da es ebenfalls mit Ereignissen ausgestattet ist, kann es auch als eine Art Schalter fungieren.

Die Benennung der einzelnen Elemente ist nicht einheitlich. Selbst in MS-Office finden sich für identische Elemente unterschiedliche Bezeichnungen. In VBA werden zudem überwiegend die englischen Bezeichnungen verwendet.

Steuerelemente im Dokument plazieren

In Excel und PowerPoint können Sie Steuerelemente tatsächlich völlig frei plazieren. In Word-Dokumenten sind diese Möglichkeiten zunächst begrenzt. Sobald Sie ein Element der Toolbox aktivieren, erscheint dies an der Cursor-Position in einer vorgegebenen Größe. Die Proportionen können Sie nachträglich noch ändern.

Steuerelemente in Word frei positionieren

Um Steuerelemente auch in Word frei positionieren zu können, müssen Sie erst das Layout des Steuerelements ändern. Dazu öffnen Sie das Kontextmenü des Steuerelements und wählen hier die Option STEUERELEMENT FORMATIEREN... Auf der Seite LAYOUT des gleichnamigen Dialogs aktivieren Sie dann die Option VOR DEN TEXT. Möglich ist auch noch die Option HINTER DEN TEXT. Danach läßt sich das Steuerelement frei im Dokument plazieren.

Entwurfsmodus – Steuerelemente manipulieren

Sobald Sie ein Steuerelement im Dokument plazieren, wird der Entwurfsmodus aktiviert. Sie können die Steuerelemente in diesem Modus markieren und bearbeiten. Um die Steuerelemente zu verwenden, müssen Sie den Entwurfsmodus abschalten.

 Auch das Werkzeug für den Wechsel zwischen Entwurfs- und Funktionsmodus finden Sie in der Symbolleiste STEUERELEMENT-TOOLBOX (außer in PowerPoint).

Hinweise zum Formularentwurf

Bei der Plazierung der Elemente werden Sie von Office zunächst nicht besonders unterstützt. Insbesondere Funktionen zur exakten Ausrichtung mehrerer Elemente fehlen in der Toolbox.

Tip: Die fehlenden Funktionen zur Ausrichtung mehrerer Elemente finden sich aber in der Zeichnen-Symbolleiste. Zuständig ist dort das Schaltermenü ZEICHNEN. Hier finden Sie unter anderem die Option AUSRICHTEN UND VERTEILEN. Damit lassen sich mehrere markierte Elemente exakt auf der gleichen Linie ausrichten. In Word können Sie nur dann auf diese Funktion zurückgreifen, wenn es sich um frei positionierbare Elemente handelt.

Hinweis für den Programmierer: Frei positionierbare Steuerelemente sind Shape-Objekte und somit Teil der Shapes-Auflistung. Elemente, die an Textpositionen gebunden sind (nur in Word möglich), gehören zur InlineShapes-Auflistung.

Mehrere Steuerelemente markieren Sie, indem Sie beim Anklicken die Umschalttaste (SHIFT) gedrückt halten.

Mit der Tab-Taste zum nächsten Element

Das jeweils nächste Element läßt sich natürlich per Mausklick markieren. Die Tab-Taste erfüllt in Excel aber den gleichen Zweck. In Word funktioniert das wieder nur mit freien Elementen (Layoutoption = VOR DEN TEXT).

Das Gitternetz der Zeichnen-Funktion nutzen

In Word können Sie ein Raster über das Dokument legen, um Zeichnungsobjekte exakt auszurichten. Dieses Raster (oder Gitternetz) funktioniert auch mit frei positionierbaren Steuerelementen. Die Funktion finden Sie im Zeichnen-Menü der Zeichnen-Symbolleiste. In Excel können Sie über das gleiche Menü zumindest die Ausrichtung an den Zellengrenzen erzwingen (ZEICHNEN/AUSRICHTEN/AM RASTER).

Reihenfolge (Schichtung) der Steuerelemente ändern

Die einzelnen Steuerelemente liegen, wie die Elemente einer Vektorgrafik, übereinander. In der Regel werden Sie sich darum nicht besonders kümmern müssen, da die Elemente sich selten überdecken. Sollte das doch einmal der Fall sein, können Sie mit den Optionen des Untermenüs REIHENFOLGE, das Sie im Kontextmenü eines markierten Elements finden, die vorgegebene Reihenfolge ändern. Das gerade markierte Element kann um eine Ebene nach vorne oder hinten oder ganz in den Vorder- bzw. Hintergrund versetzt werden.

Eigenschaften der Steuerelemente ändern

Steuerelemente, die Sie über die Symbolleiste STEUERELEMENT-TOOLBOX im Dokument oder Tabellenblatt plazieren, sind mit vielen Eigenschaften ausgestattet, die sich in einem speziellen Dialog oder per Programm-Code ändern lassen.

Um die Eigenschaften eines Steuerelements zu ändern, müssen Sie es markieren und dann über den Schalter EIGENSCHAFTEN das Eigenschaftenfenster aufrufen. Die Option finden Sie auch im Kontextmenü eines markierten Steuerelements.

Viele Eigenschaften sind nicht besonders wichtig bzw. lassen sich leichter per Maus einstellen. Dazu gehören die Eigenschaften, welche die Position und Größe eines Objekts bestimmen. Zu den für die Programmierung wichtigen Eigenschaften zählen unter anderem die folgenden:

Name Die Eigenschaft NAME ist für den Programmierer die wohl wichtigste Eigenschaft eines Steuerelements. Ohne den Namen läßt sich das Steuerelement erst gar nicht im Programm-Code verwenden. Office vergibt daher automatisch einen Namen, sobald ein Steuerelement im Dokument plaziert wird. Sie sollten diese Namen normalerweise ändern, um im Programm-Code über aussagefähige Bezeichnungen zu verfügen. Ein Name muß eindeutig sein. Sie dürfen den gleichen Namen also nicht mehrfach verwenden.

Caption Diese Eigenschaft finden Sie nur bei Bezeichnungsfeldern und Schaltern sowie bei Options- und Kontrollfeldern. Damit ist die Beschriftung gemeint, mit der diese Steuerelemente im Dialog erscheinen. Da Bezeichnungen wie COMMANDBUTTON1 nicht sehr brauchbar sind, werden Sie diese Eigenschaft regelmäßig ändern müssen.

Text Diese Eigenschaft ist unter anderem für Text- und Listenfelder definiert. Sie steht für den Inhalt des Steuerelements. Bei Listenfeldern ist damit der Text des gerade markierten Eintrags gemeint.

Value Die Eigenschaft VALUE gleicht der Eigenschaft TEXT und kann unter anderem auch bei Textfeldern verwendet werden. Sie steht für den Wert eines Steuerelements. Bei Kontroll- und Optionsfeldern bestimmt sie beispielsweise, ob das Element markiert angezeigt wird oder nicht. Als Wertausprägungen kommen in diesem Fall nur die logischen Werte TRUE (markiert) und FALSE in Betracht.

Weitere Eigenschaften werden wir, soweit erforderlich, im folgenden Text vorstellen. In Abbildung 11.1 haben wir das Eigenschaftenfenster für ein Textfeld (TEXTBOX) aufgerufen. Die Eigenschaft wird zugewiesen, sobald Sie das betreffende Eingabefeld mit der Eingabetaste

11.3 Steuerelemente im Dokument plazieren

oder durch Mausklick auf ein anderes Feld verlassen. Bei sichtbaren Eigenschaften, beispielsweise bei der Eigenschaft CAPTION, wird die Änderung auch umgehend vom Steuerelement angezeigt.

Abb. 11.1: Eigenschaften zuweisen (Textfeld in Word)

Einige Eigenschaften können nur wenige unterschiedliche Werte annehmen. In diesen Fällen erhalten Sie eine Auswahl in Form eines Kombinationsfeldes angezeigt.

Zwischen Steuerelementen wechseln

Das Eigenschaftenfenster ist nicht modal. Das bedeutet, daß Sie auch bei geöffnetem Eigenschaftenfenster andere Objekte markieren können. Um also die Eigenschaften eines anderen Steuerelements zu ändern, müssen Sie dieses nur anklicken. Die Anzeige im Eigenschaftenfenster wechselt dann automatisch. Sie gilt immer für das gerade markierte Element.

Eine zweite Methode bietet das Kombinationsfeld im Kopf des Fensters. Dieses enthält alle im gerade angezeigten Dokument oder Tabellenblatt plazierten Steuerelemente. Wenn Sie ein Steuerelement über die Liste anwählen, wird es auch im Dokument markiert angezeigt.

Stileigenschaften bestimmen

Nahezu alle Steuerelemente verfügen über die folgenden Eigenschaften, mit denen Sie das Erscheinungsbild der Elemente festlegen:

AutoSize	ist für nahezu alle Feldtypen verfügbar und bestimmt, ob sich die Elemente automatisch an den jeweiligen Inhalt anpassen. Bei Textfeldern bestimmt dann unter anderem der Wert der Eigenschaft TEXT die Breite des Feldes im Formular. Bei Schaltern ist es zunächst die Eigenschaft CAPTION.
BackColor	ist für Text-, Options-, Kontroll- und Listenfeldern verfügbar und bestimmt die Hintergrundfarbe eines Steuerelements.
BorderColor	bestimmt die Rahmenfarbe für Text-, Options-, Kontroll- und Listenfelder. Damit BORDERCOLOR wirksam wird, muß die Eigenschaft BORDERSTYLE den Wert FMBORDERSTYLESINGLE erhalten.

BorderStyle	bestimmt den Rahmentyp für Text-, Options-, Kontroll- und Listenfelder. Sie haben die Wahl zwischen einer Darstellung ohne Rahmen und einer einfachen Umrandung. Beachten Sie, daß die Einstellung eines einfachen Rahmens auch die Eigenschaften BORDERCOLOR und SPECIALEFFEKT beeinflußt: Sie verlieren dann unter anderem den voreingestellten 3D-Effekt.
Font	Hinter der Eigenschaft FONT verbergen sich Schrift und Schriftattribute. Eigentlich ist die Schrift nicht übermäßig wichtig. Die Voreinstellung verwendet jedoch eine für hohe Bildschirmauflösungen zu kleine Schrift. Eine größere Schrift kann in diesem Fall durchaus sinnvoll sein.
ForeColor	ist für nahezu alle Steuerelemente verfügbar und bestimmt die Farbe des Vordergrundes eines Steuerelements. In der Regel ist das die Schriftfarbe.
SpecialEffekt	bietet verschiedene 3D-Effekte (Vertiefung, Relief etc.) und eine einfache 2D-Darstellung.

Sie sollten darauf achten, ein einheitliches Erscheinungsbild zu erhalten. Farben, Umrandungen und Effekte müssen zu diesem Zweck mit weitgehend einheitlichen Eigenschaften ausgestattet werden.

Schriften zuweisen

Die Beschriftung der einzelnen Steuerelemente sollte in der Regel nur mit einer Schriftart erfolgen. Bei der Zuweisung von Schriften ist zudem darauf zu achten, daß diese gut lesbar sind. In der Regel eignen sich dafür nur serifenlose Schriften wie ARIAL oder HELVETICA.

Um die Schriftattribute eines Steuerelements zu ändern, aktivieren Sie im Eigenschaftenfenster des betreffenden Elements die Eigenschaft FONT. Die Eingabezeile der Font-Eigenschaft zeigt dann einen kleinen Schalter mit drei Punkten an, über den Sie den Schriftart-Dialog aufrufen können. Die Auswahl ist gegenüber dem normalen Schriften-Dialog, den Sie in Word oder Excel für die Formatierung verwenden, etwas eingeschränkt. Das gilt besonders für einige Unterstreichungen und für die Schriftfarbe. Die Schriftfarbe stellen Sie separat über die Eigenschaft FORECOLOR ein.

Farben zuweisen

Die Eigenschaften BACKCOLOR, BORDERCOLOR und FORECOLOR erwarten Farbwerte. Wenn Sie eine der genannten Eigenschaften aktivieren, erhalten Sie in der Eingabezeile einen Schalter angezeigt. Über diesen Schalter öffnen Sie die in Abbildung 11.2 gezeigte Farbauswahl.

Systemfarben

Sie können entweder die auf Ihrem Rechner eingestellten Systemfarben verwenden oder Farben aus der Farbpalette des Dokuments oder der Arbeitsmappe auswählen. Die Systemfarben können sich natürlich ändern, wenn im Eigenschaften-Dialog des Windows-Desktop andere Farben eingestellt werden. Wenn Sie Systemfarben verwenden, sind Sie bei der Weitergabe Ihrer Anwendung darauf angewiesen, daß der Benutzer auf seinem Rechner die gleichen Systemfarben verwendet. Es kann Ihnen sonst passieren, daß die Steuerelemente auf einem anderen Rechner kaum zu erkennen sind. Da Sie die Desktop-Einstellungen eines Anwenders kaum kontrollieren können, sind Systemfarben nicht unbedingt zu empfehlen.

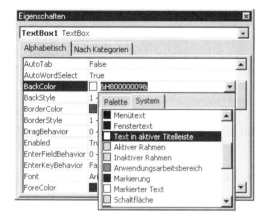

Abb. 11.2: Farben zuweisen

Sicherer sind in jedem Fall die Palettenfarben. Diese lassen sich nur über das Eigenschaftenfenster ändern. Der Zugriff auf das Eigenschaftenfenster kann vom Entwickler jedoch verhindert werden.

Eigene Farben definieren

Die Farben der Farbpalette lassen sich um eigene Farben erweitern. Dazu klicken Sie in der geöffneten Palette mit der rechten Maustaste auf eines der Farbfelder der zwei untersten Reihen. Sie erhalten dann einen Dialog angezeigt, in welchem Sie eine eigene Farbe definieren können.

Hinweis: Bei der Verwendung von Farben sollten Sie immer auch an den möglichen Anwender denken. Viele Windows-Systeme müssen noch mit 16 Farben auskommen. Eine Farbe, die auf Ihrem System eine ordentliche Darstellung liefert, kann bei nur 16 Farben zu einem schrecklichen Muster verkommen.

11.4 Einzelne Steuerelemente einstellen

In diesem Unterkapitel wollen wir uns mit den Besonderheiten einzelner Steuerelemente beschäftigen. Dabei werden wir auch auf die Unterschiede zwischen eigentlich gleichen Elementen in Word und Excel eingehen. Die meisten der hier vorzustellenden Eigenschaften finden sich auch bei den Steuerelementen von UserForm-Dialogen.

Ein- und mehrzeilige Textfelder

Textfelder lassen sich wie einfache Editoren nutzen und beispielsweise mit Bildlaufleisten ausstatten. Dazu müssen Sie die Eigenschaften ändern, die sich auf das Verhalten des Textfeldes bei der Eingabe mehrzeiliger Texte beziehen:

DragBehavior ermöglicht DRAG&DROP in einem mehrzeiligen Textfeld. Sie können damit markierten Text innerhalb eines Elements und auch zwischen Elementen verschieben bzw. kopieren.

EnterKeyBehavior bewirkt, daß die Betätigung der Eingabetaste (ENTER) einen Zeilenumbruch auslöst. Die Eigenschaft MULTILINE muß auf TRUE gesetzt sein, wenn ENTERKEYBEHAVIOR wirksam werden soll.

MultiLine ist die wichtigste Eigenschaft für mehrzeilige Textfelder. Die Eigenschaft muß auf den Wert TRUE gesetzt werden, wenn mehrzeilige Eingaben überhaupt möglich sein sollen.

PasswordChar erlaubt die Bestimmung eines Zeichens, das anstelle des vom Anwender eingegebenen Textes im Textfeld erscheint. Auf diese Weise läßt sich eine verdeckte Eingabe realisieren, wie sie beispielsweise für Paßwörter erforderlich ist. Mit Hilfe von Programm-Code kann die Eingabe ausgewertet werden.

ScrollBars bestimmt, ob das Textfeld mit Bildlaufleisten ausgestattet wird. Sie können zwischen horizontalen, vertikalen und kombinierten Bildlaufleisten wählen. Horizontale Bildlaufleisten werden jedoch nur angezeigt, wenn Sie die Eigenschaft WORDWRAP auf FALSE setzen. Nur in diesem Fall muß eventuell horizontal „gescrollt" werden.

SelectionMargin bestimmt, ob vor dem Inhalt eines Textfeldes ein Leerraum verbleibt. Wenn Sie darauf klicken, wird der ganze Inhalt oder (bei mehrzeiligen Textfeldern) eine einzelne Zeile markiert. In der Regel sollten Sie diese Eigenschaft abschalten (FALSE), weil der Leerraum doch eher stört und oft auch wertvollen Platz verschwendet.

TextAlign bestimmt, ob der Text linksbündig, rechtsbündig oder zentriert ausgerichtet wird.

WordWrap bewirkt einen automatischen Zeilenumbruch, wenn der Text den rechten Rand erreicht. Auch diese Funktion erfordert, daß MULTILINE auf TRUE gesetzt ist.

Der Text wird automatisch vertikal gescrollt, wenn die Höhe des Textfeldes für die vollständige Darstellung nicht ausreicht. Abbildung 11.3 zeigt ein mehrzeiliges Textfeld mit den zuvor beschriebenen Eigenschaften.

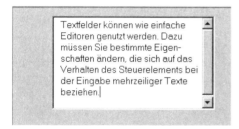

Abb. 11.3: Ein mehrzeiliges Textfeld

Die Texte lassen sich per Programm-Code aus Textdateien übernehmen und in dieser Form auch speichern. In Excel können Sie zudem eine Verbindung zu einer Zelle eines Tabellenblattes herstellen, die dann den jeweils aktuellen Inhalt des Textfeldes anzeigt. Diese Eigenschaft steht in Word und PowerPoint nicht zur Verfügung.

Zellen und Steuerelemente verbinden (nur Excel)

In Excel läßt sich zwischen der Eigenschaft VALUE und einer beliebigen Zelle eine Verbindung herstellen. Eingaben in das Steuerelement werden dann auch in die betreffende Zelle geschrieben. Die Verbindung wirkt zudem in beiden Richtungen: Ein direkter Eintrag in die verbundene Zelle erscheint nach Abschluß der Eingabe auch im Steuerelement. Die jeweils im Steuerelement oder in der Zelle vorhandenen Einträge werden dabei überschrieben.

Um eine Verbindung herzustellen, tragen Sie die Bezeichnung der Zelle (A1, D4 etc.) in die Eigenschaft LINKEDCELL ein. Die Eigenschaft ist mit Ausnahme von Schaltern, Bildern und Bezeichnungsfeldern für praktisch alle Steuerelemente verfügbar.

Wichtig: Die Verwendung der Steuerelemente kann unmöglich sein, wenn Sie die Eigenschaft LINKEDCELL verwenden und gleichzeitig der Blattschutz (EXTRAS/SCHUTZ/BLATT SCHÜTZEN...) eingeschaltet ist. Der Inhalt einer verbundenen Zelle muß sich ja ebenfalls ändern können, wenn sich der Inhalt des betreffenden Steuerelements ändert. Sie können aber gezielt einzelne Zellen vom Blattschutz ausnehmen, wenn Sie diese Zellen zuvor entsperren. Die entsprechende Option finden Sie im Zellen-Dialog (FORMAT/ZELLEN...) auf der Seite SCHUTZ.

Listen- und Kombinationsfelder

Listen- und Kombinationsfelder sind besonders nützlich, weil sie eine Auswahl ohne direkte Eingabe erlauben. Das Kombinationsfeld kann jedoch auch Eingaben annehmen; es kombiniert die Eigenschaften eines Listenfeldes mit denen eines Textfeldes. Für Listen- und Kombinationsfelder sind besonders die folgenden Eigenschaften von Interesse:

BoundColumn bestimmt bei mehrspaltigen Listen- und Kombinationsfeldern, aus welcher Spalte der Wert genommen werden soll, der als Ergebniswert in der Eigenschaft VALUE und einer eventuell verbundenen Zelle (LINKEDCELL; nur in Excel) erscheint.

ColumnCount	bestimmt die Anzahl der angezeigten Spalten eines Listen- oder Kombinationsfeldes.
ColumnHeads	erzeugt eine Titelzeile, wenn die Eigenschaft auf TRUE gesetzt wird. In Excel kann der Titel aus der Zelle genommen werden, die unmittelbar über dem Zellenbereich liegt, aus dem die Listenwerte stammen (LISTFILLRANGE). In Word sind Sie auf die Zuweisung per VBA-Code angewiesen.
LinkedCell (nur Excel)	bezeichnet eine Zelle, die den gerade markierten Eintrag anzeigt. Eine Änderung des Zellenwertes bewirkt, wenn dieser mit einem Wert der Liste übereinstimmt, daß der neue Wert in der Liste markiert angezeigt wird.
ListFillRange (nur Excel)	bezeichnet einen Zellenbereich, der die Werteliste enthält. Das Listenfeld akzeptiert hier nur einen einspaltigen Bereich (beispielsweise A2:A8), wenn der Wert der Eigenschaft COLUMNCOUNT 1 beträgt. Wollen Sie mehrere Spalten verwenden, müssen Sie zunächst den Wert für COLUMNCOUNT heraufsetzen.
ListStyle	erlaubt zwei unterschiedliche Darstellungsformen. Die übliche Form wird mit der Konstanten FMLISTSTYLEPLAIN definiert. Eine Darstellung mit runden Markierungsflächen, vergleichbar den Optionsfeldern, erhalten Sie mit der Konstanten FMLISTSTYLEOPTION.
TopIndex	bestimmt, welcher Listeneintrag als erster sichtbarer Eintrag erscheint. Das muß nicht der erste Eintrag der Liste sein und auch nicht der gerade markierte Eintrag. Die Indizierung beginnt mit dem Wert 0. Nur wenn dieser Wert vorgegeben wird, sind der erste Listeneintrag und der erste angezeigte Eintrag identisch.

Die Elemente der Steuerelemente-Toolbox sind im Gegensatz zu den Elementen der Symbolleiste FORMULAR auf die VBA-Programmierung angewiesen. Das gilt ohne Einschränkungen für Word und PowerPoint. Eine Ausnahme macht Excel. Hier ist auch ohne Programmierung eine gewisse Funktionalität möglich, also eine Wechselwirkung zwischen Tabellenblatt und Steuerelementen. Die folgenden Beispiele beziehen sich daher nur auf Excel.

Listenfeldanzeige und Zellenbereich verknüpfen

Für Abbildung 11.4 haben wir ein einspaltiges Listenfeld definiert, das die Werte aus dem Zellenbereich A2:A8 entnimmt (LISTFILLRANGE) und den jeweils markierten Wert in der Zelle C2 ausgibt (LINKEDCELL). Da die Eigenschaft COLUMNHEADS auf TRUE gesetzt wurde, erzeugt die Liste einen Titel, welcher der Zelle A1 entnommen wird. Für die Eigenschaft LISTSTYLE haben wir die Konstante FMLISTSTYLEPLAIN gewählt. Damit erhalten wir eine „normale" Listendarstellung.

Die Eigenschaft TOPINDEX wird nur beim Initialisieren des Listenfeldes, also beispielsweise beim Umschalten vom Entwurfs- in den Anzeigemodus, wirksam. Sie funktioniert auch nur,

11.4 Einzelne Steuerelemente einstellen

wenn eine Liste mehr Einträge enthält als gleichzeitig angezeigt werden können. Andernfalls sind ja ohnehin alle Einträge sichtbar.

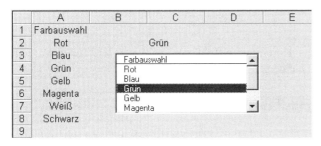

Abb. 11.4: Ein Listenfeld definieren

BOUNDCOLUMN

Bei mehrspaltigen Listenfeldern bestimmt BOUNDCOLUMN, aus welcher Spalte der markierten Zeile der Wert genommen wird, der in der verbundenen Zelle (LINKEDCELL) erscheint. Genauer: BOUNDCOLUMN bestimmt, aus welcher Spalte der Wert für die Eigenschaft VALUE genommen wird. Die Eigenschaft ist daher auch für Word (und PowerPoint) wichtig.

Die „unsichtbare Spalte 0"

Jedes Listen- und Kombinationsfeld verfügt über eine Art unsichtbare Spalte, in welcher die Indexwerte der Zeilen (der Auswahloptionen) verwaltet werden. Wenn Sie nun BOUND-COLUMN auf den Wert 0 setzen, erscheinen in der verbundenen Zelle bzw. in der Eigenschaft VALUE nur diese Indexwerte, nicht mehr die Optionen einer sichtbaren Spalte. Da die Indizierung der Zeilen mit dem Wert 0 beginnt, erhalten Sie bei Auswahl der ersten Zeile den Wert 0, bei der zweiten Zeile den Wert 1 usw.

Mehrfachselektion

Für Listen- und Kombinationsfelder besteht auch die Möglichkeit der Mehrfachselektion (Eigenschaft MULTISELECT). Die Eigenschaften LINKEDCELL und VALUE werden dann jedoch unwirksam. Da es in diesem Fall nicht mehr möglich ist, die markierten Einträge ohne Programmierung auszuwerten, werden wir erst weiter unten in diesem Kapitel darauf eingehen.

Besonderheiten von Kombinationsfeldern

Die bisher vorgestellten Eigenschaften gelten für Listen- und Kombinationsfelder. Letztere sind jedoch etwas komplexer und verfügen folglich über zusätzliche Eigenschaften. Dazu gehören die folgenden:

ListRows bestimmt die Anzahl der in der geöffneten Liste angezeigten Optionen. Sind mehr Optionen vorhanden, als gleichzeitig angezeigt werden, können Sie die übrigen mit Hilfe einer Bildlaufleiste erreichen.

ListWidth	bestimmt die Anzeigenbreite der geöffneten Liste in Punkten. Ein Punkt entspricht 1/72 Zoll. Die Breite des geschlossenen Kombinationsfeldes können Sie weiterhin mit der Maus oder der Eigenschaft WIDTH vorgeben.
Style	bestimmt, ob das Kombinationsfeld nur als Liste verwendet werden kann oder ob auch eine Eingabe möglich ist.

Drehen-Schaltflächen und Bildlaufleisten

Die Steuerelemente DREHEN-SCHALTFLÄCHE und BILDLAUFLEISTE funktionieren sehr ähnlich: Durch ihre Betätigung wird ein Wert innerhalb eines Intervalls erhöht oder vermindert. Die wichtigsten Eigenschaften sind folgende:

Delay	bestimmt eine Verzögerungszeit für Drehen-Schaltflächen. Der Wert wird in Millisekunden angegeben. Die Zeit legt fest, wie lange der Anwender einen Schalter gedrückt halten muß, bis die Wertänderung durchlaufend erfolgt.
LinkedCell (nur Excel)	bezeichnet eine Zelle, die den gerade erreichten Wert der Eigenschaft VALUE anzeigt. Eine Änderung des Zellenwertes bewirkt, daß der Zellenwert als aktueller Wert des Steuerelements (genauer: der Eigenschaft VALUE) übernommen wird.
LargeChange	ist nur für Bildlaufleisten verfügbar und steht für die Schrittweite der Wertänderung, wenn der Anwender zwischen den Pfeiltasten auf die Bildlaufleiste klickt.
Max / Min	bestimmt den maximalen bzw. minimalen Wert, der durch Betätigen der Steuerelemente erreicht werden kann.
Orientation	bestimmt die Ausrichtung der Drehen-Schaltflächen bzw. der Bildlaufleiste. Die Steuerelemente können horizontal und vertikal ausgerichtet werden.
ProportionalThump	ist nur für Bildlaufleisten verfügbar und bestimmt, ob der Schieber der Leiste (umgekehrt) proportional zur Größe des Wertebereichs (MIN – MAX) angezeigt wird. Bei großen Wertebereichen sollte die Eigenschaft besser auf FALSE gesetzt werden, weil der Schieber sonst so klein wird, daß er sich kaum noch mit der Maus fassen läßt.
SmallChange	bestimmt die Schrittweite der Wertänderung, wenn der Anwender auf die Pfeilschalter der Drehen-Schaltfläche oder der Bildlaufleiste klickt.

Für die Bildlaufleiste in Abbildung 11.5 haben wir eine Verknüpfung zur Zelle B7 hergestellt (Eigenschaft LINKEDCELL). Der Schieber wird zudem proportional angezeigt (Eigenschaft

11.4 Einzelne Steuerelemente einstellen

PROPORTIONALTHUMP = TRUE). Sie können daraus erkennen, daß der eingestellte Wertebereich (Eigenschaften MIN und MAX) relativ klein sein muß.

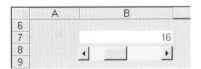

Abb. 11.5: *Eine Bildlaufleiste mit verknüpfter Zelle*

Abbildung 11.5 zeigt eine horizontale Ausrichtung des Elements (Eigenschaft ORIENTATION). Sie können aber auch eine vertikale oder eine automatische Ausrichtung einstellen. Bei der automatischen Ausrichtung bestimmt das Höhe/Breite-Verhältnis des Elements die Orientierung: Geben Sie dem Element mehr Höhe als Breite, wird es vertikal ausgerichtet.

Optionsfelder gruppieren

Eine Eigenschaft, die Sie nur bei Optionsfeldern finden, ist GROUPNAME. Über diese Eigenschaft bilden Sie Gruppen von Optionsfeldern, die auf eine Wahl gemeinsam reagieren. Von einer Gruppe kann immer nur ein Optionsfeld aktiv sein. Aktivieren Sie ein anderes Feld, wird das zuvor aktive automatisch deaktiviert. Als Gruppenname vorgegeben ist in Excel der Name des betreffenden Tabellenblatts. Alle neu plazierten Optionsfelder haben also zunächst den gleichen Gruppennamen und gehören daher zu einer Gruppe. In Word-Dokumenten werden Gruppennamen nicht automatisch vergeben. Die Eigenschaft GROUPNAME bleibt hier leer.

Abb. 11.6: *Eine Gruppe von Optionsfeldern*

Um mehrere Gruppen zu bilden, ändern Sie einfach den Gruppennamen (die Eigenschaft GROUPNAME), wobei Sie für Optionsfelder, die der gleichen Gruppe angehören sollen, auch den gleichen Namen verwenden müssen. Optionsfelder, die zu einer Gruppe gehören, müssen nicht notwendig auch optisch eine Gruppe bilden. Sie können durchaus über das ganze Dokument oder Tabellenblatt verteilt sein.

Symbole für Schaltflächen

Befehlsschaltflächen, kurz Schalter genannt, können mit einem Bitmap, also einem kleinen Bild, ausgestattet werden. Zuständig sind dafür die folgenden Eigenschaften:

Picture   steht für die Datei, welche das Bild enthält. Es sollte sich dabei um ein kleines Bitmap handeln, da sonst eine automatische Anpassung stattfindet, die oft zu Mängeln bei der Darstellung führt. Besonders gut geeignet sind Symbole, wie sie auch für die Schalter der Symbolleisten verwendet werden. Solche Symbole haben in der Regel eine Auflösung von 16x16 Pixeln.

PicturePosition   bestimmt die Position des Bildes in Bezug auf die Bezeichnung (CAPTION) des Schalters. Die möglichen Positionen können Sie aus einer Dropdown-Liste wählen. Wenn Sie auf einen Schaltertext verzichten (Caption = ""), sollten Sie das Bild zentrieren (FMPICTUREPOSITIONCENTER).

Um einen Schalter mit einem Bild auszustatten, müssen Sie diesen markieren und anschließend im Eigenschaften-Dialog die Eigenschaft PICTURE anwählen. Am Ende der zugehörigen Eingabezeile wird dann ein kleiner Schalter (...) angezeigt, mit dem Sie einen Dateiauswahl-Dialog öffnen. Hier wählen Sie das einzufügende Bitmap. Zulässig sind Formate wie BMP, GIF, JPG, ICO und WMF.

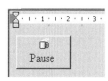

Abb. 11.7: Schalter mit Bildsymbol (hier in Word)

Nach Auswahl des Bildes erscheint dieses sofort im gerade markierten Schalter. Sie können nun noch dessen Position bestimmen. Dabei ist praktisch jede Kombination mit dem Text des Schalters möglich. In Abbildung 11.7 haben wir für die Eigenschaft PICTUREPOSITION den Wert FMPICTUREPOSITIONABOVECENTER gewählt. Bilder lassen sich nicht nur für Schalter, sondern auch für Options- und Kontrollfelder verwenden.

Hinweis: In der Dropdown-Liste der Eigenschaft PICTUREPOSITION finden Sie nicht nur lange Textbezeichnungen, sondern auch Nummern. Die langen Textbezeichnungen sind Konstanten, die Sie später bei der Programmierung alternativ zu den Nummern verwenden können.

Das Steuerelement BILD

Nicht nur Steuerelemente lassen sich zur Programmsteuerung nutzen. Da Sie Makros an Grafikobjekte binden können (in Excel und PowerPoint), besteht auch die Möglichkeit, importierte oder gezeichnete Grafiken, beispielsweise ein Firmenlogo, mit Funktionalität auszustatten. Einen Schritt weiter geht das Steuerelement BILD. Damit erzeugen Sie beispielsweise individuelle Schalter, die nicht nur ein Makro aufrufen, sondern sich zur Laufzeit eines Programms auch manipulieren lassen.

Ein Bild-Element erzeugen

Wenn Sie das Werkzeug BILD aktiviert und einen entsprechenden Rahmen im Dokument oder Tabellenblatt aufgezogen haben, bleibt zunächst nur dieser Rahmen zurück. Die Zuweisung eines Bildes erfolgt über die Eigenschaft PICTURE im Eigenschaftenfenster des Objekts.

Ein Bild-Steuerelement skalieren

Das Bild-Element kann frei skaliert werden. Dazu muß jedoch die Eigenschaft PICTURESIZE-MODE den Wert FMPICTURESIZEMODEZOOM erhalten. Auch der Wert FMPICTURESIZEMODE-

STRETCH ist möglich. Das Grafikobjekt läßt sich dann nicht nur skalieren, sondern in seinen Proportionen auch verzerren. Mit dem Eigenschaftswert FMPICTURESIZEMODECLIP erreichen Sie, daß die Grafik, wenn sie nicht in den aufgezogenen Rahmen paßt, beschnitten wird.

Ein Bild-Steuerelement „kacheln"

Mit der Eigenschaft PICTURETILING läßt sich eine Kachelung, eine Wiederholung des Bildes, einstellen. Die Eigenschaft eignet sich besonders für kleine Motive, die durch Vervielfältigung eine einheitliche Oberfläche erzeugen sollen (sogenannte Texturen oder Strukturen).

Steuerelemente schützen

Im Dialog BLATT SCHÜTZEN (Menüoption EXTRAS/SCHUTZ/BLATT SCHÜTZEN...) lassen sich auch Objekte, also beispielsweise Steuerelemente, vor Änderungen schützen. Markieren Sie im Blattschutz-Dialog die Option OBJEKTE, so können Elemente, die Sie über die Steuerelemente-Toolbox im Tabellenblatt plaziert haben, weiterhin genutzt werden. Solange der Blattschutz aktiv ist, können Sie jedoch keine Elemente ändern, löschen oder hinzufügen. In Word müssen Sie die Option EXTRAS/DOKUMENT SCHÜTZEN... wählen und im dann erscheinenden Dialog die Option FORMULARE aktivieren. Der Entwurfsmodus ist dann nicht mehr zugänglich.

11.5 UserForm-Dialoge

Formulare auf Basis von Dokumenten oder Tabellenblättern haben einige Nachteile, die sich mit der Verwendung eines UserForm-Dialogs vermeiden lassen. Hier besteht nicht mehr die Gefahr, daß der Programmablauf durch den Zugriff auf ein Dokument oder Tabellenblatt unzulässig beeinflußt werden kann. Zudem können Sie in UserForm-Dialogen auch moderne Steuerelemente wie beispielsweise MultiPage-Objekte plazieren. Damit lassen sich Register-Dialoge erzeugen, wie sie auch Office selbst verwendet. UserForm-Dialoge sind nur für Word, Excel und PowerPoint verfügbar.

UserForm-Dialoge erzeugen

Einen neuen Dialog erzeugen Sie, indem Sie im Projekt-Explorer der VBA-Entwicklungsumgebung das Kontextmenü des betreffenden VBA-Projekts aufrufen und hier die Option EINFÜGEN/USERFORM wählen.

Abb. 11.8: Einen Dialog erzeugen (Ausschnitt)

Damit öffnen Sie ein Fenster, das einen noch leeren Dialog (ein Formular) anzeigt. Gleichzeitig wird eine Symbolleiste mit Steuerelementen eingeblendet. Den Dialog selbst können Sie ebenfalls aktivieren und danach skalieren, jedoch nicht verschieben. Sie müssen dazu auf einen nicht von Steuerelementen bedeckten Teil des Dialogfeldes klicken.

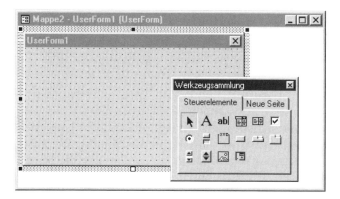

Abb. 11.9: Das Dialog-Fenster und die Symbolleiste WERKZEUGSAMMLUNG

Da die üblichen Steuerelemente der VBA-Werkzeugsammlung und der Steuerelemente-Toolbox nahezu identisch sind, werden wir nachfolgend nur noch auf wesentliche Unterschiede eingehen. Dazu gehören unter anderem die Steuerelemente MULTISEITEN (MULTIPAGE) und REGISTER, die nur in UserForm-Dialogen zur Verfügung stehen. Lediglich in Access finden Sie noch ein vergleichbares Element (REGISTER).

Steuerelemente plazieren

Die Plazierung einzelner Steuerelemente unterscheidet sich nicht besonders von der gleichen Tätigkeit bezüglich eines Dokuments, eines Tabellenblatts oder einer PowerPoint-Folie. Die Entwicklungsumgebung bietet jedoch vielfältige Hilfen bei der Ausrichtung und Skalierung von Elementen.

Steuerelemente ausrichten

Mit den Optionen des Untermenüs AUSRICHTEN können Sie mehrere Elemente bezüglich ihrer Kanten oder ihrer Achsen auf einer gemeinsamen Linie ausrichten. Das Untermenü finden Sie im Menü FORMAT und im Kontextmenü markierter Elemente. Um mehrere Elemente gleichzeitig zu markieren, können Sie beim Anklicken die Umschalttaste (SHIFT) gedrückt halten.

Elementgröße anpassen

Die Größe der einzelnen Elemente läßt sich nachträglich einander anpassen. Diese Option eignet sich besonders für Textfelder und Schalter. Die Anpassung kann bezüglich der Höhe, der Breite und für beide Dimensionen gleichzeitig erfolgen. Im Kontextmenü markierter Elemente

11.5 UserForm-Dialoge

und im Menü FORMAT sind die entsprechenden Optionen über das Untermenü GRÖßE ANGLEICHEN zugänglich.

Elementabstände einstellen

Gleichmäßige Abstände zwischen markierten Elementen lassen sich automatisch herstellen, vergrößern und verkleinern. Dazu dienen die Optionen der Untermenüs HORIZONTALER ABSTAND und VERTIKALER ABSTAND. Auch diese Menüs finden Sie im Menü FORMAT.

Raster einstellen und „magnetisieren"

Eine besonders effektive Hilfe bei der Positionierung von Steuerelementen bietet die Gitter- bzw. Rasterfunktion. Sie können die Größe des Rasters bestimmen und das Raster „magnetisieren". Neue Elemente lassen sich dann nur noch auf Rasterpunkten plazieren. Bereits plazierte Elemente können dann nur noch in Schritten verschoben oder skaliert werden, die dem eingestellten Rasterabstand entsprechen. Die Rastereinstellungen nehmen Sie im Dialog OPTIONEN auf der Seite ALLGEMEIN vor. Für die „Magnetisierung" ist die Option AM RASTER AUSRICHTEN zuständig. Den Dialog OPTIONEN öffnen Sie mit der Menüoption EXTRAS/OPTIONEN...

Das MultiPage-Steuerelement

Ein inzwischen sehr beliebtes Steuerelement ist MULTIPAGE (MULTISEITEN). Damit erstellen Sie Register-Dialoge wie beispielsweise den VBA-Dialog OPTIONEN. Ein MultiPage-Element werden Sie in der Regel auf die volle Dialoggröße aufziehen. Alle anderen Steuerelemente plazieren Sie dann auf den Seiten des MultiPage-Elements.

 Um ein MultiPage-Element im Dialog zu plazieren, aktivieren Sie in der Werkzeugsammlung zunächst das nebenstehende Werkzeug und ziehen dann einen Rahmen auf der Dialogfläche auf.

Das Element wird in der Voreinstellung mit zwei Registerseiten erzeugt. Weitere Seiten lassen sich später hinzufügen.

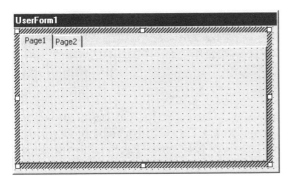

Abb. 11.10: MultiPage-Element plazieren

Zwischen den Seiten des Elements wechseln Sie per Mausklick auf die Registerzungen. Jedes weitere Steuerelement, das Sie nun plazieren, wird der gerade aktiven Seite zugeordnet. Wechseln Sie die Seite, sind auch die Steuerelemente der dann verdeckten Seite nicht mehr sichtbar.

Eigenschaften eines MultiPage-Elements

Bei der Zuweisung von Eigenschaften müssen Sie darauf achten, ob gerade das ganze MultiPage-Element oder nur eine bestimmte Seite desselben markiert ist. Jede einzelne Seite verfügt über Eigenschaften, die sich unabhängig von den anderen Seiten und auch von den Eigenschaften des gesamten Elements einstellen lassen.

Abb. 11.11: Eigenschaften einer Seite des MultiPage-Elements

Ob Sie das MultiPage-Element als Ganzes oder nur eine bestimmte Seite markiert haben, können Sie im Kombinationsfeld des Eigenschaftenfensters (Menüoption ANSICHT/EIGENSCHAFTENFENSTER) erkennen. Wollen Sie das ganze Element markieren, müssen Sie auf den Markierungsrand klicken. Eine einzelne Seite markieren Sie, indem Sie auf die betreffende Registerzunge klicken.

Auch die Markierung ändert sich. Ist das ganze MultiPage-Element markiert, wird der Markierungsrahmen punktiert angezeigt. Die Markierung einer einzelnen Seite erkennen Sie am schraffierten Markierungsrahmen. Wenn gerade das ganze Element markiert ist, erlaubt die Dropdown-Liste im Kopf des Eigenschaftenfensters keine Auswahl der Seiten. Sie müssen in diesem Fall die einzelnen Seiten per Mausklick aktivieren.

Eigenschaften für das ganze MultiPage-Element:

MultiRow   bestimmt, ob die Registerzungen in mehreren Reihen dargestellt werden können. Setzen Sie die Eigenschaft auf FALSE (nur einreihig), lassen sich nicht mehr darstellbare Registerzungen über einen kleinen Pfeilschalter einblenden.

11.5 UserForm-Dialoge

Name ist die Bezeichnung, unter der das MultiPage-Element im Programm-Code referenziert werden kann.

Style bestimmt, ob Registerzungen, Schalter oder keine Funktionselemente für den Seitenwechsel angezeigt werden. Wenn Sie die letzte Option wählen, kann der Seitenwechsel nur noch per Programm-Code erfolgen.

TabOrientation legt fest, ob Registerzungen oben, unten bzw. links oder rechts angezeigt werden. TABORIENTATION wird nur wirksam, wenn für die Eigenschaft STYLE Registerzungen oder Schalter eingestellt wurden.

Value ist ein numerischer Wert, der für die Seite steht, die gerade angezeigt wird. Wenn Sie keine Registerzungen oder Schalter für den Seitenwechsel vorgesehen haben (STYLE), können Sie auch im Entwurfsmodus über VALUE zu einer anderen Seite wechseln. Die Zählung beginnt dabei mit dem Wert 0, der für die erste Seite steht. Die zweite Seite hat dann den Wert 1 usw.

Eigenschaften für einzelne Seiten

Für jede Seite eines MultiPage-Elements können unter anderem die folgenden Eigenschaften eingestellt werden:

Caption ist eine Zeichenfolge und steht für die Bezeichnung der Registerzungen oder der Schalter, mit denen der Seitenwechsel erfolgt.

Enabled bestimmt, ob die betreffende Seite per Mausklick angewählt werden kann.

Index steht für die Position der Seite in Bezug auf die anderen Seiten. Die erste Seite hat den Indexwert 0, die zweite den Wert 1 usw. Über diese Eigenschaft können Sie die Position der Seiten ändern (nicht die Anzeige der aktuellen Seite).

Picture bestimmt ein Hintergrundbild. Jede Seite kann ein eigenes Hintergrundbild erhalten.

PictureAlignment bestimmt die Ausrichtung eines mit der Eigenschaft PICTURE eingebundenen Hintergrundbildes in Bezug zur Seitenfläche.

PictureSizeMode erlaubt die Anpassung eines mit der Eigenschaft PICTURE eingebundenen Hintergrundbildes an Form und Größe der Seite.

PictureTiling sorgt für die Wiederholung (Kachelung) eines mit PICTURE eingebundenen Hintergrundbildes. Damit lassen sich auch sogenannte Texturen, also kleine Bitmaps mit regelmäßigen Strukturen, als Hintergrundgrafik verwenden.

Seiten hinzufügen

Um eine Seite hinzuzufügen, müssen Sie das Kontextmenü der Registerzungen aufrufen. Sie klicken also mit der rechten Maustaste auf die Registerzungen. Daraufhin wird das in Abbildung 11.12 gezeigte Menü eingeblendet. Im Kontextmenü wählen Sie dann die Option NEUE SEITE.

Abb. 11.12: Eine Seite hinzufügen

Die neue Seite wird als letzte Seite mit der Bezeichnung PAGE3 (PAGE4 etc.) eingefügt. Die Bezeichnung können Sie jedoch im Eigenschaftenfenster mit der Option CAPTION ändern. Etwas komfortabler ist die Umbenennung über die Option UMBENENNEN...

Seiten umbenennen

Eine Seite können Sie umbenennen, indem Sie diese aktivieren und dann über das Kontextmenü der Registerzungen den Dialog UMBENENNEN aufrufen. Das Eingabefeld TITEL steht für die Eigenschaft CAPTION. Mit der Zugriffstaste ist die Eigenschaft ACCELERATOR gemeint. Das STEUERELEMENT-INFO finden Sie im Eigenschaftenfenster unter der Bezeichnung CONTROLTIPTEXT. Dieser Text wird angezeigt, wenn der Anwender später mit dem Mauszeiger die entsprechende Registerzunge berührt.

Eine Seite löschen

Eine Seite löschen Sie, indem Sie diese aktivieren und dann im Kontextmenü der Registerzungen die Option SEITE LÖSCHEN wählen oder einfach die Taste ENTF betätigen.

Eine Seite verschieben

Um eine Seite zu verschieben, können Sie die Eigenschaft INDEX ändern. Über die Option VERSCHIEBEN... im Kontextmenü der Registerzungen läßt sich aber auch ein Dialog aufrufen, der die Positionierung der Seiten per Mausklick erlaubt.

Register- und Multiseiten-Element

In der Werkzeugsammlung finden Sie auch das Register-Steuerelement (TABSTRIP). Auf den ersten Blick gleichen sich Register und MultiPage-Element. Letzteres verfügt aber tatsächlich über mehrere Seiten, auf denen sich unterschiedliche Steuerelemente unterbringen lassen. Das Register-Element kennt überhaupt keine Seite. Wenn Sie im „Seitenbereich" eines Register-Elements andere Steuerelemente plazieren, bleiben diese auf der Dialogfläche zurück, auch wenn Sie das Register-Element anschließend löschen. Die Registerzungen des Register-Elements fungieren lediglich als Schalter, wobei immer nur ein Schalter aktiv sein kann. Sie blenden aber keine neue Seite ein.

Die gerade aktive Registerzunge läßt sich über die Value-Eigenschaft ermitteln und so die Anzeige bzw. der Zustand der sonst immer gleichen Steuerelemente ändern. Ohne Programmierung ist das Register-Element also nicht sinnvoll einzusetzen. Die meisten Eigenschaften sind mit denen des Multiseiten-Elements identisch. Da es aber keine einzelnen Seiten gibt, können für diese auch keine speziellen Eigenschaften existieren.

Rahmen und Optionsfelder

Die Werkzeugsammlung enthält das Steuerelement FRAME (Rahmen), das häufig zusammen mit Optionsfeldern (OPTIONBUTTONS) eingesetzt wird. Wenn Sie zunächst einen Rahmen plazieren und anschließend Optionsfelder darin unterbringen, werden diese als Gruppe betrachtet, auch wenn Sie die Eigenschaft GROUPNAME nicht verwenden. Abbildung 11.13 zeigt zwei durch Rahmen erzeugte Gruppen.

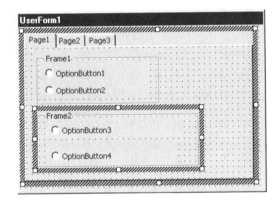

Abb. 11.13: Zwei Gruppen mit Optionsfeldern

Sobald Sie den Rahmen verschieben, werden automatisch auch die darin enthaltenen Optionsfelder verschoben. Das gilt auch für andere Steuerelemente, die Sie innerhalb eines Rahmens plazieren. Der Rahmen fungiert als Container, der andere Steuerelemente enthält.

Die Verwendung eines Frames hat auch Auswirkungen auf das Verhalten der Steuerelemente: Wenn Sie beispielsweise die Frame-Eigenschaft ENABLED bzw. VISIBLE auf FALSE setzen, werden auch die darin enthaltenen Steuerelemente ausgeblendet bzw. als inaktiv angezeigt.

Rahmen mit Bildlaufleisten

Der nutzbare Bereich eines Rahmens kann größer sein als der angezeigte Bereich. Den jeweils nicht sichtbaren Teil können Sie dann über Bildlaufleisten einblenden. Um für den Rahmen beispielsweise einen vertikalen Scrollbereich zu definieren, müssen Sie die Eigenschaft SCROLLHEIGTH auf einen höheren Wert setzen als die Eigenschaft HEIGTH. Beide Eigenschaften erwarten Werte in der Maßeinheit PUNKT. Anschließend wählen Sie für die Eigenschaft SCROLLBARS noch die Einstellung FMSCROLLBARSVERTICAL. Die Bildlaufleiste ist schon im Entwurfsmodus wirksam, so daß Sie den erweiterten Bereich gleich für zusätzliche Steuerelemente nutzen können.

UserForm-Dialoge testen

Auch ohne Programm-Code können Sie schon einige Funktionen der Steuerelemente testen. Der ganze Dialog, nicht ein einzelnes Steuerelement, muß zu diesem Zweck markiert sein.

Mit dem nebenstehenden Schalter wechseln Sie dann in den Anzeigemodus. Die Menüoption AUSFÜHREN/SUB/USERFORM AUSFÜHREN und die Funktionstaste F5 führen zum gleichen Ergebnis.

Um den fertigen Dialog wieder zu schließen, müssen Sie dessen Schließenkästchen in der Titelzeile oben rechts anklicken. Wichtig ist in dieser Phase nur die Prüfung der Reihenfolge, in der die Eingabefelder angesprungen werden. Um zum jeweils nächsten Feld zu gelangen, können Sie zwar die Maus verwenden, die Tab-Taste und die Eingabetaste dürften dafür aber besser geeignet sein. Sie müssen dann bei der Eingabe nicht immer zwischen Tastatur und Maus wechseln.

TABINDEX – die Tab-Reihenfolge bestimmen

Vermutlich werden Sie beim Testen des Dialogs feststellen, daß die Reihenfolge, in der die einzelnen Steuerelemente aktiviert werden, nicht ganz Ihren Vorstellungen entspricht. Der Dialog-Editor vergibt die Reihenfolge analog der zeitlichen Reihenfolge der Plazierung. Da es sich bei der Reihenfolge ebenfalls um eine Eigenschaft handelt, können Sie diese ändern. Die Eigenschaft finden Sie unter der Bezeichnung TABINDEX im Eigenschaften-Dialog des jeweiligen Steuerelements. Das Element, das als erstes den Cursor (Focus) erhalten soll, bekommt den Indexwert 0. Das folgende Element erhält den Wert 1 usw. Einfacher gestaltet sich die Regelung der Reihenfolge im Dialog AKTIVIERREIHENFOLGE, den Sie mit der gleichnamigen Option im Kontextmenü des markierten Dialogs oder über das Menü ANSICHT aufrufen.

Im Dialog AKTIVIERREIHENFOLGE müssen Sie das betreffende Objekt markieren und mit den Schaltern NACH OBEN und NACH UNTEN an die gewünschte Position dirigieren. Das gilt in unserem Beispiel eigentlich nur für die Textfelder (TEXTBOX1, TEXTBOX2 etc.). Die Schalter können Sie ignorieren. Anschließend müssen Sie den Dialog bezüglich der Eingabereihenfolge erneut testen.

Eigenschaften anderer Steuerelemente

Die wichtigsten Eigenschaften haben wir bereits bei der Besprechung des Formularentwurfs auf Dokumentbasis behandelt. Nachfolgend soll es nur noch um Eigenschaften gehen, die für Steuerelemente in Dialogen wichtig sind bzw. die in Dokument- oder Tabellenblattformularen nicht zur Verfügung stehen. Dazu gehören unter anderem folgende:

11.5 UserForm-Dialoge

ControlSource	stellt die Verbindung zu einer Zelle im Excel-Tabellenblatt her.
EnterkeyBehavior	bestimmt das Verhalten des Dialogs bzw. der Steuerelemente bei Betätigung der Eingabetaste.
Locked	bestimmt, ob ein Steuerelement verwendet werden kann. Ein mit dieser Eigenschaft gesperrtes Element (TRUE) kann weiterhin angewählt werden und Ereignisse auslösen. Lediglich die Betätigung (Schalter) oder Eingabe (Textfeld) ist nicht mehr möglich. LOCKED schließt den Zugriff also nicht so vollständig aus wie die Enabled-Eigenschaft.
RowSource	bestimmt einen Excel-Tabellenbereich als Quelle für die Listeneinträge eines Listen- oder Kombinationsfeldes.
TabStop	bestimmt, ob ein Steuerelement durch Betätigen der Tab-Taste den Focus erhalten kann. Eine Aktivierung per Mausklick ist aber auch dann noch möglich, wenn Sie den Wert der TabStop-Eigenschaft auf FALSE setzen.
Tag	speichert zusätzliche Informationen zu einem Steuerelement in Form einer Zeichenkette.

Einige der Eigenschaften sind nur in einer Excel-Umgebung sinnvoll einzusetzen, auch wenn Sie unter Word oder PowerPoint zur Verfügung stehen. Bei der Besprechung der einzelnen Eigenschaften werden wir genauer darauf eingehen, zu welchem Steuerelement die Eigenschaften gehören bzw. für welche Elemente diese wichtig sind.

CONTROLSOURCE

Text-, Listen- und Kombinationsfelder verfügen über die Eigenschaft CONTROLSOURCE, mit der sich eine Anbindung an eine Zelle herstellen läßt. Im Eigenschaftenfenster genügt die Bezeichnung der Zelle, wobei auch der Name des Tabellenblatts angegeben werden sollte. Der Eintrag im Eigenschaftenfenster muß daher folgende Form haben:

```
Tabelle2!C3
```

Die Eigenschaft kann auch zur Laufzeit geändert werden. Das folgende Beispiel zeigt, daß im Programm-Code der Wert der Eigenschaft als Zeichenkette in Anführungszeichen übergeben werden muß:

```
TextBox3.ControlSource = "Tabelle1!C3"
```

Die Eigenschaft CONTROLSOURCE ist also weitgehend identisch mit der Eigenschaft LINKED-CELL, die für Steuerelemente in Tabellenblattformularen zuständig ist.

ROWSOURCE – Tabelleneinträge als Listenoptionen

Für Listen- und Kombinationsfelder läßt sich mit ROWSOURCE ein Tabellenbereich angeben, aus dem die Elemente ihre Auswahloptionen entnehmen. Diese Eigenschaft entspricht der Eigenschaft LISTFILLRANGE, die wir bei der Besprechung von Formularen vorgestellt haben. Der Eintrag im Eigenschaftenfenster kann beispielsweise folgende Form haben:

```
Tabelle1!A2:A8
```

Wenn Sie über die Eigenschaft COLUMNCOUNT eine mehrspaltige Liste einstellen, muß natürlich auch der Tabellenbereich mehrspaltig sein.

ENTERKEYBEHAVIOR – Reaktion auf die Eingabetaste

Die Betätigung der Eingabetaste in Textfeldern kann wahlweise eine von zwei Reaktionen auslösen: Entweder wird im Textfeld eine neue Zeile erzeugt (Zeilenumbruch) oder der Focus wird an das nächste Steuerelement weitergegeben. Setzen Sie die Eigenschaft auf den Wert TRUE, tritt der erste Fall ein, FALSE sorgt für die Aktivierung des nächsten Elements. Allerdings muß auch noch die Eigenschaft MULTILINE mitspielen: Soll ein Zeilenumbruch erfolgen, muß diese Eigenschaft ebenfalls den Wert TRUE erhalten.

```
TextBox1.EnterKeyBehavior = True
TextBox1.MultiLine = True
```

Die vorstehenden Zeilen zeigen die Verwendung im Programmtext. Die Einstellungen können aber auch im Eigenschaftenfenster vorgenommen werden.

LOCKED – Eingabe sperren

LOCKED bestimmt, ob ein Steuerelement vom Anwender benutzt werden kann. Die Eigenschaft ist besonders für Textfelder interessant, weil sich damit die Eingabe sperren läßt. Im Gegensatz zur Enabled-Eigenschaft wird das Element nicht inaktiv (grau) dargestellt. Es kann auch weiterhin aktiviert werden, nur eine Eingabe oder Betätigung ist nicht möglich. Die Eigenschaft kann die Werte TRUE und FALSE annehmen. Mit TRUE sperren Sie das Element.

TABSTOP – Steuerelemente übergehen

In einem Dialog mit vielen Textfeldern werden Sie an Stelle der Maus häufig die Tab- oder Eingabetaste verwenden, um das nächste Steuerelement zu erreichen. Um die Aktivierung mit den genannten Tasten nur auf bestimmte Elemente zu beschränken, können Sie die TabStop-Eigenschaft der übrigen Elemente auf FALSE setzen. Diese lassen sich dann nur noch mit der Maus aktivieren.

TAG – beliebige Zusatzinformationen speichern

TAG ist eine sehr universelle Eigenschaft, die sich für unterschiedlichste Zwecke nutzen läßt. Eigentlich verbirgt sich dahinter ein dem jeweiligen Steuerelement zugeordneter kleiner Speicher. Sie können hier eine beliebige Zeichenkette unterbringen und zur Laufzeit des Programms auswerten und ändern. Der Wert der Eigenschaft hat keinen Einfluß auf das Verhalten oder die Darstellung des betreffenden Steuerelements. TAG kann beispielsweise eine zusätzliche Kennzeichnung enthalten, die es Ihnen erlaubt, das Steuerelement zu identifizieren.

Zwischen Dialog und Modul wechseln

Nachdem der Dialog erstellt ist, werden Sie wieder zum VBA-Modul wechseln müssen, um den notwendigen Programm-Code einzugeben. Zwischen dem Fenster mit dem UserForm-Dialog und einem Modul-Fenster wechseln Sie per Doppelklick auf den jeweiligen Eintrag im Projekt-Explorer oder über das Fenstermenü.

Eigenschaften des UserForm-Dialogs

Nicht nur die Eigenschaften der Steuerelemente können geändert werden. Ist der Dialog selbst markiert, werden die Eigenschaften des Dialogs angezeigt. Hier können Sie beispielsweise den Namen, die Hintergrundfarbe und den Titel (CAPTION) bestimmen bzw. ändern. Die Eigenschaft NAME ist wichtig, weil der Dialog mit seinem Namen aufgerufen wird. Auch erfordert die Referenzierung eines Steuerelements innerhalb des Dialogs häufig dessen Namen.

Der Dialog-Titel

Einen Titel (CAPTION) sollten Sie ebenfalls vergeben, damit der Anwender weiß, was in diesem Dialog passiert. Interessant ist auch die Eigenschaft STARTUPPOSITION, die bestimmt, wo der Dialog beim Aufruf erscheinen soll. Wählbar sind die Mitte der Anwendung, aus der heraus der Aufruf erfolgte, die Mitte des Bildschirms und die Windows-Voreinstellung. Wenn Sie die Eigenschaften LEFT und TOP verwenden, können Sie die Position in Bezug auf die obere linke Bildschirmecke auch genau bestimmen.

Einen Dialog-Hintergrund

Über die Eigenschaft PICTURE binden Sie eine Grafik für den Dialog-Hintergrund ein. Mit den Eigenschaften PICTUREALIGNMENT, PICTURESIZEMODE und PICTURETILING bestimmen Sie dann das Erscheinungsbild der Grafik. Die Grafik läßt sich mit diesen Eigenschaften durch Vergrößern und Verkleinern oder durch Vervielfältigung (Kachelung) an die Dialogabmessungen anpassen. Natürlich ist auch eine Farbe als Hintergrund wählbar. Für die Farbzuweisung ist die Eigenschaft BACKCOLOR zuständig.

Scrollbereich des UserForm-Dialogs

Die sichtbare Fläche des Dialogs muß nicht unbedingt auch dessen Nutzfläche sein. Der nutzbare Bereich, also der Bereich, der Steuerelemente enthält, darf wesentlich größer sein. Zur Laufzeit läßt sich dann mit Bildlaufleisten der zunächst nicht sichtbare Bereich einblenden. Für diese Funktion sind die folgenden Eigenschaften erforderlich:

ScrollBars	bestimmt, ob Bildlaufleisten angezeigt werden.
KeepScrollBarsVisible	bestimmt, ob die Bildlaufleisten auch dann angezeigt werden, wenn sie nicht erforderlich sind, wenn also mangels Scrollbereich nicht „gescrollt" werden kann.
ScrollHeigth	bestimmt die gesamte Höhe des Scrollbereichs in Punkt.
ScrollWidth	bestimmt die gesamte Breite des Scrollbereichs in Punkt.
ScrollLeft	Mit dieser Eigenschaft steuern Sie, welcher Teil des horizontalen Scrollbereichs angezeigt wird. Wenn Sie den Wert beispielsweise auf 100 setzen, beginnt der angezeigte Bereich 100 Punkte rechts vom logischen Anfang des Dialogs. Die ersten 100 Punkte verschwinden dann hinter dem linken Dialog-Rand.
ScrollTop	Mit dieser Eigenschaft steuern Sie, welcher Teil des vertikalen Scrollbereichs angezeigt wird. SCROLLLEFT und SCROLLTOP verwenden Sie für die Steuerung des Anzeigebereichs zur Laufzeit. Im Entwurfsmodus machen diese Eigenschaften nur wenig Sinn.
VerticalScrollBarSide	bestimmt, ob die vertikale Bildlaufleiste links oder rechts angezeigt werden soll.

Einen Scrollbereich definieren

Die Verwendung von Bildlaufleisten macht natürlich nur Sinn, wenn auch ein Scrollbereich definiert ist. Zu diesem Zweck muß die Eigenschaft SCROLLHEIGTH einen höheren Wert als die Eigenschaft HEIGTH aufweisen. Das Verhältnis dieser beiden Eigenschaften bestimmt ungefähr das Verhältnis des angezeigten Bereichs zum Gesamtbereich des Dialogs. Ein Beispiel:

```
Heigth = 160         'wird durch Aufziehen des Dialogs bestimmt
ScrollHeigth = 300
```

In diesem Beispiel macht der nutzbare etwa das Doppelte des sichtbaren Bereichs aus. Das Verhältnis gilt nur ungefähr, weil HEIGTH auch die Titelzeile des Dialogs umfaßt, während SCROLLHEIGTH wirklich nur den nutzbaren Bereich meint. Um den Gesamtbereich auch nutzen zu können, müssen Sie die Eigenschaft SCROLLBARS auf FMSCROLLBARSVERTICAL, FMSCROLLBARSHORIZONTAL (nur horizontale Bildlaufleisten) oder FMSCROLLBARSBOTH setzen. Die Bildlaufleiste(n) erscheinen dann schon im Entwurfsmodus.

Nicht-modale UserForm-Dialoge

Eine Eigenschaft, auf die wohl alle engagierten VBA-Programmierer lange gewartet haben, ist mit Office 2000 endlich realisiert worden: die Möglichkeit, sogenannte nicht-modale Dialoge zu erzeugen. Damit kann der Anwender auf das Dokument oder Tabellenblatt im Hintergrund zugreifen, ohne den Dialog zuvor schließen zu müssen.

Die Eigenschaft läßt sich nicht zur Laufzeit, sondern nur im Entwurfsmodus einstellen. Im Eigenschaftenfenster des Dialogs müssen Sie dafür die Eigenschaft SHOWMODAL auf den Wert FALSE setzen.

UserForm-Dialoge aufrufen

VBA enthält die Methode SHOW, mit der Sie verschiedene Objekte aufrufen können. In unserem Fall ist das der selbsterstellte Dialog, den Sie über seinen Namen ansprechen müssen. Wenn Sie den Namen nicht geändert haben, lautet dieser beispielsweise USERFORM1, USERFORM2 usw. Die Zeile

```
UserForm1.Show
```

genügt dann, um den Dialog anzuzeigen. Wir benötigen allerdings wieder eine Prozedur (Sub), in welcher der Aufruf erfolgen kann. Um die Sub zu erstellen, müssen Sie ein Modul aufrufen.

Abb. 11.14: Der Dialogaufruf als Sub

Dazu doppelklicken Sie im Projekt-Explorer auf ein schon früher erstelltes Modul. Existiert noch kein Modul, müssen Sie dieses erst, wie früher schon gezeigt, erstellen. Abbildung 11.14 zeigt die Prozedur im Editor der Entwicklungsumgebung.

Hinweis: Mit SHOW übergeben Sie die Kontrolle an den aufgerufenen Dialog. Daher werden Programmzeilen, die in der Startprozedur auf SHOW folgen, zunächst nicht abgearbeitet. Erst wenn der Anwender den Dialog schließt, kommen eventuell noch folgende Programmzeilen zur Ausführung. Das gilt jedoch nur, wenn die Eigenschaft SHOWMODAL den Wert TRUE erhalten hat (Voreinstellung). Setzen Sie den Wert auf FALSE, werden nach Erscheinen des Dialogs auch alle noch folgenden Zeilen der Aufrufprozedur abgearbeitet.

Den Dialog schließen

Solange im Dialog noch kein spezieller Schließen-Schalter existiert, müssen Sie den Dialog mit dem Schließenkästchen in der oberen rechten Ecke oder der Tastenkombination ALT+F4 schließen.

11.6 Steuerelemente programmieren

Die meisten Steuerelemente sind ohne Programm-Code nahezu funktionslos. Die eigentliche Arbeit des Programmierers beginnt daher nach der Plazierung der Steuerelemente und der manuellen Zuweisung von Eigenschaften. Dabei bestehen grundsätzlich drei Möglichkeiten, Steuerelemente mit VBA-Code zu verbinden:

1. EIGENSCHAFTEN AUSWERTEN UND MANIPULIEREN: Die Eigenschaften von Steuerelementen, beispielsweise die Farbe und der Wert eines Textfeldes oder die Bezeichnung eines Schalters, lassen sich im Programm durch Zuweisung ändern. Die Änderung von Eigenschaften erfolgt in einem beliebigen VBA-Modul.

2. METHODEN AUFRUFEN: Auch Steuerelemente verfügen über Methoden (MOVE, SETFOCUS etc.), mit denen sich ihr Verhalten beeinflussen läßt. Der Aufruf von Methoden kann ebenfalls in jedem Modul erfolgen.

3. EREIGNISSE AUSWERTEN: Die Manipulationen eines Steuerelements durch den Anwender, etwa die Betätigung eines Schalters oder die Eingabe in ein Textfeld, lösen Ereignisse aus. Sie können nun Programm-Code schreiben, der auf diese Ereignisse reagiert. Ereignisse müssen in speziellen Prozeduren behandelt werden, die dem jeweiligen Steuerelement zugeordnet sind.

Eigenschaften und Methoden werden Sie in der Regel in Prozeduren manipulieren, die Sie in „normalen" VBA-Modulen zusammenfassen. Ereignisse verarbeiten Sie hingegen in speziellen Ereignisprozeduren, für die auch separate Module vorgesehen sind.

VBA-Module und Ereignismodule

Auch wenn die Entwicklungsumgebung nicht darauf eingeht, können wir in einem VBA-Projekt (Word und Excel) doch grundsätzlich zwischen den folgenden Modultypen unterscheiden:

1. Modul für die Ereignisse des Dokuments (in Word: THISDOCUMENT) und die darin enthaltenen Steuerelemente.

2. Modul für die Ereignisse der Arbeitsmappe (in Excel: DIESEARBEITSMAPPE).

3. Module für die Ereignisse der einzelnen Tabellenblätter (TABELLE1, TABELLE2 etc.) und die jeweils darin enthaltenen Steuerelemente.

4. Module für die Ereignisse von Dialogen (USERFORM1, USERFORM2 etc.). In diesen Modulen finden Sie auch die Ereignisprozeduren der zugehörigen Steuerelemente.

5. VBA-Module (MODUL1, MODUL2 etc.).

Wenn Sie den entsprechenden Eintrag im Projekt-Explorer markieren, können Sie das betreffende Modul mit einem Mausklick auf den Schalter CODE ANZEIGEN aufrufen. In der Regel genügt aber auch ein Doppelklick auf den betreffenden Eintrag im Projekt-Explorer. Lediglich beim Doppelklick auf einen Dialog (USERFORM) wird nicht dessen Code-Modul (Ereignismodul), sondern der Dialog selbst angezeigt. Hier müssen Sie auf eine leere Stelle des Dialogs doppelklicken.

Ereignisse und Ereignisprozeduren

Um Ereignisse auszuwerten, füllen Sie die vordefinierten und zunächst leeren Ereignisprozeduren mit Programm-Code. Welches Objekt Sie gerade bearbeiten, zeigt die Objekte-Auswahlliste des Editors in Kombination mit dem Projekt-Explorer an. Wenn Sie das Modul wechseln, etwa über das Fenstermenü, wird dieser Wechsel auch im Explorer angezeigt.

VBA-Editor mit Ereignisprozeduren aufrufen

Der Aufruf des Editors für die einzelnen Ereignisprozeduren eines Steuerelements kann auf vielen Wegen erfolgen:

1. Sie klicken mit der rechten Maustaste auf das Steuerelement im Word-Dokument, im Tabellenblatt oder im UserForm-Dialog und öffnen im dann erscheinenden Kontextmenü mit der Option CODE ANZEIGEN den VBA-Editor.

2. Sie markieren das Steuerelement und betätigen anschließend den Schalter CODE ANZEIGEN. Den Schalter finden Sie am oberen Rand des Projekt-Explorers aber auch in der Symbolleiste STEUERELEMENT-TOOLBOX.

3. Sie markieren das Steuerelement und öffnen anschließend den VBA-Editor mit der Menüoption ANSICHT/CODE. Diese Option ist nur in der Entwicklungsumgebung, also nur für UserForm-Dialoge, verfügbar.

4. Sie markieren das Steuerelement und öffnen dann den VBA-Editor durch Betätigen der Funktionstaste F7. Auch diese Option gilt nur für Steuerelemente in UserForm-Dialogen.

5. Sie doppelklicken auf das Steuerelement.

Die letzte Option ist sicher die einfachste. Sie funktioniert sowohl mit den Steuerelementen, die sich in einem Dokument- bzw. Tabellenblattformular befinden, als auch mit den Elementen eines UserForm-Dialogs.

Ereignisprozedur auswählen

Mit den vorstehend beschriebenen Techniken landen Sie immer in einem bestimmten Code-Modul (Dokument, Arbeitsmappe, Tabellenblatt oder UserForm). Dabei wird automatisch das Gerüst einer Ereignisprozedur angezeigt. Bei Schaltern ist das beispielsweise die Prozedur für das Click-Ereignis. Andere Ereignisprozeduren wählen Sie aus der Prozedurliste des Editors.

Sobald ein Modul für Ereignisprozeduren geöffnet ist, finden Sie es auch in der Fenster-Auflistung des Fenster-Menüs.

VBA-Code an ein Ereignis binden

Um beispielsweise einen Schließen-Schalter mit Programmtext auszustatten, müssen Sie in dessen Kontextmenü die Option CODE ANZEIGEN wählen oder auf den Schalter doppelklicken. Im Editor ist das Gerüst der Click-Ereignisprozedur bereits eingetragen. Diese Sub wird automatisch aufgerufen, wenn ein bestimmtes Ereignis eintritt. In unserem Fall wäre das die Betätigung des zugehörigen Schalters. Momentan enthält die Sub noch keinen Programmtext, weswegen die Betätigung des Schalters folgenlos bleibt. Weitere Ereignisprozeduren, die ebenfalls dem Schalterobjekt zugeordnet sind, finden Sie in der Prozedur-Liste.

Beachten Sie, daß die beiden Auswahllisten des Editors zusammenarbeiten. In der linken Liste wählen Sie das Objekt (UserForm, Schalter, Textfeld etc.) und in der rechten die zugehörigen Ereignisprozeduren. Die Prozedurliste zeigt immer nur die Prozeduren des gerade eingestellten Objekts an. Nach Auswahl einer Prozedur wird das Prozedurgerüst automatisch erstellt.

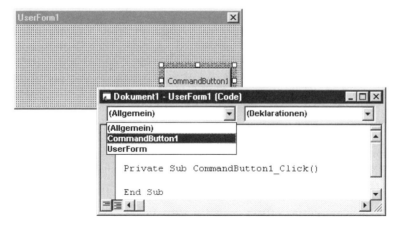

Abb. 11.15: Die Ereignisprozedur CLICK eines Schalters (COMMANDBUTTON) bearbeiten (Word)

Unsere erste VBA-Anweisung soll den Dialog schließen. Dazu müssen wir das zu schließende Objekt benennen (hier den Dialog USERFORM1) und die erforderliche Methode anhängen. Als Methode kommt nur HIDE in Frage, die das mit SHOW angezeigte Objekt wieder ausblendet. Die Programmzeile in der Ereignisprozedur hat dann die folgende Form:

```
UserForm1.Hide
```

Damit wird der Dialog aber nur ausgeblendet. Er bleibt für die Programmierung weiterhin zugänglich und kann, obwohl unsichtbar, durch die Änderung von Eigenschaften manipuliert werden.

Dialog aus dem Speicher entfernen

Ein Dialog, der nur ausgeblendet ist, belegt kostbaren Arbeitsspeicher. Wenn Sie nur einen Dialog verwenden, ist das noch zu vertreten. Bei vielen Dialogen kann es im Speicher aber eng werden. Sie sollten den Dialog dann besser aus dem Speicher entfernen. Dazu verwenden Sie die Unload-Anweisung. UNLOAD ist keine Methode, sondern eine VBA-Anweisung. Die komplette Ereignisprozedur hat folgende Form:

```
Private Sub CommandButton1_Click()
    Unload UserForm1
End Sub
```

Die Methode HIDE benötigen Sie dann nicht mehr, weil ein Dialog, den Sie aus dem Speicher werfen, auch vom Bildschirm verschwindet.

Word-Dokumente und Excel-Arbeitsmappen schließen

Die vorstehenden Beispiele verstecken oder schließen einen UserForm-Dialog. Wollen Sie ein Dokument oder eine Arbeitsmappe schließen, müssen Sie die Methode CLOSE verwenden, die unter anderem für das WorkBook-Objekt definiert ist. Das folgende Makro haben wir einem Schalter zugeordnet, der sich in einem Excel-Tabellenblatt befindet:

```
Private Sub CommandButton1_Click()
    If MsgBox("Programm beenden?", vbYesNo, "") = vbYes Then
        ActiveWorkbook.Close
    End If
End Sub
```

Die (leere) Ereignisprozedur erhalten Sie angezeigt, wenn Sie auf den betreffenden Schalter im Tabellenblatt doppelklicken.

Ereignisse der Steuerelemente

Die zentrale Ereignisprozedur eines Schalters ist sicher die oben vorgestellte Prozedur CLICK, die auf einen Mausklick reagiert. Gelegentlich werden Sie aber auch Ereignisse anderer Steuerelemente auswerten müssen, beispielsweise das Change-Ereignis, das unter anderem dem Steuerelement TEXTFELD zugeordnet ist. Nachfolgend haben wir daher einige wichtige Ereignisse und ihre Verwendung aufgelistet:

AfterUpdate   ist beispielsweise für das Steuerelement LISTBOX definiert. AFTERUPDATE wird nach erfolgter (abgeschlossener) Änderung der Auswahl ausgelöst. Die Änderung besteht in der Markierung einer neuen Option und der Aufhebung der alten Markierung. Während beispielsweise CHANGE zwischen diesen Aktionen ausgelöst wird, ist AFTERUPDATE erst danach an der Reihe.

Change	reagiert auf Änderungen der Value-Eigenschaft eines Steuerelements. Jede Änderung von VALUE, beispielsweise die Eingabe in ein Textfeld oder der Wechsel zwischen den Seiten eines Multiseiten-Elements, ruft die zugehörige Ereignisprozedur auf.
DblClick	tritt ein, wenn auf dem betreffenden Steuerelement ein Doppelklick ausgeführt wird.
Enter	wird ausgelöst, kurz bevor das betreffende Steuerelement den Focus erhält.
Exit	wird ausgelöst, wenn das betreffende Steuerelement den Focus verliert. EXIT läßt sich sehr gut für die Eingabekontrolle in Textfeldern nutzen.
KeyDown	tritt ein, wenn eine Taste betätigt wird. Dieses Ereignis werden Sie in Word-Dokumenten und Excel-Tabellen benötigen, um die Aktivierreihenfolge der Steuerelemente zu steuern. Zwischen den Steuerelementen eines Formulars auf Dokumentbasis können Sie nicht einfach mit ENTER oder TAB wechseln. Sie müssen die Tastendrücke mit KEYDOWN abfangen und auswerten.
MouseDown	tritt ein, wenn auf dem betreffenden Steuerelement eine Maustaste betätigt wird. MOUSEDOWN verfügt über zwei Argumente, mit denen sich die Maustaste (links, rechts) und eine eventuell gleichzeitig gedrückte Shift-Taste (Umschalt, Strg, Alt) ermitteln lassen.

Viele Ereignisse sind zudem nochmals unterteilt. So läßt sich die Betätigung einer Maustaste auch mit den Ereignissen bzw. Ereignisprozeduren MOUSEDOWN und MOUSEUP auswerten. Das folgende Beispiel zeigt eine Eingabekontrolle für ein Textfeld, die mit Hilfe der Exit-Ereignisprozedur realisiert wurde:

```
Private Sub TextBox1_Exit(ByVal Cancel As _
                                MSForms.ReturnBoolean)
   If TextBox1.Value < 3000 Then
      MsgBox "Werte unter DM 3000,- werden nicht akzeptiert!"
      Cancel = True
   End If
End Sub
```

Entscheidend ist hier die Zeile „Cancel = True". CANCEL ist ein Argument der Exit-Ereignisprozedur. Wird diese Variable auf TRUE gesetzt, bedeutet das den Abbruch des Exit-Ereignisses. Das betreffende Steuerelement kann dann weder mit der Maus noch durch Tastenbetätigung verlassen werden. Um das Beispiel nachvollziehen zu können, genügt es, wenn Sie einen UserForm-Dialog mit zwei Textfeldern erstellen. Das Beispiel wird dann dem Exit-Ereignis des ersten Textfeldes zugeordnet. Nur wenn Werte ab 3000 eingegeben werden, kann das erste Textfeld verlassen werden.

11.6 Steuerelemente programmieren

Für Steuerelemente in Word-Dokumenten und Excel-Tabellen steht das Exit-Ereignis nicht zur Verfügung. Hier können Sie ersatzweise das ungefähr vergleichbare LostFocus-Ereignis verwenden:

```
Private Sub TextBox1_LostFocus()
   If TextBox1.Value < 3000 Then
      MsgBox "Werte unter DM 3000,- werden nicht akzeptiert!"
      Me.TextBox1.Activate
   End If
End Sub
```

Da der Ereignisprozedur LOSTFOCUS das Cancel-Argument fehlt, mußten wir durch wiederholtes Aktivieren, also durch erneute Zuweisung des Focus, das Verlassen des Elements verhindern.

Aktivierreihenfolge steuern

Abbildung 11.16 zeigt ein Word-Dokument als Formular. Das Problem bei solchen Formularen ist die Steuerung der Aktivierungsreihenfolge. Weder die Eingabe- noch die Tab-Taste sorgen für die Aktivierung des nächsten Steuerelements. Glücklicherweise verfügen die Elemente über das Ereignis KEYDOWN, mit dem sich eine Tastensteuerung programmieren läßt. Das Beispiel aus Abbildung 11.16 können Sie auch mit einer Excel-Tabelle realisieren.

Abb. 11.16: Ein Word-Dokument als Formular

Ein Doppelklick auf das jeweilige Steuerelement, hier das Textfeld mit der Bezeichnung TEXTBOX1, bringt Sie zuverlässig zum zugehörigen Ereignis-Modul. Natürlich muß sich das Formular im Entwurfsmodus befinden. Der Programm-Code hat dann folgenden Form:

```
Private Sub TextBox1_KeyDown(ByVal KeyCode As _
      MSForms.ReturnInteger, ByVal Shift As Integer)
   If KeyCode = 13 Then
      Me.TextBox2.Activate
   End If
End Sub
```

Wenn der Anwender die Eingabetaste betätigt (KeyCode = 13) wird automatisch das nächste Textfeld (Textbox2) aktiviert. Auf die Argumente von Ereignisprozeduren werden wir noch zurückkommen.

Das Schlüsselwort ME

In den vorstehenden Ereignisprozeduren haben wir statt des Dokuments oder Tabellenblatts (THISDOCUMENT, TABELLE1 etc.) das Schlüsselwort ME verwendet. ME können Sie nur innerhalb eines Ereignismoduls einsetzen, nicht jedoch in einem „normalen" VBA-Modul. Es steht für das Objekt des Ereignismoduls (Dokument, Arbeitsmappe, Tabellenblatt, UserForm-Dialog). Die wichtigste Zeile des vorstehenden Beispiels hätten wir also auch wie folgt schreiben können:

```
ThisDocument.TextBox2.Activate          'in Word
```

In Excel müssen Sie die Tabellenblätter verwenden, nicht die Arbeitsmappe, weil die Steuerelemente dem jeweiligen Tabellenblatt zugeordnet sind. Natürlich sollten Sie auch hier das Schlüsselwort ME vorziehen.

Ereignisse der UserForm-Dialoge

Ein UserForm-Dialog ist mit einer sehr langen Ereignisliste ausgestattet. Praktisch jede Aktion, das Aktivieren, Anklicken, Vergrößern, Verkleinern, Deaktivieren usw. löst ein Dialog-Ereignis aus, dem Sie Programm-Code zuordnen können. Den Editor für die Ereignisse eines Dialogs öffnen Sie, indem Sie den Dialog markieren und dann die Menüoption ANSICHT/CODE aufrufen. Auch mit einem Doppelklick auf eine leere Stelle des Dialogs gelangen Sie in das zugehörige Ereignis-Modul.

Die Ereignisprozedur INITIALIZE

Besonders interessant ist die Ereignisprozedur INITIALIZE, die bei jedem Neuaufruf des Dialogs (USERFORM1.SHOW) ausgeführt wird. Hier sollten Sie Code unterbringen, der beispielsweise die Steuerelemente des Dialogs initialisiert. Das kann durch die Zuweisung von Anfangswerten für bestimmte Eigenschaften geschehen.

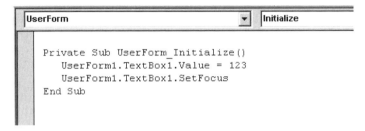

Abb. 11.17: Die Ereignisprozedur Initialize *eines Dialogs verwenden*

11.6 Steuerelemente programmieren

In Abbildung 11.17 haben wir einem im Dialog verwendeten Textfeld einen Anfangswert zugewiesen und gleich noch den Cursor in das Textfeld gesetzt (SETFOCUS). Statt der im Beispiel verwendeten Bezeichnung USERFORM1 hätten wir auch wieder das Schlüsselwort ME verwenden können.

Wichtig: Der UserForm-Dialog muß mit UNLOAD geschlossen werden, wenn beim nächsten Aufruf mit SHOW auch das Initialize-Ereignis ausgelöst werden soll.

Andere Ereignisse des UserForm-Dialogs

Interessant sind auch die Ereignisse ACTIVATE und DEACTIVATE. Diese Ereignisse werden immer ausgelöst, wenn der Dialog zum aktiven Fenster wird bzw. diese Eigenschaft verliert. Das ist beispielsweise der Fall, wenn Sie den Dialog mit SHOW anzeigen lassen oder mit HIDE ausblenden. Der Dialog kann aber auch Mausereignisse behandeln. Dafür stehen Methoden wie CLICK, DBLCLICK und MOUSEDOWN zur Verfügung. Diese Ereignisse werden ausgelöst, wenn der Anwender auf eine freie Stelle des Dialogs klickt.

Ereignisse der Word-Dokumente

Das Ereignis-Modul eines Dokuments erhalten Sie angezeigt, wenn Sie im Projekt-Explorer auf den Eintrag THISDOCUMENT doppelklicken. Anschließend stellen Sie in der Objektliste das Objekt DOCUMENT ein. Die gewünschte Ereignisprozedur können Sie dann über die Prozedurliste auswählen.

 Aus dem Dokument heraus können Sie auf das Ereignis-Modul zugreifen, indem Sie in der Symbolleiste STEUERELEMENT-TOOLBOX zunächst den Entwurfsmodus aktivieren und dann auf den Schalter CODE ANZEIGEN klicken.

Word-Dokumente (und Vorlagen) sind etwas mager mit Ereignissen ausgestattet. Lediglich die folgenden drei Ereignisse sind definiert:

Close   wird beim Schließen des betreffenden Dokuments ausgelöst. Verwenden Sie das Close-Ereignis der Vorlage, löst jedes Schließen eines Dokuments, das mit dieser Vorlage erstellt wurde, das Close-Ereignis aus.

New   wird beim Erzeugen eines neuen Dokuments ausgelöst. Das gilt aber nur für das New-Ereignis der Vorlagen, beispielsweise der Word-Standardvorlage NORMAL.DOT. Jedes Dokument, das mit dieser Vorlage erzeugt wird, löst das New-Ereignis aus. Es macht also keinen Sinn, das New-Ereignis von Dokumenten zu verwenden, die nicht als Vorlage dienen sollen.

Open   wird beim Öffnen des betreffenden Dokuments ausgelöst. Wie schon bei CLOSE bezieht sich OPEN auf alle mit einer Vorlage erzeugten Dokumente, wenn Sie das Open-Ereignis dieser Vorlage verwenden.

Das folgende Beispiel sorgt dafür, daß das betreffende Dokument beim Schließen automatisch gespeichert wird. Der Anwender erhält in diesem Fall keine Rückfrage, ob er zwischendurch erfolgte Änderungen speichern will:

```
Private Sub Document_Close()
   Me.Save
End Sub
```

Das Dokument muß allerdings zuvor schon einmal unter einem eigenen Namen gespeichert worden sein. Andernfalls wird der Dialog SPEICHERN UNTER... angezeigt.

Ereignisse der Excel-Arbeitsmappen

Die Ereignisprozeduren einer Arbeitsmappe erreichen Sie, indem Sie im Projekt-Explorer der VBA-Entwicklungsumgebung die betreffende Arbeitsmappe markieren und dann die Menüoption ANSICHT/CODE wählen oder die Taste F7 betätigen. Eventuell müssen Sie im Kombinationsfeld OBJEKT noch die Option WORKBOOK einstellen. Die wichtigsten Ereignisprozeduren und ihre Bedeutung haben wir nachfolgend zusammengestellt:

BeforeClose	wird vor dem Schließen der Arbeitsmappe ausgeführt.
NewSheet	wird beim Hinzufügen eines neuen Tabellenblatts ausgeführt.
Open	wird beim Öffnen der Arbeitsmappe ausgeführt. Häufig werden Sie hier Menüs und Symbolleisten bearbeiten, um dem Anwender nur einen eingeschränkten Zugriff auf Excel zu gestatten.
SheetSelectionChange	wird immer ausgeführt, wenn der Anwender eine andere Zelle oder einen anderen Zellenbereich markiert. Diese Prozedur gilt für die ganze Arbeitsmappe. Wollen Sie nur ein Tabellenblatt überwachen, müssen Sie die Prozedur SELECTIONCHANGE verwenden, die für einzelne Tabellenblätter definiert ist.

Das folgende Beispiel verwendet das Gerüst der Ereignisprozedur WORKBOOK_OPEN. Der Programmtext zeigt typische Anweisungen für die Open-Prozedur:

```
Private Sub Workbook_Open()
   With ActiveWindow
     .WindowState = xlMaximized
     .DisplayWorkbookTabs = False
   End With
   Application.CommandBars(6).Visible = True
   Application.CommandBars(15).Visible = True
End Sub
```

11.6 Steuerelemente programmieren 475

Die ersten Zeilen sorgen dafür, daß das Arbeitsmappenfenster auf volle Größe eingestellt (maximiert) wird. Zudem blendet DISPLAYWORKBOOKSTAB die Registerzungen der Tabellenblätter aus. Danach werden bestimmte Symbolleisten eingeblendet. Die Web-Symbolleiste hat beispielsweise die Indexnummer 15.

Hinweis: Wie Sie Symbolleisten und Menüs erstellen, manipulieren und ein- bzw. ausblenden, erfahren Sie in Kapitel 12. Beachten Sie, daß sich Symbolleisten auch ohne Programmierung an eine Arbeitsmappe binden lassen.

Programm-Code beim Schließen der Arbeitsmappe ausführen

Besondere Einstellungen, die Sie für eine spezielle Anwendung vorgenommen haben, sollten Sie vor Beenden der Anwendung, also vor dem Schließen der betreffenden Arbeitsmappe, wieder zurücknehmen. Für solche Aufräumarbeiten ist die Prozedur BEFORECLOSE zuständig. Das folgende Beispiel zeigt einige Befehle, die sich für diese Aufgabe eignen:

```
Private Sub Workbook_BeforeClose(Cancel As Boolean)
    Application.CommandBars(6).Visible = False
    Application.CommandBars(15).Visible = False
End Sub
```

Die beim Öffnen eingeblendeten Symbolleisten werden hier wieder ausgeblendet.

Ereignisse der Tabellenblätter

Die Ereignisprozeduren der Tabellenblätter behandeln Ereignisse, die nur das jeweilige Tabellenblatt betreffen. Dazu gehört beispielsweise auch die Änderung von Zelleninhalten. Die Ereignisprozeduren erhalten Sie angezeigt, wenn Sie eine Zelle des betreffenden Blattes aktivieren und dann in der Symbolleiste STEUERELEMENT-TOOLBOX auf den Schalter CODE ANZEIGEN klicken. Die verfügbaren Ereignisprozeduren können Sie wieder über die Prozedurliste einblenden:

Activate   wird beim Aktivieren des betreffenden Tabellenblatts aufgerufen. Hier können Sie Programm-Code einfügen, der bestimmte Einstellungen vornimmt, die nur für dieses Blatt gelten sollen. Erfordert ein Tabellenblatt beispielsweise bestimmte Befehle, blenden Sie über diese Ereignisprozedur ein entsprechendes Menü ein.

BeforeRightClick   wird nach einem Mausklick mit der rechten Maustaste aufgerufen. Hier können Sie beispielsweise Code einfügen, der den Zugriff auf das üblicherweise erscheinende Kontextmenü verhindert.

Calculate   wird nach der Neuberechnung eines Tabellenblattes aufgerufen.

Change	wird aufgerufen, wenn der Anwender Zellen ändert oder eine Änderung durch externe Verknüpfungen erfolgt.
SelectionChange	wird immer ausgeführt, wenn der Anwender eine andere Zelle oder einen anderen Zellenbereich markiert.

Die Ereignisprozeduren ACTIVATE und DEACTIVATE eignen sich besonders für die Anpassung der Bedienungsoberfläche an die Erfordernisse eines Tabellenblatts.

Eingabekontrolle mit dem Change-Ereignis

Das Change-Ereignis des Tabellenblatts eignet sich gut zur Kontrolle der Eingabe. Wenn eine Zelle nur bestimmte Werte annehmen darf, lassen sich ungültige Eingaben automatisch zurückweisen. Dazu müssen Sie aber wissen, welche Zelle das Ereignis ausgelöst hat. Die erforderliche Information findet sich glücklicherweise schon im Kopf der Ereignisprozedur:

```
Private Sub Worksheet_Change(ByVal Target As Excel.Range)
```

Mit der Variablen TARGET erhalten Sie das Range-Objekt (die Zelle oder den Zellenbereich), das das Ereignis ausgelöst hat. Die betreffende Adresse liefert beispielsweise folgende Zeile:

```
MsgBox Target.Address
```

Um eine Eingabeüberprüfung vornehmen zu können, müssen wir noch wissen, wie das Change-Ereignis funktioniert. CHANGE wird immer ausgelöst, wenn der Editiermodus beendet wird, wenn Sie also die Eingabe- oder die Tab-Taste betätigen, auf eine andere Zelle klicken oder einen Zelleneintrag per Entf-Taste löschen. Auch das Verschieben eines Zellenblocks oder das automatische Ausfüllen durch Aufziehen eines Bereichs mit der Maus lösen CHANGE aus. Die folgende Ereignisprozedur prüft daher zunächst, ob ein ganzer Bereich oder eine einzelne Zelle verändert wurden:

```
Private Sub Worksheet_Change(ByVal Target As Excel.Range)
  If Target.Count <> 1 Then Exit Sub
  If IsEmpty(Target.Value) Then Exit Sub
  If Not IsNumeric(Target.Value) Then Target.ClearContents

  If Not (Target.Value >= 10 And Target.Value <= 10000) Then
    Target.ClearContents
    MsgBox "Nur Werte zwischen 10 und 10.000"
    Target.Activate
  End If
End Sub
```

Der eigentlichen Eingabeprüfung, die nur Werte zwischen 10 und 10.000 zuläßt, haben wir gleich drei andere Prüfungen vorgeschaltet. Ganz unverzichtbar ist die isEmpty-Prüfung, weil wir eine falsche Eingabe mit TARGET.CLEARCONTENTS löschen. Damit wird CHANGE erneut ausgelöst. Die nun leere Zelle würde unserer Bedingung nicht mehr genügen und deren „Inhalt" daher erneut gelöscht werden. Auch das „Löschen" des Inhalts einer leeren Zelle löst CHANGE aus. Wir hätten damit eine endlose Schleife erzeugt. Die isEmpty-Prüfung entdeckt die leere Zelle beim zweiten Aufruf und bricht die Prozedur mit EXIT SUB vorzeitig ab. Die gleiche Prüfung ist auch dafür zuständig, daß die Prozedur vorzeitig beendet wird, wenn der Anwender einen Zelleneintrag löscht.

Die isNumeric-Prüfung sorgt dafür, daß nur numerische Werte als Eingabe akzeptiert werden. Statt die Prozedur hier mit EXIT SUB zu verlassen, löschen wir einen falschen Eintrag kommentarlos. Damit wird die anschließende Prüfung noch durchlaufen, die, weil eine leere Zelle natürlich nicht unseren Bedingungen genügt, eine entsprechende Fehlermeldung ausgibt.

Kontextmenü deaktivieren

Tabellenblätter, die lediglich als Formulare verwendet werden, benötigen das Kontextmenü nicht. Sie sollten es daher einfach abschalten. Dazu deaktivieren Sie das Ereignis, das den Aufruf des Kontextmenüs auslöst. Ohne Ereignis (hier: ein Klick der rechten Maustaste auf das Tabellenblatt) unterbleibt auch die dadurch ausgelöste Aktion: die Anzeige des Kontextmenüs. Zuständig ist das Ereignis BEFORERIGHTCLICK. Natürlich kann die betreffende Ereignisprozedur erst nach dem Mausklick aufgerufen werden. Der Name deutet nur an, daß der von Ihnen zugewiesene Code vor der eigentlichen Aktion, in diesem Fall dem Aufruf des Kontextmenüs, ausgeführt wird. Sie können in der Ereignisprozedur eine Abbruchanweisung formulieren. Excel verhält sich dann so, als hätte es das Ereignis nie gegeben. Wie die folgenden Zeilen zeigen, verwenden Sie dafür das Cancel-Argument der Prozedur:

```
Private Sub Worksheet_BeforeRightClick(ByVal Target _
As Excel.Range, Cancel As Boolean)
    Cancel = True
End Sub
```

CANCEL ist eine Variable vom Typ BOOLEAN, die Sie lediglich auf den Wert TRUE setzen müssen.

Ereignisse im Objektkatalog

In der Regel werden Sie mit einem Doppelklick auf das betreffende Steuerelement zum Modul wechseln, das die Ereignisprozeduren enthält. Einen weiteren Zugang bietet Ihnen der Objektkatalog. Wenn Sie in der Bibliotheksliste den Eintrag VBAPROJEKT (in Word nur PROJEKT) wählen, werden alle zum Projekt gehörenden Objekte, auch USERFORMS, angezeigt. Markieren Sie hier einen UserForm-Dialog, erhalten Sie im rechten Fenster alle Eigenschaften und Methoden und auch alle benutzten Ereignisprozeduren des Dialogs und der darin enthaltenen

Steuerelemente angezeigt. Das gilt auch für Dokumente, Tabellenblätter und Arbeitsmappen. Mit einem Mausdoppelklick auf den Namen einer Ereignisprozedur öffnen Sie den Editor mit dem zugehörigen Programmtext.

Ereignisse in VBA-Modulen behandeln

Wir haben bisher den Code direkt in die jeweilige Ereignisprozedur geschrieben. Aus organisatorischen Gründen kann es jedoch sinnvoll sein, den Code grundsätzlich in ein „normales" VBA-Modul zu schreiben. Die Ereignisprozeduren enthalten dann nur Proceduraufrufe.

Diese Organisation ist besonders nützlich, wenn der gleiche Code für die Ereignisbehandlung von mehreren Steuerelementen benötigt wird. Identische Code-Sequenzen würden andernfalls mehrfach vorhanden sein, was die Programmpflege erschwert. Auch ist es leichter, Umstellungen bei der Zuordnung von Steuerelementen und Ereignis-Code vorzunehmen, etwa wenn Sie einen Schalter löschen oder hinzufügen.

Testumgebung für UserForm-Dialoge

Um das Verhalten der Steuerelemente eines UserForm-Dialogs testen zu können, sollten Sie eine Testumgebung erstellen, die aus den folgenden Komponenten besteht:

- einem UserForm-Dialog mit einem Schalter
- und einem Modul mit der Prozedur TEST.

Der Dialog nimmt auch die Steuerelemente auf, mit deren Programmierung wir uns nachfolgend auseinandersetzen wollen. Das einzig feste Steuerelement bleibt der Schalter. Dessen Click-Ereignisprozedur enthält lediglich den Aufruf für das Makro TEST, das sich in einem gewöhnlichen VBA-Modul befindet. Das Makro TEST nimmt den wechselnden Programm-Code auf. Wir können nun beliebige Steuerelemente im Dialog plazieren und den zugehörigen Programm-Code in die Prozedur TEST schreiben. Mit einem Mausklick auf den Schalter wird dann immer der aktuelle Inhalt der Test-Prozedur ausgeführt.

Tip: Selbst den Schalter können Sie noch einsparen. Da auch der VBA-Dialog über Ereignisse verfügt, läßt sich der Aufruf der Prozedur TEST auch einem seiner Ereignisse zuordnen. Schreiben Sie den Test-Aufruf beispielsweise in die Ereignisprozedur für das Dialog-Ereignis DBLCLICK, genügt ein Doppelklick auf eine freie Stelle des Dialogs, um die Prozedur TEST zu starten.

Eigenschaften manipulieren

Die Steuerelemente in einem Dokument- oder Tabellenformular und in einem Dialog tragen in der Regel gleiche Bezeichnungen. Das erste Textfeld im Formular wird wie sein Pendant im UserForm-Dialog TEXTBOX1 heißen. Zwar sollten Sie grundsätzlich eigene Bezeichnungen (Eigenschaft NAME) vergeben, bei kleinen Projekten unterbleibt das jedoch häufig. Verwechslungen zwischen Objekten sind daher nicht auszuschließen.

Objekthierarchien benennen

Grundsätzlich sollte daher auch das Objekt angegeben werden, in welchem sich das betreffende Steuerelement befindet. Das gilt auch dann, wenn VBA nicht darauf besteht. Wenn Sie beispielsweise dem Click-Ereignis eines Schalters Programm-Code zuweisen, in welchem ein Textfeld des gleichen Dialogs referenziert wird, genügt der Name des Steuerelements:

```
Private Sub CommandButton1_Click()
    TextBox1 = "Hallo"
End Sub
```

Nicht einmal das Schlüsselwort ME ist hier unbedingt erforderlich. Referenzieren Sie das gleiche Element aber aus einem VBA-Modul heraus, müssen Sie auch den Namen des Dialogs angeben:

```
Sub Test()
    UserForm1.TextBox1 = "Hallo"
End Sub
```

Der VBA-Editor unterstützt die Eingabe, indem er Ihnen automatisch eine Auswahlliste anbietet, sobald Sie den Punktoperator gesetzt haben. Sie können sowohl das Steuerelement als auch dessen Eigenschaften aus dieser Liste übernehmen. Wenn Sie den Steuerelementen eigene Namen geben, erscheinen diese ebenfalls in der Liste.

Steuerelemente in Word-Dokumenten referenzieren

Eigenschaften und Methoden bilden die Schnittstelle des Formulars zum VBA-Code. Insbesondere der Name des Steuerelements ist wichtig, weil darüber das jeweilige Element referenziert wird:

```
Documents("Test.doc").TextBox1.Text = "Hamburg"
ActiveDocument.TextBox1.Text = "München"
```

Wenn es sich beim Dokument TEST.DOC um das gerade aktive Dokument handelt, sind die vorstehenden Zeilen gleichwertig. Sicherer ist aber immer die genaue Benennung, also in diesem Fall die erste Zeile. Auf die Eigenschaft TEXT (bzw. VALUE) kann hier eigentlich auch verzichtet werden.

Ein Steuerelement im Tabellenblatt referenzieren

Für Steuerelemente in Tabellenblättern ist die Worksheets-Auflistung zuständig. Wenn die Umstände dies zulassen, können Sie alternativ auch die Eigenschaft ACTIVESHEET verwenden:

```
Worksheets("Tabelle1").TextBox1.Value = "Hamburg"
```

Sind mehrere Arbeitsmappen geöffnet, kann es erforderlich sein, auch die Arbeitsmappe zu benennen. Dazu verwenden Sie das Workbook-Objekt:

```
Workbooks("Mappe1").Worksheets("Tabelle1").TextBox1.Value = "Hamburg"
```

Daten zwischen Steuerelementen und Excel-Tabellen austauschen

Ein Dialog soll nicht nur zur Neueingabe von Daten dienen, sondern auch zur Änderung bestehender Eingaben. Dazu ist es erforderlich, die Werte einer Tabellenzelle in die Eingabefelder des Dialogs zu übernehmen. Wir müssen also die Eigenschaft VALUE (oder TEXT) der Eingabefelder ändern. Um den Inhalt der gerade aktiven Zelle in das Eingabefeld TEXTBOX1 zu übertragen, genügt folgende Zeile:

```
UserForm1.TextBox1.Value = ActiveCell.Value
```

Den umgekehrten Weg gehen Sie mit der folgenden Zeile:

```
ActiveCell.Value = UserForm1.TextBox1.Value
```

Natürlich läßt sich die Zelle auch genauer adressieren. Dazu verwenden Sie, wie schon in Kapitel 7 gezeigt, das Range-Objekt.

VALUE versus TEXT

Praktisch alle Steuerelemente verfügen über die Eigenschaft VALUE. Die Eigenschaft bestimmt in der Regel den Wert oder den Inhalt eines Elements. Bei Textfeldern ist das der angezeigte Text, bei Listenfeldern der Wert der gerade markierten Zeile. Die Eigenschaft TEXT ist für Textfelder, Listen- und Kombinationsfelder definiert. Sie steht für die Anzeige des ausgewählten Eintrags bzw. den Text im Textfeld. Für diese drei Steuerelemente sind die Eigenschaften VALUE und TEXT also zunächst gleichwertig. Wir werden später auf Unterschiede eingehen.

Steuerelemente deaktivieren

Für die Aktivierung und Deaktivierung von Steuerelementen sind die Eigenschaften ENABLED und LOCKED zuständig. ENABLED bewirkt, wenn auf FALSE gesetzt, daß ein Steuerelement nicht mehr aktiviert werden kann:

```
UserForm1.TextBox1.Enabled = False
```

LOCKED ist nicht ganz so streng; lediglich die Nutzung (Eingabe, Schalterbetätigung etc.) wird unterbunden (TRUE). Das Steuerelement kann aber weiterhin aktiviert werden.

Farben zuweisen

Einige Teile von Steuerelementen, beispielsweise die Schrift oder der Hintergrund von Text- und Listenfeldern, können mit Farbe ausgestattet werden. Die Zuweisung von Text- und Hintergrundfarben für Text-, Listen- und Kombinationsfelder erfolgt über die Eigenschaften FORECOLOR und BACKCOLOR. Ein Beispiel:

```
UserForm1.TextBox1.ForeColor = RGB(250, 200, 0)
UserForm1.TextBox1.BackColor = RGB(0, 0, 200)
```

Auf die Verwendung der RGB-Funktion, die wir hier für die Definition der Farbwerte eingesetzt haben, sind wir bereits in den Kapiteln 6 und 7 eingegangen.

11.7 Programmierung einzelner Steuerelemente

Die Eigenschaften und Methoden vieler Steuerelemente sind sehr ähnlich, so daß Sie das Gelernte recht einfach auf andere Elemente übertragen können. Einige Steuerelemente verfügen jedoch über vertrackte Eigenschaften bzw. Methoden, die sich nicht so einfach intuituiv erschließen. Bestimmte Eigenschaften müssen sogar in komplexeren Konstruktionen ausgewertet werden. Dazu gehört beispielsweise die Mehrfachselektion bei Listenfeldern. Nachfolgend wollen wir daher auf die Besonderheiten einzelner Steuerelemente eingehen.

Besonderheiten bei Schaltern

Bei Schaltern interessiert hauptsächlich das Click-Ereignis, weil hier der Code stehen muß, der bei dessen Betätigung auszuführen ist. Schalter haben jedoch auch einige Eigenschaften, die sich in Anwendungen sehr sinnvoll einsetzen lassen.

TAKEFOCUSONCLICK

Mit TAKEFOCUSONCLICK bestimmen Sie, ob ein Schalter beim Anklicken auch den Focus erhält. Den Focus-Zustand erkennen Sie an der gestrichelten Linie, welche die Bezeichnung des Schalters umgibt. Nachteilig ist, daß beim Anklicken des Schalters anderen Elementen, etwa Textfeldern, der Focus entzogen wird. Wenn nach der Schalterbetätigung wieder im vorher aktiven Textfeld gearbeitet werden soll, muß diesem erst wieder per Mausklick der Focus zugewiesen werden. Es kann daher sinnvoll sein, die Eigenschaft auf FALSE zu setzen.

CANCEL

Alle Schalter eines UserForm-Dialogs verfügen über die Cancel-Eigenschaft, aber nur bei einem Schalter kann diese den Wert TRUE erhalten. Setzen Sie den Wert auf TRUE, wird die Click-Ereignisprozedur dieses Schalters auch ausgeführt, wenn der Anwender die Taste ESC drückt. In der Regel werden Sie die Cancel-Eigenschaft für einen Schließen-Schalter verwenden. Enthält die Click-Ereignisprozedur eines Schließen-Schalters beispielsweise die Zeile

```
Me.Hide
```

und ist dessen Cancel-Eigenschaft auf TRUE gesetzt, kann der Dialog durch Betätigen des Schalters oder der Taste ESC geschlossen werden.

VALUE

Die Value-Eigenschaft haben wir bereits bei Textfeldern und Listboxen kennengelernt. Sie läßt sich auch bei Schalter anwenden, allerdings mit einer ganz anderen Funktion. Wenn Sie dieser Eigenschaft den Wert TRUE zuweisen, wird das Click-Ereignis des betreffenden Schalters – und damit die zugehörige Ereignisprozedur – ausgelöst. Auf diese Weise ist es möglich, die betreffende Ereignisprozedur aufzurufen, ohne daß der Anwender den Schalter betätigen muß. Um das folgende Beispiel nachvollziehen zu können, müssen Sie ein Formular mit zwei Schaltern erzeugen. Die Click-Ereignisprozedur des ersten Schalters erhält dann einen beliebigen Programmtext zugewiesen. Der zweite setzt die Value-Eigenschaft des ersten auf TRUE.

```
Private Sub CommandButton1_Click()
   MsgBox "Click-Ereignis des ersten Schalters"
End Sub

Private Sub CommandButton2_Click()
   CommandButton1.Value = True
End Sub
```

Wenn nun der zweite Schalter betätigt wird, führt VBA den Programmtext des Click-Ereignisses des ersten Schalters aus. Das Beispiel funktioniert auch dann, wenn sich die Schalter in einem UserForm-Dialog befinden.

Besonderheiten bei Textfeldern

Textfelder sind ähnlich unproblematisch wie Schalter. In der Regel werden Sie nur die Value- oder Text-Eigenschaft nutzen. Sinnvoll ist aber auch die Auswertung von Paßwörtern, also von Eingaben, die bei aktivierter PasswordChar-Eigenschaft erfolgen. Auch die Methode SETFOCUS, die eine programmgesteuerte Aktivierung von Steuerelementen ermöglicht, wird bei Textfeldern häufig benötigt. Sie ist vor allem im Zusammenhang mit der Tastatursteuerung von Bedeutung.

Paßworteingabe auswerten

Wenn Sie die Eigenschaft PASSWORDCHAR auf ein bestimmtes Zeichen gesetzt haben, wird bei der Texteingabe immer nur das betreffende Zeichen wiederholt. Per Programm-Code können Sie die Eingabe jedoch auswerten, weil die Eigenschaften TEXT und VALUE immer den tatsächlichen Text zurückgeben.

Eingabevalidierung mit dem Change-Ereignis

Das Change-Ereignis wird, wenn der Cursor im Textfeld steht, bei jedem Tastendruck ausgelöst. Sie können damit unmittelbar bei der Dateneingabe prüfen, ob der Anwender korrekte Zeichen eingibt. In ein Feld für numerische Werte dürfen beispielsweise keine Buchstaben eingegeben werden. Die folgende Funktion (nicht Prozedur) prüft den Inhalt und läßt dabei nur numerische Werte, Kommata und Punkte zu:

```
Function Eingabe_validieren(Inhalt As Variant)
    Eingabe_validieren = Inhalt              'Inhalt unverändert
    If Not IsNumeric(Inhalt) And Not Inhalt = "" Then
        MsgBox "Fehleingabe: Kein numerischer Wert!"
        NeuerInhalt = Trim(Left(Inhalt, Len(Inhalt) - 1))
        Eingabe_validieren = NeuerInhalt      'Inhalt geändert
    End If
End Function
```

Beachten Sie auch, daß wir den Programm-Code in eine normale FUNCTION (in einem VBA-Modul) geschrieben haben. Die Change-Ereignisprozedur muß dann, wie unten gezeigt, die vorstehende FUNCTION aufrufen. Sobald der Anwender einen Buchstaben eingibt, wird der Code innerhalb der If-Struktur ausgeführt. Der Anwender erhält dann nicht nur eine Fehlermeldung angezeigt. Das zuletzt eingegebene Zeichen, das in der Regel den Fehler auslöst, wird gelöscht. Zu diesem Zweck verkürzen wir den Inhalt des Textfeldes um ein Zeichen und weisen den verkürzten Wert der Funktion als Rückgabewert zu (Variable NEUERINHALT).

```
Private Sub TextBox1_Change()
    Me.TextBox1.Value = Eingabe_validieren(Me.TextBox1.Value)
End Sub
```

Der Inhalt des Textfeldes (Eigenschaft VALUE) wird hier durch den Rückgabewert der Funktion ersetzt. Als Aufrufparameter verwendet die Funktion den aktuellen Inhalt des Textfeldes.

Die Auslagerung des eigentlichen Codes in eine separate Funktion hat den Vorteil, daß die Funktion, welche die ganze Arbeit übernimmt, auch von den Ereignisprozeduren anderer Eingabefelder aufgerufen werden kann. Auch wenn ein Dialog zehn oder mehr Textfelder für numerische Werte enthält, ist der Prüf-Code nur einmal erforderlich. Lediglich die Aufrufzeile in der Ereignisprozedur ändert sich geringfügig (TEXTBOX2 statt TEXTBOX1 etc.). Die Funktion EINGABE_VALIDIEREN weiß gar nicht, woher sie aufgerufen wird. Sie erhält lediglich einen Wert übergeben, prüft diesen und gibt gegebenenfalls einen korrigierten Wert zurück. Ergibt die Prüfung, daß der Wert korrekt ist, wird der Inhalt unverändert zurückgegeben. Dafür ist die erste Zeile der Funktion zuständig.

Tastatursteuerung zwischen Eingabefeldern

In UserForm-Dialogen mit vielen Eingabefeldern werden Sie häufig in einer bestimmten Reihenfolge von Feld zu Feld springen wollen. In der Regel können Sie diese Reihenfolge mit Hilfe des Dialogs AKTIVIERREIHENFOLGE (Menüoption: ANSICHT/AKTIVIERREIHENFOLGE) festlegen. Etwas umständlicher geht es mit der Eigenschaft TABINDEX.

Aktivierreihenfolge zur Laufzeit bestimmen

Es ist aber auch möglich, die Reihenfolge mit der Methode SETFOCUS zur Laufzeit einer Anwendung zu bestimmen. Diese Option ist gerade dann hilfreich, wenn die Reihenfolge in Abhängigkeit von der Eingabe des Anwenders bestimmt werden soll. Wenn der Anwender in einer Adressenverwaltung beispielsweise das Eingabefeld NAMEN ausläßt, weil nur eine Firmenanschrift einzugeben ist, kann das Feld VORNAME übersprungen werden. In diesem Fall sollte gleich das Feld STRASSE den Focus erhalten. Die Realisierung erfordert den Eingriff in bestimmte Ereignisprozeduren eines Textfeldes. Dazu eignen sich die Prozeduren KEYDOWN, KEYPRESS und KEYUP.

KeyDown   reagiert auf das Drücken einer Taste.

KeyPress   reagiert auf die Betätigung einer Taste, die ein darstellbares (ANSI-) Zeichen erzeugt.

KeyUp   reagiert auf die Freigabe einer Taste.

Wenn Sie mit Hilfe einer Ereignisprozedur eine Tastatursteuerung programmieren, sollten Sie in der Regel KEYDOWN bzw. KEYUP verwenden. Diese Prozeduren enthalten ein Argument, das auch die Auswertung von Tastendrücken erlaubt, die keine darstellbaren Zeichen erzeugen, beispielsweise die Eingabetaste (Enter/Return) und die Tab-Taste. Nur diese Ereignisse werden also bei jeder Tastenbetätigung ausgelöst.

KEYCODE und KEYASCII

Die Ereignisprozeduren verfügen über unterschiedliche Argumente. KEYDOWN und KEYUP verwenden das Argument KEYCODE. Dieses Argument wird automatisch übergeben, wenn Sie innerhalb eines Textfeldes eine Taste betätigen. Sie müssen das Argument nur noch auswerten. Das gilt auch für das Argument SHIFT, das für eine der Tasten SHIFT, STRG oder ALT steht. In der folgenden Ereignisprozedur, die dem Textfeld TEXTBOX1 zugeordnet ist, haben wir nur das Argument KEYCODE verwendet:

```
Private Sub TextBox1_KeyDown(ByVal KeyCode As _
            MSForms.ReturnInteger, ByVal Shift As Integer)
   If KeyCode = 13 Or KeyCode = 9 Or KeyCode = 40 Then
      If Trim(TextBox1.Text) = "" Then
         TextBox3.SetFocus
      End If
   End If
End Sub
```

Sie haben drei Möglichkeiten, ein Textfeld in einem UserForm-Dialog per Tastatur nach unten zum nächsten Textfeld zu verlassen:

Eingabetaste   KeyCode = 13

Tab-Taste   KeyCode = 9

Cursor-unten   KeyCode = 40

Nur wenn eine dieser Tasten betätigt wird, soll der Programm-Code in der Ereignisprozedur ausgeführt werden. Innerhalb der äußeren If-Struktur prüfen wir dann, ob der Anwender das Textfeld TEXTBOX1 ohne Eintrag verlassen will. Ist das der Fall, wird gleich zum Textfeld TEXTBOX3 gesprungen. Ein eventuell vorhandenes Textfeld mit der Bezeichnung TEXTBOX2 wird dabei übersprungen.

Hinweis: Für die Weiterschaltung zum nächsten Textfeld haben wir im letzten Beispiel die Methode SETFOCUS verwendet. Diese Methode steht nur für Steuerelemente in UserForm-Dialogen zur Verfügung. Für Steuerelemente in Word-Dokumenten oder Excel-Tabellen müssen Sie die Methode ACTIVATE einsetzen.

Textfeldinhalt in Zwischenablage kopieren

Ein wenig umständlich ist die Übergabe der Textfeldeinträge an die Zwischenablage gelöst. Die Zeile

```
UserForm1.TextBox1.Copy                'keine Funktion
```

kopiert nicht den Inhalt des Textelements, sondern den selektierten Text. Nur wenn der Anwender zuvor Text markiert hat, wird dieser in die Zwischenablage kopiert. Ist kein Text selektiert, bleibt die Zwischenablage unverändert. Sie können dem Anwender diese Aufgabe abnehmen, indem Sie den gewünschten Bereich selbst bestimmen. In der Regel wird das der ganze Eintrag einer Textbox sein. Dazu bestimmen Sie die Startposition und die Länge (die Anzahl der Zeichen) des zu selektierenden Bereichs. Die folgenden Eigenschaften helfen Ihnen dabei:

SelStart   bestimmt die Startposition des zu selektierenden Bereichs. Soll der ganze Eintrag selektiert werden, müssen Sie als Wert 0 angeben.

SelLength   bestimmt die Anzahl der zu selektierenden Zeichen.

SelText   enthält den selektierten Text. Der Text ist selektiert, wenn der Anwender einen Teil markiert hat, oder die Eigenschaften SELSTART und SELLENGTH gesetzt sind.

Die folgenden Zeilen selektieren den vollständigen Eintrag eines Steuerelements vom Typ TEXTBOX, mit Ausnahme des letzten Zeichens:

```
UserForm1.TextBox1.SelStart = 0
UserForm1.TextBox1.SelLength = UserForm1.TextBox1.TextLength -1
```

Wenn Sie die Zeilen über einen Schalter aufrufen, ist natürlich noch SETFOCUS erforderlich, um das Textfeld wieder zu aktivieren. Das Beispiel zeigt, daß Sie in der Regel noch die Eigenschaft TEXTLENGTH benötigen, um die Anzahl der Zeichen zu ermitteln. Die folgenden zwei Zeilen demonstrieren den kleinen Unterschied. Mit SELTEXT erhalten Sie nur den selektierten Bereich. TEXT liefert hingegen den vollen Eintrag.

```
MsgBox UserForm1.TextBox1.SelText
MsgBox UserForm1.TextBox1.Text
```

Sobald Sie SELSTART und SELLENGTH gesetzt haben, wird auch die Copy-Methode wirksam, so daß Sie nun die folgende Zeile verwenden können:

```
UserForm1.TextBox1.Copy
```

Anstelle der Methode COPY können Sie natürlich auch die Cut-Methode verwenden. In diesem Fall wird der Text nicht nur in die Zwischenablage kopiert, sondern auch ausgeschnitten. Um mit Hilfe eines Schalters den vollen Eintrag eines Textfeldes in die Zwischenablage zu befördern, ist die folgende Prozedur erforderlich.

```
Sub Test()
    UserForm1.TextBox1.SelStart = 0
    UserForm1.TextBox1.SelLength = UserForm1.TextBox1.TextLength
    UserForm1.TextBox1.Copy
End Sub
```

Aus der Zwischenablage einfügen

Das Einfügen von Text aus der Zwischenablage ist einfacher. Enthält die Zwischenablage Text, genügt die folgende Zeile:

```
UserForm1.TextBox1.Paste
```

Der Text wird dann an der Cursor-Postion in das Textelement eingefügt. Genauer: Der gerade selektierte Teil des Eintrags wird durch den Inhalt der Zwischenablage ersetzt.

Listen- und Kombinationsfelder

Listen- und Kombinationsfelder benötigen Einträge, damit der Anwender eine Auswahl treffen kann. Listeneinträge lassen sich einem Element auf folgenden Wegen zuweisen:

- Zuweisung von Konstanten mit ADDITEM

- Anbindung an einen bestimmten Excel-Zellenbereich mit den Eigenschaften LISTFILLRANGE (im Tabellenblatt) und ROWSOURCE (Listenfeld im Excel-UserForm-Dialog)

- Zuweisung eines Datenfeldes (Arrays)

11.7 Programmierung einzelner Steuerelemente

Die Zuweisung von Konstanten kann mit der AddItem-Methode erfolgen. Die Methode hat folgende Syntax:

```
Objekt.AddItem(Element, [Index])
```

Mit ELEMENT ist der Eintrag gemeint. Das optionale Index-Argument bestimmt die Einfügeposition. Der erste Eintrag hat den Indexwert 0, der zweite den Wert 1 usw. Das folgende Beispiel zeigt das Anfügen von drei Einträgen:

```
Sub Test()
  UserForm1.ComboBox1.AddItem ("Option1")
  UserForm1.ComboBox1.AddItem ("Option2")
  UserForm1.ComboBox1.AddItem ("Option3")
End Sub
```

Um das Beispiel nachzuvollziehen, können Sie unsere weiter oben definierte Testumgebung nutzen. Sie müssen dann nur ein Listen- oder Kombinationsfeld in den Test-Dialog einfügen.

Wichtig: Soll die Zuweisung mit ADDITEM erfolgen, darf unter Excel die Eigenschaft ROW-SOURCE im Eigenschaftenfenster keinen Eintrag enthalten. Der Zugriff wird sonst mit einer Fehlermeldung beendet.

Datenfelder (Arrays) für Listeneinträge verwenden

Besonders simpel und schnell ist die Zuweisung eines Datenfeldes. Zuständig ist dafür die Eigenschaft LIST. Ein Beispiel:

```
Sub Test()
   Dim Optionen(3) As String
   Optionen(0) = "1. Option"
   Optionen(1) = "2. Option"
   Optionen(2) = "3. Option"
   UserForm1.ComboBox1.List = Optionen
End Sub
```

Beachten Sie, daß ein mit LIST zugewiesenes Datenfeld alle vorhandenen Einträge ersetzt bzw. löscht. Nach der Ausführung der vorstehenden Zeilen enthält das Listen- oder Kombinationsfeld nur noch die Werte des Datenfeldes.

Die Wahl des Anwenders auswerten

Den gerade markierten bzw. ausgewählten Eintrag erhalten Sie alternativ mit einer der folgenden Zeilen:

```
MsgBox UserForm1.ComboBox1.Text
MsgBox UserForm1.ComboBox1.Value
```

Möchten Sie die Position (den Indexwert) des gerade markierten Eintrags ermitteln, können Sie die Eigenschaft LISTINDEX verwenden:

```
MsgBox UserForm1.ComboBox1.ListIndex
```

Da die Indizierung der Einträge mit dem Wert 0 beginnt, erhalten Sie für den ersten Eintrag den Wert 0, für den zweiten den Wert 1 usw. Ist kein Eintrag selektiert, gibt LISTINDEX den Wert -1 zurück.

Wollen Sie einen beliebigen (nicht markierten) Eintrag auslesen, müssen Sie dessen Position, also den Indexwert, kennen. Für das Auslesen ist dann wieder die Eigenschaft LIST zuständig. Die Eigenschaft benötigt in diesem Fall aber mindestens ein Argument. Die Syntax hat folgende Form:

```
Objekt.List (Zeile[, Spalte])
```

Mit dem Argument ZEILE ist die Position des Eintrags in der Liste gemeint. Das Argument SPALTE wird nur für mehrspaltige Listen benötigt. Die Zählung der Zeilen beginnt mit dem Wert 0. Die folgende Prozedur gibt alle Einträge eines einspaltigen Kombinationsfeldes aus:

```
Sub Test()
    For i = 0 To UserForm1.ComboBox1.ListCount - 1
        MsgBox UserForm1.ComboBox1.List(i)
    Next
End Sub
```

LISTCOUNT ermittelt zunächst die Anzahl der Einträge. Da die Zählung der Einträge mit 0 beginnt, müssen Sie den Wert um eins vermindern. So erhalten Sie den höchsten Indexwert für die Eigenschaft LIST.

Geeignete Ereignisprozeduren für die Auswertung

Für Listen- und Kombinationsfelder können Sie die Ereignisse CHANGE und AFTERUPDATE verwenden. In der Regel dürfte sich AFTERUPDATE am besten eignen. Für Listen- und Kombinationsfelder in Dokumenten und Arbeitsmappen steht allerding nur CHANGE zur Verfügung.

Bestehende Listeneinträge ändern

Den Eintrag im Textfeld eines Kombinationsfeldes ändern Sie wie den Inhalt eines normalen Textfeldes mit der folgenden Zeile:

```
UserForm1.ComboBox1.Text = "Neuer Eintrag"            'nur ComboBox
```

Damit wird aber keine der Auswahloptionen der Liste geändert. Um die bestehenden Listeneinträge zu ändern (zu überschreiben), müssen Sie wieder die List-Eigenschaft verwenden:

```
UserForm1.ComboBox1.List(1) = "Neuer Eintrag"
```

Die vorstehende Zeile ändert den zweiten Eintrag (Index 1) eines Kombinations- oder Listenfeldes. Allerding funktioniert das nur, wenn die Einträge nicht mit ROWSOURCE aus einer Tabelle entnommen wurden. In diesem Fall müssen Sie den Eintrag in der Tabelle ändern ROWSOURCE sorgt dann automatisch für die Anpassung des betreffenden Wertes im Listen- oder Kombinationsfeld.

Optionen per Programm-Code selektieren

LISTINDEX ermittelt nicht nur den Indexwert des gerade selektierten Eintrags, sondern bestimmt diesen auch. Die Zeile

```
UserForm1.ListBox1.ListIndex = 2
```

selektiert (markiert) den dritten Eintrag (Indexwert = 2) des Listenfeldes LISTBOX1.

Mehrspaltige Listen- und Kombinationsfelder

Listen- und Kombinationsfelder können mehrspaltig sein. Zuständig ist zunächst die Eigenschaft COLUMNCOUNT, mit der Sie die Zahl der anzuzeigenden Spalten festlegen. In der Regel werden Sie auch noch die Eigenschaft COLUMNWIDTHS benötigen, um die Breite der einzelnen Spalten vorzugeben. Neue (leere) Einträge müssen Sie zunächst mit ADDITEM erzeugen. Die leeren Einträge füllen Sie dann mit der Eigenschaft LIST. Ein Beispiel:

```
Sub Test()
    UserForm1.ListBox1.ColumnCount = 2
    UserForm1.ListBox1.ColumnWidths = "1 cm; 4 cm"
    UserForm1.ListBox1.AddItem ""              'leerer Eintrag
    UserForm1.ListBox1.List(0, 0) = "A"
    UserForm1.ListBox1.List(0, 1) = "Österreich"
    UserForm1.ListBox1.AddItem ""
    UserForm1.ListBox1.List(1, 0) = "CH"
    UserForm1.ListBox1.List(1, 1) = "Schweiz"
    UserForm1.ListBox1.AddItem ""              'leerer Eintrag
    UserForm1.ListBox1.List(2, 0) = "D"
    UserForm1.ListBox1.List(2, 1) = "Deutschland"
End Sub
```

Die Eigenschaft LIST benötigt Zeilen- und Spaltenindizes als Argumente. Da die Zählung mit dem Indexwert 0 beginnt, ist mit dem Ausdruck LIST(2,1) die dritte Zeile und die zweite Spalte gemeint. Mit dem vorstehenden Makro erhalten wir das Ergebnis aus Abbildung 11.18.

Abb. 11.18: Ein mehrspaltiges Listenfeld

Interessant ist auch die Eigenschaft COLUMNWIDTHS, die einen String erwartet. Wenn Sie innerhalb des Strings nur numerische Werte verwenden, werden diese in der Maßeinheit PUNKT interpretiert ("20; 100"). Sie können aber auch, wie in unserem Beispiel, Maßeinheiten in den String aufnehmen. Beachten Sie, daß die Werte der einzelnen Spalten innerhalb des Strings per Semikolon getrennt werden müssen.

Mehrspaltige Listen- und Kombinationsfelder auswerten

Die Auswertung mehrspaltiger Listen- und Kombinationsfelder ist etwas komplexer. Sie müssen sich zunächst entscheiden, ob Sie den Wert mit der Eigenschaft TEXT oder mit VALUE ermitteln wollen. Diese Entscheidung ist bei einspaltigen Feldern trivial. Bei mehrspaltigen Feldern müssen Sie aber die Spalte angeben, zumindest, wenn nicht die erste Spalte den Wert liefern soll. Die Spaltenauswahl wird aber über zwei unterschiedliche Eigenschaften gesteuert:

BOUNDCOLUMN bestimmt die Spalte für die Eigenschaft VALUE.

TEXTCOLUMN bestimmt die Spalte für die Eigenschaft TEXT.

Es macht also keinen Sinn, wenn Sie BOUNDCOLUMN auf den Wert 2 setzen (= 2. Spalte) und für die Auswertung die Eigenschaft TEXT verwenden. TEXT wird dann weiterhin nur den Wert der ersten Spalte anzeigen. Zu BOUNDCOLUMN gehört unbedingt die Eigenschaft VALUE. Die Spaltenzählung beginnt für beide Eigenschaften mit dem Wert 1 (1 = 1. Spalte usw.).

Die Indexwerte des selektierten Eintrags ermitteln

Wenn Sie BOUNDCOLUMN bzw. TEXTCOLUMN auf den Wert 0 setzen, geben die zugehörigen Eigenschaften VALUE und TEXT keine Spaltenwerte, sondern den jeweiligen Indexwert des gerade selektierten Eintrags aus. Den Indexwert erhalten Sie allerdings auch mit der Eigenschaft LISTINDEX. Die Eigenschaften LISTINDEX, TEXT und VALUE sind in diesem Fall funktional gleichwertig.

Versteckte Spalten auswerten

Ein Liste- oder Kombinationsfeld kann mehrspaltig sein, es muß aber nicht mehrspaltig angezeigt werden. Wenn Sie die Eigenschaft COLUMNCOUNT auf der Wert 1 setzen, werden nur die

Optionen der ersten Spalte angezeigt. Die Optionen der nicht angezeigten zweiten (oder jeder weiteren) Spalte lassen sich dennoch auswerten. Die folgende Zeile liefert den Wert der zweiten Spalte der markierten Zeile:

```
MsgBox Me.ListBox1.List(Me.ListBox1.ListIndex, 1)
```

Das zweite Argument der Eigenschaft LIST (=Spalte) beginnt wieder mit 0 zu zählen (1. Spalte = 0). Daher erhalten wir die zweite Spalte mit dem Argumentwert 1. Alternativ können Sie auch die Eigenschaft BOUNDCOLUMN auf den Wert 2 setzen und den versteckten Eintrag dann mit VALUE ermitteln.

Mehrfachselektion bei Listenfeldern

Listenfelder verfügen auch über die Möglichkeit der Mehrfachselektion. Voraussetzung ist, daß die Eigenschaft MULTISELECT einen entsprechenden Eintrag enthält. Möglich sind die folgenden Werte:

0 – fmMultiSelectSingle

1 – fmMultiSelectMulti

2 – fmMultiSelectExtended

Wenn Sie die Eigenschaft per VBA-Anweisung ändern wollen, dürfen Sie natürlich nur den numerischen Wert (0, 1 oder 2) oder nur die Konstante verwenden:

```
UserForm1.ListBox1.MultiSelect = fmMultiSelectSingle
```

Der Unterschied zwischen den Optionen MULTI und EXTENDED besteht darin, daß letztere auch den Gebrauch der Shift- und der Strg-Taste unterstützt. Die Auswahl kann dann mit der gleichen Technik erfolgen, die beispielsweise auch der Windows-Explorer nutzt. Halten Sie beim Anklicken eines Eintrags die Strg-Taste gedrückt, bleibt die vorhergehende Selektion bestehen. Bei gedrückter Shift-Taste (Umschalttaste) genügt es, den ersten und den letzten Eintrag anzuklicken. Alle dazwischen liegenden Einträge werden dann ebenfalls selektiert.

Die Prüfung, ob ein Eintrag selektiert ist, erfolgt mit der Eigenschaft SELECTED. Die Eigenschaft erwartet den Index (die Positionsangabe) des betreffenden Eintrags. Die folgenden Zeilen ermitteln alle selektierten Einträge eines Listenfeldes:

```
For i = 0 To UserForm1.ListBox1.ListCount - 1
   If UserForm1.ListBox1.Selected(i) Then
      MsgBox UserForm1.ListBox1.List(i)
   End If
Next
```

Ein häufiges Schema für die Verwendung von Listenfeldern mit Mehrfachselektion zeigt Abbildung 11.19. Die in einer Liste selektierten Optionen sollen in eine andere Liste übertragen werden.

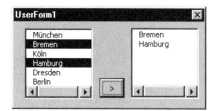

Abb. 11.19: Einträge zwischen Listen übertragen

Der Programm-Code, den wir hier dem Click-Ereignis des Schalters zugeordnet haben, variiert nur leicht das zuletzt besprochene Makro. Alle in der Ursprungsliste vorhandenen Einträge werden durchlaufen und auf ihren Selected-Status überprüft.

```
Private Sub CommandButton1_Click()
    For i = 0 To Me.ListBox1.ListCount - 1
        If Me.ListBox1.Selected(i) Then
            Me.ListBox2.AddItem (Me.ListBox1.List(i))
        End If
    Next
End Sub
```

Für die Übertragung ist natürlich die AddItem-Methode zuständig, weil die Zielliste zunächst noch keine Einträge enthält.

Optionen per Programm-Code selektieren

Die Selected-Eigenschaft dient bei Listenfeldern mit Mehrfachselektion auch der programmgesteuerten Selektion von Einträgen. Dazu setzen Sie die Eigenschaft auf den logischen Wert TRUE. Die folgende Zeile selektiert den zweiten Eintrag eines Listenfeldes:

```
UserForm1.ListBox1.Selected(1) = True
```

Für Kombinationsfelder können Sie hingegen nur die Eigenschaft LISTINDEX verwenden (beginnend mit dem Indexwert 0). Wenn Sie die Eigenschaft zuweisen, wird der betreffende Eintrag markiert. Die folgende Zeile sorgt für die Auswahl des zweiten Eintrags:

```
UserForm1.ComboBox1.ListIndex = 1
```

Wichtig: Die Eigenschaft LISTINDEX funktioniert wie die Eigenschaften TEXT und VALUE auch mit Listenfeldern. Dies gilt aber nur, wenn die Eigenschaft MULTISELECT auf den Wert FMMULTISELECTSINGLE (keine Mehrfachselektion) eingestellt ist. Sicherer ist daher die Verwendung der Eigenschaften SELECTED und LIST.

11.7 Programmierung einzelner Steuerelemente

Auswahloptionen löschen

Um die Inhalte von Listen- und Kombinationsfeldern komplett zu entfernen, können Sie zunächst die Methode CLEAR verwenden:

```
UserForm1.ComboBox2.Clear
```

Das funktioniert aber nur, wenn die Auswahloptionen nicht einer Excel-Tabelle entstammen. Haben Sie das Steuerelement über ROWSOURCE mit einem Tabellenbereich verbunden, müssen Sie die Verbindung durch die Zuweisung eines Leerstrings aufheben:

```
UserForm1.ComboBox1.RowSource = ""
```

Bei Kombinationsfeldern kann es eventuell noch erforderlich sein, auch den Inhalt des Eingabefeldes zu löschen:

```
UserForm1.ComboBox1.Text = ""
```

Einzelne Einträge entfernen Sie mit der Methode REMOVEITEM oder – bei Verwendung von ROWSOURCE – durch Löschen des Eintrags im betreffenden Tabellenbereich. REMOVEITEM erwartet den Indexwert der zu löschenden Zeile.

Optionsfelder und Kontrollkästchen

Beide Elemente erhalten ihren aktuellen Zustand über die Eigenschaft VALUE zugewiesen. Setzen Sie VALUE auf TRUE, wird das betreffende Element aktiviert angezeigt:

```
UserForm1.OptionButton1.Value = True
UserForm1.CheckBox1.Value = True
```

Natürlich können Sie den Zustand zur Laufzeit auch abfragen und beispielsweise zur Steuerung einer If-Verzweigung nutzen.

TRIPLESTATE – drei Zustände für Kontrollkästchen

Für Kontrollkästchen kann die Eigenschaft VALUE aber noch einen dritten Zustand annehmen, den Wert NULL. Ein Kontrollkästchen, dem Sie diesen Wert zuweisen, wird zwar markiert, aber mit einem grau unterlegten Kästchen angezeigt. Um diesen Zwischenzustand nutzen zu können, müssen Sie zuvor die Eigenschaft TRIPLESTATE manuell oder per Programm-Code auf TRUE setzen.

```
UserForm1.CheckBox1.TripleState = True
UserForm1.CheckBox1.Value = Null
```

Die Eigenschaft TRIPLESTATE ist auch für Umschaltfelder und Optionsfelder definiert.

Optionsgruppen bilden

Die Bildung einer Optionsgruppe, also einer Gruppe von Optionsfeldern, von denen jeweils nur ein Element aktiv sein kann, erfolgt über die Eigenschaft GROUPNAME. Wenn Sie mehrere Optionsfelder im Dialog plazieren, ist diese Eigenschaft zunächst noch leer. Die Felder gehören dann automatisch zu einer Gruppe. Die Eigenschaft werden Sie in der Regel schon im Eigenschaftenfenster setzen. Es ist aber auch möglich, die Gruppenzugehörigkeit zur Laufzeit eines Programms zu ändern:

```
UserForm1.OptionButton1.GroupName = "Gruppe3"
```

Wenn wir den hier verwendeten Namen (GRUPPE3) keinem anderen Optionsfeld zugewiesen haben, bildet das Steuerelement OPTIONBUTTON1 nach der Zuweisung eine eigene Gruppe. Es reagiert dann nicht mehr, wenn Sie ein anderes Optionsfeld aktivieren.

Frames verwenden

Ein zweite Möglichkeit, Optionsgruppen zu bilden, besteht darin, Optionsfelder in einem Rahmenfeld (FRAME) zu plazieren. Die Optionsfelder innerhalb eines Rahmens bilden auch dann eine separate Gruppe, wenn außerhalb des Rahmens Optionsfelder mit dem gleichen Gruppennamen (GROUPNAME) existieren. Sie können aber innerhalb eines Rahmens wieder Gruppen mit Hilfe der GroupName-Eigenschaft bilden. Für Dokumente und Arbeitsmappen stehen keine Frames zur Verfügung.

Bildlaufleisten und Drehfelder

Bildlaufleisten und Drehfelder dienen überwiegend der Werteingabe per Maus. Insbesondere Bildlaufleisten sind sehr effektiv, weil Schieber, Pfeiltasten und Lauffläche des Schiebers eine schnelle Wertänderung erlauben. Minimal- und Maximalwerte stellen Sie bereits im Eigenschaften-Dialog ein. Die Auswertung erfolgt über die Eigenschaft VALUE. Abbildung 11.20 zeigt eine Konstellation aus Bildlaufleiste und Textfeld. Das Textfeld gibt die mit der Bildlaufleiste definierten Werte aus.

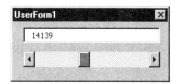

Abb. 11.20: Wertzuweisung per Bildlaufleiste

Das folgende Makro zeigt die Verwendung der Value-Eigenschaft, über die eine Bildlaufleiste ihren aktuellen Wert mitteilt oder erhält:

```
Private Sub ScrollBar1_Change()
   UserForm1.TextBox1 = UserForm1.ScrollBar1.Value
End Sub
```

Wir haben hier das Change-Ereignis der Bildlaufleiste verwendet. Drehfelder sollten Sie eigentlich nur einsetzen, wenn es auf der Dialog-Fläche eng wird. Ihre Bedienung ist in der Regel nicht sehr flexibel.

Multiseiten- und Register-Elemente

Multiseiten- und Register-Elemente steuern Sie ebenfalls über die Value-Eigenschaft. Über VALUE erfolgt auch die Auswertung. Da die Numerierung der einzelnen Seiten bzw. Register mit dem Wert 0 beginnt, aktiviert die folgende Zeile die erste Seite:

```
MultiPage1.Value = 0
```

Wichtiger ist die Auswertung, die in der Regel in der Change-Ereignisprozedur des MultiPage- bzw. Register-Elements erfolgt. Das Change-Ereignis wird nach dem Seiten- bzw. Registerwechsel ausgelöst, so daß die Eigenschaft VALUE nun den aktuellen Wert enthält:

```
Private Sub MultiPage1_Change()
    Select Case MultiPage1.Value
        Case 0: MsgBox "1. Seite"
        Case 1: MsgBox "2. Seite"
        Case 2: MsgBox "3. Seite"
        Case 3: MsgBox "4. Seite"
    End Select
End Sub
```

Das vorstehende Beispiel zeigt die Grundstruktur der Auswertung für ein MultiPage-Element mit vier Seiten. Beachten Sie, daß wir den Programm-Code gleich in die Ereignisprozedur für das Change-Ereignis gesetzt haben.

Das Beispiel läßt sich auch für Register-Steuerelemente verwenden. Hier ist jedoch zu beachten, daß es eigentlich keine einzelnen Seiten gibt. Während der Seitenwechsel bei einem MultiPage-Element schon eine richtige Funktion erfüllt, eben den Seitenwechsel mit der Anzeige anderer Steuerelemente, bedeutet der „Seitenwechsel" bei einem Register-Element lediglich, daß eine andere Registerzunge bzw. ein anderer Registerschalter aktiv ist. Sie müssen also wesentlich mehr Programmierarbeit investieren, damit der Einsatz eines Register-Elements Sinn macht.

UserForm-Dialoge erweitern

Position und Größe der Steuerelemente und auch des Dialogs lassen sich zur Laufzeit einer Anwendung steuern. Die Elemente verfügen zu diesem Zweck über die Eigenschaften TOP, LEFT, HEIGTH und WIDTH. Die einzelnen Steuerelemente werden Sie in der Regel beim Dialogentwurf positionieren und skalieren. Die Positionierung des Dialogs können Sie dem

Anwender überlassen, der den Dialog an jede beliebige Stelle schieben kann. Interessanter ist die Möglichkeit, den Dialog zur Laufzeit zu erweitern. Wichtige Funktionen lassen sich dann auf einer kleinen Grundfläche zusammenfassen. Seltener benötigte Funktionen verstecken Sie in einem erweiterten Teil des Dialogs, der nur auf Mausklick erscheint.

Vergrößerbare Dialoge entwerfen

Wenn Sie gleich mit der verkleinerten Version starten wollen, sollten Sie für die Plazierung der Steuerelemente dennoch erst die volle Größe des Dialogs einstellen. Sie können sich dann den Wert der im Eigenschaftenfenster angezeigten Eigenschaft HEIGHT notieren. Dieser wird später noch benötigt.

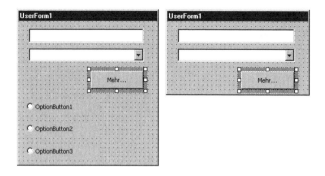

Abb. 11.21: Ein erweiterbarer Dialog in erweiterter und normaler Größe

Sind alle Steuerelemente im erweiterten Dialog plaziert, verkleinern Sie den Dialog auf die Größe, in der er normalerweise erscheinen soll. Dabei erhalten Sie im Entwurfsmodus die in Abbildung 11.21 rechts gezeigte Sicht.

Die Steuerelemente, die für den erweiterten Teil vorgesehen sind, verschwinden dann. Sie bleiben aber erhalten. Um den Dialog zur Laufzeit zu erweitern, ist dann ein Makro erforderlich, das in diesem Beispiel dem Click-Ereignis des Schalters mit der Aufschrift MEHR... zugeordnet werden muß.

```
Private Sub CommandButton1_Click()
   If UserForm1.Height < 260 Then
      UserForm1.Height = 260
      UserForm1.CommandButton1.Caption = "Verkleinern"
   Else
      UserForm1.Height = 115
      UserForm1.CommandButton1.Caption = "Mehr..."
   End If
End Sub
```

Wir haben das Beispiel gleich noch etwas erweitert und auch die Verkleinerung des Dialogs vorgesehen. Abhängig von der momentanen Höhe (HEIGHT) wird der Dialog entweder erweitert oder reduziert. Dabei wechselt dann auch die Beschriftung des Mehr-Schalters.

Die Controls-Auflistung

Die Beispiele des vorstehenden Textes greifen über den Namen auf das jeweilige Steuerelement zu. Jedes Steuerelement eines UserForm-Dialogs ist aber auch Teil einer Controls-Auflistung. Wenn Sie beispielsweise ein Textfeld mit der Bezeichnung TEXTBOX1 als drittes Element im Dialog plazieren, erreichen Sie es alternativ mit einer der folgenden Zeilen:

```
UserForm1.TextBox1.Text = "Hallo"
UserForm1.Controls(2).Text = "Hallo"
UserForm1.Controls("Textbox1").Text = "Hallo"
```

Wie für Auflistungen üblich, können Sie auch wieder Eigenschaften und Methoden wie COUNT, ITEM, ADD, REMOVE etc. verwenden. Über das Indexargument greifen Sie auf ein bestimmtes Steuerelement der Auflistung zu.

Steuerelemente zur Laufzeit einfügen

Die sinnvollste Verwendung dürfte die Controls-Auflistung beim Einfügen von Steuerelementen zur Laufzeit finden. Zuständig ist in diesem Fall die Methode ADD, die folgende (hier unvollständig wiedergegebene) Syntax aufweist:

```
Objekt.Add(ProgID [,Name] [,Sichtbar])
```

Mit PROGID wird eine Objektklasse bezeichnet. Das Textfeld, das Sie in der Werkzeugsammlung finden, hat beispielsweise die Bezeichnung FORMS.TEXTBOX.1. Sie können auch den Namen des Steuerelements bestimmen. Dieser ist jedoch optional. Das gilt auch für das Argument SICHTBAR, das in der Voreinstellung auf den Wert TRUE gesetzt ist. Der Name ist auch nicht ganz so wichtig, weil sich das Steuerelement nur indirekt über diesen Namen ansprechen läßt. Das eingefügte Element erreichen Sie, wie im folgenden Beispiel gezeigt, am besten über eine Objektvariable:

```
Private Sub CommandButton1_Click()
   Dim MeinFeld As Control
   Set MeinFeld = Me.Controls.Add("Forms.TextBox.1", "Eingabe")
   MeinFeld.Left = 20
   MeinFeld.Top = 20
   MeinFeld.Width = 50
   MeinFeld.Text = "Hallo"
End Sub
```

Den Programmtext haben wir dem Click-Ereignis eines Schalters im gleichen Dialog zugeordnet. Statt den Dialog zu benennen (USERFORM1 etc.) können wir dann das Schlüsselwort ME verwenden.

Alle Zugriffe auf das Textfeld lassen sich nun über die Objektvariable (hier MEINFELD) regeln. Den Namen (hier EINGABE) benötigen wir eigentlich nicht. Er kann aber indirekt verwendet werden. Unser Steuerelement läßt sich dann alternativ wie folgt ansprechen:

```
Me.Controls(1).Text = "Hallo"
Me.Controls("Eingabe").Text = "Hallo"
```

Die erste Zeile, die den Indexwert des neuen Elements nutzt, setzt allerdings voraus, daß es sich beim neuen Steuerelement um das zweite (Indexwert = 1) der Controls-Auflistung (des Dialogs) handelt. Den Index für das letzte, also das gerade gesetzte Element, ermitteln Sie mit der folgenden Formel:

```
Me.Controls.Count - 1
```

Hinweis: In Word-Dokumenten und Excel-Tabellen erreichen Sie Steuerelemente über die Shapes-Auflistung. Das gilt in Word aber nur für frei zu positionierende Elemente. Handelt es sich in Word-Dokumenten um textgebundene Steuerelemente, ist hier die InlineShapes-Auflistung zuständig.

11.8 Zusätzliche Steuerelemente

Die Werkzeugsammlung für Dokumente, Tabellen und UserForm-Dialoge läßt sich um zusätzliche Steuerelemente (ActiveX-Komponenten) erweitern. Diese Steuerelemente sind allerdings nicht in jedem Office-Paket enthalten. Sie benötigen in der Regel eine der umfangreicheren Versionen. Sollte Ihr Office-Paket nicht über diese Elemente verfügen, werden Sie auch mit diesem Unterkapitel nicht viel anfangen können.

Zusätzliche Steuerelemente installieren

Zur Installation der zusätzlichen Elemente wählen Sie zunächst die zweite Seite der Werkzeugsammlung und öffnen dann deren Kontextmenü. Hier finden Sie unter anderem die Option ZUSÄTZLICHE STEUERELEMENTE... Mit dieser Option, die Sie in der Entwicklungsumgebung auch über das Menü EXTRAS erreichen, erhalten Sie einen Dialog angezeigt, der Ihnen weitere Steuerelemente zur Auswahl anbietet. Die gewünschten Elemente aktivieren Sie und schließen den Dialog mit OK. Die Steuerelemente erscheinen dann umgehend auf der gerade angewählten Seite der Werkzeugsammlung. Sollte Ihre Werkzeugsammlung noch keine zweite Seite anzeigen, können Sie diese über das Kontextmenü der Registerzunge der Werkzeugsammlung erstellen.

11.8 Zusätzliche Steuerelemente

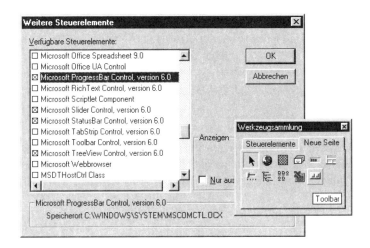

Abb. 11.22: Weitere Steuerelemente hinzufügen (mit erweiterter Werkzeugsammlung)

Die Auswahl ist in den erweiterten Office-Versionen recht umfangreich. Interessant sind aber besonders die folgenden Steuerelemente:

ImageList
: Dieses Element bleibt im angezeigten Dialog unsichtbar. Sie erstellen damit lediglich eine Liste von Abbildungen bzw. Symbolen, die dann von anderen Elementen genutzt werden können. Die Bilder erstellen Sie beispielsweise mit Windows-Paint.

ListView
: Mit dem ListView-Element erhalten Sie eine Auswahlliste wie sie auch der Windows-Explorer oder ein Dateiauswahl-Dialog anzeigt. Die einzelnen Optionen lassen sich nicht nur mit Text, sondern auch mit Grafiksymbolen ausstatten und als Liste oder in Symboldarstellung anzeigen.

ProgressBar
: Dieses Element, gelegentlich auch Fortschrittsanzeige genannt, erlaubt es, den zeitlichen Ablauf eines Vorgangs visuell darzustellen. Die Steuerung erfolgt über die Eigenschaften MIN, MAX und VALUE. Um eine glatte Darstellung des Fortschrittsbalkens zu erhalten, können Sie die Eigenschaft SCROLLING auf den Wert CCSCROLLINGSMOOTH setzen.

Slider
: Der SLIDER läßt sich alternativ zur Bildlaufleiste bzw. zum Drehfeld verwenden. Sie stellen damit ebenfalls einen bestimmten Wert innerhalb eines Wertintervalls ein. Die Steuerung erfolgt analog zur Bildlaufleiste über die Eigenschaften MIN, MAX, LARGECHANGE, SMALLCHANGE und VALUE.

StatusBar
: Das Steuerelement STATUSBAR erlaubt die Einbindung einer Statuszeile.

ToolBar
: Mit dem Steuerelement TOOLBAR erstellen Sie im Formular oder UserForm-Dialog eine Symbolleiste.

Die aufgelisteten Steuerelemente lassen sich auch in Dokumente und Tabellenblätter einfügen. Dazu müssen Sie in Word bzw. Excel die Option WEITERE STEUERELEMENTE... wählen, die Sie in der Symbolleiste STEUERELEMENT-TOOLBOX finden. Die folgenden Beispiele beziehen sich aber auf UserForm-Dialoge. Besonders interessant ist zunächst das Element TOOLBAR, weil Sie damit auch innerhalb eines Dialogs Symbolleisten verwenden können.

Die Eigenschaft BENUTZERDEFINIERT

Alle hier vorgestellten Steuerelemente verfügen über die Eigenschaft BENUTZERDEFINIERT. Dahinter verbirgt sich ein kompletter Dialog mit oft umfangreichen Einstellungen, also eine Art erweiterter Eigenschaften-Dialog. Diese Eigenschaften sind aber grundsätzlich auch per Programm-Code zugänglich.

ToolBar – Symbolleisten

Um eine Symbolleiste erstellen zu können, benötigen wir eigentlich auch ein ImageList-Element, das uns die benötigten Symbole liefert. Für das Beispiel aus Abbildung 11.23 haben wir daher auch ein ImageList-Element im Dialog plaziert. Die Abbildung zeigt den Dialog im Entwurfs- und im Testmodus. Im Entwurfsmodus ist vom ToolBar-Element nur ein leerer, grauer Balken zu sehen.

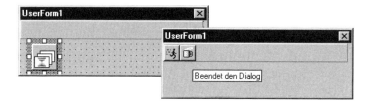

Abb. 11.23: Eine Symbolleiste im UserForm-Dialog (mit Tooltip-Text)

Der folgende Code ist dem Initialisierungs-Ereignis des Dialogs zugeordnet. Von den drei Argumenten der Add-Methode der ListImages-Auflistung haben wir nur die beiden letzten verwendet. Das erste Argument (INDEX) bezeichnet die Position eines Bildes in der Liste. Dieser Wert wird, wenn Sie darauf verzichten, automatisch vergeben. Wichtiger ist das zweite Argument (KEY). Darüber läuft später die Anbindung der Symbole an die einzelnen Schalter. Wir haben für das Key-Argument die Bezeichnungen BILD1 und BILD2 verwendet. Als drittes Argument wird die Bilddatei selbst benötigt. Diese laden Sie mit LOADPICTURE.

Als Argument der LoadPicture-Methode haben wir nur die Dateinamen plus Dateiendung angegeben. Die Dateien müssen sich dann im aktuellen Arbeitsverzeichnis befinden. Ist das nicht der Fall, ist der komplette Pfad anzugeben. Sie können entweder ICO- oder BMP-Formate verwenden. Die Bitmaps sollten möglichst in den Dimensionen der üblichen Icons (16x16 Pixel) vorliegen. Unsere Beispielsymbole haben wir aus den verfügbaren Office-Symbolen herauskopiert und über Windows-Paint im Arbeitsverzeichnis abgespeichert.

11.8 Zusätzliche Steuerelemente

Mit der dritten Zeile binden wir das ImageList-Element an das ToolBar-Element. Zuständig ist hier die ToolBar-Eigenschaft IMAGELIST.

```
Private Sub UserForm_Initialize()
  ImageList1.ListImages.Add , "Bild1", LoadPicture("Urlaub.bmp")
  ImageList1.ListImages.Add , "Bild2", LoadPicture("Pause.bmp")
    Toolbar1.ImageList = ImageList1
    '-- der erste Schalter ---
    Toolbar1.Buttons.Add , "Urlaub", , tbrDefault, "Bild1"
    '-- der zweite Schalter --------
    Toolbar1.Buttons.Add
    Toolbar1.Buttons(2).Key = "Pause"
    Toolbar1.Buttons(2).Style = tbrDefault
    Toolbar1.Buttons(2).Image = "Bild2"
    Toolbar1.Buttons(2).TooltipText = "Beendet den Dialog"
End Sub
```

Die einzelnen Schalter der Symbolleiste gehören zur Buttons-Auflistung, so daß sich über die Add-Methode Schalter hinzufügen lassen. Die Methode verfügt über fünf Argumente, die sämtlich optional sind. Wir haben zwei Schalter hinzugefügt und beim zweiten Schalter auf die Angabe der Argumente ganz verzichtet. Eine solche Vorgehensweise ist deshalb möglich, weil die Argumente noch in Form von Eigenschaften zugänglich sind. Den zweiten Schalter haben wir daher über Eigenschaften definiert. Die Argumente der Add-Methode, die mit den gleichnamigen Eigenschaften funktional identisch sind, haben folgende Bedeutung:

Index   steht für die Position des Schalters in der Symbolleiste. Wenn Sie, wie in unserem Beispiel, auf das Argument verzichten, wird die Reihenfolge der Erzeugung verwendet. Der erste Schalter erhält den Indexwert 1 usw. INDEX kann später zur Auswertung der Anwenderwahl verwendet werden.

Key   ist ein String, der den jeweiligen Schalter bezeichnet. Diese Bezeichnung wird nicht im Schalter angezeigt. Sie dient der späteren Auswertung der Anwenderwahl. Die Bezeichnung muß daher eindeutig sein. Versuchen Sie, mehreren Schaltern den gleichen Key-Wert zuzuweisen, bricht das Programm mit einer Fehlermeldung ab. Wir haben die Key-Werte „Urlaub" und „Pause" verwendet.

Caption steht für die Bezeichnung, die eventuell zusätzlich zum Symbol im Schalter angezeigt wird. Unser Beispiel verzichtet auf dieses Argument, weil es nur Symbole darstellen soll.

Style	bezeichnet den „Typ" des Schalters. Ein Schalter muß nicht unbedingt ein schlichter Schalter sein. Er kann unter anderem auch als Separator (TBRSEPARATOR), als Umschalt-Schalter (TBRCHECK) oder als Schaltermenü (TBRDROPDOWN) auftreten. Im letzten Fall müssen aber über die Auflistung BUTTONMENUS noch Unterpunkte definiert werden.
Image	bezeichnet ein Symbol aus dem ImageList-Objekt, das dem ToolBar-Objekt zugeordnet ist. Hier müssen Sie das Key-Argument der Add-Methode der ListImages-Auflistung angeben. Für unser Beispiel ist das einer der Bezeichnungen BILD1 oder BILD2 (in Anführungszeichen). Diese kurze Zuweisung genügt, weil die Anbindung des ImageList-Objekts an das ToolBar-Objekt schon früher erfolgt ist (in der ersten hervorgehobenen Zeile unseres Beispiels).

Toolbars (Symbolleisten) auswerten

Die Auswertung der Anwenderwahl erfolgt über die Ereignisprozeduren des ToolBar-Objekts. Für die einzelnen Schalter der Symbolleiste sind keine Ereignisprozeduren definiert. Zuständig ist vor allem die Prozedur BUTTONCLICK. Diese enthält ein Argument, das das angeklickte Button-Objekt zurückliefert. Über verschiedene Eigenschaften dieses Objekts kann nun der betätigte Schalter ermittelt werden. Das folgende Beispiel nutzt die Key-Eigenschaft:

```
Private Sub Toolbar1_ButtonClick(ByVal Button As _
                         MSComctlLib.Button)
    If Button.Key = "Pause" Then
        Me.Hide
    End If
End Sub
```

Die Auswertung mit KEY ist nur möglich, weil wir KEY bei der Definition der Symbolleiste bzw. der einzelnen Buttons verwendet haben (Pause und Urlaub). Diese Vorgehensweise ist auch unbedingt zu empfehlen. Sinnvoll, wenn auch weniger aussagefähig, wäre noch die Eigenschaft INDEX, welche die Position des Schalters in der Symbolleiste ermittelt (IF BUTTON.INDEX = 1 ...).

StatusBar – Statuszeile

Eine Statuszeile kann vielfältige Informationen anzeigen. Hilfreich ist eine solche Anzeige, weil Sie es ermöglicht, den Anwender ohne Unterbrechung, etwa durch einen MsgBox-Dialog, auf bestimmte Sachverhalte hinzuweisen. In der Regel können Sie eine Statuszeile auch mit Hilfe von TextBox- oder Label-Elementen simulieren. Das StatusBar-Element ist aber wesentlich flexibler. So lassen sich bestimmte Einstellungen des Rechners, etwa der Einfügen-Modus, ohne großen Programmieraufwand anzeigen.

11.8 Zusätzliche Steuerelemente

PANELS – die Abschnitte einer Statuszeile

Die wichtigste Eigenschaft des StatusBar-Elements ist PANELS. Damit erhalten Sie die Auflistung aller momentan vorhandenen Abschnitte des Elements (aller Panel-Objekte). Maximal lassen sich 16 Abschnitte einrichten. Beim Plazieren des Elements wird zunächst nur ein Abschnitt erzeugt. COUNT würde also den Wert 1 liefern. Mit ADD fügen Sie weitere Abschnitte hinzu. Die Methode hat folgende Syntax:

```
Objekt.Add(Index, Key, Text, Style, Picture)
```

Das Argument INDEX bestimmt die Position, an der ein Abschnitt eingefügt werden soll. Wenn zunächst nur ein Abschnitt vorhanden ist, kann das Argument maximal den Wert 2 haben. Geben Sie einen größeren Wert ein, erhalten Sie eine Fehlermeldung angezeigt. Mit KEY vergeben Sie einen eindeutigen Namen unter welchem Sie den Abschnitt später ansprechen können. Das Argument TEXT steht für den Anzeigetext. In der Regel werden Sie den Wert zur Laufzeit des Programms als Eigenschaft setzen. Ein Text wird auch nur angezeigt, wenn Sie das Argument STYLE auf den Wert SBRTEXT setzen. Mit STYLE bestimmen Sie die Anzeige des Abschnitts. Geben Sie hier den Wert SBRINS an, wird der aktuelle Einfügemodus angezeigt. Mit SBRCAPS erhalten Sie den Caps-Lock-Zustand. Beispiele:

```
Me.StatusBar1.Panels.Add , "P1", "Text im Abschnitt", sbrText
Me.StatusBar1.Panels.Add , "P2", , sbrCaps
Me.StatusBar1.Panels.Add , "P3", , sbrDate
```

Möglich sind auch noch die Konstanten SBRNUM (Num-Lock), SBRTIME (aktuelle Zeit) und SBRSCRL (ScrollLock). Um die so definierten Panels brauchen Sie sich anschließend nicht mehr zu kümmern. Lediglich bei Text-Panels sind Sie selbst für die Anzeige zuständig. Nach der Definition lassen sich die einzelnen Panel-Objekte über den Index oder den Key-Wert ansprechen:

```
Me.StatusBar1.Panels(2).Bevel = sbrRaised
Me.StatusBar1.Panels("P1").Bevel = sbrNoBevel
```

Die hier verwendete Eigenschaft BEVEL ist für die optische Erscheinung der Panel-Objekte zuständig. Ein Panel kann herausgehoben (sbrRaised), vertieft (sbrInset) oder ohne besondere Hervorhebung angezeigt werden. Welche Eigenschaften noch von Interesse sind, zeigt die folgende Übersicht:

Alignment	ermittelt oder bestimmt die Ausrichtung der Anzeige im Panel-Objekt (SBRCENTER, SBRLEFT, SBRRIGHT).
MinWidth	bestimmt die minimale Breite eines Panel-Objekts.
Picture	ermöglicht die Einbindung eines Grafiksymbols.
Text	ermittelt oder bestimmt den Anzeigetext.

Visible   ermittelt oder bestimmt, ob ein Abschnitt angezeigt wird.

Width   ermittelt oder bestimmt die Breite des betreffenden Abschnitts.

Grafiksymbol anzeigen

Über die Eigenschaft PICTURE können Sie ein Grafiksymbol zuweisen. Die Zuweisung erfordert die Funktion LOADPICTURE. Befindet sich das Grafiksymbol im aktuellen Arbeitsverzeichnis, genügt die Angabe des Dateinamens. Andernfalls müssen Sie den kompletten Pfad angeben.

```
Me.StatusBar1.Panels("P2").Picture = LoadPicture("Pause.bmp")
```

Zulässig sind die Grafikformate ICO und BMP. Möglich ist auch die Zuweisung eines Image-List-Symbols. Wenn ein entsprechendes ImageList-Objekt definiert ist, können Sie die folgende Zeile verwenden:

```
StatusBar1.Panels("P2").Picture = ImageList1.ListImages(2).Picture
```

Der Abschnitt erhält hier das zweite Bild des ImageList-Objekts IMAGELIST1 zugewiesen.

Die Anzeigenbreite der Abschnitte regeln

Bei der Bestimmung der Anzeigenbreite der einzelnen Abschnitte haben Sie zwei Möglichkeiten:

1. Sie können mit WIDTH für jeden Abschnitt eine feste Breite (in PUNKT) vorgeben.

2. Sie können auch eine minimale Breite vorgeben (Eigenschaft MINWIDTH) und die tatsächliche Breite dann automatisch bestimmen lassen. Zu diesem Zweck müssen Sie die Eigenschaft AUTOSIZE auf den Wert SBRCONTENTS setzen.

Wenn der letzte Abschnitt nicht mehr in seiner ursprünglichen Breite angezeigt werden kann, wird er in beiden Fällen verkürzt oder eben nicht mehr angezeigt. Das gilt auch, wenn Sie dafür eine feste Breite vorgeben.

Einen Abschnitt löschen

Ein Panel-Objekt entfernen Sie mit Hilfe der Methode REMOVE. Die Methode ist für die Panels-Auflistung definiert:

```
Me.StatusBar1.Panels.Remove ("P3")
```

Mit der vorstehenden Zeile löschen Sie den Abschnitt mit dem Key-Wert „P3" (das Key-Argument der Add-Methode).

11.8 Zusätzliche Steuerelemente

Ereignisse eines StatusBar-Elements auswerten

Ein Statusbar-Element bzw. dessen einzelne Panel-Objekte lassen sich auch als Schalter verwenden. Das Element verfügt über die üblichen Click- und DblClick-Ereignisse. Interessanter sind aber die Ereignisse PANELCLICK und PANELDBLCLICK. Die zugehörigen Ereignisprozeduren verfügen über ein Argument, welches das angeklickte Panel-Objekt liefert. Sie können damit ermitteln, welcher Abschnitt vom Anwender angeklickt wurde. Als zuverlässigste Eigenschaft dürfte hier der Wert des Key-Arguments der Add-Methode gelten. Die folgende Ereignisprozedur zeigt die Auswertung für ein Element mit drei Abschnitten:

```
Private Sub StatusBar1_PanelClick(ByVal Panel As _
                                  MSComctlLib.Panel)
    Select Case Panel.Key
        Case "P1"
            MsgBox "erster Abschnitt"
        Case "P2"
            MsgBox "zweiter Abschnitt"
        Case "P3"
            MsgBox "dritter Abschnitt"
    End Select
End Sub
```

Theoretisch kann die Auswertung auch noch über die Eigenschaften INDEX und TEXT erfolgen. Zumindest TEXT eignet sich aber nur, wenn Sie darauf achten, daß jeder Anzeigetext auch eindeutig ist.

ProgressBar – Fortschrittsanzeige

Die Fortschrittsanzeige kann helfen, die Wartezeit bei selbständig ablaufenden Prozessen subjektiv zu verkürzen. Der Anwender erhält damit eine Information über den aktuellen Stand einer Operation. Obwohl die Fortschrittsanzeige also mehr eine psychologische Funktion erfüllt, kann ihr Einsatz durchaus sinnvoll sein.

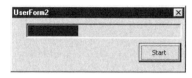

Abb. 11.24: Eine Fortschrittsanzeige verwenden

Die Anzeige steuern Sie über die Eigenschaft VALUE. Sobald VALUE den mit der Eigenschaft MAX vorgegebenen Wert erreicht, erscheint die Anzeige vollständig gefüllt. Den Startwert (keine Füllung) bestimmen Sie mit der Eigenschaft MIN. Wenn Sie versuchen, der Value-Eigenschaft Werte unterhalb des Min-Wertes zuzuweisen, bricht das Programm mit einer

Fehlermeldung ab. Mit den folgenden Zeilen sind Sie aber auf der sicheren Seite, weil wir Start- und Zielwert aus den betreffenden Eigenschaften auslesen:

```
For i = Me.ProgressBar1.Min To Me.ProgressBar1.Max
    Me.ProgressBar1.Value = i
Next
```

Bei der Füllung können Sie zwischen einer stufenweise und einer glatten Anzeige wählen. Zuständig ist hier die Eigenschaft SCROLLING. Für Abbildung 11.24 haben wir die glatte Anzeige eingestellt.

ListView – erweiterte Listen

Ein ListView-Element beherrscht mehrere Darstellungsformen, die sich per Eigenschaftszuweisung umschalten lassen. Für Abbildung 11.25 haben wir die Berichtsdarstellung gewählt, weil in dieser auch die Spaltenköpfe eingeblendet werden.

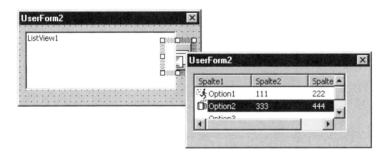

Abb. 11.25: Ein ListView-Element in der Berichtsdarstellung

Das folgende Makro, das dem Click-Ereignis des Dialogs zugeordnet ist, baut die Liste auf. Sie müssen nach Erscheinen des Dialogs also erst auf die Dialogfläche klicken, damit die Auswahl angezeigt wird. Diese Lösung erwies sich als notwendig, weil unsere Office-Version das Steuerelement in der Initialisierungs-Prozedur des Dialogs nicht korrekt aufbauen wollte. Da die Prozedur etwas länger geworden ist, haben wir zudem den Erläuterungstext in die Prozedur hineingeschrieben, ohne diesen als Kommentar zu kennzeichnen. Natürlich funktioniert das im Programm nicht.

```
Private Sub UserForm_Click()
    ImageList1.ListImages.Add ,"Bild1", LoadPicture("Urlaub.bmp")
    ImageList1.ListImages.Add ,"Bild2", LoadPicture("Pause.bmp")
```

Um Symbole verwenden zu können, ist wieder ein ImageList-Element im Dialog erforderlich. Die vorstehenden Zeilen füllen das Element mit zwei Bildern. Weiter oben im ToolBar-Unterkapitel haben wir die Funktion der einzelnen Argumente genauer beschrieben.

11.8 Zusätzliche Steuerelemente

Mit den folgenden Zeilen erhält das ListView-Element Spaltenköpfe zugewiesen. Zuständig ist hier die Auflistung COLUMNHEADERS. Das dritte Argument der zugehörigen Add-Methode enthält die Spaltenbezeichnung. Im vierten Argument übergeben Sie die Spaltenbreite (in Punkt).

```
ListView1.ColumnHeaders.Add , , "Spalte1", 60
ListView1.ColumnHeaders.Add , , "Spalte2", 60
ListView1.ColumnHeaders.Add , , "Spalte3", 60
```

Die folgenden drei Zeilen bestimmen das Erscheinungsbild des ganzen Elements. Funktional wichtig ist die dritte Zeile, weil hier die Festlegung erfolgt, daß eine angeklickte Option vollständig (über alle Spalten) markiert werden soll.

```
ListView1.Appearance = cc3D
ListView1.BorderStyle = ccNone
ListView1.FullRowSelect = True
```

Das ListView-Element kann seinen Inhalt auf vier verschiedene Weisen darstellen: Symbole, kleine Symbole, Liste und Bericht (mehrspaltig). Die kleinen Symbole können auch in der Listen- und Berichtsdarstellung erscheinen. Wenn wir die Möglichkeit der Unterscheidung von großen und kleinen Symbolen nutzen wollen, benötigen wir eigentlich zwei Symbollisten (ImageList-Objekte). Wir haben jedoch für beide das gleiche ImageList-Objekt verwendet. Mit den folgenden Zeilen erfolgt die Anbindung an das ListView-Objekt.

```
ListView1.Icons = ImageList1
ListView1.SmallIcons = ImageList1
```

Für die Auswahl der Darstellungsweise ist die View-Eigenschaft zuständig. Sie können hier zwischen vier vordefinierten Konstanten wählen: LVWICON, LVWLIST, LVWREPORT und LVWSMALLICON. In der Report-Darstellung (Bericht) erhalten Sie alle Spalten und auch die Spaltenköpfe angezeigt.

```
ListView1.View = lvwReport
```

Bisher enthält unser ListView-Objekt noch gar keine Optionen. Das soll sich mit den folgenden Zeilen ändern. Diese füllen aber nur die erste Spalte. Wir haben nur das dritte Argument genutzt, das den Anzeigetext (Eigenschaftsname TEXT) enthält. Das erste Argument (INDEX) wird automatisch als fortlaufende Nummer vergeben. Das zweite Argument (KEY) ist eigentlich für die spätere Auswertung der Anwenderwahl wichtig. Wenn Sie es nutzen wollen, müssen Sie es als String übergeben.

```
ListView1.ListItems.Add , , "Option1"
ListView1.ListItems.Add , , "Option2"
ListView1.ListItems.Add , , "Option3"
```

Die folgenden Zeilen definieren die Werte der zweiten und dritten Spalte. Der Anzeigetext kann direkt dem jeweiligen SubItem-Objekt zugewiesen werden.

```
ListView1.ListItems(1).SubItems(1) = "111"    'zweite Spalte
ListView1.ListItems(1).SubItems(2) = "222"    'dritte Spalte
ListView1.ListItems(2).SubItems(1) = "333"
ListView1.ListItems(2).SubItems(2) = "444"
```

Die einzelnen ListItem-Objekte (Auswahloptionen) verfügen entsprechend der Möglichkeit, zwei unterschiedliche Symbole darzustellen, über zwei Eigenschaften: ICON und SMALLICON. Wir haben jedoch in beiden Fällen das gleiche Bild verwendet (das gleiche ListImages-Objekt).

```
ListView1.ListItems(1).Icon = "Bild1"
ListView1.ListItems(1).SmallIcon = "Bild1"
ListView1.ListItems(2).Icon = "Bild2"
ListView1.ListItems(2).SmallIcon = "Bild2"
ListView1.Visible = True
End Sub
```

Die Bezeichnungen BILD1 und BILD2 stehen für das Key-Argument der ListImages-Methode ADD. Damit identifizieren wir die einzelnen Bilder eines ImageList-Objekts.

Die Anwenderwahl auswerten

Die Auswertung der Anwenderwahl sollte über das ItemClick-Ereignis des ViewList-Objekts erfolgen. Das Objekt verfügt zwar auch über ein Click-Ereignis, dieses wird aber auch ausgelöst, wenn der Anwender auf eine Stelle im Listenfeld klickt, die nicht zu einer Auswahloption gehört, beispielsweise direkt unterhalb der letzten Option. Die Ereignisprozedur ITEMCLICK verfügt über ein Item-Argument, welches das angewählte ListItem-Objekt enthält. Auswerten lassen sich damit Eigenschaften wie KEY, INDEX oder TEXT. Da wir beim Erzeugen der Optionen das Key-Argument nicht verwendet haben, bleibt uns eigentlich nur INDEX.

```
Private Sub ListView1_ItemClick(ByVal Item As _
                    MSComctlLib.ListItem)
    MsgBox "Index:    " & Item.Index & Chr(13) & _
           "Auswahl:  " & Item.Text & Chr(13) & _
           "2. Spalte: " & Item.SubItems(1)
End Sub
```

Die Text-Eigenschaft ist in der Regel nicht geeignet, weil verschiedene Optionen durchaus gleiche Bezeichnungen tragen können.

TreeView – hierarchische Listen

Das TreeView-Element ermöglicht eine hierarchische Listendarstellung, wie sie beispielsweise auch der Windows-Explorer bietet. Vorzugsweise bilden sie damit Hierarchien wie die Ordnerstruktur der Laufwerke ab. Die Funktionalität, beispielsweise die Einrückung und das Ein- bzw. Ausblenden von untergeordneten Optionen, stellt das TreeView-Element selbst zur Verfügung.

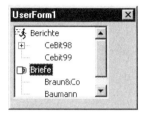

Abb. 11.26: Ein TreeView-Element definieren

Im Gegensatz zu den sonstigen Steuerelementen verfügt TREEVIEW nur über sehr eingeschränkte Möglichkeiten zur manuellen Einstellung von Eigenschaften. Wir werden daher nicht explizit darauf eingehen.

Bei den Eigenschaften und Methoden ist zwischen dem TreeView-Element als Ganzes und den einzelnen Listeneinträgen zu unterscheiden. Die folgende Übersicht zeigt zunächst die Eigenschaften und Methoden, die das ganze Element betreffen.

CheckBoxes	ermittelt oder bestimmt, ob für die Listeneinträge Kontrollfeldkästchen angezeigt werden.
FullRowSelect	ermittelt oder bestimmt, ob beim Anklicken der ganze Eintrag markiert angezeigt werden soll oder nur der jeweilige Text des Eintrags.
ImageList	bestimmt ein ImageList-Element für die Zuordnung von Grafiksymbolen.
Indentation	bestimmt den Einzug der untergeordneten Einträge.
LineStyle	bestimmt die Liniendarstellung der hierarchischen Struktur. Sie können eine wurzel- (TVWROOTLINES) oder eine baumartige (TVWTREELINES) Darstellung wählen.
Nodes	ist die wichtigste Eigenschaft. Über die Nodes-Auflistung erzeugen und ändern Sie die einzelnen Listeneinträge.
Style	bestimmt den Stil der Darstellung. Der Stil besagt, ob Linien, Text, Symbole oder Plus- und Minusschalter angezeigt werden. Die Eigenschaften STYLE und LINESTYLE stehen in Wechselwirkung miteinander. Nur wenn Sie beispielsweise den Linienstil TVWROOTLINES wählen, werden auch Plus- und Minusschalter angezeigt.

Die Eigenschaften können Sie größtenteils auch über das Eigenschaftenfenster und den speziellen Eigenschaften-Dialog (Eigenschaft BENUTZERDEFINIERT) erreichen. Eine Ausnahme macht die wichtigste Eigenschaft NODES.

NODES – Listeneinträge erzeugen

Da die Manipulation des TreeView-Elements ohne Einträge keinen Sinn macht, müssen wir erst einige Einträge erzeugen. Auf die Nodes-Auflistung ist dazu die Add-Methode anzuwenden, die hier folgende Syntax aufweist:

```
Objekt.Add(Relative,RelationShip,Key,Text,Image,SelectedImage)
```

Grundsätzlich sind alle Argumente optional. Allerdings erhalten Sie dann nur einen leeren Eintrag (Knoten) der obersten Hierarchiestufe. Für eine ordentliche Liste werden Sie praktisch alle Argumente benötigen. Diese haben folgende Bedeutung:

Relative	steht für die Key-Eigenschaft eines anderen, schon definierten Knotens. Das Argument bestimmt, auf welchen Knoten sich der neue Knoten beziehen soll.
Relationship	bestimmt die Art der Beziehung. Möglich ist eine hierarchische Unterordnung oder eine Zuordnung auf gleicher Ebene. Für das Argument sind Konstanten wie beispielsweise TVWCHILD definiert.
Key	ist praktisch der Name des Knotens. Dieses Argument muß eindeutig sein, weil es zur Referenzierung der einzelnen Knoten und zur Auswertung der Anwenderwahl verwendet wird.

Mit den vorstehenden Argumenten können wir bereits eine hierarchische Liste definieren. Die folgenden Zeilen erzeugen zwei Hauptknoten. Dem erste Hauptknoten ist ein Unterpunkt zugeordnet. Dieser enthält dann selbst noch einen Unterpunkt. Für die Hauptknoten haben wir nur das Key-Argument verwendet. Dieses Argument wird dann für die Definition der Unterknoten benötigt.

```
Me.TreeView1.Nodes.Add , , "K1"
Me.TreeView1.Nodes.Add , , "K2"
Me.TreeView1.Nodes.Add "K1", tvwChild, "K11"
Me.TreeView1.Nodes.Add "K11", tvwChild, "K111"
```

Die Zeilen können Sie im Ereignismodul des Dialogs ausführen lassen. Sie machen aber noch keinen Sinn, weil die Knoten weder über Anzeigetexte noch Grafiksymbole (ImageList-Elemente) verfügen. Um eine brauchbare Darstellung zu erhalten, müssen wir mindestens noch das Argument TEXT nutzen, das für den Anzeigetext der einzelnen Knoten steht. Erst das folgende Makro erzeugt eine brauchbare Darstellung:

11.8 Zusätzliche Steuerelemente

```
Private Sub CommandButton2_Click()
  Me.TreeView1.Nodes.Clear
  Me.TreeView1.Indentation = 20
  Me.TreeView1.LineStyle = tvwRootLines
  Me.TreeView1.Style = tvwTreelinesPlusMinusText
  Me.TreeView1.Nodes.Add , , "K1", "Option1"
  Me.TreeView1.Nodes.Add , , "K2", "Option2"
  Me.TreeView1.Nodes.Add "K1", tvwChild, "K11","Unteroption11"
  Me.TreeView1.Nodes.Add "K11",tvwChild,"K111","Unteroption111"
End Sub
```

Der Programmtext ist einem Schalter des gleichen UserForm-Dialogs zugeordnet. Die erste Zeile (CLEAR) haben wir nur eingefügt, damit beim mehrmaligen Betätigen des Schalters keine Fehlermeldung ausgelöst wird. CLEAR löscht alle Elemente der Nodes-Auflistung. Ohne vorherige Löschung der Auflistung würde ein zweiter Aufruf Knoten mit identischen Key-Werten erzeugen, was aber nicht zulässig ist. Mit dem Beispiel erhalten wir die Knoten-Struktur aus Abbildung 11.27.

Abb. 11.27: Struktur der Knoten

Beachten Sie auch den Einzug der Unteroptionen, den wir mit der Eigenschaft INDENTATION bestimmt haben. Für die Darstellung der Hierarchielinien und der Plus- bzw. Minusschalter sind die Eigenschaften STYLE und LINESTYLE gemeinsam zuständig.

Hinweis: Wir haben für das Argument KEY Bezeichnungen wie K1, K11 usw. verwendet. Bei sehr kurzen Listen mögen sich solche Bezeichnungen noch halbwegs zuordnen lassen. Sinnvoller sind aber aussagefähige Namen, weil Sie das Key-Argument später noch für die Auswertung benötigen.

Grafiksymbole hinzufügen

Um in der Anzeige auch Grafiksymbole zu erhalten, benötigen wir wieder ein ImageList-Objekt. Die Anbindung erfolgt über die Eigenschaft IMAGELIST:

```
Me.TreeView1.ImageList = Me.ImageList1
```

Ein Knoten kann zwei verschiedene Symbole darstellen. Sie verwenden dafür die Add-Argumente IMAGE und SELECTEDIMAGE. IMAGE steht für das angezeigte Symbol im nicht markierten bzw. nicht geöffneten Zustand.

In der folgenden Ereignisprozedur haben wir alles zusammengefaßt, was für die Definition des TreeView-Elements aus Abbildung 11.26 erforderlich ist. Zu Anfang laden wir wieder ein ImageList-Element mit zwei Bildern. Das ImageList-Element muß natürlich ebenfalls im UserForm-Dialog enthalten sein. Der Programm-Code ist dem Click-Ereignis des Dialogs zugeordnet.

```
Private Sub UserForm_Click()
 ImageList1.ListImages.Add , "Bild1", LoadPicture("Urlaub.bmp")
 ImageList1.ListImages.Add , "Bild2", LoadPicture("Pause.bmp")

  Me.TreeView1.Nodes.Clear
  Me.TreeView1.ImageList = Me.ImageList1
  Me.TreeView1.Appearance = cc3D
  Me.TreeView1.FullRowSelect = False
  Me.TreeView1.Checkboxes = False
  Me.TreeView1.Indentation = 10
  Me.TreeView1.HotTracking = False

  Me.TreeView1.Nodes.Add , , "K1", "Berichte", "Bild1", "Bild2"
  Me.TreeView1.Nodes.Add "K1", tvwChild, "K11", "CeBit98"
  Me.TreeView1.Nodes.Add "K1", tvwChild, "K12", "Cebit99"
  Me.TreeView1.Nodes.Add "K11", tvwChild, "K121", "Kalkulation"

  Me.TreeView1.Nodes.Add , , "K2", "Briefe", "Bild1", "Bild2"
  Me.TreeView1.Nodes.Add "K2", tvwChild, "K21", "Braun&Co"
  Me.TreeView1.Nodes.Add "K2", tvwChild, "K22", "Baumann"

  Me.TreeView1.Nodes("K1").Expanded = True
  Me.TreeView1.Nodes("K2").Expanded = True
End Sub
```

Nur die beiden Hauptoptionen (fett hervorgehoben) haben wir mit Bildern ausgestattet. Die beiden letzten Zeilen sorgen dafür, daß die Hauptoptionen geöffnet werden. Die folgende Übersicht zeigt, welche Eigenschaften für einzelne Knoten zur Verfügung stehen:

Checked	ermittelt oder bestimmt, ob ein eventuell vorhandenes Kontrollkästchen aktiviert ist oder nicht.
Children	ermittelt die Zahl der untergeordneten Knoten der ersten Stufe, also der direkt untergeordneten Einträge.

11.8 Zusätzliche Steuerelemente

Expanded   ermittelt oder bestimmt, ob der betreffende Knoten geöffnet sein soll, ob also die direkt zugeordneten Untereinträge, soweit solche vorhanden sind, angezeigt werden.

FullPath   ermittelt die vollständige Hierarchie eines Knotens von dessen Wurzel bis zu diesem Knoten, nicht aber die auf den Knoten folgenden Unteroptionen.

Root   liefert die Wurzel (die oberste Option) eines Knotens.

Text   ermittelt oder bestimmt den Anzeigetext eines Knotens (das Text-Argument der Add-Methode).

Die Eigenschaften der Knoten bestimmen

Um einzelne Knoten auswerten oder manipulieren zu können, müssen Sie diese erst referenzieren. Sie können dafür wie folgt den Indexwert des einzelnen Knotens verwenden:

```
MsgBox Me.TreeView1.Nodes(3).Text
```

Die vorstehende Zeile gibt den Anzeigetext des dritten Knotens aus. Um festzustellen, welcher Knoten der dritte ist, müssen Sie aber in den Quelltext schauen. Einzig sinnvoll ist daher die Verwendung des Key-Wertes als Nodes-Index:

```
MsgBox Me.TreeView1.Nodes("K11").Text
```

Über die Eigenschaft TEXT können Sie nicht nur den Anzeigetext ermitteln, sondern diesen durch Zuweisung auch ändern.

Einen Knoten löschen

Einen Knoten löschen Sie mit der Remove-Methode der Nodes-Auflistung. Als Argument der Remove-Methode müssen Sie den Indexwert oder das Key-Argument der Add-Methode verwenden:

```
Me.TreeView1.Nodes.Remove ("K2")
```

Die vorstehende Zeile löscht in unserem Beispiel den Hauptknoten K2. Damit gehen auch alle untergeordneten Knoten verloren.

Anwenderwahl auswerten

Für die Reaktion auf die Auswahl des Anwenders bietet sich das NodeClick-Ereignis an, das praktischerweise mit dem Argument NODE versehen ist. Damit erhalten Sie den vom Anwender markierten Knoten, an den Sie wahlweise nur noch die Eigenschaften KEY, INDEX oder TEXT anhängen müssen.

```
Private Sub TreeView1_NodeClick(ByVal Node As MSComctlLib.Node)
   MsgBox Node.Key
   MsgBox Node.Text
End Sub
```

Auch hier ist wieder die Eigenschaft KEY zu empfehlen, weil diese in der Regel Eindeutigkeit und Aussagefähigkeit verbindet.

11.9 Web-Komponenten als Steuerelemente

Mit Office 2000 werden auch drei Komponenten geliefert, die eigentlich für Web-Seiten gedacht sind. Diese lassen sich aber auch in normale Dokumente, Arbeitsmappen, Präsentationen und UserForm-Dialoge einbinden. Die Komponenten haben folgende Bedeutung:

SpreadSheet   stellt Excel-Tabellenblätter (HTML-Format) dar und erlaubt auch die Bearbeitung der angezeigten Daten.

PivotTable   stellt Pivot-Tabellen dar.

Chart   stellt Charts (Diagramme) dar.

Da es sich überwiegend um Excel-Funktionalität handelt, die mit den Komponenten angeboten wird, macht die Verwendung in Excel selbst natürlich wenig Sinn. Der folgende Text beschränkt sich daher auf die Einbindung der Spreadsheet-Komponente in einen Dialog.

Komponenten einrichten

Die Komponenten erreichen Sie über die Werkzeugsammlung des UserForm-Dialogs. Im Kontextmenü der Werkzeugsammlung wählen Sie die Option ZUSÄTZLICHE STEUERELEMENTE... Im daraufhin erscheinenden Dialog müssen Sie die folgenden Optionen aktivieren:

- Microsoft Office Spreadsheet 9.0
- Microsoft Office PivotTable 9.0
- Microsoft Office Chart 9.0

Nach Schließen des Dialogs werden die Elemente in der Werkzeugsammlung angezeigt und lassen sich wie gewohnt im Dialog plazieren.

Eigenschaften einstellen

Das normale Eigenschaftenfenster enthält hauptsächlich Einstellungen, die Sie unter Excel im Optionen-Dialog finden. Dazu gehören die Anzeige von Spalten- und Zeilenköpfen oder von Gitterlinien und Bildlaufleisten.

11.9 Web-Komponenten als Steuerelemente

Komponente mit HTML-Dokument aufrufen

Interessant ist die Option HTMLURL. Diese Eigenschaft erlaubt die Zuweisung einer Web-Adresse oder einer lokalen HTML-Datei. Sie müssen in der Regel den kompletten Pfad angeben. Bei der HTML-Datei muß es sich um eine Datei mit Tabellenstruktur, besser aber um eine zuvor mit Excel erstellen Datei im HTML-Format handeln. Die Datei sollte auch nur aus einem Tabellenblatt bestehen, weil die Komponente nicht mit kompletten Arbeitsmappen umgehen kann. Verzichten Sie auf die Eigenschaft, wird ein leeres Tabellenblatt angezeigt.

Eigenschaften-Toolbox

Ebenfalls sehr interessant ist die Eigenschaft DISPLAYPROPERTYTOOLBOX, mit der Sie die Eigenschaften-Toolbox aufrufen. Die Toolbox kann sowohl im Entwurfs- als auch im Anzeigemodus erscheinen. Sie enthält umfangreiche Einstellungsmöglichkeiten.

Wichtig: Die Dialog-Eigenschaft SHOWMODAL muß den Wert FALSE erhalten (kein modaler Dialog), wenn die Eigenschaften-Toolbox auch zur Laufzeit verfügbar sein soll.

Abbildung 11.28 zeigt einen UserForm-Dialog mit Spreadsheet-Komponente und der eingeblendeten Eigenschaften-Toolbox.

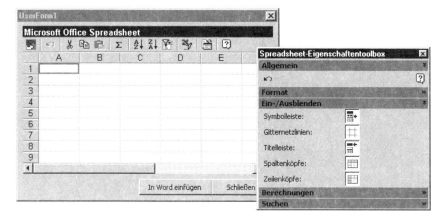

Abb. 11.28: Spreadsheet-Komponente im UserForm-Dialog

Über die etwas gewöhnungsbedürftigen Schalter erreichen Sie verschiedene Einstellungen zur Formatierung und zur Bearbeitung von Tabellendaten.

Programmierung

Die Programmierung unterscheidet sich nicht so sehr von der Excel-Programmierung. Natürlich müssen Sie erst den UserForm-Dialog und die Komponente referenzieren. Die folgenden Beispiele zeigen, wie Sie auf einzelne Zellen der Komponente zugreifen können:

```
MsgBox UserForm1.Spreadsheet1.ActiveSheet.Range("C3").Value
MsgBox UserForm1.Spreadsheet1.ActiveSheet.Cells(2, 2).Value
MsgBox UserForm1.Spreadsheet1.Selection.Address
```

Die Excel-Standardeigenschaften wie RANGE, CELLS und SELECTION stehen also auch in der Komponente zur Verfügung. Der Datenaustausch mit anderen Office-Anwendungen gestaltet sich daher recht einfach. Soll der Inhalt der Komponententabelle beispielsweise in eine Word-Tabelle geschrieben werden, ist auch noch die Eigenschaft USEDRANGE von Interesse:

```
MsgBox Me.Spreadsheet1.ActiveSheet.UsedRange.Address
```

Mit USEDRANGE erhalten wir den genutzten Bereich des Tabellenblatts in der Komponente. Daraus läßt sich die Zahl der Zeilen und Spalten ermitteln. Diese können wiederum dazu dienen, eine entsprechende Word-Tabelle zu dimensionieren und die Daten zu übertragen.

Die folgenden Zeilen, die dem Click-Ereignis eines Schalters im UserForm-Dialog zugeordnet sind, setzen die oben genannten Vorstellungen um. Zunächst ermitteln wir Zeilen und Spalten des genutzten Bereichs und erzeugen dann mit diesen Werten eine Word-Tabelle. Die Tabelle wird an der Cursor-Position in das aktive Dokument eingefügt:

```
Private Sub CommandButton1_Click()
   Dim Tabelle As Table         'für Word-Tabelle
   With Me.Spreadsheet1.ActiveSheet
      Spalten = .UsedRange.Columns.Count
      Zeilen = .UsedRange.Rows.Count
   End With
   Set Tabelle = ActiveDocument.Tables.Add(Selection.Range, _
                                       Zeilen, Spalten)
   For n = 1 To Spalten
      For i = 1 To Zeilen
         Tabelle.Cell(i, n).Range.Text = _
         Me.Spreadsheet1.ActiveSheet.Cells(i, n).Value
      Next
   Next
End Sub
```

In zwei verschachtelten For-Schleifen werden die Werte dann in die neue Word-Tabelle übertragen. Die ermittelten Zeilen und Spalten dienen dabei zur Begrenzung der Schleifendurchläufe.

12 Menüs und Symbolleisten

12.1 Hinweise zum Kapitel

Menüs und Symbolleisten sind inzwischen in allen vier Office-Anwendungen sehr ähnlich aufgebaut. Auch die Manipulation kann nun einheitlich über den Anpassen-Dialog (Menüoption EXTRAS/ANPASSEN...) erfolgen. Bei genauerem Hinsehen lassen sich jedoch Unterschiede ausmachen. Obwohl es sich dabei oft um kleine Abweichungen handelt, erschweren diese Differenzen doch eine gemeinsame Darstellung. Im folgenden Text beschränken wir uns daher weitgehend auf Word und Excel. Fallweise werden wir aber auch auf Abweichungen, insbesondere bei Access, hinweisen. Die Beispiele des Programmierteils lassen sich größtenteils auch auf PowerPoint anwenden.

12.2 Symbolleisten anpassen

Die Möglichkeiten, Symbolleisten manuell, also per Mausklick, zu manipulieren, sind in Word, Excel, PowerPoint und Access so umfangreich, daß eine Programmierung nur noch selten erforderlich sein dürfte. Wir gehen daher zunächst auf die manuelle Gestaltung von Symbolleisten ein.

Symbolleisten im Dialog ANPASSEN einblenden

Normalerweise werden Sie die meisten Symbolleisten über das Kontextmenü der Symbolleisten oder über das gleichnamige Untermenü im Menü ANSICHT ein- oder ausblenden. Im Dialog ANPASSEN (Menüoption EXTRAS/ANPASSEN...) finden Sie jedoch alle verfügbaren Symbolleisten, auch solche, die nicht im Kontextmenü angeboten werden. Diese können Sie hier ebenfalls ein- oder ausblenden.

Symbolleisten anpassen

Bestehende Symbolleisten lassen sich durch zusätzliche Schalter ergänzen oder durch das Entfernen von Schaltern verkleinern. In Excel ist es zudem möglich, Makros auf bestehende Symbolschalter zu legen. Damit wird die Funktion des Schalters geändert. In Word und PowerPoint funktioniert das nicht, jedenfalls nicht per Anpassen-Dialog. Hier müssen Sie programmieren, um die Funktionalität zu ändern. Wir werden im Programmierteil darauf zurückkommen.

Symbolschalter hinzufügen

Auf der Seite BEFEHLE des Dialogs ANPASSEN finden Sie alle Befehle nach Kategorien geordnet. Die Kategorien entsprechen ungefähr der Einteilung des Hauptmenüs. Sobald Sie eine Kategorie markiert haben, werden in der Liste BEFEHLE alle zugehörigen Befehle angezeigt. Auch Kombinationsfelder, die verschiedene Auswahloptionen anbieten, sind hier verfügbar. Die meisten Befehle werden mit Symbol und Text angezeigt. Solche Befehle können Sie mit der Maus fassen und bei gedrückter linker Maustaste in die gewünschte Symbolleiste schieben.

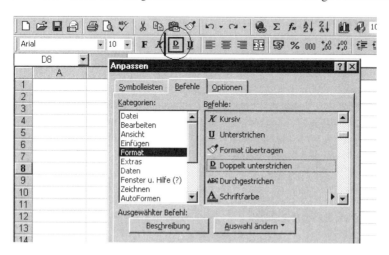

Abb. 12.1: *Einen Symbolschalter einfügen (Excel)*

Sobald der Mauszeiger die Symbolleiste berührt, zeigt ein dicker Strich die aktuelle Einfügeposition an. Per Maus bestimmen Sie dann, wo Sie den neuen Schalter plazieren. Wenn Sie die Maustaste freigeben, wird der neue Schalter mit seinem Symbol eingefügt.

Hinweis: In der Voreinstellung zeigen Word, Excel und Co. nur wenige Symbolleisten, beispielsweise STANDARD und FORMAT, dauerhaft an. Wenn Sie eine andere Symbolleiste erweitern wollen, müssen Sie diese auf der ersten Seite des Anpassen-Dialogs einblenden.

Textschalter in Symbolleisten plazieren

Auch Optionen, die in der Liste BEFEHLE ohne Symbol angezeigt werden, lassen sich in die Symbolleisten einbauen. Sie werden jedoch als Textschalter angezeigt. Wir wollen später zeigen, wie Sie auch dafür Symbole einstellen können.

Text, Symbol oder beides

Die meisten Befehle sind als Text und als Symbol verfügbar. Sie können zwischen beiden Darstellungsformen wählen. Dazu klicken Sie mit der rechten Maustaste auf den betreffenden

12.2 Symbolleisten anpassen

Schalter in der Symbolleiste. Im Kontextmenü wählen Sie dann zwischen dem Symbol, dem Text oder einer kombinierten Darstellung. Wenn Sie die Option STANDARD aktivieren, wird der Schalter, soweit möglich, nur als Symbol angezeigt.

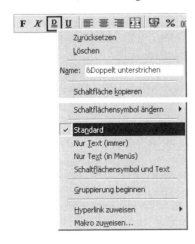

Abb. 12.2: Die Darstellungsform bestimmen

Denken Sie daran, daß der Anpassen-Dialog geöffnet sein muß, während Sie die Symbolleisten ändern. Das in Abbildung 12.2 gezeigte Menü können Sie dann auch über dessen Schalter AUSWAHL ÄNDERN (auf der Seite BEFEHLE) aufrufen. Der Schalter ist nur zugänglich, wenn in den Symbolleisten ein Symbol markiert ist.

Symbolschalter verschieben

Auch die Anordnung der Symbole können Sie ändern. Dazu fassen Sie einen bereits integrierten Schalter und schieben ihn bei gedrückter linker Maustaste an eine andere Position. Der Positionswechsel ist auch zwischen den angezeigten Symbolleisten möglich. Für das Verschieben ist nicht einmal der Anpassen-Dialog erforderlich. Sie müssen dafür aber die Alt-Taste gedrückt halten.

Änderungen rückgängig machen

Alle Änderungen, die Sie an den bestehenden Symbolleisten vornehmen, lassen sich rückgängig machen. Dazu wechseln Sie im Dialog ANPASSEN zur Seite SYMBOLLEISTEN, markieren dort die betreffende Leiste und klicken dann auf den Schalter ZURÜCKSETZEN... Nach einer Sicherheitsabfrage wird der ursprüngliche Zustand der Symbolleiste wiederhergestellt.

Symbolschalter entfernen

Ist der Dialog ANPASSEN geöffnet, können Sie einzelne Schalter mit der Maus fassen und bei gedrückter linker Maustaste herunterziehen. Über dem Dokument bzw. Tabellenblatt lassen Sie den Schalter dann „fallen". Der Schalter wird damit aus der Symbolleiste entfernt. Es ist aber nicht unbedingt erforderlich, den Anpassen-Dialog zu öffnen. Beim Herunterziehen des Schalters müssen Sie dann jedoch die Alt-Taste gedrückt halten.

Symbolleisten erstellen

Um eigene Symbolleisten zu definieren, wechseln Sie im Dialog ANPASSEN zur Seite SYM-BOLLEISTEN und klicken dort auf den Schalter NEU... Im daraufhin erscheinenden Dialog NEUE SYMBOLLEISTE geben Sie eine Bezeichnung ein, unter der die neue Symbolleiste später angesprochen werden kann. In Word können Sie noch bestimmen, ob die neue Symbolleiste der Vorlage oder einem der geöffneten Dokumente zugeordnet werden soll.

Abb. 12.3: Eine eigene Symbolleiste erstellen (Word)

Nach Eingabe des Namens und Schließen des Dialogs mit OK wird ein sehr kleines neues Symbolfenster angezeigt. Sie können nun wieder zur Seite BEFEHLE wechseln und, wie oben gezeigt, Text- und Symbolschalter aus der Befehlsliste in das Symbolfenster schieben. Das Fenster paßt seine Größe automatisch an.

Symbole kopieren

Auch Symbole aus den bereits angezeigten Symbolleisten lassen sich in das neue Fenster verschieben. Wenn Sie dabei die Strg-Taste gedrückt halten, werden die Symbole nur kopiert, bleiben also auch in den ursprünglichen Leisten erhalten. Abbildung 12.4 zeigt eine etwas zufällige Zusammenstellung von Symbolschaltern.

Abb. 12.4: Eine selbstdefinierte Symbolleiste

Die Symbole können aus allen Kategorien stammen. Es ist also möglich, sehr individuelle Symbolleisten zusammenzustellen.

Schalter gruppieren

Im Kontextmenü eines markierten Schalters finden Sie die Option GRUPPIERUNG BEGINNEN. Wenn Sie diese Option anklicken, wird vor dem markierten Schalter ein Trennsteg eingefügt. Damit lassen sich thematisch zusammengehörende Schalter optisch von anderen Schaltern oder Schaltergruppen trennen.

Namen ändern

Jeder Schalter verfügt über einen Namen, den Sie ebenfalls im Kontextmenü des Schalters ändern können. Diese Option ist für vordefinierte Schalter nicht ganz so wichtig. Der Name steht für den Anzeigetext des Schalters und zunächst auch für die kleine Textzeile (Tooltip),

12.2 Symbolleisten anpassen

die Sie angezeigt erhalten, wenn Sie den Schalter später mit dem Mauszeiger berühren. Da Sie Schalter in der Regel nur mit dem Symbol anzeigen lassen, wird der Name nicht immer benötigt. Schalter können Sie aber auch als Menüoptionen einfügen. In diesem Fall ist der Anzeigetext (die Option NAME) aber meistens wichtiger als das Symbol.

Symbole ändern

Wenn Ihnen die vorgegebenen Symbole nicht gefallen oder wenn Sie für einen nur als Textschalter verfügbaren Befehl ein Symbol verwenden wollen, können Sie eine Symbolauswahl aufrufen. Word und Co. enthalten eine kleine Sammlung von noch nicht belegten Symbolen.

Abb. 12.5: Ein anderes Symbol auswählen

Um einem Schalter ein anderes Symbol zuzuweisen oder um den Text durch ein Symbol zu ergänzen, müssen Sie den betreffenden Schalter markieren und dann in dessen Kontextmenü die Option SCHALTFLÄCHENSYMBOL ÄNDERN wählen. Sie erhalten dann eine Symbolauswahl angezeigt. Soll im Schalter nur noch das neue Symbol erscheinen, rufen Sie das Kontextmenü anschließend erneut auf und wählen die Option STANDARD. Der Text des Schalters wird dann ausgeblendet.

Eigene Symbole entwerfen

Das bescheidene Angebot an vorgefertigten Symbolen läßt sich um eigene Entwürfe erweitern. Dazu wählen Sie im Kontextmenü eines Schalters die Option SCHALTFLÄCHE BEARBEITEN... Sie erhalten daraufhin den Schaltflächen-Editor angezeigt.

Der Schaltflächen-Editor

Mit diesem simplen Werkzeug erzeugen Sie recht ansehnliche Symbole. Jeder Mausklick setzt einen Punkt in der gerade angewählten Farbe. Allerdings sind Sie auf 16 Farben begrenzt. Beachten Sie vor allem den Unterschied zwischen der weißen Farbe und dem „Farbfeld"

LÖSCHEN. Punkte, die Sie mit der Option LÖSCHEN setzen, werden später transparent dargestellt, so daß der graue Untergrund des Schalters an diesen Stellen sichtbar wird. Im Feld ANSICHT läßt sich die spätere Wirkung des Schaltersymbols in der Originalgröße begutachten.

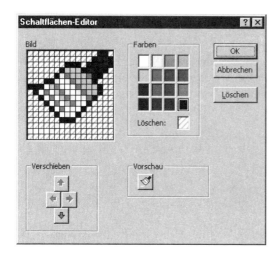

Abb. 12.6: Ein Symbol bearbeiten

Makro-Schalter verwenden

Makros lassen sich als Schalter in jede Symbolleiste integrieren. Word und Excel gehen hierbei jedoch eigene Wege. Zunächst müssen Sie wieder die Seite BEFEHLE des Anpassen-Dialogs anwählen. In der Liste KATEGORIEN markieren Sie dann die Option MAKROS.

Makroschalter in Word und PowerPoint

In Word erhalten Sie daraufhin alle Makros angezeigt, die sich in der Vorlage, in der Regel NORMAL.DOT, befinden. Wenn Sie in der Liste SPEICHERN IN ein Dokument wählen, werden zusätzlich die Makros dieses Dokuments angezeigt. Die Liste SPEICHERN IN bestimmt, ob der neue Schalter an die Vorlage oder an ein bestimmtes Dokument gebunden wird. Die Bindung an die Vorlage bedeutet, daß der Schalter in allen damit erzeugten Dokumenten zur Verfügung steht. Den Schalter wählen Sie dann nur noch aus der Liste BEFEHLE und schieben ihn in die gewünschte Symbolleiste. Die sehr lange Bezeichnung des Schalters werden Sie auf jeden Fall im Kontextmenü (Option NAME) ändern oder durch ein Symbol ersetzen müssen. In PowerPoint gilt das gleiche Schema. Hier stehen aber nur die Makros der gerade geöffneten Präsentationen zur Verfügung.

Makroschalter in Excel

Excel bietet Ihnen nur einen Ersatzschalter für alle Makros an. Diesen Schalter finden Sie auf der Seite BEFEHLE des Dialogs ANPASSEN in der Kategorie MAKROS. Den Schalter können Sie jedoch, wie im vorstehenden Text gezeigt, beliebig verändern. Nach Plazierung des zunächst funktionslosen Schalters in einer Symbolleiste nehmen Sie die erforderlichen Änderungen in dessen Kontextmenü vor. Mit der letzten Option des Kontextmenüs (MAKRO ZUWEISEN...) öffnen Sie den Zuweisen-Dialog, der alle verfügbaren Makros enthält.

Symbolleisten an Word-Dokumente binden

Eigentlich haben wir nebenbei schon gezeigt, wie Sie eine neue Symbolleiste an ein offenes Word-Dokument binden. Die Anbindung erfolgt bereits beim Erzeugen einer neuen Symbolleiste, indem Sie das Dokument im Dialog NEUE SYMBOLLEISTE auswählen. Die offenen Dokumente werden in der Liste SYMBOLLEISTE VERFÜGBAR MACHEN IN angeboten.

Wie wir bei der Erstellung von Makroschaltern gesehen haben, lassen sich auch einzelne Schalter an ein Dokument binden. Dafür müssen Sie vor dem Plazieren eines Schalters auf der Seite BEFEHLE des Anpassen-Dialogs das Zieldokument in der Liste SPEICHERN IN auswählen.

Symbolleisten an Excel-Arbeitsmappen binden

In Excel ist die Anbindung etwas komplizierter. Um eine Symbolleiste an die gerade aktive Arbeitsmappe zu binden, rufen Sie in Excel den Dialog ANPASSEN auf. Auf der Seite SYMBOLLEISTEN betätigen Sie anschließend den Schalter ANFÜGEN... Damit öffnen Sie den in Abbildung 12.7 gezeigten Dialog.

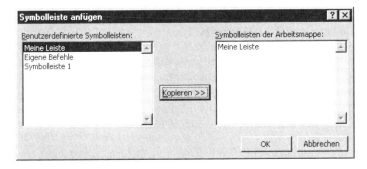

Abb. 12.7: Symbolleisten anfügen

Alle benutzerdefinierten Symbolleisten werden in der gleichnamigen Liste angezeigt. Die gewünschte Leiste markieren Sie und betätigen dann den Schalter KOPIEREN. Die Symbolleisten werden tatsächlich in die Arbeitsmappe kopiert. Selbst wenn Sie die betreffenden Leisten später im Dialog ANPASSEN löschen, bleiben diese in der Arbeitsmappe erhalten und werden beim nächsten Aufruf wieder angezeigt. Bei der Auswahl der Symbolleisten sind auch Mehrfachmarkierungen zulässig.

Symbolleiste aus Excel löschen

Soll eine benutzerdefinierte Symbolleiste nur in der Arbeitsmappe verfügbar sein, mit der sie verbunden wurde, müssen Sie die Leiste nach der Anbindung löschen. Dazu markieren Sie die

Symbolleiste im Dialog ANPASSEN auf der Seite SYMBOLLEISTEN und betätigen anschließend den Schalter LÖSCHEN.

Symbolleisten aus Arbeitsmappen löschen

Um eine Symbolleiste aus einer Arbeitsmappe zu entfernen, müssen Sie die Arbeitsmappe aktivieren, dann über den Dialog ANPASSEN erneut den Dialog SYMBOLLEISTEN ANFÜGEN aufrufen und dort in der Liste SYMBOLLEISTEN DER ARBEITSMAPPE die zu löschende Symbolleiste markieren. Der Schalter KOPIEREN wird dann zum Löschen-Schalter.

Hinweis: Die Anbindung von manuell erstellten Symbolleisten ist wesentlich einfacher als die recht komplexe Programmierung. Wenn keine besonderen Gründe für die Programmierung sprechen, sollten Sie immer die manuelle Definition bevorzugen. Das gilt besonders für Word-Dokumente.

12.3 Menüs anpassen

Eigentlich unterscheiden sich Menüs und Symbolleisten nur noch geringfügig voneinander. Menüs können praktisch als textbasierte Symbolleisten gelten. Entsprechend einfach ist die Bearbeitung, die ebenfalls mit Hilfe des Dialogs ANPASSEN erfolgt.

Menüoptionen verschieben und entfernen

Um Menüoptionen aus den einzelnen Menüs der Menüleiste zu entfernen, rufen Sie zunächst den Dialog ANPASSEN auf. Die Menüs lassen sich dann weiterhin öffnen. Komplette Menüs oder einzelne Menüoptionen fassen Sie nun mit der Maus und ziehen diese bei gedrückter linker Maustaste aus der Menüleiste bzw. dem jeweiligen Menü heraus. Wenn Sie die Maustaste außerhalb des Menüs freigeben, wird der betreffende Menüeintrag entfernt.

Um nicht versehentlich ein ganzes Menü zu löschen, sollten Sie zum Öffnen eines Menüs nur kurz darauf klicken. Die zu löschende Menüoption klicken Sie dann erneut an und ziehen diese bei gedrückter linker Maustaste aus dem Menü heraus.

Wichtig: Bei Word beziehen sich die vorgenannten und die nachfolgend vorgestellten Operationen entweder auf ein geöffnetes Dokument oder die Vorlage (NORMAL.DOT). Sie müssen im Anpassen-Dialog auf der Seite BEFEHLE nachschauen, was in der Liste SPEICHERN IN gerade eingestellt ist. In Excel beziehen sich diese Operationen auf Excel selbst, also auf alle geöffneten Arbeitsmappen.

Menüoptionen im Menü verschieben

Nach der oben beschriebenen Methode können Sie auch einzelne Menüoptionen verschieben. Dazu fassen Sie die betreffende Option mit der Maus und verschieben sie innerhalb des Menüs. Ein dicker schwarzer Strich zeigt die neue Position des Eintrags an.

Menüoptionen zwischen Menüs verschieben

Menüoptionen lassen sich auch in andere Menüs verschieben. Dazu fassen Sie die betreffende Option mit der Maus und schieben sie auf den Hauptmenüpunkt des Zielmenüs, ohne die Maustaste freizugeben. Das Zielmenü wird daraufhin geöffnet, so daß Sie die Option an die gewünschte Stelle schieben können. Erst hier geben Sie die Maustaste frei.

Menüoptionen hinzufügen

Viele Befehle sind nur über verschachtelte Menüaufrufe oder über Symbolleisten zugänglich. Wenn Sie einige dieser Befehle sehr häufig benötigen, bietet Office Ihnen die Möglichkeit, diese in bestehende oder neu zu definierende Menüs einzufügen. Dazu müssen Sie im Dialog ANPASSEN wieder zur Seite BEFEHLE wechseln. Zunächst markieren Sie in der linken Liste die Kategorie, in welcher sich der einzufügende Befehl befindet. In der Liste BEFEHLE werden dann alle zu dieser Kategorie gehörenden Befehle angezeigt.

Um einen Befehl als Menüoption in einem bestehenden Menü zu verankern, fassen Sie diesen in der Befehlsauswahl mit der Maus und schieben ihn auf das gewünschte Zielmenü in der Menüleiste. Das Menü wird daraufhin geöffnet, so daß Sie die neue Option an die gewünschte Stelle schieben können.

Befehlsgruppen als Menüs hinzufügen

Befehlsgruppen, die in der Grundeinstellung nur als Untermenüs oder Symbolleisten verfügbar sind, lassen sich auch als Menüs in der Menüleiste verankern. Dazu wechseln Sie im Anpassen-Dialog wieder zur Seite BEFEHLE. Die Befehlsgruppen finden Sie sowohl in Word als auch in Excel in der Kategorie EINGEBAUTE MENÜS. In der Befehlsliste werden dann alle verfügbaren Befehlsgruppen angezeigt.

Solche Gruppen, hinter denen sich jeweils mehrere thematisch verwandte Befehle verbergen, erkennen Sie an den schwarzen Pfeilspitzen am rechten Rand. Eine Befehlsgruppe fassen Sie mit der Maus und schieben diese an die gewünschte Stelle in der Menüleiste. Befehlsgruppen lassen sich aber auch innerhalb eines bestehenden Menüs einfügen. Sie erscheinen dann später als Untermenüs.

Neue Menüs erzeugen

Am sinnvollsten ist sicher die Möglichkeit, vollkommen neue Menüs zu erzeugen. Dazu markieren Sie im Anpassen-Dialog auf der Seite BEFEHLE die Kategorie NEUES MENÜ. In der Befehlsliste erscheint daraufhin ein gleichnamiger Eintrag, den Sie mit der Maus fassen und in die Menüleiste schieben können. Diese Option ist in vergleichbarer Form in allen vier Office-Anwendungen verfügbar. Das neue Menü ist zunächst noch leer. Sie müssen nun, wie weiter oben schon gezeigt, die gewünschten Befehle aus den verschiedenen Befehlskategorien auswählen und hinzufügen.

Hinweis: Das noch leere Menü wird beim Anklicken oder Berühren mit dem Mauszeiger nur mit einem schmalen Menüansatz geöffnet. Wenn Sie den ersten Eintrag dort plazieren, müssen Sie genau darauf achten, daß der schwarze Einfügestrich auf diesem Ansatz erscheint. Ihr Menüeintrag landet sonst als eigenständige Option in der Menüleiste.

Menüoptionen kopieren

Menüeinträge können auch mehrfach vorhanden sein. Wollen Sie eine häufig benötigte Menüoption in mehreren Menüs verwenden, müssen Sie beim Verschieben innerhalb der Menüstruktur zusätzlich die Strg-Taste gedrückt halten. Sie verschieben dann nur eine Kopie des bestehenden Menüeintrags.

Menüeinträge umbenennen

Das neu erstellte Menü hat keinen sehr originellen Namen. Sie können diesen jedoch ändern, indem Sie mit der rechten Maustaste das Kontextmenü des Menüeintrags aufrufen. Das Kontextmenü enthält eine Eingabezeile mit der Bezeichnung NAME. Den vorgegebenen Namen können Sie frei editieren. Diese Option gilt nicht nur für neue Menüs. Auch die Bezeichnungen bestehender Menüs bzw. Menüeinträge lassen sich nach dem gleichen Schema ändern.

Änderungen rückgängig machen

Das Hauptmenü wird von Word und Excel fast wie eine Symbolleiste behandelt. Die Liste SYMBOLLEISTEN im Dialog ANPASSEN enthält daher auch einen entsprechenden Eintrag (MENÜLEISTE bzw. ARBEITSBLATT-MENÜLEISTE). Diesen Eintrag müssen Sie markieren und anschließend den Schalter ZURÜCKSETZEN... betätigen. Nach einer Sicherheitsabfrage wird der ursprüngliche Zustand des Menüs wiederhergestellt. In Word ist zuvor noch anzugeben, ob die Zurücksetzung für ein Dokument oder die Vorlage erfolgen soll.

Makros als Menüoptionen

In Word gehen Sie wie schon beim Plazieren von Makroschaltern vor. Sie wählen wieder die Kategorie MAKROS und schieben dann das gewünschte Makro in die Menüleiste. Dabei ist auf die Zuordnung in der Liste SPEICHER IN zu achten. Die Änderung gilt entweder für die Vorlage oder ein geöffnetes Dokument.

In Excel wählen Sie ebenfalls auf der Seite BEFEHLE die Kategorie MAKROS. In der Befehlsliste erscheint dann die Option BENUTZERDEFINIERTES MENÜELEMENT. Diese Option steht für ein leeres Menüelement, das Sie, wie mehrfach gezeigt, in ein beliebiges Menü schieben können. Anschließend bearbeiten Sie den neuen Eintrag durch Änderung der Bezeichnung und die Anbindung eines Makros. Die erforderlichen Einstellungen nehmen Sie im Kontextmenü des neuen Eintrags vor. Die letzte Option des Kontextmenüs (MAKRO ZUWEISEN...) öffnet wieder den Zuweisen-Dialog, der alle verfügbaren Makros zur Auswahl anbietet.

Menüs und Symbolleisten in Access

Die meisten der vorstehend getroffenen Aussagen gelten auch für Access. Sie können Symbolschalter (und auch Menüeinträge) hinzufügen, verschieben, löschen usw. Selbstdefinierte Symbolleisten werden jedoch immer in der jeweiligen Datenbank gespeichert. Eine Datenbank muß also geöffnet sein.

Tabellen, Formulare und Makros als Menüoptionen und Symbolschalter

In Access stehen Ihnen auch Tabellen, Formulare, Berichte, Webseiten (Datenzugriffsseiten) und Makros als Symbolschalter bzw. Menüoptionen zur Verfügung. Ohne daß der Anpassen-Dialog geöffnet sein muß, schieben Sie die Elemente direkt aus dem Datenbankfenster in eine Symbolleiste. Für die Einbindung als Menüoptionen müssen Sie allerdings den Anpassen-Dialog öffnen. Auf der Seite BEFEHLE werden dann alle Tabellen, Formulare, Makros usw. in Kategorien wie ALLE TABELLEN, ALLE FORMULARE und ALLE MAKROS angeboten.

VBA-Code für Menüoptionen und Symbolschalter

Mit Makros sind die üblichen Access-Makros gemeint, keine VBA-Prozeduren. Allerdings können Sie Makros erzeugen, die wiederum selbsterstellte VBA-Funktionen (kein Sub-Prozeduren) aufrufen. Dazu müssen Sie beim Erzeugen eines neuen Makros die Makro-Aktion AUSFÜHRENCODE wählen. Als Aktions-Argument ist der Namen der selbstgeschriebenen Funktion inklusive eventuell vorhandener Argumente anzugeben. Das Access-Makro mit dem Funktionsaufruf wird dann wie geschildert als Symbolschalter oder Menüoption installiert.

12.4 Symbolleisten programmieren

Wie gezeigt, lassen sich Symbolleisten sehr einfach interaktiv erstellen und ändern. Auch die Anbindung an Dokumente und Arbeitsmappen kann interaktiv erfolgen. In der Regel werden Sie daher auf die programmgesteuerte Manipulation verzichten können. In einigen Fällen, etwa bei der automatischen Erzeugung von Symbolleisten zur Laufzeit eines Programms, sind Sie jedoch auf VBA-Code angewiesen.

Das CommandBar-Objekt

Für die Programmierung von Menü- und Symbolleisten ist jetzt Office-weit das CommandBar-Objekt zuständig. Der folgende Text gilt daher, wenn auch mit Einschränkungen, für alle vier Office-Anwendungen. Das CommandBar-Objekt verfügt unter anderem über folgende Eigenschaften und Methoden:

BuiltIn   dient der Unterscheidung von integrierten und benutzerdefinierten Symbol- und Menüleisten. Die Eigenschaft gibt TRUE zurück, wenn es sich um ein integriertes CommandBar-Objekt handelt.

Controls	gibt die Auflistung COMMANDBARCONTROLS zurück, die alle Steuerelemente einer Symbolleiste enthält. Diese Eigenschaft ist besonders wichtig, weil sie zur Referenzierung der einzelnen Steuerelemente (Schalter etc.) einer Symbolleiste benötigt wird.
Delete	ist eine Methode, welche die angegebene Symbolleiste löscht.
Enabled	ermittelt oder bestimmt, ob eine Symbolleiste aktiv ist, ob also die Schalter betätigt werden können. Eine Symbolleiste ist aktiv, wenn die Eigenschaft den Wert TRUE hat.
Index	steht für die Position eines Objekts in der CommandBars-Auflistung.
Name	bestimmt den Namen einer benutzerdefinierten Symbolleiste und gibt den Namen einer integrierten Symbolleiste zurück.
NameLocal	bestimmt den Namen in der länderspezifischen Darstellung oder gibt diesen bei integrierten Symbolleisten zurück.
Position	bestimmt die Position der Symbolleiste im Anwendungsfenster. Möglich sind die Konstanten MSOBARLEFT, MSOBARTOP, MSOBARRIGHT, MSOBARBOTTOM, MSOBARFLOATING, MSOBARPOPUP und MSOBARMENU.
Reset	versetzt eine Symbolleiste wieder in den ursprünglichen Zustand.
Type	ermittelt den Typ des CommandBar-Objekts. Möglich sind unter anderem die Konstanten MSOBARTYPENORMAL, MSOBARTYPEMENUBAR und MSOBARTYPEPOPUP.
Visible	bestimmt, ob eine Symbolleiste angezeigt wird.

Symbolleisten referenzieren

Um bestehende Symbolleisten ein- oder auszublenden, müssen Sie diese erst referenzieren. Dazu verwenden Sie die Zugriffseigenschaft COMMANDBARS, die CommandBar-Objekte zurückgibt und die dem Application-Objekt zugeordnet ist. Das Application-Objekt ist nicht unbedingt erforderlich. Die folgenden zwei Zeilen sind daher gleichwertig:

```
MsgBox Application.CommandBars(2).NameLocal
MsgBox CommandBars(2).NameLocal
```

Die beiden Zeilen geben den lokalen, in diesem Fall den deutschen Namen der zweiten Symbolleiste aus. Wir haben hier Indizes für die einzelnen Symbolleisten verwendet.

Hinweis: Die Indizes stehen in den vier Office-Anwendungen für unterschiedliche Symbolleisten. Abhängig von der Anwendung, aus der heraus Sie die vorstehenden Zeilen starten, erhalten Sie also verschiedene Namen angezeigt.

12.4 Symbolleisten programmieren

Wenn Sie die englischen Bezeichnungen kennen, können Sie diese anstelle von Indizes verwenden. Die lokalen (deutschen) Namen, die Sie im Dialog ANPASSEN finden, funktionieren nicht:

```
CommandBars("Standard").Visible = True
CommandBars("Drawing").Visible = True     'Zeichnen-Symbolleiste
```

Mit der folgenden Schleife ermitteln Sie die englischen Bezeichnungen aller Symbolleisten und die zugehörigen Indizes. Die Schleife gibt die Werte mit der MsgBox-Funktion aus:

```
temp = ""
For Each Leiste In CommandBars
   temp = temp & " " & Leiste.Index & " " & _
                       Leiste.Name & Chr(13)
Next
MsgBox temp
```

Allerdings müssen Sie sich auf eine etwas längere Liste gefaßt machen, weil Word und Excel doch mit sehr vielen Symbolleisten ausgestattet sind. Wenn der MsgBox-Dialog nicht mehr auf Ihren Bildschirm paßt, Sie also nicht an den OK-Schalter herankommen, können Sie den Dialog auch mit ESC schließen. Beachten Sie auch, daß die Indizes nicht mit den Positionen der Symbolleisten im Dialog ANPASSEN übereinstimmen.

Namen und Indexwert ermitteln

Für benutzerdefinierte Symbolleisten werden Sie in der Regel nur die Eigenschaft NAME verwenden. Die Referenzierung bereitet dann keine Probleme. Für die eingebauten Symbolleisten müssen Sie auf die Indexnummer oder den englischen Namen zurückgreifen. Das folgende Makro ermittelt zuverlässig die Position (den Indexwert) einer Symbolleiste und den englischen Namen (hier für die Word-Symbolleiste mit der deutschen Bezeichnung TABELLEN UND RAHMEN):

```
Sub Index_und_Namen_ermitteln()
   Indexwert = 0
   For n = 1 To CommandBars.Count
      If CommandBars(n).NameLocal = "Tabellen und Rahmen" Then
         Indexwert = n
         Exit For
      End If
   Next
```

```
    If Indexwert > 0 Then
      MsgBox "Indexnummer: " & Indexwert & Chr(13) & _
             "engl. Name : " & CommandBars(Indexwert).Name
    Else
      MsgBox "Symbolleiste nicht gefunden!"
    End If
End Sub
```

Sie müssen lediglich den String in der fett hervorgehobenen Zeile (hier TABELLEN UND RAHMEN) gegen die deutschen Bezeichnungen anderer Symbolleisten austauschen, um deren englische Namen und Indexwerte zu ermitteln.

Symbolleisten ein- und ausblenden

Die Anzeige der Symbolleisten steuern Sie mit der Eigenschaft VISIBLE. Setzen Sie die Eigenschaft auf TRUE, wird die betreffende Symbolleiste eingeblendet. Beispiele:

```
CommandBars(4).Visible = True
CommandBars(5).Visible = True
CommandBars("Web").Visible = True
```

Um auch die Position bestimmen zu können, müssen Sie die Eigenschaft POSITION verwenden. Die Eigenschaft wird mit vordefinierten Konstanten belegt. Die Konstante MSOBARLEFT bewirkt eine Verankerung am linken Fensterrand, MSOBARTOP fixiert die Symbolleiste am oberen und MSOBARBOTTOM am unteren Rand. Das vorstehende Beispiel kann dann wie folgt erweitert werden:

```
CommandBars(4).Position = msoBarTop
CommandBars(4).Visible = True
CommandBars(5).Position = msoBarLeft    'in Excel: Pivot-Table
CommandBars(5).Visible = True
CommandBars("Web").Position = msoBarBottom
CommandBars("Web").Visible = True
```

Die Beispiele können Sie in Word, Excel und Access ausprobieren. Sie wirken aber auf jeweils unterschiedliche Symbolleisten. Die Reihenfolge der Anweisungen, erst POSITION dann VISIBLE oder umgekehrt, hat für die Funktion keine Bedeutung. Mit der verwendeten Reihenfolge läuft die Einblendung aber ruhiger ab. Eine Umkehrung würde die Symbolleisten eventuell erst als freibewegliche Fenster einblenden und diese dann in einem zweiten Schritt an die gewünschte Position verschieben. Das Verhalten der Symbolleisten ist dann von der letzten Position vor dem Ausblenden abhängig.

Bestehende Symbolleisten ändern

Bei der Änderung von Symbolleisten geht es darum, Steuerelemente, also vorwiegend Symbolschalter, zu entfernen oder hinzuzufügen. Dazu wird das Objekt COMMANDBARCONTROL benötigt. Für die einzelnen Typen von Steuerelementen existieren spezifische Varianten dieses Objekts, die unter den Bezeichnungen COMMANDBARBUTTON, COMMANDBARCOMBOBOX und COMMENDBARPOPUP angesprochen werden. Die wesentlichen Eigenschaften und Methoden dieser Varianten sind jedoch identisch.

Ein Steuerelement der Symbolleiste referenzieren

Das Objekt COMMANDBARCONTROL ist im Objekt COMMANDBAR enthalten. Über die Eigenschaft CONTROLS, die dem Objekt COMMANDBAR zugeordnet ist, können die einzelnen Steuerelemente (Schalter etc.) einer Symbolleiste angesprochen werden. CONTROLS benötigt einen Index, der die Position eines Steuerelements in der Symbolleiste bezeichnet. Die Referenzierung eines Elements kann dann wie folgt aussehen:

```
MsgBox CommandBars(3).Controls(5).Caption

MsgBox CommandBars("Standard").Controls(5).Caption
```

In der ersten Zeile gibt die Eigenschaft COMMANDBARS die dritte Symbolleiste zurück. Mit CONTROLS(5) erhalten wir dann das fünfte Steuerelement dieser Leiste, also ein Objekt vom Typ COMMANDBARCONTROL. Die diesem Objekt zugeordnete Eigenschaft CAPTION steht für die Beschriftung des Objekts. Die Beschriftung kann als Anzeigetext des Schalters erscheinen, sofern dieser ausgegeben wird, oder als ToolTip, den Sie angezeigt erhalten, wenn Sie mit dem Mauszeiger das Steuerelement berühren. Die Beschriftung (der Wert der Eigenschaft CAPTION) kann auch anstelle der Indexnummer verwendet werden, um das Steuerelement anzusprechen:

```
MsgBox CommandBars(3).Controls("Ausschneiden").Index

MsgBox CommandBars("Standard").Controls("Neu").Index
```

Die erste Zeile des vorstehenden Beispiels ermittelt die Indexnummer des Schalters AUSSCHNEIDEN in der Symbolleiste mit dem Index 3 (STANDARD). Die zweite ermittelt den Index des Elements mit der Bezeichnung NEU. Die vorstehenden Zeilen funktionieren so nur in Excel. In Word (und Excel) können Sie die folgenden Beispiele nutzen:

```
MsgBox CommandBars("Web").Controls("Startseite").Index

MsgBox CommandBars("Standard").Controls("Speichern").Index
```

Beachten Sie, daß wir bisher nicht von Schaltern, sondern von Steuerelementen gesprochen haben. Eine Symbolleiste enthält eben nicht nur Schalter, sondern auch Kombinationsfelder und sogenannte POPUPS.

Die Eigenschaften des CommanBarControl-Objekts

Zwei Eigenschaften des CommandBarControl-Objekts (CAPTION und INDEX) haben wir bereits kennengelernt. CAPTION übernimmt ersatzweise auch die Funktion der nicht vorhandenen Eigenschaft NAME. Da CAPTION auch anstelle des Indizes verwendet werden kann und keine lokale Version dieser Eigenschaft existiert, können Sie Steuerelemente durchaus über die Beschriftung referenzieren.

Auf die Eigenschaft INDEX sollten Sie sich hingegen nicht ungeprüft verlassen. Jeder Anwender kann über den Dialog ANPASSEN die Reihenfolge der Steuerelemente ändern, womit sich dann auch der Indexwert des betreffenden Elements ändert. Weitere wichtige Eigenschaften und Methoden zeigt die folgende Übersicht:

BeginGroup	setzt einen Trennsteg vor das betreffende Steuerelement und kennzeichnet so den Beginn einer Gruppe (TRUE). Da der Beginn einer neuen Gruppe gleichzeitig die vorhergehende abschließt, kennzeichnen Sie mit dieser Eigenschaft auch das Ende einer Gruppe.
BuiltIn	dient der Unterscheidung von integrierten und benutzerdefinierten Steuerelementen. Die Eigenschaft gibt TRUE zurück, wenn es sich um ein integriertes Steuerelement handelt.
Copy	kopiert ein Steuerelement in eine bestehende Symbolleiste.
Delete	löscht das angegebene Steuerelement aus der betreffenden CommandBar-Controls-Auflistung (aus der Symbolleiste). Im Gegensatz zur Eigenschaft VISIBLE, mit der sich ein Steuerelement ausblenden läßt, entfernt DELETE dieses aus der Auflistung, so daß es nur noch durch Neudefinition oder mit Hilfe der Reset-Methode eingefügt werden kann.
Execute	führt den mit dem Steuerelement verbundenen Befehl aus.
Move	verschiebt ein Steuerelement in eine andere Symbolleiste.
OnAction	bestimmt den Namen eines Makros, das beim Betätigen des Steuerelements ausgeführt wird. Diese Eigenschaft bildet die wichtigste Schnittstelle eines benutzerdefinierten Steuerelements zum Programm-Code.
Reset	setzt ein integriertes Steuerelement auf seine ursprüngliche Funktion zurück.
Style	bestimmt, ob ein Symbolschalter nur ein Symbol, nur den Caption-Text oder beides anzeigt. Die Eigenschaft ist speziell auf Elemente vom Typ COMMANDBARBUTTON (Schalter) anwendbar.
Tag	speichert eine beliebige Zeichenkette zu einem Steuerelement. Diese Eigenschaft läßt sich ebenfalls zur Identifizierung eines Schalters nutzen.

12.4 Symbolleisten programmieren

TooltipText   bestimmt den Text des QuickInfos, das angezeigt wird, wenn der Mauszeiger das Steuerelement berührt. Wenn Sie die Eigenschaft nicht nutzen, wird statt dessen der Wert der Eigenschaft CAPTION angezeigt.

Type   bestimmt den Typ eines Steuerelements. Einige der möglichen Werte (Konstanten) sind msoControlButton, msoControlButtonDown, msoControlComboBox und msoControlDropdown.

Visible   bestimmt, ob das Steuerelement angezeigt wird.

Das folgende Beispiel zeigt die Anwendung einiger der oben beschriebenen Eigenschaften und Methoden:

```
Sub Schalter_verschieben()
   CommandBars("Formatting").Visible = True
   With CommandBars("Standard").Controls("Ausschneiden")
      .TooltipText = "Schneidet das markierte Objekt aus"
      .Move CommandBars("Formatting"), 2
   End With
End Sub
```

Das Beispiel, das in Word, Excel und PowerPoint funktioniert, fügt dem Schalter AUSSCHNEIDEN in der Symbolleiste STANDARD einen TOOLTIPTEXT hinzu. Anschließend wird der Schalter an die zweite Stelle der vierten Symbolleiste (FORMATIERUNG, engl. FORMATTING) verschoben. Damit die Operation auch klappt, sorgt die erste Zeile dafür, daß die Symbolleiste FORMATIERUNG auch sichtbar ist.

Die Methode MOVE verwendet zwei optionale Argumente: Das erste Argument bestimmt das Ziel der Operation, also die Symbolleiste, in die das Steuerelement verschoben werden soll. Das zweite Argument bestimmt die Position des Elements in der Zielleiste.

Für die Wiederherstellung der ursprünglichen Ordnung sorgt das folgende Makro, das alle eingeblendeten Symbolleisten zurücksetzt.

```
Sub Zuruecksetzen()
   For Each Symbolleiste In CommandBars
      If Symbolleiste.Visible = True Then
         Symbolleiste.Reset
      End If
   Next
End Sub
```

Das vorstehende Beispiel setzt alle sichtbaren Symbolleisten und die darin enthaltenen Steuerelemente zurück. Wollen Sie nur ein einzelnes Steuerelement oder nur die Steuerelemente einer Symbolleiste zurücksetzen, müssen Sie die Reset-Methode auf das Objekt COMMAND-BARCONTROL anwenden. Ein einzelnes Steuerelement setzen Sie beispielsweise mit der folgenden Anweisung zurück:

```
CommandBars("Formatting").Controls("Ausschneiden").Reset
```

In diesem Fall haben wir das Steuerelement AUSSCHNEIDEN zurückgesetzt, das sich eigentlich in der Symbolleiste STANDARD befindet. Um die Zeile nachvollziehen zu können, müssen Sie den Schalter also erst in die Symbolleiste FORMATIERUNG verschieben. Sie werden dann feststellen, daß die Verschiebung nicht zurückgenommen wird.

Eigenschaften wie beispielsweise TOOLTIPTEXT erhalten jedoch wieder ihren ursprünglichen Wert. Um den Schalter wieder in seine angestammte Symbolleiste zu versetzen, müssen Sie, wie weiter oben gezeigt, die Reset-Methode auf die betreffende Symbolleiste, das Command-Bar-Objekt, anwenden. Wie Sie alle momentan vorhandenen Steuerelemente einer bestimmten Symbolleiste zurücksetzen, zeigt das folgende Makro:

```
Sub Elemente_zuruecksetzen()
    For Each Element In CommandBars("Web").Controls
        MsgBox "Caption: " & Element.Caption & Chr(13) & _
               "ToolTip: " & Element.TooltipText
        Element.Reset
    Next
End Sub
```

Das Makro setzt die Eigenschaften jedes einzelnen Steuerelements in der betreffenden Symbolleiste (hier: WEB) zurück. Dazu gehört aber nicht die Position der Elemente in der Leiste. Auch entfernte Elemente werden nicht wieder eingefügt. Dies erfordert die Anwendung der Reset-Methode auf das CommandBar-Objekt.

Hinweis: Das Experimentieren mit Symbolleisten und Steuerelementen erfordert häufig, daß Sie eine bestimmte Befehlssequenz wiederholen. Wenn Sie dabei eine bereits existierende Symbolleiste oder ein schon erstelltes Steuerelement erneut definieren, wird die Programmausführung, zumindest in Excel, mit einer Fehlermeldung unterbrochen. Word ist hingegen toleranter und erlaubt auch gleichnamige Symbolleisten. Allerdings wird dann die Liste der Symbolleisten bald sehr lang.

Um eine möglichst saubere Testumgebung zu erhalten, sollten Sie vor der Ausführung eines Makros die bereits erstellten benutzerdefinierten Symbolleisten löschen. Die betreffenden Symbolleisten löschen Sie im Dialog ANPASSEN auf der Seite SYMBOLLEISTEN.

Neue Symbolleisten programmieren

Die Programmierung einer neuen Symbolleiste erfordert zunächst die Definition der Leiste selbst. Dazu verwenden Sie die Add-Methode, die der Auflistung COMMANDBARS zugeordnet ist. Die folgenden Zeilen erzeugen eine neue, noch leere Symbolleiste und zeigen diese auch gleich an. Mit dem zweiten Argument (MSOBARFLOATING) erhalten wir eine frei schwebende Symbolleiste:

```
CommandBars.Add "Meine Leiste", msoBarFloating
CommandBars("Meine Leiste").Visible = True
```

Die zweite Zeile (VISIBLE) ist erforderlich, weil eine neue Symbolleiste nicht automatisch eingeblendet wird.

Integrierte Steuerelemente hinzufügen

Um bestehende Steuerelemente auf eine neue Symbolleiste zu legen, können Sie die Move- und Copy-Methoden des CommandBarControl-Objekts verwenden. Mit MOVE verschieben Sie das Steuerelement, mit COPY kopieren Sie es nur, so daß es danach auf beiden Symbolleisten verfügbar ist. Das folgende Makro zeigt den Programm-Code für die Erzeugung einer vollständigen Symbolleiste:

```
Sub Neue_Symbolleiste()
  CommandBars.Add "Meine Leiste", msoBarFloating
  CommandBars("Meine Leiste").Visible = True

  With CommandBars("Web")
    .Controls("Startseite").Copy CommandBars("Meine Leiste")
    .Controls("Im Web suchen").Copy CommandBars("Meine Leiste")
  End With
  With CommandBars("Formatting")
    .Controls(1).Copy CommandBars("Meine Leiste")
    .Controls(2).Copy CommandBars("Meine Leiste")
  End With
End Sub
```

Das Makro hat jedoch noch einige Schwächen. Insbesondere fehlen Sicherheitsabfragen. Existiert bereits eine Symbolleiste mit dem gleichen Namen, erhalten Sie bei der Ausführung unter Excel und PowerPoint eine Fehlermeldung angezeigt. Auch wenn die zu kopierenden Elemente in den Ursprungsleisten nicht mehr vorhanden sind, bricht das Makro ab. In der zweiten With-Struktur verwenden wir zudem Indexnummern. Wenn der Anwender zuvor die Reihenfolge der Elemente in der Symbolleiste FORMATIERUNG geändert hat, ist das Ergebnis eher zufällig. Das folgende Makro zeigt eine überarbeitete Version, die auch einige Sicherheitsabfragen enthält. So wird beispielsweise verhindert, daß das Makro mit einer Fehlermeldung abbricht, wenn bereits eine Symbolleiste gleichen Namens existiert.

```
Sub Neue_Symbolleiste2()
  Dim NeueLeiste As Object
  vorhanden = False
  For Each Leiste In CommandBars
     If Leiste.Name = "Meine Leiste" Then
        vorhanden = True
     End If
  Next
  If Not vorhanden Then
     Set NeueLeiste = CommandBars.Add("Meine Leiste", _
        msoBarFloating)
  Else
     Set NeueLeiste = CommandBars("Meine Leiste")
  End If
  NeueLeiste.Visible = True
  For Each Element In NeueLeiste.Controls
     Element.Delete
  Next
  With CommandBars("Web")
    .Controls("Startseite").Copy CommandBars("Meine Leiste")
    .Controls("Im Web suchen").Copy CommandBars("Meine Leiste")
  End With
  With CommandBars("Formatting")
    .Controls("Schriftart:").Copy NeueLeiste
    .Controls("Schriftgrad:").Copy NeueLeiste
  End With
End Sub
```

Beachten Sie auch die Verwendung von Objektvariablen. Der Programm-Code wird dadurch kürzer und übersichtlicher. Das gilt besonders in der Kombination mit With-Strukturen, die in der Regel ebenfalls kürzere Zeilen ermöglichen.

12.4 Symbolleisten programmieren

Abb. 12.8: Eine neue Symbolleiste aus bestehenden Steuerelementen

Abbildung 12.8 zeigt das Ergebnis des Makros. Wie Sie daraus ersehen, werden nicht nur Schalter, sondern auch Kombinationsfelder in die neue Leiste übernommen. In Access funktioniert das obige Beispiel nicht, weil es hier keine Formatting-Symbolleiste gibt. Die entsprechende (zweite) With-Struktur muß dann beispielsweise durch die folgende ersetzt werden:

```
With CommandBars("Database")                    'nur in Access
    .Controls("Eigenschaften").Copy NeueLeiste
    .Controls("Code").Copy NeueLeiste
End With
```

Wir haben hier die Symbolleiste Datenbank (DATABASE) als Quelle für die neue Leiste verwendet.

Steuerelemente löschen

Im mittleren Teil des obigen Makros werden die einzelnen Steuerelemente einer bereits vorhandenen Symbolleiste gelöscht:

```
For Each Element In NeueLeiste.Controls
    Element.Delete
Next
```

Beim zweiten und jedem weiteren Aufruf des Makros werden sonst immer mehr Symbolschalter hinzugefügt.

Symbolleisten löschen

Wollen Sie eine ganze Symbolleiste löschen, müssen Sie die Delete-Methode auf das Commandbar-Objekt anwenden:

```
CommandBars("Meine Leiste").Delete
```

Die Zeile löscht die benannte Symbolleiste auch dann, wenn diese nicht eingeblendet ist, wenn also die Eigenschaft VISIBLE den Wert FALSE hat.

Eigene Steuerelemente definieren

Steuerelemente sind Objekte der CommandBarControls-Auflistung. Mit der Methode ADD erzeugen Sie ein neues Element dieser Auflistung. Für unsere schon erstellte Symbolleiste mit der Bezeichnung MEINE LEISTE erhalten wir mit der folgenden Zeile ein neues Steuerelement:

```
CommandBars("Meine Leiste").Controls.Add msoControlButton
```

Die Zeile erzeugt einen leeren Schalter ohne jede Funktion. Mit der Methode ADD lassen sich aber nicht nur Schalter erzeugen, sondern auch Editierfelder, Dropdown-Listen und Popup-Menüs. Die Syntax lautet:

```
Objekt.Add(Type, Id, Parameter, Before, Temporary)
```

Die Argumente haben folgende Bedeutung:

Type	bestimmt den Typ des Steuerelements. Als Argumentwerte können die Konstanten MSOCONTROLBUTTON, MSOCONTROLEDIT, MSOCONTROLDROPDOWN, MSOCONTROLCOMBOBOX und MSOCONTROLPOPUP eingesetzt werden.
Id	ist eine ganze Zahl, die für ein integriertes Steuerelement bzw. dessen integrierte Funktion steht. Ohne dieses Argument wird zunächst ein funktionsloses Steuerelement erzeugt.
Parameter	kann zusätzliche Informationen enthalten, die sich in Makros verwenden lassen.
Before	ist eine ganze Zahl, welche die Position des Steuerelements in der Auflistung bestimmt.
Temporary	bestimmt, ob das neue Steuerelement temporär sein soll. Es wird dann nach dem Beenden der Anwendung automatisch gelöscht. Dieses Argument sollte für alle anwendungsspezifischen Steuerelemente, die Sie in integrierte Symbolleisten einfügen, auf TRUE gesetzt werden. Alternativ können Sie einzelne Steuerelemente und ganze Symbolleisten beim Beenden Ihrer Anwendung auch löschen.

Mit den folgenden Zeilen werden für die Symbolleiste MEINE LEISTE verschiedene Typen von leeren Steuerelementen erzeugt:

```
With CommandBars("Meine Leiste").Controls
    .Add msoControlButton
    .Add msoControlEdit
    .Add msoControlComboBox
    .Add msoControlDropdown
    .Add msoControlPopup
End With
```

Die Add-Methode gibt je nach Typangabe verschiedene Objektvarianten zurück, die ihrer Aufgabe entsprechend auch mit unterschiedlichen Eigenschaften ausgestattet sein können. Das CommandBarControl-Objekt ist praktisch nur ein Objekt, das verschiedene andere Objekte

12.4 Symbolleisten programmieren

wie COMMANDBARBUTTON, COMMANDBARCOMBOBOX und COMMANDBARPOPUP enthält. Bei der späteren Zuweisung von Eigenschaften und der Verwendung von Methoden werden wir die Unterschiede berücksichtigen müssen.

Hinweis: In unserer Access-Version standen die in den obigen Zeilen verwendeten mso-Konstanten erst zur Verfügung, nachdem wir einen Verweis auf die Office-Bibliothek eingerichtet hatten. Den Verweis-Dialog öffnen Sie in der Entwicklungsumgebung mit der Menüoption EXTRAS/VERWEIS... Hier aktivieren Sie dann die Bibliothek MICROSOFT OFFICE 9.0 OBJECT LIBRARY. Ohne die Office-Bibliothek müssen Sie die numerischen Konstanten (1, 2, 3 und 4) als Argumente einsetzen.

Steuerelemente über Objektvariablen definieren

Die obigen Programmzeilen sind in dieser Form für die weitere Verwendung nicht geeignet, da wir die einzelnen Steuerelemente so bestenfalls über den Index, also ihre Position in der Symbolleiste, ansprechen können. Die Add-Methode sollte daher grundsätzlich mit Objektvariablen verwendet werden. Das folgende Beispiel zeigt die vollständige Definition, wobei wir auch gleich eine neue Symbolleiste erzeugt haben:

```
Sub Alles_Neu()
   Set Leiste = CommandBars.Add("Eigene Befehle", _
               msoBarFloating)
   Set Schalter01 = Leiste.Controls.Add(msoControlButton, , _
               , , True)
   Leiste.Visible = True
   With Schalter01
     .Caption = "Brutto"
     .OnAction = "Bruttobetrag_berechnen"
     .FaceId = 0
     .TooltipText = "Berechnet den Bruttobetrag"
     .Style = msoButtonCaption
   End With
End Sub
```

Auf die Eigenschaft ONACTION, die ein Makro startet, werden wir später noch eingehen. Vorerst sollten Sie den Schalter nicht betätigen. Es sei denn, Sie erzeugen zuvor ein Makro mit dem Namen BRUTTOBETRAG_BERECHNEN.

Durch die Typangabe der Add-Methode (MSOCONTROLBUTTON) haben wir ein CommandBarButton-Objekt (Schalter) erzeugt. Sie können sich davon überzeugen, wenn Sie den Typ des Steuerelements abfragen. Den Typ ermitteln Sie mit der Eigenschaft TYPE. Nach Ausführung des vorstehenden Makros ergeben die beiden folgenden Zeilen jeweils den Wert 1:

```
MsgBox CommandBars("Eigene Befehle").Controls(1).Type
MsgBox msoControlButton
```

Der Typ mit dem Wert 1 steht für ein CommandBarButton-Objekt. Das Objekt verfügt über die schon vorgestellten Eigenschaften des CommandBarControl-Objekts, das generell für alle Steuerelemente in Symbolleisten steht und über zusätzliche Eigenschaften, die nur dieser Objektvariante zukommen. Einige dieser zusätzlichen Eigenschaften haben folgende Bedeutung:

FaceID   ist eine ganze Zahl, die für das Symbol einer Schaltfläche steht. Sie können hier den Wert für das Symbol eines integrierten Steuerelements einsetzen. Dabei wird nicht die Funktion des betreffenden Elements übernommen, sondern nur dessen Symbol. Der Wert läßt sich mit den Eigenschaften FACEID und ID ermitteln.

State   bestimmt den Zustand des Schalters. Möglich sind die Werte MSOBUTTONUP, MSOBUTTONDOWN oder MSOBUTTONMIXED.

Style   bestimmt die Art der Darstellung des Schalters (Symbol, Text oder beides). Möglich sind die Werte MSOBUTTONAUTOMATIC, MSOBUTTONICON, MSOBUTTONCAPTION und MSOBUTTONICONANDCAPTION.

Die Eigenschaft FACEID eines integrierten Steuerelements ermitteln Sie beispielsweise mit einer der folgenden Zeilen:

```
MsgBox CommandBars("Web").Controls("Startseite").FaceId
MsgBox CommandBars("Web").Controls("Startseite").ID
```

Beide Zeilen geben den Wert der Eigenschaft ID des Steuerelements STARTSEITE der Web-Symbolleiste aus. Diese Kennzahl steht auch für das damit verbundene Grafiksymbol (die Eigenschaft FACEID). Wenn Sie die Kennzahl einem benutzerdefinierten Steuerelement über dessen FaceID-Eigenschaft zuweisen, erhält das Steuerelement nur das Symbol, nicht jedoch die Funktion des integrierten Elements.

Die Eigenschaft ID ist eine Nur-Lese-Eigenschaft und kann daher nicht zugewiesen werden. Das folgende Beispiel zeigt die Anwendung mit dem zuletzt vorgestellten Makro:

```
Sub Alles_Neu02()
   For Each Element In CommandBars
      If Element.Name = "Eigene Befehle" Then
         Element.Delete
         Exit For
      End If
   Next
```

12.4 Symbolleisten programmieren

```
    Set Leiste = CommandBars.Add("Eigene Befehle", _
                                 msoBarFloating)
    Set Schalter01 = Leiste.Controls.Add(msoControlButton, , _
                                         , , True)
    Leiste.Visible = True
    With Schalter01
       .Caption = "Brutto"
       .OnAction = "Bruttobetrag_berechnen"
       .FaceId = CommandBars("Web").Controls("Startseite").ID
       .TooltipText = "Berechnet den Bruttobetrag"
       .Style = msoButtonIconAndCaption
    End With
End Sub
```

Um nicht vor jedem neuen Aufruf des Makros die erstellte Symbolleiste im Dialog ANPASSEN löschen zu müssen, haben wir die Löschoperation in das Makro eingebaut. Die For Each-Schleife prüft daher zunächst, ob bereits eine Symbolleiste mit dem vorgesehenen Namen existiert und löscht diese gegebenenfalls.

Abb. 12.9: Eigene Schalter mit Symbol definieren

Geändert haben wir nicht nur die Eigenschaft FACEID, die jetzt das Symbol des integrierten Schalters STARTSEITE zugewiesen erhält, sondern auch die Eigenschaft STYLE. Die Konstante MSOBUTTONICONANDCAPTION besagt, daß der Wert der Eigenschaft CAPTION, also der Schaltertext, und das Symbol (Icon) gleichzeitig angezeigt werden sollen. Abbildung 12.9 präsentiert das Ergebnis des vorstehenden Makros, wobei auch der im Makro zugewiesene Tooltip-Text zu sehen ist.

Die eingebauten Symbole und ihren FacedID-Wert ermitteln

Das folgende Makro erzeugt eine Symbolleiste mit den ersten 30 Symbolen. Beachten Sie, daß die Schalter funktionslos sind. Die Zuweisung der üblicherweise mit den Symbolen verbundenen Funktionen erfolgt über das Add-Argument ID. Darauf haben wir in diesem Fall verzichtet. Mit FACEDID erhalten wir nur die funktionslosen Symbole. Da hier auch die OnAction-Anweisung fehlt, wird auch kein Makro aufgerufen. Das Beispiel zeigt nur, welche Symbole unter anderem zur Verfügung stehen.

```
Sub Symbole_mit_FacedID_anzeigen()
   Dim Leiste As Object
   For Each Element In CommandBars
      If Element.Name = "Symbole und FacedID" Then
         Element.Delete
      End If
   Next
   Set Leiste = CommandBars.Add("Symbole und FacedID", _
            msoBarFloating)
   For SymbolNr = 1 To 30
      Set Schalter = Leiste.Controls.Add(msoControlButton, , _
               , , True)
      With Schalter
        .Caption = SymbolNr
        .FaceId = SymbolNr
        .Style = msoButtonIconAndCaption
      End With
   Next
   Leiste.Width = 200
   Leiste.Visible = True
End Sub
```

Die vorletzte Zeile bestimmt die Breite der Symbolleiste. Die Höhe ergibt sich dann automatisch. Mit der Maus können Sie die Symbolleiste aber in jede gewünschte Form bringen.

Symbol (nicht den Schalter) entfernen

Um wieder einen blanken Schalter ohne Grafiksymbol zu erhalten, müssen Sie den FacedID-Wert 1 zuweisen. Wenn Sie das obige Makro ausführen, wird der erste Schalter nur mit der Symbolnummer dargestellt, weil für den Wert 1 nur eine graue Fläche definiert ist.

Schalter identifizieren

Um zu prüfen, ob in einer Symbolleiste ein bestimmter Schalter enthalten ist, sollten Sie die Caption- oder Tag-Eigenschaft verwenden. Die Prüfung kann in einer Schleife erfolgen; Sie müssen dann alle in der Symbolleiste enthaltenen Controls durchlaufen. Das Element läßt sich aber auch mit Hilfe der Methode FINDCONTROL ermitteln. Die Methode hat folgende Syntax:

12.4 Symbolleisten programmieren

```
Objekt.FindControl(Type, ID, Tag, Visible, Recursive)
```

Mit TYPE ist eine der früher schon genannten Typkonstanten (MSOCONTROLBUTTON, MSO-CONTROLCOMBOBOX etc.) gemeint. Damit können Sie die Suche eingrenzen. Zuverlässiger, zumindest bei den integrierten Controls, ist das Argument ID. Ein Beispiel:

```
Dim Schalter As CommandBarControl
Set Schalter = CommandBars("Standard").FindControl(ID:=3)
MsgBox Schalter.Caption
```

Mit den vorstehenden Zeilen erhalten Sie den Schalter SPEICHERN (ID=3) der Standard-Symbolleiste. Sie müssen aber den ID-Wert des betreffenden Schalters kennen. Selbstdefinierte Controls erhalten, wenn Sie auf das Argument ID verzichten, den ID-Wert 1 zugewiesen. In diesem Fall hilft Ihnen das ID-Argument nicht. Weil die Argumente VISIBLE (nur sichtbare Controls) und RECURSIVE (alle Untersymbolleisten einschließen) nur der Eingrenzung der Suche dienen, bleibt nur noch das Argument TAG. Die Verwendung von TAG setzt aber voraus, daß Sie dieser Eigenschaft beim Erzeugen eines Controls auch einen Wert zuweisen.

Die folgenden Zeilen erzeugen in der Standard-Symbolleiste einen neuen Schalter ohne Symbol. Wir haben lediglich die Eigenschaft TAG für die spätere Identifizierung und die Eigenschaft CAPTION verwendet:

```
Sub Schalter_hinzufuegen()
   Dim SchalterA As Object
   Set SchalterA = CommandBars("Standard") _
               .Controls.Add(msoControlButton)
   SchalterA.Tag = "Hallo"
   SchalterA.Caption = "Schalter ohne Symbol"
   SchalterA.Style = msoButtonCaption
End Sub
```

Nach diesem Schalter können wir nun suchen. FINDCONTROL gibt das gefundene Steuerelement zurück. Mit dem Rückgabewert läßt sich daher wieder eine Objektvariable belegen:

```
Sub Schalter_auffinden()
   Dim SchalterB As Object
   Set SchalterB = CommandBars("Standard") _
               .FindControl(, , "Hallo")
   MsgBox SchalterB.Caption
End Sub
```

Wir haben für die beiden Makros unterschiedliche Objektvariablen verwendet, um deutlich zu machen, daß FINDCONTROL den Schalter auch wirklich findet und der zweiten Variablen (SCHALTERB) zuweist. Natürlich ist der im ersten Makro erzeugte Schalter (SCHALTERA) gemeint. Daß wir den richtigen Schalter erwischt haben, soll dann die letzte Zeile des zweiten Makros zeigen. Hier wird der früher zugewiesene Caption-Text ausgegeben.

Ein Kombinationsfeld als Steuerelement

Ein Kombinationsfeld (auch Dropdown-Liste genannt) ist ein CommandBarComboBox-Objekt. Wie die folgende Zeile zeigt, muß als Type-Argument der Add-Methode die Konstante MSOCONTROLCOMBOBOX angegeben werden:

```
CommandBars("Eigene Befehle").Controls.Add msoControlComboBox
```

Die Zeile erzeugt für die Symbolleiste „Eigene Befehle" eine leere Dropdown-Liste mit Editierfeld (ein Kombinationsfeld). Für eine sinnvolle Manipulation des Elements ist wieder eine Objektvariable zu empfehlen. Vor der Präsentation eines Beispiels wollen wir aber erst einige wichtige Eigenschaften und Methoden des CommandBarComboBox-Objekts vorstellen:

DropdownLines	bestimmt die Anzahl der anzuzeigenden Zeilen des Steuerelements. Enthält das Element mehr Einträge als Zeilen zugelassen wurden, kann mit Bildlaufleisten gescrollt werden.
DropDownWidth	bestimmt die Breite der Liste. Wenn Sie den Wert des Arguments auf -1 setzen, bestimmt der längste Eintrag die Listenbreite. Setzen Sie den Wert auf 0, erhält die Liste die gleiche Breite wie das Steuerelement. Die Eigenschaft betrifft nur die geöffnete Auswahlliste. Die Breite und Höhe des in der Symbolleiste angezeigten Steuerelements bestimmen Sie mit den Eigenschaften WIDTH und HEIGTH.
ListCount	ermittelt die Anzahl der vorhandenen Einträge (der Listenelemente).
List	ermittelt oder bestimmt den Wert eines Listenelements.
ListIndex	ermittelt die Position des markierten Listenelements oder bestimmt, welches Element markiert angezeigt werden soll.
Text	steht für den Text im Editierfeld des Kombinationsfeldes.
AddItem	fügt ein Listenelement hinzu.
RemoveItem	löscht ein Listenelement.

Die meisten hier nicht genannten Eigenschaften und Methoden (CAPTION, TYPE etc.) sind wieder mit denen des CommandBarControl-Objekts identisch. Im folgenden Beispiel haben wir die wichtigsten Eigenschaften und Methoden zusammengefaßt. Beachten Sie vor allem die With-Struktur, in der diese festgelegt werden:

12.4 Symbolleisten programmieren

```
Sub ComboBox_erstellen()
   For Each Element In CommandBars
      If Element.Name = "Eigene Befehle" Then
         Element.Delete
      End If
   Next
   Set Leiste = CommandBars.Add("Eigene Befehle", _
               msoBarFloating)
   Set Schalter01 = Leiste.Controls.Add(msoControlComboBox)
   Leiste.Visible = True
   With Schalter01
     .AddItem "1997"
     .AddItem "1998"
     .AddItem "1999"
     .AddItem "2000"
     .DropDownLines = 3
     .Caption = "Rechnungsjahr"
     .OnAction = "Rechnungsjahr_anzeigen"
     .TooltipText = "Zeigt eine Rechnungstabelle an"
     .Style = msoComboLabel
   End With
End Sub
```

Auch für ein Kombinationsfeld kann die Eigenschaft STYLE verwendet werden. Diese bestimmt, ob der mit CAPTION festgelegte Text vor der Liste ausgegeben werden soll. Abbildung 12.10 zeigt das Ergebnis des Makros.

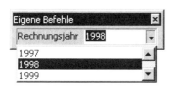

Abb. 12.10: Ein geöffnetes Kombinationsfeld (ComboBox)

Wie die Auswahl des Anwenders zu einer Programmreaktion führen kann, werden wir später zeigen.

Ein Popup als Steuerelement

Eine Symbolleiste kann auch Schalter enthalten, die Popupmenüs öffnen. Es handelt sich dann um CommandBarPopup-Objekte. Wie die folgende Zeile zeigt, muß als Type-Argument der Add-Methode die Konstante msoCONTROLPOPUP angegeben werden:

```
CommandBars("Eigene Befehle").Controls.Add msoControlPopup
```

Das Objekt COMMANDBARPOPUP enthält unter anderem die Zugriffseigenschaft CONTROLS, über die wiederum mit der Methode ADD Steuerelemente erzeugt werden können. Wir definieren damit Steuerelemente für ein Steuerelement. Das folgende Beispiel zeigt die Umsetzung:

```
Sub Popup_erstellen()
   For Each Element In CommandBars
      If Element.Name = "Eigene Befehle" Then
         Element.Delete
      End If
   Next

   Set Leiste = CommandBars.Add("Eigene Befehle", _
                                msoBarFloating)
   Set Schalter01 = Leiste.Controls.Add(msoControlPopup)
   Leiste.Visible = True

   Set Option01 = Schalter01.Controls.Add(msoControlButton)
   Set Option02 = Schalter01.Controls.Add(msoControlButton)
   Set Option03 = Schalter01.Controls.Add(msoControlButton)
   Set Option04 = Schalter01.Controls.Add(msoControlButton)

   Option01.Caption = "Bilanz 1997"
   Option02.Caption = "Bilanz 1998"
   Option03.Caption = "Bilanz 1999"
   Option04.Caption = "Bilanz 2000"

   Option01.OnAction = "Bilanz_1997_anzeigen"
   Option02.OnAction = "Bilanz_1998_anzeigen"
   Option03.OnAction = "Bilanz_1999_anzeigen"
   Option04.OnAction = "Bilanz_2000_anzeigen"
```

12.4 Symbolleisten programmieren

```
    With Schalter01
       .Caption = "Bilanzen anzeigen"
       .TooltipText = "Zeigt Jahresabschlüsse an"
    End With
End Sub
```

Die einzelnen Auswahloptionen haben wir ebenfalls als Objektvariablen definiert. Die CONTROLS-Eigenschaft in der Zeile

```
Set Option01 = Schalter01.Controls.Add(msoControlButton)
```

ist dem CommandBarPopup-Objekt zugeordnet, für das zuvor die Objektvariable SCHALTER01 definiert wurde. Die Caption- und OnAction-Eigenschaften der einzelnen Optionen hätten wir natürlich auch in eine With-Struktur packen können, wie wir das für den Schalter getan haben.

Abb. 12.11: Ein Schalter als Popupmenü

Beachten Sie, daß für den Schalter selbst keine OnAction-Eigenschaft definiert werden darf, obwohl das möglich wäre. Sie kommen sonst gar nicht dazu, das Untermenü mit den Optionen zu öffnen, weil gleich das betreffende Makro aufgerufen wird. Die OnAction-Eigenschaft darf nur den Auswahloptionen zugewiesen werden. Abbildung 12.11 zeigt das geöffnete Popup. Wenn Sie die Optionen auch ausprobieren wollen, müssen Sie entsprechende OnAction-Makros erzeugen.

Makros an Steuerelemente binden

Die integrierten Steuerelemente verfügen über integrierte Funktionen. Sie können diese Funktionen jedoch mit der Eigenschaft ONACTION überschreiben. Mit der folgenden Zeile überschreiben Sie (in Word und Excel) die Funktion des Schalters NEU (1. Schalter) in der Symbolleiste STANDARD:

```
CommandBars("Standard").Controls(1).OnAction = "Test"
```

Nach Ausführung der Zeile erzeugt ein Mausklick auf den Schalter NEU kein neues Dokument und keine neue Arbeitsmappe mehr, sondern ruft das Makro TEST auf. Für benutzerdefinierte Steuerelemente werden Sie den Makro-Aufruf über ONACTION ohnehin als Standard-Methode verwenden. Die ursprüngliche Belegung stellen Sie wieder her, indem Sie auf den Schalter (nicht die Symbolleiste) die Reset-Methode anwenden.

Hinweis: Fehlt das Makro, das Sie mit ONACTION bestimmt haben, ignoriert Word den Aufruf der Menüoption bzw. die Betätigung des Symbolschalters. Excel reagiert hingegen mit einer Fehlermeldung.

Integrierte Befehle auf eigene Symbolschalter legen

Um die integrierten Befehle auf benutzerdefinierte Steuerelemente, vor allem Schalter, zu legen, müssen Sie dem Element die ID-Nummer der gewünschten Funktion zuweisen. Die Eigenschaft ID ist zwar für Steuerelemente definiert, aber nur als schreibgeschützte Eigenschaft. Die Zuweisung muß daher schon bei der Erzeugung des Steuerelements erfolgen. Zuständig ist hier das ID-Argument der Add-Methode:

```
Sub Schalter_mit_Funktion()
   Dim Schalter As Object
   Typ = msoControlButton
   Befehl = CommandBars("Standard").Controls(1).ID
   Set Schalter = CommandBars("Standard").Controls. _
                     Add(Typ, Befehl)
   With Schalter
      .Caption = "Neues Dokument"
      .Style = msoButtonCaption
   End With
End Sub
```

Im vorstehenden Makro weisen wir einem eigenen Schalter bei der Erzeugung den ID-Wert des Schalters NEU zu. Damit erhält unser Schalter auch dessen Funktion und dessen Symbol. Wir haben uns aber für einen reinen Textschalter entschieden und die Anzeige des Symbols mit der Konstanten MSOBUTTONCAPTION verhindert. Unser Schalter erscheint aus Gründen der Zeilenersparnis ebenfalls in der Standard-Leiste.

Dropdown-Listen auswerten

Die üblichen Schalter können über ONACTION ein Makro aufrufen. Das gilt natürlich auch für Dropdown-Listen. Nur interessiert hier noch die Option, die der Anwender ausgewählt hat. Das mit ONACTION aufgerufene Makro muß also noch eine Auswertung vornehmen. Dafür bieten sich zwei Eigenschaften des CommandBarComboBox-Objekts an: LISTINDEX und TEXT. LISTINDEX ermittelt die Position des ausgewählten Elements. In einer If-Struktur kann die Eigenschaft wie folgt verwendet werden:

```
If CommandBars("Eigene Befehle").Controls(1).ListIndex = 2 Then
   MsgBox "2. Option gewählt"
End If
```

12.4 Symbolleisten programmieren

Wir haben das Element aus Darstellungsgründen über den Index angesprochen. Unser Beispiel funktioniert dann natürlich nur, wenn es sich auch um das erste Element der Symbolleiste handelt.

Die Eigenschaft TEXT gibt das Element zurück, das im Editierfeld der Dropdown-Liste angezeigt wird. Nach der Wahl durch den Anwender ist das die ausgewählte Option:

```
If CommandBars("Eigene Befehle").Controls(1).Text = "1999" Then
   MsgBox "1999 gewählt"
End If
```

Achten Sie darauf, daß die Strings genau übereinstimmen müssen. Wenn Sie mit der Methode ADDITEM den Wert "1999" als Listenelement definieren, muß auch die Zeichenkette des Vergleichs die gleiche Länge aufweisen. Der Ausdruck

```
...Text = "  1995    "
```

erzeugt dann keine Übereinstimmung. Sicherer ist es, die Vergleichswerte mit der Trim-Funktion von führenden und folgenden Leerzeichen zu befreien. Vorzuziehen ist aber die Eigenschaft LISTINDEX.

Symbolleisten schützen

Symbolleisten lassen sich vor Veränderungen durch den Anwender schützen. Zu diesem Zweck verwenden Sie die Protection-Eigenschaft, die für das CommandBar-Objekt definiert ist. Ein Schutz ist bezüglich der Verankerung sowie der Zahl und Anordnung der Steuerelemente möglich. Für die Protection-Eigenschaft sind mehrere Konstanten definiert:

msoBarNoProtection	msoBarNoCustomize	msoBarNoResize
msoBarNoMove	msoBarNoChangeVisible	msoBarNoChangeDock
msoBarNoVerticalDock	msoBarNoHorizontalDock	

Mit den folgenden Anweisungen schützen Sie verschiedene integrierte bzw. benutzerdefinierte Symbolleisten:

```
CommandBars("Standard").Protection = msoBarNoChangeDock
CommandBars("Web").Protection = msoBarNoChangeVisible
CommandBars("Eigene Befehle").Protection = msoBarNoCustomize
```

Die Konstante MSOBARNOCHANGEDOCK bewirkt, daß die betreffende Symbolleiste an keinem anderen Bildschirmrand verankert werden kann. Die Konstante MSOBARNOCHANGEVISIBLE bewirkt, daß sich der Anzeigestatus der betreffenden Leiste nicht mehr ändern läßt. Ist die Leiste sichtbar, läßt sie sich nicht mehr ausblenden, ist sie unsichtbar, läßt sie sich nicht mehr einblenden. Die Symbolleiste ist dann aus dem Menü SYMBOLLEISTEN verschwunden. Mit der Konstanten MSOBARNOCUSTOMIZE verhindern Sie jede Änderung der Leiste. Die einzelnen Schutzoptionen lassen sich auch additiv auf eine Symbolleiste anwenden. Mit der Konstanten MSOBARNOPROTECTION heben Sie die Beschränkungen wieder auf.

12.5 Menüs programmieren

Auch für Menüs verwenden Sie in allen Office-Anwendungen das CommandBar-Objekt. Da sich die Eigenschaften und Methoden praktisch nicht von denen der Symbolleisten unterscheiden, werden wir nicht mehr ausführlich darauf eingehen.

Menüobjekte ausblenden

Zu den wichtigsten Manipulationen, die eine Anwendung an der Bedienungsoberfläche vornehmen sollte, gehört die Deaktivierung bzw. Ausblendung von Menüoptionen. Um die ganze Menüleiste auszublenden, genügt eine der folgenden Zeilen:

```
CommandBars("Menu Bar").Enabled = False   'Word,Access,PowerPoint
CommandBars("Worksheet Menu Bar").Enabled = False   'Excel
```

Sie verwenden also nicht die Eigenschaft VISIBLE, sondern ENABLED. Die Menüleiste kann im Gegensatz zu den Symbolleisten nur per VBA-Code ein- und ausgeblendet werden. Nach dem Ausblenden ist sie auch nicht mehr über den Dialog ANPASSEN zu erreichen. Nur die gleiche Anweisung mit dem Eigenschaftswert TRUE bringt sie wieder zur Anzeige.

Einzelne Menüs ein- und ausblenden

Menüs wie beispielsweise DATEI oder BEARBEITEN sind CommandBarControl-Objekte. Sie können folglich über die Zugriffseigenschaft CONTROLS erreicht werden. Die folgende Zeile blendet das erste Menü (DATEI) der Menüleiste aus:

```
CommandBars("Menu Bar").Controls(1).Visible = True      'Word
```

Da es sich bei den einzelnen Einträgen der Menüleiste um CommandBarControl-Objekte (genauer: COMMANDBARPOPUP) handelt, existiert keine Name-Eigenschaft. Die angezeigten Bezeichnungen stehen für die Eigenschaft CAPTION, die ersatzweise für den Indexwert der Controls-Eigenschaft verwendet werden kann. Das Menü BEARBEITEN läßt sich daher in Word auch mit der folgenden Zeile ausblenden:

```
CommandBars("Menu Bar").Controls("Bearbeiten").Visible = False
```

Das gilt nicht für die Menüleiste als Ganzes, die als CommandBar-Objekt über die Eigenschaft NAME verfügt und für die anstelle des Indexes dann die englische Bezeichnung (Word und Access: MENU BAR, Excel: WORKSHEET MENU BAR) eingesetzt werden kann.

12.5 Menüs programmieren

Menüoptionen ein- und ausblenden

Die einzelnen Menüoptionen sind ebenfalls CommandBarControl-Objekte. Sie werden folglich auch über die Eigenschaft VISIBLE gesteuert. Da sie einem anderen CommandBarControl-Objekt, dem Eintrag in der Menüleiste, zugeordnet sind, erhalten wir beispielsweise eine Konstruktion wie die folgende (nur Word):

```
CommandBars("Menu Bar").Controls(2).Controls(3).Visible = False
```

Die Zeile blendet im zweiten Menü (BEARBEITEN) die dritte Option (AUSSCHNEIDEN) aus. Die erste Controls-Eigenschaft gibt den Eintrag in der Menüleiste zurück, die zweite die Menüoption selbst. Daß wir die Controls-Eigenschaft auf eine andere Controls-Eigenschaft (genauer das dadurch zurückgegebene Objekt) anwenden können, weist darauf hin, daß CONTROLS(2) ein CommandBarPopup-Objekt zurückgibt, also eine Variante des CommandBarControl-Objekts. Nur für diese Variante ist CONTROLS definiert. Natürlich können Sie auch wieder Bezeichnungen (die Caption-Eigenschaft) verwenden:

```
CommandBars("Menu Bar").Controls("Bearbeiten") _
.Controls("Ausschneiden").Visible = False
```

Wenn Sie Menüoptionen sehr häufig ein- und ausblenden oder deaktivieren müssen, ist es ratsam, Objektvariablen zu verwenden. Die Funktionen der vorstehenden Zeile lassen sich dann wie folgt aufteilen (nur Word):

```
Set OptAusschneiden = CommandBars("Menu Bar"). _
                Controls(2).Controls(3)
OptAusschneiden.Visible = False
```

Natürlich sollten Sie besser Bezeichnungen (CAPTION) statt Indizes verwenden. Indizes stehen lediglich für die Position der betreffenden Menüoption. Diese kann sich jedoch ändern, wenn Menüoptionen eingefügt oder entfernt (gelöscht) werden. Beachten Sie, daß die Eigenschaft VISIBLE die Position nicht beeinflußt. Auch wenn Sie im Menü BEARBEITEN die Option AUSSCHNEIDEN ausblenden, bleibt diese an der dritten Position. Die Option KOPIEREN, die nach dem Ausblenden der Ausschneiden-Option an der dritten Position erscheint, wird weiterhin mit dem Indexwert 4 angesprochen.

Vorhandene Menüoptionen ermitteln

Leider stimmen die Indexwerte in den verschiedenen Office-Anwendungen nicht immer überein. Um die etwas zuverlässigeren Caption-Werte zu ermitteln, können Sie die folgende Schleife einsetzen:

```
For Each Befehl In CommandBars("Menu Bar").Controls(2).Controls
    temp = temp & Befehl.Caption & Chr(13)
Next
MsgBox temp
```

Die Schleife funktioniert in Word, Access und PowerPoint. Sie ermittelt alle verfügbaren, aber nicht unbedingt angezeigten Optionen des Menüs BEARBEITEN. Für die Verwendung in Excel müssen Sie nur das CommandBar-Argument ändern (WORKSHEET MENU BAR).

Menüoptionen deaktivieren

Eine Alternative zur Zugriffssteuerung per Ein- und Ausblendung bildet die Deaktivierung. Wenn Sie anstelle der Eigenschaft VISIBLE die Eigenschaft ENABLED verwenden, wird die betreffende Menüoption zwar noch angezeigt, kann aber nicht mehr angewählt werden. Die folgende Zeile funktioniert in Word und PowerPoint:

```
CommandBars("Menu Bar").Controls(2).Controls(3).Enabled = False
```

Die Eigenschaft ENABLED kann vorteilhafter sein, weil Sie dem Anwender wichtige Informationen liefert. Er kann dann erkennen, daß bestimmte Operationen grundsätzlich möglich sind.

Menüs und Menüoptionen löschen

Um Menüs oder Menüoptionen zu löschen, verwenden Sie die Delete-Methode. Ein mit DELETE entferntes Objekt ist nicht mehr in der Auflistung enthalten. Die Objekte (Menüs bzw. Menüoptionen) rücken dann in der Reihenfolge auf, so daß sich, anders als bei der Ausblendung mit der Eigenschaft VISIBLE, die Indexwerte ändern. Die Delete-Operation läßt sich nur durch Anwendung der Reset-Methode zurücknehmen.

Menüs in den ursprünglichen Zustand zurückversetzen

Das komplette Menü können Sie im Dialog ANPASSEN auf der Seite SYMBOLLEISTEN wieder in seinen ursprünglichen Zustand zurückversetzen. Dazu markieren Sie die Option MENÜLEISTE (in Excel: ARBEITSBLATT-MENÜLEISTE) und betätigen dann den Schalter ZURÜCKSETZEN. Den gleichen Effekt erzielen Sie mit der folgenden Programmzeile:

```
CommandBars("Menu Bar").Reset           'Word, Access, PowerPoint
```

Wollen Sie nur ein bestimmtes Menü zurücksetzen, müssen Sie dieses wie in der folgenden Zeile benennen:

```
CommandBars("Menu Bar").Controls("Bearbeiten").Reset
```

Dabei werden alle hinzugefügten Menüoptionen entfernt und alle ausgeblendeten, deaktivierten oder gelöschten Optionen wieder angezeigt.

Die aktive Menüleiste

Bisher haben wir die Menüleiste immer über ihren Index oder den Namen angesprochen. Die CommandBars-Auflistung verfügt jedoch mit ACTIVEMENUBAR über eine Eigenschaft, die es ermöglicht, die aktive Menüleiste direkt anzusprechen. Da wir noch keine benutzerdefinierten

12.5 Menüs programmieren

Menüleisten erstellt haben, ist die mit COMMANDBARS("Menu Bar") bezeichnete Menüleiste automatisch auch die aktive:

```
CommandBars.ActiveMenuBar.Reset
```

Die vorstehende Anweisung genügt daher, um die Menüleiste zurückzusetzen. Diese Zeile funktioniert in Word, Excel, Access und PowerPoint.

Menüs ändern

Menüs und Menüoptionen sind CommandBarControl-Objekte und verfügen folglich über deren Eigenschaften und Methoden. Dazu gehören beispielsweise die Eigenschaften CAPTION und ONACTION sowie die Methoden COPY und MOVE. Die Eigenschaft CAPTION bestimmt den Anzeigetext eines Menüs oder einer Menüoption. Damit lassen sich die Bezeichnungen der Optionen umdefinieren:

```
CommandBars.ActiveMenuBar.Controls("Bearbeiten"). _
Controls("Kopieren").Caption _
= "Markiertes Objekt in die Zwischenablage kopieren"
```

Die vorstehende Zeile ändert die Bezeichnung der Menüoption KOPIEREN. Beachten Sie, daß es sich dabei um eine Zeile handelt. Innerhalb der Objekthierarchie ist ein Zeilenumbruch möglich, wenn Sie zwischen dem letzten Zeichen der ersten Zeile und dem Unterstrich ein Leerzeichen einfügen.

Wichtig: Beachten Sie auch, daß wir die Caption-Eigenschaft geändert haben. Wir können die Menüzeile nun nicht mehr mit

```
...Controls("Kopieren")...
```

erreichen. Beim nächsten Aufruf müssen wir den neuen Caption-Text oder den Index verwenden.

Funktion durch Makro-Zuweisung ändern

Mit ONACTION kann den einzelnen Menüoptionen ein Makro zugewiesen werden. Damit ändert sich die Funktion des betreffenden Menübefehls. Die Menüoption führt nun nicht mehr den integrierten Befehl, sondern das zugewiesene Makro aus. Die folgende Zeile weist dem Menübefehl KOPIEREN das Makro TEST zu:

```
CommandBars.ActiveMenuBar.Controls("Bearbeiten"). _
        Controls("Kopieren").OnAction = "Test"
```

Sollten Sie bei der Ausführung der Zeile eine Fehlermeldung erhalten, kann das daran liegen, daß Sie die Option, wie früher gezeigt, über die Caption-Eigenschaft umbenannt haben. Die

Option KOPIEREN wird dann natürlich nicht gefunden. Den ursprünglichen Zustand können Sie durch das Zurücksetzen des ganzen Menüs im Dialog ANPASSEN wiederherstellen.

Menüs kopieren und verschieben

Mit nur wenigen Programmzeilen lassen sich ganze Menüs aus dem Hauptmenü in andere Symbolleisten kopieren oder verschieben. Sie verwenden dafür die Methoden COPY und MOVE. Das folgende Beispiel kopiert das ganze Menü BEARBEITEN in die selbsterstellte Symbolleiste EIGENE BEFEHLE:

```
Set Quelle = CommandBars.ActiveMenuBar.Controls("Bearbeiten")
Set Ziel = CommandBars("Eigene Befehle")
Quelle.Move Ziel
```

Mit einzelnen Menüoptionen funktionierte das in unserer Version leider nicht. VBA monierte einen Typ-Konflikt. Eine Umgehungsmöglichkeit bieten die folgenden zwei Zeilen:

```
IDNr = CommandBars.ActiveMenuBar.Controls("Bearbeiten") _
       .Controls("Kopieren").ID
CommandBars.ActiveMenuBar.Controls("Ansicht") _
       .Controls.Add ID:=IDNr
```

In diesem Beispiel wird die Menüoption KOPIEREN, die sich üblicherweise im Menü BEARBEITEN befindet, in das Menü ANSICHT eingefügt. Wir ermitteln zu diesem Zweck die Eigenschaft ID der Menüoption KOPIEREN und erzeugen damit eine neue Option für das Menü ANSICHT. Die Eigenschaft ID steht für die betreffende integrierte Option. Nach der Ausführung der Zeilen ist die Menüoption zweifach vorhanden.

Eine Menüleiste erstellen

Eine neue Menüleiste erstellen Sie, indem Sie die Add-Methode auf die CommandBars-Auflistung anwenden:

```
Set NeueLeiste = CommandBars.Add("Neue Menüleiste")
NeueLeiste.Visible = True
```

Um das Werk auch begutachten zu können, haben wir gleich noch die Eigenschaft VISIBLE auf TRUE gesetzt. Die neue Menüleiste ist eigentlich nichts anderes als eine neue Symbolleiste. Wie früher schon gezeigt, können Sie der neuen Menüleiste nun Menüs aus der aktiven Menüleiste hinzufügen. Wir wollen jedoch ein gänzlich neues Menü erstellen.

Neue Menüs erstellen

Ein neues Menü benötigt zunächst einen Eintrag in der Menüleiste. Für diese Aufgabe ist wieder die ADD-Methode erforderlich. Um das neue Menü auch richtig handhaben zu können,

12.5 Menüs programmieren

haben wir dafür gleich eine Objektvariable vorgesehen. Das Menü hätten wir zudem auch in die integrierte Menüleiste einfügen können. Da wir aber ein ganz neues Menü erstellen wollen, haben wir die zuvor definierte Menüleiste verwendet:

```
Set NeueLeiste = CommandBars.Add("Neue Menüleiste")
Set NeuesMenue = NeueLeiste.Controls.Add(msoControlPopup)
NeueLeiste.Visible = True
```

Wollen Sie eine Fehlermeldung vermeiden, müssen Sie vor Ausführung der Zeilen eine eventuell schon bestehende Leiste gleichen Namens im Dialog ANPASSEN löschen.

Die Konstante MSOCONTROLPOPUP bewirkt, daß Sie ein Steuerelement erhalten, das in der Lage ist, andere Steuerelemente aufzunehmen. Die Eigenschaft CONTROLS erzeugt dann ein sogenanntes CommandBarPopup-Objekt, das wiederum über eine Controls-Eigenschaft verfügt und so andere Steuerelemente enthalten kann.

Hinweis: Die vorstehenden und auch einige der noch folgenden Beispiele verwenden sogenannte mso-Konstanten. Diese Konstanten sind nur zugänglich, wenn ein Verweis auf die Bibliothek MICROSOFT OFFICE 9.0 OBJECT-LIBRARY eingerichtet ist. In Access müssen Sie selbst für den Verweis sorgen (EXTRAS/VERWEISE...).

In der neuen Menüleiste werden Sie noch nicht sehr viel sehen. Sie enthält lediglich ein Steuerelement, das zudem noch ohne Bezeichnung ist. Mit dem folgenden Code erreichen Sie zumindest eine etwas bessere Darstellung:

```
With NeuesMenue
   .Caption = "Dokumente"
   .TooltipText = "Dokumente öffnen, schließen etc."
End With
```

Damit hätten wir eine Menüleiste mit einem Menü, aber noch keine Menüoptionen.

Menüoptionen einfügen

Eine Menüoption ist ein CommandBarControl-Objekt. Das gilt aber auch für das Menü selbst, nur daß wir es hier mit der Variante COMMANDBARPOPUP zu tun haben, die zusätzlich noch über die Controls-Eigenschaft verfügt. Diese Eigenschaft erzeugt wiederum eine CommandBarControls-Auflistung, auf die sich die Methode ADD anwenden läßt. Die Umsetzung in eine Befehlszeile ist vermutlich leichter zu verstehen als die Erklärung:

```
Set NeueLeiste = CommandBars.Add("Neue Menüleiste")
Set NeuesMenue = NeueLeiste.Controls.Add(msoControlPopup)
Set Option01  = NeuesMenue.Controls.Add(msoControlButton)
```

Wir haben wieder die vorhergehenden Definitionen der Menüleiste und des Menüs vorangestellt, weil die letzte Zeile über die Verwendung von Objektvariablen darauf aufbaut. Die letzte Zeile erzeugt eine noch leere Menüoption. Um die Option auch nutzen zu können, sind noch folgende Zeilen erforderlich:

```
With Option01
   .Caption = "Rechnungen"
   .OnAction = "Test"
End With
```

Damit hätten wir eine komplette Menüleiste mit einem Menü und einer Option erstellt. Abbildung 12.12 zeigt das Ergebnis.

Abb. 12.12: Eine vollständige Menüleiste

Für eine Anwendung dürfte das aber noch etwas wenig sein. Das folgende Makro zeigt daher eine erweiterte Version mit zwei Menüs und insgesamt vier Optionen. Um nicht vor jedem erneuten Aufruf des Makros erst das alte Menüobjekt löschen zu müssen, haben wir eine entsprechende Prüfung und Löschoperation in das Makro integriert.

```
Sub Neues_Menue()
   For Each Leiste In CommandBars
      If Leiste.Name = "Neue Menüleiste" Then
         Leiste.Delete
      End If
   Next
   Set NeueLeiste = CommandBars.Add("Neue Menüleiste")
   'Menüs definieren
   Set Menue01 = NeueLeiste.Controls.Add(msoControlPopup)
   Set Menue02 = NeueLeiste.Controls.Add(msoControlPopup)
   'Menüoptionen für das erste Menü definieren
   Set Option01 = Menue01.Controls.Add(msoControlButton)
   Set Option02 = Menue01.Controls.Add(msoControlButton)
   'Menüoptionen für das zweite Menü definieren
   Set Option03 = Menue02.Controls.Add(msoControlButton)
   Set Option04 = Menue02.Controls.Add(msoControlButton)
```

```vb
'Anzeigeoptionen für erstes Menü
With Menue01
   .Caption = "Dokumente"
   .TooltipText = "Dokument öffnen, schließen etc."
End With

'Anzeigeoptionen für zweites Menü
With Menue02
   .Caption = "Einfügen"
   .TooltipText = "Objekte in Dokument einfügen"
End With

'Anzeigeoptionen für erste Menüoption im ersten Menü
With Option01
   .Caption = "Rechnungen"
   .OnAction = "Test"
End With

'Anzeigeoptionen für zweite Menüoption im ersten Menü
With Option02
   .Caption = "Kundenübersicht"
   .OnAction = "Test"
End With

'Anzeigeoptionen für erste Menüoption im zweiten Menü
With Option03
   .Caption = "Neue Daten"
   .OnAction = "Test"
End With

'Anzeigeoptionen für zweite Menüoption im zweiten Menü
With Option04
   .Caption = "Grafiken"
   .OnAction = "Test"
End With
```

```
    'Menü positionieren und anzeigen
    NeueLeiste.Position = msoBarTop
    NeueLeiste.Visible = True
End Sub
```

Mit der vorletzten Zeile verankern wir die Menüleiste am oberen Fensterrand. Beachten Sie vor allem die Zuordnung der Menüoptionen. Wir haben zwei Menüs definiert (mit den Objektvariablen MENUE01 und MENUE02) und jedem Menü zwei Optionen zugeordnet.

Alle Menüoptionen rufen das Makro TEST auf (OnAction-Eigenschaft). Existiert dieses Makro nicht, erhalten Sie in Access und Excel eine Fehlermeldung angezeigt. Word reagiert hingegen nicht auf ein fehlendes Makro. Wenn Sie ein eigenes Menü erstellen, sollten Sie aber auch ein Makro vorsehen, um die Funktionen des Menüs testen zu können. Erst später tragen Sie dann die „richtigen" Makros ein. Es genügt, wenn das Makro TEST eine einfache Meldung mit Hilfe der MsgBox-Funktion ausgibt.

Die aktuelle Menüleiste ersetzen

Möglicherweise wundern Sie sich über die kleinen schwarzen Pfeile neben den Menüoptionen. Diese unterscheiden beispielsweise die selbsterstellte Menüleiste vom integrierten Hauptmenü. Unser Menü ist eigentlich nur eine Symbolleiste. MS-Office akzeptiert tatsächlich nur ein richtiges Menü, das dann auch in Excel (nicht in Word und Access) das Systemmenü des aktiven Fensters enthält. Die selbsterstellte Menüleiste kann jedoch die aktive Menüleiste ersetzen. Zu diesem Zweck muß beim Erzeugen der Menüleiste das Argument MENUBAR der Add-Methode auf TRUE gesetzt werden. Die betreffende Zeile des letzten Makros hätte dann folgende Form:

```
Set NeueLeiste = CommandBars.Add("Neue Menüleiste", , True)
```

Damit installieren wir unsere Leiste als einzige Menüleiste. Die bisherige Menüleiste wird nicht mehr angezeigt. Gleichzeitig verschwinden die kleinen Pfeile, die unsere Menüleiste sonst als Symbolleiste entlarven. Mit den folgenden zwei Zeilen stellen Sie die alte Ordnung wieder her:

```
CommandBars("Neue Menüleiste").Delete
CommandBars("Menu Bar").Reset
```

Erst wenn die selbsterstellte Menüleiste gelöscht ist, akzeptieren Word & Co. die Reset-Anweisung für die integrierte Menüleiste.

Neue Optionen

Da fast keine Unterschiede zwischen Symbol- und Menüleisten bestehen, können Sie praktisch alle Eigenschaften nutzen, die wir weiter oben für Symbolleisten beschrieben haben. Inzwischen sind aber noch einige Erweiterungen hinzugekommen. Die wichtigsten sind folgende:

AdaptiveMenus	ist für die CommandBars-Auflistung definiert und bestimmt, ob sich die Darstellung der Menüs an die Benutzerauswahl anpaßt. Wenn Sie die Eigenschaft auf FALSE setzen, werden, wie in früheren Office-Versionen, immer alle verfügbaren Menüoptionen angezeigt.
Context	ermittelt das Dokument oder die Vorlage, in welcher die Symbol- oder Menüleiste gespeichert wird. Die Eigenschaft, die für einzelne Command-Bar-Objekte definiert ist, gibt den vollständigen Pfad zurück.

12.6 Kontextmenüs programmieren

Auch Kontextmenüs sind CommandBar-Objekte und unterscheiden sich daher nur wenig von Symbol- und Menüleisten. Lediglich zwei Punkte sind beim Erzeugen eines Kontextmenüs zu beachten:

1. Als Wert für das Argument POSITION ist die Konstante MSOBARPOPUP einzusetzen.
2. Das Menü müssen Sie mit der ShowPopup-Methode aufrufen.

Das Argument POSITION haben wir in früheren Beispielen entweder ignoriert oder mit der Konstanten MSOBARFLOATING belegt. Das folgende Makro erzeugt ein Kontextmenü mit drei Auswahloptionen:

```
Sub KontextMenue_erstellen()
   Gefunden = False
   For Each Element In CommandBars
      If Element.Name = "Kontextmenue" Then
         CommandBars("KontextMenue").Delete
      End If
   Next
   If Not Gefunden Then
      Set KMenu = CommandBars.Add("Kontextmenue", msoBarPopup)
      Set Option01 = KMenu.Controls.Add
      Set Option02 = KMenu.Controls.Add
      Set Option03 = KMenu.Controls.Add
      With Option01
         .Caption = "Bereich markieren"
         .OnAction = "Test"
      End With
```

```
      With Option02
        .Caption = "Bereich löschen"
        .OnAction = "Test"
      End With
      With Option03
        .Caption = "Bereich kopieren"
        .OnAction = "Test"
       End With
   End If
   KMenu.ShowPopup
End Sub
```

Die Konstante MSOBARPOPUP hat zur Folge, daß das betreffende Menü immer an der aktuellen Mauszeiger-Position erscheint. Sie können jedoch die Position in Pixel vorgeben. Die letzte Zeile würde dann beispielsweise wie folgt aussehen:

```
KMenu.ShowPopup 300, 300
```

SHOWPOPUP unterbricht die Programmausführung. Erst wenn Sie eine Option auswählen oder auf eine Stelle außerhalb des Menüs klicken, verschwindet das Menü und das Makro wird fortgesetzt.

Das Makro startet wieder mit einer Sicherheitsabfrage. Etwas rigoros ist vielleicht die Strategie, mit der das Makro auf gleichnamige Objekte reagiert: Das bestehende Objekt wird einfach gelöscht.

Kontextmenü in Excel aufrufen

Ein Kontextmenü erscheint in der Regel nach Betätigung der rechten Maustaste. Wir müssen also wissen, wann, wo und auf was der Anwender mit der rechten Maustaste klickt. Als Objekte kommen Tabellenblätter, ganze Arbeitsmappen und andere Objekte in Betracht. Diese Objekte verfügen in der Regel über vordefinierte Ereignisprozeduren. Solche Ereignisprozeduren tragen beispielsweise Bezeichnungen wie BEFORERIGHTCLICK (Tabellenblatt) oder SHEETBEFORERIGHTCLICK (Arbeitsmappe). Diese Prozeduren werden immer ausgeführt, wenn der Anwender auf das Objekt klickt.

Um beispielsweise an die Ereignisprozeduren des ersten Tabellenblatts heranzukommen, markieren Sie das Blatt im Projekt-Explorer und wählen dann die Option ANSICHT/CODE. Der Editor zeigt dann den Code des Tabellenblatts an. Eventuell müssen Sie in der Dropdown-Liste OBJEKTE noch die Einstellung WORKSHEET wählen. In der Dropdown-Liste PROZEDUREN wählen Sie dann die Prozedur BEFORERIGHTCLICK.

12.6 Kontextmenüs programmieren

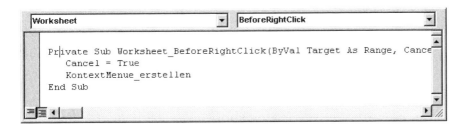

Abb. 12.13: Prozeduraufruf in einer Ereignisprozedur (Excel)

Abbildung 12.13 zeigt die Einstellungen des Editors und auch schon die erforderlichen Programmzeilen. Ganz wichtig ist die folgende Zeile:

```
Cancel = True
```

Damit schalten Sie den normalen Ereignisverlauf ab. Der „normale" Ereignisverlauf besteht beim Klick mit der rechten Maustaste darin, daß das eingebaute Kontextmenü aufgerufen wird. Ohne die Cancel-Zeile würde nach dem Schließen unseres Menüs also noch das eingebaute Kontextmenü erscheinen.

In der Ereignisprozedur hätten wir auch den ganzen Programm-Code für die Definition des Kontextmenüs unterbringen können. Wir haben das Makro, das die eigentliche Definition enthält, jedoch im ursprünglichen Modul belassen. In der Ereignisprozedur steht dann nur der Aufruf für das Makro.

Kontextmenü in Word aufrufen

In Word sieht es weniger gut aus. Das Dokument selbst verfügt nicht über ein Mausklick-Ereignis. Lediglich für die Elemente der Steuerelemente-Toolbox sind Mausereignisse definiert, die sich auch mit der rechten Maustaste auslösen lassen. Sehr sinnvoll ist diese Variante aber nicht. In Word-Formularen ließe sich ein Bezeichnungsfeld aufziehen, das den Formularhintergrund abdeckt. Das Steuerelement BEZEICHNUNG verfügt über die erforderlichen Mausereignisse. Wie Sie diese Ereignisse nutzen, zeigt das Beispiel zum UserForm-Dialog.

Kontextmenü im UserForm-Dialog aufrufen

Für UserForm-Dialoge ist zwar kein spezielles Ereignis für die rechte Maustaste definiert. Sie können aber die Ereignisse MOUSEDOWN und MOUSEUP verwenden. Diese verfügen über ein Argument (BUTTON), das je nach gedrückter Maustaste einen Integer-Wert liefert. Die linke Maustaste erzeugt den Wert 1 und die rechte den Wert 2. Damit läßt sich unser Kontextmenü wie folgt aufrufen:

```
Private Sub UserForm_MouseDown(ByVal Button As Integer, _
            ByVal Shift As Integer, ByVal X As Single, _
            ByVal Y As Single)
```

```
    If Button = 2 Then
        Modul1.KontextMenue_erstellen
    End If
End Sub
```

In Access und PowerPoint werden Sie das weiter oben definierte Kontextmenü wohl nicht verwenden können. In unserer noch etwas frühen Office-Version weigerte sich Access, das OnAction-Makro auszuführen. PowerPoint reagierte sogar mit einer Fehlermeldung. Möglicherweise ändert sich das noch in späteren Office-Versionen.

13 Office-Projekte

13.1 Hinweise zum Kapitel

In diesem Kapitel wollen wir einige einfache Office-Projekte präsentieren. Auf die Details der Formulargestaltung und der VBA-Programmierung werden wir dabei nicht mehr eingehen. Lediglich die zentralen Strukturen und die wichtigsten Teile des Programm-Codes sollen vorgestellt und kommentiert werden. Die Beispiele behandeln unter anderem folgende Themen:

- Datenbankanbindung bzw. Datenbankerzeugung über das DAO-Modell
- Navigation in Word-Dokumenten
- Eingabedialoge für Tabellenblätter
- Navigation in PowerPoint-Präsentationen

Da wir hier nur die wichtigsten Teile der Projekte vorstellen, sollten Sie die Dokumente, Arbeitsmappen und Datenbanken, die den Programmtext enthalten, unbedingt von der beiliegenden CD laden.

Hinweise zum Projektentwurf

Es ist in der Regel nicht sehr sinnvoll, ein Projekt gleich mit der Gestaltung eines Formulars oder der Programmierung von Makros zu beginnen. Zumindest Projekte, die aus mehr als einem Formular und einigen simplen Makros bestehen, sollten zuvor einen Planungsprozeß durchlaufen. Bei der Planung geht es darum, die Details der Aufgabenstellung aufzulisten und diese dann sinnvoll zu gliedern.

13.2 Word – Literaturdatenbank

Das erste Projekt verwendet einen UserForm-Dialog als Maske für den Zugriff auf eine Access-Datenbank. Die ganze Funktionalität ist über die Steuerelemente des Dialogs zugänglich. Sie müssen also nur den Dialog selbst starten, um alle Funktionen nutzen zu können. Der Dialog ermöglicht folgende Operationen:

- Eine Datenbank mit fester Struktur erzeugen
- Eine Verbindung zu einer bestehenden Datenbank herstellen

- Daten eingeben, ändern und löschen

- Den angezeigten Datensatz als Fußnote in das Dokument schreiben, wobei die Cursor-Position die Fußnotenreferenz bestimmt

- Alle Datensätze als Literaturverzeichnis in das Dokument schreiben

Den Dialog öffnen Sie mit dem Makro LITERATURDIALOG_ANZEIGEN, das Sie über die Makro-Verwaltung (Menüoption EXTRAS/MAKRO/MAKROS...) aufrufen können. Wir haben aber auch eine Menüoption (LITERATUR) in die Menüleiste gleich nach dem Hilfe-Menü eingefügt.

DAO-Bibliothek erforderlich

Die Literaturdatenbank greift über DAO auf eine Access-Datenbank zu. Diese Bibliothek (Microsoft DAO 3.6 Object Library) muß auf Ihrem System vorhanden sein. Das Dokument enthält bereits einen entsprechenden Verweis (EXTRAS/VERWEISE...).

Literaturdatenbank als AddIn

Eigentlich müßte die Überschrift lauten: Literaturdatenbank als Vorlage. Der AddIns-Dialog, den Sie mit der Menüoption EXTRAS/VORLAGEN UND ADDINS... aufrufen, besteht auf dieser Unterscheidung. Wenn Sie das Dokument, das die Literaturdatenbank enthält (LITERATUR.DOC), als Vorlage speichern (LITERATUR.DOT), können Sie diese dann über den AddIns-Dialog als globale Vorlage laden. Damit haben Sie wieder Zugriff auf die Datenbank, ohne daß das zugehörige Dokument angezeigt wird.

Auch der Programm-Code und der UserForm-Dialog sind in der Entwicklungsumgebung nicht zugänglich. In der Menüleiste wird aber trotzdem die Menüoption LITERATUR angezeigt, so daß Sie die Anwendung jederzeit starten können. Alle Operationen, die sich auf das Dokument beziehen, verwenden das aktive Dokument. Auf der CD finden Sie nur die normale Dokumentdatei. Das Speichern als Vorlage und die anschließende Installation über den AddIns-Dialog müssen Sie also selbst besorgen.

Der UserForm-Dialog

Abbildung 13.1 zeigt die erste Seite des Dialogs. Plazierung und Ausrichtung der Steuerelemente sollten Ihnen keine Probleme mehr bereiten. Die Felder sind für die Eingabe zunächst gesperrt. Sie müssen daher erst auf den Schalter NEU klicken, damit ein neuer (leerer) Datensatz angefügt und die Sperrung aufgehoben wird.

Analog gilt für die Bearbeitung eines bestehenden Datensatzes, daß erst der Schalter ÄNDERN anzuklicken ist, damit die Bearbeitung erfolgen kann. In beiden Fällen werden alle zunächst aktiven Schalter deaktiviert. Dafür ist dann der Schalter ÜBERNEHMEN aktiv, mit dem Sie den neuen oder geänderten Datensatz in die Datenbank übernehmen.

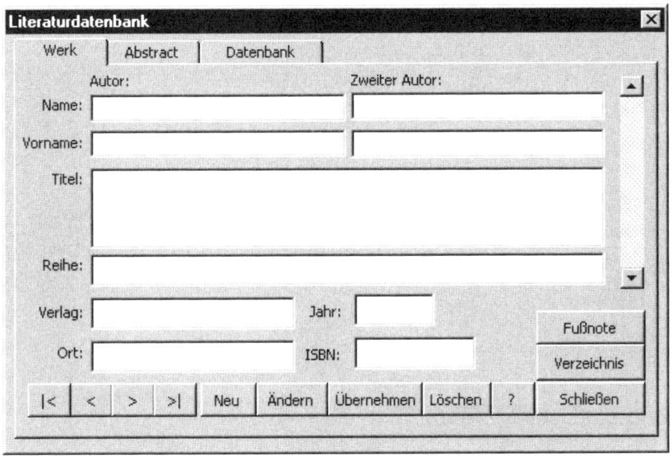

13.2 Word - Literaturdatenbank

Abb. 13.1: UserForm-Dialog als Formular für eine Literaturdatenbank

Automatischer Verbindungsaufbau

Beim Start versucht die Anwendung eine Verbindung zu einer Datenbank mit der Bezeichnung LITERATUR.MDB aufzubauen. Das wird vermutlich nicht glücken, weil diese Datenbank auf Ihrem System wohl noch nicht existiert. Sie erhalten dann gleich eine Fehlermeldung angezeigt.

Da zunächst noch keine gültige Datenbankverbindung besteht, wird beim Betätigen eines Schalters nur die folgende Meldung ausgegeben. Sie müssen erst eine Verbindung zu einer bestehenden Datenbank herstellen oder eine neue Datenbank erzeugen. Lediglich der Schalter SCHLIEßEN ist schon funktionstüchtig.

```
Sub Keine_Datenbank_geoeffnet()
    MsgBox "Keine Datenbank geöffnet!" & Chr(13) & _
           "Sie müssen erst eine Verbindung herstellen" & _
           Chr(13) & "oder eine neue Datenbank erzeugen.", _
           vbExclamation, "Achtung!"
End Sub
```

Datenbankverbindung herstellen oder neue Datenbank erzeugen

Wichtiger ist daher zunächst die letzte Seite des Dialogs, die Sie über die Registerzungen am oberen Dialog-Rand einstellen. Auf der letzten Seite finden Sie ein Eingabefeld für den Ordner bzw. den kompletten Pfad und eine Auswahlliste für dort eventuell vorhandene Access-Datenbanken. Wir haben den Assistenten Karl Klammer als kleine Hilfe vorgesehen. Die Unterstützung des Assistenten können Sie mit dem Hilfe-Schalter (?) des Dialogs anfordern.

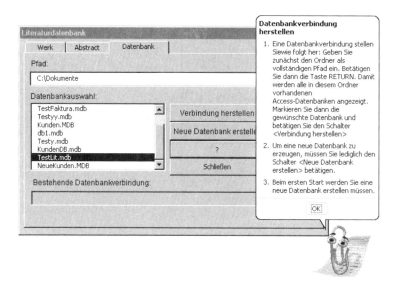

Abb. 13.2: Eine Datenbank öffnen (Verbindung herstellen) oder erzeugen

In der oberen Eingabezeile steht der Ordner (als kompletter Pfad), in welchem nach einer passenden Access-Datenbank gesucht wird. Enthält der Ordner solche Dateien, werden diese automatisch in der Auswahlliste darunter angezeigt. Nach jeder Änderung des Pfades müssen Sie die Eingabetaste (Enter) betätigen, damit die Anzeige der Liste aktualisiert wird. Sie können nun eine Datei markieren und dann den Schalter VERBINDUNG HERSTELLEN anklicken. Läßt sich eine Verbindung herstellen, wird die Verbindung in der untersten Eingabezeile angezeigt.

Wichtig: Die Datenbankdatei muß eine Tabelle mit der Bezeichnung LITERATUR enthalten. Diese Tabelle muß zudem eine bestimmte Struktur aufweisen. Ist das nicht der Fall, bricht die Programmausführung mit einer Fehlermeldung ab.

Beim ersten Start sollten Sie daher den Schalter NEUE DATENBANK ERSTELLEN anklicken. Das Programm erzeugt dann automatisch eine Datenbank mit der passenden Struktur. Sie können beliebig viele Datenbanken erstellen. Diese werden in dem Ordner abgelegt, den die erste Eingabezeile (PFAD) anzeigt. Voreingestellt ist der Ordner des Dokuments.

Datenbanknamen vergeben

Wenn Sie eine neue Datenbank erstellen, können Sie jeden zulässigen Datenbanknamen verwenden. Wir haben im Programm-Code aber den Namen LITERATUR.MDB vorgegeben. Wenn Sie beim Erstellen einer neuen Datenbank diesen Namen verwenden (ohne Dateiendung), wird die Datenbank bei jedem Start des Dialogs automatisch geladen. Bei anderen Datenbanknamen müssen Sie nach jedem Dialogaufruf die Verbindung selbst herstellen. Die Vorgabe des Namens läßt sich allerdings im Programm-Code ändern.

13.2 Word - Literaturdatenbank

Der im letzten Textfeld (BESTEHENDE DATENBANKVERBINDUNG) eingetragene Wert dient lediglich der Anzeige einer bestehenden Datenbankverbindung. Eine direkte Eingabe ist hier nicht möglich.

Objekte deklarieren

Im Kopf eines jeden Moduls lassen sich Konstanten, Variablen und andere Strukturen deklarieren. Die folgenden Zeilen stehen am Anfang des Moduls mit der Bezeichnung MODUL1:

```
Dim LitDB As Object

Dim LitTab As Object
Dim LitREC As Object

Public DBISBN As Object
Public DBAutor As Object
Public DBAutor2 As Object
Public DBVorname As Object
Public DBVorname2 As Object
Public DBTitel As Object
Public DBReihe As Object
Public DBVerlag As Object
Public DBOrt As Object
Public DBJahr As Object
Public DBAbstract As Object

Public Anzahl_Records As Long
Public Record_Nr As Long
Public LitDB_offen As Boolean      'Datenbank geöffnet
Public LitDB_neu As Boolean        'neuer Datensatz
```

Wir deklarieren also fast ausschließlich Objektvariablen, mit denen wir auf Felder der Datentabelle LITERATUR zugreifen. Die Objektvariablen hätten wir auch wie folgt deklarieren können:

```
Public DBAutor As DAO.Field
```

Die Objektbezeichnung FIELD würde alleine jedoch nicht reichen, weil es dann zu Verwechslungen mit gleichnamigen Word-Objekten käme. In Kapitel 10 sind wir auf das Problem gleichnamiger Objektvariablen eingegangen.

Die beiden letzten Variablen sind Zustands- oder Steuervariablen, die wir im Programmtext benötigen. LITDB_OFFEN wird auf TRUE gesetzt, wenn eine Verbindung zu einer Datenbank hergestellt werden konnte. LITDB_NEU zeigt an, ob vor dem Schreiben der Daten in die Tabelle ein neuer Datensatz erzeugt werden soll.

Initialisierungen

Der UserForm-Dialog verfügt über die Ereignisprozedur INITIALIZE. Diese Prozedur wird beim Laden des Dialogs automatisch aufgerufen und kann unter anderem für die Zuweisung von Anfangswerten an die zugehörigen Steuerelemente verwendet werden. Wir haben allerdings nur einen Prozeduraufruf hineingeschrieben und den eigentlichen Initialisierungs-Code für den Dialog wieder im „normalen" VBA-Modul MODUL1 untergebracht:

```
Sub Initialisierung()
    LiteraturDialog.Pfad.Value = ThisDocument.Path
    Datei = ThisDocument.Path & "\" & "Literatur.mdb"

    Datenbanken_einlesen

    LitDB_offen = False
    LitDB_neu = False

    LitDB_oeffnen (Datei)
End Sub
```

Die Initialisierungs-Prozedur sorgt dafür, daß zunächst der Ordner, in welchem das Dokument gespeichert wurde, als Pfad in das zugehörige Textfeld auf der letzten Seite des Dialogs eingetragen wird. Anschließend geben wir einen Dateinamen mit dem kompletten Pfad des Ordners vor. Diese Vorgabe dient in der letzten Zeile der Prozedur zum automatischen Öffnen der Datenbank. Wenn Sie eine andere Datenbank und einen anderen Ordner für das automatische Öffnen beim Dialogstart verwenden wollen, müssen Sie den Namen hier ändern.

Der Prozeduraufruf DATENBANKEN_EINLESEN gilt der folgenden Prozedur, welche die Access-Datenbankdateien in das Listenfeld der letzten Seite einliest. Dazu durchsucht die Prozedur den Ordner, dessen Pfad im Eingabefeld über der Liste angezeigt wird. Wir haben diesem Textfeld ebenfalls die Bezeichnung PFAD (LITERATURDIALOG.PFAD) gegeben. In der Voreinstellung verwenden wir den Ordner des Dokuments (THISWORKBOOK.PATH).

```
Sub Datenbanken_einlesen()
    Pfad = Trim(LiteraturDialog.Pfad) & "\"
    Datei = Dir(Pfad & "*.mdb")
    LiteraturDialog.Datenbankauswahl.Clear
```

13.2 Word - Literaturdatenbank

```
    While Datei <> ""
        LiteraturDialog.Datenbankauswahl.AddItem (Datei)
        Datei = Dir()
    Wend
End Sub
```

Die Liste auf der letzten Seite des Dialogs trägt den Namen DATENBANKAUSWAHL. Da die vorstehende Prozedur immer aufgerufen wird, wenn der Anwender den Pfad ändert und anschließend das Eingabefeld KUNDENDIALOG.PFAD verläßt, muß die Liste vor dem erneuten Einlesen mit CLEAR gelöscht werden.

Eine neue Datenbank erzeugen

Das folgende Makro wird ausgeführt, wenn Sie auf der letzten Seite des Dialogs den Schalter NEUE DATENBANK ERSTELLEN anklicken. Die Struktur der neu erzeugten Datenbank ist fest vorgegeben und auf die Eingabefelder des Dialogs abgestimmt. Beachten Sie, daß die Prozedur prüft, ob im angegebenen Ordner bereits eine Datenbank gleichen Namens existiert. Diese wird dann nicht überschrieben.

```
Sub LitDB_erzeugen()
    Pfad = LiteraturDialog.Pfad
    Datei = InputBox("Bitte Datenbannamen eingeben!")
    
    If Trim(Datei) = "" Then
        MsgBox "Unzulässiger Name!"
        Exit Sub
    End If
    
    Datei = Pfad & "\" & Datei
    
    If Not InStr(1, Datei, ".mdb") Then
        Datei = Datei & ".mdb"
    End If
    
    If Not Dir(Datei) = "" Then
        MsgBox "Datenbank " & Chr(13) & _
               Datei & Chr(13) & _
               "existiert bereits."
        Exit Sub
    End If
```

```
    Set LitDB = DBEngine.CreateDatabase(Datei, dbLangGeneral)
    Set LitTab = LitDB.CreateTableDef("Literatur")

With LitTab
    Set DBISBN = .CreateField("ISBN", dbText, 12)
    LitTab.Fields.Append DBISBN
    Set DBAutor = .CreateField("Autor", dbText, 30)
    LitTab.Fields.Append DBAutor
    Set DBAutor2 = .CreateField("Autor2", dbText, 30)
    LitTab.Fields.Append DBAutor2
    Set DBVorname = .CreateField("Vorname", dbText, 30)
    LitTab.Fields.Append DBVorname
    Set DBVorname2 = .CreateField("Vorname2", dbText, 30)
    LitTab.Fields.Append DBVorname2
    Set DBTitel = .CreateField("Titel", dbText, 250)
    LitTab.Fields.Append DBTitel
    Set DBReihe = .CreateField("Reihe", dbText, 250)
    LitTab.Fields.Append DBReihe
    Set DBVerlag = .CreateField("Verlag", dbText, 50)
    LitTab.Fields.Append DBVerlag
    Set DBOrt = .CreateField("Ort", dbText, 30)
    LitTab.Fields.Append DBOrt
    Set DBJahr = .CreateField("Jahr", dbText, 4)
    LitTab.Fields.Append DBJahr
    Set DBAbstract = .CreateField("Abstract", dbMemo, 4)
    LitTab.Fields.Append DBAbstract
End With
LitDB.TableDefs.Append LitTab
LitDB.Close

Datenbanken_einlesen

LitDB_oeffnen (Datei)
End Sub
```

13.2 Word - Literaturdatenbank

Die Felder der Literaturtabelle in der Datenbank werden hier über Objektvariablen angesprochen. Erzeugung und Anbindung der Datenfelder sind dann einfacher zu verstehen. Erfahrene Programmierer werden natürlich schnell auf eine Struktur wie die folgende verfallen:

```
With LitTab
     .Fields.Append  .CreateField("ISBN", dbText, 12)
End With
```

Damit sparen wir nicht nur die Objektvariablen ein, sondern auch noch eine ganze Zeile pro Felddefinition. Beim Entschlüsseln der funktionalen Zusammenhänge hilft die ausführliche Variante des obigen Makros.

Nach der Erstellung der neuen Datenbank müssen wir die Auswahlliste auf der letzten Seite des Dialogs ergänzen. Diese Aufgabe erledigt die schon früher vorgestellte Prozedur DATENBANKEN_EINLESEN.

Da wir in der letzten Zeile die gerade erzeugte und danach wieder geschlossene Datenbank öffnen, kann diese anschließend gleich mit Daten gefüllt werden. Zu diesem Zweck müssen Sie zur ersten Seite des Dialogs wechseln und dort den Schalter NEU betätigen. Das Schließen wäre nicht unbedingt erforderlich gewesen, wir hätten die gerade erzeugte Datenbank auch direkt für die Dateneingabe nutzen können. Die nachfolgend vorzustellende Funktion LITDB_OEFFNEN prüft jedoch nochmals, ob die Datenbank existiert. Damit haben wir etwas mehr Sicherheit.

Eine Datenbank öffnen

Eine bereits bestehende Datenbank öffnen Sie mit dem Schalter VERBINDUNG HERSTELLEN. Der Datenbankname muß zuvor in der Auswahlliste markiert worden sein. Mit dem Schalter VERBINDUNG HERSTELLEN rufen Sie zunächst die Prozedur LITDB_AUSWAEHLEN auf. Hier ermitteln wir den Pfad und den Namen der in der Auswahlliste markierten Datei. Beide Angaben werden zu einem String zusammengesetzt. Mit diesem String (DATEI) rufen wir dann die Funktion LITDB_OEFFNEN auf. Erst diese Funktion stellt die Verbindung zur Datenbank her.

```
Sub LitDB_auswaehlen()

   If LiteraturDialog.Datenbankauswahl.ListIndex > -1 Then
      Datei = Trim(LiteraturDialog.Pfad.Value) & "\" & _
              Trim(LiteraturDialog.Datenbankauswahl.Value)

      LitDB_oeffnen (Datei)
   Else
      MsgBox "Sie müssen erst eine Datenbank auswählen!"
   End If
End Sub
```

Die Datenbank muß eine Tabelle mit der Bezeichnung LITERATUR enthalten, für die wir dann mit OPENRECORDSET eine Datensatzgruppe erstellen. Sind in der Datenbank bzw. der Tabelle bereits Daten vorhanden, wird gleich der Inhalt des ersten Datensatzes angezeigt. Dafür ist die Prozedur DATENSATZ_ANZEIGEN zuständig.

```
Function LitDB_oeffnen(Datei)
  If Not Dir(Datei) = "" Then
    MsgBox "Verbindung wird hergestellt!", , ""

    Set LitDB = DBEngine.OpenDatabase(Datei)
    Set LitREC = LitDB.OpenRecordset("Literatur",dbOpenDynaset)

      Set DBISBN = LitREC.Fields("ISBN")
      Set DBAutor = LitREC.Fields("Autor")
      Set DBAutor2 = LitREC.Fields("Autor2")
      Set DBVorname = LitREC.Fields("Vorname")
      Set DBVorname2 = LitREC.Fields("Vorname2")
      Set DBTitel = LitREC.Fields("Titel")
      Set DBReihe = LitREC.Fields("Reihe")
      Set DBVerlag = LitREC.Fields("Verlag")
      Set DBOrt = LitREC.Fields("Ort")
      Set DBJahr = LitREC.Fields("Jahr")
      Set DBAbstract = LitREC.Fields("Abstract")

      LitDB_offen = True
      LitDB_oeffnen = True

      LiteraturDialog.AktiveVerbindung.Value = Datei
      Eingabefelder_sperren
      If LitREC.RecordCount > 0 Then
         LitREC.MoveLast
         LitREC.MoveFirst
         Datensatz_anzeigen
      Else
         Anzeige_loeschen
      End If
```

```
    Else
       MsgBox "Datenbank " & Datei & " nicht gefunden."
    End If
    ScrollBar_einstellen
End Function
```

Wir haben auch die Möglichkeit vorgesehen, die Anzeige des Dialogs zu löschen. Das wird beispielsweise nötig sein, wenn der Anwender eine neue Verbindung zu einer Datenbank herstellt und diese noch keine Daten enthält. In diesem Fall muß die letzte Anzeige der alten Datenbank entfernt werden. Diese Aufgabe erledigt die hier nicht abgedruckte Prozedur ANZEIGE_LOESCHEN. Beachten Sie auch die Zuweisung an die Public-Variable LITDB_OFFEN. Diese erhält nach erfolgreicher Verbindungsaufnahme den Wert TRUE zugewiesen. In vielen Prozeduren bestimmt die Variable, ob eine Operation ausgeführt werden darf.

Eingabefelder sperren

Beachten Sie auch den Aufruf der Prozedur EINGABEFELDER_SPERREN. In diesem Fall erhält die Locked-Eigenschaft der Eingabefelder den Wert TRUE zugewiesen. Da die Sperrung der Felder auch in anderen Prozeduren benötigt wird, haben wir daraus eine eigene Prozedur gemacht. Auf diese Weise erreichen Sie eine größere Modularität Ihres Programms. Dieselben Code-Sequenzen erscheinen zudem nicht mehrfach an verschiedenen Stellen des Programmtextes. Sie können sich natürlich denken, daß zur genannten Prozedur auch ein Gegenstück existiert (EINGEBAFELDER_FREIGEBEN).

Datensatzsteuerung mit Bildlaufleiste

Interessant ist auch die Prozedur SCROLLBAR_EINSTELLEN. Damit setzen wir die Min- und Max-Werte einer Bildlaufleiste, die auf der ersten Dialog-Seite, zusätzlich zu den üblichen Schaltern, zur ungefähren Datensatzsteuerung verwendet wird:

```
Sub ScrollBar_einstellen()
    If LitDB_offen Then
       If LitREC.RecordCount > 0 Then
          LiteraturDialog.ScrollBar1.Min = 0
          LiteraturDialog.ScrollBar1.Max = LitREC.RecordCount
          Exit Sub
       End If
    End If
    LiteraturDialog.ScrollBar1.Min = 0
    LiteraturDialog.ScrollBar1.Max = 0
End Sub
```

Die Anzahl der Datensätze bestimmt dann den Wertebereich der Bildlaufleiste. Sind keine Datensätze vorhanden, erhalten MIN und MAX Nullwerte zugewiesen. Die Bildlaufleiste zeigt dann keinen Schieber. Wir werden weiter unten zeigen, wie die Datensatzsteuerung per Bildlaufleiste funktioniert.

Einen neuen Datensatz anfügen

Der Schalter NEU ruft zunächst die Prozedur NEUER_DATENSATZ auf. Nur wenn eine Datenbank geöffnet ist, soll der Code ausgeführt werden.

```
Sub Neuer_Datensatz()
   If LitDB_offen Then
      Anzeige_loeschen
      LiteraturDialog.Autor.SetFocus
      LitDB_neu = True
      Eingabefelder_freigeben
   Else
      Keine_Datenbank_geoeffnet
   End If
End Sub
```

Die Inhalte der Eingabefelder werden durch die Zuweisung von Leerstrings gelöscht. Zuständig ist erneut die Prozedur ANZEIGE_LOESCHEN. Da die Prozedur keine spektakulären Anweisungen enthält, finden Sie nachfolgend nur eine stark verkürzte Variante:

```
Sub Anzeige_loeschen()
   With LiteraturDialog
      .Autor.Value = ""
      .Vorname.Value = ""
      ...
      .Abstrakt3.Value = ""
   End With
End Sub
```

Anschließend setzt die Prozedur NEUER_DATENSATZ den Wert der Variablen LITDB_ NEU auf TRUE. Die Variable bestimmt in einer anderen Prozedur, daß für die Daten ein neuer Datensatz erzeugt werden muß.

In der Prozedur EINGABEFELDER_FREIGEBEN werden die zuvor noch gesperrten Felder des Dialogs für die Bearbeitung freigegeben. Wir haben die Prozedur für die Wiedergabe etwas verkürzt, weil die Zeilen doch recht trivial sind:

13.2 Word - Literaturdatenbank

```
Sub Eingabefelder_freigeben()
   With LiteraturDialog
      .Autor.Locked = False
      .Autor2.Locked = False
      .Vorname.Locked = False
      ...
      .BtVor.Enabled = False
      .BtZurueck.Enabled = False
   End With
End Sub
```

Gleichzeitig deaktiviert die Funktion nahezu alle Schalter. Lediglich die Schalter ÜBERNEHMEN und SCHLIEßEN sind dann noch zugänglich. Mit dem Schalter ÜBERNEHMEN rufen Sie die Prozedur LITDB_IN_FELDER_SCHREIBEN auf. Damit werden die Daten der Eingabefelder in die Datenbank übernommen:

```
Sub LitDB_in_Felder_schreiben()
   If LitDB_offen Then

      If LitDB_neu Then
         LitREC.AddNew
         LitDB_neu = False
      Else
         LitREC.Edit
      End If

      If Trim(LiteraturDialog.ISBN) <> "" Then
         DBISBN.Value = LiteraturDialog.ISBN
      End If

      If Trim(LiteraturDialog.Autor) <> "" Then
         DBAutor.Value = LiteraturDialog.Autor
      End If

      If Trim(LiteraturDialog.Autor2) <> "" Then
         DBAutor2.Value = LiteraturDialog.Autor2
      End If
```

```
        If Trim(LiteraturDialog.Vorname) <> "" Then
            DBVorname.Value = LiteraturDialog.Vorname
        End If
        If Trim(LiteraturDialog.Vorname2) <> "" Then
            DBVorname2.Value = LiteraturDialog.Vorname2
        End If
        If Trim(LiteraturDialog.Titel) <> "" Then
            DBTitel.Value = LiteraturDialog.Titel
        End If
        If Trim(LiteraturDialog.Reihe) <> "" Then
            DBReihe.Value = LiteraturDialog.Reihe
        End If
        If Trim(LiteraturDialog.Verlag) <> "" Then
            DBVerlag.Value = LiteraturDialog.Verlag
        End If
        If Trim(LiteraturDialog.Ort) <> "" Then
            DBOrt.Value = LiteraturDialog.Ort
        End If
        If Trim(LiteraturDialog.Jahr) <> "" Then
            DBJahr.Value = LiteraturDialog.Jahr
        End If
        If Trim(LiteraturDialog.Abstrakt3) <> "" Then
            DBAbstract.Value = LiteraturDialog.Abstrakt3
        End If
        LitREC.Update
        Eingabefelder_sperren
        LitREC.MoveLast
        Datensatz_anzeigen
        ScrollBar_einstellen
    Else
        Keine_Datenbank_geoeffnet
    End If
End Sub
```

13.2 Word - Literaturdatenbank

Wenn die Variable LITDB_NEU zuvor auf TRUE gesetzt wurde, erzeugt die Prozedur einen neuen Datensatz. Ist das nicht der Fall, wird der aktuelle Datensatz mit den neuen Daten überschrieben.

Datensätze bearbeiten

Die Prozedur LITDB_IN_FELDER_SCHREIBEN ist auch für die Änderung bestehender Datensätze zuständig. Zu diesem Zweck rufen Sie mit dem Schalter ÄNDERN die Prozedur DATENSATZ_BEARBEITEN auf:

```
Sub Datensatz_bearbeiten()
    If LitDB_offen Then
        If LitREC.RecordCount > 0 Then
            Eingabefelder_freigeben
        Else
            MsgBox "Noch kein Datensatz vorhanden!", , ""
        End If
    Else
        Keine_Datenbank_geoeffnet
    End If
End Sub
```

Eine Bearbeitung ist natürlich nur möglich, wenn die Datenbank bereits Daten enthält. RECORDCOUNT überprüft daher, ob schon Datensätze vorhanden sind.

Navigieren in der Datenbank

Für die Navigation, also das Blättern zwischen verschiedenen Datensätzen, sind die Prozeduren LITDB_NAECHSTER_SATZ und LITDB_VORHERIGER_SATZ zuständig. Die Prozeduren rufen Sie mit den Pfeilschaltern des Dialogs auf:

```
Sub LitDB_naechster_Satz()
    If LitDB_offen Then
        If Not LitREC.EOF Then
            LitREC.MoveNext
            If Not LitREC.EOF Then
                Datensatz_anzeigen
            Else
                LitREC.MoveLast
```

```
        End If
      End If
   Else
      Keine_Datenbank_geoeffnet
   End If
End Sub
```

Die Prozedur für die Anzeige des vorherigen Datensatzes ist sehr ähnlich, weswegen wir an dieser Stelle auf die Wiedergabe verzichten. Beide Prozeduren rufen die Prozedur DATENSATZ_ANZEIGEN auf, welche die Daten des aktuellen Datensatzes in die Felder des Dialogs schreibt:

```
Sub Datensatz_anzeigen()
   With LiteraturDialog
       .Autor.Value = DBAutor.Value
       .Autor2.Value = DBAutor2.Value
       .Vorname.Value = DBVorname.Value
       ...
       .Abstrakt3.Value = DBAbstract.Value
   End With
End Sub
```

Wir haben wieder einige Zeilen ausgelassen, weil das Schema auch so deutlich zu erkennen ist. Bei der Zuweisung greifen wir auf die in der Prozedur LITDB_OEFFNEN erzeugten Objektvariablen zurück.

Datensatzwahl per Bildlaufleiste

Auf der ersten Dialog-Seite verwenden wir eine Bildlaufleiste für die Anzeige der Datensätze. Diese wird vom Change-Ereignis gesteuert, welche die Prozedur BLAETTERN aufruft:

```
Sub Blaettern()
   x = LiteraturDialog.ScrollBar1.Value
   y = LiteraturDialog.ScrollBar1.Max
   If y > 0 Then
      Wert = x / y * 100
      LitREC.PercentPosition = Wert
      Datensatz_anzeigen
   End If
End Sub
```

13.2 Word - Literaturdatenbank

Die Prozedur nutzt die Recordset-Eigenschaft PERCENTPOSITION, welche eine ungefähre Positionierung des Datensatzzeigers bewirkt. Die Eigenschaft erwartet einen Prozentwert, den wir hier erst aus den Eigenschaftswerten VALUE und MAX der Bildlaufleiste errechnen müssen.

Damit hätten wir die wichtigsten Prozeduren des Projekts „Literaturdatenbank" abgehandelt. Lediglich die Funktionen für die Übernahme der Datensätze in ein Dokument wollen wir noch vorstellen.

Datensatz als Fußnote einfügen

Mit der Prozedur FUSSNOTE_ERZEUGEN kann der gerade angezeigte Datensatz als Fußnote in das Dokument übernommen werden. Die Cursor-Position bestimmt dabei die Position der Fußnotenreferenz:

```
Sub Fussnote_erzeugen()
    If Not LitDB_offen Then
        Exit Sub
    End If
    temp = ""
    Seite = InputBox("Seitenzahl angeben!")
    With LiteraturDialog
        temp = .Autor & ", " & _
               .Vorname & ", " & _
               .Titel & ", " & _
               .Verlag & ", " & _
               .Ort & " " & _
               .Jahr & ", S. " & _
               Seite
    End With
    Selection.Collapse
    ActiveDocument.Footnotes.Add Selection.Range, , temp
End Sub
```

Die Prozedur verwendet die InputBox-Methode, um vom Anwender einen numerischen Wert anzufordern. Dieser Wert wird der Zeichenkette TEMP, die für den Fußnotentext steht, nach dem Kürzel „S." hinzugefügt. Damit hat der Anwender die Möglichkeit, noch eine Seitenzahl für die Quellenbezeichnung einzugeben.

Literaturverzeichnis erstellen

Das folgende Makro wird vom Schalter VERZEICHNIS aufgerufen. Damit lassen sich alle Datensätze, sortiert nach dem Feld Autor, in das gerade aktive Dokument ausgeben.

```
Sub Verzeichnis_erstellen()
   If Not LitDB_offen Then
      Exit Sub
   End If

   LitREC.Sort = "Autor"
   Set Sortierung = LitREC.OpenRecordset
   Sortierung.MoveFirst

   Selection.TypeText "Literaturverzeichnis" & Chr(13)
   Do While Not Sortierung.EOF
      With Sortierung
         temp = .Fields("Autor").Value & ", " & _
                .Fields("Vorname").Value & ", " & _
                .Fields("Titel").Value & ", " & _
                .Fields("Verlag").Value & ", " & _
                .Fields("Ort").Value & " " & _
                .Fields("Jahr").Value
         Selection.TypeText temp & Chr(13)
      End With
      Sortierung.MoveNext
   Loop
End Sub
```

Selbst die Überschrift (Literaturverzeichnis) wird automatisch erstellt. Beachten Sie, daß wir für die Sortierung ein neues Recordset-Objekt erstellen. Im Dialog bleibt die alte Sortierung erhalten.

Verwendung der Ereignisprozeduren

Da wir möglichst viel Programmtext in einem Modul zusammenfassen wollten, blieben für die Ereignisprozeduren nur noch Prozeduraufrufe übrig. Abbildung 13.3 zeigt einen Ausschnitt aus dem Modul der Ereignisprozeduren des UserForm-Dialogs.

13.3 Word - Objekt-Navigator

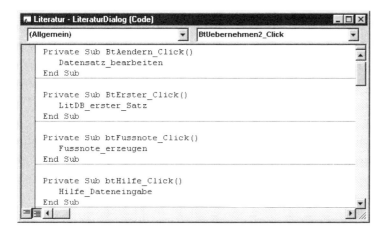

Abb. 13.3: Ereignisprozeduren mit Proceduraufrufen

Nach Eintrag der Prozeduraufrufe wird dieses Code-Modul kaum noch benötigt. Fast alle Änderungen können zukünftig im „normalen" Modul (hier MODUL1) erfolgen.

Hinweis: Die Seite ABSTRACT des Dialogs, auf die wir hier nicht eingegangen sind, enthält drei Textfelder. Zwei davon dienen der Anzeige des gerade angewählten Datensatzes. Das dritte Feld nimmt eine Inhaltsangabe des jeweiligen Titels auf. Es ist vom Typ MEMO. Das Feld kann nur bearbeitet werden, wenn sich auch die erste Seite im Bearbeiten-Modus (Schalter NEU oder ÄNDERN) befindet.

13.3 Word – Objekt-Navigator

Unser Word-Navigator ist ein kleiner UserForm-Dialog, der alle Textmarken, Tabellen, und Kommentare eines Dokuments auflistet und zur Auswahl anbietet. Der Anwender kann per Mausklick (Doppelklick) zur gewünschten Textmarke oder Tabelle springen.

Abb. 13.4: Schnelle Navigation zwischen Word-Objekten

Alternativ steht auch der Schalter GEHE ZU zur Verfügung. Kommentare lassen sich sogar in einem Editierfenster (einem zweiten UserForm-Dialog) aufrufen und editieren. Die Abbildung 13.4 zeigt zunächst den Navigator. Die Umschaltung zwischen Textmarken, Tabellen und Kommentaren erfolgt mit den Schaltern oberhalb der Auswahlliste.

Falsche Schalter

Der Dialog weist eine Besonderheit auf: Die Schalter für die Umschaltung der Anzeige sind eigentlich keine. Es handelt sich vielmehr um Anzeige-Steuerelemente (IMAGE), die normalerweise für die Anzeige von Grafiken gedacht sind. Da die Schalter sich gegenseitig aktivieren bzw. deaktivieren, hätten wir eigentlich Umschaltfelder verwenden können. Die Ereignisprozeduren machten jedoch Probleme, weil sie auch ausgelöst werden, wenn der Schalterzustand nicht per Mausklick, sondern per Programm-Code geändert wird. Das Image-Steuerelement ist hier weniger empfindlich. Dafür müssen wir aber die Schalterzustände (gedrückt, nicht gedrückt) simulieren. Die folgenden Zeilen zeigen das Prinzip:

```
UserForm1.Image1.SpecialEffect = fmSpecialEffectSunken
UserForm1.Image1.SpecialEffect = fmSpecialEffectRaised
```

Die Eigenschaft SPECIALEFFECT wird entweder auf „vertieft" (gedrückt) oder „erhaben" (nicht gedrückt) gesetzt.

Public-Variablen

Unser Projekt kommt mit einer öffentlichen Variablen im Modulkopf aus. Diese Variable merkt sich, welche Objekte gerade angezeigt werden:

```
Dim Anzeige As String      'Textmarke, Tabelle oder Kommentar
```

Im Programmablauf kann diese Variable die Werte „Textmarke", „Tabelle" oder „Kommentar" annehmen.

Steuerelemente initialisieren

Eine spezielle Initialisierung findet eigentlich nicht statt. Die Initialisierungsprozedur des UserForm-Dialogs ruft gleich eine Prozedur für die Anzeige von Textmarken auf. Diese Prozedur wird später auch vom zuständigen Schalter aufgerufen:

```
Sub Textmarken_anzeigen()
    UserForm1.Image1.SpecialEffect = fmSpecialEffectSunken
    UserForm1.Image2.SpecialEffect = fmSpecialEffectRaised
    UserForm1.Image3.SpecialEffect = fmSpecialEffectRaised
    Anzeige = "Textmarke"
    If ActiveDocument.Bookmarks.Count > 0 Then
        UserForm1.ListBox1.Enabled = True
        Textmarken_laden
    Else
        UserForm1.ListBox1.Clear
```

```
      UserForm1.ListBox1.AddItem "keine Textmarken"
      UserForm1.ListBox1.Enabled = False
   End If
End Sub
```

Die ersten drei Zeilen steuern zunächst den Anzeigestatus unserer „falschen" Schalter. Der Schalter für Textmarken wird hier als gedrückt (SUNKEN) angezeigt. Anschließend setzen wir die globale Variable auf den Wert „Textmarke".

Sicherheitsabfrage vor Anzeige der Listenelemente

Unsere Anzeigeliste (LISTBOX1) ist natürlich mit einer Ereignissteuerung ausgerüstet, damit wir die Wahl des Anwenders auswerten können. Wenn nun aber keine Textmarken vorhanden sind, kann die Auswertung auch keine gültige Textmarke liefern. Der Anwender kann aber trotzdem auf dem leeren ListBox-Element herumklicken. Entweder müssen wir dies in der betreffenden Ereignisprozedur abfangen oder das Auslösen des Ereignisses verhindern. Wir haben uns für die letzte Option entschieden: Sind im Dokument keine Textmarken (BOOKMARKS) vorhanden, wird das Listenelement einfach abgeschaltet (ENABLED = FALSE). Ein abgeschaltetes Steuerelement löst keine Ereignisse mehr aus.

Ergibt die Prüfung, daß Textmarken vorhanden sind, wird die Prozedur TEXTMARKEN_LADEN aufgerufen.

Objekte in Liste laden

Das Laden der Textmarken erfolgt in einer For Each-Schleife. Zuvor ist aber die Liste von eventuell vorhandenen Einträgen zu säubern.

```
Sub Textmarken_laden()
   UserForm1.ListBox1.Clear
   For Each Marke In ActiveDocument.Bookmarks
      UserForm1.ListBox1.AddItem (Marke.Name)
   Next
   UserForm1.ListBox1.ListIndex = 0
End Sub
```

In der letzten Zeile markieren wir den ersten Eintrag (Indexwert = 0). Das sollte zulässig sein, weil wir die Prozedur ja nur aufrufen, wenn wirklich Textmarken vorhanden sind.

Objekte aktivieren

Die Anzeige von Textmarken, Tabellen und Kommentaren ist natürlich etwas wenig. Unser Projekt soll es natürlich auch möglich machen, die einzelnen Objekte durch Anklicken in der

Liste zu aktivieren. Zunächst müssen wir aber feststellen, welche Objekte gerade in der Liste angezeigt werden. Dazu dient die folgende Prozedur, die eigentlich nur als Verteiler wirkt. Den Aufruf haben wir in das DblClick-Ereignis des Listenfeldes geschrieben.

```
Sub Objekt_aktivieren()
    If UserForm1.ListBox1.Enabled Then
        If Anzeige = "Textmarke" Then
            Textmarke_aktivieren
        End If
        If Anzeige = "Tabelle" Then
            Tabelle_aktivieren
        End If
        If Anzeige = "Kommentar" Then
            Kommentar_aktivieren
        End If
    End If
End Sub
```

Sicher fragen Sie sich, warum wir in der ersten Zeile prüfen, ob die Liste abgeschaltet ist. Wir haben weiter oben ja schon festgestellt, daß ein abgeschaltetes Steuerelement keine Ereignisse auslöst. Die vorstehende Prozedur wird aber nicht nur durch das DblClick-Ereignis der Liste aufgerufen, sondern auch noch durch den Schalter GEHE ZU. Der Schalter kennt den Zustand der Liste aber nicht. Eine durchaus sinnvolle Alternative wäre es gewesen, bei fehlenden Listeneinträgen auch noch den Gehe-zu-Schalter zu deaktivieren.

Das obige Makro zeigt auch, wofür wir die globale Variable ANZEIGE benötigen. Diese steuert den Aufruf der Aktivierungsprozeduren. Werden in der Liste gerade Textmarken angezeigt, ruft das Makro beispielsweise die Sub TEXTMARKE_AKTIVIEREN auf.

```
Sub Textmarke_aktivieren()
    ActiveDocument.Bookmarks(UserForm1.ListBox1.Text).Select
End Sub
```

Diese Prozedur ist nun sehr einfach zu verstehen. Wir ermitteln lediglich den Text des gerade markierten Listeneintrags und übergeben ihn der Bookmarks-Auflistung als Argument. Auf das so erhaltene Bookmark-Objekt wenden wir dann die Select-Methode an.

Probleme mit dem Indexwert

Bei der vorstehenden Prozedur haben wir die Bezeichnung des Objekts (den Namen der Textmarke) verwenden können. Bei Tabellen geht das nicht. Hier sind wir auf den Indexwert ange-

13.3 Word - Objekt-Navigator

wiesen. Dieser kann sich aber ändern, etwa wenn der Anwender eine neue Tabelle einfügt. Die Zuordnung über den Indexwert ist daher nicht immer eindeutig. Für die folgende Prozedur, die eine Tabelle aktiviert, waren wir aber darauf angewiesen:

```
Sub Tabelle_aktivieren()
    temp = UserForm1.ListBox1.ListIndex + 1
    ActiveDocument.Tables(temp).Select
    Selection.Collapse
End Sub
```

Die Addition des Wertes 1 ist erfoderlich, weil die Zählung der Listenelemente mit dem Wert 0 beginnt, die Auflistung TABLES aber bei 1 zu zählen anfängt.

Die Anzeige im Dialog steuern

Jeder der drei Schalter ruft zunächst eine zugehörige Prozedur auf. Die Prozedur, die dem Schalter für Textmarken zugeordnet ist (TEXTMARKEN_ANZEIGEN), haben wir oben bereits vorgestellt. Nachfolgend finden Sie die nur geringfügig abweichende Prozedur für den Tabellenschalter:

```
Sub Tabellen_anzeigen()
    UserForm1.Image2.SpecialEffect = fmSpecialEffectSunken
    UserForm1.Image1.SpecialEffect = fmSpecialEffectRaised
    UserForm1.Image3.SpecialEffect = fmSpecialEffectRaised
    Anzeige = "Tabelle"
    If ActiveDocument.Tables.Count > 0 Then
        UserForm1.ListBox1.Enabled = True
        Tabellen_laden
    Else
        UserForm1.ListBox1.Clear
        UserForm1.ListBox1.AddItem "keine Tabellen"
        UserForm1.ListBox1.Enabled = False
    End If
End Sub
```

Auf die Wiedergabe der Prozedur für den Kommentarschalter haben wir hier verzichtet. Zwar öffnen wir damit einen zweiten UserForm-Dialog, dieser zeigt aber nur den Text des gerade angewählten Kommentars an.

13.4 Excel – Eingabedialoge für Tabellen

Das folgende Projekt verwendet drei Eingabedialoge für eine Excel-Anwendung mit mehreren Tabellenblättern. Zusammen bilden diese Blätter eine einfache Überschußrechnung, in der Einnahmen, Ausgaben, Telefon- und Fahrtkosten berechnet werden. Abbildung 13.5 zeigt das erste Tabellenblatt.

Die Abbildung zeigt zudem eine Symbolleiste, über welche die verschiedenen Dialoge aufgerufen oder bestimmte Operationen wie das Löschen der gerade aktiven Zeile ausgeführt werden. Die Symbolleiste wurde ohne Programmierung erstellt und der Arbeitsmappe über den Dialog ANPASSEN zugeordnet.

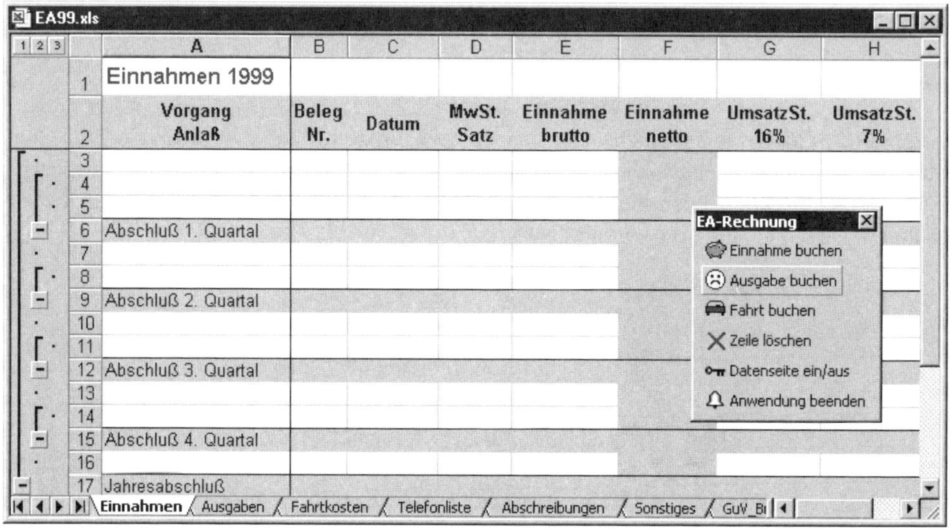

Abb. 13.5: Eine Einnahmen/Ausgaben-Überschußrechnung

Mit dem Schalter EINNAHME BUCHEN öffnen Sie den in Abbildung 13.6 gezeigten Dialog. Sie können auch das Makro EINNAHME_NEU verwenden, das Sie im Makro-Dialog (Menüoption EXTRAS/MAKRO/MAKROS...) finden. Das Makro ist dem genannten Schalter zugeordnet.

Die im Dialog angezeigten Daten sind Voreinstellungen, die teilweise über das Eigenschaftenfenster und teilweise per Programm-Code zugewiesen wurden. Der Programmtext ist praktisch vollständig in einem Modul (MODUL1) zusammengefaßt. Die Ereignisprozeduren enthalten in der Regel nur wieder Prozeduraufrufe.

Dialoge nur für die Neueingabe

Die Dialoge dienen ausschließlich der Neueingabe von Daten. Wollen Sie Änderungen an den bereits eingegebenen Daten vornehmen, muß dies direkt in den Tabellen geschehen.

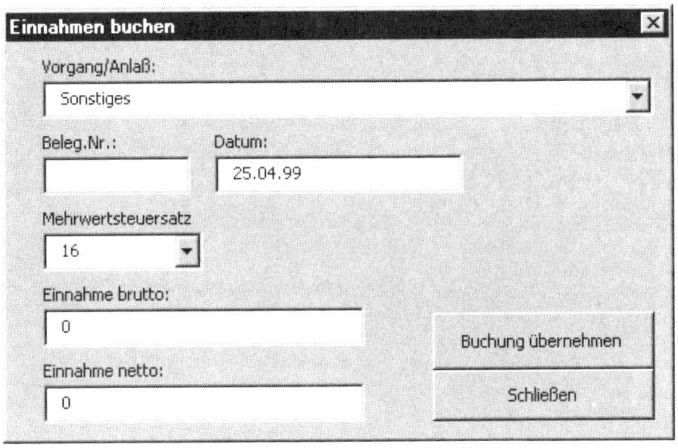

13.4 Excel - Eingabedialoge für Tabellen

Abb. 13.6: Dialog für die Buchung von Einnahmen

Die Prozedur EINNAHME_NEU, die den Dialog aufruft, nimmt auch die wesentlichen Grundeinstellungen vor:

```
Sub Einnahme_neu()
    Worksheets("Einnahmen").Activate
    Einnahmen.Vorgang.Text = "Sonstiges"
    Einnahmen.BelegNr.Value = ""
    Einnahmen.Datum.Value = Date
    Einnahmen.MwStSatz.Text = 16
    Einnahmen.EinBrutto.Value = 0
    Einnahmen.EinNetto = 0
    Einnahmen.Vorgang.SetFocus
    Einnahmen.Show
End Sub
```

Die Prozedur aktiviert zunächst das betreffende Tabellenblatt und initialisiert dann die Eingabefelder des Dialogs.

Daten in Tabelle schreiben

Die wichtigste Prozedur rufen Sie mit dem Schalter BUCHUNG ÜBERNEHMEN auf. Diese Prozedur enthält fast den kompletten Programmtext für den Dialog EINNAHMEN:

```
Sub Einnahme_schreiben()
    BruttoOK = Einnahmen.EinBrutto.Value > 0
    NettoOK = Einnahmen.EinNetto.Value > 0
```

```
   DatumOK = IsDate(Einnahmen.Datum.Value)

   If (BruttoOK Or NettoOK) And DatumOK Then
      Neue_Zeile (Einnahmen.Datum)
   Else
      MsgBox "Ungültige Werte für Brutto, Netto oder Datum!" & _
            Chr(13) & Chr(13) & _
            "Daten werden nicht in Tabelle geschrieben.", _
            vbCritical
      Einnahmen.Datum.SetFocus
      Exit Sub
   End If

'- Die Sub schreibt die Werte des Dialogs Einnahmen
'- in die zugehörigen Zellen der Tabelle.
   Cells(ActiveCell.Row, 1).Value = Einnahmen.Vorgang.Value
   Cells(ActiveCell.Row, 2).Value = Einnahmen.BelegNr.Value
   Cells(ActiveCell.Row, 3).Value = CDate(Einnahmen.Datum.Value)
   Cells(ActiveCell.Row, 4).Value = Einnahmen.MwStSatz.Value/100

'- Nur in die Brutto-Spalte wird ein Wert geschrieben.
'- Der Wert in der Netto-Spalte soll immer durch eine
'- Excel-Formel berechnet werden. Wird im Dialog ein
'- Nettowert eingegeben, berechnet der Else-Zweig den
'- Bruttowert und schreibt nur diesen in die Tabelle.

   If Einnahmen.EinBrutto.Value > 0 Then
      Cells(ActiveCell.Row, 5).Value = Einnahmen.EinBrutto.Value
   Else
      Cells(ActiveCell.Row, 5).Value =Einnahmen.EinNetto.Value _
            * (100 + Einnahmen.MwStSatz.Value) / 100
   End If

'- Formeln für die Berechnung der Nettoeinnahme eintragen
   Cells(ActiveCell.Row, 6).FormulaR1C1 = "=RC[-1]/(1+RC[-2])"
```

13.4 Excel - Eingabedialoge für Tabellen

```
    '- Formeln für die Berechnung der Umsatzsteuer eintragen
    If Cells(ActiveCell.Row, 4).Value = 0.16 Then
        Cells(ActiveCell.Row, 7).FormulaR1C1 = "=RC[-1]* RC[-3]"
    Else
        Cells(ActiveCell.Row, 8).FormulaR1C1 = "=RC[-2]* RC[-4]"
    End If

    '- Textfelder für nächste Eingabe initialisieren
    Einnahmen.Vorgang.Text = "Sonstiges"
    Einnahmen.BelegNr.Value = ""
    Einnahmen.Datum.Value = Date
    Einnahmen.MwStSatz.Text = 16
    Einnahmen.EinBrutto.Value = 0
    Einnahmen.EinNetto = 0
    Einnahmen.Vorgang.SetFocus
End Sub
```

Dieser etwas längeren Prozedur haben wir auch einige Kommentarzeilen hinzugefügt, um Sie beim Lesen mit notwendigen Interpretationshilfen zu unterstützen. Beachten Sie zunächst die Prüfung der Feldinhalte am Anfang der Prozedur. Wir haben drei Bedingungen definiert, von denen zwei erfüllt sein müssen, damit die Prozedur vollständig abgearbeitet wird:

- ein positiver Bruttobetrag
- ein positiver Nettobetrag
- ein valides Datum

Wir benötigen entweder einen Brutto- oder einen Nettobetrag. Unerläßlich ist ein valides Datum, weil darüber die Zuordnung des Eintrags zu einem Quartal erfolgt. Die Prozedur NEUE_ZEILE, die nach erfolgreicher Prüfung aufgerufen wird, verwendet das Datum, um im passenden Quartalsabschnitt des Tabellenblatts eine neue Zeile zu erzeugen. Wird kein Betrag eingegeben oder fehlt das Datum, wird die Prozedur mit EXIT SUB vorzeitig beendet. Alternativ hätten wir den Prozedurkörper auch in die If-Konstruktion hineinnehmen können. Bei längeren Programmtexten erschweren If-Zweige mit vielen Anweisungen jedoch das Verständnis des Programmaufbaus.

Etwas unverständlich sind sicher Zeilen wie die folgende:

```
Cells(ActiveCell.Row, 10).FormulaR1C1 = "=RC[-1]* RC[-6]"
```

Diese Zeilen erzeugen Formeln im Tabellenblatt, mit denen der Nettobetrag und die Mehrwertsteuer errechnet werden. Wir schreiben also immer nur den Bruttobetrag als festen Wert in die zugehörige Spalte.

Eine neue Zeile einfügen

Die Prozedur EINNAHME_SCHREIBEN ruft die Funktion NEUE_ZEILE auf. Dabei wird das im Dialog eingegebene Datum als Argument benötigt. Aus dem Datum ermitteln wir zunächst das jeweilige Quartal:

```
Function Neue_Zeile(Datum) As Boolean
    '- Die Funktion verwendet benannte Zellen in
    '- den Tabellenblaettern Einnahmen und Ausgaben.
    Select Case Month(Datum)
       Case 1 To 3
          Zeile = Range("AbschlussQ1").Row - 1
       Case 4 To 6
          Zeile = Range("AbschlussQ2").Row - 1
       Case 7 To 9
          Zeile = Range("AbschlussQ3").Row - 1
       Case 10 To 12
          Zeile = Range("AbschlussQ4").Row - 1
    End Select
    Cells(Zeile, 1).EntireRow.Insert
    Cells(Zeile, 1).Activate
    Neue_Zeile = True
End Function
```

Die Funktion verwendet benannte Zellen, um die Position (das Quartal) einer neuen Zeile zu bestimmen. Die benannten Zellen sind den Abschlußzeilen der Tabelle zugeordnet (Abschluß 1. Quartal etc.). Sie stehen immer für die erste Spalte der betreffenden Zeilen. Wenn Sie noch keine Daten eingegeben haben, sind das die Zellen A6, A9, A12 und A15. Durch die Eingabe von Daten ändert sich die Zuordnung natürlich. Über die Namen erhalten wir aber immer die Abschlußzeilen als Bezugsgrundlage. Die neue Zeile wird jeweils eine Zeile über der Abschlußzeile des Quartals eingefügt.

Versteckte Datentabellen

Der Dialog enthält Dropdown-Listen für die Auswahl von Vorgangstexten und Mehrwertsteuersätzen. Zudem kommen in einigen Formeln der Tabellen benannte Felder zum Einsatz, bei-

13.4 Excel - Eingabedialoge für Tabellen

spielsweise für die Fahrtkostenpauschale im Tabellenblatt FAHRTKOSTEN oder die Jahreszahl in den Tabellenüberschriften Solche Daten haben wir in einem separaten Tabellenblatt untergebracht. Abbildung 13.7 zeigt den Aufbau des Tabellenblatts DATEN.

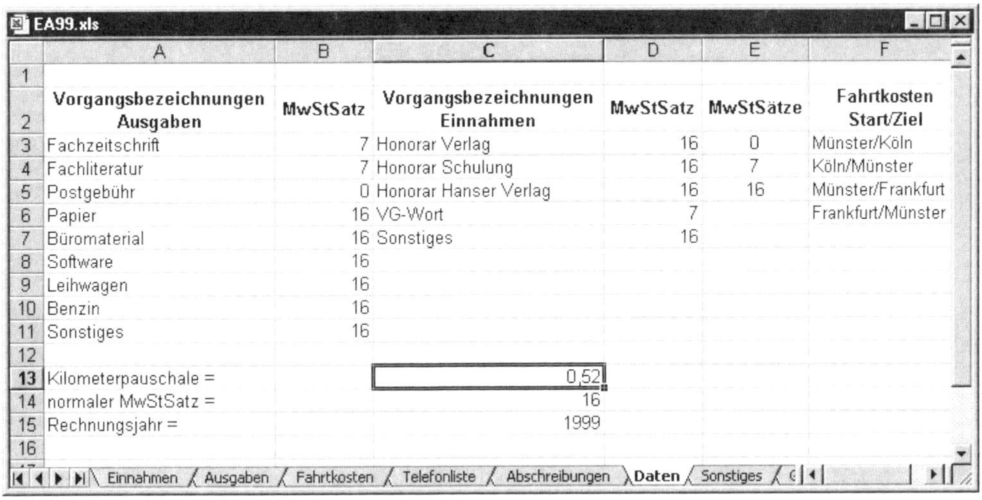

	A	B	C	D	E	F
1						
2	Vorgangsbezeichnungen Ausgaben	MwStSatz	Vorgangsbezeichnungen Einnahmen	MwStSatz	MwStSätze	Fahrtkosten Start/Ziel
3	Fachzeitschrift	7	Honorar Verlag	16	0	Münster/Köln
4	Fachliteratur	7	Honorar Schulung	16	7	Köln/Münster
5	Postgebühr	0	Honorar Hanser Verlag	16	16	Münster/Frankfurt
6	Papier	16	VG-Wort	7		Frankfurt/Münster
7	Büromaterial	16	Sonstiges	16		
8	Software	16				
9	Leihwagen	16				
10	Benzin	16				
11	Sonstiges	16				
12						
13	Kilometerpauschale =		0,52			
14	normaler MwStSatz =		16			
15	Rechnungsjahr =		1999			

Abb. 13.7: Eine Datentabelle für häufig benötigte Daten

Die benannte Zelle (C13 = KILOMETERPAUSCHALE) wird anstelle der Zellenbezeichnungen direkt in Excel-Formeln verwendet. Im Tabellenblatt FAHRTKOSTEN finden Sie beispielsweise Formeln wie die folgende:

```
=E6*Kilometerpauschale
```

Beachten Sie aber vor allem die MwSt-Satz-Spalten nach den Vorgangsspalten (B und D). Hier haben wir für jeden Vorgang den passenden MwSt-Satz eingetragen. Die DropDown-Listen VORGANG, die sich hier bedienen, sind zweispaltig. Die zweite Spalte, welche die MwSt-Sätze enthält, bleibt aber unsichtbar. Die unsichtbare zweite Spalte benutzen wir, um eine andere DropDown-Liste (MEHRWERTSTEUERSATZ) zu steuern.

Die Einbindung der Listeneinträge für die DropDown-Listen eines Dialogs kann über das Eigenschaftenfenster erfolgen. Zuständig ist die Eigenschaft ROWSOURCE. Um die Zuweisung vornehmen zu können, müssen Sie den Dialog in der Entwicklungsumgebung anwählen, die entsprechende Dropdown-Liste markieren und dann das Eigenschaftenfenster aufrufen. In der Zeile ROWSOURCE ist der Zellenbereich inklusive des Tabellenblattnamens anzugeben. Wir haben das Tabellenblatt DATEN genannt. Die Bezeichnung lautet dann beispielsweise:

```
Daten!C3:D7
```

Für den Zellenbereich ließe sich aber auch ein Name verwenden. Das hätte zudem den Vorteil, daß die Liste ohne Neudefinition der Eigenschaft ROWSOURCE erweitert werden könnte. Ein benannter Zellenbereich wird automatisch erweitert, wenn Sie innerhalb des Bereichs eine Zeile (oder Spalte) hinzufügen.

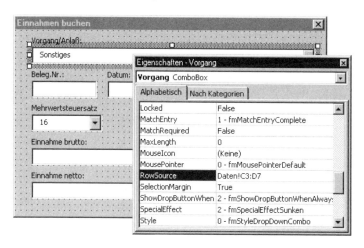

Abb. 13.8: *Zellenbezug für die Einträge einer DropDown-Liste bestimmen*

Da die zweite Spalte (die Werte der D-Spalte) nicht angezeigt werden soll, muß die Eigenschaft COLUMNCOUNT den voreingestellten Wert 1 behalten. Die Verbindung zwischen den DropDown-Listen VORGANG und MWSTSATZ erfolgt über die Exit-Ereignisprozedur der DropDown-Liste VORGANG. Sobald der Anwender die Liste verläßt, wird die Prozedur aufgerufen.

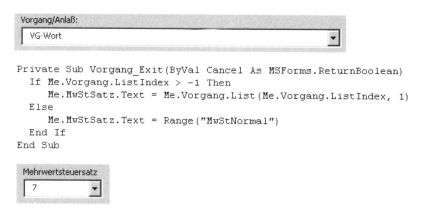

Abb. 13.9: *Zwei DropDown-Listen funktional verknüpfen*

Die Prozedur entnimmt den zugehörigen MwSt-Satz aus der unsichtbaren zweiten Spalte (Spaltennummer = 1) der Vorgangs-Liste und schreibt ihn in die Text-Eigenschaft der MwSt-Satz-Liste. Kritisch wird es, wenn der Anwender in der Liste VORGANG einen eigenen Text eingibt. In diesem Fall ist kein Eintrag der Vorgangsliste ausgewählt und die ListIndex-Eigenschaft gibt den Wert -1 zurück. Nur wenn LISTINDEX größere Werte als -1 meldet, kann eine direkte Zuweisung an die MwSt-Satz-Liste erfolgen. Ist das nicht der Fall, erhält die Text-Eigenschaft der MwSt-Liste den normalen MwSt-Satz (16%) zugewiesen. Diesen Wert haben wir im Tabellenblatt DATEN in der benannten Zelle MWSTNORMAL abgelegt.

13.5 Access – Kunden und Rechnungen

Access-Projekte benötigen in der Regel nicht sehr viel VBA-Code. Die meisten Aufgaben lassen sich durch die Einstellung von Eigenschaften, die Definition von Abfragen und die Verwendung der speziellen Access-Makros erledigen. Wenn VBA-Code erforderlich ist, dann sind häufig besonders schwierige Probleme zu lösen. Unser Beispielprojekt macht da keine Ausnahme. Problematisch sind unter anderem folgende Situationen:

- Der Aufruf eines Formulars aus einem anderen Formular heraus, wobei die Daten im zweiten Formular von den gerade im ersten Formular angezeigten Daten abhängen. Es müssen also Daten zwischen den Formularen ausgetauscht werden. In unserem Beispiel rufen wir aus dem Kundenformular das Rechnungsformular auf.

- Die Zusammenführung von Daten aus mehreren Tabellen in einem Bericht. Unser Projekt erzeugt beispielsweise eine Rechnung (als Bericht), in der Daten aus der Kunden-, der Rechnungs- und der Positionstabelle zusammengeführt werden.

Daneben sind kleinere Probleme zu lösen, die etwa daraus resultieren, daß die gerade eingetragenen Daten des Formulars noch nicht abgespeichert sind, wenn diese für andere Aufgaben, etwa eine Abfrage, benötigt werden.

Das Projekt

Wir haben eine kleine Fakturierung als Minimalprojekt erstellt, das, neben vielen Tabellen, lediglich aus den folgenden drei Komponenten besteht:

1. Kundenformular
2. Rechnungsformular (für die Erstellung von Rechnungen)
3. Rechnungsbericht (für das Ausdrucken von Rechnungen)

Bei der Zählung sind allerdings Komponenten, die der Anwender nicht zu sehen bekommt, unberücksichtigt geblieben. So benötigen Kunden- und Rechnungsformular beispielsweise Unterformulare. Die Basis des Berichts bildet eine komplexe Abfrage. Im Datenbankfenster finden Sie daher noch weitere Objekte.

Hinweise zum Formularentwurf

Im Kundenformular haben wir als Unterformular auch die Rechnungen des jeweiligen Kunden untergebracht. Abbildung 13.10 zeigt das gleiche Formular mit zwei verschiedenen Registerseiten. Die Synchronisation zwischen Kunden- und Rechnungstabelle erfolgt im Eigenschaftenfenster des eingefügten Unterformulars. Hier müssen die Eigenschaften VERKNÜPFEN VON und VERKNÜPFEN NACH das jeweilige Verknüpfungsfeld enthalten. Wir haben dafür das in beiden Tabellen enthaltene Feld KDNR verwendet.

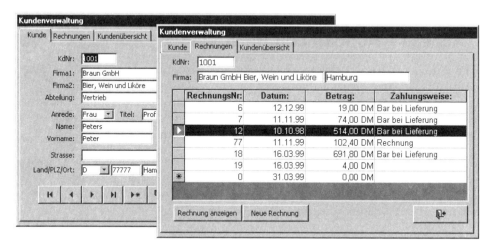

Abb. 13.10: Kundenformular in zwei Ansichten

Die Schalter des Dialogs wurden überwiegend mit Hilfe des Schaltflächen-Assistenten gesetzt. Der Programm-Code wird dabei automatisch erzeugt. Nur der Code des Schalters DATENSATZ HINZUFÜGEN ist modifiziert worden. Die Ereignisprozedur des Schalters berechnet nun eine neue Kundennummer und trägt diese in das Feld KDNR ein. Aus Platzgründen fehlt in der nachstehenden Prozedur die Fehlerbehandlung, die der Assistent automatisch erzeugt.

```
Private Sub Befehl47_Click()
    DoCmd.GoToRecord , , acNewRec
    With CurrentDb.TableDefs("Kunden").OpenRecordset
        .Index = "PrimaryKey"
        .MoveLast
        Nr = .Fields("KdNr") + 1
        .Close
    End With
    Me.KdNr.SetFocus
    Me.KdNr = Nr
End Sub
```

Um eine valide Kundennummer zu erhalten, schalten wir zunächst den Primärindex ein. Dieser muß natürlich unter dem hier verwendeten Namen existieren. Wenn wir nun zum letzten Datensatz gehen, erhalten wir den Datensatz mit der höchsten Kundennummer. Diese Kundennummer erhöhen wir um eins und schreiben den neuen Wert in das Formularfeld KDNR.

Suchliste (Listbox-Element) und Kundenanzeige synchronisieren

Die dritte Seite des Dialogs (KUNDENÜBERSICHT) enthält eine Liste (Listbox-Steuerelement), die eine schnelle Kundenauswahl ermöglicht. Die Synchronisation zwischen der Liste und den auf der ersten Seite angezeigten Daten erfolgt über das Listen-Ereignis NACH AKTUALISIERUNG (AFTERUPDATE). Wenn der Assistent diese Aufgabe erledigt, erhalten Sie Programm-Code, der die Bookmark-Eigenschaft verwendet. Wir haben den Code auf eine Zeile reduziert:

```
Private Sub Liste72_AfterUpdate()
    Me.Recordset.Findfirst "KdNr = " & Str(Me.Liste72.Value)
End Sub
```

Mit ME.RECORDSET holen wir uns die Datensatzgruppe des Kundenformulars. Die Methode FINDFIRST bewirkt dann automatisch, daß sich im Erfolgsfall die Datensatzanzeige des Formulars ändert. Da wir den zu suchenden Wert selbst aus der Datenbasis des Formulars (der Kundentabelle) entnehmen, dürfte die Konstruktion zuverlässig funktionieren.

Wichtig ist nun, was mit der Eigenschaft VALUE (LISTE72.VALUE) als Suchbegriff übergeben wird. Dieser Wert ist abhängig von den Einstellungen im Eigenschaften-Dialog des Listen-Elements. Zuständig ist die Eigenschaft GEBUNDENE SPALTE. Hier ist der Wert 1 eingetragen. Die erste Spalte enthält die Kundennummer, so daß VALUE diese zurückliefert. Wenn Sie die Kundennummer in der Liste nicht sehen, liegt das daran, daß die Breite der Spalte in der Eigenschaft SPALTENBREITEN auf den Wert „0cm" gesetzt wurde.

Sortierung der Datensätze in der Suchliste ändern

Die Suchliste (das Listbox-Element) erhält ihre Daten über die Eigenschaft DATENSATZHERKUNFT. Hier läßt sich eine Tabelle, eine Abfrage oder auch ein SQL-String eingeben. Um die Sortierung zu ändern, haben wir mehrere SQL-Strings verwendet. Der Aufruf erfolgt über das Change-Ereignis eines kleinen Kombinationsfeldes, das beispielsweise Einträge wie FIRMA, NAME etc. enthält. Diesen Wert ermitteln wir zunächst und schreiben ihn in die Variable TEMP.

```
Private Sub Kombinationsfeld74_Change()
    temp = Me.Kombinationsfeld74.Text

    SQLString = "SELECT Kunden.KdNr, Kunden.Firma1, " & _
                "Kunden.Anrede, Kunden.Titel, " & _
                "Kunden.Name, Kunden.Ort, " & _
                "Kunden.Telefon FROM Kunden " & _
                "ORDER BY "
```

```
Select Case temp
    Case "Name"
        Me.Liste72.RowSource = SQLString & "Kunden.Name;"
    Case "Firma"
        Me.Liste72.RowSource = SQLString & "Kunden.Firma1;"
    Case "Ort"
        Me.Liste72.RowSource = SQLString & "Kunden.Ort;"
    Case "KdNr"
        Me.Liste72.RowSource = SQLString & "Kunden.KdNr;"
End Select
End Sub
```

Anschließend wird ein SQL-String erzeugt, den wir bei der Zuweisung an die Eigenschaft ROWSOURCE (DATENSATZHERKUNFT) noch um das Sortierfeld ergänzen.

Rechnungsformular aufrufen

Die Rechnungen eines Kunden werden in einem Unterformular auf der zweiten Seite des Kundenformulars angezeigt (Abbildung 13.10). Über die Schalter RECHNUNG ANZEIGEN und NEUE RECHNUNG kann ein Formular für die Anzeige und Eingabe von Rechnungen aufgerufen werden. Dem Klick-Ereignis des ersten Schalters ist der folgende Programmtext zugeordnet:

```
Private Sub Befehl56_Click()
    If Me.Unterformular_Rechnungen.Controls("RechnungsNr"). _
            Value > 0 Then
        DoCmd.OpenForm ("Rechnungsformular")
    Else
        MsgBox "Sie müssen erst eine gültige " & Chr(13) & _
                "Rechnung markieren oder eine " & Chr(13) & _
                "neue Rechnung erstellen.", vbInformation
    End If
End Sub
```

Nur wenn im Unterformular des Kundenformulars das Feld RECHNUNGSNR einen Wert größer als 0 anzeigt, wenn also gerade eine bestehende Rechnung markiert ist, wird mit OPENFORM das neue Formular geöffnet. Andernfalls erhält der Anwender eine Fehlermeldung angezeigt.

Umfangreicher ist der Programm-Code, der dem Schalter NEUE RECHNUNG zugeordnet ist. Hier wird zunächst eine neue Rechnungsnummer angefordert. Um dem Anwender die Arbeit

13.5 Access - Kunden und Rechnungen

zu erleichtern, ermittelt das Programm eine Rechnungsnummer und schlägt diese vor. Das Verfahren haben wir bereits bei der Berechnung einer neuen Kundennummer weiter oben beschrieben.

```
Private Sub Befehl71_Click()
    With CurrentDb.TableDefs("Rechnungen").OpenRecordset
        .Index = "PrimaryKey"
        .MoveLast
        Nr = .Fields("RechnungsNr") + 1
        .close
    End With

    Nr = InputBox("Rechnungsnummer: ", , Nr)

    If IsNumeric(Nr) And Nr > 0 Then
        Me.Unterformular_Rechnungen.SetFocus

        On Error Resume Next
        RunCommand acCmdRecordsGoToNew
        On Error GoTo 0

        Me.Unterformular_Rechnungen.Controls("RechnungsNr"). _
            Value = Nr
        RunCommand acCmdSaveRecord
        DoCmd.OpenForm ("Rechnungsformular")
    Else
        MsgBox "Keine gültige Rechnungsnummer!"
    End If
End Sub
```

Mit der ersten RunCommando-Zeile springen wir zum neuen Datensatz im Unterformular RECHNUNGEN (des Kundenformulars). Dabei kann ein Fehler auftreten, wenn sich der Cursor bereits dort befindet. Um diesen Fehler abzufangen, haben wir die Zeile mit einer Sprunganweisung gekapselt. Im Fehlerfall wird einfach mit der nächsten Zeile weitergemacht. Mit der zweiten On Error-Zeile heben wir die Fehlerbehandlung wieder auf. Im letzten Kapitel dieses Buches gehen wir ausführlich auf die Fehlerbehandlung mit ON ERROR ein.

Die neue Rechnungsnummer wird anschließend dem Feld RECHNUNGSNR im Unterformular RECHNUNGEN zugewiesen. Nach dem Speichern dieser Änderung rufen wir dann das Rechnungsformular auf. In der oberen Hälfte des Formulars wird zunächst die Adresse des Kunden angezeigt. Diese läßt sich nicht ändern. Sie können auch keine andere Rechnung wählen, weil das Feld mit der Rechnungsnummer nicht zugänglich ist. Die Rechnungspositionen bestehen aus einem Unterformular.

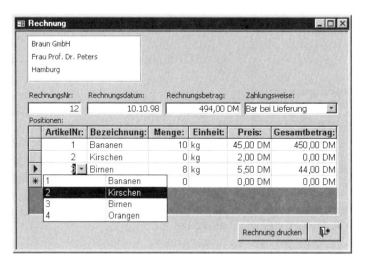

Abb. 13.11: *Rechnungen eingeben und ändern (die Rechnungspositionen bilden ein Unterformular)*

Beim Aufruf des Formulars wird das Ereignis BEIM LADEN (LOAD) ausgelöst. Diesem Ereignis ist der folgende Programm-Code zugeordnet:

```
Private Sub Form_Load()
   Nr = Forms("KundenForm"). _
        Unterformular_Rechnungen.Controls("RechnungsNr")
   Kunde = Forms("KundenForm").Anrede & " " & _
           Forms("KundenForm").Titel & " " & _
           Forms("KundenForm").Controls("Name")
   Me.Anschrift1 = Forms("KundenForm").Firma1
   Me.Anschrift2 = Kunde
   Me.Anschrift3 = Forms("KundenForm").Ort
   Me.Filter = "RechnungsNr = " & Nr
   Me.FilterOn = True
   Me.Datum.SetFocus
End Sub
```

Zunächst ermitteln wir aus dem noch offenen Kundenformular die aktuelle Rechnungsnummer. Der mittlere Teil des Makros ist funktional nicht besonders wichtig. Wir übernehmen hier nur die Anschrift des Kunden (ebenfalls aus dem Kundenformular).

Die beiden vorletzten Zeilen sind hingegen wieder wichtig, weil sie verhindern, daß der Anwender per Tastatur oder Menübefehl zur nächsten Rechnung wechseln kann. Mit der Rechnungsnummer setzen wir einfach einen Filter. Da Rechnungsnummern eindeutig sein müssen, erfüllt nur unser aktueller Datensatz die Filterbedingung.

Wichtig: Im mittleren Teil des Makros wird Ihnen aufgefallen sein, daß wir für den Zugriff auf das Feld NAME die Controls-Auflistung eingesetzt haben. Diese Schreibweise war erforderlich, weil alle unsere Kunden plötzlich Herr oder Frau „Kundenform" hießen. Das Anhängen der Bezeichnung NAME mittels Punktoperator bewirkt eben nur die Ausgabe des Eigenschaftswertes NAME. In diesem Fall erhalten wir den Namen unseres Kundenformulars. Unsere eigene Bezeichnung für das Feld NAME kollidiert hier mit der gleichnamigen Eigenschaft des Formulars. Sie können dann entweder wie gezeigt die Controls-Auflistung verwenden oder das Semikolon. Zulässig ist also auch die folgende Zeile:

```
Forms("KundenForm")![Name]
```

Besser aber ist der Verzicht auf Bezeichner, die schon von VBA oder einer Objektbibliothek verwendet werden.

Rechnungspositionen eingeben

Einigen Feldern des Unterformulars POSITIONEN im Rechnungsformular sind Ereignisprozeduren zugeordnet, die das Eingeben von Rechnungspositionen erleichtern bzw. automatisieren sollen. Dies betrifft die Felder ARTIKELNR, MENGE und PREIS:

```
Private Sub ArtikelNr_AfterUpdate()
    Set temp = CurrentDb.TableDefs("Artikel").OpenRecordset(2)
    temp.Findfirst "ArtikelNr = " & Me.ArtikelNr
    If Not temp.NoMatch Then
        Me.Bezeichnung = temp.Fields("Bezeichnung")
        Me.Einheit = temp.Fields("Einheit")
        Me.Preis = temp.Fields("Preis")
    End If
End Sub
```

In der Ereignisprozedur für die Artikelnummer wird die eingegebene Nummer verwendet, um in der Artikel-Tabelle nach der zugehörigen (Artikel-)Bezeichnung, dem Preis und der Einheit zu suchen. Können diese gefunden werden, trägt die Prozedur die Werte in die entsprechenden

Felder des Unterformulars POSITIONEN (ME) ein. Beachten Sie, daß wir uns hier im Unterformular POSITIONEN des Rechnungsformulars befinden, nicht im eigentlichen Rechnungsformular. Das Schlüsselwort ME bezieht sich folglich auf das Unterformular.

Auch die zwei folgenden Ereignisprozeduren gehören zum Unterformular, nicht zum eigentlichen Rechnungsformular. Sie berechnen den Gesamtpreis aus Menge und Einzelpreis und tragen das Ergebnis in das betreffende Feld des Unterformulars ein. Dieses Feld ist für den Anwender nicht zugänglich (Eigenschaft GESPERRT). Der Gesamtpreis soll immer nur errechnet werden.

```
Private Sub Menge_AfterUpdate()
    Me.Gesamtbetrag = Me.Preis * Me.Menge
End Sub

Private Sub Preis_AfterUpdate()
    Me.Gesamtbetrag = Me.Preis * Me.Menge
End Sub
```

Die Auswahl des Artikels kann im Feld ARTIKELNR aus einem Kombinationsfeld erfolgen. Dafür ist aber kein Programm-Code zuständig, sondern eine Nachschlagetabelle (ARTIKEL), die schon beim Entwurf der Tabelle POSITIONEN bestimmt wird.

Rechnung übernehmen

Das Rechnungsformular enthält zwei Schalter. Mit dem ersten drucken Sie die gerade angezeigte Rechnung aus. Der zweite schließt das Rechnungsformular, so daß Sie wieder im Kundenformular landen. Die folgende Prozedur ist diesem Schalter zugeordnet:

```
Private Sub Befehl11_Click()
    Rechnungsbetrag_ermitteln
    DoCmd.Close
End Sub
```

Wir müssen also zunächst noch den Rechnungsbetrag ermitteln, damit dieser in die Tabelle RECHNUNGEN eingetragen werden kann. Dafür haben wir eine eigene Prozedur erstellt, die sich in MODUL1 befindet:

```
Sub Rechnungsbetrag_ermitteln()
    On Error Resume Next
    DoCmd.DeleteObject acQuery, "Temp"
    On Error GoTo 0
    Nr = Forms!RechnungsFormular.RechnungsNr.Value
```

13.5 Access - Kunden und Rechnungen

```
    SQLString = "SELECT Sum(Positionen.Gesamtbetrag) " & _
                "FROM Positionen " & _
                "Where Positionen.RechnungsNr = " & Nr & ";"

    CurrentDb.CreateQueryDef "Temp", SQLString

    Set Gruppe = CurrentDb.QueryDefs("Temp").OpenRecordset
    Gruppe.MoveFirst
    Forms!RechnungsFormular.Betrag = Gruppe.Fields(0).Value
End Sub
```

Zentraler Bestandteil der Prozedur ist eine temporäre Abfrage. Diese Abfrage wird, wenn wir sie regulär öffnen, eine Tabelle mit nur einem Feld erzeugen. Der Inhalt steht für die Summe der einzelnen Gesamtbeträge (Menge * Preis) der Rechnungspositionen. Wir öffnen die Abfrage aber nur als unsichtbares Recordset-Objekt und schreiben den Inhalt dieses einen Feldes in das Formularfeld BETRAG (Rechnungsbetrag).

Rechnung drucken

Die Rechnung kann auch gleich gedruckt werden. Wenn Sie den entsprechenden Schalter betätigen, wird die folgende Ereignisprozedur aufgerufen:

```
Private Sub Befehl21_Click()
    DoCmd.DoMenuItem acFormBar, acRecordsMenu, _
                    acSaveRecord, , acMenuVer70
    DoCmd.OpenReport "Rechnung", acViewPreview
End Sub
```

Die erste Zeile sorgt dafür, daß alle Einträge gespeichert werden. Ohne diese Zeile wäre es möglich, daß bestimmte Änderungen, etwa das Rechnungsdatum oder die Zahlungsweise, beim Aufruf des Berichts RECHNUNG noch nicht gespeichert sind. Das kann beispielsweise der Fall sein, wenn der Cursor nach einer Änderung im betreffenden Feld stehen bleibt. Die zweite Zeile öffnet dann den Bericht RECHNUNG in der Vorschau (Preview). Wir drucken also nicht wirklich aus, sondern zeigen die Rechnung nur an. Sie können den Druck aber starten, indem Sie einfach den Symbolschalter DRUCKEN betätigen oder die gleichwertige Option im Menü DATEI aufrufen.

Der Bericht RECHNUNG basiert auf einer sehr komplexen Abfrage (RECHNUNGSABFRAGE) über drei Tabellen (KUNDEN, RECHNUNGEN, POSITIONEN). Abbildung 13.12 zeigt die Abfragedefinition im SQL-Fenster und den Bericht RECHNUNG im Preview-Modus.

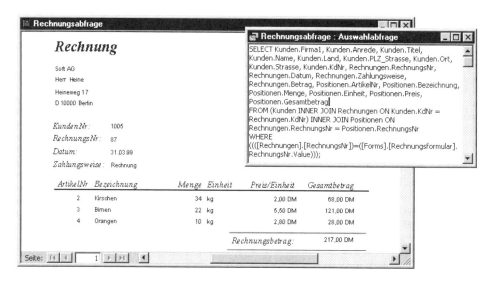

Abb. 13.12: Abfragedefinition und Rechnung

Die Abfrage haben wir mit Hilfe des Abfragefensters definiert und dann auf dieser Basis den Rechnungsbericht erstellt. Für den Grobentwurf des Berichts ließ sich der Berichtsassistent einsetzen. Die endgültige Form erforderte aber eine Nachbearbeitung im Entwurfsmodus.

13.6 PowerPoint – Foliensteuerung

Auch für PowerPoint ist uns ein kleines Projekt eingefallen: eine Art Navigator, der alle Folien mit ihrem Namen anzeigt. Darüberhinaus bietet die Anwendung folgende Funktionen:

- Löschen von Folien

- Hinzufügen von Folien (nur fast leere Folien)

- Ein- bzw. Ausblenden der Folien mit Statusanzeige (ein-/ausgeblendet)

- Anzeigen einer bestimmten Folie durch Doppelklick auf den Namen

Die Funktionen sind sowohl im Entwurfsmodus als auch zur Laufzeit der Präsentation verfügbar. Zudem ist der Zugriff auf die Folien weiterhin möglich, weil wir einen nicht-modalen Dialog verwendet haben (Dialog-Eigenschaft SHOWMODAL = FALSE). Abbildung 13.13 zeigt den Navigator in Aktion.

Aus einer laufenden Präsentation müssen Sie den Dialog über ein Steuerelement oder ein Shape-Objekt aufrufen, das Sie in Folien integrieren (AKTIONSEINSTELLUNGEN/MAKRO AUSFÜHREN). Ein solches Objekt kann nahezu unsichtbar in irgendeiner Ecke der Masterfolie

13.6 PowerPoint - Foliensteuerung

erscheinen. Es ist dann in jeder Folie verfügbar. Die Prozedur, die den Aufruf enthält, trägt die Bezeichnung STARTEN.

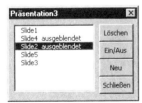

Abb. 13.13: Ein selbsterstellter Folien-Navigator

Im Entwurfsmodus können Sie das Starten-Makro einfach als Schalter in eine Symbolleiste schieben (Anpassen-Dialog auf der Seite BEFEHLE, Kategorie MAKROS).

Initialisieren

Über das Initialisierungsereignis des Dialogs wird die Prozedur SLIDES_ANZEIGEN aufgerufen. Diese Prozedur sorgt für die Einträge im Listenfeld des Dialogs. Sie wird daher auch von anderen Prozeduren benötigt. So muß unter anderem nach dem Löschen einer Folie die Liste neu aufgebaut werden. Jeder erneute Aufruf löscht daher zunächst die aktuellen Einträge.

```
Sub Slides_anzeigen()
    UserForm1.ListBox1.Clear
    For Each Folie In ActivePresentation.Slides
        If Folie.SlideShowTransition.Hidden Then
            Eintrag = Folie.Name & "  ausgeblendet"
        Else
            Eintrag = Folie.Name
        End If
        UserForm1.ListBox1.AddItem Eintrag
    Next
    UserForm1.ListBox1.ListIndex = 0
End Sub
```

In der Schleife prüfen wir auch, ob die Hidden-Eigenschaft einer Folie auf den Wert TRUE gesetzt ist. In diesem Fall wird der Folienname mit dem Zusatz „ausgeblendet" versehen. In der letzten Zeile aktivieren wir dann den ersten Eintrag des Listenfeldes (ListIndex = 0).

Folien ein- und ausblenden

Mit der Prozedur EINAUSBLENDEN setzen wir die Hidden-Eigenschaft der gerade im Listenfeld markierten Folie auf TRUE oder FALSE. Die gerade bestehende Einstellung wird umgekehrt. Wenn die Präsentation läuft, erscheint diese Folie auch nicht mehr in der Präsentation. Auf die Anzeige der Folie im Entwurfsmodus hat das zunächst keinen Einfluß. Die Einstellung bleibt jedoch erhalten und wird beim nächsten Start der Präsentation wirksam.

```
Sub EinAusblenden()
   Nr = UserForm1.ListBox1.ListIndex + 1
   With ActivePresentation.Slides(Nr).SlideShowTransition
      If .Hidden Then
         .Hidden = msoFalse
      Else
         .Hidden = msoCTrue
      End If
   End With
   Slides_anzeigen
End Sub
```

Beachten Sie, daß die Zählung der Folien mit dem Wert 1 beginnt, die Zählung der Listeneinträge (LISTINDEX) jedoch mit 0. Um Listenindex und Folienindex zu synchronisieren, müssen wir daher, wie in der ersten Zeile, auf den Listenindex den Wert 1 addieren. Zum Schluß rufen wir die schon vorgestellte Prozedur SLIDES_ANZEIGEN auf, damit die Änderung auch im Listenfeld angezeigt wird.

Folien anzeigen

Mit der Prozedur GEHE_ZU_SLIDE_NR wird die jeweils vom Anwender gewünschte Folie aufgerufen. Leider gibt es zwei Methoden, um eine Folie anzuzeigen:

Select   für Folien im Entwurfsmodus

GotoSlide   für Folien bei laufender Präsentation

Beide Methoden erzeugen Fehlermeldungen, wenn sie im falschen Modus aufgerufen werden. Wir prüfen daher zunächst, ob die Präsentation gerade läuft (ob ein SLIDESHOWWINDOW vorhanden ist). Ist das der Fall, verwenden wir die GotoSlide-Methode. Andernfalls kommt SELECT zum Einsatz.

```
Sub Gehe_zu_Slide_Nr()
   Nr = UserForm1.ListBox1.ListIndex + 1
   If SlideShowWindows.Count > 0 Then
      SlideShowWindows(1).View.GotoSlide (Nr)
   Else
```

```
        ActivePresentation.Slides(Nr).Select
    End If
End Sub
```

Die Prozedur wird durch einen Doppelklick aufgerufen. Der Aufruf ist daher dem DblClick-Ereignis des Listenfeldes zugeordnet.

Die vorstehende Konstruktion ist allerdings nicht ganz wasserdicht. Wir gehen grundsätzlich davon aus, daß nur die Präsentation geöffnet ist, die den Programm-Code enthält, und daß sich diese entweder im Entwurfs- oder Präsentationsmodus befindet. Für eine komplexere Umgebung müßten wir das Projekt noch um einige Sicherheitsabfragen erweitern.

Eine neue Folie einfügen

Das Einfügen einer neuen Folie haben wir bereits in Kapitel 8 behandelt. Wichtig ist daher im folgenden Makro nur die Position, an der die neue Folie erscheinen soll. Wir ermitteln dazu den gerade markierten Listeneintrag. An dieser Position erfolgt dann die Einfügung.

```
Sub Neu()
    Pos = UserForm1.ListBox1.ListIndex + 1
    ActivePresentation.Slides.Add Pos, ppLayoutTitleOnly
    Anzahl = ActivePresentation.Slides.Count
    With ActivePresentation.Slides(Pos)
        .Shapes(1).TextFrame.TextRange.Text = "Neue Folie"
        .Shapes.AddShape msoShapeCube, 150, 150, 50, 50
        .Shapes(2).Fill.ForeColor.RGB = RGB(255, 0, 0)
        .Parent.SlideShowSettings.EndingSlide = Anzahl
    End With
    Slides_anzeigen
End Sub
```

Nicht ganz unwichtig ist auch die Heraufsetzung der Eigenschaft ENDINGSLIDE (letzte Folie im Präsentationsmodus). Falls dieser Wert zuvor gesetzt war, würde unsere Folie im Präsentationsmodus vielleicht nicht erscheinen. Allerdings ist dieses Vorgehen nicht ganz korrekt, weil wir damit eventuelle Einstellungen des Vortragenden übergehen. Da wir den Wert einfach auf die Zahl der vorhandenen Folien setzen, erscheinen eventuell auch solche, die der Vortragende lieber nicht gezeigt hätte. Hier sind noch Rückfragen und Sicherheitsabfragen erforderlich. Die neue Folie könnte, wenn sie außerhalb des von ENDINGSLIDE bestimmten Bereichs liegt, erst einmal den Hidden-Status erhalten.

Folie löschen

Die folgende Prozedur löscht die gerade markierte Folie. Sie wird vom Schalter LÖSCHEN aufgerufen.

```
Sub Slide_loeschen()
   Nr = UserForm1.ListBox1.ListIndex + 1
   If MsgBox("Löschen?", vbYesNo) = vbYes Then
      ActivePresentation.Slides(Nr).Delete
   End If
   Slides_anzeigen
End Sub
```

Beachten Sie, daß zum Schluß wieder die Prozedur SLIDES_ANZEIGEN aufzurufen ist, damit die Einträge der Liste neu aufgebaut werden können.

14 Was Sie noch wissen sollten

14.1 Hinweise zum Kapitel

In diesem Kapitel haben wir Themen zusammengefaßt, die einen weiten Bereich der VBA-Programmierung abdecken. Besonders wichtig sind dabei die Fehlerbehandlung und die Automatisierung. Zudem behandeln wir in diesem Kapitel die Dateifunktionen, mit denen Sie unmittelbar auf Betriebssystemebene in das Datei- und Ordnersystem eingreifen können. Die Themen dieses Kapitels gelten grundsätzlich für alle Office-Anwendungen, auch wenn sich die Beispiele überwiegend auf Word und Excel beziehen.

14.2 Dateien und Verzeichnisse

Die Office-Anwendungen speichern unterschiedlichste Objekte in einer einzigen großen Datei. Das hat bei der Verwaltung einer Anwendung erhebliche Vorteile. Sie können nahezu alle Arten von Informationen in einem Dokument oder einer Arbeitsmappe speichern, ohne sich um die Form der Speicherung kümmern zu müssen. Gelegentlich ist es aber erforderlich, direkt auf Dateien und Verzeichnisse zuzugreifen. VBA stellt dafür einige Anweisungen und Funktionen bereit, die wir nachfolgend besprechen wollen. Die Beispiele dieses Unterkapitels lassen sich in allen vier Office-Anwendungen nachvollziehen.

Wichtig: Bei den hier vorzustellenden Sprachelementen handelt es sich um Basic pur. Sie programmieren damit praktisch auf DOS-Ebene und können nahezu jeden denkbaren Schaden auf Ihrer Festplatte anrichten. Die folgenden Zeilen sind daher mit großer Umsicht zu verwenden.

Dateien erzeugen, öffnen und schließen

Um eine Datei zu erzeugen oder eine bestehende Datei zu öffnen, verwenden Sie die Anweisung OPEN. Die Syntax hat folgende Form:

```
Open Pfad [For Modus] [Access Zugriff] [Sperrung] As
[#]Dateinummer [Len = Datensatzlänge]
```

Das Argument PFAD bezeichnet den Namen der zu erzeugenden oder zu öffnenden Datei inklusive der Pfadangabe. Der Modus steht für den Dateimodus. Hier können Sie eines der reservierten Wörter RANDOM, BINARY, INPUT, OUTPUT oder APPEND verwenden. In der Regel sollten Sie RANDOM benutzen. Dieser Modus gewährt einen wahlfreien Zugang zur geöffneten Datei.

Wichtig ist noch die Dateinummer, bei der es sich um einen ganzzahligen Wert zwischen 1 und 255 handeln muß. Diese Nummer ist auch für die Ein- und Ausgabe erforderlich. Die DATENSATZLÄNGE bestimmt schließlich den maximalen Platz für einen Eintrag in der Datei. Das folgende Beispiel können Sie auch im Direktfenster ausprobieren:

```
Open "Test.txt" For Random As #1 Len = 20
```

OPEN ist eine Anweisung und keine Funktion. Das Printzeichen (?) muß daher im Direktfenster entfallen. Sie sollten immer darauf achten, daß eine geöffnete Datei, die Sie nicht länger benötigen, auch bald wieder geschlossen wird. Dafür sorgt die Anweisung CLOSE. Die Syntax hat folgende Form:

```
Close [[#]Dateinummer] [,[#]Dateinummer] ...
```

CLOSE benötigt die Dateinummer, die beim Öffnen der Datei vergeben wurde. Haben Sie mehrere Dateien geöffnet, können diese mit einer einzigen Close-Anweisung durch Auflistung der Dateinummern geschlossen werden. Unsere Datei wird mit der folgenden Anweisung geschlossen:

```
Close #1
```

Mit den vorstehenden Open- und Close-Zeilen haben wir bereits eine noch leere Datei erzeugt.

Eine freie Dateinummer ermitteln

Wenn Sie eine Datei öffnen, werden Sie meistens wissen, welche Nummer Sie für welche Datei vergeben haben. Die erste Datei bekommt die Nummer 1, die zweite die Nummer 2 usw. Um aber sicher zu gehen, können Sie die nächste freie Nummer mit der Funktion FREEFILE ermitteln:

```
MsgBox FreeFile
```

Im Direktfenster ist an Stelle der MsgBox-Funktion das Printzeichen erforderlich. Den Rückgabewert der Funktion FREEFILE müssen Sie natürlich einer Variablen zuweisen, um den Wert bei weiteren Dateioperationen verwenden zu können. Das folgende Beispiel ermittelt eine freie Dateinummer, öffnet (oder erzeugt) mit dieser Nummer eine Datei und schließt diese wieder.

```
Sub OpenTest()
    Dim DateiNr As Integer
    DateiNr = FreeFile
    Open "Test.txt" For Random As DateiNr Len = 20
    Close DateiNr
End Sub
```

14.2 Dateien und Verzeichnisse

Wenn Sie das Makro ausführen, werden Sie keine Ausgabe erhalten. Nach der Ausführung finden Sie jedoch im aktuellen Arbeitsordner eine neue Datei mit dem Namen TEST.TXT.

Daten schreiben und auslesen

Das Erzeugen oder Öffnen einer Datei macht natürlich nur Sinn, wenn Sie Daten hineinschreiben oder auslesen wollen. Dafür sind die Anweisungen PUT und GET zuständig. Auch die Anweisungen PRINT und WRITE können zum sequentiellen Schreiben verwendet werden. Wir wollen jedoch den Inhalt von Variablen oder Zellen in eine Datei schreiben bzw. von dort auslesen. Dazu eignen sich besonders die erstgenannten Anweisungen. Die Syntax lautet:

```
Put [#]Dateinummer, [Datesatznummer], Variable
Get [#]Dateinummer, [Datesatznummer], Variable
```

Die Dateinummer ist die beim Öffnen bestimmte oder mit FREEFILE ermittelte Dateinummer. Unter der DATENSATZNUMMER ist eine Art Versatz (Offset) zu verstehen, der bestimmt, an welcher Stelle geschrieben oder gelesen werden soll. Die Länge eines Datensatzes wird beim Öffnen der Datei durch die Angabe LEN = WERT vorgegeben. In unserem Beispiel beträgt die Länge 20 Zeichen. Der erste Datensatz beginnt immer beim ersten Zeichen, der zweite in diesem Fall beim 21. Zeichen, der dritte beim 41. Zeichen usw.

Hinweis: Mit OPEN läßt sich praktisch jede Datei öffnen und mit PUT ohne jede Warnung auch hineinschreiben. Sie können damit jede Datei zerstören. Es ist deshalb sehr wichtig, die zu öffnende Datei genau zu benennen und vor dem Schreiben eventuell eine Sicherheitsabfrage vorzuschalten.

Die folgende Prozedur demonstriert das Schreiben und Lesen von Strings und numerischen Daten:

```
Sub Schreiben_und_Lesen()
    Dim Var1 As String * 20
    Dim Var2 As String * 20
    Dim Var3 As String * 20
    Dim Var4 As Variant

    Var1 = "Fa. Maier"
    Var2 = "Kleine Straße 5"
    Var3 = "45673 Osnabrück"
    Var4 = 1234567
    Open "Test.txt" For Random As #1 Len = 20
    Put #1, 1, Var1
    Put #1, 2, Var2
```

```
    Put #1, 3, Var3
    Put #1, 4, Var4
    Get #1, 1, Var1
    Get #1, 2, Var2
    Get #1, 3, Var3
    Get #1, 4, Var4
    MsgBox Var1
    MsgBox Var2
    MsgBox Var3
    MsgBox Var4
    Close #1
End Sub
```

Wir haben in diesem Fall die Variablen VAR1 bis VAR3 in der Länge begrenzt. Sie ersparen sich damit eine Fehlermeldung, wenn der zugewiesene String länger sein sollte als die vorgegebenen 20 Zeichen. Durch die Begrenzung wird der String schon in der Variablen abgeschnitten. Natürlich können Sie auch die Datensatzlänge heraufsetzen.

Wenn Sie sich die Textdatei mit einem Editor anschauen, beispielsweise dem Editor der Windows-Zubehörgruppe, werden Sie vermutlich den numerischen Wert vermissen. Dieser wird in binärer Form abgespeichert und erscheint dann in der Datei als seltsame Zeichenkombination. Wollen Sie die Ziffern auch in der Textdatei sehen und bearbeiten, müssen Sie dafür ebenfalls eine Variable vom Typ STRING verwenden.

Den Zugriffsmodus mit FILEATTR ermitteln

Den Zugriffsmodus für eine mit OPEN geöffnete Datei ermitteln Sie mit der Funktion FILE-ATTR. Das folgende Beispiel wird den Wert 8 (APPEND) zurückliefern:

```
Sub Zugriffsattribute_ermitteln()
    DateiNr = FreeFile
    Open "Test.txt" For Append As DateiNr Len = 20
    MsgBox FileSystem.FileAttr(DateiNr, 1)
    Close DateiNr
End Sub
```

Möglich sind auch die Rückgabewerte 1 (INPUT), 2 (OUTPUT) und 4 (RANDOM). Das erste Argument der Funktion steht für die Dateinummer. Das zweite Argument bezeichnet die Art des Rückgabewertes. Hier müssen Sie unter 32-Bit-Systemen wie Windows den Wert 1 angeben.

Dateien und Verzeichnisse

Für das Erzeugen, Lesen und Löschen von Ordnern (Verzeichnissen) und das Wechseln der Laufwerke stehen die Funktionen und Anweisungen CURDIR, CHDIR, MKDIR und CHDRIVE zur Verfügung. CURDIR ist eine Funktion, die den aktuellen Ordner ausgibt. Ein Beispiel:

```
MsgBox CurDir
```

CHDIR ist eine Anweisung, mit der Sie den aktuellen Ordner wechseln können. Das folgende Beispiel bewirkt einen Wechsel zum Wurzelverzeichnis des aktuellen Laufwerks. Mit der Funktion CURDIR überprüfen Sie das Ergebnis:

```
ChDir "\"
MsgBox CurDir
```

Damit ist aber nicht unbedingt das aktuelle Verzeichnis der jeweiligen Anwendung gemeint. Zunächst einmal bezieht sich diese Änderung nur auf nachfolgende Dateioperationen mit den hier besprochenen Anweisungen und Funktionen. Word bleibt davon auch unberührt. Access und Excel reagieren hingegen auf CHDIR und ändern im Dialog ÖFFNEN (Menüoption DATEI/ÖFFNEN...) die Einstellung des Ordners.

MKDIR ist eine Anweisung, die einen neuen Ordner erstellt. Der Ordner kann auch auf einem Laufwerk angelegt werden, das nicht das aktuelle Laufwerk ist. Ein Beispiel:

```
MkDir "C:\Test"
```

CHDRIVE ist eine Anweisung, mit der Sie das Standardlaufwerk wechseln:

```
ChDrive "E:"
```

Das betreffende Laufwerk muß natürlich auf Ihrem System vorhanden sein. Auch CHDRIVE wirkt sich in Access und Excel, nicht aber in Word, auf das aktuelle Verzeichnis aus.

Dateien löschen

Für das Löschen von Dateien ist die Funktion KILL zuständig. Die Funktion benötigt als einziges Argument den Namen der zu löschenden Datei bzw. deren kompletten Pfad. Ein Beispiel:

```
Kill ("C:\Dokumente\Test.txt")
```

Versuchen Sie jedoch eine nicht vorhandene Datei zu löschen, bricht das Programm mit einer Fehlermeldung ab. KILL erzeugt auch keine Sicherheitsabfrage, so daß es sinnvoll sein kann, diese selbst zu schreiben.

14.3 Fehlerbehandlung

Es ist nahezu unmöglich, vollkommen fehlerfreie Programme zu schreiben. Trotz dieser pessimistischen Aussichten sollten Sie natürlich versuchen, Fehler zu vermeiden bzw. zu beseitigen. Die VBA-Entwicklungsumgebung unterstützt Sie dabei mit Werkzeugen und Funktionen, deren Anwendung wir in diesem Kapitel vorstellen wollen.

In der Programmentwicklung werden grundsätzlich drei Fehlerarten unterschieden:

- Syntaxfehler
- Laufzeitfehler
- Logische Fehler

Als Syntaxfehler bezeichnen wir falsch geschriebene Anweisungen und die fehlerhafte Verwendung von Funktionen, Operatoren und Operanden. Unvollständige Anweisungen, beispielsweise ein fehlender Objektbezug, und vergessene Satzzeichen gehören zu den beliebtesten Syntaxfehlern. Die Entwicklungsumgebung spürt Syntaxfehler schon vor der Ausführung des Codes auf und reklamiert diese per Fehlermeldung.

Laufzeitfehler werden von Anweisungen und Ausdrücken während der Ausführung eines Programms (Laufzeit) erzeugt. Sie beruhen nicht auf Syntaxfehlern, sondern auf zur Laufzeit nicht möglichen Operationen. Das kann beispielsweise der Versuch sein, ein nicht vorhandenes Dokument zu öffnen. Laufzeitfehler muß sich meistens der Entwickler zurechnen lassen. Die beste Gegenstrategie besteht in diesem Fall in der Fehlervermeidung durch sorgfältige Planung und in der Durchführung eines umfangreichen Testprogramms. Mit Laufzeitfehlern werden wir es in diesem Kapitel hauptsächlich zu tun haben. Das ganze Repertoire an Werkzeugen zur Fehlerbehebung zielt überwiegend auf diese Fehlerkategorie.

Logische Fehler erzeugen keine Laufzeitfehler, sondern „nur" falsche Ergebnisse. Solchen Fehlern kommen Sie nur durch praktische Tests auf die Spur. Dazu verwenden Sie in der Regel spezielle Beispieldaten, deren Ergebnisse Sie leicht auf Plausibilität überprüfen können.

Fehler vermeiden

Die wichtigste Maßnahme bei der Fehlerbehandlung besteht darin, Fehler zu vermeiden. Das wird Ihnen sicher nie vollständig gelingen. Bestimmte Fehler lassen sich aber relativ zuverlässig ausschließen. Der nachfolgende Text gibt einige Hinweise zur Vermeidung solcher „Standardfehler".

Namenskonflikte vermeiden

Namenskonflikte treten auf, wenn Sie die gleiche Bezeichnung innerhalb einer Gültigkeitsebene mehrfach verwenden. In der Regel wird VBA Sie darauf aufmerksam machen. Solche

Fehler lassen sich durch Namensänderung beheben. Namenskonflikte können aber auch zur Laufzeit auftreten. Das wird beispielsweise der Fall sein, wenn Sie gleiche Namen in unterschiedlichen Gültigkeitsbereichen verwenden. Das ist zwar grundsätzlich zulässig, kann aber trotzdem zu Konflikten oder Programmfehlern führen.

Präfixe für Namen verwenden

Ihnen ist sicher aufgefallen, daß die integrierten Konstanten unterschiedliche Vorsilben wie vb- (Visual Basic) oder wd- (Word) aufweisen. Diese Technik können Sie auch für eigene Variablen, Konstanten und Objektnamen nutzen. Wenn Sie beispielsweise die Steuerelemente eines Dialogs oder Dokuments bezeichnen, dann sollten Sie ein Textfeld nicht einfach TELEFON nennen, sondern beispielsweise DLGTELEFON oder FMTELEFON. Die erste Bezeichnung würde das Telefonfeld im Dialog und die zweite ein ähnliches Feld im Word-Formular bezeichnen. Bei der Verwendung im Programm-Code sind Verwechslungen dann nahezu ausgeschlossen.

Variablen und Konstanten deklarieren und kommentieren

Die Deklaration von Konstanten und Variablen mit Typvereinbarung dient unter anderem dem Zweck, Speicherplatz zu sparen und damit den Programmablauf zu beschleunigen. Sie hilft aber auch, den Überblick zu behalten. Deklarationen erscheinen in der Regel im Kopf eines Moduls oder einer Prozedur. Wenn Ihnen beispielsweise die Bedeutung einer Variablen nicht mehr ganz klar ist, genügt in der Regel ein Blick in den Prozedur- oder Modulkopf, zumindest, wenn die Deklarationen auch noch kommentiert sind.

Sicherheitsabfragen verwenden

Vor dem Öffnen einer Datei, vor dem Löschen eines Objekts und vor vielen anderen Operationen sollte geprüft werden, ob die beabsichtigte Operation auch möglich ist. Eines der am häufigsten verwendeten VBA-Sprachelemente ist daher die If-Anweisung. Ein Beispiel:

```
If Not Dir("KundenDB.mdb") = "" Then
   MsgBox "Datenbank existiert bereits!"
Else
   ...
End If
```

Solche Sicherheitsabfragen können die Fehlerträchtigkeit einer Anwendung ganz erheblich reduzieren, insbesondere, wenn damit alternative Operationen verbunden werden. Für unser Beispiel könnte das die Frage an den Anwender sein, ob die Datei überschrieben oder unter einem anderen Namen gespeichert werden soll.

Funktionen zur Fehlersuche

Syntaxfehler sind zwar ärgerlich, aber kein großes Problem, weil sie sich leicht beheben lassen. Problematischer sind Fehler, die erst zur Laufzeit des Programms auftreten. Solchen Fehlern nachzuspüren, ist die Hauptaufgabe der Fehlerbehandlung, dem sogenannten „Debuggen". Die VBA-Entwicklungsumgebung bietet dafür die folgenden Optionen und Werkzeuge:

- Haltepunkte setzen
- Einzelschrittmodus/Prozedurschrittmodus
- Direktfenster-Ausgabe
- Local-Fenster
- Überwachungsfenster

Hinzu kommen kleine Hilfen wie die Definitionssuche, die es Ihnen ermöglicht, für eine Variable die Stelle aufzufinden, an der diese deklariert wurde. Bevor wir näher auf diese Hilfsmittel eingehen, sollten Sie sich drei nützliche Symbolschalter merken:

Mit diesem Schalter, der auch für die Ausführung des Makros, in dem sich gerade der Cursor befindet, zuständig ist, setzen Sie ein unterbrochenes Makro fort. Das Makro wird mit der Zeile fortgesetzt, die den Fehler ausgelöst hat.

Mit diesem Schalter unterbrechen bzw. beenden Sie die Ausführung eines Programms. In der Regel werden Sie zur Laufzeit nicht an den Schalter herankommen. Für die gewollte Unterbrechung ist dann die Tastenkombination STRG+PAUSE zuständig.

Mit diesem Schalter beenden Sie die unterbrochene Ausführung einer Anwendung. Die Variablen werden dann aus dem Speicher gelöscht. Sie schaffen so klare Voraussetzungen für einen neuen Start Ihrer Anwendung.

Die Funktionen der vorstehenden Symbolschalter sind auch als Optionen über das Menü AUSFÜHREN verfügbar.

VBA-Projekt kompilieren

Mit der Menüoption DEBUGGEN/KOMPILIEREN VON PROJEKT kompilieren Sie alle geöffneten Module. Das wäre eigentlich nicht unbedingt notwendig, weil die Entwicklungsumgebung veränderten Programm-Code automatisch vor der Ausführung kompiliert. Sie erreichen damit jedoch einen erweiterten Syntaxcheck, der auch die anderen Prozeduren der geöffneten Module berücksichtigt. Namenskonflikte und unvollständige Objektreferenzen können so aufgespürt werden, bevor Sie Ihre Anwendung starten.

Haltepunkte setzen

Haltepunkte sind Markierungen, die in den Programm-Code eingefügt werden, um an dieser Stelle die Ausführung zu unterbrechen. Der Editor zeigt den Haltepunkt durch ein Symbol am linken Editor-Rand und durch Markierung der betreffenden Zeile an. Sie haben dann über die Direkt-, Local- und Überwachungsfenster Zugriff auf Variablen und Ausdrücke.

Um einen Haltepunkt zu setzen, positionieren Sie den Cursor in der Zeile, vor deren Ausführung die Unterbrechung auftreten soll. Mit der Menüoption DEBUGGEN/HALTEPUNKT EIN/AUS, mit der Option UMSCHALTEN/HALTEPUNKT des Kontextmenüs oder mit der Funktionstaste F9 setzen oder entfernen Sie einen Haltepunkt. Noch einfacher geht es mit einem Mausklick auf die Kennzeichenleiste am linken Rand des Editors.

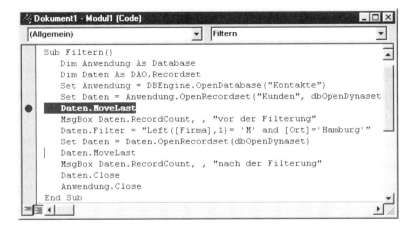

Abb. 14.1: Einen Haltepunkt setzen

Ein Haltepunkt erscheint als farblich (braun) unterlegte Hervorhebung der betreffenden Zeile. Zusätzlich wird auf der Kennzeichenleiste ein gleichfarbiger runder Punkt eingeblendet. Der Haltepunkt bestimmt, mit welcher Zeile die Programmausführung weitergehen soll. Bei der Unterbrechung ist diese Zeile des Codes also noch nicht abgearbeitet.

Wird bei der Programmausführung der Haltepunkt erreicht, markiert der Editor diese Zeile zusätzlich wie bei der Fehlerunterbrechung. Haltepunkte setzen Sie aus verschiedenen Gründen:

1. Sie wollen sehen, ob eine bestimmte Stelle im Programm-Code überhaupt erreicht wird.

2. Sie wollen vor der Ausführung einer Anweisung den Inhalt bestimmter Variablen überprüfen.

3. Sie wollen von der Unterbrechungsstelle aus die Programmausführung kontrolliert fortsetzen und beobachten.

Die Überprüfung von Variablen werden wir später noch besprechen. Für die Fortsetzung des Programms finden Sie in den Menüs AUSFÜHREN bzw. DEBUGGEN die folgenden Optionen:

- Fortsetzen (F5)

- Einzelschritt (F8)

- Prozedurschritt (Umschalttaste+F8)

- Ausführen bis Cursor-Position (Strg+F8)

Die Fortsetzen-Option ist auch über den Schalter verfügbar, mit dem Sie üblicherweise in der Entwicklungsumgebung ein Makro starten. Für die anderen Optionen können Sie über die Menüoption ANSICHT/SYMBOLLEISTEN/DEBUGGEN eine spezielle Symbolleiste einblenden. Die Symbolleiste hat den Vorteil, daß Sie darüber auch die verschiedenen Kontrollfenster aufrufen können.

Abb. 14.2: *Die Symbolleiste DEBUGGEN*

Schneller geht es mit den angegebenen Funktionstasten bzw. Tastenkombinationen. Die Option FORTSETZEN setzt die Programmausführung bis zum nächsten Haltepunkt oder, wenn keine weiteren Haltepunkte existieren und auch keine Fehler auftreten, bis zum regulären Programmende fort.

Einzelschrittmodus

Häufiger werden Sie den Einzelschrittmodus wählen. Hier können Sie die Programmausführung Schritt für Schritt beobachten und zwischendurch einzelne Variableninhalte überprüfen. Da Sie jeden einzelnen Schritt veranlassen müssen, sollten Sie anstelle des Schalters besser die Funktionstaste F8 verwenden. Ganz unbrauchbar ist hier die entsprechende Menüoption. Im Einzelschrittmodus können Sie beobachten, wie die Markierung von Befehlszeile zu Befehlszeile weiterschreitet. Rufen Sie noch die Kontrollfenster auf, lassen sich zudem bei jedem Schritt Ausdrücke und Variableninhalte überprüfen.

Ausführen bis Cursor-Position

Mit diesem Befehl erreichen Sie, daß der Programm-Code bis zur Cursor-Position ohne Unterbrechung fortgesetzt wird. Vor dem Aufruf dieser Funktion müssen Sie also den Cursor in eine der folgenden Zeilen der gleichen Prozedur positionieren.

Prozedurschrittmodus

Die Option PROZEDURSCHRITT hat zunächst die gleiche Wirkung wie die Option EINZELSCHRITT. Gelangen Sie bei der Abarbeitung jedoch an einen Prozedur- oder Funktionsaufruf, wird die aufgerufene Prozedur oder Funktion vollständig abgearbeitet. Erst nach dem Rück-

14.3 Fehlerbehandlung

sprung in die aufrufende Prozedur gilt wieder ein Schritt-für-Schritt-Modus. Im Einzelschrittmodus wird hingegen auch die aufgerufenen Prozedur oder Funktion Schritt für Schritt abgearbeitet.

Haltepunkte einfügen oder löschen

Ein Haltepunkt wird mit F9, mit der Menüoption DEBUGGEN/HALTEPUNKT EIN/ AUS oder mit dem Schalter HALTEPUNKT EIN/AUS wieder gelöscht. Ein simpler Mausklick auf den Haltepunkt in der Kennzeichenleiste löscht diesen ebenfalls.

Um alle Haltepunkte in allen Modulen zu löschen, wählen Sie die Menüoption DEBUGGEN/ ALLE HALTEPUNKTE LÖSCHEN. Alle Haltepunkte werden automatisch gelöscht, wenn Sie die Arbeitsmappe schließen.

Anweisungen überspringen

Unterbrechungen, ob durch Haltepunkte oder Fehler veranlaßt, werden durch eine gelb hervorgehobene Zeile und einen gelben Pfeil in der Kennzeichenleiste angezeigt. An dieser Position beginnt die Fortsetzung des Programms, wenn Sie eine der oben vorgestellten Funktionen nutzen. Sie können den Markierungspfeil aber auch mit der Maus fassen und innerhalb der Prozedur verschieben. Damit bestimmen Sie eine andere Zeile für die Fortsetzung der Prozedur.

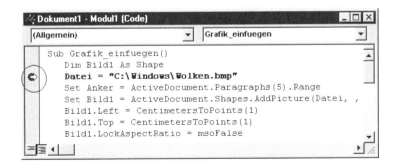

Abb. 14.3: Die nächste auszuführende Zeile bestimmen

Die Markierung läßt sich vor und zurück bewegen, jedoch nicht in eine andere Prozedur verschieben.

Stop-Anweisungen

Eine spezielle Variante von Haltepunkten sind sogenannte Stop-Anweisungen. Wie Haltepunkte unterbrechen Stop-Anweisungen die Ausführung von Programm-Code. Während jedoch Haltepunkte beim Schließen einer Arbeitsmappe automatisch gelöscht werden, verbleiben Stop-Anweisungen im Code. Sie müssen explizit entfernt werden.

Abb. 14.4: Eine Stop-Anweisung im Programm-Code

Um eine Stop-Anweisung zu setzen, fügen Sie das reservierte Wort STOP an der gewünschten Stelle in den Programmtext ein. Die Fortsetzung der Programmausführung erreichen Sie wieder mit den Funktionen FORTSETZEN, EINZELSCHRITT, PROZEDURSCHRITT usw.

Stop-Anweisungen müssen, wenn die Anwendung ausgetestet ist, wieder entfernt werden. Sie können dafür die Suchen- und Ersetzen-Funktion des Editors (Menüoption BEARBEITEN/ERSETZEN...) verwenden. Die Anweisung STOP ersetzen Sie dann durch einen Leerstring (""). Vergessen Sie aber nicht, die Option NUR GANZES WORT zu aktivieren. Die Ersetzen-Funktion verstümmelt sonst alle Begriffe, die das Wort STOP in irgendeiner Form enthalten.

„Traditionelle" Fehlersuche

„Traditionelle" Verfahren der Fehlersuche und Fehlerbeseitigung bestehen in der Regel darin, bestimmte Ausgabeanweisungen in den Programm-Code einzufügen. So läßt sich beispielsweise der Inhalt von Variablen durch Printbefehle überprüfen. In der fertigen Anwendung muß dieser „Prüfcode" wieder entfernt werden.

In Zeiten moderner Entwicklungssysteme mit umfangreichen Debug-Hilfen sollten solche archaischen Methoden eigentlich der Vergangenheit angehören. Dennoch sind viele Entwickler nicht bereit, auf diese Techniken zu verzichten. Bei simplen Programmen mit relativ wenigen Programmzeilen läßt sich ihre Anwendung auch durchaus vertreten. Für VBA-Makros bieten sich dabei zwei Techniken an:

- Ausgabe von Print-Anweisungen über das Direktfenster

- Ausgabe mit Hilfe der MsgBox-Funktion

Ausgaben über Print-Anweisungen

Die VBA-Entwicklungsumgebung unterstützt diese Möglichkeit durch das schon vorgestellte Direktfenster, das auch als Debug-Objekt bezeichnet wird. Im Direktfenster lassen sich nicht nur Prozeduren aufrufen und Ausdrücke testen, sondern auch die Werte von Variablen und Ausdrücken während der Programmausführung protokollieren. Das Direktfenster öffnen Sie mit einem Mausklick auf den Schalter DIREKTFENSTER oder über die Menüoption ANSICHT/DIREKTFENSTER.

14.3 Fehlerbehandlung

Print-Anweisungen im Programm-Code

Aus dem Programm-Code heraus können Sie eine Ausgabe an das Debug-Objekt (das Direktfenster) senden. Dazu verwenden Sie die Methode PRINT, die Sie an das Objekt DEBUG anhängen. Die folgende Zeile gibt den Wert der Variablen VAR1 im Direktfenster aus:

```
Debug.Print Var1
```

Die Zeile funktioniert auch dann, wenn das Direktfenster zum Zeitpunkt der Ausführung nicht geöffnet ist. Das Direktfenster hat ein gutes Gedächtnis und zeigt Ihnen beim nächsten Aufruf alle inzwischen eingetroffenen Ausgabewerte an. Das Direktfenster bleibt zudem immer im Vordergrund, auch wenn Sie im Editor arbeiten. Sie können so die Entwicklung eines Variablenwertes verfolgen, während Sie Schritt für Schritt durch den Programm-Code gehen. Abbildung 14.5 zeigt die Wertentwicklung einer Variablen, die in drei Prozeduren verwendet wird.

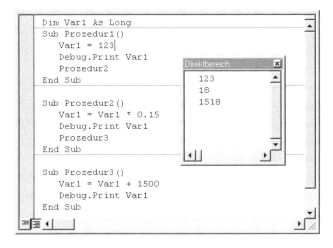

Abb. 14.5: Ausgabe mit Debug.Print

Auch die Inhalte von Steuerelementen und die aktuellen Werte von Eigenschaften können mit DEBUG.PRINT ausgegeben werden. Sie sollten die Werte dann aber auch bezeichnen. Da PRINT eine Liste von Ausdrücken auswerten und ausgeben kann, ist das auch relativ einfach. Um beispielsweise den Namen der betreffenden Prozedur mit auszugeben, können Sie eine Print-Zeile wie die folgende schreiben:

```
Debug.Print "Prozedur1"; Var1
```

Die Ausgabe erfolgt bereits formatiert, so daß Sie ein gut lesbares Protokoll erhalten. Vor jeden Ausdruck können Sie aber noch die Funktionen TAB oder SPC setzen und damit die Ausgabeposition bestimmen. Mit TAB bestimmen Sie eine Spaltenposition und mit SPC fügen Sie Leerzeichen ein. Ein Beispiel:

```
Debug.Print Tab(3); "Prozedur3"; Spc(3); Var1
```

Nachteilig bei eingebundenen Print-Anweisungen ist, daß Sie den Prüfcode nach Abschluß der Testphase wieder entfernen müssen.

Prozeduren und Funktionen im Direktfenster aufrufen

Prozeduren und Funktionen aus dem gerade aktiven Modul können unmittelbar im Direktfenster aufgerufen werden. Lediglich der Name und, falls vorhanden, eine Argumentliste sind in einer Zeile des Direktfensters einzugeben. Mit der Eingabetaste starten Sie die Ausführung. Wollen Sie den Rückgabewert einer Funktion angezeigt erhalten, müssen Sie wieder die Print-Methode verwenden.

Die Angabe des Debug-Objekts können Sie sich allerdings sparen, weil der Aufruf ja schon innerhalb des Debug-Objekts erfolgt. Auch können Sie statt der Bezeichnung PRINT das gleichwertige Fragezeichen (?) verwenden. Die folgenden Zeilen sind daher funktional identisch. Sie starten eine Funktion mit der Bezeichnung FUNKTION1 und geben in der nächsten Zeile den Rückgabewert der Funktion aus:

```
Debug.Print Funktion1
Print Funktion1
? Funktion1
```

Auch die integrierten VBA-Funktionen und Ausdrücke, die beliebige Objekte verwenden, lassen sich im Direktfenster aufrufen und auswerten. Interessant ist auch die Möglichkeit, komplexe Ausdrücke mit eingebundenen Funktionen im Direktfenster auszutesten. Nach einem erfolgreichen Test im Direktfenster können solche Ausdrücke markiert und (ohne das Printzeichen) mit den Befehlen BEARBEITEN/KOPIEREN und BEARBEITEN/EINFÜGEN (STRG-C und STRG-V) in ein VBA-Modul kopiert werden.

Bei unterbrochener Programmausführung lassen sich außerdem Variableninhalte überprüfen. Die Variable muß lediglich mit einem Printzeichen eingegeben werden. Das gilt jedoch nur für Variablen, die im Deklarationsteil des Moduls oder in der gerade unterbrochenen Prozedur deklariert bzw. verwendet wurden. Für diese Aufgabe ist das Local-Fenster allerdings besser geeignet.

Das Lokal-Fenster

Das Lokal-Fenster dient der Kontrolle aller Variablen der gerade unterbrochenen Prozedur und der Variablen des Deklarationsabschnitts eines Moduls. Die Unterbrechung kann durch Fehler oder Haltepunkte erfolgen. Der Aufruf des Fensters, der über die Menüoption ANSICHT/LOKAL-FENSTER erfolgt, macht also nur Sinn, wenn sich VBA im Haltemodus befindet.

Variablen, die im Deklarationsabschnitt des Moduls deklariert wurden, werden in der Spalte AUSDRUCK auch dem Modul zugeordnet. Das Kästchen vor der Bezeichnung MODUL fungiert als Schalter, mit dem Sie diese Variablen ein- und ausblenden können.

14.3 Fehlerbehandlung

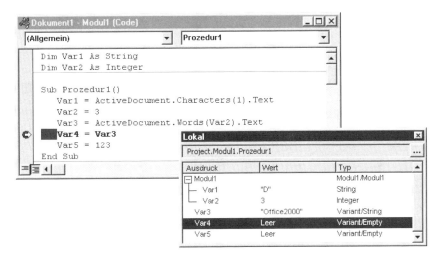

Abb. 14.6: Eine unterbrochene Prozedur und das Lokal-Fenster

Beachten Sie auch die doppelte Typ-Angabe für die Variablen VAR3 und VAR4. Dabei handelt es sich um Variablen, die nicht explizit deklariert wurden. Solche Variablen sind grundsätzlich vom Typ VARIANT. Das Lokal-Fenster zeigt diesen Typ an und gibt gleichzeitig die Typbezeichnung für den aktuellen Variablenwert aus. Wenn nur ein Typ angegeben ist, können Sie davon ausgehen, daß es sich um eine Variable mit Typvereinbarung handelt.

Wenn in unserem Beispiel die Variablen VAR4 und VAR5 mit dem Wert „Empty" ausgewiesen werden, so liegt das daran, daß die Prozedur unterbrochen wurde, bevor die Wertzuweisung an diese Variablen erfolgte. Das Lokal-Fenster nimmt die Werte eben nicht aus dem Programmtext, sondern erhält diese als Resultat der Programmausführung.

Variablenwerte bearbeiten

Die Variablenwerte lassen sich ändern. Dazu klicken Sie auf den betreffenden Wert, so daß Sie einen Text-Cursor erhalten. Die Änderungen werden bei der Fortsetzung der unterbrochenen Prozedur wirksam und nicht im Programmtext. Wenn Sie beispielsweise den Wert der Variablen VAR3 im Local-Fenster ändern, wird, sobald Sie das Programm fortsetzen, mit dem neuen Wert weitergearbeitet.

Variableninhalte als Tooltips anzeigen

Ist die Programmausführung unterbrochen, können Sie sich den Variableninhalt auch als Tooltip anzeigen lassen. Dazu führen Sie den Cursor über die betreffende Variable, ohne die Maustaste zu betätigen. Diese Funktion ist nur in der gerade unterbrochenen Prozedur verfügbar. Beachten Sie auch, daß immer der zum Zeitpunkt der Unterbrechung gültige Wert angezeigt wird. Es ist also durchaus möglich, daß Sie im Programmtext die Zuweisung 'Var1 = 100' lesen, die Tooltip-Funktion beim Berühren des Variablennamens aber den Wert 500 anzeigt.

Das Überwachungsfenster

Im Überwachungsfenster können Sie Ausdrücke (Variablen, Funktionen, komplexe Ausdrücke, Eigenschaften etc.) überwachen. Im Gegensatz zum Lokal-Fenster müssen die zu überwachenden Ausdrücke explizit bestimmt werden. Um der Liste der zu überwachenden Ausdrücke einen neuen Ausdruck hinzuzufügen, markieren Sie diesen und öffnen dann mit der Menüoption DEBUGGEN/ÜBERWACHUNG HINZUFÜGEN... den gleichnamigen Dialog.

Den Kontext bestimmen

Mit dem Kontext legen Sie fest, wo der betreffende Ausdruck überwacht werden soll. Die Überwachung kann sich auf eine bestimmte Prozedur beschränken, ein einzelnes Modul umfassen oder auch für alle Module gelten. Als Module werden dabei auch die den Dokumenten, Tabellenblättern und Arbeitsmappen zugeordneten Ereignismodule bezeichnet.

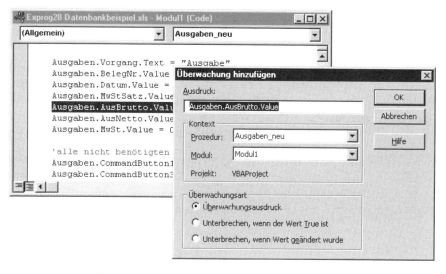

Abb. 14.7: Einen Überwachungsausdruck hinzufügen

Um den Kontext zu bestimmen, wählen Sie zunächst in der Dropdown-Liste MODULE das gewünschte Modul. Anschließend werden in der Dropdown-Liste PROZEDUREN alle Prozeduren des betreffenden Moduls zur Auswahl angeboten. Von den Ereignisprozeduren werden nur diejenigen angezeigt, die auch Programm-Code enthalten.

Die Überwachungsart bestimmen

Mit der Wahl der Überwachungsart bestimmen Sie, ob die Programmausführung bei der Änderung des Wertes eines überwachten Ausdrucks unterbrochen werden soll. Für logische Ausdrücke läßt sich eine Unterbrechung einstellen, wenn der Ausdruck den Wahrheitswert WAHR erreicht. Soll die Programmausführung nicht unterbrochen werden, müssen Sie die Option ÜBERWACHUNGSAUSDRUCK aktivieren.

14.3 Fehlerbehandlung

Ausdrücke im Überwachungsfenster überprüfen

Die Überprüfung im Überwachungsfenster setzt wieder voraus, daß VBA sich im Haltemodus befindet, daß also die Programmausführung unterbrochen ist. Mit der Menüoption ANSICHT/ ÜBERWACHUNGSFENSTER öffnen Sie dann das Fenster.

Einen Ausdruck per Maus in das Überwachungsfenster ziehen

Ist das Überwachungsfenster geöffnet, können Sie einen Ausdruck im Editor markieren und dann per DRAG&DROP in das Fenster ziehen. Der Ausdruck läßt sich nachträglich noch bearbeitet. Dazu markieren Sie die Zeile im Überwachungsfenster und öffnen dann über das Kontextmenü mit der Option ÜBERWACHUNG BEARBEITEN... den schon bekannten Dialog.

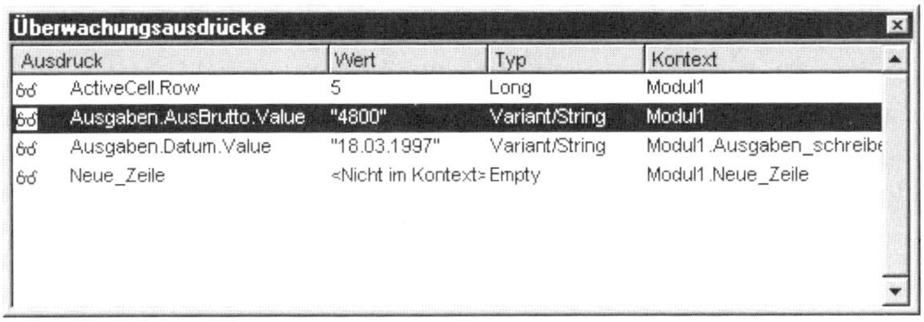

Überwachungsausdrücke			
Ausdruck	Wert	Typ	Kontext
66 ActiveCell.Row	5	Long	Modul1
66 Ausgaben.AusBrutto.Value	"4800"	Variant/String	Modul1
66 Ausgaben.Datum.Value	"18.03.1997"	Variant/String	Modul1.Ausgaben_schreibe
66 Neue_Zeile	<Nicht im Kontext>	Empty	Modul1.Neue_Zeile

Abb. 14.8: Ausdrücke im Überwachungsfenster

Ausdrücke und Werte im Überwachungsfenster ändern

Im Überwachungsfenster können Sie den Wert und auch den Ausdruck selbst ändern. Wenn Sie den Wert ändern, gilt der neue Wert bei der Fortsetzung des Programms. Ändern Sie den Ausdruck, wird der Wert im Überwachungsfenster gleich neu berechnet.

Einen Überwachungsausdruck löschen

Um einen Überwachungsausdruck zu löschen, markieren Sie diesen im Überwachungsfenster und betätigen dann die Taste ENTF. Sie können statt dessen auch im Kontextmenü die Option ÜBERWACHUNG ENTFERNEN wählen.

Hinweis: Die Überwachung von Ausdrücken kann die Programmausführung erheblich verzögern. Sie sollten daher sparsam mit der Zahl der zu überwachenden Ausdrücke umgehen und auch den Kontext möglichst einschränken.

Das Dialogfenster AUFRUFLISTE

Eine nette Zugabe für die Fehlerbeseitigung, wenn auch von eingeschränktem Wert, ist das Dialogfenster AUFRUFLISTE, das Sie über die Menüoption ANSICHT/AUFRUFLISTE... starten. Die Option steht nur zur Verfügung, wenn die Ausführung des Programms gerade unterbrochen ist. Hier können Sie sich eine Auflistung aller aktiven Prozedur- und Funktionsaufrufe anzeigen lassen. Aktiv sind alle Prozeduren und Funktionen, die im unterbrochenen Programm aufgerufen wurden und noch nicht vollständig abgearbeitet sind.

Hat beispielsweise die PROZEDUR1 die FUNKTION2 und diese wiederum PROZEDUR3 aufgerufen und wurde die Programmausführung in PROZEDUR3 unterbrochen, können Sie sich die Reihenfolge der Aufrufe in der Liste anschauen. Mit dem Schalter ANZEIGEN springen Sie im Editor zur gerade markierten Prozedur oder Funktion.

Fehler im Programm-Code behandeln

Wir hatten schon festgestellt, daß es nicht möglich ist, Fehler vollständig zu vermeiden. Bestimmte Laufzeitfehler sind auch nicht unbedingt auf Nachlässigkeiten des Entwicklers zurückzuführen, sondern resultieren aus der jeweiligen Laufzeitumgebung. Fehlt beispielsweise ein Objekt, das zur Laufzeit benötigt wird, etwa weil keine Verbindung zum Netzwerkserver besteht, muß eine Prozedur, die darauf zuzugreifen versucht, fehlschlagen. In solchen Fällen darf ein Programm natürlich nicht unkontrolliert abbrechen. Prozeduren und Funktionen sollten daher auch Code enthalten, der mögliche Fehler abfängt und gegebenenfalls eine kontrollierte Beendigung des Programms gestattet.

Fehlerbehandlung mit On Error

Die einfachste Methode, Fehler im Programm-Code abzufangen und mit eigenen Anweisungen zu behandeln, bietet die On Error-Anweisung. ON ERROR ist wie GOTO und GOSUB eine Sprunganweisung, die beim Auftreten eines Fehlers zu einer bestimmten Zeile oder zu einer Zeilenmarke (Label) verzweigt. Gleichzeitig wird die übliche VBA-Fehlermeldung unterdrückt. Die Anweisungen, die auf die angesprungene Zeile oder Zeilenmarke folgen, dienen in der Regel der Fehlerbehandlung. Der Aufbau einer Prozedur oder Funktion mit Fehlerbehandlung hat folgende Form:

```
On Error GoTo Marke (oder Programmzeile)
... Programmcode ...
Marke:
... Code zur Fehlerbehandlung ...
Resume
```

Die On Error-Anweisung sollte möglichst früh in der Prozedur oder Funktion erscheinen. Es ist sinnvoll, sie noch vor der ersten Befehlszeile einzusetzen, also spätestens nach der Deklaration von Variablen und Konstanten. Der darauf folgende Programmtext bildet schließlich die Quelle der potentiellen Fehler, die mit ON ERROR behandelt werden sollen. Die On Error-Anweisung kann als Schalter verstanden werden, welcher die eingebaute Fehlerbehandlung abschaltet und dafür, im Falle eines Fehlers, die mit ON ERROR definierte Verzweigung aktiviert.

MARKE ist eine Sprungmarke, die aus einem eindeutigen Namen und einem abschließenden Doppelpunkt besteht. Im Programmablauf hat sie zunächst keine Bedeutung und wird bei der

14.3 Fehlerbehandlung

Abarbeitung einfach übergangen. Marken können jedoch gezielt angesprungen werden. Dazu wird in der Regel die VBA-Anweisung GOTO verwendet, die auch Bestandteil einer vollständigen On Error-Anweisung ist. Zu einer Zeilenmarke kann vorwärts oder rückwärts gesprungen werden. Der dazwischen liegende Code wird dabei übersprungen. Bei der Verwendung einer Marke sollten Sie beachten, daß zwar die Marke einen Doppelpunkt erhält, dieser jedoch nicht beim Aufruf der Marke mit GOTO verwendet wird.

Rücksprung zur Fehlerzeile mit RESUME

RESUME ist ebenfalls eine Sprunganweisung, die jedoch einen Rücksprung zu der Zeile veranlaßt, die den Fehler ausgelöst hat. Die Variante RESUME NEXT springt zu der Zeile, die unmittelbar auf die den Fehler auslösende Zeile folgt. Sie können mit RESUME aber auch eine Marke bzw. Programmzeile angeben, zu der gesprungen werden soll. Das folgende Beispiel ermöglicht es, drei verschiedene Fehler zu produzieren:

```
Sub Test_On_Error()
'Fehlerereignisse abfangen und in einer eigenen
'Routine behandeln
    Dim Var1 As Integer
    Dim Var2 As Integer

    On Error GoTo Fehlerbehandlung
    'Fehler bei der Eingabe zu großer Werte und bei
    'der Eingabe von Zeichenfolgen möglich
    Var1 = InputBox("Bitte ersten Wert eingeben!")
    Var2 = InputBox("Bitte zweiten Wert eingeben!")
    'Fehler möglich, wenn Var2 den Wert 0
    'enthält.
    temp = Var1 / Var2

    'Hier endet der "normale" Code der
    'Prozedur, daher müssen die folgenden Zeilen
    'übersprungen werden
    GoTo Beenden
Fehlerbehandlung:
MsgBox ("Fehlercode " & Err & " : " & Error$)
Resume Beenden
Beenden:
End Sub
```

Sie können bei der Werteingabe eine zu große Zahl eingeben (Überlauf) oder als zweiten Wert eine 0 (Division durch 0). Auch eine Zeichenfolge an Stelle eines numerischen Wertes erzeugt einen Fehler (Typen unverträglich).

Für das Beispiel haben wir lediglich die Fehlermeldung etwas modifiziert, die VBA ohnehin ausgibt. Tritt ein Fehler auf, wird nicht nur die Meldung, sondern auch der Fehlercode angezeigt. Wir haben zudem zwei Marken eingefügt (FEHLERBEHANDLUNG und BEENDEN). Wird der Programm-Code normal abgearbeitet, ohne daß ein Fehler auftritt, muß die Fehlerbehandlung natürlich unterbleiben.

Die Fehlerroutine, die hier nach der Marke FEHLERBEHANDLUNG beginnt, enthält Programmtext, der nur in Ausnahmesituationen abgearbeitet werden soll. Wir überspringen daher bei regulärer Ausführung mit GOTO BEENDEN die Fehlerroutine. Statt GOTO BEENDEN wäre eventuell auch die Anweisung EXIT SUB (in Funktionen: EXIT FUNCTION) möglich. Die zweite Marke (BEENDEN) kann aber auch für eine Resume-Anweisung genutzt werden, wie in unserem Beispiel geschehen.

Programmausführung nach der Fehlerzeile fortsetzen

Wenn eine Befehlssequenz keine kritischen Operationen enthält, können Sie die Programmausführung auch mit der auf den Fehler folgenden Zeile fortsetzen. In diesem Fall unterbleibt eine Fehlerbehandlung. Dazu verwenden Sie die folgende Anweisung:

```
On Error Resume Next
```

Die folgenden Zeilen erzeugen auch dann keinen Programmabbruch, wenn das aktuelle Dokument weniger als fünf Wörter enthält:

```
On Error Resume Next
MsgBox ActiveDocument.Words(5).Text
```

Für relativ unwichtige Bildschirmausgaben läßt sich die Fehlerbehandlung auf diese simple Art vereinfachen. Wir sparen damit eventuell einige Sicherheitsabfragen. Ein solch lockerer Umgang mit Laufzeitfehlern ist aber nur selten zulässig, weil die meisten Fehler das Programm in einem undefinierten Zustand hinterlassen. Ein Fehler muß in der Regel behandelt werden. Ist das nicht möglich, sollten Sie das Programm beenden.

Error und Err

Im weiter oben vorgestellten Makro haben wir die Funktionen ERROR und ERR benutzt. ERROR gibt die Fehlermeldung aus, die auch der VBA-Fehler-Dialog verwendet. ERR erzeugt den zugehörigen Fehlercode. Interessant ist besonders ERR, weil damit Auswertungen vorgenommen werden können, die eine effektivere Behandlung von Fehlern erlauben. Mit dem folgenden Schema läßt sich beispielsweise ein Programmabbruch verhindern:

14.3 Fehlerbehandlung

```
FehlerCode = Err
If FehlerCode = 13 Then    'Fehler: Typen unverträglich (Word)
    Resume                 'Eingabe wiederholen
End If
```

Tritt der Fehler „Typen unverträglich" auf, wird mit RESUME das Programm in der gleichen Zeile wieder aufgenommen. Da RESUME aber zu jeder beliebigen Zeile springen kann, können selbst Fehler wie die Division durch Null noch behoben werden. Das folgende Beispiel zeigt die erweiterte Version eines schon früher präsentierten Makros:

```
Sub Test_On_Error2()
'Fehlerereignisse abfangen und in einer eigenen
'Routine behandeln
    Dim Var1 As Integer
    Dim Var2 As Integer
    'Variablen für Meldetext deklarieren
    Dim Mld1 As String
    Dim Mld2 As String

    On Error GoTo Fehlerbehandlg
    'Fehler bei Eingabe zu großer Werte und bei
    'Eingabe von Zeichenfolgen möglich
    Mld1 = "Bitte eine Zahl als ersten Wert eingeben!"
    Var1 = InputBox(Mld1, "Erster Wert")
    Mld2 = "Bitte eine Zahl für den Divisor eingeben!"

'Marke für Rücksprung nach Division durch 0
'Der zweite Wert (Divisor muß erneut eingegeben werden
Eingabe:
    Var2 = InputBox(Mld2, "Zweiter Wert")

    'Fehler möglich, wenn Var2 den Wert 0
    'enthält.
    temp = Var1 / Var2
    'Hier endet der normale Code der Prozedur,
    'die folgenden Zeilen werden übersprungen.
    GoTo Ende              'oder: Exit Sub
```

```
Fehlerbehandlg:
FehlerCode = Err
Select Case FehlerCode
    Case 13              'Typen unverträglich
        Mld1 = "Sie können nur eine Zahl eingeben!"
        Mld2 = "Sie können nur eine Zahl eingeben!"
        Resume           'Rücksprung zur Fehlerzeile
    Case 11              'Division durch Null
        Mld2 = "Der Wert 0 ist als Divisor nicht zulässig!"
        Resume Eingabe   'Sprung zur Marke Eingabe
    Case 6               'Überlauf
        Mld1 = "Der maximale Wert beträgt 32767"
        Mld2 = "Der maximale Wert beträgt 32767"
        Resume           'Rücksprung zur Fehlerzeile
    Case Else            'Fehlermeldung für andere Fehler
        MsgBox ("Fehlercode " & Err & " : " & Error$)
End Select
Resume Ende
Ende:
End Sub
```

Achten Sie besonders auf die Marke EINGABE. Zu dieser Marke wird gesprungen, wenn der Fehler „Division durch 0" aufgetreten ist. Der Fehler wird in der Zeile mit der Division (TEMP = VAR1/VAR2) ausgelöst. Das Sprungziel liegt also noch vor der auslösenden Zeile.

Das vorstehende Makro hat noch eine kleine Schwäche, die wir nicht im Programm-Code berücksichtigt haben: Wenn Sie für beide Werte die Zahl 0 eingeben, interpretiert VBA die Division nicht als Division durch Null (0/0). Allerdings ist dann die Variable TEMP überfordert, die das Ergebnis aufnehmen soll. Die Variable produziert einen Fehler (Überlauf), der dazu führt, daß immer wieder zur Zeile mit der Division zurückgesprungen wird. Das Programm hängt dann in einer Endlosschleife. Mit der Tastenkombination STRG+PAUSE können Sie das Makro aber jederzeit unterbrechen.

Künstliche Fehler erzeugen

Sollte sich beim Austesten einer Prozedur ein dringend benötigter Fehler nicht freiwillig einstellen, können Sie diesen auch simulieren. Mit der Anweisung ERROR (nicht mit der Funktion

ERROR) und der Fehlernummer erhalten Sie eine korrekte VBA-Fehlermeldung angezeigt. Einige Beispiele:

```
Error 13
Error 6
Error 11
```

Ist für die betreffende Prozedur eine On Error-Anweisung definiert, verzweigt VBA auch bei künstlichen Fehlern zu der von Ihnen erstellten Fehlerroutine.

Fehlerumleitung wieder abschalten

Um die Umleitung zur eigenen Fehlerroutine wieder abzuschalten, verwenden Sie die folgende Anweisung:

```
On Error GoTo 0
```

Die Anweisung kann an jeder Stelle einer Prozedur stehen. Auch die Beendigung einer Prozedur deaktiviert die Fehlerumleitung.

Falsche Fehlermeldungen

Vor Fehlern sind Sie leider nie sicher; aber auch nicht vor falschen Fehlermeldungen. VBA kann Laufzeitfehler nur nach einem vorgegebenen Schema aufspüren. Gelegentlich werden Sie daher Fehlermeldungen erhalten, die Sie nach Überprüfung der Fehlerzeile nicht nachvollziehen können. Sie müssen dann davon ausgehen, daß nicht der von VBA monierte, sondern ein anderer Fehler vorliegt. VBA prüft eben nicht den Code als Ganzes, sondern sequentiell. Die Fehlermeldung sollten Sie also nur als Anhaltspunkt für die Fehlersuche betrachten.

14.4 Datenaustausch und Automatisierung

Der Datenaustausch unter Windows-Anwendungen erfolgt auch heute noch weitgehend über die Clipboard-Funktionen KOPIEREN, AUSSCHNEIDEN und EINFÜGEN. Die Effektivität dieser Funktionen ist jedoch begrenzt. Längst sind unter Windows aber auch andere Techniken verfügbar, die den Datenaustausch und die Kommunikation zwischen Anwendungen ermöglichen. In diesem Kapitel wollen die Techniken DDE und Automatisierung (OLE-Automatisierung) vorstellen.

DDE (Dynamic Data Exchange)

DDE ist ein Datenaustauschverfahren, bei dem eine Client-Anwendung Daten von einer Server-Anwendung anfordert. Viele Windows-Anwendungen, auch Word, Excel und Access, können sowohl als Client als auch als Server dienen. VBA stellt für den Datenaustausch via DDE die folgenden Funktionen zur Verfügung:

DDEExecute	schickt einen Befehl an den Server.
DDEInitiate	baut die Verbindung zum Server auf.
DDEPoke	sendet Daten an den Server.
DDERequest	fordert Daten vom Server an.
DDETerminate	beendet eine DDE-Verbindung.
DDETerminateAll	beendet alle DDE-Verbindungen eines Clients.

Ein DDE-Dialog beginnt mit der Initialisierung, wobei der Anwendungsname des Programms, zu dem eine Verbindung aufgenommen werden soll, und das Thema als Argumente übergeben werden müssen:

```
DDEInitiate(Anwendungsname,Thema)
```

Das Argument ANWENDUNGSNAME steht für die Namen von Windows-Applikationen, die DDE unterstützen. Access trägt beispielsweise den Anwendungsnamen „MSAccess" und Word für Windows den Namen „WinWord".

THEMA (in der engl. Version TOPICS) steht für den Gegenstand der Kommunikation. Dabei kann es sich um Dokumente handeln, also Dateien, die normalerweise mit ihrer Extension angesprochen werden. Für Word wäre das z.B. die Bezeichnung "DOC". Handelt es sich beim Thema um eine Datei, muß diese ebenfalls geöffnet sein. Als Gegenstand für allgemeine Informationen verwenden einige Applikationen aber auch die Bezeichnung SYSTEM. Damit lassen sich allgemeine Informationen über die jeweilige Anwendung austauschen.

Mit der folgende Zeile öffnen Sie einen Kommunikationskanal zu Word. Als Thema wird SYSTEM vereinbart. Damit können Sie anschließend die Themen abfragen, die der Server unterstützt. Die Anwendung, zu der eine Verbindung aufgebaut werden soll, muß geöffnet sein, andernfalls erhalten Sie eine Fehlermeldung.

```
Handle = DDEInitiate("WinWord","System")
```

Die Variable HANDLE steht hier für die Nummer des Kommunikationskanals. Dieser Wert wird für die weitere Kommunikation benötigt. Mit DDEREQUEST fordern Sie Daten von der Serveranwendung an:

```
DDERequest(Kanal,Element)
```

KANAL meint die Nummer des Kommunikationskanals, die Sie mit DDEINITIATE erhalten haben. ELEMENT steht für Daten, die Sie geliefert haben möchten. Die folgende Zeile fordert Informationen über die verfügbaren Themen einer Anwendung an:

```
WordThemen = DDERequest(Handle,"Topics")
```

14.4 Datenaustausch und Automatisierung

Die Funktionen können Sie im Direktfenster ausprobieren. Wir wollen jedoch ein komplettes Beispiel vorstellen.

DDE-Beispiel mit Word und Excel

Für die folgenden Beispiele benötigen Sie Word und Excel oder Access und Excel. Word bzw. Access dient dabei als Client. Von einer dieser Anwendungen aus starten Sie also die Kommunikation mit Excel. Excel, der Server, muß aber geladen sein. Zunächst holen wir uns einige Informationen vom Server. Wichtig sind hier eigentlich nur die zweite und die vorletzte Zeile. Mit dem Thema SYSITEMS erkunden wir, welche Elemente (Teil- oder Unterthemen) von der Server-Anwendung unterstützt werden. Mit STATUS erhalten wir den Status der Server-Anwendung (Busy oder Ready). FORMATS liefert die vom Server unterstützten Dateiformate.

```
KanalNr = DDEInitiate("Excel", "System")
Daten = DDERequest(KanalNr, "SysItems")
MsgBox Daten, , "SysItems"

Daten = DDERequest(KanalNr, "Status")
MsgBox Daten, , "Status"

Daten = DDERequest(KanalNr, "Formats")
MsgBox Daten, , "Formats"

Daten = DDERequest(KanalNr, "Topics")
MsgBox Daten, , "Topics"

DDETerminate KanalNr
```

Für uns ist TOPICS wichtig, weil wir damit die Namen der gerade geöffneten Arbeitsmappen bzw. Tabellen erhalten. Für das folgende Beispiel erfragen wir diese Topics und prüfen dann, ob darin auch das Tabellenblatt „[Mappe1]Tabelle1" enthalten ist. Trifft das zu, wird die zuvor geschlossene Verbindung wieder hergestellt. Als neues Thema verwenden wir diesmal das betreffende Tabellenblatt.

```
Sub DDE_Verbindung_zu_Excel()
   KanalNr = DDEInitiate("Excel", "System")
   Daten = DDERequest(KanalNr, "Topics")
   DDETerminate KanalNr

   If InStr(1, Daten, "[Mappe1]Tabelle1", vbTextCompare) Then
      KanalNr = DDEInitiate("Excel", "[Mappe1]Tabelle1")
      Daten = DDERequest(KanalNr, "Z4S3")
      MsgBox Daten, , "Ausgangswert in C4"
```

```
            DDEPoke KanalNr, "Z1S3", 200
            DDEPoke KanalNr, "Z2S3", 400
            DDEPoke KanalNr, "Z3S3", 400
            DDEPoke KanalNr, "Z4S3", "=Summe(C1:C3)"
            Daten = DDERequest(KanalNr, "Z4S3")
            MsgBox Daten, , "Neuer Wert in C4"
            DDETerminate KanalNr
    End If
End Sub
```

Anschließend senden wir Werte und eine Excel-Formel an verschiedene Zellen. Die Formel sorgt für die Summierung der zuvor gesendeten Werte. Zum Schluß geben wir den Inhalt der Formelzelle aus und beenden die Verbindung. Achten Sie auch auf die Schreibweise für die einzelnen Zellen. Die A1-Schreibweise funktioniert nicht.

Automatisierung

Automatisierung, früher OLE-Automatisierung genannt, ist eine Technik, die es erlaubt, in einer Anwendung die Funktionen einer anderen Anwendung zu nutzen. So können Sie beispielsweise aus Word heraus Excel aufrufen und steuern. Weil Excel-Funktionen in einem Word-Dokument sicher mehr Sinn machen als umgekehrt, sind wir für das folgende Beispiel von dieser Konstellation ausgegangen. Wenn Sie das Beispiel nachvollziehen wollen, müssen Sie nur Word starten. Excel wird gegebenenfalls durch den Programm-Code aufgerufen.

Um eine Anwendung als Automatisierungsobjekt zu öffnen, verwenden Sie die Funktion CREATEOBJECT. Die Funktion hat folgende Syntax:

```
CreateObject(Class)
```

Das Argument CLASS besteht aus dem Anwendungsnamen und der Bezeichnung des Objekttyps. Objekte werden von allen Anwendungen angeboten, die als Automatisierungsobjekte verfügbar sind. Ein Objekttyp, den Sie praktisch bei allen Anwendungen finden, ist APPLICATION. Anwendungsname und Objekttyp werden mit dem Punktoperator verbunden und als String übergeben, so daß wir für Excel das Argument EXCEL.APPLICATION erhalten.

GETOBJECT

CREATEOBJECT erzeugt einen Verweis auf das Automatisierungsobjekt. Das bedeutet, daß die entsprechende Anwendung, genauer: eine Instanz dieser Anwendung, geladen wird. Ist bereits eine Instanz des betreffenden Objekts geladen und wollen Sie keine weitere Instanz laden, müssen Sie die Funktion GETOBJECT verwenden. GETOBJECT erfüllt jedoch zwei alternative Funktionen:

1. Es lädt ein Dokument mit der entsprechenden Anwendung.
2. Es liefert ein bereits geladenes Automatisierungsobjekt.

Den beiden Funktionen entsprechend, verfügt GETOBJECT über zwei Argumente. Eines davon müssen Sie angeben. Im ersten Argument wird das Dokument benannt, das Sie mit seiner Anwendung aufrufen wollen. Die folgende Zeile startet Excel mit der Arbeitsmappe TEST-MAPPE:

```
Set Mappe = GetObject("C:\Eigene Dateien\TestMappe.xls")
MsgBox Mappe.Worksheets(1).Range("C3").Value
```

Die zweite Zeile liest einen Wert aus dem ersten Tabellenblatt der Arbeitsmappe aus. Beachten Sie, daß Excel nicht angezeigt wird. Lediglich die zweite Zeile bezeugt den Erfolg der Operation.

In der zweiten Funktion liefert GETOBJECT wie CREATEOBJECT eine Instanz der betreffenden Anwendung, nur daß GETOBJECT auf eine schon bestehende (geladene) Instanz des Objekts zugreift. Dafür ist das zweite Argument zuständig, das mit dem Argument von CREATEOBJECT identisch ist. Das folgende Makro, das wir durch mehrere Texteinschübe unterbrochen haben, berücksichtigt beide Funktionen:.

```
Sub Automatisierung()
    Dim MSExcel As Object
    Dim Mappe As Object
    Dim Tabelle01 As Object
```

Unser Beispiel benötigt eine Objektvariable, die wir hier MSEXCEL genannt haben. Die zweite Objektvariable (MAPPE) ist nur erforderlich, weil wir für das Excel-Automatisierungsobjekt erst noch eine Arbeitsmappe erstellen müssen. Auf die Variable TABELLE01 könnten wir eigentlich verzichten. Sie erleichtert uns aber den Zugriff auf ein Tabellenblatt. In der folgenden If-Struktur wird nun geprüft, ob bereits eine Instanz von Excel geladen ist. Trifft das zu, wird der Else-Zweig (GETOBJECT) ausgeführt, andernfalls erzeugt CREATEOBJECT ein neues Excel-Automatisierungsobjekt.

```
    If Not Tasks.Exists("Microsoft Excel") Then
        Set MSExcel = CreateObject("Excel.Application")
        MsgBox "Excel-Instanz mit CreateObject erzeugen"
    Else
        Set MSExcel = GetObject(CLASS:="Excel.Application")
        MsgBox "Zugriff auf bestehende Excel-Instanz mit GetObject"
    End If
```

Beachten Sie den kleinen Unterschied bei der Argumentverwendung: Für GETOBJECT haben wir das Argument benannt (CLASS:=...). Bei dieser Funktion steht das Argument an zweiter Stelle. Entweder müssen wir es durch ein Komma separieren oder eben benennen. Die MsgBox-Zeilen dienen als kleine Hilfen, die bei der Ausführung melden, ob nun ein neues Objekt erzeugt oder auf ein bestehendes zugegriffen wird.

Mit den folgenden zwei Zeilen greifen wir bereits auf das Automatisierungsobjekt zu. Die erste Zeile erzeugt eine Arbeitsmappe und weist diese der Objektvariablen MAPPE zu. Mit der zweiten Zeile holen wir uns das erste Tabellenblatt als Objekt.

```
Set Mappe = MSExcel.workbooks.Add
Set Tabelle01 = Mappe.WorkSheets(1)
```

Mit Hilfe der Objektvariablen TABELLE01 können wir nun das erste Tabellenblatt der immer noch unsichtbaren Arbeitsmappe manipulieren. Die folgenden Zeilen schreiben Werte und eine Formel hinein. Die vierte Zeile sorgt für die Ausgabe des von der Formel berechneten Wertes.

```
Tabelle01.Range("C3").Value = 3000
Tabelle01.Range("C4").Value = 2000
Tabelle01.Range("C5").FormulaLocal = "=Summe(C3:C4)"
MsgBox Tabelle01.Range("C5").Text, , "Summe"
```

Bestätigen Sie die Frage der nachfolgenden MsgBox-Zeile mit einem Mausklick auf den Schalter JA, versucht die Methode SAVEAS die Arbeitsmappe unter dem Namen TESTMAPPE im aktuellen Arbeitsverzeichnis zu speichern. Beim ersten Versuch dürfte das auch noch glücken. Existiert die Mappe bereits, weigert sich Excel jedoch. Sie erhalten dann die Frage angezeigt, ob die bestehende Datei überschrieben werden soll.

```
   If MsgBox("Speichern und schließen?", vbYesNo) = vbYes Then
      Mappe.SaveAs ("TestMappe")
      MSExcel.Quit
   End If
End Sub
```

Erst dann kann Excel mit der Methode QUIT beendet werden. Wird Excel nicht geschlossen, bleibt die Anwendung im Speicher, auch wenn sie nicht angezeigt wird. Um die Anzeige von Excel zu erzwingen, müßten wir in der Prozedur die Eigenschaft VISIBLE auf den Wert TRUE setzen (MSEXCEL.VISIBLE = TRUE).

Anhang

A Die beiliegende CD

Im Wurzelverzeichnis der beiliegenden CD finden Sie eine Textdatei mit der Bezeichnung LIESMICH.TXT. Diese Datei enthält Informationen, die wir im Buch nicht mehr berücksichtigen konnten. Vor der weiteren Verwendung der CD sollten Sie den Inhalt von LIESMICH.TXT unbedingt lesen. Dazu doppelklicken Sie auf den Namen der Datei. Diese wird dann im Windows-Editor geöffnet. Die CD enthält außerdem die wichtigsten der im Buch verwendeten Beispiele.

Die Beispieldateien

Wir haben nur die etwas längeren Beispiele des Buches und die in Kapitel 13 vorgestellten Projekte für die CD übernommen. Auf der CD finden Sie die folgenden Ordner:

Sample   enthält die längeren Beispiele des Buches in verschiedenen Word-Dokumenten, Excel-Arbeitsmappen und PowerPoint-Präsentationen.

Projekte   enthält die in Kapitel 13 vorgestellten Projekte.

Der Programm-Code befindet sich in der Regel in „normalen" VBA-Modulen mit der Bezeichnung MODUL1 etc. Die Arbeitsmappen laden Sie entweder aus der jeweiligen Office-Anwendung heraus direkt von der CD oder kopieren diese vorher in einen Ordner Ihrer Festplatte. Die Beispiele sind in der Regel nur im Zusammenhang mit den betreffenden Stellen des Buches sinnvoll einzusetzen. Einige Beispiele benötigen zudem eine bestimmte Umgebung, auf die wir im Buch ebenfalls hinweisen.

Im Verzeichnis \PROJEKTE finden Sie zudem ein Word-Projekt für die Adressenverwaltung (Kunden.doc), das wir im Projekte-Kapitel aus Platzgründen nicht vorstellen konnten. Dieses Projekt ist ähnlich aufgebaut wie die Literatur-Datenbank. Über einen UserForm-Dialog greifen Sie per DAO auf eine Datenbank zu. Wenn Sie das Dokument aufrufen, erscheint die Startoption (KUNDEN) in der Menüleiste nach der Hilfe-Option.

B Stichwortverzeichnis

#, 170; 277
&, 127
*, 83; 278
@, 278

A

Abbruchkriterium, 101
Abfragen erstellen, Access, 376
Ablaufsteuerung, 93
Absätze erzeugen, 204
Absolut positionieren, 246
Access-Formulare, 347
Activate, 67; 245
ActiveCell, 250
ActiveDocument, 176
ActiveMenuBar, 552
ActivePresentation, 309
ActiveSheet, 250
ActiveWindow, 250
ActiveWorkbook, 241; 250
Add, 145; 172; 237; 306
AddComment, 302
AddItem, 487; 544
AddNew, 414
AddPicture, 217
AddShape, 220; 318
AddTextbox, PowerPoint, 315
Aggregatfunktionen, SQL, 388
aktive Menüleiste, 552
Aktivierung, 462
aktuelle Menüleiste ersetzen, 558
AND, 76
Animation, 161
Anweisungen über mehrere Zeilen, 71
Anweisungen überspringen, 617

Append, 406
Application, 64
Application-Eigenschaften, 150
Arbeitsmappe erzeugen, 237
Arbeitsmappe öffnen, 238
Arbeitsmappe schließen, 240
Arbeitsmappe speichern, 239
Arbeitsmappe wählen, 240
Argumentbezeichnungen, 147
Argumente, 70
Argumentliste, 134
Argumentübergabe, 135; 136
Argumentwerte, 147
Arithmetische Operatoren, 73
Arrays, 83
Arrays, zweidimensional, 85
Asc, 130
ASCII-Werte, 130
Assistant, 161
Auf- und Abrunden, 281
Auflistungen, 64
Aufrufeliste, 623
Aufrufkonventionen, 143
Ausblenden, Spalten, 262
Ausdruck, 72
Ausdruckslisten, 99
Auswahllisten, VBA-Editor 52
Autoformat, 265
AutoFormen, 318
Automatisierung, 629; 632

B

BackColor, 443
Balloon, 161
BDFs verwenden, 143

Befehlsschaltfläche, 439; 451
Before, 538
BeforeClose, 474
BeforeRightClick, 475; 560
BeginGroup, 532
Benutzerdefinierte Datentypen, 86
Benutzerdefinierte Funktion, 141
Bezeichnungsfeld, 440
Beziehung erstellen, Access, 345
Beziehungstyp, Access, 331
Bibliothek auswählen, 47
Bild, 452
Bildlaufleisten, 440; 450; 494
Bildlaufleisten einblenden, 150
Bildschirmauflösung, 438
Blatt-Schutz, 453
BOF, 418
Bold, 178; 266
Bookmarkable, 418; 425
Bookmarks, 199; 418
Boolean, 80; 113
BorderAround, 270
BorderColor, 443
Borders, Word, 181
Borders, Excel, 270
BorderStyle, 444
BoundColumn, 447
Bruchzahlformate definieren, 281
BuiltIn, 527
Buttons, 156
Byte, 113
ByVal, 138

C

Calculate, 475
Call by Reference, 137
Call by Value, 137

Cancel-Argument, 477
Cancel-Eigenschaft, 481
Caption, 65; 442
Case, 98
CDate, 118
Cell, Word, 213
Cells, Excel, 245
Cells-Auflistung, Word, 216
Cells-Eigenschaft, Excel, 248
Change-Ereignis, 469; 476; 482
Characters, 177
Chart-Objekt, 295
ChartArea, 292
ChartTitle, 292
ChartWizard, 288
ChDir, 611
ChDrive, 611
Checkboxen, 439
Choose, 100
Chr, 130
CleanString, 215
Clear, 261; 493
ClearComments, 261
ClearContents, 261
ClearFormats, 261
Close, 240; 608
Code anzeigen, 44
CodeName, 244
Color, 266; 270
ColorIndex, 179; 268
Column, 245
ColumnCount, 489
ColumnHeads, 448
ColumnIndex, 248
ColumnOffset, 251
Columns, 245
ComboBox, 488

CommandBar-Objekt, 527
CommandBarControls, 528
CommandBarPopup, 551
CommandBars-Auflistung, 528
CommandButton, 481
Comment-Objekt, 301
ComputeStatistics, 225
Const, 77
Controls, 528
Controls-Auflistung, 497
Controls-Auflistung, Access, 362
ControlSource, 461
CopyFromRecordset, 431; 433
Count, 145; 245
CREATE TABLE, SQL, 379
CreateDatabase, 405
CreateField, 407
CreateObjekt, 632
CreateTableDef, 406
CStr, 117
CurDir, 611
Currency, 113
CurrentDB, 374
CurrentRecord, 359
Cut, 261

D

Database, 404
Date, 80
DateAdd, 123
DateDiff, 123
Dateien löschen, 611
Dateinummer, 608
Dateiverwaltung, 607
Daten sortieren, 421
Datenaustausch, 629
Datenbank, 330

Datenbank erzeugen, 405
Datenfelder, 83
Datenfelder definieren, 407
Datenmodell definieren, 330
Datenquelle ändern, 292
Datenredundanz, 332
Datenreihe, 290
Datensätze bearbeiten, 412
Datensätze filtern, 424
Datensätze in Tabellenblatt kopieren, 431
Datensätze mit 'GetRows' kopieren, 429
Datensatzgruppe, 364; 412
Datensatzgruppe klonen, 366
Datensatzlänge, 608
Datensatzsteuerung, 369
Datenstruktur, 339
Datentyp, 80; 113; 116
Datentypen konvertieren, 116
Datenzugriffsobjekte, 403
Datenzugriffsseiten, 372
Datumsausdrücke, 259
Datumsformate, 283
Datumsfunktionen, 122
Datumstyp, 118
Datumsvergleich, 119
Datumswerte berechnen, 123
Datumswerte prüfen, 121
Day, 122
DBEngine, 404
DblClick, 470
DDE, 629
Debug-Objekt, 619
DefBool, 82
Definition anzeigen, 54
DefInt, 82
DefStr, 82

DefType, 81
Deklaration, 78
Deklarationsteil, 134
Deklarationsteil eines Moduls, 88
Delay, 450
Delete, 261
Delete, PowerPoint, 309
Diagonale Linien, 271
Diagramm ändern, 288
Diagrammblatt, 292
Diagrammblatt ausblenden, 294
Diagramme bearbeiten, 292
Diagramme programmieren, 287
Diagrammtitel, 289
Diagrammtyp bestimmen, 290
Dialog aufrufen, 465
Dialog erzeugen, 453
Dialog-Hintergrund, 463
Dialog schließen, 465
Dialog-Titel, 463
Dialoge, Word, 228
Dim, 79
Dimensionierung, 85
Direktfenster, 49; 618
DisplayFullScreen, 151
DisplayScrollBars, 150
DisplayWorkBooksTab, 475
Do, 102
Do...Loop, 102
DoCmd, 368
Dokument als Formular, 437
Dokument-Eigenschaften, 223
Dokument-Komponenten, 189
Dokument öffnen, 173
Dokument speichern, 175
Documents-Auflistung, 172
DocumentProperties, 224

Dokumentstatistik, 225
Double, 80; 113
DragBehavior, 446
Drehen-Schaltflächen, 440
DropDownWidth, 544
Dynamisches Array, 85
Dynaset-Objekte, 412

E

Edit, 440
Editor, 51
Editor-Optionen, 55
Eigenschaften, 65
Eigenschaften des Dialogs, 463
Eigenschaftenfenster, 442
Eingabe sperren, 462
Eingabefeld, 440
Eingabekontrolle, Access, 342
Eingabekontrolle, Formular 476
Eingebettete Diagramme, 294
Einzelschritt, 616
Einzug, 53
Elementabstände einstellen, 455
Elemente gruppieren, 49
Elementgröße anpassen, 454
ElseIf-Bedingung, 95
Empty, 116
Enabled, 457; 480; 528
End Sub, 134
End With, 111
Enter, 470
EntireRow, 245
Entitäten, 331
Entwicklungsumgebung, 42
EOF, 419

EntireColumn, 245

ER-Modelle, 330
Ereignisprozeduren, Access, 358
Ereignisprozeduren, Access-Formular, 355
Ereignisprozeduren der Arbeitsmappe, 474
Ereignisprozeduren der Tabellenblätter, 475
Ereignisprozeduren im Objektkatalog, 477
Ereignisse, 68; 467
Ereignisse eines VBA-Dialogs, 472
Error, 626
Excel-Dialoge aufrufen, 296
Excel-Tabellenfunktionen, 284
Exit, 470
Exit Do, 102
Exit Sub, 108
Explizite Deklaration, 79

F

FaceID, 540
Farbcode, 274
Farben definieren, 445
Farben entfernen, 274
Farben für Gitternetzlinien, 275
Farben in Zahlenformaten, 280
Farben verwenden, Excel, 273
Farben zuweisen, 444
Farbindex, 273
Farbsystem, 274
Farbverlauf zuweisen, PowerPoint, 313
Fehler beheben, 62
Fehlerbehandlung, 61; 612
Fehlercode, 626
Fehler erzeugen, 628
Fehlernummer, 629
Felddefinitionen, 404

Felder, 233
Feldfunktionen, 233
Feldtypen, 337
Fenster erzeugen, 153
Fenstergröße, 152
Fensterposition, 152
Fenster schließen, 154
Fensterzustand ermitteln, 152
Field, 404
Fields-Auflistung, Access, 409
Fields-Auflistung, Word, 233
FileAttr, 610
Filename, 238
FileSearch-Objekt, 154
FillFormat-Objekt, 311
Filter, 424
Filterkriterium, 424
Find, Excel, 254
Find, Word, 192
FindControl, 542
Findfirst, 416; 426
FindLast, 416
FindNext, 254; 417
FindPrevious, 254; 417
FindRecord, 371
Fließkommazahl, 80
Focus, 460
Folien bearbeiten, 309
Folienhintergrund, 311
Folienmaster, 312; 320
Font, 444
Font-Objekt, Excel, 267
Font-Objekt, Word, 179
FontStyle, 266
Footnotes, 201
For Each...Next, 105
For..Next, 103

ForeColor, 444
Format, 169
Format-Codes, 169; 276
Format-Codes kombinieren, 284
Formatieren, 265
Formatvorlagen, 209
Formeln in Zellen, 285
Formula, 286
FormulaLocal, 286
Formulareigenschaften, 349
Formulargröße, 438
FormulaR1C1, 286
FoundFiles, 154
Frame, 459
FreeFile, 608
Fülleffekte, 312
FullName, 174
FUNCTION, 141
Funktionen, 77; 140
Funktionen in Bedingungen, 96
Funktionsbezeichnungen, 285
Funktionskörper, 141
Funktionsnamen, 141
Fußnoten, 201

G

Gallery, 289
Ganzer Bildschirm, 151
Get, 609
GetObject, 632
GetRows, 417; 429
GoSub...Return, 107
Goto, VBA, 108
Goto, Word, 190
GotoRecord, 369
Grafiken importieren, Word, 217
Grafikobjekte, PowerPoint, 318

GridLineColor, 275
Groß- und Kleinschreibung, 70; 125
GroupName, 451; 459
Gruppe von Optionsfeldern, 451
Gültigkeitsebenen, 87
Gültigkeitsregeln, 343

H

Haltemodus, 62
Haltepunkte, 615
Header, 265
Height, 152
Hidden, 179; 262
Hide, 468
Hintergrundbild, 268
Hintergrundfarbe, 268
Hintergrundgrafik, 438
Horizontaler Abstand, 455
Hour, 124
Hyperlink, Access, 373
Hyperlink, Word, 197

I

Id, 538
Identifikationsschlüssel, 331
If...Then-Anweisung, 94
If...Then...Else, 94
Iif, 97
ImageList, 499
Index löschen, 410
Index, 339; 457
Indexfeld, 339
Index-Objekt, 404
Indexwert, 248
Information, Word, 226
Initialize, 472
Innenzellen, 272
InputBox, 160

INSERT, SQL, 380
InsertAfter, 183
InsertBefore, 183
InsertBreak, 184
InsertParagraph, 184
Installation, 23
InStr, 126
Integer, 80; 113
Integrierte Steuerelemente, 535
Is, 75
IsDate, 121
IsEmpty, 116
IsNull, 116
IsNumeric, 260
Italic, 266
Item, 145

K

Karl Klammer, 161
Kennwort, 238
Kennzeichenleiste, 55
KeyAscii, 484
KeyCode, 484; 485
KeyDown, 470; 484
KeyPress, 484
KeyUp, 484
Kill, 611
Klassen, 46
Kombinationsfeld, 440; 486; 545
Kommentare, 70; 301
Komponenten einrichten, 514
Komponenten, Web, 514
Komponenten, Word, 189
Konstanten, 77
Kontext, 30
Kontextmenü aufrufen, 560
Kontextmenü deaktivieren, 477

Kontextmenü programmieren, 559
Kontrollkästchen, 493
Kontrollstrukturen, 93

L

Label, 440
LargeChange, 450
LastUpdated, 419
Laufvariable, 106
Laufzeitfehler, 612
Layout-Vorlage, PowerPoint, 311
LCase, 129
Lebensdauer von Variablen, 88
Left, 127
Legende, 291
Len, 131
Lesezeichen, 56; 418; 425
Like, 75
LineStyle, 270
Linienstärke, 182
Linienstile, 182
LinkedCell, 447; 450
List, 487
ListBox, 440
ListBox-Optionen löschen, 493
ListCount, 544
Listen auswerten, 548
Listenelemente, 544
Listenfeld, 366; 440; 486
Listenfeld, Access, 351
ListFillRange, 448
ListIndex, 544
ListRows, 449
ListStyle, 448
ListView, 499
ListWidth, 450
Locked, 461

Logische Fehler, 612
Logische Operatoren, 76
Lokal-Fenster, 620
Lokale Prozeduren, 135
Long, 80
LookAt, 255
LookIn, 255
Loop, 102
Lösch-Optionen, 261
LTrim, 128

M

Magnetisierung, 455
Makro als Menüoptionen, 526
Makro aufzeichnen, 31
Makro ausführen, 34
Makro bearbeiten, 39
Makro definieren, 31
Makro zuordnen, 34
Makro zuweisen, 526
Makrokontext, 26
Makro-Dialog, 34
Makro-Recorder, 28
Makro-Zuweisung, 553
Makros, Access, 397
Makros auf Steuerelemente legen, 547
Makros im Direktfenster, 50
Marke, 107
Markieren, 186
Masterfolie, 312; 320
MatchCase, 255
Max, 450
MaxColumns, 433
MaxRow, 433
Me, 359; 472; 498
Mehrdimensionale Datenfelder, 85
Mehrfachselektion, 491

Mehrzeilige Textfelder, 446
Meldetext, 159
Mengenoperationen, SQL, 387
Menüeinträge umbenennen, 526
Menüleiste erstellen, 554
Menüoptionen ändern, 553
Menüoptionen ausblenden, 550
Menüoptionen deaktivieren, 552
Menüoptionen einfügen, 555
Menüoptionen hinzufügen, 525
Menüoptionen löschen, 552
Menüoptionen verschieben, 524
Menüs anpassen, 524
Menüs hinzufügen, 525
Menüs kopieren, 554
Menüs programmieren, 550
Menüs zurücksetzen, 552
Merge, 262
MergeCells, 263
Methoden, 67; 77
Mid, 127
Minute, 125
Mischfarben verwenden, 274
MkDir, 611
Mod, 74
Modal, 464
Module erzeugen, 69
Modulsicht, 52
Month, 122
MouseDown, 470
Move, Word, 183
Move, Symbolleisten, 535
MoveFirst, 414; 417
MoveLast, 417
MoveNext, 417
MovePrevious, 417
MSForm, 47

MsgBox, 156
msoControlPopup, 538
MultiLine, 446
MultiPage-Steuerelement, 455
Multiselect, 491
Muster zuweisen, PowerPoint, 312
Musterfarbe, 268
Mustervergleich, 75

N

Nachschlagetabellen, 344
NameLocal, 528
Navigationsschaltflächen, 349
Navigieren in Tabellen, 244
Neuberechnung, 475
Neue Symbolleisten, 535
NewBallon, 162
NewSheet, 474
NewWindow, 152; 307
Normalform, 335
Normalisierung, 333
Not, 76
Now, 124
Null, 116
Nur-Lese-Eigenschaften, 66
Nur-Lese-Modus, 238

O

Objekte, 63
Objekte anzeigen, 44
Objekte deklarieren, 567
Objekte referenzieren, 67
Objekthierarchie, 63
Objekthierarchie, PowerPoint, 305
Objekthierarchien benennen, 479
Objektkatalog, 45
Objektreferenz, 89
Objektvariablen, 89

Objektvergleich, 75
ODER, 76
Offset, 245
OLE-Automatisierung, 632
On Error-Anweisung, 624
On...Gosub, 109
On...GoTo, 109
OnAction, 532; 547; 553
Open, 474
Open, Excel, 238
Open, PowerPoint, 306
Open, VBA, 607
Open, Word, 173
OpenForm, 368
OpenRecordSet, 375
Operanden, 72; 77
Operatoren, 72; 73
Option Base, 86
Option Compare Binary, 125
Option Compare Text, 125
Option Explicit, 81
Optionale Argumente, 138
OptionButton, 439
Optionsfeld, 439
Optionsfelder gruppieren, 451
Or, 76
Orientation, 264; 266; 450
OutsideLineStyle, 181

P

Palettenfarben, 445
Paragraph-Objekt, 203
ParagraphFormat-Objekt, 207
ParamArray, 139
Parameter, 538
Password, 238
Paßworteingabe auswerten, 482

Pattern, 268
PatternColor, 268
PercentPosition, 419
Picture, 451; 457
PicturePosition, 452
PictureSizeMode, 452
PictureTiling, 453
Platzhalter, 193
Popup, 546
Position des Datensatzzeigers, 419
Positionierung, 246
PowerPoint-Objektstruktur, 305
Präsentation, 306; 323
Presentations, 306
Preserve, 86
Primärindex, 340; 410
Primärschlüssel, 340
Primary, 410
Print-Anweisungen, 618
PrintPreview, 174
Private, 135
Procedure, 136
Programmeditor, 51
Programmzeilen testen, 72
ProgressBar, 499
Projekt-Explorer, 42
Prompt, 156
ProportionalThump, 450
Prozedur, 134
Prozedur aufrufen, 136
Prozedurschritt, 616
Prozedursicht, 52
Prozedurtrennlinien, 55
Prozentformate definieren, 281
Public, 88
PushButton, 439
Put, 609

Q

Quelldatenbereich, 289
QueryDef, 404

R

R1C1-System, 286
Radiobutton, 439
Rahmen, 459
Rahmen, Word, 181
Rahmenfarbe, 270; 443
Rahmentyp, 444
Range, Excel, 64; 245
Range, Word, 176
RangeSelection, 254
Raster einstellen, 455
ReadOnly, 238
Reaktion auf Eingabetaste, 462
RecordCount, 419; 430
Recordset, 360
Recordset-Methoden, 416
Recordset-Objekt, 365; 412
RecordsetType, 360
Referentielle Integrität, 337; 345
Register-Dialoge, 455
Registersteuerelement, Access, 364
Reihenfolge, 441
Relation normalisieren, 333
Relativ positionieren, 251
Rem, 71
RemoveItem, 544
Replace, 254; 256
Required, 410
Reset, 180; 532
Return, 107
RGB-Funktion, 274
Right, 127
Row, 245

RowIndex, 248
RowOffset, 251
Rows, 245
RTrim, 128
Rubrik, 290
Rückgabewert, 141; 158

S

Save, Excel, 239
Save, Word, 174
SaveAs, Excel, 239
SaveAs, Word, 175
SaveChanges, 240
Saved, 239
Scaling, 180
Schalter gruppieren, 520
Schalter mit Bildsymbol, 452
Schalter suchen, 542
Schaltflächensymbol ändern, 521
Schleifen, 93; 101
Schleifenabbruch erzwingen, 102
Schleifenkopf, 103; 104
Schlüssel, 331
Schnittmengenoperator, 246
Schriftattribute, 179; 444
Schriftauswahl, 438
Schrift zuweisen, 444
Schriftfarbe, 266; 275
Schrittweite, 103
ScrollBar, 440; 446
SearchDirection, 255
SearchOrder, 255
Second, 125
Seite hinzufügen, 458
Seite löschen, 458
Seite umbenennen, 458
Sekundärindizes, 340

Select Case, 98
Select, 245; 253
SELECT, SQL, 383
Selected, 491
Selection, 66
Selection, PowerPoint, 310; 319
Selection, Word, 176; 184
Selection-Typ, 185
SelectionChange, 476
SelectionMargin, 446
Selektion aufheben, 187
SelLength, 485
SelStart, 485
SelText, 485
SendKeys-Anweisung, 165
Sentences, 177
Set, 89
SetBackgroundPicture, 268
SetRange, 186
Shadow, 180
Shape-Objekt, 218; 314
ShapeRange-Auflistung, 219
Shapes, 314
Shapes-Auflistung, 217
SheetSelectionChange, 474
Shell, 168
Shift, 261
Show, 465
ShowModal, 465
ShowPopup-Methode, 559
Single, 80
SlideMaster, 312
Slider, 499
SlideRange, 310
Slides, 307
SlideShowSettings, 321; 323
SmallChange, 450

Snapshot-Objekte, 413
Sort, 263
Sortieren, 263; 421
Sortieren über mehrere Felder, 422
Sortierfeld, 422
Sortierfolgen, 264
Sortierung bestimmen, Access, 361
Source, 289
Spacing, 180
Spalten ausblenden, 262
Spalten einfügen, 262
SpecialEffekt, 444
SpinButton, 440
SpreadSheet, Komponente, 514
Sprechblasen, 162
Sprunganweisungen, 107
SQL, 377
SQL-Code, 434
Standardlaufwerk, 611
Start-Optionen, Access, 399
Startwert, 103
State, 540
Static, 89
StatusBar, 499
Step, 103
Steuerelement, Access, 348
Steuerelement, PowerPoint, 324
Steuerelement ausrichten, 454
Steuerelement Bild, 452
Steuerelement deaktivieren, 480
Steuerelement definieren, 537
Steuerelement löschen, 537
Steuerelement manipulieren, 441
Steuerelement plazieren, 439; 454
Steuerelement referenzieren, 531
Steuerelement-Toolbox, 439
Steuerelement übergehen, 462

Stileigenschaften, 443
Stop-Anweisungen, 617
Stopsymbol, 158
StoryRanges, 189
StoryType, 189
Str, 117
String, 80; 113
String-Variablen begrenzen, 83
Stringmanipulation, 127
Stringvergleich, 125
Style, 450; 457; 540
Sub erstellen, 69
Sub, 134
Subscript, 266
Suchen, Access, 371
Suchen und Ersetzen, 56; 192
Suchen und Finden, 426
Suchrichtung, 255
Suchtabellen, 351
Symbolanzeige im Dialog, 157
Symbolauswahl, 521
Symbolleiste an Arbeitsmappen binden, 523
Symbolleiste ändern, 531
Symbolleiste definieren, 520
Symbolleiste ein- und ausblenden, 530
Symbolleiste löschen, 523
Symbolleiste programmieren, 527
Symbolleiste referenzieren, 528
Symbolleiste schützen, 549
Symbolleiste zurücksetzen, 533
Symbolschalter entfernen, 519
Symbolschalter entwerfen, 521
Symbolschalter hinzufügen, 518
Syntax, 69
Syntax-Prüfung, 53
Syntaxfehler, 612

Systemfarben, 444
Systemzeit, 124; 259

T

Tab-Reihenfolge, 460
Tabellen, Word, 210
Tabellen verknüpfen, Access, 336
Tabellenbereiche publizieren, 299
Tabellenblatt als Formular, 437
Tabellenblatt wählen, 242
Tabellenentwurf, Access, 337
Tabellenfunktionen, 285
TabIndex, 460
Table-Objekte, 413
TableDef, 404
TableDefs-Auflistung, 375; 406
TabOrientation, 457
TabStop, 461
Tag-Eigenschaft, 461; 543
TakeFocusOnClick, 481
Tastatursteuerung, 483
Tastenkombination, 35
Teilstringermittlung, 127
Temporary, 538
Text, 442; 480
Text bearbeiten, PowerPoint, 316
Text formatieren, Excel, 281
Text in Formaten, Excel, 283
Text markieren, 186
TextAlign, 446
Textbox, 440
Textfeld, 440; 482
Textfeld, Access, 350
Textmarken, 199
Textmarken als Sprungziel, 198
Textobjekt, 440
Textschalter plazieren, 518

ThisWorkBook, 241
Time, 124
Titel der Größenachse, 289
Titel der Rubrikenachse, 289
Titel und Legende, 291
Titelleiste, 150
Title-Objekt, PowerPoint, 317
ToolBar, 499
TooltipText, 533
TopIndex, 448
TreeView, 509
Trennlinien, 270
Trim, 128
TypeName, 115
TypeText, 185
Typkonvertierung, 113
Typprüfung, 115

U

Überwachungsart bestimmen, 622
Überwachungsausdruck löschen, 623
Überwachungsfenster, 622
UCase, 129
Umbruch, 71
Umrandungen, Excel, 270
Umrandungen, Word, 181
Underline, 267
Unique, 410
Unload, 469
Unmerge, 262
Unterformulare, 353
Unterprogramme, 134
Until, 102
Updatable, 419
Update, 414
UPDATE, SQL, 382
UpdateLinks, 238

UserForm, 465
UserForm schließen, 468

V

Val, 118
ValidationRule, 419
ValidationText, 419
Value, Excel, 258
Value, Steuerelemente, 442; 480
Variablen, 79
Variablen initialisieren, 82
Variableninhalte als Tooltips, 621
Variant, 80; 113
VarType, 113
VBA-Dialoge, 453
VBA-Projekt kompilieren, 58
VBA-Projekt zurücksetzen, 58
Vereinigungsoperator, 246
Vergleich von Zeichenmustern, 75
Vergleichsoperatoren, 74
Verkettung, 127
Verkettungsoperator, 75
Vertikaler Abstand, 455
Verweis einrichten, 403
Verzweigungen, 93
View-Objekt, 227
Virenschutz, 26
Visible, 530
Vorlagen, 232

W

Wahrheitswert, 76
Web-Komponenten, 326
Web-Seiten, Access, 372
WeekDay, 122
Weight, 270
Wertübergabe, 138
Wertzuweisung, 258

While-Schleife, 101
Wildcards, 194
Window-Objekt, 151
WindowState, 150; 152
With-Anweisung, 110
With-Struktur, 112
Word-Dialoge, 228
Word-Objektstruktur, 171
Word-Optionen einstellen, 231
Word-Tabellen, 210
Words, 177
WordWrap, 446
Workbook, 240; 480
WorksheetFunction, 285
WrapText, 266
Wurzelverzeichnis, 611

Y

Year, 122

Z

Z1S1-System, 286
Zählerschleife, 103
Zeichenfolgeausdrücke trimmen, 128
Zeichenkette, 80
Zeichenverkettung, 75
Zeile ausblenden, Excel, 262
Zeilenindex (Datenfeld), 85
Zeilenumbruch, VBA-Editor, 71
Zeilenumbrüche im Meldetext, 159
Zeitfunktionen, 124
Zellen einfügen, 262
Zellen markieren, 253
Zellen verschmelzen, 262
Zelleneinträge löschen, 261
Zoom, Word, 227
Zufallszahl, 101
Zugriffsmethoden, 67

Excel-Programmierung mit VBA

Das Buch vermittelt dem erfahrenen Excel-Anwender das notwendige Know-How, um mit VBA Add-Ins und vollständige Anwendungen für Excel zu programmieren. Ausführlich beschreibt der Autor den Weg vom Makro zur VBA-Programmierung. Sie erhalten eine gründliche Einführung in die VBA-Strukturen und in den Umgang mit Objekten, Methoden und Ereignissen, um so das Verständnis für die Excel-Programmierung zu vertiefen. Zu den zentralen Themen zählen auch die Verwendung von Kontrollstrukturen, Unterprogrammtechniken, der Dialog- und Formularentwurf und die Programmierung von Steuerelementen. Die einzelnen Schritte werden mit kurzen, informativen Programmbeispielen illustriert. Ein Projektkapitel zeigt Ihnen den Prozeß vom Entwurf zur fertigen Excel-Anwendung.

Aus dem Inhalt:

- Makros aufzeichnen und bearbeiten
- Die VBA-Entwicklungsumgebung
- Grundlagen der VBA-Programmierung
- Tabellen und Zellen manipulieren
- Dialoge und Formulare erzeugen
- Steuerelemente programmieren
- Symbolleisten und Menüs erstellen
- Datenbankeinbindung
- Diagramme und Pivot-Tabellen

Carl Hanser Verlag

81631 München, Postfach 86 04 20
Tel. (089) 9 98 30-0. Fax (089) 9 98 30-269
Internet http://www.hanser.de
E-Mail info@hanser.de

Dieter Staas
**Excel 2000
für Anwendungs-
programmierer**
Anwendungen und Add-Ins erstellen
*512 Seiten, gebunden mit CD-ROM
ISBN 3-446-19418-5*

- Add-Ins erstellen
- Fehlersuche und -beseitigung
- Benutzerdefinierte Funktionen erstellen

Auf der beiliegenden CD-ROM fnden Sie die im Buch beschriebenen Beispiele und Excel-Projekte.

StarOffice-Programmierung
Schritt für Schritt

Das vorliegende Buch erschließt dem Leser das hohe Automatisierungspotential der StarOffice-Programmierung. Ausführlich wird dabei der Weg vom Makro zur kompletten StarBasic-Anwendung beschrieben. Gründliche Einführungen in die StarBasic-Strukturen und in den Umgang mit Objekten, Methoden und Ereignissen vertiefen das Verständnis für die Programmierung. Zu den zentralen Themen zählen unter anderem das Variablenkonzept, die Verwendung von Kontrollstrukturen, Unterprogrammtechniken und die Behandlung von Kontrollfeldern. Der Datenbankprogrammierung und der Gestaltung von Dialogen und Formularen werden eigene Kapitel gewidmet. Kurze, informative Programmbeispiele illustrieren die einzelnen Themen. Ein Projektkapitel zeigt den Weg von der Idee zur fertigen Anwendung.

Dieter Staas
StarBasic Programmierung
480 Seiten, gebunden mit CD-ROM
ISBN 3-446-19585-8

Aus dem Inhalt:

- Makros aufzeichnen und bearbeiten
- Die integrierte Entwicklungsumgebung (IDE)
- StarBasic-Grundkurs
- Module und Bibliotheken verwalten
- StarWriter-Programmierung
- StarCalc-Programmierung
- Dialoge und Formulare erstellen
- Kontrollfelder programmieren
- Datenbankprogrammierung
- Symbolleisten und Menüs ändern und erstellen
- Fehlersuche und Fehlerbeseitigung
- CD-ROM mit Beispielanwendungen

Carl Hanser Verlag

81631 München, Postfach 86 04 20
Tel. (089) 9 98 30-0. Fax (089) 9 98 30-269
Internet http://www.hanser.de
E-Mail info@hanser.de

Arbeitsbuch und Referenz für StarOffice 5.0

Aus dem Inhalt:

- *Der StarOffice-Desktop:* Arbeiten mit Ordnern und Dokumenten, Explorer und Beamer verwenden
- *Textverarbeitung:* Umfassende Einführung, Dokumente erzeugen und gestalten, Stichwort- und Inhaltsverzeichnis erstellen, Fußnoten, Grafiken einbinden, die Verwendung von Vorlagen, Formeln mit StarMath erstellen, Adreßbuch und Serienbrieffunktion
- *Tabellenkalkulation:* Grundlagen, Funktionen, Formeln, Datenanalyse, Zielwertsuche, 3D-Tabellen konsolidieren, Datenbankfunktionen, Diagramme erstellen
- *Zeichnen und Präsentieren:* Grafiken erstellen, mit Bézier-Kurven arbeiten, Farben, Farbverläufe und Füllmuster definieren, Präsentationen erzeugen, mit Seiten und Ebenen arbeiten
- *StarOffice im Internet:* Internet ABC, Online-Publishing, Rahmen (FrameSets) definieren, HyperLinks in StarOffice-Dokumenten, StarOffice als Browser
- *Terminplanung:* Termine und Aufgaben verwalten und gruppieren, Terminansichten definieren, Termine filtern
- *Datenbanken verwalten:* Datenbanken und Tabellen definieren, Zugriff auf ODBC-Datenquellen, Abfragen, Berichte und Formulare erstellen

Dieter Staas
StarOffice 5.0
Praxisbuch und Referenz
709 Seiten, gebunden mit Diskette
ISBN 3-446-19415-0

- *Weitere Themen:* StarChart und StarImage, Makros aufzeichnen, Einführung in die StarBasic-Programmierung, Menüs und Symbolleisten anpassen

Carl Hanser Verlag

81631 München, Postfach 86 04 20
Tel. (089) 9 98 30-0. Fax (089) 9 98 30-269
Internet http://www.hanser.de
E-Mail info@hanser.de

Der unentbehrliche Begleiter für alle Anwender von Access 2000

Die Autoren wenden sich an ambitionierte PC-Anwender, die in Access erste Gehversuche unternehmen, an Profis, die eine Referenz benötigen, sowie an Umsteiger, die ältere Access-Versionen updaten wollen. Praxisorientiert und in leicht nachvollziehbaren Schritten, erklärt das Buch, wie der User effizient mit Access arbeitet. Dabei wird das gesamte Leistungsspektrum des komplexen Datenbanksystems abgedeckt.

Die Autoren erläutern ausführlich die Arbeit mit Tabellen, Abfragen, Formularen und Berichten. Der Anwender lernt, wie er optimale Tabellenstrukturen entwirft, Beziehungen zwischen Tabellen erstellt (relationale Datenbank), gezielt auf Daten zugreift und Assistenten gekonnt einsetzt, um Arbeitsschritte zu vereinfachen.

Im Kapitel "Import/Export" geht es um den Datenaustausch mit anderen Office-Applikationen (z.B. Excel und Word) und um Schnittstellen zu anderen Datenbanken.

Wie Formulare, Tabellen, Berichte und Abfragen als individuell gestaltete HTML-Seiten publiziert werden können, zeigen die Autoren ebenso wie den Einsatz von Access im Netzwerk und im Internet.

Irene Bauder, Jürgen Bär
Access 2000
Grundlagen und Praxiswissen
1.049 Seiten, gebunden mit CD-ROM
ISBN 3-446-21100-4

Der Leser findet in diesem Buch sofort einsetzbare Lösungen für im Alltag immer wieder auftauchende Probleme.

Die beiliegende CD-ROM enthält sämtliche Beispiele aus dem Buch.

Carl Hanser Verlag

81631 München, Postfach 86 04 20
Tel. (089) 9 98 30-0. Fax (089) 9 98 30-269
Internet http://www.hanser.de
E-Mail info@hanser.de

Der ideale Leitfaden für die Datenbankentwicklung mit Access 2000

Das Buch richtet sich sowohl an Anfänger, die eine fundierte Einführung in die Datenbankprogrammierung und die Programmiersprache VBA (Visual Basic for Applications) suchen, als auch an versierte Access-2000-Entwickler, die ein kompetentes Nachschlagewerk brauchen.

Dem Access-Einsteiger werden Makros und deren Unterschiede zu VBA-Codes erklärt. Er lernt die Strukturen einer relationalen Datenbank und wichtige Begriffe der Datenbanktheorie kennen. Im Anschluß erläutern die Autoren die Grundlagen der VBA-Programmierung und gehen dann auf den praktischen Einsatz von VBA ein. Mit diesen Kenntnissen ist der Leser in der Lage, eigene Datenbankanwendungen zu programmieren. Im Kapitel "Fortgeschrittene VBA-Programmierung" geht es u.a. um die Ausgabe von Text und Grafik in Berichten, um den Zugriff auf Windows-API-Funktionen und um objektorientierte Programmierung.

Weitere Themen sind:
VBA Prozeduren und Funktionen selbst definieren • Fehlerbehandlung mit VBA • Data-Access-Objects (DAO) einsetzen • Dynamischer Datenaustausch (DDE) • Mit Access Datenbankinformationen im Internet verbreiten • Einführung in die Sprache

Irene Bauder, Jürgen Bär
Access 2000 Programmierung
1.168 Seiten, gebunden mit CD-ROM
ISBN 3-446-21101-2

SQL • Client/Server-Anwendungen • Datenschutz in Access • Spezielle mathematische Funktionen • Multimedia in Access • Add-Ins • Datenabgleich – der Replikationsmanager

Die beiliegende CD-ROM enthält sämtliche Beispiele aus dem Buch.

Carl Hanser Verlag
81631 München, Postfach 86 04 20
Tel. (089) 9 98 30-0. Fax (089) 9 98 30-269
Internet http://www.hanser.de
E-Mail info@hanser.de